Reiner Stach

Kafka von Tag zu Tag

*Dokumentation aller Briefe,
Tagebücher und Ereignisse*

S. Fischer

Erschienen bei S. FISCHER

© 2018 Fischer Verlag GmbH, Hedderichstr. 114,
D-60596 Frankfurt am Main

Satz: pagina GmbH, Tübingen
Druck und Bindung: CPI books GmbH, Leck
Printed in Germany
ISBN 978-3-10-397344-0

Inhalt

Vorwort 7

Hinweise zur Lektüre 17

Von Tag zu Tag 21

Lebensdaten wichtiger Personen 583

Quellen 598

Siglen 601

Abkürzungen und Zeichen 602

Namenverzeichnis 603

Ortsverzeichnis 628

Werkverzeichnis 635

Vorwort

Der Biograph will erzählen, »wie es gewesen ist«, fokussiert auf die Gefühle, Gedanken, Erlebnisse, Entscheidungen und Leistungen eines einzelnen Menschen. Ob er diesem Anspruch genügen kann, hängt von vielerlei Fähigkeiten ab, die er im Akt des Schreibens bündeln muss; zuallererst aber hängt es davon ab, wie empfindlich sein Sinn für Tatsachen ist. Versteht er sein Handwerk, so wird er ausdauernd, gewissenhaft und unbestechlich im Umgang mit Fakten sein, er wird nicht zögern, sich nach der kleinsten Münze zu bücken, und ebenso wenig, sie in den Papierkorb zu werfen, sobald er sie als Spielgeld erkannt hat.

Solche Genauigkeit und Intuition beim Auswerten des überlieferten Materials ist eine der am meisten unterschätzten Tugenden des Biographen, denn von den Lesern und Kritikern wird sie so selbstverständlich vorausgesetzt wie die Fähigkeit des Notenlesens bei angehenden Musikern. Das ist ein Missverständnis, dem der Biograph besser nicht aufsitzen sollte. Zielgerichtetes Sammeln von Fakten erfordert nämlich nicht nur ein Wissen um die vielversprechendsten Quellen und deren Zuverlässigkeit, es verlangt darüber hinaus ein breites Kontextwissen, das heißt ein Wissen darüber, was zu sammeln sich überhaupt lohnt und *in welcher Hinsicht* es sich lohnt.

Ein einfaches Beispiel. Nehmen wir an, ein Biograph Franz Kafkas findet heraus, dass eines der Gebäude, die in dem Roman *Das Schloss* als Orte der Handlung beschrieben werden, eine genaue Entsprechung in der Wirklichkeit hatte und dass man das architektonische Vorbild auch heute noch besichtigen kann. Er steht vor diesem Gebäude, in der rechten Hand den Fotoapparat, in der linken Kafkas Schilderung, und tatsächlich, es stimmt alles, Wort für Wort. Natürlich versetzt es in freudige Erregung, etwas Derartiges zu entdecken, und es ist zunächst schwer, sich dem Gefühl einer auratischen Nähe zu entziehen. Kühlen Kopfes muss sich der Biograph jedoch sagen, dass er diese Freude allenfalls mit einer kleinen Gruppe unverbesserlicher Fans wird teilen können, während der Erkenntniswert des isolierten Faktums doch recht überschaubar bleibt. Es könnte sein, dass dieser Wert tatsächlich im Anekdotischen verbleibt, und in diesem Fall bliebe nur die Empfehlung an den Leser, hinzufahren, es sich anzuschauen und den leisen Schauder selbst zu genießen (nämlich in dem nordwestböhmischen Dörfchen Zürau, heute Siřem).

Diese Einschätzung wird sich jedoch grundlegend ändern, sobald der Biograph eine zweite und dritte gleichartige Entdeckung macht. Denn das wirft nun doch die Frage auf, ob hier womöglich ein Muster, eine Serie vorliegt, die *systematisch* untersucht werden sollte – weil wir, falls die Vermutung sich bestätigen sollte, kostbare Informationen über Kafkas Produktionsweise, über sein visuelles Gedächtnis und über die für ihn typische Überlagerung realer und imaginärer Details gewinnen würden. Eine solche Entdeckung wäre interessant nicht mehr nur für Kafka-Touristen, sondern auch für Literaturwissenschaftler.

Daraus folgt zum einen, dass kein Mosaiksteinchen zu verachten ist. Denn es wohnt ihm ein potentieller Erkenntniswert inne, der sich entfaltet, sobald weitere passende Steinchen gefunden sind. Eine wie immer geartete intellektuelle Herablassung gegenüber dem leidenschaftlichen Sammler kann sich der Biograph daher nicht leisten, denn die Sammler sind es – darunter Archivare, Hobbyforscher und hochspezialisierte Philologen –, die den empirischen Rohstoff schürfen, manchmal in jahrzehntelanger entbehrungsreicher Arbeit und mit wenig öffentlicher Anerkennung.

Zum anderen freilich ist ebenso offensichtlich die fatale Eigendynamik des Sammelns, die dazu führen kann, dass Genauigkeit und Vollständigkeit zum Selbstzweck werden und das Interesse an allem, was darüber hinausgeht – also an Deutung, Synthese, Kontextualisierung –, allmählich verlorengeht. Ja, selbst eine umgekehrte Herablassung des Sammlers gegenüber jeglicher intellektueller Arbeit, die über den Tellerrand des Mess- und Zählbaren hinauswill, ist nicht selten. Diese Hybris des reinen Faktums trifft insbesondere diejenigen Biographen – und demzufolge auch deren Leser –, die einen Menschen oder eine Epoche neu verstehen wollen, ohne darauf warten zu müssen, dass das allerletzte Steinchen gefunden ist, ja, die an ein solches letztes Puzzleteil gar nicht glauben und die daher in Kauf nehmen, dass ihr Verständnis für immer unabgeschlossen bleibt. Gewiss, die Steinchen selbst sind haltbarer als jeder noch so raffinierte Versuch, sie zu den Konturen eines plausiblen Bildes aneinanderzufügen. Wozu aber, fragt der Goethe-Biograph Nicholas Boyle, dienen denn eigentlich Kompilationen von Fakten, wenn nicht von Zeit zu Zeit jemand eine überzeugende Synthese all des Materials versucht? Das ist die entscheidende Frage.

Mein eigener erster Versuch einer solchen Synthese datiert zurück auf die achtziger Jahre. Bei S. Fischer war soeben der erste Band der Kritischen Kafka-Ausgabe erschienen, der Roman *Das Schloss*, und der erste Blick in den separaten Apparatband, der zahllose Textvarianten akribisch verzeichnet, kam einer Offenbarung gleich. Hatte man sich an die sperrigen diakritischen Zeichen erst einmal gewöhnt, so konnte man Kafka bei der Arbeit verfolgen. Man konnte beobachten, wie er krasse Einfälle abmilderte, falsche Fährten legte und allzu Eindeutiges nachträglich vernebelte. Ja, man konnte ihn sogar bei verräterischen Fehlleistungen ertappen, etwa der Verwechslung von Namen. Und schon beim ersten Durchblättern entdeckte ich, dass Kafka an diesem Romanmanuskript eine beispiellose Operation vorgenommen hatte. Genau in dem Augenblick, da er eine sexuelle Szene aus der Ich-Perspektive hätte schildern müssen, entschied er, diese Perspektive aufzugeben und nachträglich zum Er überzugehen. Und das, obwohl er in dem schon weit fortgeschrittenen Text das Wort Ich und alle seine abgeleiteten Formen Hunderte Male tilgen und ersetzen musste.

Es war offensichtlich, dass man aus diesen Textvarianten, die von der überwältigenden Mehrzahl der Leser nur als philologisches Geröll wahrgenommen wurden, sehr weitreichende Erkenntnisse gewinnen konnte, wenn man sie nur in der richtigen Weise kontextualisierte: Erkenntnisse über Kafkas Schreibstrategie, die Logik seiner Assoziationen während des Schreibens selbst, aber auch über die bewussten und unbewussten Einflüsse gesellschaftlich geprägter Metaphern und Ideologeme bis hinein in die intimsten Bereiche der Imagination. Es war von größtem intellektuellem Reiz, diese beiden scheinbar so weit voneinander entfernten Ebenen ineinander zu spiegeln: auf der einen

Seite unscheinbare Textsplitter, Verschreibungen und Korrekturen bis hinab zum gestrichenen Buchstaben – auf der anderen Seite mächtige mentalitätsgeschichtliche Strömungen, die auf den winzigen Mosaiksteinchen ihre Spuren hinterließen. Am Themenkomplex Frauen–Weiblichkeit–Sexualität ließen sich diese Zusammenhänge besonders eindrücklich belegen, und das Ergebnis war die Studie *Kafkas erotischer Mythos. Eine ästhetische Konstruktion des Weiblichen* (1987). Dass dieses Verfahren auch in Biographien gut funktionieren kann, sofern das Material es »hergibt«, war seit langem bekannt. Eine unscheinbare, selbst alberne Anekdote, ein falscher Zungenschlag in einem Brief, ein scheinbar zufälliges Vergessen – derartige Marginalien wirken bisweilen wie Blitze über einer verfinsterten Landschaft, sie erlauben überraschende Einblicke, rücken Proportionen zurecht, zeigen dem Biographen aussichtsreiche Wege, auf denen er weitergehen sollte. Durch die Weiblichkeitsstudie hatte ich in dieses Verfahren Vertrauen gefasst, für die geplante Biographie über Kafka beschloss ich, es extensiv zu nutzen. Und zwar in einer für den Leser möglichst gut nachvollziehbaren und überprüfbaren Weise.

Das ist schließlich auch einer der Gründe dafür, warum die vollendete dreibändige Biographie (2002, 2008, 2014) so ungewöhnlich viele szenisch erzählte Passagen enthält. Unscheinbare sinnliche Details, an denen sich etwas Größeres, Wesentlicheres ablesen lässt, wirken viel überzeugender, wenn sie in ihrem lebendigen Zusammenhang gezeigt werden. So dient zum Beispiel die detaillierte Schilderung von Kafkas Blutsturz am 11. August 1917 nicht nur dazu, die biographische Erzählung mit Farbe und Emotion anzureichern. Sie zeigt vielmehr auch – bei allem Horror – ein unerwartetes Moment der Entspannung, und es war diese körperliche Erfahrung einer plötzlichen paradoxen Erleichterung, ohne die Kafkas »entspanntes« Beharren auf den sekundären Krankheitsgewinnen der Tuberkulose kaum vorstellbar ist. Denn es gehört zu den charakteristischen Zügen seiner Persönlichkeit, dass er sich selten von allgemeinen Überlegungen leiten ließ, vielmehr auf die unmittelbare Bestätigung im sinnlichen Erleben unmittelbar angewiesen blieb. Der tiefe Schlaf nach dem Blutsturz ist dafür nur ein Beispiel unter vielen. Isoliert betrachtet, gäbe dieses Puzzleteil nicht viel her; in den richtigen Kontext versetzt, das heißt, verbunden mit einigen genau passenden Teilen, beginnt es zu leuchten.

Das biographische Erzählen bedarf der Synthese aber noch in

einem anderen Sinn. Das Leben eines Menschen verläuft ja niemals in einer Abfolge von Ereignissen, die sich auf einem Zeitstrahl ordentlich auftragen ließen. Vielmehr hat man es stets mit einem vieldimensionalen Geflecht zu tun, mit Wechselwirkungen zwischen den verschiedensten Rollen eines Menschen, zwischen Intimem und Öffentlichem, Bewusstem und Unbewusstem, Gedachtem und Gefühltem, Erinnertem und Vergessenem, Zufälligem und Notwendigem. Wollte man dieses Geflecht in einer Biographie vollständig abbilden, so müsste man ein Leben Minute für Minute erzählen, in synoptischer Form, einschließlich aller Gleichzeitigkeiten. Ganz abgesehen davon, dass die überlieferten Fakten dies niemals erlauben, würde ein solcher Versuch jede Biographie zur Implosion bringen, sie würde deren Form und Textgestalt so vollständig auflösen, dass sie im eigentlichen Sinne nicht mehr lesbar wäre.

Um dem entgegenzuwirken, ist der Biograph darauf angewiesen, eine Struktur zu schaffen. Er wird Kapitel schreiben, die sich auf wenige oder ein einziges Thema konzentrieren, er wird Nebenmotive und Nebenfiguren eine Zeitlang oder sogar dauerhaft unterdrücken, er wird rote Fäden auslegen, und er wird es mit Vor- und Rückblenden, Wiederholungen und Zusammenfassungen dem Leser etwas leichter machen, den Überblick zu behalten.

Dieses intelligent strukturierte Erzählen setzt jedoch voraus, dass der Biograph selbst den genauesten Überblick behält. Er muss es nicht immerzu mitteilen, aber er muss *wissen*, wann was wo passierte oder gesagt wurde, und wann immer solche Informationen nur unvollständig zu haben sind, muss er über die Lücken ebenso gut Bescheid wissen wie über die Fakten selbst. Denn nicht selten ist das *Fehlen* einer Information, das Schweigen einer Quelle selbst wiederum bedeutsam, ebenso die Widersprüche verschiedener Quellen hinsichtlich ein und desselben Ereignisses. Wie erstaunlich selten derartige Webfehler der Überlieferung bloßer Zufall sind, ist eine Erfahrung, die wohl alle Biographen teilen.

Das strukturierte, verdichtete Erzählen vermindert die Komplexität des menschlichen Lebens, es lenkt den Blick des Lesers auf jeweils nur einige wenige, wesentliche Punkte. Wie jede Vereinfachung läuft natürlich auch diese Gefahr, dass beachtenswerte oder sogar entscheidende Aspekte unter den Tisch fallen. Kommt eine solche Nachlässigkeit ans Licht, so hat man es plötzlich mit einer *unzulässigen* Vereinfachung zu tun, die einer Verfälschung der Wirklichkeit gleichkommt und die gewonnenen Resultate entwertet. Auch dazu ein Beispiel, das nur auf den ersten Blick trivial ist.

Berufstätigkeit und Liebesbeziehungen eines Menschen spielen sich gewöhnlich auf so völlig unterschiedlichen Ebenen ab, dass es geradezu absurd erschiene, sie in einem Atemzug erzählen zu wollen – selbst dann, wenn noch so vieles parallel passierte. Auch in der Biographie über Kafka schien mir die Entscheidung mehr als naheliegend, seine Tätigkeit als Versicherungsbeamter und seine Verlobungskrisen mit Felice Bauer in separaten Kapiteln zu bündeln (und zu »behandeln«). Ein nicht thematisches, vielmehr strikt chronologisches Erzählen hätte vielleicht die hohe psychische Ereignisdichte noch deutlicher vor Augen geführt, die in dem scheinbar so statischen Leben Kafkas herrschte. Doch hätte ich es dem Leser damit sehr schwer gemacht, den Überblick zu behalten und der jeweiligen Eigenlogik von Beruf und Liebe mit der gebotenen Trennschärfe zu folgen. Ihren nervösen, empfindlichen, sich fortwährend selbst herabsetzenden Freund hätte Felice Bauer kaum wiedererkannt, wäre es ihr vergönnt gewesen, ihn einmal im Büro zu erleben, wo er den Respekt sämtlicher Kollegen und Vorgesetzten genoss.

Nun hieß es aber, wachsam zu bleiben. Denn dass die beiden Ebenen sich eben doch gelegentlich berührten, beeinflussten oder sogar durchdrangen, dafür gab es hinreichend viele Indizien. Kafkas Bild einer geschäftstüchtigen Felice und dessen Einfluss auf seine eigene berufliche Motivation; die gemeinsame Technikaffinität ihres und seines Berufs, aus der er eine zusätzliche illusorische Nähe gewann; sein Bestreben, ihrem Verdacht der Lebensuntüchtigkeit entgegenzutreten; die Verpflichtung und auch der Wunsch, die künftige Ehefrau »versorgen« zu können; ja sogar das Büro als stabilisierender Faktor gegenüber den chaotischen, stimmungsabhängigen Leiden der Liebesbeziehung – all das drohte verlorenzugehen, wenn ich die entsprechenden Kapitel thematisch allzu streng voneinander abgrenzte.

Wie sich zeigte, war tatsächlich eine möglichst genaue Chronik aller Ereignisse und Dokumente das beste Instrument, um solche Überlagerungen im Auge zu behalten; eine Chronik von Tag zu Tag, die nicht nur Kafkas eigene Äußerungen berücksichtigte, sondern ebenso alles, was von außen auf ihn eindrang. So entstand zunächst eine synoptisch angelegte Datenbank, in der ich sämtliche verfügbaren Informationen nach und nach einarbeitete und aus der dann das biographische Schreiben seinen Rohstoff schöpfte. Stets zu wissen, was alles gleichzeitig passierte, gibt Sicherheit gerade dann, wenn die Biographie nach einer eher sachlichen als chronologischen Darstellung verlangt. Darüber hinaus aber bringen Datenbanken auch Überraschungen hervor, an die man – allzu strikt den roten Fäden der Handlung folgend – niemals gedacht hätte.

Am 11. Dezember 1912 sendet Kafka das erste Exemplar seines ersten Buches *Betrachtung* an Felice, versehen mit einem Begleitbrief, in dem es heißt: »Heute gehört es Dir, wie keinem sonst.« Für seine Hoffnungen auf eine künftige Verbindung muss dies ein höchst bedeutsamer Augenblick gewesen sein, denn bisher hatte ja Kafka immer nur behauptet, ganz für die Literatur zu leben, und nun zeigte er zum ersten Mal ein Beweisstück vor. Nur wenige Stunden später aber verfasste er einen langen Brief an den Vorstand der Arbeiterunfallversicherung, in dem er mit kalter Präzision und fast schon in der Ausdehnung eines wissenschaftlichen Aufsatzes seine Forderung nach Gehaltserhöhung begründete.

Hätte Kafka sich dazu herabgelassen, Felice eine Kopie dieses Briefs zu zeigen, so hätte sie einige Zeit gebraucht, um zu begreifen, dass die beiden fast gleichzeitig entstandenen Dokumente tatsächlich von ein und demselben Menschen stammen. Und selbst noch die Augen des heutigen Lesers wandern zwischen den beiden Briefen hin und her in dem bestimmten Gefühl, dass hier wohl eine Art von Spaltung vorliegen müsse. Selbstverständlich nahm ich diesen erstaunlichen Beleg für Kafkas Wandlungsfähigkeit in die Biographie mit auf, doch andere, kaum weniger erstaunliche Gleichzeitigkeiten passten einfach nicht in den sachlichen Erzählstrang oder hätten den Leser allzu sehr abgelenkt. Wie, so fragte ich mich, wäre es zu ermöglichen, ihm diese chronologische Dimension dennoch zu erschließen? Reichte das szenische Erzählen dazu schon aus?

Anlässlich der zahlreichen Lesungen, Vorträge und Interviews, die das Erscheinen der drei Biographiebände nach sich zog, wurde immer wieder die Frage gestellt, wie man es denn technisch bewerkstellige, über eine derartige Fülle von Fakten die Übersicht zu behalten – nicht bloß, um nichts Wesentliches zu vergessen, sondern auch, um die Fakten über große Strecken hinweg miteinander vernetzen zu können. Ich berichtete von meinen Datenbanken und synoptischen Tabellen, doch waren die entsprechenden Materialien noch längst nicht in präsentablem Zustand, so dass es mir schwerfiel, das Erstehen der Biographie aus der Datenbank an konkreten Beispielen glaubwürdig zu machen. Die früh gefasste Idee, nach Abschluss des Projekts auch eine strikt chronologische Perspektive zu eröffnen, wurde immer dringlicher, je deutlicher es wurde, dass den Lesern mit einem solchen Hilfsmittel auch durchaus eigenständige Entdeckungen ermöglicht würden.

Als nachhaltigste Lösung kristallisierte sich schließlich eine Kombination von Chronik und Regesten heraus: ein von Tag zu Tag voranschreitendes Verzeichnis sämtlicher Ereignisse im näheren Umfeld Kafkas, einschließlich seiner literarischen Arbeit, kombiniert mit kurzen Inhaltsangaben aller überlieferten Dokumente *von* Kafka, *an* Kafka und teilweise auch *über* Kafka. Diese Inhaltsangaben ermöglichen es, die Chronik nicht bloß punktuell zu konsultieren, sondern über weite Strecken auch zu *lesen* – insbesondere in den Jahren ab 1911 mit ihrer zeitweise dichten Abfolge von Briefen und Tagebucheinträgen. Wobei der Leser sich freilich im Klaren darüber sein muss, dass es wissenschaftlich präzise Regesten nicht geben kann. Die Verdichtung etwa eines langen Briefs auf wenige Zeilen erfordert eine Auswahl, das heißt, sie erfordert ein plausibles, aber letztlich doch subjektives Urteil darüber, was erwähnt werden sollte und was verzichtbar ist. Ähnliches gilt für die im Tagebuch immer wieder eingestreuten Ansätze zu literarischen Texten. Die kürzesten dieser Versuche – bisweilen nur ein Satz oder Halbsatz – sind in der Chronik lediglich durch den Vermerk »Fragment(e)« angezeigt, ohne inhaltliche Bestimmung. Da jedoch die große Mehrzahl all dieser ausgewerteten Dokumente längst publiziert ist, kann der Leser in den meisten Zweifelsfällen selbst überprüfen, ob Wesentliches übergangen wurde.

Biographie und Chronik sind zwei radikal unterschiedliche, in gewissem Sinn sogar entgegengesetzte Formen, um ein gelebtes Leben abzubilden. Ihre Probleme und Schwächen verhalten sich spiegelbildlich: Während beim biographischen Erzählen jedes Ereignis einem bestimmten Thema, einem Kontext, zumeist also einem sachlich fokussierten Kapitel zugeordnet werden sollte – andernfalls wären zahllose Wiederholungen in Kauf zu nehmen –, löst die Chronik thematische Verbindungen auf und reduziert alles auf eine geordnete Abfolge von Ereignissen.

Das kann nicht immer funktionieren. Zum einen kommt es natürlich vor, dass selbst bedeutsame Ereignisse nur ungenau oder überhaupt nicht datierbar sind. So hat Kafka im August 1921 in einem Brief an seine Schwester Elli recht anschaulich geschildert, auf welche Weise er als Jugendlicher sexuell aufgeklärt wurde, und dieser Brief ist für die Erörterung von Kafkas sexueller Entwicklung selbstverständlich ein zentrales Dokument. Das Ereignis selbst lässt sich jedoch nicht datieren, nicht einmal das Jahr ist plausibel zu begründen, und so ist es in der Chronik *Von Tag zu Tag* auch nicht verzeichnet. Vor allem in den frühen Jahren entstehen auf diese Weise zahlreiche Lücken, das Datengerüst macht hier einen vergleichsweise dürftigen Eindruck, während tatsächlich über Kafkas Kindheit und Jugend sehr viel mehr bekannt ist, als die Chronik abbilden kann.

Zum anderen ist es naturgemäß schwierig, mit Hilfe eines chronologischen Rasters großflächiges historisches Geschehen zu erfassen, auch dann, wenn es genau datierbar ist. So wird zum Beispiel die Tatsache, dass Kafka seine gesamte Jugend neben einer gigantischen städtischen Baustelle verbracht hat, in einer Tageschronik keinen adäquaten Ort finden. Denn die sogenannte Assanierung, der Abbruch und die radikale Modernisierung des ehemaligen Ghettos unmittelbar neben der Prager Altstadt, zog sich über Jahrzehnte hin, mit wechselnder Intensität, und war zu Beginn des Ersten Weltkriegs noch immer nicht abgeschlossen. Dass ein so harter Einschnitt in die eigene Lebenswelt für einen Autor, der sich selbst später als »Ende oder Anfang« bezeichnete, von Bedeutung gewesen sein muss, liegt auf der Hand, zumal vor dem Hintergrund der gleichzeitigen technologischen Innovationen, die vielen Zeitgenossen das Gefühl vermittelten, das Ende einer Epoche zu erleben. Aber diese Zusammenhänge lassen sich nicht auf der Ebene der Rohdaten darstellen, sie bedürfen biographischer wie auch mentalitäts- und literaturgeschichtlicher Überlegungen.

Die Biographie leistet also weit mehr als die Chronik, das Mosaik hat mehr zu bieten als die Summe seiner Teile. Was der Biograph auf der Ebene des sinnlichen Materials besser ausblenden sollte, um der Gefahr der Verzettelung entgegenzuwirken, vermag jedoch die Chronik in hoher Auflösung wieder sichtbar zu machen. Sie ermöglicht daher dem Leser einen Wechsel der Perspektive und damit auch eigene Entdeckungen, vor allem solche, die sich aus verblüffenden zeitlichen

Nachbarschaften ergeben. Angesichts des Anspruchs und Umfangs der dreibändigen Kafka-Biographie und angesichts der breiten, mittlerweile auch internationalen Rezeption schien mir dies Grund genug, nun auch einen beträchtlichen Teil der Rohdaten den Lesern zur Verfügung zu stellen. *Kafka. Von Tag zu Tag* führt gleichsam in den Keller des biographischen Projekts, zwischen seine Fundamente, und würde das nun dazu führen, dass dort noch weitere, auch mir bislang unbekannte Türen und Gänge sich auftun – es würde mich nicht wundern, aber erfreuen.

Hinweise zur Lektüre

Jedem Datumseintrag, der ein Jahr, einen Monat oder einen einzelnen Tag benennt, sind verschiedene Arten von Informationen zugeordnet:

1. *Informationen über die von Kafka verfassten Texte:* literarische Werke, Tagebucheinträge, Briefe, Postkarten, Telegramme und Widmungen.

Tagebucheinträge und postalische Mitteilungen werden jeweils inhaltlich zusammengefasst, wobei selbstverständlich die Entscheidung darüber, was als besonders charakteristische oder sachlich bedeutsame Äußerung zu werten oder zu zitieren ist, nicht nach objektiven Kriterien getroffen werden kann. Häufig erschließt sich die Relevanz einer Aussage erst in einem viel größeren Kontext; daher wurde darauf geachtet, den kommunikativen Zusammenhang mit einzubeziehen, wo immer dies einem besseren Verständnis dienen kann. Das heißt, in vielen Fällen erfährt der Leser nicht nur, was Kafka schrieb, sondern auch, worauf er antwortete.

Dokumente von geringer Relevanz – etwa Postkarten, die im wesentlichen Grüße enthalten – werden nur vermerkt, ohne Angabe des Inhalts. Analoges gilt für Tagebucheinträge, die aus wenigen Worten oder abgebrochenen Sätzen bestehen. In solchen Fällen findet der Leser lediglich den Vermerk »Tagebuch«.

Mit dem Begriff »Fragment« sind stets literarische Ansätze gemeint, für die Kafka seine Tagebuchhefte ja häufig benutzte. Ob der literarische Text sich inmitten anderer, nichtfiktionaler Aufzeichnungen findet oder ob Kafka dafür separate Blätter und Hefte nutzte, ist jedoch nicht ausdrücklich unterschieden. Die Chronik ordnet den Text also lediglich dem Datum zu, soweit das möglich ist, nicht aber den verschiedenen Schriftträgern.

Vermerke zu Briefen und Karten, deren Originale verschollen sind, werden in eckigen Klammern wiedergegeben: *[...]*. Auch in solchen Fällen lässt sich jedoch bisweilen Inhaltliches oder sogar wörtlich Zitierbares erschließen, meist mit Hilfe des Tagebuchs oder der Antwortschreiben.

Die Entstehung von Kafkas Werken wird chronologisch so exakt wie möglich nachvollzogen. Bisweilen ist genau belegbar, bis zu welchem Punkt seine literarische Arbeit von Tag zu Tag gedieh. In solchen Fällen wird nicht nur die entsprechende Seitenzahl der Kritischen Ausgabe genannt, sondern auch die Zeile: So ist beispielsweise dokumentiert, dass Kafka am 1. Dezember 1912 mit seinem Manuskript der *Verwandlung* bis zu Seite 176, Zeile 16 der heutigen Ausgabe seiner *Drucke zu Lebzeiten* kam (*D* 176,16). In anderen Fällen jedoch lässt sich die Entstehung eines Textes nicht einmal auf den Monat genau datieren. Hier wurden vor allem die Apparatbände der Kritischen Ausgabe zu Rate gezogen, um eine zumindest grobe Datierung zu ermöglichen.

2. *Informationen über Briefe, Postkarten und Telegramme, die* an *Kafka gerichtet wurden.*

Diese Informationen werden auf dieselbe Weise ausgewählt und dargestellt wie die Angaben zu Kafkas eigenen postalischen Mitteilungen. Naturgemäß kommt es hier öfter vor, dass wir von der Existenz eines Schreibens wissen, ohne eine Vorstellung von dessen Inhalt zu haben. In solchen Fällen wurde nach dem Kriterium der Relevanz entschieden, ob ein Vermerk aufgenommen wird oder nicht. So wäre es zum Beispiel ohne Nutzen für den Leser, die Hunderte von Briefen, die Kafka von Felice Bauer erhielt und deren Inhalt uns unbekannt ist, durch eine ebenso große Zahl leerer Vermerke zu dokumentieren.

3. *Informationen über Aufzeichnungen und Briefe weiterer Personen*, sofern diese Texte zu Kafka Bezug haben.

Beispiele hierfür sind die Tagebucheintragungen Max Brods sowie wechselseitige Mitteilungen von Angehörigen und Freunden. Unabhängig davon, ob Kafka diese Texte kannte oder nicht, bieten sie in vielen Fällen bedeutsame zusätzliche Informationen, und zwar keineswegs nur über Vorgänge, die sich hinter seinem Rücken abspielten. So wissen wir zum Beispiel nur aus einer beiläufigen Bemerkung Irma Kafkas gegenüber Ottla, dass Kafkas berühmter *Brief an den Vater* keineswegs der erste kritische Brief war, den er an seinen Vater schrieb (siehe 25. April 1918).

4. *Informationen über Kafkas Unternehmungen* (z. B. Reisen, Treffen mit Freunden, Besuche von Veranstaltungen) *sowie Ereignisse in Kafkas unmittelbarem Umfeld.*

Auch hier sind einige als »wahrscheinlich« charakterisierte Ereignisse mit aufgenommen, für die es keine unmittelbaren Belege gibt, insbesondere die Anwesenheit Kafkas bei Lesungen und Vorträgen.

Dass die Chronik ein Ereignis benennt, bedeutet nicht zwangsläufig, dass Kafka es auch zur Kenntnis genommen hat. So dienen etwa Angaben zu Geburtstagen und Alter von Personen zumeist der Veranschaulichung (unter anderem, weil Altersunterschiede zu Kafkas Zeit eine größere soziale Bedeutung hatten als heute). Auch manche Vorgänge innerhalb der Familie seiner Verlobten Felice Bauer blieben Kafka verborgen, wurden in die Chronik aber dennoch aufgenommen, da sie auf die Dynamik dieser Beziehung Einfluss hatten.

Umgekehrt darf man aus Kafkas Schweigen selbstverständlich nicht auf seine Unkenntnis schließen. So war er mit höchster Wahrscheinlichkeit über den Schwangerschaftsabbruch von Elsa Taussig, der späteren Ehefrau Max Brods, informiert (siehe 19. Februar 1910). Es wäre ihm jedoch nicht in den Sinn gekommen, etwas derart Heikles (immerhin machte sich Taussig strafbar) jemals schriftlich zu erwähnen, und so wissen wir von diesem Ereignis nur, weil Brod in seinem Tagebuch weniger vorsichtig war.

Reisen Kafkas sind durch Pfeile (→) eigens hervorgehoben. Denn viele der Dokumente sind ja nur verständlich, wenn man vor Augen hat, wo Kafka sich gerade aufhält.

5. Angaben zu Publikationen.

Kafkas eigene Veröffentlichungen, auch Neuauflagen, mehrfache Publikationen desselben Textes sowie amtliche Schriften sind ausnahmslos aufgeführt; die literarischen Veröffentlichungen sind zusätzlich mit einem Symbol (📖) hervorgehoben. Weiterhin genannt sind Buchveröffentlichungen der engsten Freunde Max Brod, Felix Weltsch und Oskar Baum. Aufsätze, Zeitungsartikel und Vorträge der Freunde werden nur dann aufgeführt, wenn dazu besonderer Anlass besteht, etwa ein ausdrücklicher Kommentar Kafkas.

Gewöhnlich werden alle diese Informationen in einer vorbestimmten Reihenfolge geboten: Kafkas Publikationen und Reisebewegungen / Kafkas Tagebücher und Briefe/die Mitteilungen anderer Personen / zuletzt die Ereignisse in seinem Umfeld. Zugunsten der Verständlichkeit und der flüssigen Lesbarkeit hat jedoch die Chronologie der Ereignisse stets Vorrang, insbesondere an Tagen mit einer dichten Abfolge von Ereignissen und Mitteilungen (siehe etwa 4. Dezember 1912 und 3. Februar 1913).

Die Tagebücher Kafkas in der Kritischen Ausgabe sowie in der daraus abgeleiteten Ausgabe des Fischer Taschenbuch Verlags sind mit einem chronologischen Verzeichnis versehen. Damit ist es recht einfach, den vollen Wortlaut der Tagebucheinträge aufzufinden.

Dasselbe gilt für Kafkas Briefe, die in den bislang vier Briefbänden der Kritischen Ausgabe in chronologischer Reihenfolge und mit (bis auf marginale Ausnahmen) identischen Datierungen abgedruckt sind. Die meisten von Kafkas Briefen ab Anfang 1921 finden sich in den folgenden Ausgaben: *Briefe 1902–1924, Briefe an Milena, Briefe an Ottla und die Familie, Briefe an die Eltern aus den Jahren 1922–1924* sowie in dem Band Max Brod / Franz Kafka, *Eine Freundschaft*. Bd. II: *Briefwechsel* (bibliographische Angaben siehe unter ›Quellen‹).

Von Tag zu Tag

1883

3. JULI
Franz Kafka wird in Prag geboren. Er ist das erste Kind von Hermann Kafka (1852–1931) und Julie Kafka (geb. Löwy, 1856–1934). Die Ehe der Eltern besteht seit 10 Monaten. Die in Anspruch genommene Hebamme heißt Sofie Popper.
Die Familie Kafka wohnt am Übergang von Altstadt und Josefstadt (das ehemalige Prager Ghetto), Ecke Karpfengasse / Engegasse (heute Maislová / Platnéřska). Ihr Geschäft mit Zwirn, Baumwolle und Galanteriewaren befindet sich 200 Meter entfernt am Altstädter Ring.

10. JULI
K. wird in der elterlichen Wohnung von Dr. Moritz Weisl beschnitten. Pate ist der Weinhändler und Likörfabrikant Angelus Kafka, ein Cousin Hermann Kafkas.

1884

27. MAI
Max Brod wird als Sohn des Bankangestellten Adolf Brod und seiner Frau Franziska (›Fanny‹, geb. Rosenfeld) in Prag geboren.

6. OKTOBER
Felix Weltsch wird als Sohn des Textilhändlers Heinrich Weltsch und seiner Frau Louise (geb. Pereles) in Prag geboren.

1885

MITTE MAI
Die Familie Kafka übersiedelt an den Wenzelsplatz 56 (Ecke Ve Smečkách). Das Galanteriewarengeschäft wird in die Stockhausengasse verlegt; das Sortiment umfasst jetzt auch Muffs, Leinen, Weißwäsche und Filzschuhe mit Ledersohlen.

JUNI
Aus der Küche der Kafkas wird ein Korb voller Bett- und Weißwäsche gestohlen.

JULI
Hermann Kafka entdeckt Falschgeld in seiner Ladenkasse.

3. JULI
Kafka 2 Jahre alt.

11. SEPTEMBER
K.s Bruder Georg wird geboren.

DEZEMBER
Die Familie Kafka übersiedelt in die Geistgasse 27.

1886

Tod von K.s Großmutter Franziska Kafka (*1816), geb. Platowski.

23. MÄRZ
Julie Kafka 30 Jahre alt.

3. JULI
Kafka 3 Jahre alt.

15. DEZEMBER
K.s Bruder Georg stirbt an Masern.

1887

Die Galanteriewarenhandlung der Kafkas wird in die Zeltnergasse 3 verlegt.

JUNI
Die Familie Kafka übersiedelt in die Niklasgasse 14.

3. JULI
Kafka 4 Jahre alt.

SEPTEMBER
Anonyme Anzeige gegen Hermann Kafka, der am Sonntagvormittag seine Ware auf der Straße präsentiere.

14. SEPTEMBER
Hermann Kafka 35 Jahre alt.

27. SEPTEMBER
K.s Bruder Heinrich wird geboren.

18. NOVEMBER
Felice Bauer wird in Neustadt / Oberschlesien geboren.

1888

10. APRIL
K.s Bruder Heinrich stirbt an Meningitis.

3. JULI
Kafka 5 Jahre alt.

AUGUST
Die Familie Kafka übersiedelt in die Zeltnergasse 2 (›Sixt-Haus‹).

17. OKTOBER
Hermann Kafka wird von der Anklage der Hehlerei freigesprochen.

1889

ANFANG JUNI
Die Familie Kafka übersiedelt in das Haus ›Minuta‹, Kleiner Ring 2.

3. JULI
Kafka 6 Jahre alt.

15. SEPTEMBER
K. in Begleitung seiner Mutter an der Deutschen Volks- und Bürgerschule am Fleischmarkt.

16. SEPTEMBER
K.s erster Unterrichtstag, der Lehrer ist Hans Markert. Unterrichtsfächer: Religion, Gesang, Turnen, Rechnen, Lesen, Schönschreiben, Anschauungsunterricht, Zeichnen.

22. SEPTEMBER
Elli (Gabriele) Kafka wird geboren.

10. DEZEMBER
K.s Großvater Jakob Kafka (*1814) stirbt in Wosek.

13. DEZEMBER (?)
Jakob Kafka wird auf dem jüdischen Friedhof in Wosek (als Letzter) bestattet. K. ist in Prag.

23. DEZEMBER
Hermann Kafka wird wegen Störung der Sonntagsruhe angezeigt, da er in seinem Geschäft auch am Nachmittag Kunden bedient hat.

1890

Bei einer Volkszählung gibt Hermann Kafka Tschechisch als Umgangssprache seiner Familie an.
K.s Onkel Alfred Löwy (*1852), Bankprokurist in Paris, wird französischer Staatsbürger.

17. JUNI
K. sieht erstmals eine partielle Sonnenfinsternis.

3. JULI
Kafka 7 Jahre alt.

SEPTEMBER
Ab Beginn des 2. Schuljahrs wird K. auch in Sprachlehre und Rechtschreibung unterrichtet. Der Lehrer ist Karel Netuka.

4. SEPTEMBER
Die Kafkas besichtigen vermutlich die am Morgen eingestürzte Karlsbrücke.

25. SEPTEMBER
Valli (Valerie) Kafka wird geboren.

1891

28. FEBRUAR
Julie Wohryzek in Prag geboren.

23. MÄRZ
Julie Kafka 35 Jahre alt.

APRIL
K. geht wegen Krankheit (vermutlich Keuchhusten) über mehrere Wochen nicht zur Schule.

14. MAI
Eröffnung der Allgemeinen Landes-Ausstellung im Baumgarten. Eine große Industrieschau mit zahlreichen technischen Attraktionen nach dem Vorbild der Weltausstellungen (bis 18. Okt.). K.s Patenonkel Angelus Kafka präsentiert hier Weine und Liköre.

3. JULI
Kafka 8 Jahre alt.

SEPTEMBER
Mit Beginn des 3. Schuljahrs wird Matthias Beck K.s Klassenlehrer. Neue Fächer sind Geschichte, Naturgeschichte und Geographie. K. nimmt am optionalen Tschechischunterricht teil.

26. SEPTEMBER
Kaiser Franz Joseph kommt nach Prag, um die Landes-Ausstellung zu besichtigen. In der Ferdinandstraße stehen Schulklassen in Festtagskleidung Spalier. Erstmals sieht K. den Kaiser.

1892

3. JULI
Kafka 9 Jahre alt.

SEPTEMBER
Beginn des 4. Volksschuljahres. K. nimmt weiterhin am optionalen Tschechischunterricht teil.

ANFANG SEPTEMBER
Die Familie Kafka übersiedelt in die Zeltnergasse 3 (Haus ›Zu den drei Königen‹), wo sich bereits das Galanteriewarengeschäft befindet. Erstmals bewohnt K. ein eigenes Zimmer (im 1. Stock mit Blick auf die Straße).

14. SEPTEMBER
Hermann Kafka 40 Jahre alt.

15. SEPTEMBER
Der 14-jährige František Xaver Bašík wird kaufmännischer Lehrling bei Hermann Kafka (bis 1895). Er wird später Erinnerungen an diese Zeit publizieren.

29. OKTOBER
Ottla (Ottilie) Kafka wird geboren.

18. DEZEMBER
Alfred Löwy 40 Jahre alt.

1893

Hermann Kafka wird bei der Polizei von einem Kunden beschuldigt, eine gefälschte Banknote weitergegeben zu haben.

FRÜHJAHR
Der Lehrer Matthias Beck empfiehlt K.s Eltern, ihren Sohn wegen dessen zarter Konstitution noch für ein Jahr auf der Volksschule zu lassen. Sie entscheiden sich dagegen.

3. JULI
Kafka 10 Jahre alt.

SOMMER
K. besteht die Aufnahmeprüfung fürs Gymnasium in Deutsch, Religion und Mathematik.

19. SEPTEMBER
K.s 1. Tag am Altstädter Deutschen Gymnasium im Kinsky-Palais. Obligatorische Unterrichtsfächer sind Religion, Latein, Deutsch, Geographie, Mathematik, Naturgeschichte, Turnen. Am optionalen Tschechischunterricht nimmt K. weiterhin teil. Zu seinen Mitschülern zählen Hugo Bergmann, Camill Gibian, Hugo Hecht, Rudolf Illový, Paul Kisch und Oskar Pollak, später auch Ewald Felix Přibram und Emil Utitz. Klassenlehrer bis zur Matura bleibt der Latein- und Griechischlehrer Dr. phil. Emil Gschwind.

1893 31. DEZEMBER
Auf einer außerordentlichen Generalversammlung in der Zigeuner-Synagoge beschließt die jüdische Gemeinde den Neubau der Synagoge. Anwesend ist auch Hermann Kafka.

1894

FEBRUAR
Hermann Kafka wird erneut wegen Zahlung mit Falschgeld angezeigt.

27. MAI
Max Brod 10 Jahre alt.

3. JULI
Kafka 11 Jahre alt.

7. JULI
Ende des 1. Gymnasialjahrs.

18. SEPTEMBER
Beginn des 2. Gymnasialjahrs. Das Fach Geschichte kommt hinzu.

10. NOVEMBER
Schulausflug mit Besichtigung einer plastischen Darstellung der Schlacht von Custozza.

1895

Hermann Kafka wird zum k. u. k. Sachverständigen beim Handelsgericht ernannt.

31. JANUAR
Der Lehrling František Bašík verlässt die Galanteriewarenhandlung der Kafkas.

MÄRZ
Hermann Kafka wird zum dritten Mal wegen Zahlung mit Falschgeld angezeigt.

21. MAI
Klassenausflug nach Rostok.

3. JULI
Kafka 12 Jahre alt.

6. JULI
Ende des 2. Gymnasialjahrs.

SEPTEMBER
Elli auf der deutschsprachigen Allgemeinen Volks- und Bürgerschule für Mädchen.

18. SEPTEMBER
Beginn des 3. Gymnasialjahrs. Die Fächer Griechisch und Physik kommen hinzu. K. ist in den ersten 3 Gymnasialjahren Vorzugsschüler.

1896

23. MÄRZ
Julie Kafka 40 Jahre alt.

9. JUNI
Klassenausflug in den Tierpark von Schloss Stern bei Prag.

13. JUNI
9.30 Uhr: K.s Bar-Mizwa in der Zigeuner-Synagoge.

3. JULI
Kafka 13 Jahre alt.

9. JULI
Ende des 3. Gymnasialjahrs.

10. AUGUST
Milena Jesenská in Prag geboren.

SEPTEMBER
Valli auf der deutschsprachigen Allgemeinen Volks- und Bürgerschule für Mädchen.

18. SEPTEMBER
Beginn des 4. Gymnasialjahrs.

19. SEPTEMBER
Schulausflug zur ›II. internationalen pharmaceutischen Ausstellung‹ in Prag.

1896 ENDE
K. schenkt Hugo Bergmann anlässlich von dessen Bar-Mizwa das *Universal-Konversations-Lexikon* von Joseph Kürschner.

1897

24. MAI
Klassenausflug zur Burg Karlstein.

3. JULI
Kafka 14 Jahre alt.

6. JULI
Ende des 4. Gymnasialjahrs.

14. SEPTEMBER
Hermann Kafka 45 Jahre alt.

18. SEPTEMBER
Beginn des 5. Gymnasialjahrs (= Obergymnasium). In Latein und Griechisch wird zusätzliche »Privatlectüre« verlangt. Religionslehrer ist Nathan Grün, der Bibliothekar der jüdischen Gemeinde. K. beginnt, Französisch zu lernen.

20. NOVEMBER
Albumeintrag für Hugo Bergmann: »Es gibt ein Kommen und ein Gehn ...« (*NSF1* 7)

29. NOVEMBER
Beginn sozialer Unruhen, bei denen zahlreiche deutsche Geschäfte und Institutionen von aufgebrachten Tschechen attackiert werden. Geschäft und Wohnung der Kafkas werden von den Plünderern ver-

1897 schont, nicht jedoch das Kinskypalais, in dem sich das Altstädter deutsche Gymnasium befindet.

2. DEZEMBER
K. geht nicht zur Schule, da sein Gymnasium wegen der Verwüstungen geschlossen ist.

6. DEZEMBER
K. besucht wieder den Unterricht.

18. DEZEMBER
Alfred Löwy 45 Jahre alt. Er ist mittlerweile Eisenbahndirektor in Madrid.

1898

K.s Geburtshaus wird abgerissen. Nur das Barockportal und die darüberliegende Balkonbrüstung werden beim Neubau wiederverwendet.

4. MÄRZ
Dora Diamant wird in Bendjin (Polen) geboren.

24. JUNI
Klassenausflug nach Mnichovic-Stranšic, eine Besitzung des Piaristenordens.

3. JULI
Kafka 15 Jahre alt.

7. JULI
Ende des 5. Gymnasialjahrs.

SEPTEMBER
Ottla wird im Gegensatz zu ihren Schwestern in einer tschechischsprachigen Volksschule eingeschult.

20. SEPTEMBER
Beginn des 6. Gymnasialjahrs.

1899

Beginn der Freundschaft mit dem Klassenkameraden Oskar Pollak. K. begeistert sich für sozialistische Theorien, er liest Darwin und Haeckel.

5. JUNI
Schulausflug nach Wegstädtl.

3. JULI
Kafka 16 Jahre alt.

8. JULI
Ende des 6. Gymnasialjahrs. K.s »Fleiß« und »sittliches Betragen« wird nur noch als *befriedigend* benotet, seine Mathematikkenntnisse nur als *ausreichend*.

5. SEPTEMBER
Oskar Pollak 16 Jahre alt.

19. SEPTEMBER
Beginn des 7. Gymnasialjahrs. Deutschlehrer ist Josef Wihan (*1874). Statt Naturgeschichte wird Physik unterrichtet, außerdem Philosophische Propädeutik bei Emil Gschwind (*1841).

22. SEPTEMBER
Elli Kafka 10 Jahre alt.

1900

K. streitet mit Hugo Bergmann über dessen Religiosität; vertritt eine naturwissenschaftlich-atheistische Position.
Gulden und Kreuzer werden in Österreich-Ungarn abgeschafft, nur noch Kronen und Heller sind gültige Währungseinheiten.

3. JULI
Kafka 17 Jahre alt.

7. JULI
Ende des 7. Gymnasialjahrs.

nach 7. JULI
K. bei seinem Onkel Siegfried Löwy (*1867), der als Landarzt in Triesch (Mähren) lebt.

21. JULI
an Elli Kafka: (Ansichtskarte aus Triesch) »Klein-Ella«.

AUGUST / SEPTEMBER
Sommeraufenthalt der Familie Kafka in Rostok (Villenort vor Prag).
K. lernt Selma Kohn kennen, liest ihr aus Nietzsches Werken vor.

4. SEPTEMBER
Albumeintrag für Selma Kohn (NSF1 8)

1900 **8. SEPTEMBER**
Selma Kohn 17 Jahre alt.

18. SEPTEMBER
Beginn des 8. und letzten Gymnasialjahrs. Schwerpunkte im Geschichtsunterricht sind ›Österreichische Vaterlandskunde‹ und ›Geschichte des Altertums‹. Als Thema einer Redeübung wählt K. ›Wie haben wir den Schluss von Goethes *Tasso* aufzufassen?‹.

25. SEPTEMBER
Valli Kafka 10 Jahre alt.

1901

19. JANUAR
Hermann Kisch (*1840) stirbt, der Vater von Paul Kisch und dessen 4 jüngeren Brüdern.

nach 19. JANUAR
an Paul Kisch: Kondoliert.

23. MÄRZ
Julie Kafka 45 Jahre alt.

6.–10. MAI
Schriftliche Maturitätsprüfungen in Deutsch (Aufsatzthema: ›Welche Vorteile erwachsen Österreich aus seiner Weltlage und seinen Bodenverhältnissen?‹), Latein (Übersetzungen in beide Richtungen), Griechisch (Übersetzung ins Deutsche) und Mathematik.

5. JUNI
Schulausflug nach Skalitz und Sebusein bei Leitmeritz.

12. JUNI
Die Schüler des Altstädter Gymnasiums stellen sich am Franzens-Quai auf, um Kaiser Franz Joseph zu begrüßen.

3. JULI
Kafka 18 Jahre alt.

1901 **8.–11. JULI**
Mündliche Maturitätsprüfungen.

9. JULI
K.s Maturitäts-Zeugnis wird ausgefertigt.

28. JULI
➜ HELGOLAND

4. AUGUST
Siegfried Löwy trifft auf Helgoland ein.

8. AUGUST
➜ NORDERNEY (mit Siegfried Löwy)
Reise mit dem Raddampfer ›Najade‹.

12. AUGUST
K. und Löwy wechseln vom Hotel zum Reichsadler in den Gasthof Frisia. K. trägt sich im Fremdenbuch als »stud. chem.« ein.

24. AUGUST
an Elli Kafka: (Ansichtskarte)

27. AUGUST
➜ PRAG

SEPTEMBER
Ottla wechselt auf die deutschsprachige Volksschule für Mädchen. Ihre Zeugnisse verschlechtern sich danach sehr.

18. SEPTEMBER
Der 18-jährige Oskar Kafka, ein Cousin K.s, nimmt sich in Mährisch-Weißkirchen das Leben, nachdem er die Aufnahmeprüfung in eine Kavallerie-Kadettenschule nicht bestanden hat.

ANFANG OKTOBER
K. immatrikuliert sich an der Deutschen Karls-Universität und wird Mitglied der ›Lese- und Redehalle der deutschen Studenten in Prag‹.

1. OKTOBER
K., Hugo Bergmann und Oskar Pollak im deutschen chemischen Institut, Krankenhausgasse 3. Vorstellung bei Prof. Guido Goldschmiedt. Der Prager Stadtrat beschließt, der Familie Kafka das Heimatrecht in Prag zu gewähren.

nach 1. OKTOBER
K. für ~2 Wochen im chemischen Labor von Prof. Goldschmiedt.

12. OKTOBER
10.30 Uhr: K. bei der konstituierenden Sitzung der ›Abteilung für Literatur und Kunst‹ der ›Lese- und Redehalle‹, eröffnet von Bruno Kafka.

etwa 21. OKTOBER
K. wechselt zur juristischen Fakultät. Er belegt im 1. Semester: Institutionen des römischen Rechts, Encyclopädie der Rechts- und Staatswissenschaft, Römische Rechtsgeschichte, Deutsche Rechtsgeschichte, Deutsche Kunstgeschichte, Geschichte der Baukunst, Kunstgeschichtliche Übungen, Praktische Philosophie (bei Christian von Ehrenfels); insgesamt 25 Wochenstunden.

NOVEMBER
Bei einem internen Treffen der ›Lese- und Redehalle‹ muss K. mit Ehrenwort seine »treudeutsche Gesinnung« geloben. Eine schwarz-rot-goldene Schärpe wird ihm übergestreift.

23. NOVEMBER
20 Uhr: K. beim Eröffnungskommers der ›Lese- und Redehalle‹ im Wintergarten des Deutschen Studentenheims in der Mariengasse.

1902

[an Hugo Bergmann]
Hugo Bergmann an K.: Beklagt sich darüber, dass K. erneut über den Zionismus spottet. »Du warst seit je auf Dich allein angewiesen und bekamst so auch die Kraft, allein zu sein.« Hält sich selbst für kraftlos und unkreativ. »Ich möchte einmal auf unserem Boden stehen und nicht wurzellos sein. Vielleicht wird dann auch meine Kraft mir zurückkehren.«

19. JANUAR
11 Uhr: K. bei einem Treffen der ›Abteilung für Literatur und Kunst‹. Vortrag von Georg Pick über ›Hauptmanns Märchendramen‹.

1. FEBRUAR
K. geht mit Oskar Pollak spazieren.

4. FEBRUAR
an Oskar Pollak: Beklagt die gegenseitige Entfremdung. Selbstvorwürfe wegen Unbeholfenheit. Liest mit Pollak, den er seit etwa 3 Jahren näher kennt, den *Kunstwart*. Eifersucht auf Pollaks Freundin. Hat ihn »sehr lieb«.

ANFANG APRIL
Beginn des 2. Semesters. K. nimmt an keinen juristischen Lehrveranstaltungen teil, stattdessen: Geschichte der niederländischen Malerei, Geschichte der christlichen Bildhauerkunst, Kunstgeschichtliche Übungen, Geschichte der deutschen Literatur in der Periode

des Sturm und Drang, Deutsche Stilübungen und Gerstenbergs Briefe (bei August Sauer), Geschichte der älteren deutschen Literatur II, Ästhetik des musikalischen Dramas (bei Christian von Ehrenfels), Grundfragen der deskriptiven Psychologie (bei Anton Marty), Proseminare in Latein und Griechisch; insgesamt 25 Wochenstunden.

11. MAI
11 Uhr: K. bei der konstituierenden Sitzung der ›Abteilung für Literatur und Kunst‹. Vortrag von Georg Pick über ›Meine italienische Reise‹.

JULI
Abschließende Prüfung in Form eines Kolloquiums zur ›Deskriptiven Psychologie‹ bei Anton Marty. K. besteht nicht.

ANFANG JULI
Julie und Elli Kafka in Marienbad.

3. JULI
Kafka 19 Jahre alt.

AUGUST
K. mit der Familie in Liboch an der Elbe. Zweitägige Unterbrechung, da Alfred Löwy von Madrid nach Prag kommt.
an Oskar Pollak: Idyll in Liboch, »wie ein liebes altes stilles deutsches Märchen«.
an Oskar Pollak: Spielt mit Kindern und erzählt ihnen Märchen. Ländliche Eindrücke.

11. AUGUST (?)
an Oskar Pollak: (Karte) Schickt ihm postlagernde Briefe während dessen Reise durch Böhmen und Thüringen.

23. AUGUST (?)
an Oskar Pollak: Tadelt Pollaks ständige Kritikbereitschaft. »Germanistik, in der Hölle soll sie braten«. Über das Goethe-Haus in Weimar. »... das Allerheiligste eines Fremden können wir niemals

1902 haben, nur das eigene«. Satirische Bemerkungen über Prof. Sauer (die wegen Streichungen Brods überwiegend verloren sind). Hat Alfred Löwy gefragt, ob er ihm nicht eine Stellung vermitteln könne.

28. AUGUST
an Paul Kisch: (Ansichtskarte)

etwa 30. AUGUST
→ TRIESCH

3. SEPTEMBER
an Elvira Sterk: (Ansichtskarte)

8. SEPTEMBER
an Paul Kisch: (Ansichtskarte)

etwa 9. SEPTEMBER
→ PRAG

14. SEPTEMBER
Hermann Kafka 50 Jahre alt.

ANFANG OKTOBER
Beginn des 3. Semesters. K. belegt: Pandekten Erbrecht, Pandekten Obligationenrecht, System des deutschen Privatrechts, Kirchenrecht, Völkerrecht; insgesamt 20 Wochenstunden.
Paul Kisch immatrikuliert sich an der Universität München, er studiert dort ein Semester lang Germanistik.
Max Brod und Felix Weltsch immatrikulieren sich an der juristischen Fakultät der Karls-Universität. Sie werden Mitglieder der ›Lese- und Redehalle‹ und deren ›Abteilung für Literatur und Kunst‹.

1. OKTOBER
Anna Pouzarová wird für ein Jahr Gouvernante bei den Kafkas, vermutlich als Nachfolgerin von Elvira Sterk. Sie ist vor allem dafür zuständig, den schlechten schulischen Leistungen der 3 Mädchen aufzuhelfen.

13. OKTOBER
K. beantragt einen Pass für eine Reise nach Deutschland (den er nicht nutzen wird).

17. OKTOBER
an die Polizei-Direktion Prag: (Formular) Pass erhalten.

19. OKTOBER
11 Uhr: K. bei der konstituierenden Sitzung der ›Abteilung für Literatur und Kunst‹. Max Brod wird zum 2. Schriftführer gewählt.

23. OKTOBER
20.30 Uhr: K. bei einem Treffen der ›Abteilung für Literatur und Kunst‹. Vortrag von Max Brod über ›Arthur Schopenhauer. Schicksale und Zukunft seiner Philosophie‹. K. spricht Brod an und kritisiert ihn. Langer gemeinsamer Spaziergang.

29. OKTOBER
Ottla Kafka 10 Jahre alt.

5. NOVEMBER
an Paul Kisch: (Bildkarte) Ironische Klage über ausbleibende Nachrichten.

25. NOVEMBER
20.30 Uhr: K. bei einem Treffen der ›Abteilung für Literatur und Kunst‹. Vortrag von Max Horb über eine Ausstellung mit japanischen Werken von Emil Orlik im Rudolfinum.

9. DEZEMBER
20.30 Uhr: K. bei einem Treffen der ›Abteilung für Literatur und Kunst‹. Vortrag von Oskar Pollak über ›Ästhetische Kultur‹ am Beispiel japanischer Kunst. K. kündigt einen eigenen Vortrag an: ›Japan und wir‹. (Woran dieser Vortrag scheiterte, ist nicht bekannt.)

18. DEZEMBER
Alfred Löwy 50 Jahre alt.

1902 20. DEZEMBER
an Oskar Pollak: »Prag lässt nicht los. Uns beide nicht. Dieses Mütterchen hat Krallen… An zwei Seiten müssten wir es anzünden, am Vyšehrad und am Hradschin«. K. notiert (oder kopiert) die **Geschichte vom schamhaften Langen und vom Unredlichen in seinem Herzen**, sein frühester erhaltener literarischer Text.

31. DEZEMBER
K. geht in der Silvesternacht mit Camill Gibian aus.

1903

K. lernt Felix Weltsch näher kennen.

JANUAR
K. wird von Oskar Pollak in den ›Louvre-Zirkel‹ eingeführt, in dem sich Anhänger des Philosophen Franz Brentano versammeln, darunter Hugo Bergmann, Max Brod, Emil Utitz und Felix Weltsch. Die Treffen, an denen K. unregelmäßig teilnimmt, finden zumeist im Café Louvre statt; außerdem im Salon von Berta Fanta (*1865) am oberen Ende des Wenzelsplatzes (ab Nov. am Altstädter Ring), bei deren Schwester Ida Freund (*1868) und bei dem Brentano-Schüler Prof. Anton Marty (*1847).

11. JANUAR
11 Uhr: K. bei einem Treffen der ›Abteilung für Literatur und Kunst‹. Vortrag von Max Brod: ›Einiges über Kritik‹. Ungewöhnlich viele Zuhörer.
Ewald Felix Přibram 20 Jahre alt.

4. FEBRUAR
an Paul Kisch: Sehr kritisch über eine Erzählung Kischs. Halb gelangweilt vom ›Louvre-Zirkel‹, Kisch soll ihn dort »ersetzen«, sobald er aus München zurück ist.

7. FEBRUAR
an Paul Kisch: Sarkastische Schilderung der Abende im Salon der Berta Fanta. Kisch soll für den Geburtstag von Julie Kafka eine

1903 Nachbildung der Johannes-Statue von Donatello mitbringen, für K. selbst eine ›Tanzende Mänade‹ als Relief.

23. FEBRUAR
20 Uhr: K. bei der Vollversammlung der ›Abteilung für Literatur und Kunst‹.

1. MÄRZ
10.30 Uhr: Konstituierende Sitzung der ›Abteilung für Literatur und Kunst‹. K. ist vermutlich anwesend.

10. MÄRZ
an Paul Kisch: (Karte) Soll die Donatello-Statue lassen, da die Zeit zu knapp geworden ist, die ›Tanzende Mänade‹ aber mitbringen.

11. MÄRZ
an Paul Kisch: Die Donatello-Statue kann nun doch nach Prag geschickt werden. Oskar Pollak ist Ausschussmitglied der ›Lese- und Redehalle‹. »… in Prag erholt man sich, ich erhole mich schon seit fast 20 Jahren«.

23. MÄRZ
Anlässlich des Geburtstags von Julie Kafka führt K. mit seinen Schwestern und der Erzieherin Anna Pouzarová in der elterlichen Wohnung einen selbstverfassten Einakter auf. Anwesend sind Julies Vater Jakob Löwy und weitere Verwandte.

ANFANG APRIL
Beginn des 4. Semesters. K. belegt: Pandekten I und II, Römisches Recht, Römischer Zivilprozess, Österr. Rechtsgeschichte, deutsch-österr. Rechtsquellen sowie Kirchenrecht; insgesamt 26 Wochenstunden.
Paul Kisch von München zurück in Prag.

27. MAI
Max Brod 19 Jahre alt.

7. JUNI
Anna Adler (*1848), die Schwester von Hermann Kafka, für eine Woche zu Besuch bei den Kafkas.

15. JUNI
Alfred Löwy aus Madrid für 4 Tage in Prag.

JULI
K. macht seine vermutlich erste sexuelle Erfahrung mit einem Ladenmädchen aus der Zeltnergasse. Sie verbringen zwei Nächte in einem Hotel auf der Kleinseite.

3. JULI
Kafka 20 Jahre alt.

18. JULI
K. besteht die rechtshistorische Staatsprüfung »mit gutem Erfolg«.

JULI–AUGUST
K. und seine Familie in der Sommerfrische in Salesl bei Aussig. Er fährt Rad, badet und spielt Tennis mit einem Mädchen.

etwa 23. AUGUST
K. unterbricht die Sommerfrische und reist für einige Tage in Dr. Lahmanns Naturheilsanatorium in Dresden-Weißer Hirsch. Er wohnt in der Villa Ebert (heute Wolfshügelstr. 4).

23. AUGUST
an Paul Kisch: (Ansichtskarte) »Hier trinkt man Luft statt Bier badet in Luft statt in Wasser und es thut recht wohl.«
an Elvira Sterk: (Ansichtskarte)

5. SEPTEMBER
Oskar Pollak 20 Jahre alt.

6. SEPTEMBER
an Oskar Pollak: Hat ihn seit 2 Monaten nicht gesehen, auch keine Nachricht von ihm erhalten. Ihn »bringen diese Monate im Sommer

1903 am meisten merklich von der Stelle«. Hat vergeblich gehofft, im Sommer schreiben zu können, hat jedoch seine sozialen Fähigkeiten gestärkt. »Einsiedelei ist widerlich ... man beisse lieber ins Leben statt in seine Zunge«. Kündigt an, ihm einige seiner literarischen Arbeiten zu schicken (nicht überliefert), jedoch nicht die »Kindersachen«.

nach 6. SEPTEMBER
an Oskar Pollak: (nur in Bruchstücken überliefert) Schickt ihm ein »paar Tausend Zeilen«. »Der grösste Teil ist mir widerlich ... ich war so vertollt in die großen Worte«. »Was mir fehlt, ist Zucht ... Die Kunst hat das Handwerk nötiger als das Handwerk die Kunst«.

OKTOBER
Max und Berta Fanta beziehen eine Wohnung im Haus ›Zum Einhorn‹ am Altstädter Ring. Ihre Apotheke befindet sich im Erdgeschoss.

ANFANG OKTOBER
Beginn des 5. Semesters. K. belegt: Österr. Privatrecht I, Allg. und österr. Staatsrecht, Gerichtliche Medicin für Juristen sowie Materielles Strafrecht bei Hans Gross (*1847), dem Vater von Otto Gross; insgesamt 22 Wochenstunden.

18. OKTOBER
10.30 Uhr: Konstituierende Sitzung der ›Abteilung für Literatur und Kunst‹. K. ist vermutlich anwesend.

27. OKTOBER
20.30 Uhr: Ein geplanter Vortrag Oskar Pollaks in der ›Abteilung für Literatur und Kunst‹ fällt kurzfristig aus.

31. OKTOBER
Die Erzieherin Anna Pouzarová verlässt nach einem Jahr die Familie Kafka.

NOVEMBER
K. muss sich beim Prager Magistrat als ›Stellungspflichtiger‹ des Jahres 1904 anmelden.

ANFANG NOVEMBER
Oskar Pollak wird Hauslehrer auf Schloss Oberstudenetz bei Žditec (südlich von Pilsen). K. wird an seiner Stelle Kunstberichterstatter der ›Lese- und Redehalle‹.

4. NOVEMBER
K. bei einem Vortrag von Paul Schultze-Naumburg im Deutschen Haus: ›Frauenschönheit und Frauentracht‹.

8. NOVEMBER
an Oskar Pollak: Vermisst offenbar den abgereisten Freund. K. liest Gustav Theodor Fechner und Meister Eckehart: »Manches Buch wirkt wie ein Schlüssel zu fremden Sälen des eigenen Schlosses.« Hat seit einiger Zeit nichts geschrieben, unglücklich darüber. »Gott will nicht, dass ich schreibe, ich aber, ich muss.« Kündigt einen (nicht überlieferten) Text *Das Kind und die Stadt* an, legt 3 Gedichte bei.

20. NOVEMBER
20.30 Uhr: K. bei einem Treffen der ›Abteilung für Literatur und Kunst‹. Vortrag von Paul Kisch über ›Schnitzlers *Reigen*‹.

24. NOVEMBER (?)
→ MÜNCHEN
Pension Lorenz, Sophienstr. 15, 3. Stock. Vermutlich möchte sich K. über das Germanistikstudium in München informieren, u. a. bei seinem früheren Mitschüler Emil Utitz.

26. NOVEMBER
an Paul Kisch: (Karte) Sitzt im Café Luitpold, hat ein Treffen mit Utitz versäumt.

30. NOVEMBER
an Paul Kisch: (2 Ansichtskarten) »Ja warum schreibst Du mir denn nicht, Mensch?« Findet München »wunderbar«, muss ~50 Karten schreiben.

1903 5. DEZEMBER
an Paul Kisch: (Bildkarte) Kisch antwortet noch immer nicht.
»Du verfluchter Kerl«.
→ PRAG

20. DEZEMBER
an Oskar Pollak: Die Menschen sind durch Seile miteinander verbunden, halten sich so wechselseitig »über einer höllischen Tiefe«. »Ich habe die Vermutung, dass die Mädchen uns oben halten, weil sie so leicht sind«. Freut sich sehr auf Pollaks baldige Rückkehr.

25. DEZEMBER
Hugo Bergmann 20 Jahre alt.

1904

an Max Brod: (Visitenkarte) An Feiertagen »lässt mich der Příbram nicht los«.

JANUAR
K. weist Brod auf Thomas Manns Novelle *Ein Glück* hin, die in der *Neuen Rundschau* erschien. Er erfreut sich besonders am 1. Satz: »Still! Wir wollen in eine Seele schauen.«

10.–11. JANUAR
an Oskar Pollak: Stärkt sich an Marc Aurels *Selbstbetrachtungen*. Erfundene Anekdote über einen Mann, der ängstlich eine verschlossene Schachtel hütet und nur deshalb von seinen Mitmenschen zur Kenntnis genommen wird. Pollak macht sich Vorwürfe wegen eines Mädchens, K. hält dagegen, man dürfe nicht über jede Stunde des Lebens »hundert Jahre« nachdenken. »Ich lebe rasch«.

etwa 13. JANUAR
[Oskar Pollak an K.]: Verdankt K. Glück.

24. JANUAR
Brod liest in der ›Lese- und Redehalle‹ aus ungedruckten und weniger bekannten Werken Gustav Meyrinks. K. ist vermutlich anwesend.

27. JANUAR
an Oskar Pollak: Hat Hebbels Tagebücher »in einem Zug« gelesen. »Wenn das Buch, das wir lesen, uns nicht mit einem Faustschlag auf

1904 den Schädel weckt, wozu lesen wir dann das Buch? ... ein Buch muss die Axt sein für das gefrorene Meer in uns.« K. vergleicht sich mit einem Narren, Pollak mit einem Weisen.

FEBRUAR
K. ist beeindruckt von Hofmannsthals Gespräch *Über Gedichte*, erschienen in der *Neuen Rundschau*.

ENDE FEBRUAR
K. spendet 10 K, um eine Lesung Detlev von Liliencrons zu ermöglichen (Brod und Paul Kisch spenden je 20 K).

2. MÄRZ
K. bei der Vollversammlung der Prager Finkenschaft im Restaurant ›Zur Stadt Moskau‹ in der Seilergasse.

ANFANG APRIL
Beginn des 6. Semesters. K. belegt: Österr. Privatrecht II, Österr. Familienrecht, Verwaltungslehre und österr. Verwaltungsrecht, Finanzwissenschaft sowie Österr. Strafprocess und Rechtsphilosophie bei Hans Gross; insgesamt 34 Wochenstunden.
K. wird Literaturberichterstatter der ›Lese- und Redehalle‹.

18. APRIL
Lesung Detlev von Liliencrons im Deutschen Haus. K. und Brod wahrscheinlich anwesend.

FRÜHJAHR
an Oskar Pollak: (fragmentarisch überliefert) Für Städter ist es klug, »sich vom Lande schreiben zu lassen«.

MAI
Die *Neue Rundschau* beginnt mit dem Abdruck von Hamsuns *Kaukasusreise*, die K. begeistert liest.
Verlobung von Hugo Bermann und Else Fanta (*1886), Tochter von Berta Fanta.

15. MAI
In der Ferdinandstraße wird das Café Louvre eröffnet.

27. MAI
Max Brod 20 Jahre alt.

16. JUNI
Vortrag von Brod über ›Grillparzers Humor‹ in der ›Lese- und Redehalle‹. K. ist vermutlich anwesend.

3. JULI
Kafka 21 Jahre alt.

AUGUST
K. wird nicht mehr als Mitglied der ›Lese- und Redehalle‹ geführt.

vor 28. AUGUST
an Max Brod: Wollte Brod mit Příbram zusammenbringen. Kritischmetaphorische Bemerkungen über die Freunde, mit denen sich Brod umgibt. Flaubert und Goethe werden erwähnt.

28. AUGUST
an Max Brod: Impressionen der Sommerfrische; K. hat Byrons Tagebücher gelesen. Literarische Formulierungen, die sich wörtlich in **Beschreibung eines Kampfes** finden, an dem er offenbar arbeitet.

22. SEPTEMBER
Elli Kafka 15 Jahre alt.

HERBST
an Max Brod: Über Ähnlichkeiten zwischen Thomas Manns *Tonio Kröger* und Brods Novelle *Ausflüge ins Dunkelrote*.
Brod nimmt K. zu dem Schriftsteller, Organisten und Klavierlehrer Oskar Baum (*1883) mit und macht sie bekannt. K. verbeugt sich bei der Begrüßung, obwohl Baum blind ist. Brod liest *Ausflüge ins Dunkelrote* vor.
Brod sendet *Ausflüge ins Dunkelrote* an Thomas Mann und macht ihn auf die Parallelen zu *Tonio Kröger* aufmerksam.

1904 **ANFANG OKTOBER**
Beginn des 7. Semesters. K. belegt: Volkswirtschaftspolitik, Österr. Zivilgerichtliches Verfahren I, Verfassung und Zuständigkeit der Zivilgerichte, Handels- und Wechselrecht I, Übungen aus dem Österr. Privatrecht, Allgemeine Staatslehre sowie Geschichte der Neueren Philosophie bei Emil Arleth und ein Strafrechtliches Semiar bei Hans Gross; insgesamt 26 Wochenstunden.

6. OKTOBER
Felix Weltsch 20 Jahre alt.

1905

10. FEBRUAR
an Max Brod: (Karte)

ANFANG APRIL
Beginn des 8. Semesters. K. belegt: Österr. Civilprocessrecht II, Zivilprocessuales Seminar, Die Zwangsvollstreckung in unbeweglichen Vermögen, Handelsrecht II, Concursrecht, Allg. und österr. Statistik, Kunsthistorische Übungen für Anfänger; insgesamt 19 Wochenstunden.

5. APRIL
an Max Brod: (Karte) K. geht zu einem kammermusikalischen Konzert.

4. MAI
an Max Brod: (Karte) Hat eine Zusammenkunft versäumt.

27. MAI
Max Brod 21 Jahre alt.

3. JULI
Kafka 22 Jahre alt.

16. JULI
Bei der Abreise nach Norderney wird Hermann Kafka im Prager Staatsbahnhof der Koffer entwendet.

1905 3. AUGUST
→ ZUCKMANTEL (Österreichisch-Schlesien)
K. vermutlich wegen Nervosität und Schlaflosigkeit im ›Sanatorium Dr. Ludwig Schweinburg und Wasserheilanstalt‹, finanziert von den Eltern.

nach 3. AUGUST
K. hat in Zuckmantel eine intensive Liebesbeziehung; nach späterer Erinnerung erstmals Vertrautheit mit einer Frau (deren Name nicht überliefert ist).

23. AUGUST (?)
an Max Brod: (Ansichtskarte) »sehr viel unter Menschen und Frauenzimmern und ziemlich lebendig geworden«.

27. AUGUST
→ PRAG

nach AUGUST
Beginn der Arbeit an Fassung A der *Hochzeitsvorbereitungen auf dem Lande.*

SEPTEMBER
Mit der Mutter und den Schwestern besucht K. seine Tante Anna Adler im südböhmischen Strakonitz.

13. SEPTEMBER
K.s Klassenkamerad und Freund Camill Gibian nimmt sich aus Liebeskummer das Leben.

21. SEPTEMBER (?)
an Max Brod: (Karte) Kommt vorläufig nicht mehr ins Kaffeehaus, da es ihm die Konzentration auf die Prüfungsvorbereitungen stören würde. Liest an den Abenden Wilhelm von Kügelgen, *Jugenderinnerungen eines alten Mannes.*

25. SEPTEMBER
Valli Kafka 15 Jahre alt.

ANFANG OKTOBER
Beginn des 9. Semesters. K. belegt keine Veranstaltungen mehr.

nach 7. OKTOBER
K., Brod und Felix Weltsch verlassen den Brentanisten-Kreis im Café Louvre, nachdem dort eine von Brod verfasste ironische Schilderung des Kreises attackiert worden war.

7. NOVEMBER
K. besteht das Rigorosum II (österr. Zivilrecht, Handels- und Wechselrecht, österr. Zivilprozess und österr. Strafrecht) »mit genügendem Erfolg«.

23. NOVEMBER
K. besteht die judicielle Staatsprüfung »mit genügendem Erfolg«.

DEZEMBER?
K. und Brod abonnieren gemeinsam die in München erscheinende Zeitschrift *Der Amethyst. Blätter für seltsame Litteratur und Kunst*, hrsg. von Franz Blei.

18. DEZEMBER
Promotion Hugo Bergmanns zum Dr. phil. Er bekommt als Geschenk das Buch *Seele und Leib* (1903) von Ludwig Busse. Die Widmung »Zur Erinnerung an unser gemeinsames Streben« unterzeichnen Berta Fanta, Ida Freund, Max Lederer, Leopold Pollak, Oskar Pollak, Emil Utitz und K.

31. DEZEMBER
Am Abend K. mit Brod, beide in gehobener Stimmung; Příbram stößt hinzu. Gegen Mitternacht werfen sie Schneebälle an das Fenster von Weltsch, er kommt herunter.

1906

Mit einer (nicht überlieferten) Erzählung *Himmel in engen Gassen* nimmt K. ohne Erfolg an einem literarischen Preisausschreiben der Wiener Zeitung *Die Zeit* teil.
K. wird zum dritten Mal gemustert und erneut vom Militärdienst freigestellt.

17. FEBRUAR
Max Brod, *Zur Aesthetik* (1. Teil) in: *Die Gegenwart*.

17.–23. FEBRUAR (?)
»*Man darf nicht sagen ...*« (NSF1 9-11): Kritik an Brods Aufsatz *Zur Ästhetik*.

19. FEBRUAR
an Max Brod: (Karte) Kann die Ausstellung ›Das schöne Prag‹ nicht mit ihm besuchen, da er sich einen zu frühen Prüfungstermin gewählt und damit unter Zeitdruck gesetzt hat.

16. MÄRZ
K. besteht das Rigorosum III (allg. und österr. Staatsrecht, Völkerrecht, politische Ökonomie) »mit genügendem Erfolg«. Unter den Prüfern auch Alfred Weber, der Bruder Max Webers.

17. MÄRZ
an Max Brod: (Karte) Die »Zettelchen« Brods aus dessen Seminaren bei Prof. Weber haben K. die Prüfung gerettet.

19. MÄRZ
Hugo Bergmann wird ›nichtadjutierter Praktikant‹ an der k. k. Universitätsbibliothek Prag. (Fast 7 Jahre lang bleibt er in dieser Position, ohne befördert zu werden.)

22. MÄRZ
K. besteht die staatswissenschaftliche Staatsprüfung »mit genügendem Erfolg«.

23. MÄRZ
Julie Kafka 50 Jahre alt.

APRIL
Max Brod, *Tod den Toten!* Novellen, Stuttgart.

1. APRIL
Advokatenkammer im Königreiche Böhmen an K.: Bestätigung, dass K. als Advokaturs-Kandidat eingetragen wurde.
K. tritt bei Dr. Richard Löwy, Advokat am Altstädter Ring, als Concipient ein.

MAI
Die Kafkas geben das Ladengeschäft in der Zeltnergasse 3 auf und führen es als Großhandel in der Zeltnergasse 12 (1. Stock) fort. K. muss beim Umzug helfen. Er besucht Prostituierte und liest u. a. T. B. Macaulays Essay *Lord Clive*.

27. MAI
an Max Brod: (Visitenkarte) Kündigt Besuch zum Geburtstag an.
Max Brod 22 Jahre alt.

29. MAI
an Max Brod: Lernt tagsüber für die letzte Prüfung; möchte Brod abends treffen.

7. JUNI
an Max Brod: Kann sich wegen des Prüfungsdrucks nicht verabreden.

1906 **13. JUNI**
K. besteht das Rigorosum I (römisches, kanonisches und deutsches Recht) »mit genügendem Erfolg«.

vor 18. JUNI
an Max Brod: Liegt mit verdorbenem Magen im Bett.

18. JUNI
Promotionsprüfung und Promotion zum Doktor der Rechte bei Alfred Weber, abschließende Zeremonie im Carolinum.

19. JUNI
[Ewald Felix Přibram an Brod]: Erörtert die Karrierechancen K.s im Staatsdienst, falls dieser zur katholischen Kirche übertritt.

ANFANG JULI
Anlässlich seiner Promotion lässt K. eine Karte drucken, um das Ereignis anzuzeigen.

3. JULI
Kafka 23 Jahre alt.

23. JULI
→ ZUCKMANTEL
K. erneut im Sanatorium Dr. Schweinburg, wohl vor allem, um seine vorjährige Geliebte wiederzutreffen.

28. JULI
an Max Brod: (Ansichtskarte) »Schön ist es, schön.« Wird Informationen für Brods Eltern einholen.

13. AUGUST
an Max Brod: (Karte) Empfiehlt Unterkunft für Brods Eltern.

29. AUGUST
→ PRAG

18. SEPTEMBER (?)
an k. k. Polizeidirektion Prag: »bittet um Ausstellung eines Wohlverhaltungszeugnisses zum Zweck der Aufnahme in den Staatsdienst«.

28. SEPTEMBER
K. verliert nach 17 Uhr ein Portmonnaie mit 30 K und Englischpflaster. Möglicherweise wird es ihm in der Straßenbahn gestohlen.

1. OKTOBER
k. k. Oberlandesgerichts-Präsidium an K.: Aufforderung, sich zum Antritt der ›Gerichtspraxis‹ beim k. k. Landgericht in Prag zu melden.

4. OKTOBER
K. tritt die Gerichtspraxis an und legt den vorgeschriebenen Eid ab.

10. OKTOBER
K. zeigt bei der Haupt-Polizei-Direktion den Verlust seines Portmonnaies an.

11. OKTOBER
Beginn des Dienstes als Rechtspraktikant beim Kreiszivil- und Kreisstrafgericht.

vor MITTE OKTOBER
an Max Brod: (Visitenkarte) Beigelegte Notiz zu Vorlesungsmitschriften von Prof. Horaz Krasnopolski, die sich Brod für sein Rigorosum II gewünscht hatte.

31. OKTOBER
an Max Brod: (Karte) Hat vermutlich wieder ein Treffen versäumt.

16. NOVEMBER
19.30 Uhr: Vortrag und Demonstration des Gymnastiklehres Johann Peder Müller im ausverkauften Spiegelsaal des Deutschen Hauses. K. ist vermutlich anwesend.

1906 **11. DEZEMBER**
an Max Brod: (Karte) Möchte ihm unbedingt seinen »sehr interessanten« Cousin Otto Kafka (*1879) vorstellen, der in Paraguay lebt.

16. DEZEMBER
an Max Brod: Möchte mit ihm das Gastspiel einer »indischen Tänzerin« aufsuchen (die US-Amerikanerin Ruth St. Denis).

31. DEZEMBER
Ende von K.s ›stellungspflichtigem‹ Alter, damit auch Ende des Heiratsverbots.

1907

Auf K.s Anregung beginnen er und Brod mit der gemeinsamen Lektüre Flauberts in französischer Sprache, zumeist in K.s Zimmer. Oskar Pollak promoviert in Kunstgeschichte.

JANUAR
Siegfried Löwy 40 Jahre alt.

27. JANUAR
Brod liest in der ›Lese- und Redehalle‹ seine Novelle *Die Insel Carina*, deren Hauptfigur nach dem Vorbild K.s gestaltet ist.

9. FEBRUAR
Max Brod, Rezension zu Franz Blei, *Der dunkle Weg*, in: *Die Gegenwart*. Brod nennt K., der noch gar nichts veröffentlicht hat, als Mitglied einer »heiligen« Gruppe von Autoren.

12. FEBRUAR
an Max Brod: Sehr ironisch über Brods Aufsatz.»... das ist Fasching ... aber der liebenswürdigste«.

1. MÄRZ
In Prag erscheint das 1. Heft der zionistischen Wochenschrift *Selbstwehr*.

14. MÄRZ
K. wird als Praktikant vom Kreiszivil- und Kreisstrafgericht zum Landesgericht versetzt.

1907 20. APRIL
Felix Weltsch wird zum Doktor der Rechte promoviert.

MAI
[an Max Brod]: (Rohrpostkarte, versehentlich an Oskar Pollaks Adresse geschickt) Kann am Abend wegen Kopfschmerzen nicht kommen.
an Max Brod: Entschuldigt sich wegen des Ausbleibens am Vortag. »Auch ich würde mir gerne ausweichen«.

3. MAI
Max Brod wird zum Doktor der Rechte promoviert.

27. MAI
Max Brod 23 Jahre alt.

JUNI
Max Brod, *Experimente. Vier Geschichten,* Berlin. Brod schenkt K. ein Ex. mit Widmung.

vor 20. JUNI
K. gibt Brod das 1. Kap. von **Hochzeitsvorbereitungen auf dem Lande** zu lesen.

20. JUNI
Die Familie Kafka übersiedelt in das neuerbaute Haus ›Zum Schiff‹ in der Niklasstraße 36 (heute Pařízka úlica), eine Wohnung im obersten Stock mit Fahrstuhl, Bad, Balkon und Blick auf Moldau und Belvedere.

22. JUNI
an Max Brod: (Karte) »dass ich heute Abend gerne komme, wohin Du willst«.

SOMMER
K. beendet die Fassung A von **Beschreibung eines Kampfes** (*NSF1* 54-120).

3. JULI
Kafka 24 Jahre alt.

ANFANG AUGUST
→ TRIESCH
K. entwirft für Brods Gedichtband *Der Weg des Verliebten* eine Titelzeichnung, die sich jedoch als nicht reproduzierbar erweist.

MITTE AUGUST
an Max Brod: Falls K. bis Oktober keine Anstellung findet, wird er an die Handelsakademie gehen und mehrere Fremdsprachen lernen. Fährt in Triesch Motorrad, badet, spielt Billard, hat Ziegen und Kühe in den Stall getrieben; »viel Bier getrunken«; Besuch der Synagoge.« ... bis Mitternacht bin ich mit einem lästig verliebten Mädchen im Park«. Liest Stendhal. Viel beisammen mit zwei »Studentinnen, sehr socialdemokratisch«. Eine davon ist Hedwig Weiler (*1888) aus Wien, die er als hässlich beschreibt. Hat heimlich ein Sparkonto. Schreibt 4 erotische Gedichte Brods aus der Zeitschrift *Die Opale* ab, von denen dieser offenbar keine Abschriften mehr besitzt.
Beginn einer Liebesbeziehung mit Hedwig Weiler. K. verspricht ihr, sich für sie in Prag nach einer Stelle als Hauslehrerin zu erkundigen.

25. AUGUST
→ PRAG

29. AUGUST
an Hedwig Weiler: Hat am Morgen das elterliche Geschäft geöffnet. Am Abend sitzt er auf dem Balkon. Schreibt ein eigenes Gedicht für sie ab: »*In der abendlichen Sonne ...*« (*B1* 57) »Wie wenig nützt die Begegnung im Brief, es ist wie das Plätschern zweier durch einen See getrennter.«
an Max Brod: (Karte) Brod hat eine Anstellung in Komotau, K. hat ihn noch nicht besucht wegen der teuren Zugfahrt.

ANFANG SEPTEMBER
an Hedwig Weiler: Sie ist noch in Triesch. K. will am 1. Okt. nach Wien übersiedeln.

1907 **3. SEPTEMBER**
Oskar Pollak und Hedwig Eisner heiraten in Prag.

11. SEPTEMBER
an Hedwig Weiler: »Mein liebes Mädchen«. Will für ein Jahr an die Exportakademie in Wien. Fragt nach mehr Details über ihr Leben in Triesch.

14. SEPTEMBER
Hermann Kafka 55 Jahre alt.

15. SEPTEMBER
an Hedwig Weiler: Sie hält an ihren Prager Plänen fest; glaubt, K. strebe »nach idealem Nutzen«. Idee, mit ihr ein Jahr in Paris zu verbringen.

19. SEPTEMBER
an Hedwig Weiler: Bestreitet, dass seine Briefe ironisch gemeint waren. Er wird nun doch in Prag bleiben, um bei einer Versicherung zu arbeiten. »Diese Wochen werde ich unaufhörlich Versicherungswesen studieren müssen, doch ist es sehr interessant.« Verspricht, Anzeigen für sie aufzugeben.

22. SEPTEMBER
an Max Brod: (Karte) Hat einen Posten bekommen.
In *Bohemia* und *Prager Tagblatt* erscheinen von K. formulierte Anzeigen, mit denen Hedwig Weiler eine Anstellung als Hauslehrerin, Vorleserin oder Gesellschafterin sucht.

24. SEPTEMBER
an Hedwig Weiler: Auf die Inserate kamen nur zwei Antworten.
an Hedwig Weiler: Sie überlegt, nun doch in Wien zu bleiben. K. möchte, dass sie nach Prag kommt.

26. SEPTEMBER
K. erwartet Hedwig Weiler vergebens am Bahnhof.

29. SEPTEMBER
an Hedwig Weiler: Deprimiert wegen ihres Ausbleibens.

30. SEPTEMBER
Ende von K.s einjähriger Rechtspraxis.

1. OKTOBER
K. tritt in die Prager Filiale der Assicurazioni Generali ein (Wenzelsplatz 19). Vermittelt wurde die Anstellung durch Alfred Löwy und Arnold Weißberger, amerikanischer Vize-Konsul in Prag. K. muss sich ärztlich untersuchen lassen: Das Gutachten von Dr. Wilhelm Pollak bezeichnet K. als »unbedingt geeignet«: ein »zarter, aber gesunder Mann«, »schlank«, »gracil«, »erscheint juveniler«, 1,82 cm groß und 61 kg schwer. Arbeitszeit: 8–18 Uhr mit 2-stündiger Mittagspause, Montag bis Samstag. Überstunden werden nicht vergütet. Direktor der Prager Filiale ist der literarisch interessierte Ernst Eisner (*1882).

2. OKTOBER
an die Assicurazioni Generali: (ausgefüllter Vordruck) »Gesuch um Verleihung einer Stellung«. Hat sich durch Unterschrift sehr restriktiven Regelungen zu unterwerfen. Zahlreiche Angaben zur Person: »seit den Kinderkrankheiten immer gesund«; »militärfrei wegen Schwäche«; in Französisch und Englisch »außer Übung«. Curriculum vitae. Abschrift des Doktordiploms. Ärztliches Attest.

4. OKTOBER
an Max Brod: (Karte) Bittet um ein Treffen am Nachmittag.

8. OKTOBER
an Max Brod: (Karte) Ironisch-unglücklich über die Beschlagnahme der *Opale*.

vor 9. OKTOBER
an Hedwig Weiler: »Ich habe allerdings einen Posten mit winzigen 80 K Gehalt und unermesslichen 8–9 Arbeitsstunden«. Lernt Italienisch, hat »immerhin Hoffnung selbst auf den Sesseln sehr entfernter Länder einmal zu sitzen ... das Versicherungswesen selbst interessiert mich sehr, aber meine vorläufige Arbeit ist traurig.«

1907 nach 9. OKTOBER
an Hedwig Weiler: »zuerst komme ich wohl nach Triest.« Arbeitszeit bis 18.30 Uhr. Sie hat das Gedicht eines Bekannten zur Begutachtung beigelegt. Er sendet dafür eine Abschrift des Prosastücks ›Begegnung‹ (das später als *Die Abweisung* publiziert wird).

16. OKTOBER
an Max Brod: Hat die Varieté-Künstlerin Paula Riedl auf der Straße gesehen.

21. OKTOBER
an Max Brod: (Karte) Vertrödelt die Sonntage.
an Max Brod: (Karte) Brod hat offenbar ein Treffen versäumt.

26. OKTOBER
an Max Brod: (Karte) Anspielung auf ärztliche Untersuchung bei einem anderen Arbeitgeber, vermutlich bei der Post.

29. OKTOBER
Ottla Kafka 15 Jahre alt.

ENDE OKTOBER
an Hedwig Weiler: Sie hat das Leben als »ekelhaft« bezeichnet. Er hatte im Büro »eine abscheuliche Woche«. Bezeichnet die Niklasstraße, die auf die noch im Bau befindliche Čech-Brücke stößt, als »Anlaufstraße für Selbstmörder«.
an Max Brod: Weißberger soll keinesfalls erfahren, dass K. mit seinem Posten unzufrieden ist und sich bereits bei der Post beworben hat.

NOVEMBER
Max Brod, *Der Weg des Verliebten. Gedichte,* Berlin (Axel Juncker).

7. NOVEMBER
K. mit Brod im Café Louvre, sie lesen Gedichte von Laforgue.
Max Brod, Tagebuch: »Schöne sanfte Stunden, in denen ich mich wirklich ganz gesichert fühle.«

22. NOVEMBER
an Hedwig Weiler: Hat einen Brief an sie begonnen und tagelang liegen lassen. »Furcht vor dem Schreiben, dieser entsetzlichen Beschäftigung, die jetzt entbehren zu müssen, mein ganzes Unglück ist.« Über Ausflüge ins Prager Nachtleben: »bin jetzt ganz plötzlich unter eine Menge Leute gekommen Offiziere, Berliner, Franzosen, Maler, Coupletsänger«.

30. NOVEMBER
Max Brod, Tagebuch: »Weinstube Trocadéro. Dort liebt [K.] die Germania der deutschen Reichspostmarken. Chambre separée. Aber er ist so seltsam zurückweichend«.

6. DEZEMBER
an Max Brod: (Karte) Bittet ihn, morgen Abend ins Café Corso zu kommen.

16. DEZEMBER
an Max Brod: (Karte) Absage eines Treffens.

18. DEZEMBER
Alfred Löwy 55 Jahre alt.

21. DEZEMBER
an Max Brod: Es geht ihm so schlecht, dass er mindestens eine Woche lang mit niemandem reden will.

22. DEZEMBER
Oskar Baum und Margarete Schnabel (*1874) heiraten in Prag.

1908

K. gibt die deutsche Schrift auf und verwendet nur noch die lateinische Kurrentschrift.

11. JANUAR
Ewald Felix Příbram 25 Jahre alt.

18. JANUAR
K.s Tante Klara Kafka (*1847) aus Kolin stirbt.

21. JANUAR
Oskar Baum 25 Jahre alt.

3. FEBRUAR
Beginn von K.s Teilnahme am ›Kurs für Arbeiter-Versicherung‹ an der Prager Handelsakademie, Fleischmarktgasse 8. Die Kurse werden u. a. von Angestellten der AUVA geleitet, die später K.s Vorgesetzte sind: Robert Marschner, Eugen Pfohl und Siegmund Fleischmann.

10. FEBRUAR
K.s zeitweilige Geliebte, die Weinstubenkellnerin ›Hansi‹ Juliane Szokoll, 22 Jahre alt.

vor 9. MÄRZ
Brod liest Willy Haas (*1891) und Franz Werfel (*1890) einige Texte K.s vor. Werfels Urteil: »Das kommt niemals über Bodenbach hinaus.«

25. MÄRZ

Franz Kafka, *Betrachtung* (8 Prosastücke ohne Titel: *Der Kaufmann, Zerstreutes Hinausschaun, Der Nachhauseweg, Die Vorüberlaufenden, Kleider, Der Fahrgast, Die Abweisung, Die Bäume*), in: *Hyperion*, München. Die erste Veröffentlichung K.s. – Herausgeber der Zweimonatsschrift war Franz Blei, die Vermittlung erfolgte durch Brod.

29. MÄRZ

an Max Brod: Schlägt ihm vor, statt am Montagabend am frühen Dienstagmorgen in die Weinstuben Trocadero, Eldorado oder nach Kuchelbad zu gehen.» ... wir könnten die beiden Mädchen als erstes Frühstück nehmen«.
Heirat von Hugo Bergmann und Else Fanta.

3./4. APRIL

Max Bäuml stirbt, der engste Freund Max Brods.

19. APRIL (?)

K. besucht im Švanda-Theater die Operette *Der Vice-Admiral* von Karl Millöcker.

21. APRIL (?)

an Max Brod: Verabredung für den nächsten Tag. Erklärt seine »Bewusstlosigkeit in der Nacht am Samstag« damit, dass er lange nicht unter Menschen war. Über die Aufführung von *Der Vice-Admiral*.

14. MAI

Eröffnung der Prager Landesjubiläumsausstellung am Baumgarten, einer umfassenden technisch-gewerblichen Leistungsschau mit riesigem Unterhaltungsprogramm (bis 18. Okt.). Ausgestellt waren u. a. Grammophone, Foto- und Kameratechnik. Auch ein Kino mit verstecktem ›Geräuschemacher‹ gab es.

15. MAI

Hedwig Weiler 20 Jahre alt.

1908 **20. MAI**
Ende des ›Kurses für Arbeiter-Versicherung‹ an der Prager Handels-Akademie.

22. MAI
K.s Großmutter Julie Löwy (*1827) stirbt.

24. MAI
Beisetzung von Julie Löwy.

27. MAI
Max Brod 24 Jahre alt.

JUNI
Max Brod, *Schloß Nornepygge. Der Roman des Indifferenten*, Berlin etc. (Axel Juncker).

6. JUNI
Die Čech-Brücke unmittelbar vor der Wohnung der Kafkas wird eröffnet.

7. JUNI
K. vermutlich am Vormittag bei Dr. Otto Přibram, Vater seines Freundes Ewald Felix Přibram und Präsident der Prager AUVA. Am Nachmittag bei seinem Großvater Jakob Löwy (*1824). Danach bei ›Hansi‹ Szokoll. Mit einer anderen Frau abends zur Jubiläumsausstellung. In Weinstuben bis morgens 5.30 Uhr.

9. JUNI
an Max Brod: Die vielen Verabredungen am Sonntag. Über Brods Roman *Schloß Nornepygge*: »Was für ein Lärm; ein wie beherrschter Lärm.«

11. JUNI
an Max Brod: Möchte lieber mit ihm als mit einer Freundin den Abend verbringen.
Ein von der Prager Handels-Akademie ausgefertigtes Zeugnis für den ›Kurs für Arbeiter-Versicherung‹ bescheinigt K. »vorzügliche« Leistungen in allen Unterrichtsfächern.

30. JUNI
an die AUVA: (deutsch u. tschech.) Bewerbung als Hilfsbeamter. Beherrscht »die französische, teilweise die englische Sprache«.

ANFANG JULI
Dr. Otto Přibram setzt sich persönlich für K. ein.

2. JULI
AUVA an K.: Aufforderung, sich in der AUVA persönlich vorzustellen.

3. JULI
Kafka 25 Jahre alt.

6. JULI
Otto Brod 20 Jahre alt (Bruder von Max Brod).

10. JULI
AUVA an K.: Mitteilung, dass K. als Aushilfsbeamter gegen ein ›Taggeld‹ von 3 K zuzüglich 10 % Teuerungszuschlag aufgenommen ist.

15. JULI
K. verlässt die Assicurazioni Generali. Seiner Kündigung legt er ein Attest von Dr. Hahn bei, das Nervosität mit großer Erregbarkeit des Herzens konstatiert.

18. JULI
→ SPITZBERG (Böhmerwald)
Hotel Jan Prokop.
an Max Brod: (Ansichtskarte) »sehr glücklich«.

25. JULI
→ PRAG

29. JULI (?)
an Max Brod: Glückliche Tage im Böhmerwald. In Prag hingegen: »So tief im Unglück ohne Erklärung war ich schon lange nicht mehr.« War darum bei einer Prostituierten. »Ich habe sie nicht getröstet, da sie auch mich nicht getröstet hat.« Liest *Schloß Nornepygge*.

1908 30. JULI
K. tritt als Aushilfsbeamter in die AUVA ein. Dienstzeit 8–14 Uhr, Montag bis Samstag. K. wird zunächst der versicherungstechnischen Abteilung zugewiesen, wo Eugen Pfohl sein Vorgesetzter ist. Zu seinen Aufgaben gehören statistische Arbeiten sowie Korrespondenzen, bei denen es um Einsprüche der Unternehmer gegen die von der AUVA festgelegten Versicherungsbeiträge geht (die nach geschätztem Unfallrisiko gestaffelt sind).

nach AUGUST
K. verfasst für die AUVA den Artikel *Umfang der Versicherungspflicht der Baugewerbe und der baulichen Nebengewerbe*.

22. AUGUST
an Max Brod: (Karte) Über die Jubiläumsausstellung, offenbar hat er dort mit Brod u. a. die Maschinenhalle, das Kino und ein Teehaus mit Geishas besucht.

30. AUGUST
K.s Pate Angelus Kafka stirbt, ein Cousin Hermann Kafkas.

1.–3. SEPTEMBER
K.s erste Dienstreise, ins nordböhmische Bodenbach.

2. SEPTEMBER
an Max Brod: (Ansichtskarte) Langweilige Arbeit in Bodenbach.
»...in Hotelzimmern bin ich gleich zu Hause, mehr als zu Hause wirklich«.

nach 3. SEPTEMBER
Max und Otto Brod reisen gemeinsam nach Riva am Gardasee.

9. SEPTEMBER
an Max Brod: (Ansichtskarte)
Dienstreise nach Černoschitz südlich von Prag.

etwa 10. SEPTEMBER
an Max Brod: Fragt mit vorgetäuschtem Unwissen nach geographischen Details.

23. SEPTEMBER (?)
an Max Brod: (Karte) »jeden zweiten Monat habe ich einen Donnerstag Nachmittag Bureau«.

OKTOBER
Oskar Baum, *Uferdasein. Abenteuer und Tägliches aus dem Blindenleben von heute,* Berlin (Axel Juncker). Mit einem Geleitwort von Max Brod.

1. OKTOBER
Die 16-jährige Grete Bloch tritt in die Berliner Büromaschinenfirma Carl Fleming ein.

18. OKTOBER
In Prag antideutsche Angriffe der Tschechen. Die Fenster der ›Leseund Redehalle‹, des Neuen deutschen Theaters und mehrerer Schulen werden zertrümmert.

19. OKTOBER
In Prag werden tschechische Demonstrationen vom Militär aufgelöst.

23. OKTOBER
an Max Brod: (Karte) Kann ihn morgen nicht besuchen.

25. OKTOBER
an Max Brod: (Karte) Ironische Frage, wie er sich an der Hochzeitsrunde, die ihn nicht interessiert, gesprächsweise beteiligen soll.
K.s 22-jährige Cousine Irene Kafka heiratet in Prag den Knopffabrikanten Arthur Schweizer.

6. NOVEMBER
an Oskar Baum: Ist »begierig«, Baums *Uferdasein* zu lesen.

11. NOVEMBER
K. und Brod bei Oskar Baum. K. liest aus einem Buch vor.

12. NOVEMBER
an Max Brod: (Karte) Muss länger im Büro bleiben, danach bis 20 Uhr im elterlichen Geschäft aushelfen.

1908 21. NOVEMBER

an Max Brod: (Bildkarte) Seine »schönste Ansichtskarte« (mit japanischem Motiv). »... ist mir heute so gut, als wenn ich zu leben anfienge«.

an Max Brod: (Karte) Beglückwünscht ihn ironisch zu seinen gestiegenen Aussichten, eine Stellung bei der Post zu bekommen (da in Prag 3 neue Postämter eingerichtet werden).

28. NOVEMBER

Festakt der ›Lese- und Redehalle‹ anlässlich des 60-jährigen Jubiläums mit zahlreichen Gästen aus Politik und Wissenschaft. Auf den Straßen kommt es mehrfach zu tschechischen Angriffen gegen deutsche Studenten.

DEZEMBER

Franz Kafka, *Umfang der Versicherungspflicht der Baugewerbe und der baulichen Nebengewerbe,* in: Jahresbericht der Prager AUVA für 1907; ohne Nennung des Autors.

2. DEZEMBER

an Ewald Přibram: (Karte von der Prager Jubiläumsausstellung) »Meine besten Grüsse lieber Ewald, sei froh, dass Du nicht hier bist.«

Standrecht in Prag wegen schwerer Auseinandersetzungen zwischen Deutschen und Tschechen.

10. DEZEMBER

an Max Brod: Ist »seit zwei Jahren verzweifelt«. Brod soll für ihn bei einer Gesellschaft (möglicherweise im Salon Berta Fantas) absagen. »Ich gehe nirgends hin, auf keinen Fall.«

15. DEZEMBER

an Max Brod: Bedankt sich für Kassner, *Denis Diderot.* »Ein solches Vergnügen habe ich wirklich gebraucht.«

20. DEZEMBER

Vortrag Oskar Baums über Max Brod in der ›Lese- und Redehalle‹.

28. DEZEMBER
an Elsa Taussig: War kürzlich in ihrer Wohnung. Sie wird am Abend im Kino ›Orient‹ die Filme *Der galante Gardist* und *Der durstige Gendarm* sehen, die K. offenbar schon kennt.

31. DEZEMBER
[Max Brod an K.]: (Karte) Lädt ihn ein, Silvester mit ihm und seiner Familie zu verbringen.

an Max Brod: Lehnt die Einladung ab. Hätte sich gern aus Brods (später abgebrochenem) Roman *Die Glücklichen* weiter vorlesen lassen und die gemeinsame Lektüre von Flauberts *La Tentation de Saint Antoine* fortgesetzt.

1909

Tagebuch: Beginn des überlieferten Tagebuchs mit 5 kurzen, nicht datierbaren Fragmenten.
an Ernst Eisner: Kennt von Robert Walser nur *Jakob von Gunten*, »ein gutes Buch«.
K. lernt den tschechischen Anarchisten Michal Mareš (*1893) kennen.
Er nimmt Reitstunden.

JANUAR
an Max Brod: (Karte) Brod soll ins Café Arco kommen, Přibram ist auch dort.
Max Brod, *Das tschechische Dienstmädchen. Kleiner Roman,* Berlin (Axel Juncker).

7. JANUAR
an Hedwig Weiler: Anrede »Geehrtes Fräulein«. Sendet auf ihren Wunsch alle ihre Briefe zurück. Sie ist bei den Kafkas für den folgenden Mittag eingeladen, K. verspricht, fernzubleiben.

10. JANUAR
Auf dem Prager Graben werden Zusammenstöße zwischen Tschechen und deutschen Studenten durch Polizei beendet.

13. JANUAR
an Max Brod: (Karte) Brod sei in letzter Zeit »nervös geworden«.

17. JANUAR
Antideutsche Tumulte auf dem Prager Graben, der von Polizisten geräumt werden muss.

20. JANUAR
1. öffentlicher Prager Vortrag Martin Bubers, ›Der Sinn des Judentums‹. Brod ist anwesend.

21. JANUAR
an Max Brod: (Karte) Will offenbar seine Rezension von Franz Bleis *Puderquaste* in der Prager Tageszeitung *Bohemia* veröffentlichen und bittet um Brods Unterstützung.

22. JANUAR
Dr. Robert Marschner wird vom Vorstand der AUVA zum Leitenden Direktor gewählt.

24. JANUAR
Der Prager Graben muss erneut von Polizisten geräumt werden, da eine tschechische Menge droht, das Deutsche Haus zu stürmen.

6. FEBRUAR
Franz Kafka, **Ein Damenbrevier** (Besprechung von Franz Bleis Briefroman *Die Puderquaste*), in: *Der neue Weg*, Berlin.

7. FEBRUAR
an Franz Blei: Über typographische Fehler in der Rezension. Schickt ihm den Jahresbericht der AUVA für 1907.

8. FEBRUAR
Franz Blei an Max Brod: »Was Kafka in der Zeitschrift über die Puderquaste schrieb ist sehr sehr fein«.

6. MÄRZ
Franz Blei liest im Spiegelsaal des Deutschen Hauses aus *Die Puderquaste*. K. ist vermutlich anwesend.

1909 10. MÄRZ
K. bei Příbram.

vor 11. MÄRZ
Brod erfährt, dass die Prager Postdirektion ihn einstellen wird. Arbeitszeit 6 Stunden täglich, anfängliches Gehalt ~ 3000 K.

11. MÄRZ
K. vergeblich bei Brod, um ihm zu gratulieren.

nach 11. MÄRZ
Festrede K.s bei der Berufung Robert Marschners zum Leitenden Direktor der AUVA (*AS* 167 f.).

12. MÄRZ
an Max Brod: (Karte)

13. MÄRZ
an Max Brod: (Karte) »Die Post ein Amt ohne Ehrgeiz ist das einzige, was Dir passt.«

23. MÄRZ
an Max Brod: Hat es versäumt, am Abend zuvor Brod musizieren zu hören. Anspielung auf eine Liebschaft. War bis 1 Uhr nachts in einer Bar. Einige Mitglieder der Familie sind krank. K.s Zimmer unwirtlich, da das Speisezimmer gestrichen wird. Kann nicht zu Baum kommen, da er am Nachmittag arbeiten muss.

10. APRIL (?)
an Hedwig Weiler: Schilderung, wie unerträglich der Zwang zum Lernen vor allem im Winter ist. »... meine Mutter wird nächste Woche operiert, mit meinem Vater geht es immer mehr herunter, mein Grossvater ist heute schwer ohnmächtig geworden, auch ich bin nicht gesund.«

11. APRIL (?)
an Max Brod: Hat am Morgen 6 Uhr Brods Gedicht *Steine nicht Menschen* in der *Bohemia* gelesen. Über eine Szene in Hamsuns Roman *Unter Herbststernen*.

16. APRIL
K. wird von der versicherungstechnischen in die Unfallabteilung versetzt. Beurteilung seiner bisherigen Leistungen durch Abteilungsleiter Eugen Pfohl: »Verbindet mit sehr großem Fleiße andauerndes Interesse an allen Agenden... vorzügliche Konzeptskraft«.

21. APRIL
an Max Brod: (Karte) Operation der Mutter »gut vorüber«.

23. APRIL
K. sieht das Schauspiel *Der Ruf des Lebens* von Arthur Schnitzler im Neuen deutschen Theater.

nach APRIL
Franz Kafka, *Einbeziehung der privaten Automobilbetriebe in die Versicherungspflicht* sowie *Die Pauschalierung der Versicherungsbeiträge bei den kleinen landwirtschaftlichen Maschinenbetrieben,* in: Jahresbericht der AUVA für 1908.

MAI
K. liest den soeben erschienenen Roman Robert Walsers, *Jakob von Gunten*.

5. MAI
an Max Brod: (Karte) War zu müde, um eine Verabredung mit Brod einzuhalten.

24. MAI
K. sieht eine Vorstellung des Petersburger kaiserlich-russischen Balletts mit der Tänzerin Jewgenja Eduardowa im Neuen deutschen Theater.

nach 24. MAI
Tagebuch: 4 Eintragungen, die sich auf die Tänzerin Eduardowa beziehen.

27. MAI
Max Brod 25 Jahre alt.

1909 30.–31. MAI
K., Brod und Weltsch unternehmen einen Pfingstausflug zur Sommerfrische Dobřichowitz.

2. JUNI
an Max Brod: Trostbrief wegen einer zusätzlichen Arbeit, die Brod bei der Post zugeteilt wurde.

nach MITTE JUNI
📖 Franz Kafka, *Gespräch mit dem Beter. Gespräch mit dem Betrunkenen,* in: *Hyperion.*

SOMMER
an Max Brod: Planung eines Sommerausflugs ab 6 Uhr morgens nach Davle und Stechowitz, St.-Johannes-Stromschnellen. Rückfahrt am Abend mit dem Dampfer.
an Max Brod: Vielleicht erneut »unfähig«, zu den Treffen bei Baum zu kommen, dessen Roman ihn jedoch erfreut. Er hat im Büro viel zu tun wegen der zahllosen Unfälle, die sich in seiner ›Bezirkshauptmannschaft‹ ereignen; ironische Schilderung.
K. nimmt die 1907 abgebrochene Erzählung **Hochzeitsvorbereitungen auf dem Lande** wieder auf; die Fassungen B und C entstehen (*NSF1* 43-53). Außerdem der autobiographische Text »*Unter meinen Mitschülern...* (*NSF1* 172 ff.).

SOMMER / HERBST
K. arbeitet erneut an der Novelle **Beschreibung eines Kampfes** (Fassung B, bis Sommer 1911, *NSF1* 121-171).

JULI
Hedwig Weiler besteht die Reifeprüfung an einem Wiener Gymnasium.

1. JULI
Max Brod, *Zirkus auf dem Lande,* in: *Die Schaubühne* (Impressionen vom Pfingstausflug am 30.–31. Mai).

nach 1. JULI
an Max Brod: Angebliche Unordnung in K.s Büro. Lobende und kritische Bemerkungen über Brod, *Zirkus auf dem Lande*. Eine Geliebte Brods hat sich positiv über **Hochzeitsvorbereitungen auf dem Lande** geäußert: »Dieses Fräulein ist doch kein Beweis.«

3. JULI
Kafka 26 Jahre alt. Brod erfährt erst jetzt das Datum von K.s Geburtstag, er macht ihm Vorwürfe deswegen.

etwa 5. JULI
an Max Brod: »Geburtstag ist doch noch etwas mehr ärgerlich als gleichgültig«. Erwähnt eine 23-jährige Geliebte, mit der er den Sonntag verbracht hat.

8. JULI
an Oskar Baum: »… dass ich gerne auf dem Lande wäre, weil es dort ähnlich wie im Himmel ist, wie ich das manchmal am Sonntag überprüfe«. Kritisch über den von Baum geplanten Epilog zu *Das Leben im Dunkeln*.

15. JULI
an Max Brod: Über K.s Geliebte: Sie ist sehr freundlich, aber das ist nicht Liebe, wie Brod annimmt. Diese Beziehung ist »entwicklungsunfähig«.

19. JULI
[an Max Brod]
an Max Brod: (Karte) »Druck im Magen«.

25. JULI
Louis Blériot überfliegt am frühen Morgen als Erster den Ärmelkanal.

AUGUST
an Max Brod: Entschuldigt sich wegen seines Verhaltens am Abend zuvor.

1909 11. AUGUST
Felice Bauer tritt als Stenotypistin in die Carl Lindström AG, Berlin, ein.

17. AUGUST
an die AUVA: (deutsch u. tschech.) Beantragt eine Stelle als Praktikant.

18. AUGUST
K. lässt sich von Dr. Siegmund Kohn untersuchen. Dessen Gutachten befürwortet einen Urlaub, da K. sich nach 2 Jahren Arbeit »abgespannt und recht nervös fühlt, an häufigem Kopfschmerz leidet«.

19. AUGUST
an die AUVA: Beantragt Urlaub, legt Gutachten von Dr. Kohn bei.

20. AUGUST
AUVA an K.: »Ausnahmsweise« Genehmigung eines 8-tägigen Urlaubs.

ENDE AUGUST
an Max Brod: Kann nicht kommen, da die Eltern aus der Sommerfrische zurückkommen.

4. SEPTEMBER
➜ RIVA
Gemeinsam mit Max Brod, Abfahrt 13 Uhr. Brod überreicht K. auf dem Bahnhof ein Notizbuch mit der Bemerkung: »wir werden parallele Reisetagebücher führen«. Otto Brod folgt mit einem späteren Zug.

5. SEPTEMBER
10 Uhr: Ankunft in Riva.

6.–9. SEPTEMBER
Vormittägliches Bad in den ›Bagni alla Madonnina‹ unterhalb der Ponalestraße. Kleinere Ausflüge in die Umgebung, u. a. Arco und Torbole.

7. SEPTEMBER
an Elli Kafka: (Ansichtskarte)
an Ottla Kafka: (Ansichtskarte) Sie arbeitet im elterlichen Geschäft.

9. SEPTEMBER
Aus der Zeitung *La Sentinella Bresciana* erfahren die Freunde von einem Flugmeeting im nahe gelegenen Brescia. K. drängt darauf, hinzufahren.

10. SEPTEMBER
→ BRESCIA
Ankunft spätestens 15 Uhr. Fahrt zum Komiteepalast in der Via Umberto I. Sehr schmutzige Hotelzimmer. Am späten Abend Streit mit einem Kutscher.

11. SEPTEMBER
Fahrt zum Flugfeld von Montichiari. Die Freunde beobachten die Piloten, darunter Louis Blériot und Glenn Curtiss, vor ihren Hangars; außerdem prominente Besucher, darunter Gabriele d'Annunzio. Mahlzeit in einem riesigen Restaurant. Am Nachmittag verfolgen sie, auf Stühlen stehend, einige Flüge. K. und Max Brod vereinbaren, unabhängig voneinander Reportagen über das Flugmeeting zu verfassen.
→ DESENZANO
Übernachtung in einer Herberge am Hafen. Wegen zahlloser Wanzen verbringen die Freunde einen Teil der Nacht auf Bänken am Ufer.
AUVA an K.: Mitteilung der Beförderung zum Praktikanten zum 1. Okt. mit einem jährlichen Gehalt von 1430 K.

12. SEPTEMBER
→ RIVA
Abfahrt mit dem Dampfer um 6 Uhr, Ankunft 11.25 Uhr.

14. SEPTEMBER
→ PRAG
Abfahrt 6.12 Uhr.

1909 15. SEPTEMBER
7 Uhr Ankunft in Prag. Um 8 Uhr im Büro. Brod trifft die *Bohemia*-Redakteure Paul Wiegler und Willi Handl, er bietet ihnen K.s noch unvollendete Reportage über das Flugmeeting an.

16. SEPTEMBER
AUVA an K.: Mitteilung der Versetzung von der Unfall-Abteilung in die ›technische Abteilung‹ zum 17. Sept.

17. SEPTEMBER
Anlässlich des jüdischen Neujahrsfests geht K. mit Brod am Abend in die Synagoge.

etwa 18. SEPTEMBER
K. notiert auf einem Kalenderblatt das Gedicht *»Kleine Seele...«* (*NSF1* 181).

22. SEPTEMBER
→ TETSCHEN-BODENBACH (Dienstreise)
an Elli Kafka: (Ansichtskarte) Ihren Geburtstag erwähnt er nicht.
an Ottla Kafka: (Ansichtskarte)
Elli Kafka 20 Jahre alt

23. SEPTEMBER
→ PRAG

27. SEPTEMBER
K. und Brod lesen Flauberts *La Tentation de Saint Antoine*.
Danach vermutlich gemeinsamer Besuch bei Oskar Baum.

28. SEPTEMBER
Abends gehen K., Brod und vermutlich Elsa Taussig ins Kino.

29. SEPTEMBER
Franz Kafka, **Die Aeroplane in Brescia**, in: *Bohemia*, Prag (gekürzt, vgl. *D* 401 ff.).
Am Abend mit Brod im Café Corso.

OKTOBER
Max Brod, *Die Erziehung zur Hetäre. Ausflüge ins Dunkelrote*, Erzählungen, Berlin (Axel Juncker).

7. OKTOBER
an die AUVA: K. beantragt, zu seiner beruflichen Fortbildung an der deutschen technischen Hochschule die morgendlichen Vorlesungen von Prof. Mikolaschek über mechanische Technologie hören zu dürfen (Wintersemester, 5 Stunden wöchentlich).

8. OKTOBER
AUVA an K.: K.s Antrag genehmigt.
In der *Bohemia* erscheint ein Artikel Brods ›Ein Besuch in Prag‹ über sein Gespräch mit Flauberts Nichte Caroline Franklin-Grout.

9. OKTOBER
Felix Weltsch 25 Jahre alt.

11. OKTOBER
an Max Brod: (Karte) Über Brods ›Ein Besuch in Prag‹: »... vieles etwas zu heiss gekocht, stellenweise geradezu verbrannt«. Beim Wiederlesen gefällt ihm der Artikel besser.

13. OKTOBER
an Max Brod: (Karte) Kann wegen zusätzlicher Büroarbeiten nicht zur gemeinsamen Flaubert-Lektüre kommen. Ist möglicherweise verpflichtet, ein Seminar von Prof. Rauchberg über Versicherungswesen zu besuchen.
Max Brod, Tagebuch: K. »klagt über seine Arbeiten«.

15. OKTOBER
K. mit Brod im Neuen deutschen Theater; sie sehen Thaddäus Rittner, *Das kleine Heim*.

18. OKTOBER
Max Brod, Tagebuch: »Kafka jammert.«

1909 NOVEMBER

Tagebuch: (Beginn des ›2. Hefts‹) Fragment (vermutlich 1910 fortgesetzt).
Oskar Baum, *Das Leben im Dunkeln*, Roman, Stuttgart. Baum schenkt K. ein Ex. mit einer Widmung: »Meinem lieben Helfer und Freund. Dem lieben Dr. Franz Kafka«.

4. NOVEMBER
Brod reist fluchtartig nach Paris (vermutlich nach einer fingierten Krankmeldung).

9. NOVEMBER
Brod erfährt, dass seine List entdeckt wurde. Er reist sofort nach Prag zurück.

11. NOVEMBER
Brod wird von einem Vorgesetzten vernommen. Vorläufige Versetzung auf einen Posten mit täglich 9 Stunden Dienst.

17. NOVEMBER
Max Brod, Tagebuch: »Mit Kafka begeistert uns der hl. Antonius!«

17.–30. NOVEMBER
Im Prager Théâtre Variété gastiert eine Gruppe japanischer Artisten (›The Mitsutas‹). K. besucht eine ihrer Vorstellungen.

26. NOVEMBER
Brod erhält eine offizielle Rüge von der Postdirektion, behält jedoch seine Stellung.

27. NOVEMBER (?)
an Oskar Baum: Freundliche Worte über Baums Roman *Das Leben im Dunkeln*.

nach NOVEMBER
Tagebuch: Beklagt eine seit 5 Monaten andauernde Unfähigkeit zu schreiben. Alle Dinge »fallen mir nicht von der Wurzel aus ein, sondern erst irgendwo gegen ihre Mitte«. »… jeden Tag soll zumindest

eine Zeile gegen mich gerichtet werden«. Vergleich mit japanischen Artisten, die K. auch zeichnet.

4. DEZEMBER
Geburt von Leo(pold) Baum, Sohn von Oskar und Margarete Baum.

16. DEZEMBER
Axel Juncker an Max Brod: »Ich bin Ihnen für die Empfehlung an Baum ... sehr verbunden ... ich bin nun auf Kafka sehr neugierig.«

19. DEZEMBER
Brod liest K. aus einem entstehenden Roman vor, K. ist sehr angetan.

20. DEZEMBER
→ PILSEN (Dienstreise)
an Ottla Kafka: (Ansichtskarte) »Sehr geehrtes Fräulein«.
an Elli Kafka: (Ansichtskarte)

22. DEZEMBER
an Max Brod: (Bildkarte) Hat von morgens bis zum Abend mit Kollegen Betriebe »einzureihen«, d. h. ihre Risikostufe für die Unfallversicherung zu bestimmen.

23. DEZEMBER
→ PRAG

25. DEZEMBER
Max Brod, Tagebuch: »31. Cap. beendet. Kafka vorgelesen, der sehr entzückt ist.«

30. DEZEMBER
Felix Weltsch wird Praktikant in der Universitätsbibliothek Prag.

1910

Franz Kafka, *Unfallverhütungsmaßregel bei Holzhobelmaschinen* sowie *Die Neueinreihung der Betriebe,* in: Jahresbericht der AUVA für 1909, ohne Nennung des Autors.
K. hört im Café de Paris einen Vortrag der jungen Anarchistin Louisa Štychová über ›freie Liebe‹ (zu »Winterende 1910«, laut Michal Mareš).
Julie Kafka verliert auf dem Altstädter Ring ein Päckchen mit teurer Spitze und einem goldenen Armband.
Oskar Pollak wird Assistent für Kunstgeschichte an der Universität Wien.

3. JANUAR
Alois Gütling tritt als Aushilfsbeamter in die AUVA ein.

5. JANUAR
an Max Brod: Über Brods Roman *Die Glücklichen.*

14. JANUAR
Brod liest K. aus seinem Roman vor.

16. JANUAR
 Franz Kafka, **Ein Roman der Jugend**, in: *Bohemia*, Prag (Rezension von Felix Sternheims *Die Geschichte des jungen Oswald*).

17. JANUAR
K. hört mit Brod einen französischen Vortrag von Prof. Leo Pierre über Paris.

21. JANUAR
Max Brod, Tagebuch: »Abend bei Baum. Kafka sehr unglücklich.«

28. JANUAR
K. und Baum beim Vortrag Brods im Verein ›Frauenfortschritt‹: ›Gibt es Grenzen des Darstellbaren in der Kunst?‹. Brod zitiert aus *Hochzeitsvorbereitungen auf dem Lande*, weiter behauptet er: »Es gibt in Prag im Geheimen wirklich so etwas wie eine Dichterschule, zu der auch ich mich bekenne.« K. und Baum beteiligen sich an der anschließenden Diskussion. K. bestreitet, dass die Literatur nichts Reales adäquat darstellen könne.

29. JANUAR
an Max Brod: (Karte)

30. JANUAR
K. lässt sich den Magen auspumpen.

6. FEBRUAR
Am Vormittag mit Brod im Vorort Troja.

14. FEBRUAR
K., Brod und der Schriftsteller Paul Leppin bei Baum. Brod liest später K. sein soeben vollendetes Stück *Die Höhe des Gefühls* vor. Der 2. Teil gefällt K. nicht.

18. FEBRUAR
an Max Brod: (Karte) »Du hast ganz an mich vergessen«.

19. FEBRUAR
Elsa Taussig lässt ein von Brod gezeugtes Kind abtreiben. Unmittelbar danach Treffen von Brod und K.

1. MÄRZ
In der AUVA werden die versicherungstechnische Abteilung (in der K. arbeitet), die Betriebsliquidation und die Kontrollabteilung zur ›Betriebsabteilung‹ zusammengefasst. Sie hat 70 Mitarbeiter, Abteilungsleiter ist Eugen Pfohl.

1910 **3. MÄRZ**
Max-Brod-Abend im ›Neuen Club‹ in Berlin. Gelesen wird u. a. das
1. Kap. aus *Schloß Nornepygge*. Unter den Zuhörern Else Lasker-
Schüler.

10. MÄRZ
an Max Brod: (Karte) Hat keine Zeit, ins Lucerna zu kommen oder zu
reiten. »Gerade noch das Müllern bleibt mir.«

12. MÄRZ
an Max Brod: Hat starke Magenschmerzen.»... ich bestehe nur aus
Spitzen, die in mich hinein gehen«. Denkt an Selbstmord. »Ich
schiesse mich einfach von dem Platz weg, auf dem ich nicht bin.«

14. MÄRZ
Am Nachmittag liest K. Brod aus *Beschreibung eines Kampfes* vor.
K. besucht bis ~22.15 Uhr eine Versammlung der tschech. Realisten-Partei, wo u. a. Jan Herben spricht, Herausgeber der Tageszeitung *Čas*. Dann geht er an der Wohnung Baums vorbei, wo eines der
regelmäßigen Treffen mit Brod und Weltsch stattfindet. K. sieht,
dass die Wohnräume noch erleuchtet sind, geht jedoch nach Hause.

15. MÄRZ
an Max Brod: (Karte) Entschuldigt sich mit Müdigkeit und Fasten.

18. MÄRZ
an Max Brod: (Karte) Hat rheumatische Schmerzen, die über den Körper wandern. Enttäuschung darüber, dass die erwartete Gehaltserhöhung ausblieb.

19. MÄRZ
K. geht mit Brod zu Paul Wiegler, Feuilletonredakteur der *Bohemia*,
und übergibt ihm 5 Prosastücke. Danach im Restaurant Korynta.

21. MÄRZ
Max Brod, Tagebuch: »Abends bei Baum. Der kleine Leo. Mit Kafka
nachher lustig.«

25. MÄRZ
Max Brod, Tagebuch: »Abends Kafka unglücklich bei mir.«

26.–28. MÄRZ
Brod in Berlin. Er trifft Axel Juncker, Kurt Hiller, Else Lasker-Schüler, Maximilian Harden, Ludwig Rubiner, Herwarth Walden, Adolf Schreiber.

27. MÄRZ
Franz Kafka, *Am Fenster* [= *Zerstreutes Hinausschaun*], *In der Nacht* [= *Die Vorüberlaufenden*], *Kleider, Der Fahrgast, Zum Nachdenken für Herrenreiter,* in: *Bohemia*, Prag.

29. MÄRZ
K.s Volksschullehrer Matthias Beck stirbt 72-jährig in Prag.

31. MÄRZ
Max Brod, Tagebuch: Am Abend »Kafka bei mir, noch kränker«.

APRIL
an Max Brod: K. hat eine Rezension zu Robert Marschners Schrift über die Mutterschaftsversicherung verfasst; er bittet Brod, das Ms. an Ferdinand Matras zu vermitteln, Redakteur der in Prag erscheinenden Zeitschrift *Deutsche Arbeit*.

2. APRIL
Im zionistischen Verein ›Bar Kochba‹ diskutiert Martin Buber u. a. mit Max Brod und Berta Fanta.

3. APRIL
Julie Kafkas Vater Jakob Löwy stirbt in Prag im Alter von 85 Jahren.
2. Prager Vortrag Martin Bubers in Prag: ›Das Judentum und die Menschheit‹.

5. APRIL
Jakob Löwy wird beigesetzt.

1910 7. APRIL
Spiritistische Sitzung bei den Eltern Werfels bis 5 Uhr morgens.
Anwesend u. a. Brod.

15. APRIL
Max Brod, Tagebuch: »Lucerna – mit Kafka Bier getrunken, Casino.«

17. APRIL
Spiritistische Sitzung bei Paul Kornfeld. Anwesend u. a. Max und Otto Brod, Felix Weltsch.

21. APRIL
Max Brod, Tagebuch: »Abends liest Kafka K. F. Meyer.«

23. APRIL
AUVA an K.: Mitteilung der Beförderung zum Konzipisten zum 1. Mai.

28. APRIL
K. und zwei Kollegen beim Präsidenten der AUVA, Otto Přibram, um sich für die Ernennung zu Konzipisten formell zu bedanken. K. bekommt einen Lachanfall.
Max Brod, Tagebuch: »Kafka zu mir, trostlos, hat dem Präsidenten ins Gesicht gelacht, als er sich für die Ernennung bedankte – Wir trösten einander.«

30. APRIL
an Max Brod: Scherzhaft über die Einwirkung der beiden Geliebten Brods auf dessen Ms. von *Jüdinnen*.
Max Brod, Tagebuch: »Nachm. gearbeitet … zu Kafka gerannt, vorgelesen. Reine Freude!«

ENDE APRIL
[an Otto Přibram (AUVA)]: Entschuldigt sich wegen seines Verhaltens am 28. April.

1. MAI
K. wird Konzipist der AUVA. Sein Gehalt beträgt 1800 K, dazu kommen 540 K Quartiergeld und 234 K Teuerungszulage.

K. und Brod beim Gastspiel einer ostjüdischen Theatertruppe unter der Leitung von Moritz Weinberg im Café Savoy.

4. MAI
K. und Brod sehen erneut die ostjüdische Theatertruppe im Café Savoy. Danach liest Brod K. aus *Jüdinnen* vor.

13. MAI
Max Brod, *Tagebuch:* »Abends mit Kafka im Platteis hübsch vorgelesen.«

18. MAI
K. und Sophie Brod holen Franz Blei, dessen Ehefrau Maria und Sohn Peter von der Bahn ab.

18.–19. MAI
K., Max und Sophie Brod sowie die Familie Blei nachts inmitten zahlreicher Menschen auf dem Laurenziberg, um den Halley'schen Kometen zu beobachten. Obwohl der Himmel gegen 1 Uhr aufklart, ist vom Kometen nichts zu sehen.
Tagebuch

26. MAI
Max Brod, *Tagebuch:* »Abends mit Kafka.«

26. MAI (?)
an Max Brod: Geburtstagsbrief. K. schenkt Brod einen Kieselstein, Robert Walsers *Jakob von Gunten* sowie Stefan Georges *Die Bücher der Hirten- und Preisgedichte, der Sagen und Sänge und der hängenden Gärten.* Spricht von seiner Liebe zu ihm.

27. MAI
Max Brod 26 Jahre alt.
Max Brod, *Tagebuch:* »Von Kafka schöner Brief: Kieselstein, Walser, George.«

28. MAI
Max Brod, *Tagebuch:* »Nachm. mit Kafka im Bad. Sonnenbad. Eine Stunde gerudert. Zusammen im Platteis. Paris!«

1910 29. MAI
Tagebuch: »Ich rudere, reite, schwimme, liege in der Sonne.«

JUNI
Franz Kafka, Rezension zu Robert Marschners Schrift *Die Mutterschaftsversicherung vom Standpunkte der Versicherungswissenschaft,* in: *Deutsche Arbeit,* Prag. Gezeichnet mit »Dr. F. K.«.

2. JUNI
Max Brod, Tagebuch: »... den ganzen Nachm. gebadet – gerudert mit Kafka bis zur Karlsbrücke, Wehr«.

6. JUNI
K. geht mit Brod zu Baum.

9. JUNI
Am Abend liest Brod im Café Louvre K. die letzten Seiten seines soeben vollendeten Romans *Jüdinnen* vor.

11. JUNI
an Max Brod: (Karte) Brod hat offenbar K.s Zeichnungen gelobt, K. wehrt ab.
K., eine Cousine K.s und Brod baden in der Moldau. Aus dem Ruderboot beobachten sie, wie ein Selbstmörder aus dem Fluss gerettet wird.

12. JUNI
K., Brod und dessen Onkel Emil Weis (ein Englischlehrer) sehen im Landestheater Max Pallenberg im Schwank *Der fesche Rudi* von Alexander Engel und Julius Horst.

13. JUNI
Am Abend literarisches Treffen bei Brod. Anwesend sind K., Weltsch, Baum, Werfel, Paul Kornfeld, Willy Haas, Brods Eltern und seine Schwester Sophie. Brod, Baum und Werfel lesen vor.
Julie Kafka an Ottla Kafka: (aus Franzensbad) Sie soll einen Verehrer abweisen, da sie viel zu jung zum Heiraten sei. »... erst werden Deine zwei Schwestern an die Reihe kommen.« »Du brauchst ihn nicht zu beleidigen, aber die Schreiberei muß ein Ende nehmen.«

15. JUNI
Brod besucht K.

19. JUNI
Tagebuch: Hat den Sonntag müßig verbracht.
Vormittag: K. geht mit Max und Otto Brod schwimmen.

24. JUNI
K. trifft Brod.

27. JUNI
Max Brod, *Tagebuch:* »... mit Werfel, Kafka bei Baum, sehr nett«.

SOMMER
Tagebuch: 6 teils längere autobiographische Fragmente, die alle mit sinngemäß ähnlichen Worten beginnen: »Wenn ich es bedenke, so muss ich sagen, dass mir meine Erziehung in mancher Richtung sehr geschadet hat.«

JULI
Hermann Kafka mit Valli in Eisenstein / Böhmerwald.

3. JULI
Kafka 27 Jahre alt.

4. JULI
Robert Marschner 45 Jahre alt.

etwa 6. JULI
an Max Brod: (in Brods Wohnung zurückgelassene Notiz) Würde gerne weitere Gedichte von Brod lesen. Spricht von seinem »böhmisch Lehrer« (möglicherweise ironisch gemeint).

6. JULI
Max Brod, *Tagebuch:* »Kafka, der gute Freund, rettet mein Gedichtbuch [*Tagebuch in Versen*], indem er etwa 60 mindere Gedichte hinauswirft.«

1910 **11. JULI**
K. mit Brod und Baum im Café.

16.–17. JULI
K., Brod, Weltsch und Werfel machen einen Ausflug nach Senohrab. Sie baden im Fluss, verirren sich im Wald. Werfel erleidet einen starken Sonnenbrand.

18. JULI
Max Brod, Tagebuch: »Abends Jausen bei Baum. Kafka müde. Schlechte Gedichte von Baum.«

30. JULI
K. und Brod bei dem Maler Willy Nowak (*1886), der ihnen Französischunterricht erteilen soll. Otto Brod stößt dazu, sie gehen ins Restaurant Korynta und besprechen die geplante Paris-Reise. Dann zu einem Schönheitswettbewerb im Hippodrom am Baumgarten. Gründung des Ernst Rowohlt Verlags, Leipzig. Kurt Wolff ist Teilhaber und literarischer Berater.

31. JULI
K. rudert auf der Moldau. In anderen Booten sieht er Brod mit Elsa Taussig, Otto Brod.

5. AUGUST
K. und Brod lernen Französisch.

6.–7. AUGUST
K. fährt mit Brod nach Hrušov und Elbekosteletz bei Brandeis, wo Otto Brod eine einmonatige Militärübung absolviert. Bad in der Elbe. Kafka modelliert im Sand einen liegenden Knaben.
an Oskar Baum: (Ansichtskarte) Absage für Montag.

8. AUGUST
Abend: K. bei der Abschiedsfeier des Kollegen Horlik.

11. AUGUST
Hugo und Else Bergmann reisen nach Palästina.

14. AUGUST
K. mit Max und Otto Brod sowie Emil Weis im Baumgarten. Gespräch über Italien.

22. AUGUST
K. ist dienstlich in Postelberg.
an Max Brod: (Ansichtskarte)

31. AUGUST
an die AUVA: Antrag auf Erhöhung des Grundgehalts von 1800 auf 2400 K.

10. SEPTEMBER
Franz Werfel 20 Jahre alt.

15. SEPTEMBER
an die AUVA: Bittet, den Urlaub auf Oktober verlegen zu dürfen.

16. SEPTEMBER
AUVA an K.: Erlaubnis, den Urlaub auf den Oktober zu verlegen.

24. SEPTEMBER
Max Brod, Tagebuch: »Dieses Zusammenarbeiten mit Weltsch [am gemeinsamen Buch *Anschauung und Begriff*] frei von Kafkas Hoffnungslosigkeit«.

25. SEPTEMBER
Valli Kafka 20 Jahre alt.

28. SEPTEMBER (?)
an Max Brod: (in Brods Wohnung zurückgelassene Notiz) Über seinen zu haltenden Vortrag in Gablonz: »ich habe mehr Angst, als zu einem Erfolg nötig ist«.

29. SEPTEMBER
➜ GABLONZ
Am Abend spricht K. im Hotel Geling im Auftrag der AUVA vor einer Versammlung von Unternehmern, die wegen der Neuklassifikation ihrer Unternehmen beunruhigt sind.

1910 **30. SEPTEMBER**
an Max Brod: (Ansichtskarte) Besuch bei Brods Großmutter, »die wirklich zart sanft und frisch wie ein Mädchen ist«.
→ PRAG

ANFANG OKTOBER
an Max Brod: Hat sich einen großen Zeh verrenkt.
Hugo und Else Bergmann kehren aus Palästina zurück.

2. OKTOBER
In der *Gablonzer Zeitung* erscheint ein Bericht über K.s Auftritt.

vor 8. OKTOBER
an Max Brod: Sorge, ob er mit dem geschwollenen Fuß die Reise nach Paris schon am 8. Okt. antreten kann.

8. OKTOBER
→ NÜRNBERG
Gemeinsam mit Otto Brod. Übernachtung im Hotel Roter Hahn.
Max Brod fährt erst am Abend nach Nürnberg.

9. OKTOBER
→ PARIS
Max Brod kommt um 7 Uhr in Nürnberg an, weckt Kafka und seinen Bruder im Hotel. Weiterreise um 8 Uhr, Fahrt über Stuttgart. Ankunft an der Gare de l'Est um 22 Uhr. Ins Hotel Windsor, Rue de Saint-Pétersbourg.

10. OKTOBER
Zu Fuß zu den Tuilerien, dann ins Warenhaus Grands Magasins du Louvre. K. kauft eine Halsbinde. Am Nachmittag flaniert er allein. Am Abend gemeinsam im Varietètheater Folies-Bergère. Sie sehen die Tänzerin Carolina Otéro und den Schauspieler Georges Ali in der Maske eines Hundes.

11. OKTOBER
Am Vormittag besucht K. den Montmartre und fährt zum ersten Mal mit der Metro, während Max und Otto Brod in den Louvre gehen.

Am Nachmittag kehrt K. vorzeitig ins Hotel zurück, da sich ein Furunkel-Pflaster gelöst hat.

12. OKTOBER
Gemeinsamer Besuch des Louvre. Sie übersiedeln ins Grand Hotel La Bruyère und sofort wieder zurück ins Windsor. Am Abend im Théâtre du Vaudeville, um die berühmte Tänzerin Polaire zu sehen.

13. OKTOBER
Im Regen zum Musée Carnavalet (historisches Museum der Stadt Paris). K. ist hier fasziniert von einem Gemälde von Jean Huber: Voltaire, der diktiert und sich gleichzeitig ankleidet. Danach in einem Grammophon-Salon der Firma Pathé. Besuch der modernen Galerie Bernheim.

14. OKTOBER
Ab 9 Uhr Besichtigung der Großen Oper (heute: Alte Oper), des Palais-Royal, der Notre-Dame, des Justizpalasts. Den Nachmittag verbringt K. vermutlich allein. Am Abend gemeinsam in einer Vorstellung des Café-Concert La Cigale: *T'en as du vice!*

15. OKTOBER
Mit dem Taxi fährt K. mit seinen Begleitern über die Champs-Elysées zum Eiffelturm. Über Treppen auf die 1. Plattform. Besichtigung des Invalidendoms. Am Abend im Théâtre de l'Odéon, wo Edmond de Goncourts Stück *Manette Salomon* gespielt wird. Danach bei einem öffentlichen Ball im Bal Tabarin und in 2 Nachtlokalen. Rückkehr ins Hotel vermutlich erst am frühen Morgen.

nach 15. OKTOBER
Tagebuch: Claqueure in französischen Theatern.

16. OKTOBER
an Ottla Kafka: (Ansichtskarte)
K. verfolgt auf den Champs-Elysées ein Puppentheater (Théâtre Guignol) und besucht ~ 14 Uhr eine Rennveranstaltung im Hippodrome de Longchamp im Bois de Boulogne. Max Brod zeigt seinem Bruder Otto den Montmartre, besucht das Grab von Berlioz

1910 sowie eine Aufführung von dessen *Damnation de Faust* im Théâtre du Châtelet.

17. OKTOBER
→ PRAG
K. reist mittags wegen einer sich verschlimmernden Furunkulose vorzeitig aus Paris ab.

20. OKTOBER
an Max und Otto Brod: War beim Arzt. Hat wegen der Furunkeln und einem schmerzhaften Ausschlag auf dem Rücken einen festen Verband um den Oberkörper. Intensiver Traum mit Pariser Großstadt-Impressionen.

21. OKTOBER
K. besucht Brods Eltern.

30. OKTOBER
Max und Otto Brod kommen am Abend nach Prag zurück.

31. OKTOBER
K. trifft Brod und Weltsch.

5. NOVEMBER
Am Abend besucht K. im Palace-Hotel die Alfred de Musset gewidmete ›Conférence française‹ der Vortragskünstlerin Marguerite Chenu.

vor 6. NOVEMBER
Tagebuch: (›2. Heft‹) 4 Fragmente, eine Zeichnung.

6. NOVEMBER
Tagebuch: Die Conférence.
K. und Brod beim Vortrag Paul Wieglers über Friedrich Hebbel vor dem Verein deutscher Arbeiter im Adlersaal des Deutschen Studentenheims.

7. NOVEMBER
Tagebuch: Hebbel. 12 kurze Fragmente.

MITTE NOVEMBER
K. liest Goethe, *Iphigenie auf Tauris.*

15. NOVEMBER
Tagebuch: »Ich werde in meine Novelle [*Beschreibung eines Kampfes*] hineinspringen und wenn es mir das Gesicht zerschneiden sollte.«

16. NOVEMBER
Tagebuch: Über Goethe, *Iphigenie auf Tauris.*
Brod spricht mit K. über seine schwankenden Gefühle gegenüber Elsa Taussig.

17. NOVEMBER
AUVA an K.: K.s Jahresgehalt wird auf 2100 K erhöht, zuzüglich 30 % Wohngeld und 10 % Teuerungszulage, rückwirkend zum 1. Nov.

18.–20. NOVEMBER
Brod in Berlin. Trifft u. a. Axel Juncker, Adolf Schreiber, Heinrich Mann, Emil Faktor, Kurt Hiller, Franz Werfel, Carl Einstein.

27. NOVEMBER
Heirat von Elli Kafka und Karl Hermann (*1883) in der Synagoge in der Geistgasse. Die Mitgift beträgt 30 000 Gulden.
17 Uhr: K. im Spiegelsaal des Deutschen Kasinos bei Bernhard Kellermanns Lesung aus eigenen Werken.
Tagebuch: Leicht sarkastische Schilderung der Lesung Kellermanns. Kurze Fragmente zu *Beschreibung eines Kampfes*.

DEZEMBER
Max Brod, *Tagebuch in Versen*, Gedichte, Berlin-Charlottenburg (Axel Juncker).

3. DEZEMBER
→ BERLIN
K. sieht in den Kammerspielen Molières *Heirat wider Willen* oder Shakespeares *Komödie der Irrungen*.

1910 4. DEZEMBER
an Max Brod: (Ansichtskarte) Ausführlich über vegetarisches Restaurant.
K. sieht im Lessing-Theater Schnitzlers *Anatol*.

6. DEZEMBER
K. sieht im Deutschen Theater *Hamlet*; Inszenierung von Max Reinhardt, in der Titelrolle Albert Bassermann, mit Gertrud Eysoldt als Ophelia.

9. DEZEMBER
an Max Brod: (Bildkarte) Begeistert über die *Hamlet*-Aufführung.
an Max Brod: (Bildkarte) Goethes Arbeitszimmer.
an Oskar Baum: (Bildkarte)
an Ottla Kafka: Kartonierter Umschlag mit einem gummibandgetriebenen Flugzeug in Größe und Form eines Schmetterlings. Aufdruck: »›Fiffi‹, Königin der Luft«.
an Michal Mareš: (Ansichtskarte, tschech.)
→ PRAG

11. DEZEMBER
K. trifft Brod im Café Victoria, er erzählt von Berlin. Gemeinsam in einem vegetarischen Restaurant. Brod klagt, dass er sich wohl von Elsa Taussig trennen müsse.

12. DEZEMBER
1. Lesung von Karl Kraus in Prag, veranstaltet von der ›Lese- und Redehalle‹. Dauer fast 2 ½ Stunden. Starker Eindruck auf Werfel und Willy Haas. Anwesend auch Paul Wiegler und Egon Erwin Kisch.

nach 14. DEZEMBER
Karl Kraus an Herwarth Walden: »Die Prager ›Dichter‹ waren nicht im Vortrag – auch eine feine Gesellschaft!«

15. DEZEMBER
Tagebuch: Beklagt, seit fast einem Jahr »wie aus Stein« zu sein.

15.–17. DEZEMBER
an Max Brod: Obwohl die äußeren Bedingungen optimal waren und er eine freie Woche hatte, konnte er nicht schreiben. Das wenige, das seit der Paris-Reise entstand, hat er vernichtet: Hat Brod lieb, kann ihm aber derzeit kaum in die Augen schauen. Legt ein Stück aus *Beschreibung eines Kampfes* bei.

16. DEZEMBER
Tagebuch: »Ich werde das Tagebuch nicht mehr verlassen.« Gelegentliche Glücksgefühle. Sein starkes Interesse an Nebenfiguren in Romanen und Theaterstücken.

17. DEZEMBER
Tagebuch: Hat fast alle literarischen Arbeiten aus 1910 gestrichen oder vernichtet: »5 mal soviel als ich überhaupt je geschrieben habe«.

18. DEZEMBER
Tagebuch: Über das Nichtöffnen von Briefen. Ist »einfach verloren«, wenn er das Büro nicht los wird. Versucht neue Zeiteinteilung, Schreiben von 20-23 Uhr.
Brod beim 3. Prager Vortrag Martin Bubers im Verein ›Bar Kochba‹: ›Die Erneuerung des Judentums‹. Erstmals sind auch Vertreter der jüdischen Gemeinde anwesend.

19. DEZEMBER
Tagebuch: Liest Goethes Tagebücher.
Elli erstmals nach ihrer Heirat zu Besuch. Brod berät sich erneut mit K. über Elsa Taussig. K. rät Brod, ihr zu bekennen, dass er bereits mit seinen Eltern über eine mögliche Heirat gesprochen hat. Noch am selben Nachmittag folgt Brod diesem Rat.

20. DEZEMBER
Tagebuch: »Ich habe immerfort eine Anrufung im Ohr: ›Kämest Du unsichtbares Gericht!‹«

21. DEZEMBER
Tagebuch: Zitate aus Michail Kusmin, *Taten des großen Alexander*. Besuch bei Baum.

1910 **22. DEZEMBER**
Tagebuch

24. DEZEMBER
Tagebuch: K. beginnt ein Prosastück über die Unordnung des Schreibtischs.

25. DEZEMBER
Tagebuch: Fortsetzung des Fragments.

26. DEZEMBER
Tagebuch: »Das Alleinsein hat eine Kraft über mich, die nie versagt.«

27. DEZEMBER
Tagebuch: »Meine Kraft reicht zu keinem Satz mehr aus.« Erotische Reminiszenz an eine Gouvernante, die ihm Tolstois *Kreutzersonate* vorgelesen hat.

28. DEZEMBER
Tagebuch
Treffen mit Brod, später bei Baum.

1911

Franz Kafka, *Maßnahmen zur Unfallverhütung* sowie *Die Neueinreihung der Betriebe*, in: Jahresbericht der AUVA für 1910, ohne Nennung des Autors.
Hermann Kafkas jüngster Bruder Ludwig stirbt. Seine Tochter Irma arbeitet später im Galanteriewarengeschäft mit und befreundet sich dort mit Ottla.

3. JANUAR
Tagebuch: Kurzes Fragment zu **Beschreibung eines Kampfes**.

4. JANUAR
Abend mit Baum und Brod, der u. a. seine dramatische Szene *Die Arche Noachs* vorliest. K. berichtet, dass er seine Schwestern mit Texten von Kleist zum Weinen bringt. »Das sind jetzt meine besten Leistungen.«

5. JANUAR
Tagebuch
K., Brod und Elsa Taussig sehen im Neuen deutschen Theater Karl Schönherrs *Glaube und Heimat*.

6. JANUAR
Tagebuch: Kurzes Fragment zu **Beschreibung eines Kampfes**.
K. bei Brod, der an diesem Tag ein Kaiserpanorama besucht hat.

1911   **7. JANUAR**
Tagebuch: Brods Schwester Sophie. Kurzes Fragment zu *Beschreibung eines Kampfes*.

vor 12. JANUAR
K. besucht eine Vorstellung des Kabaretts Stadt Wien.

12. JANUAR
Tagebuch: Das schriftliche Fixieren von Selbsterkenntnis. Über ein Porträt Schillers.

14. JANUAR
Tagebuch: Kritisch über Martin Beradt, *Eheleute* (1910).

18. JANUAR
Tagebuch
K. mit Brod, der ihm aus seinem Drama *Abschied von der Jugend* vorliest, im Café Savoy.

19. JANUAR
Tagebuch: »im letzten Jahr bin ich nicht mehr als 5 Minuten lang aufgewacht«. Über seine Schreibversuche als Jugendlicher: Plante einen Roman über zwei Brüder, von denen einer nach Amerika geht, der andere im Gefängnis bleibt. Darüber verächtliches Urteil eines Onkels.

25. JANUAR
K. und Brod bei Baum. Brod liest aus seinem Drama vor und begleitet dann K. nach Hause.
Max Brod, Tagebuch: K. »sehr melancholisch«.

27. JANUAR
an Max Brod: (Karte) »Kleist bläst in mich, wie in eine alte Schweinsblase.«
Abend: K. sieht in der Lucerna Béla Laszkys Operette *Die schlaue Komtesse*.
Max Brod, Tagebuch: Über seinen früheren Konflikt mit dem Louvre-Zirkel: »Wie galt dieser Bergmann selbst dem Kafka moralisch,

wohlüberlegt, tiefsinnig – und jetzt sehn sie alle selbst ein, dass sie mir Unrecht getan haben!«

28. JANUAR
K. beim Zahnarzt, dann bei Brod.

30. JANUAR
→ FRIEDLAND (Dienstreise)

FEBRUAR
K. schreibt *Unglücklichsein*. In einem separaten Heft notiert er Eindrücke von seinen Reisen nach Friedland und Reichenberg (*T* 931-940).
K. in einer Vorstellung der Wiener ›Kleinen Bühne‹ mit Mella Mars und Béla Laszky im Kabarett Lucerna.

1. FEBRUAR
an Max Brod: (Ansichtskarte) Über das Schloss Friedland, das er besucht hat.

2. FEBRUAR
an Max Brod: (Ansichtskarte) Hat in einem Kaiserpanorama Dias aus italienischen Städten gesehen, u. a. Brescia.

4. FEBRUAR
an Elli und Karl Hermann: (Ansichtskarte)

5. FEBRUAR
an Oskar Baum: (Ansichtskarte) War in Neustadt an der Tafelfichte.

vor **7. FEBRUAR**
an Ottla Kafka: (Ansichtskarte)

7. FEBRUAR
→ PRAG
Max Brod, Tagebuch: Bei Baum »Kafka, der von Reisen zurück ist und viel zu erzählen hat«.

1911 **8. FEBRUAR**
K. am Nachmittag mit Brod verabredet. Er verspätet sich um 2 Stunden.

10. FEBRUAR
AUVA an K.: Erteilung einer »Vollmacht zur Vornahme der Funktionen eines Beauftragten der Anstalt«.

17. FEBRUAR (?)
K. im Hotel Central bei einem Liederabend von Marya Delvard und Marc Henry. Schwach besucht.

nach 17. FEBRUAR
K. sieht mit Brod den Kolportage-Film *Die weiße Sklavin*, mit 47 Min. einer der ersten längeren Filme überhaupt.

19. FEBRUAR
Tagebuch: »Die besondere Art meiner Inspiration«. »Wenn ich wahllos einen Satz hinschreibe... so ist er schon vollkommen.« Kurzes Fragment.
an Eugen Pfohl: (Entwurf) Ist beim Aufstehn »zusammengeklappt«, kann daher nicht ins Büro kommen. Grund ist Überarbeitung durch »ein schreckliches Doppelleben, aus dem es wahrscheinlich nur den Irrsinn als Ausweg gibt«.
K. bei Brod, der aus *Abschied von der Jugend* vorliest. Brod begleitet K. nach Hause.

20. FEBRUAR
Tagebuch: Zu Mella Mars.
K. liest Jugendbriefe Kleists.

21. FEBRUAR
Tagebuch: Kritisch über Marya Delvard und Marc Henry.

nach 21. FEBRUAR
Tagebuch: Niederschrift des Fragments *Die städtische Welt* (*T* 151-158).

23. FEBRUAR (?)
→ REICHENBERG (Dienstreise)
Hotel Eiche, Wiener Straße.

24. FEBRUAR
Im Stadttheater Reichenberg sieht K. Hebbels *Des Meeres und der Liebe Wellen* .

25. FEBRUAR
an Max Brod: (Ansichtskarte) Aus Grottau. Reminiszenz an den Film *Die weiße Sklavin.*
an Ottla Kafka: (Ansichtskarte) Aus Kratzau. Hat Kalbsbraten und Omelette gegessen, dazu Apfelwein getrunken.

26. FEBRUAR
an Sophie Brod: (Ansichtskarte) Empfiehlt ihr den Detektivroman *Der Tag der Vergeltung* allein wegen des Titels.
an Elli und Karl Hermann: (Ansichtskarte) Über vegetarisches Essen.
Im Stadttheater Reichenberg sieht K. die Operette *Miss Dudelsack* von Fritz Grünbaum und Heinz Reichert.

28. FEBRUAR (?)
→ PRAG

ANFANG MÄRZ
an Max Brod: Sendet ihm vermutlich seine für die *Bohemia* verfasste Rezension der Zeitschrift *Hyperion*.

1. MÄRZ
Max Brod, Tagebuch: »Abends Kafka bei mir, er hat geschrieben, nachts nicht geschlafen, ist erst recht unglücklich weil er im Büro nichts arbeitet u.s.f. – Abends rührender Brief seiner Mutter an Baum ›Wir sollen ihm den Kopf zurecht setzen.‹«

2. MÄRZ
an Max Brod: (Bildkarte) Hat sich von Ernst Eisner mehrere Hefte *Die neue Rundschau* ausgeliehen, möchte ihm dafür die Zweimonatsschrift *Hyperion* leihen.

1911   3. MÄRZ
Brod besucht K. am Nachmittag, liest ihm aus seiner eben begonnenen Novelle *Weiberwirtschaft* vor. K. liest *Unglücklichsein* vor.

5. MÄRZ
an Max Brod: (Bildkarte) Hält nichts von seiner Rezension.

6. MÄRZ
Brod holt K. am Nachmittag ab. Zu Hause liest er ihm aus *Weiberwirtschaft* vor.

7. MÄRZ
K. besucht im Rudolfinum einen Vortrag von Émile Jaques-Dalcroze über ›Musik und Rhythmus‹ (mit Tanzdarbietung). Dann bei Baum. Brod liest dort aus *Weiberwirtschaft*.

9. MÄRZ
Spiritistische Sitzung bei Berta Fanta; ihre Tochter Else Bergmann als Medium.
Max Brod, Tagebuch: »Frau F[anta] borgt mir Schriften von Dr. Steiner, Theosoph, die ich mit einiger Spannung lese.«

10. MÄRZ
Max Brod, Tagebuch: »›Höhere Welten‹ von Dr. Rudolf Steiner, sehr anregend.«

12. MÄRZ
Brod besucht K., liest ihm vermutlich aus *Weiberwirtschaft* vor.

14. MÄRZ
Brod liest K. und Baum den Schluss von *Weiberwirtschaft* vor.

vor 15. MÄRZ
Brod erhält eine Freikarte zur Lesung von Karl Kraus, die er zurücksendet.

15. MÄRZ
20 Uhr: K. bei einer Lesung von Karl Kraus im Hotel Central.

Kraus liest u. a. *Heine und die Folgen, Desperanto, Übersetzungen aus Maximilian Harden, Erdbeben.*

17. MÄRZ
Im Hörsaal der Technischen Hochschule hört K. einen Vortrag von Adolf Loos: ›Ornament und Verbrechen‹.

19. MÄRZ
Franz Kafka, *Eine entschlafene Zeitschrift*, in: *Bohemia*, Prag (Rückblick auf die Ende 1910 eingestellte Zweimonatsschrift *Hyperion*). Spaziergang mit Brod. Am Abend mit Brod zu einem öffentlichen Vortrag von Rudolf Steiner: ›Wie widerlegt man Theosophie?‹. Anwesend sind ~ 500 Zuhörer, darunter viele aus dem Ausland.

vor 20. MÄRZ
K. meldet sich bei der böhmischen Sektion der Theosophischen Gesellschaft als Hörer der Vortragsreihe Steiners über ›Okkulte Physiologie‹ an. (Mindestens 2 davon besucht er.)

20. MÄRZ
20 Uhr: Beginn einer 8-teiligen, den Mitgliedern der Theosophischen Gesellschaft und ihren Gästen vorbehaltenen Vortragsreihe Rudolf Steiners über ›Okkulte Physiologie‹, jeweils im Saal des kaufmännischen Vereins ›Merkur‹, Niklasstr. 9. Die Prager Tageszeitungen ignorieren die Vortragsreihe, die auf Anweisung des Statthalters polizeilich überwacht wird.

21.–24. MÄRZ
Jeweils 20 Uhr: 2.–5. Vortrag Steiners über ›Okkulte Physiologie‹.

23. MÄRZ
Julie Kafka 55 Jahre alt.

25. MÄRZ
16 Uhr: K. mit Brod beim öffentlichen Vortrag Rudolf Steiners: ›Wie verteidigt man Theosophie?‹
K. und Brod bei einem geselligen Abend der Theosophen. K. wird Steiner vorgestellt.

1911 26. MÄRZ
20 Uhr: 6. Vortrag Steiners über ›Okkulte Physiologie‹ vor ~400 Zuhörern.
Tagebuch: Steiners rhetorische Mittel.
Max Brod, Tagebuch: »Abends Vortrag Steiner über okkulte Physiologie. – Trugschluss.«

27. MÄRZ
20 Uhr: 7. Vortrag Steiners über ›Okkulte Physiologie‹.

28. MÄRZ
16 Uhr: Max Brod und Elsa Taussig, vermutlich auch K. beim öffentlichen Vortrag Rudolf Steiners: ›Aphorismen über die Beziehung von Theosophie und Philosophie. Eine Betrachtung zu den Vorträgen über ‚Okkulte Physiologie'‹.
20 Uhr: 8. und letzter Vortrag Steiners über ›Okkulte Physiologie‹.
Tagebuch: Wundergeschichten, die Steiners Anhänger über ihn erzählen. K. ist entschlossen, Steiner aufzusuchen.

29. MÄRZ
15 Uhr: K. in der Sprechstunde Rudolf Steiners, Hotel Victoria, Jungmannstr. 18. Steiner ist erkältet. K. spricht von seiner Nähe zur Theosophie und vom Widerstreit zwischen Büro und Literatur. Hat beim Schreiben Zustände erlebt, die den von Steiner beschriebenen hellseherischen Zuständen ähnlich sind. Steiner missversteht ihn.

nach 29. MÄRZ
Tagebuch: Fragmentarischer Bericht über K.s Besuch bei Steiner.

30. MÄRZ
Am Nachmittag auch Brod in der Sprechstunde Steiners.

31. MÄRZ
an Rudolf Steiner: Sendet ihm eine Probe seiner literarischen Arbeiten. (Ob Steiner antwortete, ist nicht bekannt.)

1. APRIL
K. mit Brod, Weltsch und Elsa Taussig im Café Victoria; Gespräch

über Aristoteles (Beginn einer Art privater Vorlesungsreihe für die philosophisch ungebildete Taussig).

5. APRIL
K. trifft Brod und Baum.

7. APRIL
K. mit Brod, Weltsch und Elsa Taussig im Café Victoria; Gespräch über Scholastik.

9. APRIL
K. mit Brod und Elsa Taussig in der Modernen Galerie im Baumgarten.

17. APRIL
Vormittag: K. und Brod in der Jahresausstellung des Kunstvereins für Böhmen im Rudolfinum; sie betrachten alt-japanische Malereien, Lackarbeiten und Keramiken. Vorhaben, gemeinsam über Prager Gassen zu schreiben.

19. APRIL
Brod muss sich von seinem Vorgesetzten eine Standpauke anhören, da er während des Dienstes fortwährend literarisch arbeitet. Man wird ihm ab sofort mehr Akten zuteilen.

22. APRIL (?)
→ NORDBÖHMEN (Dienstreise)

23. APRIL
K. macht einen Ausflug über die Grenze in die sächsischen Orte Zittau und Oybin.
an Max Brod: (Ansichtskarte) Hat mit der versprochenen Rezension von *Jüdinnen* noch nicht begonnen.
an Elli und Karl Hermann: (Ansichtskarte)

vor 28. APRIL
an Ottla Kafka: (Ansichtskarte)
K. in Warnsdorf, lernt dort den Fabrikanten und Naturheiler Moriz Schnitzer kennen.

1911 28. APRIL
→ PRAG

29. APRIL
Max Brod, Tagebuch: »Ferry Bauer [der Bruder Felice Bauers], elegant außen, innen ›Mitreiter‹«.

ENDE APRIL
Tagebuch: Beginn einer Rezension von Brods *Jüdinnen*.

1. MAI
Max Brod, Tagebuch: »Ärger auf Kafka, der seit Freitag in Prag ist und mich nicht besucht!«

2. MAI
Max Brod, Tagebuch: »Kafka kommt nicht!«

3. MAI
Max Brod, Tagebuch: »Zu Baum, Kafka nicht dort, Sorge.«

4. MAI
Max Brod, Tagebuch: »Kafka antelephoniert. ›Ich bin so schwach, auseinander.‹ Wie frivol er mich in Sorgen stürzt.«

5. MAI
Nachmittag: K. besucht Brod und erzählt ausführlich von Moriz Schnitzer und der Gartenstadt Warnsdorf.

8. MAI
K. und Brod bei Baum.

13. MAI
an die AUVA: Antrag, das Grundgehalt auf 2600 K zu erhöhen.

14. MAI
Vormittag: Ausflug mit Brod und Weltsch nach Podbaba. Sie besuchen Hugo und Else Bergmann in der Sommerfrische.

24. MAI
K. geht mit Brod und Weltsch zu einem öffentlichen Vortrag Einsteins über Relativitätstheorie im Hörsaal des physikalischen Instituts der Universität.

25. MAI
Max Brod, Tagebuch: K. kommt nicht zu einem Treffen mit Brod, Weltsch und Einsteins Assistenten Ludwig Hopf.» ... nichts als seine Trauer scheint ihn mehr zu interessieren«.

27. MAI
an *Max Brod:* Geburtstagswünsche, ohne das übliche Buchgeschenk.
AUVA an K.: K.s Gesuch um Gehaltserhöhung wird vorläufig abgelehnt.
Max Brod 27 Jahre alt.

3. JUNI
Brod und Ferri Bauer im Bordell Gogo; sie treffen Werfel.

4. JUNI
K. mit Brod und Weltsch im Café Louvre.

5. JUNI
Sophie Brod heiratet in Prag Max Friedmann aus Breslau.

7. JUNI
Irma Kafka 22 Jahre alt.

11. JUNI
Ausflug mit Max und Otto Brod, Weltsch und Ludwig Hopf nach Wšenor und Černoschitz.

15. JUNI
K. kommt nach Dobřichowitz zu Brod, der bereits seit dem Vortrag dort ist. Er liegt in Brods Zimmer auf dem Sofa, während Brod eine Novelle schreibt.
Max Brod, Tagebuch: »Rede ihm immerfort zu, seine Depression aufzugeben.«

1911 16. JUNI
Max Brod, *Höhere Welten*, in: *Pan*. Über Rudolf Steiner.

18. JUNI
Max Brod, *Tagebuch:* »Es ist mir ziemlich klar, dass der Onkel [Emil Weis] an Angstneurose, Kafka an Zwangsneurose leidet.«

22. JUNI
Felix Weltsch fällt durch das Rigorosum ›Aus österreichischer Geschichte‹, das er für den Abschluss seines Philosophiestudiums benötigt. K. holt ihn von der Prüfung ab und begleitet ihn nach Hause.

24. JUNI
K. trifft abends Brod.

26. JUNI
K., Brod und Werfel bei Baum.

29. JUNI
Brod liest abends K. und Weltsch seine Novelle *Der Einbruch* vor.

3. JULI
Kafka 28 Jahre alt.

4. JULI
Max Brod, *Tagebuch:* »Von Kafka sagt sie [Elsa Taussig]: ›Mit ihm kann ich nicht natürlich reden‹ – und er schätzt doch nichts als Natürlichkeit«.

6. JULI
K. trifft Brod.

13. JULI
Abend: K. trifft Brod.

18. JULI
Nachmittag: K. trifft Brod.

MITTE AUGUST
Max Brod mietet ein Zimmer in der Schalengasse 4, um sich weiterhin mit Elsa Taussig treffen zu können.

15. AUGUST
Tagebuch: Hat in den Schwimmschulen endlich aufgehört, sich seines Körpers zu schämen. »Wie spät hole ich jetzt mit 28 Jahren meine Erziehung nach«.

20. AUGUST
Tagebuch: Möchte sich für die Reise durch Schreiben lockern. Hat über Dickens gelesen. Fragment.

24. AUGUST
Tagebuch

25. AUGUST
Tagebuch: Geschäftssorgen des Vaters, dem übel wird vor Aufregung. Julie und K. versuchen, ihn zu beruhigen.

26. AUGUST
→ MÜNCHEN → ZÜRICH (mit Max Brod)
Abfahrt 13 Uhr. In Pilsen steigt die 24-jährige Angestellte Angela Rehberger zu und setzt sich neben Brod. Sie bittet darum, in Zürich eine von ihr geschriebene Karte an ihre Kollegen einzuwerfen und sie so glauben zu machen, sie sei in München in den falschen Zug umgestiegen. Ankunft in München ~21.45 Uhr. Den Aufenthalt nutzen sie zu einer 20-minütigen Rundfahrt zu dritt im Taxi. Weiterfahrt 22.30 Uhr.
Julie Kafka muss den Vermieter um Aufschub der Mietzahlung bitten.

27. AUGUST
Ankunft in Zürich 5.30 Uhr. K. kauft einen Stadtplan, Brod einen Reiseführer. Frühstück im Restaurant ›Zu Karl dem Großen‹. Großmünster. Männerbad am Bürkliplatz. 11.30 Uhr am Gottfried-Keller-Zimmer, das jedoch geschlossen ist. Zum Mittagessen erneut im Restaurant ›Zu Karl dem Großen‹.
an Otto Brod: (Ansichtskarte)

1911 ➜ LUZERN
Abfahrt 15 Uhr, Ankunft 16.30 Uhr. Hotel Rebstock, Nähe Kurplatz. Kleines Abendessen im Hotel St. Gotthard-Terminus. Besuch des Spielkasinos im Kursaal. Sie spielen Boule (ein vereinfachtes Roulette) und verlieren je 5 Franken.

28. AUGUST
➜ VITZNAU ➜ RIGI-KULM ➜ FLÜELEN
9 Uhr Abfahrt mit dem Dampfer über den Vierwaldstädter See. Mit der Bergbahn auf die Rigi (1.752 m). Zu Fuß hinab zur Station Rigi-Staffel. Bergbahn. Weiterfahrt mit dem Dampfer 17.30 Uhr. Ankunft in Flüelen 19 Uhr. Hotel Sternen mit Seeterrasse.

29. AUGUST
Während eines Spaziergangs in Flüelen kommt K. und Brod der Einfall, eine neue Art von Reiseführern unter dem Titel ›Billig‹ herauszugeben. Bad im See.
➜ LUGANO
Abfahrt der Gotthardbahn 12.30 Uhr, Ankunft 17 Uhr. Hotel Belvedere au Lac, mit Seeterrasse. Abendlicher Spaziergang durch die Stadt.
an Oskar Baum: (Ansichtskarte)
an Ottla Kafka: (Ansichtskarte)

30. AUGUST
an Ottla Kafka: (Ansichtskarte)
an Otto Brod: (Ansichtskarte)
Am Morgen im öffentlichen Seebad. Am Nachmittag formulieren K. und Brod das Reiseführer-Konzept *Unser Millionenplan ›Billig‹* (*BKR* 189 ff.).
Sowohl K. als auch Brod beginnen mit täglichen Reiseaufzeichnungen, für die sie abreißbare Notizblöcke verwenden. Notate auch über die schon vergangenen Reisetage.

31. AUGUST
Am Vormittag erneut im Bad. Langer Spaziergang nach Castagnola, dort Bad im See. Weiter nach Ruvigliana.

1. SEPTEMBER
10.15 Uhr: Mit dem Dampfer nach Porlezza; Ankunft 11.40 Uhr. Mit dem Zug weiter nach Menaggio am Comer See. Besuch der Villa Carlotta bei Cadenabbia. Bad im See. Abends Rückreise auf demselben Weg, Ankunft ~21 Uhr.

2. SEPTEMBER
Mit dem Motorboot nach Gandria, Baden im See nahe dem Ort. Intensives Gespräch über persönliche Probleme. Rast in einem Restaurant in Gandria. Rückfahrt mit dem Dampfer. Essen im Hotel.

3. SEPTEMBER
an Otto Brod: (Ansichtskarte)
Bis 12 Uhr im Seebad.

4. SEPTEMBER
Von einem Zimmermädchen hören K. und Brod, in Mailand sei die Cholera ausgebrochen. Im Verkehrsbüro erfahren sie nichts Bestimmtes, im *Berliner Tageblatt* finden sie die Nachricht jedoch bestätigt. Brod schlägt vor, die Urlaubspläne zu ändern und nach Paris zu fahren, K. lehnt ab.

→ MAILAND
Abfahrt um 13 Uhr mit dem Dampfer nach Porto Ceresio, weiter mit der elektrischen Tram, Ankunft in Mailand um 15.20 Uhr. Von der Stazione Centrale bei großer Hitze zu Fuß in die Innenstadt, wobei K. Brod immerzu wegen der Choleragefahr beruhigen muss. Brod kauft eine Broschüre über die Cholera. Hotel Metropole. Kaffeehaus in der Galleria. Brod bittet K. für den Fall seines Todes um einen »Herzstich«. Beschluss, mindestens den nächsten Tag noch in Mailand zu verbringen.
Ab 21 Uhr Volksstücke im Theatro Fossati; sie verlassen die Vorstellung vorzeitig, da sie kaum etwas verstehen. Besuch einer Bar, dann ins Bordell ›Al Vero Eden‹. Enttäuschung wegen der unpersönlichen Atmosphäre, keine der Frauen »nur halbwegs annehmbar«. Um ~1 Uhr im Hotel. In der Nacht wird Brod von einer Mücke gestochen und glaubt sich daher von Cholera infiziert.

1911 5. SEPTEMBER
[an Eugen Pfohl]
Brod will schon am Morgen abreisen, K. überredet ihn, noch bis zum Nachmittag zu bleiben. Besichtigung des Doms, bei erneut über 30 °C. Um 15 Uhr Abreise mit dem nach Paris fahrenden Simplon-Express.
→ STRESA (Lago Maggiore)
Spontaner Entschluss, in Stresa auszusteigen. Lange Suche nach einem Hotel. Bad im See. K. und Brod umarmen einander, im Wasser stehend.

6. SEPTEMBER
an Ottla Kafka: (Ansichtskarte)
Vormittags Bad im See. Abends langer Spaziergang, bei dem K. und Brod beschließen, gemeinsam den Reiseroman **Richard und Samuel** zu schreiben.

7. SEPTEMBER
an Otto Brod: (Ansichtskarte)
Vormittags Bad im See. Um 17.15 Uhr Abreise mit dem überfüllten Nachtzug.
→ PARIS

8. SEPTEMBER
Ankunft 8.30 Uhr auf der Gare de Lyon. K. und Brod nehmen eine Pferdekutsche, suchen eine Unterkunft, entscheiden sich für das Hotel Sainte-Marie (an der lärmigen Ecke Rue de Rivoli/ Rue de l'Arbre-Sec). K. drängt zu Eile, wäscht sich aber dennoch so ausführlich, dass Brod verstimmt ist. Hauptpost, Frühstück im Café Briard. Spaziergang über mehrere Boulevards. Am späten Nachmittag öffentliches Flussbad. Abends in der Opéra Comique hören sie Bizets Oper *Carmen*.

9. SEPTEMBER
Am Vormittag öffentliches Flussbad. Nach dem Mittagessen Besuch des Louvre. In der Comédie-Française sehen K. und Brod eine Aufführung von Racines *Phèdre*. K. versucht vergeblich, der Platzanweiserin das Trinkgeld zu verweigern. Später besuchen sie ein Bor-

dell in der Rue de Hanovre. K. flüchtet vorzeitig und geht allein zum Hotel zurück.

10. SEPTEMBER
Am Vormittag im Louvre, Besichtigung der antiken Skulpturen. Nachmittags mit der Metro zum Bois de Boulogne. Schiffsfahrt auf dem Lac inférieur. K. schaut sich kurz im Vergnügungsareal ›Lunapark‹ um. Besuch eines Kinos, wo sie u. a. einen 5-minütigen Film über den Raub der Mona Lisa sehen.

11. SEPTEMBER
Langes Flanieren, K. und Brod beobachten einen kleinen Autounfall. Im Reisebüro Cook. Brod besucht seinen Vetter Hugo Koretz, vermutlich allein. Am Abend Besuch einer Variétévorstellung im Café-Concert aux Ambassadeurs auf den Champs Elysées. Gegen 1 Uhr stehen sie vor dem betriebsamen Redaktionsgebäude des *Matin*.

12. SEPTEMBER
Fahrt nach Versailles mit einer dampfgetriebenen Tram. Besichtigung von Schloss und Galerie. Nach der Rückkehr Bad in der Seine.

13. SEPTEMBER
an Ottla Kafka: (Ansichtskarte) Sie hat ihn über die Probleme im elterlichen Geschäft nicht auf dem Laufenden gehalten, trotz Versprechen. K. bleibt versöhnlich.
Im Kaufhaus Printemps. Brod fährt um 17 Uhr allein über Stuttgart und München zurück nach Prag. K. besucht eine Buchhandlung und ein Restaurant.
→ ZÜRICH
Abfahrt 22 Uhr vom Gare de l'Est. Ein jüdischer Goldgräber, der zweieinhalb Jahre in den USA gelebt hat, berichtet K. von seinen Erlebnissen.
Franz Kafka, *Die Arbeiterunfallversicherung und die Unternehmer*, in: *Tetschen-Bodenbacher Zeitung.*

14. SEPTEMBER
Ankunft 10.30 Uhr.
→ ERLENBACH
Ankunft im Naturheilsanatorium Erlenbach.

1911 17. SEPTEMBER
an Max Brod: Bericht über die Anwendungen (Bäder, Massagen, Turnen) und über die Mahlzeiten. Ausführlich über die abendlichen kulturellen Unterhaltungen (z. B. trägt ein Gast einen selbst verfassten humoristischen Roman in Versen vor). K. möchte sich von den Gästen nicht absondern, kommt daher nicht zum Schreiben (vermutlich hat er mit Brod eine publizistisch verwertbare Schilderung des Pariser Autounfalls vereinbart).

18. SEPTEMBER
an Oskar Baum: (Ansichtskarte)

19. SEPTEMBER
→ PRAG
Abreise vermutlich am Abend.

20. SEPTEMBER
Ankunft in Prag vermutlich ~ 19 Uhr.

21. SEPTEMBER
Max Brod, *Axiome über das Drama,* in: *Die Schaubühne.*

22. SEPTEMBER
Abend: K. bei Brod, er erzählt von Erlenbach.

24. SEPTEMBER
Eine ostjüdische Theatertruppe aus Lemberg unter Leitung von Jizchak Löwy (*1887) beginnt mit ihren Vorstellungen im Hotel Central: jiddische Theaterstücke und Soloauftritte.

26. SEPTEMBER
Brod macht K. mit Alfred Kubin (*1877) bekannt. Kubin empfiehlt K. ›Regulin‹ gegen Verstopfung. K. geht nicht mit ins Bordell.
Tagebuch: Beobachtungen zu Kubin.

27. SEPTEMBER
Tagebuch: K. beobachtet Passanten.

etwa **27. SEPTEMBER**
K. im Kabarett Lucerna.

28. SEPTEMBER (?)
K. im Bordell Šuha.

29. SEPTEMBER
Tagebuch: Über Goethes Tagebücher; Reisebeobachtungen aus der Kutsche. Kritisch über das Lucerna-Programm.
Brod macht K. mit Kurt Tucholsky (*1890) und dessen Freund Kurt Szafranski (ein Zeichner) bekannt.
Mangels Publikum übersiedelt die Lemberger Theatertruppe ins Café Savoy.

30. SEPTEMBER
Tagebuch: Über Kubin, Tucholsky und Szafranski.
K. in der Altneusynagoge.

1. OKTOBER
Tagebuch: Beobachtungen in der Synagoge und im Bordell.

2. OKTOBER
Tagebuch: Schlaflosigkeit, anstrengende Träume. K. vermutet das Schreiben als Ursache. Albtraum von Direktor Marschners Tochter.

3. OKTOBER
Tagebuch: »Das Bewusstsein meiner dichterischen Fähigkeiten ist am Abend und am Morgen unüberblickbar. Ich fühle mich gelockert bis auf den Boden meines Wesens und kann aus mir heben was ich nur will.« Ein Auto erinnert an Paris.
Abendspaziergang, Dickens-Lektüre.

4. OKTOBER
Tagebuch: Empfindet die Büroarbeit nicht als unerträglich, solange sie andauert. Die Lichteffekte in seinem Zimmer.

1911 K. sieht im Café Savoy erstmals eine Vorstellung der Lemberger Theatertruppe. Soloauftritt von Flora Klug als ›Herrenimitatorin‹, dann das Stück *Der Meschumed* von Abraham M. Scharkansky.

5. OKTOBER
Tagebuch: Beginn ausführlicher und wiederholter Schilderungen der ostjüdischen Schauspieler und ihrer Darbietungen.

6. OKTOBER
Tagebuch: Inhaltsangabe des gesehenen Stücks.

8. OKTOBER
Tagebuch: Fortsetzung der Schilderung. »Wunsch ein grosses jiddisches Teater zu sehn ... Auch der Wunsch, die jiddische Literatur zu kennen, der offenbar eine ununterbrochene nationale Kampfstellung zugewiesen ist«.

9. OKTOBER
Tagebuch: »Sollte ich das 40te Lebensjahr erreichen, so werde ich wahrscheinlich ein altes Mädchen ... heiraten ... Vierzig Jahre alt werde ich aber kaum werden«. Bordelltraum.
K. im Café Savoy, er sieht *Die Sejdernacht* von Joseph Latteiner.

10. OKTOBER
Tagebuch: Sieht auf der Straße 5 Schauspieler.

11. OKTOBER
K. und Brod arbeiten ihre Paris-Notizen aus. Sie sehen auf der Straße die Reisebekanntschaft Angela Rehberger.

12. OKTOBER
Tagebuch: Beschreibung Rehbergers.
an Max Brod: (Karte) Erfreut darüber, dass die Lemberger Theatertruppe Abraham Goldfadens Operette *Sulamit* aufführen wird.
K. sucht abends im Saal der Schützeninsel vergeblich einige Kollegen, mit denen er verabredet ist.

13. OKTOBER
Tagebuch: Die Beschreibung Rehbergers setzt sich an die Stelle der wirklichen Erfahrung.
2-stündiger Spaziergang mit dem Anwalt Dr. Robert Kafka, der die Gründung der Prager Asbestwerke durchführen soll. K. muss sich zahllose Geschichten anhören.
Am Abend im Café Savoy, K. sieht Goldfadens Operette *Sulamit*. Nach der Vorstellung Prügelei auf der Bühne, der Vorhang wird heruntergerissen.

14. OKTOBER
Tagebuch: Inhaltsangabe von *Sulamit*. »Schauspieler Löwy, den ich im Staub bewundern möchte«.
Der Geschäftsführer Roubitschek tritt aus der Galanteriewarenhandlung Kafka aus. Sämtliche anderen Angestellten kündigen ebenfalls, um ihm in sein neu gegründetes Geschäft zu folgen. Hermann Kafka kann einige dazu überreden zu bleiben.

15. OKTOBER
K. fährt nach Žižkov, dann nach Radotin, um zwei Angestellte der Kafkas zur Rückkehr zu bewegen.
Hermann Kafka veröffentlicht im *Prager Tagblatt* eine Stellenanzeige: Gesucht werden ein zweisprachiger Geschäftsführer, ein Kommis und eine Komptoiristin.

16. OKTOBER
Tagebuch
K. mit Jizchak Löwy im Tschechischen Nationaltheater, sie sehen *Dubrocnická trilogie* von Ivo Vojnovíč.

17. OKTOBER
Tagebuch
K. und Brod holen am Nachmittag dessen Mutter vom Bahnhof ab; sie gehen in ein Café, dann zu den Brods. K. blättert in einer Sammlung von Aussprüchen Napoleons.
Am Abend liest Jizchak Löwy in der jüdischen Toynbee-Halle, u. a. Humoresken von Schalom Alejchem. K. ist anwesend.

1911 **18. OKTOBER**
K. bei Brod, sie arbeiten weiter an ihren Reiseaufzeichnungen.

19. OKTOBER
K. und Karl Hermann beim Advokaten Robert Kafka.

20. OKTOBER
Tagebuch: Ausführlich über Löwys Lesung. Flirt mit einem 17-jährigen Mädchen in Radotin, die ihn für gleichaltrig hielt.
Vormittag: K. ist dienstlich bei der Holzhandlung Löwy und Winterberg.

21. OKTOBER
Tagebuch: Beschreibung der Schauspielerin Mania (Amalie) Tschissik (geb. Firstenfeld, *1881).
K. sieht im Café Savoy das Stück *Kol-Nidre* von Abraham M. Scharkansky. Auch Ottla und Brod sind anwesend.

22. OKTOBER
Tagebuch: »Liebe zur Frau Tschissik«, Fortsetzung der Beschreibung. Mitleid mit den Schauspielern.
3-stündiger Spaziergang mit Ottla und Jizchak Löwy.

23. OKTOBER
Tagebuch: Diskussionen der Schauspieler über den Rang jiddischer Autoren. Die erbärmliche Ausstattung.

24. OKTOBER
Tagebuch: Über die Fähigkeit der Mutter, zu trösten. Der Begriff »›Mutter‹ ist für einen Juden besonders deutsch, er enthält unbewusst neben dem christlichen Glanz auch christliche Kälte«.
K. sieht im Café Savoy das Stück *Der wilde Mensch* von Jakob Gordin.

vor 25. OKTOBER
an die k. k. Polizeidirektion Prag: (tschech.) Bittet um »Ausfertigung eines Wohlverhaltenszeugnisses zum Zweck einer Teilhaberschaft an einem Unternehmen«.

25. OKTOBER
Den ganzen Nachmittag ist K. mit Jizchak Löwy beisammen. Löwy liest *Gott, Mensch und Teufel* von Jakob Gordin vor, dann Tagebuchaufzeichnungen aus seiner Zeit in Paris.

26. OKTOBER
Tagebuch: (Beginn des ›3. Hefts‹) Über Gordin, *Der wilde Mensch;* Eindrücke von der Aufführung. Löwys Tagebücher sehr authentisch.

27. OKTOBER
Tagebuch: Notiert einiges von Löwy Gehörte.
Am Nachmittag ist K. mit Löwy im Café City. Löwy liest ihm den ersten Akt von Jakob Gordins *Eliser ben Schevia* vor. K. begleitet ihn ins Café Savoy.

28. OKTOBER
Tagebuch: Kritisch über Brods *Axiome über das Drama.* Mehrere Träume. Die Angestellten des Café Savoy verachten die Schauspieler.
Am Abend K. bei Baum, der aus seinem Drama *Konkurrenz* liest. Brod liest aus *Weiberwirtschaft.* Auf dem Nachhauseweg teilt K. Brod mit, dass er das gemeinsame Romanprojekt **Richard und Samuel** aufgeben möchte. K. liest zu Hause zwei Hefte von *Die Aktion* und Wilhelm Schäfers Novelle *Die Mißgeschickten* (1909).

29. OKTOBER
Tagebuch: Fortsetzung der Kritik zu Brods Essay.
Am Nachmittag bei Brod.

30. OKTOBER
Tagebuch: Fressphantasien. Sehr positiv über Baums Stück *Konkurrenz*. Neidvoll deprimiert angesichts der literarischen Leistungen der Freunde.
19 Uhr: Jizchak Löwy besucht K. zu Hause, zum Missfallen Hermann Kafkas.

1911 31. OKTOBER
Tagebuch: Hat Valli die Novelle Wilhelm Schäfers geliehen. Die kränkenden Urteile des Vaters über Brod und Löwy.
Mittags ist eine Heiratsvermittlerin bei den Kafkas, sie berichtet von einem möglichen Bräutigam für Valli.
Nachmittags liest K. in Verlagskatalogen und in der *Neuen Rundschau.*
Am Abend mit Jizchak Löwy, u. a. begleiten sie das Ehepaar Klug, ebenfalls Schauspieler, zum Zug.
Lesung Arthur Schnitzlers im Deutschen Haus, ~ 500 Zuhörer. Brod stellt sich Schnitzler vor, Gespräch.

1. NOVEMBER
Tagebuch: »Geschichte des Judentums von Graetz gierig und glücklich zu lesen angefangen«. Über Flora Klug, sein Flirt mit ihr beim Abschied. Verlassenheit.
Löwy besucht abends K.
Arthur Schnitzler an Olga Schnitzler: »Brod ein besonders hässlicher, unechter, ehrgeizverzehrter ... bei allen Aussichten und Fähigkeiten doch hoffnungsloser Kumpan.«

2. NOVEMBER
Tagebuch: »Vorstellung eines in meinem Herzen gedrehten Messers«.

3. NOVEMBER
Tagebuch: Die Angewohnheit Karl Hermanns, alles mehrfach zu erzählen. K.s Eltern lieben ihn. Hermann Kafka über Löwy: »Wer sich mit Hunden zu Bett legt, steht mit Wanzen auf.«
Zu einer Vorstellung von Abraham Goldfadens *Bar-Kochba,* die er mit Brod und mit einem christlichen Kollegen aus der AUVA besucht, bringt K. der Schauspielerin Mania Tschissik einen Blumenstrauß mit. Auf der beigefügten Visitenkarte die Worte »aus Dankbarkeit«.

4. NOVEMBER
Um 19 Uhr mit Löwy, später bei Baum. Brod liest K.s »kleine Automobilgeschichte« vor, die Schilderung eines Autounfalls in Paris (*T* 1012 ff.). Sehr unzufrieden mit dem Text (der vermutlich erst in Prag ausgearbeitet wurde).
Franz Kafka, *Die Arbeiterunfallversicherung und die Unternehmer,* in: *Tetschen-Bodenbacher Zeitung.*

5. NOVEMBER
Tagebuch: Niederschrift des Prosastücks *Großer Lärm*. Ausführlich über die Aufführung von *Bar-Kochba*, viele komische Details. Hatte mit den Blumen seine Liebe zu Mania Tschissik ein wenig befriedigen wollen, »es war ganz nutzlos. Es ist nur durch Litteratur oder durch den Beischlaf möglich.«

6. NOVEMBER
Abends Abreise der Lemberger Theatertruppe aus Prag. Zuvor trifft K. die Schauspieler nochmals im Café Savoy. Er empfiehlt ihnen, in Teplitz aufzutreten. Schreibt eine Empfehlung an Josef Poláček, einen Anwalt und entfernten Verwandten in Teplitz.

7. NOVEMBER
Tagebuch: Liebe zu Mania Tschissik.

8. NOVEMBER
Tagebuch: Fortsetzung: Abschied von der Theatertruppe.
Wegen des Vertrags zur Gründung der Prager Asbestwerke ist K. bei Karl Hermann und Dr. Robert Kafka.

9. NOVEMBER
Tagebuch: Theatertraum.

10. NOVEMBER
K. den ganzen Nachmittag bei Brod. Sie besprechen die Reihenfolge der Aufsätze in Brods Band *Über die Schönheit häßlicher Bilder*.
Brod reist nach Brünn, wo er eine Lesung hat.

11. NOVEMBER
Tagebuch: Fühlt sich von Brod geliebt. Notiz zu Edison. Hält das Eheleben Ellis für »trostlos«. Hat eine »zweifellose« Gier nach Büchern, ohne sie besitzen zu wollen.
Vormittag: K. erneut bei der Holzhandlung Löwy und Winterberg.
Abends im Rudolfinum bei einem Vortrags- und Rezitationsabend des französischen Autors Jean Richepin zum Thema ›Die napoleonische Legende‹.

1911 12. NOVEMBER
Tagebuch: Ausführlich über Richepin. »Ergriffensein durch Menschen auf dem Podium«. »Wie kühl war ich dagegen als Kind! Ich wünschte mir oft dem Kaiser entgegengestellt zu werden, um ihm seine Wirkungslosigkeit zu zeigen.«

13. NOVEMBER
Tagebuch
K. bei Brod.

14. NOVEMBER
Tagebuch: Niederschrift von *Das Unglück des Junggesellen.*

15. NOVEMBER
Tagebuch: Über den kreativen Prozess.

16. NOVEMBER
Tagebuch
Die Lemberger Theatertruppe ist wieder in Prag; weitere Aufführungen im Café Savoy.

17. NOVEMBER
Nachmittag: K. in der Asbestfabrik.

18. NOVEMBER
Tagebuch: Gefühle beim Betreten und Verlassen des Stadtteils Žižkov. Felix Weltsch besteht die Wiederholungsprüfung des philosophischen Rigorosums.

nach 18. NOVEMBER
an Felix Weltsch: (Visitenkarte) »Jetzt ist es vorüber. Gott sei Dank!«

19. NOVEMBER
K. bei Brod, sie arbeiten an dem Reiseroman *Richard und Samuel.*
Tagebuch: Theatertraum, sehr ausführlich. Unzufrieden mit der schriftstellerischen Zusammenarbeit mit Brod. »Ich und Max müssen doch grundverschieden sein.«

20. NOVEMBER
Tagebuch: Traum. Er begründet seinen »Widerwillen gegen Antithesen«. Dialogfragment.

21. NOVEMBER
Tagebuch: Ein früheres »Kinderfräulein« zu Besuch, um K. zu sehen, der sich jedoch verleugnen lässt. Geschichte aus dem Talmud, die K. von Löwy gehört hat. Dialogfragment.

22. NOVEMBER
Tagebuch: »Haupthindernis meines Fortschritts mein körperlicher Zustand«. »Mein Körper ist zu lang für seine Schwäche«. Schlaflosigkeit, Herzstiche.
Nach dem juristischen erhält Weltsch nun auch den philosophischen Doktortitel. Seine Dissertation befasst sich mit *Lockes Erkenntnistheorie*.

23. NOVEMBER
Tagebuch
Am Abend mit Jizchak Löwy im Café; Löwy liest K. aus Jakob Gordins *Schhite* vor.

24. NOVEMBER
Tagebuch: Zitiert den Talmud: »Ein Mann ohne Weib ist kein Mensch.«

25. NOVEMBER
Tagebuch: (Beginn des ›4. Hefts‹)
Nachmittags mit einem ehemaligen Angestellten im Café. Versucht, ihn zu der schriftlichen Erklärung zu überreden, dass er nur Handlungsgehilfe war, was Hermann Kafka Versicherungsbeiträge ersparen würde.
Abends ist K. bei Baum, Brod ist abwesend.

26. NOVEMBER
Vormittags und nachmittags arbeiten K. und Brod an **Richard und Samuel**. Dann besuchen sie den Sammler Anton Max Pachinger (*1864) aus Linz, den Kubin ihnen empfohlen hatte.

1911 *Tagebuch:* Ausführliche Schilderung Pachingers.»... sein Leben besteht aus Sammeln und Koitieren«.

27. NOVEMBER
an die AUVA: Wiederholt seinen Antrag vom 13. Mai auf Erhöhung des Gehalts.

28. NOVEMBER
Tagebuch

29. NOVEMBER
Tagebuch: Weiter über Pachinger, dessen sexuelle Obsessionen und Prahlereien. Von Jizchak Löwy Berichtetes aus Talmud, Kabbala und chassidischem Leben. Fragment über Mädchen.

DEZEMBER
K. schreibt eine kurze Rezension zu einer im Rowohlt Verlag publizierten Ausgabe der *Anekdoten* von Kleist (*NSF1* 187; vermutlich für das *Prager Tagblatt* bestimmt, jedoch nicht veröffentlicht).

ANFANG DEZEMBER
K. liest Wilhelm Schäfer, *Karl Stauffers Lebensgang. Eine Chronik der Leidenschaft* (1911).

2. DEZEMBER
AUVA an K.: K.s Jahresgehalt wird ab 1. Jan. auf 2350 K erhöht, plus 40 % Quartiergeld und 15 % Teuerungszulage.

3. DEZEMBER
Tagebuch: Der Typus des Junggesellen. Hat den Schwestern Mörike vorgelesen: *Zu meiner Investitur als Pfarrer in Cleversulzbach.* K.s Schreibmaschinist Heinrich Hubalek wird wegen Randalierens verhaftet.

etwa **5. DEZEMBER**
K. beendet allein das 1. Kap. von **Richard und Samuel**.

6. DEZEMBER
Brod besucht K.

8. DEZEMBER
Tagebuch: Spaziergänge mit Löwy, der an seiner Schauspieltruppe das Interesse verliert. K. sieht das Ehepaar Tschissik auf der Straße, träumt dann von ihnen. »Ich kann solange nichts für mich wagen, solange ich keine grössere, mich vollständig befriedigende Arbeit zustande gebracht habe.«
Felix, der Sohn von K.s Schwester Elli, wird geboren. Nachts gegen 1 Uhr weckt K.s Vater die ganze Familie und das Dienstmädchen, um das Ereignis zu verkünden.

9. DEZEMBER
Tagebuch: Die Wirkung des Memoiren-Lesens.

10. DEZEMBER
Tagebuch: Nochmals zu Memoiren und Briefen.
K. besucht Elli und den neugeborenen Neffen Felix.

11. DEZEMBER
K. besucht im Café Savoy eine Vorstellung der Lemberger Theatertruppe: Moses Richter, *Mojsche Chajet oder: Der Schneider als Gemeinderat*.

12. DEZEMBER
K. sieht im Neuen deutschen Theater Gerhart Hauptmanns *Der Biberpelz* als Gastspiel des Berliner Lessingtheaters.

13. DEZEMBER
K. im Rudolfinum bei einem Brahms-Abend des Deutschen Singvereins und des Deutschen Männergesangvereins.
Tagebuch: Kritisch über Hauptmanns *Biberpelz* und die Berliner Schauspieler. Unzufrieden auch mit der Aufführung im Café Savoy. Reflektiert sein musikalisches Erleben am Beispiel des Brahms-Abends. Starke Stimmungsschwankungen.

1911 14. DEZEMBER
Mittags Streit mit dem Vater wegen der Asbestfabrik. K. sagt ihm, er könne sich darum nicht kümmern, solange er in der AUVA arbeite. Am Nachmittag liest K. den Schwestern die Anekdote *Beethoven und das Liebespaar* von Wilhelm Schäfer vor. Danach Spaziergang mit Jizchak Löwy.
Tagebuch: Zweifel, ob er die freie Zeit ganz für die Literatur würde nutzen können, wenn er von Büroarbeit befreit wäre.

MITTE DEZEMBER
Franz Werfel, *Der Weltfreund. Erste Gedichte,* Berlin-Charlottenburg (Axel Juncker).

16. DEZEMBER
an das k. k. Handelsgericht Prag: Meldung der Gründung der Firma ›Prager Asbestwerke Hermann & Co.‹ als »offene Handelsgesellschaft«. Gesellschafter und somit zeichnungsberechtigt sind Karl Hermann und K. Beigefügt ist u. a. eine Vollmacht für den Rechtsanwalt Dr. Robert Kafka, der dieses Schreiben aufgesetzt hat. (Die Produktionsstätte der ›Prager Asbestwerke‹ befindet sich im Stadtteil Žižkov in einem Hinterhof des Hauses Boriwogasse 27, das Büro in der Mariengasse 18 n.)
Brod liest im schwach besuchten Harmoniesaal in Berlin aus eigenen Werken sowie Gedichte Franz Werfels; danach spielt er auf dem Klavier eigene *Variationen auf ein tschechisches Volkslied.*

17. DEZEMBER
Tagebuch: Traum. Glaubt, in einer persönlichen Übergangszeit zu leben. »Meinem Verlangen eine Selbstbiographie zu schreiben, würde ich jedenfalls in dem Augenblick, der mich vom Bureau befreite, sofort nachkommen.«
K. sieht im Tschechischen Nationaltheater die UA des Dramas *Hippodamie* von Jaroslav Vrchlický.
Das *Berliner Tageblatt* bringt eine (wahrscheinlich von Albert Ehrenstein stammende) Besprechung von Brods Lesung, in der Werfel als der »viel begabtere« Autor bezeichnet wird. Brod zurück in Prag.

18. DEZEMBER
Tagebuch: Hippodamie ein »elendes Stück«. Über die Berliner Kritik an Brod. »Ich hasse W[erfel], nicht weil ich ihn beneide, aber ich beneide ihn auch.« Begründung der eigenen Unpünktlichkeit; ihn selbst lässt es kalt, warten zu müssen.
K. sieht im Café Savoy eine Aufführung der Lemberger Schauspielertruppe: Joseph Latteiner, *Davids Geige*.

19. DEZEMBER
Tagebuch: Beobachtungen im ostjüdischen Theater. Verlegenheiten im Umgang mit den Schauspielerinnen. In einem Gespräch mit der Mutter erkennt K. deren »kindliche« Vorstellungen über ihn: Sie glaubt, dass sich K.s Hypochondrie und sein übertriebenes Interesse an Literatur nach einer Heirat von selbst regulieren werden; daher kein Grund zum Pessimismus.
Das *Prager Tagblatt* druckt die Besprechung von Brods Berliner Veranstaltung aus dem *Berliner Tageblatt* nach. Brod hat jedoch dafür gesorgt, dass zuvor alles Kritische aus dem Artikel gestrichen wird.

21. DEZEMBER
K. am Nachmittag in der Asbestfabrik. Dann bei Brod; sie diskutieren mit dem Maler Willy Nowak über dessen Brod-Porträts. K. kauft 2 Lithographien, ›Apfelverkäuferin‹ und ›Spaziergang‹. Gespräch mit Weltsch; später wartet K. vor dem Café Orient eine Stunde lang auf »M.«.
K. liest Gedichte Werfels, ist begeistert.

23. DEZEMBER
Tagebuch: Nutzen des Tagebuchs, Bewusstwerden der eigenen Wandlungen.
K. mit Weltsch bei Baum. Brod ist in Breslau.

24. DEZEMBER
Vormittags ist K. bei der Beschneidung seines Neffen Felix. Am Abend Spaziergang mit Löwy.
Tagebuch: Fühlte sich freier in Brods Abwesenheit. Unbehagen in der Kindheit, wenn die Eltern ständig vom »Letzten« bzw. »Ultimo« sprachen. Die Beschneidung. »Diese an ihrem letzten Ende ange-

1911 langten religiösen Formen«. Löwy, der während des häufigen Wartens auf K. dessen Fenster beobachtet.

25. DEZEMBER
Tagebuch: Vergleich der jiddischen mit der gegenwärtigen tschechischen Literatur: Auch bei Mangel an großen Talenten hat die Literatur viele positive kulturelle Effekte. »Das Gedächtnis einer kleinen Nation ist nicht kleiner als das Gedächtnis einer grossen, es verarbeitet daher den Stoff gründlicher.« Schilderung von Beschneidung und jüdischem Familienleben in Russland, nach Berichten Löwys. »Goethe hält durch die Macht seiner Werke die Entwicklung der deutschen Sprache wahrscheinlich zurück.« Erinnerungen Julie Kafkas an ihre gelehrten Vorfahren. »Ich heisse hebräisch Anschel«.
K. sieht im Café Savoy eine Aufführung der Lemberger Schauspielertruppe mit Mania Tschissik in der Hauptrolle: Joseph Latteiner, *Blümale oder Die Perle von Warschau.*

26. DEZEMBER
Tagebuch: Über die Schauspielerinnen am Abend zuvor. Der Tränenglanz in den Augen der Sängerin weit bedeutender als das Lied. Fortsetzung der Aufzeichnungen über die Literatur kleiner Nationen. Dinge, die man sich schon jetzt als altertümlich vorstellen kann, u. a. »der in der Nacht unbeleuchtete Luftraum«. Beschäftigung mit Goethe, *Dichtung und Wahrheit.* Würde gerne dem Vater zuhören, wenn der von den Leiden seiner Kindheit erzählt, doch das Prahlen mit diesen Leiden und die Seitenhiebe gegen die heutige verständnislose Jugend machen es unerträglich.
Besuch von Hermann Kafkas Schwester Julie Ehrmann aus Strakonitz.

27. DEZEMBER
Tagebuch: Das Unglück der Kinderlosigkeit. »Schema zur Charakteristik kleiner Litteraturen«.

28. DEZEMBER
Eine Genehmigungskommission besichtigt die Asbestfabrik, K. ist anwesend.

Tagebuch: Gequält, weil er sich hat überreden lassen, nachmittags regelmäßig in die Asbestfabrik zu gehen. Fühlte sich bei der Besichtigung völlig überflüssig.

29. DEZEMBER
Tagebuch: Erklärung der »Schwierigkeiten der Beendigung selbst eines kleinen Aufsatzes«. Zitate aus *Dichtung und Wahrheit*.

30. DEZEMBER
Tagebuch: Über den eigenen »Nachahmungstrieb«. Ist lediglich zur Nachahmung von Details begabt, das unterscheidet ihn vom Schauspieler.

31. DEZEMBER
Tagebuch: Die Vorstellung, Brod aus dem Tagebuch vorlesen zu sollen, stört beim Schreiben. Ist Zeichen seiner Unfähigkeit zur Freundschaft. Das Durchblättern älterer Tagebücher lenkt ebenfalls ab. Ausführliche Analyse der eigenen Denkfaulheit. Beispiele: Die früheren Diskussionen mit Bergmann über die Existenz Gottes; die geringe Gegenwehr gegen die von den Eltern angeschaffte billige Kleidung.

K. und Brod schreiben eine Seite für **Richard und Samuel.** Sie feiern Silvester im Restaurant Čada, anwesend u. a. Weltsch und Egon Erwin Kisch. K. speist vegetarisch.

1912

K. schreibt ~ 200 Ms.-Seiten einer nicht erhaltenen 1. Fassung von *Der Verschollene*.
Franz Kafka, *Maßnahmen zur Unfallverhütung* sowie *Persönlicher Verkehr mit den Unternehmern*, in: Jahresbericht der AUVA für 1911.
Gründung des zionistischen ›Klub jüdischer Frauen und Mädchen‹. Ottla Kafka wird Mitglied.

JANUAR
Max Brod, *Abschied von der Jugend. Ein romantisches Lustspiel in drei Akten*, Berlin-Charlottenburg (Axel Juncker). K. erhält von Brod ein Ex. mit Widmung.
Siegfried Löwy 45 Jahre alt.

1. JANUAR
Offizieller Gründungstag der ›Prager Asbestwerke Hermann & Co.‹.

2. JANUAR
Tagebuch: Fortsetzung zum Thema Kleidung. Der Kauf eines Smokings für die Tanzstunde.

3. JANUAR
Tagebuch: Lektüre: Emil Strauß, *Der nackte Mann*; Gerhart Hauptmann, *Gabriel Schillings Flucht*. Silvester. »In mir kann ganz gut eine Koncentration auf das Schreiben hin erkannt werden.« Magerte daher nach allen anderen Richtungen ab. Nur das Büro hindert ihn

noch, allerdings »von Grund aus«. Hat das Schreiben als Zweck nicht bewusst gesucht, es »fand sich selbst«.

4. JANUAR
Tagebuch: (Beginn des ›5. Hefts‹) Liest den Schwestern besonders wirkungsvoll vor, weil sie unkritisch nicht zwischen Autor und Text unterscheiden. Eitelkeit.

5. JANUAR
Tagebuch: Schreibt *Der plötzliche Spaziergang*. K. kennt Sherlock-Holmes-Romane.
Weltsch bei K. Jizchak Löwy holt K. ab, sie gehen ins Café Savoy zu einer Benefizveranstaltung mit der Schauspielerin Flora Klug.

6. JANUAR
Tagebuch: Über Siegmund Feimanns Stück *Der Vizekönig*, das er tags zuvor gesehen hat. Ausführlich über Flora Klug. Die jüdischen Stücke gehen ihm nicht mehr so nahe.
Spaziergang mit Brod und Weltsch. Am Abend mit Brod bei Baum, der vorliest.

7. JANUAR
Tagebuch: Über Mania Tschissik. Erzählung aus Jizchak Löwys Jugendzeit; die Talmudschulen. Brod hat K. den Plan eines Romans erzählt. K. überlegt, ein eigenes Heft über seine Beziehung zu Brod anzulegen. Fühlt sich aktuell unter Goethes Einfluss.

etwa 12. JANUAR
an das k. k. Handelsgericht Prag: K. und Karl Hermann, vertreten durch Dr. Robert Kafka, melden die Gründung der Prager Asbestwerke Hermann & Co zur Eintragung ins Handelsregister.

12. JANUAR
K. sieht im Café Savoy erneut Abraham Goldfadens *Sulamit*, aufgeführt von den Lemberger Schauspielern.

18. JANUAR
Volksliederabend des Vereins Bar-Kochba im ausverkauften Festsaal des Hotel Central. Vortrag von Nathan Birnbaum. K. ist anwesend.

1912 19. JANUAR
K. sieht im Café Savoy das Volksstück *Herzele Mejiches* von Moses Richter, aufgeführt von den Lemberger Schauspielern.

22. JANUAR
K. sieht Wilhelm Schmidtbonns Schauspiel *Der Graf von Gleichen* im Neuen deutschen Theater.

vor 24. JANUAR
[an Eugen Pfohl (AUVA)]: Bereinigt einen Konflikt.

24. JANUAR
Tagebuch: Intensive Lektüre: Meyer Isses Pinès, *Histoire de la littérature Judéo-Allemande;* Jakob Fromer, *Der Organismus des Judentums.* Viele Treffen mit den jüdischen Schauspielern, setzt sich für sie ein.

26. JANUAR
Tagebuch: Umfängliche Exzerpte aus dem Buch von Pinès in K.s deutscher Übersetzung.
In der *Selbstwehr* erscheint ein Aufruf zur Unterstützung der Lemberger Theatertruppe (vermutlich von K. verfasst).

28. JANUAR
K. hört im Jüdischen Rathaus einen Vortrag von Felix A. Theilhaber über den Untergang der deutschen Juden.

31. JANUAR
Tagebuch: Liest Biographisches über Goethe. Plant einen Aufsatz mit dem Titel »Goethes entsetzliches Wesen«. Geht abends 2 Stunden spazieren.
K. sieht Jacques Offenbachs Operette *Orpheus in der Unterwelt* im Neuen deutschen Theater, mit Max Pallenberg. K. geht nach dem 2. Akt.

1. FEBRUAR
K. sieht Wedekinds Tragödie *Erdgeist* im Neuen deutschen Theater; Frank und Tilly Wedekind wirken in Hauptrollen mit. Anwesend auch Elsa Taussig.

2. FEBRUAR
K. schreibt für die Lemberger Schauspieler einen Brief, um ihnen zu einem Gastspiel in Trautenau zu verhelfen.

4. FEBRUAR
Tagebuch: Elsa Taussig berichtete ihm von der Erzählung *Aus einer Nähschule*, die sie gemeinsam mit Brod schreibt. K. liest intensiv über Goethe. Komischer Auftritt von Prof. von Ehrenfels. K. mit Jizchak Löwy im Café City.

5. FEBRUAR
Tagebuch: K. formuliert eine Vorform des Prosastücks *Entschlüsse*. »Müde auch das Lesen von *Dichtung und Wahrheit* aufgegeben.« Seelische Ermattung. Ermahnt sich selbst, das nicht nach außen überspielen zu wollen.

6. FEBRUAR
K. am Nachmittag in der Asbestfabrik.

7. FEBRUAR
Tagebuch: Die Arbeiterinnen in der Asbestfabrik.
K. geht mit Jizchak Löwy zu Baum. Sie überreden Baum, der das schon abgelehnt hatte, bei einem geplanten Rezitationsabend mit Löwy die Einleitung zu übernehmen.

8. FEBRUAR
[Oskar Baum an K.]: (Rohrpostkarte) Lehnt es erneut ab, beim Rezitationsabend mit Löwy die Einleitung zu übernehmen.
Tagebuch: Erregt, weil er den Rezitationsabend mit Löwy nun selbst einleiten muss.

13. FEBRUAR
Tagebuch: Beginnt vergeblich, den Einleitungsvortrag zu schreiben. K. hört im Hotel Bristol einen Vortrag des Münchener Rabbiners Chanoch Heinrich Ehrentreu.

15. FEBRUAR
K. bei einer Veranstaltung im Jüdischen Rathaus.

1912 16. FEBRUAR
an das k. k. Handelsgericht Prag: Übersendung einer Steuerbescheinigung und des Gewerbescheins. Bitte, die Asbestwerke endlich ins Handelsregister aufzunehmen. (K.s Unterschrift wurde von einer anderen Person nachgebildet.)
K. bei einer Veranstaltung der Herder-Vereinigung; Vortrag von Oskar Bie, Rezitation von Hugo von Hofmannsthal, Tanzdarbietung von Grete Wiesenthal.

vor 17. FEBRUAR
[an Jizchak Löwy]: »ich werde den Vortrag nicht halten können, retten Sie mich!«
[an die Redaktion des Prager Tagblatts]
[an Elsa Taussig]

17. FEBRUAR
K. schreibt den Einleitungsvortrag für den morgigen Abend.

18. FEBRUAR
Rezitationsabend von Jizchak Löwy im Festsaal des Jüdischen Rathauses. K. eröffnet mit seinem *Einleitungsvortrag über Jargon* (*NSF1* 188 ff.). Löwy bietet »in bunter Fülle Ernstes und Heiteres, Rezitationen, dramatische Szenen und Gesang« (laut *Selbstwehr,* 23. Feb.).

19. FEBRUAR
an Max Brod: Soll seinen Eltern danken, die den Rezitationsabend durch den Verkauf von Karten unterstützt haben. Auch Emil Weis hat gespendet.
Jizchak Löwy bittet die Jüdische Kultusgemeinde, ihm wegen des geringen Erlöses des Rezitationsabends die 60 K für die Überlassung des Festsaales zurückzuerstatten. Der Brief ist vermutlich von K. formuliert.

22. FEBRUAR
K. in der Produktenbörse bei einer zionistischen Versammlung. Kurt Blumenfeld spricht über ›Die Juden im akademischen Leben‹.

25. FEBRUAR
Tagebuch: »Das Tagebuch von heute an festhalten!... Wenn auch keine Erlösung kommt, so will ich doch jeden Augenblick ihrer würdig sein.« K. zählt die enorme Fülle von organisatorischen Vorbereitungen des Rezitationsabends auf.»... stolzes, überirdisches Bewusstsein während meines Vortrags«.»Meine Eltern waren nicht dort.«

26. FEBRUAR
Tagebuch: Fragment.
[an Jizchak Löwy]: »Lieber Freund ...«
22 Uhr: Auf der Straße wird K. von dem 26-jährigen schriftstellernden Bankbeamten Oskar Reichmann angesprochen, der ihn wegen eines angeblichen Plagiats, dessen Opfer er geworden sei, um juristischen Rat bittet.

27. FEBRUAR
Tagebuch: Sehr ausführlich über die Begegnung mit Reichmann und zu dessen Geschichte.
Oskar Reichmann wird (vermutlich nur für kurze Zeit) in eine psychiatrische Klinik gebracht.

28. FEBRUAR
Tagebuch: Fortsetzung von Reichmanns Geschichte.»Erfahrung, wie erfrischend es ist, mit einem vollkommenen Narren zu reden«. K. bei einem Rezitationsabend des Schauspielers Alexander Moissi im Rudolfinum (u. a. Goethes *Prometheus*). Danach Spaziergang mit Ottla, Elsa Taussig, Otto Pick (*1887) und dem Ehepaar Baum zum Café Radetzky auf der Kleinseite.

MÄRZ
K. erhält von Willy Haas ein Ex. der Zeitschrift *Der Brenner*, mit Widmung.

2. MÄRZ
Tagebuch

3. MÄRZ
Tagebuch: Schilderung von Moissis Vortragskunst.

1912   K. sieht Gustav Freytags Lustspiel *Die Journalisten,* verlässt die Aufführung vor Ende des 2. Akts. Er begleitet Elsa Taussig nach Hause, geht dann ins Café Continental, schaut den Kartenspielern zu. Kurt Wolff 25 Jahre alt.

4. MÄRZ
Am Abend bei Baum, der seinen unpublizierten Einakter *Der Dämon* vorliest. K. ist wenig angetan.

5. MÄRZ
Tagebuch: Dilettantische Behandlung von Schwester und Dienstmädchen durch Dr. Kral.»Diese empörenden Ärzte! Geschäftlich entschlossen und in der Heilung so unwissend ... Hätte ich doch die Kraft, einen Naturheilverein zu gründen.«

6. MÄRZ
Die Familie macht K. Vorwürfe, da er sich zu wenig um die Asbestfabrik kümmert. Selbstmordgedanken.

7. MÄRZ
K. im Rudolfinum bei einem improvisierten Vortrag von Maximilian Harden zum Thema Theater.

8. MÄRZ
Tagebuch: Beschreibung von Hardens Auftritt.»Einige alte Papiere durchgelesen. Es gehört alle Kraft dazu, das auszuhalten.«

10. MÄRZ
Tagebuch: Fragment (Vergewaltigungsszene).

11. MÄRZ
Tagebuch: »Heute viele alte widerliche Papiere verbrannt.« Ausführliche biographische Exzerpte zu Goethe.

12. MÄRZ
Tagebuch: Fragment.

16. MÄRZ
Tagebuch: »Morgen, heute fange ich eine grössere Arbeit an, die ungezwungen nach meinen Fähigkeiten sich richten soll.« Liest Albrecht Adam, *Aus dem Leben eines Schlachtenmalers* (1911).
Abends im Kabarett Lucerna. K. sieht u. a. das englische Gesangs- und Tanzquartett ›Rocking Girls‹.

17. MÄRZ
Tagebuch: Liest den Roman *Morgenrot* (1912) von Otto Stoessl.
Im ›Klub deutscher Künstlerinnen‹ stellt Brod (als Pianist, gemeinsam mit dem Violinisten Erwin Stein und der Sängerin Valesca Nigrini) eigene Kompositionen vor. Das Programm dauert 2 Stunden. Anwesend auch K. und dessen Mutter.

18. MÄRZ
K. sieht im Neuen deutschen Theater: Hervé, *Mam'zelle Nitouche*. Vaudeville in 3 Akten.
In der *Bohemia* erscheint ein sarkastischer Bericht über Brods Musikabend, verfasst vom Musikreferenten Felix Adler.
Sophie Brod 20 Jahre alt.

nach **18. MÄRZ**
Bei der *Bohemia* geht ein anonymer Brief ein, in dem Felix Adler vorgeworfen wird, er habe sich bei Brods Konzert skandalös benommen. Adler behauptet gegenüber mehreren Bekannten, dieser Brief stamme offenbar von Brod selbst. Da dies unwahr ist, überlegt Brod, ob er gegen Adler Anzeige erstatten soll.
an Max Brod: Rät ihm von einer Anzeige ab. Schlägt stattdessen vor, entweder Adler öffentlich als Lügner zu bezeichnen (worauf jener klagen müsste) oder aber eine Richtigstellung als Inserat zu veröffentlichen (die K. bereits vorformuliert).
Brod wird von der Redaktion der *Bohemia* zu einer Aussprache gebeten. Dabei wird ihm der anonyme Brief vorgelegt. Es stellt sich heraus, dass Brods Vater der Verfasser ist.

19. MÄRZ (?)
Tagebuch

1912 21. MÄRZ
Oskar Baum liest in der ›Lese- und Redehalle‹ aus seinem Roman *Uferdasein*. K. ist anwesend.

22. MÄRZ
Tagebuch

23. MÄRZ
K. sieht die UA von Christian von Ehrenfels' Drama *Die Sternenbraut* am Neuen deutschen Theater.

24. MÄRZ
Tagebuch
K. am Vormittag bei Brod.

25. MÄRZ
Tagebuch
Im Verein ›Frauenfortschritt‹ spricht Berta Fanta über ihre ›Berliner Eindrücke‹. K. ist anwesend.

26. MÄRZ
Tagebuch: »Nur nicht überschätzen, was ich geschrieben habe, dadurch mache ich mir das zu Schreibende unerreichbar.«

27. MÄRZ
Tagebuch: War auf der Straße wütend gegen einen Jungen.

28. MÄRZ
Tagebuch

29. MÄRZ
Tagebuch: »Freude am Badezimmer«.

1. APRIL
Tagebuch: Die literarische Arbeit stockt.

3. APRIL
Tagebuch

K. ist am Nachmittag in der Asbestfabrik. Am Abend holt er eine Schwester vom Theater ab.

6. APRIL
Tagebuch
K. trifft Willy Haas, der *Erstes Kapitel des Buches »Richard und Samuel«* lobt und in den *Herderblättern* abdrucken will.

16. APRIL
Ernst Rowohlt an Max Brod: Bietet an, Brods künftige Werke zu verlegen.

18. APRIL
Irma Herz, die spätere Frau von Felix Weltsch, 20 Jahre alt.

MAI
Max Brod, *Arnold Beer. Das Schicksal eines Juden*, Berlin-Charlottenburg (Axel Juncker).
Oskar Baum, *Die Memoiren der Frau Marianne Rollberg*, Roman, Berlin.

6. MAI
Tagebuch: (Beginn des ›6. Hefts‹) »zum erstenmal seit einiger Zeit vollständiges Misslingen beim Schreiben«. Traum: Mit dem Vater in Berlin.
Brod schenkt K. ein Ex. von *Arnold Beer,* mit Widmung.

6./7. MAI
Gemeinsam mit Brod sieht K. Gerhart Hauptmanns *Die Ratten* als Gastspiel des Berliner Lessing-Theaters.

7. MAI
an Max Brod: Sehr lobend über Brods Roman *Arnold Beer.*
[an Otto Pick]

8. MAI
Abends mit Otto Pick im Café.

1912 **9. MAI**
Tagebuch: Hält sich an seinem Roman fest (*Der Verschollene*). »Trostloser Abend heute in der Familie.« Elli ist erneut schwanger, weint. Finanzprobleme der Asbestfabrik.

12. MAI
K. sieht im Neuen deutschen Theater ein Gastspiel des Berliner Deutschen Theaters mit Hugo von Hofmannsthals *Jedermann*. Regie führt Max Reinhardt.

16. MAI
K. hört im Jüdischen Vereinsheim einen Vortrag von Davis Trietsch (Berlin) über ›Palästina als Kolonisationsland‹.

21. MAI
[an Jizchak Löwy]
K. mit Brod im Saal der Lucerna, wo das tschechische ›Divadlo Umění‹ zwei Stücke zeigt: *Madame la Mort* von Rachilde und *Traum eines Frühlingsmorgens* von Gabriele d'Annunzio.

22. MAI
Tagebuch: »Gestern wunderschöner Abend mit Max. Wenn ich mich liebe, liebe ich ihn noch stärker.«
[an Alfred Löwy]: Vermutlich Bitte um eine Investition in die Kafkasche Asbestfabrik.
K.s Sekretärin Julie Kaiser 25 Jahre alt.

23. MAI
Tagebuch: Angst vor dem Alleinsein an Pfingsten.
[an Felix Weltsch]: K. bietet Weltsch das ›Du‹ an.

25. MAI
Tagebuch

25. MAI (?)
K.s Eltern fahren nach Franzensbad.

26. MAI
K. macht mit Brod und Weltsch einen Ausflug bei ungünstigem Wetter. Am Abend im Café, Werfel gibt K. sein Drama *Der Besuch aus dem Elysium* als Sonderdruck aus den *Herderblättern*.

27. MAI
Tagebuch
Max Brod 28 Jahre alt.

ENDE MAI
Franz Kafka / Max Brod, **Erstes Kapitel des Buches ›Richard und Samuel‹: Die erste lange Eisenbahnfahrt (Prag – Zürich)**, in: *Herderblätter*. (K. und Brod haben das Romanprojekt bereits aufgegeben.)

1. JUNI
Tagebuch: »Nichts geschrieben.«
K. hört im Repräsentationshaus einen Vortrag des sozialdemokratischen Politikers František Soukup über ›Amerika und seine Beamtenschaft‹. Trifft auf dem ›Frühlingsfest‹ der Prager deutschen Vereine im Garten des Deutschen Hauses Paul Kisch und spricht mit ihm über dessen Dissertation *Hebbel und die Tschechen*.

2. JUNI
Tagebuch

4. JUNI
Eugen Pfohl 45 Jahre alt.

6. JUNI
Tagebuch: Pferde. Liest in Flauberts *Briefe über seine Werke* den Satz: »Mein Roman ist der Felsen, an dem ich hänge, und ich weiss nichts von dem, was in der Welt vorgeht.« Die Ähnlichkeit zum eigenen Tagebucheintrag vom 9. Mai.
Schreibt am Nachmittag und geht dann 2 Stunden spazieren.

7. JUNI
Tagebuch: Schreibt nicht.

1912 **11. JUNI**
K. lässt sich von Dr. Siegmund Kohn untersuchen, der ihm ein Attest ausstellt und darin einen Monat Urlaub anrät.

17. JUNI
an die AUVA: Bittet zusätzlich zum regulären Urlaub um einwöchigen Krankenurlaub wegen krankhafter nervöser Zustände, Verdauungsstörungen und Schlaflosigkeit. Legt Attest bei.

21. JUNI
AUVA an K.: Verlängerung des 3-wöchigen Urlaubs um 1 Woche Krankenurlaub wird genehmigt.

23. JUNI
Ernst Rowohlt 25 Jahre alt.

vor 24. JUNI
Willy Haas an K.: (Karte) K. hat ihm bei einem gemeinsamen Besuch mit Brod angeblich Bücher »weggenommen«.

24. JUNI
an Willy Haas: Hatte sich bei Haas ein Buch von Hermann Grimm ausleihen wollen.

28. JUNI
➜ DRESDEN ➜ LEIPZIG (mit Max Brod)
Brod fragt schon auf dem Leipziger Bahnhof nach Prostituierten. Gemeinsames, lautes Zimmer im Hotel Opel. Nachmittagsschlaf. K. erträgt das geschlossene Fenster nicht. Bierstube. Kurz in einem Bordell ›Walhalla‹, Flucht.
K. beginnt mit täglichen Reiseaufzeichnungen auf Notizblöcken.

29. JUNI
Brod geht zum Rowohlt Verlag, K. ins Buchgewerbemuseum. Um 14 Uhr holt ihn Brod in ›Wilhelms Weinstube‹, er trifft dort Ernst Rowohlt, Gerdt von Bassewitz, Walter Hasenclever, Kurt Pinthus. Die Gruppe will in einem Bordell Kaffee trinken, wird aber abgewiesen. Rowohlt bittet K. um ein Buch-Ms. Zurück zum Verlag,

wo K. auch Kurt Wolff kennenlernt und ihm recht schüchtern entgegentritt: »Ich werde Ihnen immer viel dankbarer sein für die Rücksendung meiner Manuskripte als für deren Veröffentlichung.« Brod macht Rowohlt und Wolff etliche Publikationsvorschläge: Grillparzer, Laforgue, Flaubert, Werfel, ein Jahrbuch für Dichtung, sein Stück *Die Höhe des Gefühls*.
➜ WEIMAR (mit Max Brod)
Abreise um 17 Uhr. Hotel Chemnitius. Vergebliche Suche nach einer geöffneten Badeanstalt. Nachts K. und Brod vorm Goethehaus.

30. JUNI
K. und Brod im Schillerhaus; dann im Goethehaus, wo sich K. in die 16-jährige Margarethe (Grete) Kirchner verliebt, die Tochter des Hausmeisters. Macht sich, von Brod animiert, mit ihr bekannt. Nimmt mit der Familie Kirchner an einem Ausflug nach Tiefurt teil, während Brod im Hotel schläft. K. sieht sie abends noch mehrfach auf der Straße.
an Hermann und Julie Kafka: (Ansichtskarte)

1. JULI
K. mit Brod zu Goethes Gartenhaus, beide zeichnen es. K. geht in die Erfurter Allee, weil Grete dort nähen lernt.

2. JULI
Erneut im Goethehaus, wo sie immer wieder Grete sehen. Nachmittags K. mit Brod im Liszt-Haus; am Abend im Cabaret Tivoli. K. applaudiert heftig einer älteren Darstellerin, die als ›Schlangenmensch‹ auftritt.

3. JULI
Im Goethehaus. K. wird (von Brod?) mit Grete fotografiert; er verabredet sich mit ihr, während Brod den Vater ablenkt. Am Nachmittag in der Großherzoglichen Bibliothek. K. unterhält sich mit einer Schar kleiner Jungen.
an Ottla Kafka: (Ansichtskarte)
Kafka 29 Jahre alt.

1912 **4. JULI**
Im Goethehaus. K. geht allein zur Fürstengruft und zum Friedhof. Grete kommt nicht zum Rendezvous. Am Abend mit Brod, Kurt Hiller und dessen Mutter.
Brod verbringt den Tag in Jena, um dort den Verleger Eugen Diederichs zu treffen. K. begleitet ihn zum Bahnhof.
Max Brod, Reisenotiz: »Kafka unglücklich«.

5. JULI
K. mit Brod im Goethe-Schiller-Archiv. Er führt eine Begegnung mit Grete herbei, die sich lau entschuldigt. K. notiert: »Sie liebt mich sicher nicht, aber einigen Respekt hat sie.« Neue Verabredung für morgen. Mit Brod und Hiller im Schloss Belvedere. Abends besuchen K. und Brod unangemeldet den Schriftsteller Paul Ernst (*1866).

6. JULI
K. geht mit Grete im Park spazieren. Spaziergang mit Paul Ernst. Mit Brod bei dem Schriftsteller Johannes Schlaf (*1862), der fast nur von seinem »geocentrischen System« spricht. Am Abend Abschied von Grete. K. notiert: »für immer. Sie weiss es nicht und wenn sie es wüsste, läge ihr auch nichts daran«.

7. JULI
➜ HALLE ➜ HALBERSTADT
Brod fährt mit K. in Richtung Halle, steigt in Corbetha um, dann allein weiter nach Leipzig zu Rowohlt; am Abend vermutlich nach Prag. K. speist in Halle vegetarisch. In Halberstadt geht er 5 Stunden lang umher. Er beobachtet antisemitisches Verhalten von Kindern. Ein 6-Jähriger zeichnet eine Lokomotive in K.s Notizblock. K. erkundigt sich nach der jüdischen Gemeinde.
an Max Brod: (2 Ansichtskarten)

8. JULI
➜ JUNGBORN (HARZ)
In ›Rudolf Just's Kuranstalt‹ in Jungborn bei Stapelburg bezieht K. eine Lufthütte namens ›Ruth‹. Er notiert: »Alles bis auf mich ohne Schwimmhosen.«
K. hört am Abend einen Vortrag des Kurarztes.

9. JULI
Gemeinsames Turnen, Singen und Ballspiel. Am Nachmittag beteiligt sich K. am Heuwenden, am Abend verdirbt er sich den Magen.
an Max Brod: Schickt ihm seine Reisenotizen. Keine Lust, zu schreiben. »... eine Ahnung von Amerika«.
[an Margarethe Kirchner]: (3 Ansichtskarten)

vor 10. JULI
Max Brod an K.: Brods Gedicht *Lugano-See*.

10. JULI
Spaziergang nach Ilsenburg mit einem Gymnasiallehrer Adolf Lutz. Gespräche u. a. über Freud. K. versucht vergeblich, an *Der Verschollene* zu arbeiten.
an Max Brod: Erbittet das Gedicht als Geschenk, denn »noch die erträumteste Vereinigung ist für mich das Wichtigste auf der Welt«.

11. JULI
K. lernt den literarisch und künstlerisch gebildeten Magistratsbeamten Dr. Friedrich Schiller (*1869) aus Breslau kennen. Er notiert »leichte oberflächliche Übelkeiten« beim Anblick der nackten Gäste. Am Abend Spaziergang nach Stapelburg.

12. JULI (?)
[Margarethe Kirchner an K.]: (2 Karten) Freundlich-unverbindliche, konventionelle Antwort.
K. beginnt, täglich in der Bibel zu lesen.

12. JULI
K. spricht mit einem christlichen Sektierer. Er lädt Heu auf.
Am Abend auf der Wiese Spaziergang mit Dr. Schiller. K. ist nun ebenfalls nackt.

13. JULI
K. beim Kirschenpflücken.
an Max Brod: Über die Karten Gretes, ironisch. Brod hielt sie für dumm. »... bin ich ihr gleichgültig wie ein Topf«. »Wenn es wahr wäre, dass man Mädchen mit der Schrift binden kann?« K. imitiert die Unterschrift Margarethe Kirchners.

1912 **14. JULI**
K. besucht einen christlichen Gottesdienst. Kirschenpflücken. Der Sektierer, ein Landvermesser, versucht stundenlang, K. zu missionieren. K. argumentiert dagegen mit der »inneren Stimme«.

etwa 15. JULI
Max Brod an K.: Arbeitet an *Die Arche Noachs*. Ernst Lissauer hat ihn beschimpft.

15. JULI
K. liest eine Schiller-Biographie von Eugen Kühnemann, Platos *Der Staat* und das Buch Ruth. Lässt sich nackt von Dr. Schiller zeichnen.

16. JULI
Liest weiter die Schiller-Biographie. K. wiederum nackt. Am Abend zu dritt beim Schützenfest in Stapelburg. K. lädt 6 Mädchen zum Karussellfahren ein; bezahlt für sie Brause, Glücksrad und Süßigkeiten. Andere Gäste haben unterdessen K.s Zimmer durcheinandergebracht, »zur Strafe«, weil er einen Ausflug versäumt hat.

17. JULI
an Max Brod: Schreibt nur langsam an *Der Verschollene*, kann aber mit Schreiben auch nicht aufhören. Isst zu viel. Sitzt jeden Abend traurig im Schreibzimmer. K. rät davon ab, ein von Brod geplantes literarisches Jahrbuch *Arkadia* zu nennen.

19. JULI
an Willy Haas: Kennt wenig von Freud und »viel von seinen Schülern«, daher »leerer Respekt«.

20. JULI
Spaziergang mit Dr. Schiller. Sie sehen einen Maskenumzug.

21. JULI
K. liest Dr. Schiller das 1. Kap. von Flauberts *L'éducation sentimentale* vor. Mit Schiller beim Tanz in Stapelburg. K. spricht ein Mädchen an, tanzt mit ihr und lässt sie erzählen.

vor 22. JULI
[Margarethe Kirchner an K.]: Kleiner Brief mit drei Fotos.

22. JULI
an Max Brod: Brod depressiv. K. schreibt sehr wenig, hält einiges wenige für gelungen und freut sich darüber, hat aber die »ewige Hölle der wirklichen Schriftsteller« noch nicht erlebt. Lehnt es ab, Brod die »erste Fassung« von *Der Verschollene* zu zeigen. Brod gegen K.s Geselligkeit. K. dagegen ist auch wegen der Menschen nach Jungborn gekommen. Hat sich an Ball- und Kartenspielen beteiligt, auch am gemeinsamen Singen. »Dieses Verlangen nach Menschen, das ich habe und das sich in Angst verwandelt, wenn es erfüllt wird, findet sich erst in den Ferien zurecht.« Fährt nicht über Weimar zurück, um Grete nicht zu treffen. Legt eine Abschrift des Liedes *In der Ferne* von Albert Graf von Schlippenbach bei.

27. JULI (?)
an Otto Brod: Spricht ihn mit »Sie« an.

27. JULI
→ DRESDEN

28. JULI
Im Dresdner Zoo.
→ PRAG

AUGUST
K. leidet an Abszessen. Sein »Chef« ist abwesend.

ANFANG AUGUST
an Max Brod: (Karte)

1. AUGUST
Brod besucht K.
Max Brod, Tagebuch: »Seine vielen Manuskripte, die er nicht veröffentlicht.«

1912 7. AUGUST
Tagebuch
an Max Brod: Will **Betrachtung** nicht drucken lassen, da ihm die Vervollkommnung der Texte nicht gelingt.

8. AUGUST
Tagebuch: **Entlarvung eines Bauernfängers** redigiert.

9. AUGUST
Tagebuch: Erregung, wahrscheinlich wegen der Publikation. Liest Ottla Grillparzers *Der arme Spielmann* vor.

10. AUGUST
Tagebuch: In der Fabrik. Nichts geschrieben.

11. AUGUST
Tagebuch: Nichts geschrieben. Müht sich lange mit den Stücken von **Betrachtung**, das dadurch entstehende »lächerliche Selbstbewusstsein« hält ihn vom Roman ab. Will nichts mehr für Zeitschriften schreiben.

12. AUGUST
Felice Bauer kommt in Prag an, eine Cousine von Brods Schwager Max Friedmann, Angestellte der Lindström AG in Berlin, die Büromaschinen und Grammophone produziert. Sie wohnt im Hotel Blauer Stern.

13. AUGUST
K. ~ 21 Uhr bei der Familie Brod, Schalengasse 1. Er lernt Felice Bauer kennen, verabredet mit ihr eine Reise nach Palästina. Legt mit Brod die Reihenfolge der Prosastücke in **Betrachtung** fest. Begleitet mit Brods Vater Felice Bauer zu ihrem Hotel.

14. AUGUST
Tagebuch: Briefentwurf an Ernst Rowohlt.
an Max Brod: Brod soll die Reihenfolge der Prosastücke nochmals prüfen, da K. durch Felice abgelenkt war.
an Ernst Rowohlt: Begleitschreiben, selbstbewusst.

Felice Bauer reist weiter nach Budapest, um dort ihre älteste Schwester Else und deren Ehemann Bernát Braun zu besuchen. Brod schickt *Betrachtung* an Rowohlt. K. sieht im Neuen deutschen Theater das Vaudeville *Polnische Wirtschaft* von Jean Gilbert.

15. AUGUST
Mariä Himmelfahrt (Feiertag in Böhmen)
Tagebuch: Schläft viel, liest in alten Tagebüchern. Schreibt die Unruhe der Publikation zu. Gefühl, sich »festgerannt« zu haben. »Viel an ... Felice Bauer gedacht.« Ottla sagt ihm Gedichte von Goethe auf.

16. AUGUST
Tagebuch: Isst wieder nichts. »Wimmern meiner armen Mutter«. Schreibt seine Reisenotizen ins Reine. (Diese Arbeit wird unvollendet bleiben.)

18. AUGUST
K.s Cousine Hedwig Kafka heiratet Karl Löw.

20. AUGUST
Tagebuch: Wünscht sich seine Mss. zurück, weil es ihm schlechter geht als zuvor. Beschreibt Felice. Will »***Blenkelt***«-Geschichte schreiben (was er dann erst am 23. Sept. versucht). Abends bei Brod.

21. AUGUST
Tagebuch: Liest »unaufhörlich« Lenz, um sich zu beruhigen.

etwa 23. AUGUST
Besuch Alfred Löwys aus Madrid, der ~1 Woche bei den Kafkas wohnt.

24. AUGUST
Bei einer Lesung Werfels im Café Arco. »Ein Ungeheuer!« Ist davon »zerworfen und erhoben«. Danach wahrscheinlich bei einer Familienfeier bei Richard Löwy anlässlich der Anwesenheit von Alfred Löwy.

1912 **26. AUGUST**
Brod ist abends bei den Kafkas eingeladen.

etwa **28. AUGUST**
Felice Bauer macht auf der Rückreise von Budapest Station in Breslau. K. hatte zuvor überlegt, ihr dort durch Friedrich Schiller Blumen überreichen zu lassen.

30. AUGUST
Tagebuch: Über Werfel.

1. SEPTEMBER
Mit 35 000 M Einlage und 55 000 M Darlehen wird Kurt Wolff Kommanditist des Ernst Rowohlt Verlags.

4. SEPTEMBER
Tagebuch: Über Alfred Löwy.
Kurt Wolff an K.: Zusage der Publikation von **Betrachtung**. Fragt nach gewünschten Vertragsbedingungen und Buchgestaltung.

5. SEPTEMBER
Tagebuch: Referiert ein Gespräch mit Alfred Löwy über dessen Junggesellentum.

7. SEPTEMBER
an den Rowohlt Verlag: Bittet um größtmögliche Schrift, Pappband, getöntes Papier. Vertragsbedingungen überlässt er dem Verlag.
[an Friedrich Schiller]

8. SEPTEMBER
Tagebuch: Die laute Stimme der Mutter treibt ihn aus der Wohnung. Verbringt den Abend mit Emil Utitz.

etwa **10. SEPTEMBER**
Beginnt, an den Abenden einen geplanten Brief an Felice Bauer vorzuformulieren.

10. SEPTEMBER
Jizchak Löwy 25 Jahre alt.

11. SEPTEMBER
Tagebuch: Traum: Hafen von New York, Kriegsschiffe.

12. SEPTEMBER
Tagebuch: Hugo Löw am Abend bei den Kafkas, erzählt von Palästina.
Vergleich mit anderen »Palästinafahrern« (Bergmann, Kellner).
Kellners Schüler in Jaffa sind »Chauvinisten«.

14. SEPTEMBER
Hermann Kafka 60 Jahre alt.
Brod fährt mit Weltsch nach Triest, Venedig, Portorose. Dort gemeinsame Arbeit an *Anschauung und Begriff*.

etwa **MITTE SEPTEMBER**
K. führt eine neue, rigide Zeiteinteilung ein: Schlaf am Nachmittag, Schreiben ab 22.30 Uhr oder noch später.

15. SEPTEMBER
Tagebuch: Gedicht: »*Aus dem Grunde der Ermattung* ...«
Inzestgedanken.
Valli Kafkas Verlobung mit Josef Pollak aus Kaunitz
(Bezirk Böhmisch-Brod).

17. SEPTEMBER
Mit Hugo Löw bei Hugo Bergmann. Bei Familie Brod; es sind nur die Mutter und Otto anwesend.

18. SEPTEMBER
Tagebuch: Ekelerregende Geschichten, die er im Büro gehört hat.
an Elsa Taussig: Dankt für die von Brod geschickten Reisenotizen. Möchte gemeinsam mit ihr Emil Weis besuchen.
K. empfängt im Büro eine Deputation des Landesverbandes der Sägewerkbesitzer.

1912 19. SEPTEMBER
Tagebuch: Geschichte des Kollegen Václav Pokorny; wie tags zuvor geht es um nachträgliches Erbrechen.
[an Jizchak Löwy]

20. SEPTEMBER
Tagebuch
an Max Brod und Felix Weltsch: Dankt für Reisenotizen. Schreibt gern mit der Schreibmaschine.
an Felice Bauer: 1. Brief an sie, nach Büroschluss mit Maschine geschrieben. Die versprochene Palästinareise. Bezeichnet sich als unpünktlichen Briefschreiber, der aber auch keine pünktlichen Antworten erwartet.

etwa 21. SEPTEMBER
K. bekommt von Wolff den Vertrag für *Betrachtung*.

22. SEPTEMBER
Am Nachmittag erster Besuch der Familie Josef Pollaks bei den Kafkas. K. schreibt *Das Urteil* zwischen 22 Uhr und 6 Uhr morgens.

23. SEPTEMBER
Tagebuch: Über die Entstehung von *Das Urteil*. Dagegen *Der Verschollene* vergleichsweise »schändliche Niederungen«. Liest am Morgen die Geschichte Ottla und Valli vor. Verbringt den Vormittag im Bett. Fragment »*Gustav Blenkelt war ein einfacher Mann*...«
an Eugen Pfohl: Kann wegen eines »kleinen Ohnmachtsanfalls« und »etwas Fieber« voraussichtlich erst nach 12 ins Büro kommen.
K. geht nicht ins Büro.

24. SEPTEMBER
Tagebuch: Eine der Schwestern sagt, die Wohnung in *Das Urteil* sei der Kafka'schen Wohnung sehr ähnlich. K. bestreitet das.
Liest *Das Urteil* in der Wohnung Baums vor mindestens 8 Zuhörern, darunter wieder die Schwestern. »Zweifellosigkeit der Geschichte«. Weint beinahe.

25. SEPTEMBER
Tagebuch: Die Lesung vom Vorabend. Geht, statt zu schreiben, zu einer Filmvorführung im Deutschen Landestheater; wahrscheinlich, weil u. a. ein Film über Theodor Körner gezeigt wird.
an Rowohlt Verlag: Schickt den Vertrag für **Betrachtung** unterschrieben zurück. Möchte wissen, wann das Buch erscheint.

26. SEPTEMBER
an Willy Haas: Sagt Treffen im Café Arco ab. Will ihm für die *Herderblätter* nichts aus **Betrachtung** geben, schickt ihm ersatzweise **Großer Lärm.** »... öffentlich meine Familie züchtigen«.

26. SEPTEMBER (?)
K. schreibt die ersten Seiten von **Der Heizer** = Beginn der 2. Fassung von **Der Verschollene.**

27. SEPTEMBER (?)
[Felice Bauer an K.]: Ihr 1. Antwortbrief, freundlich-unverbindlich. Fragt, wie K. zu ihrer Adresse gekommen sei. Lässt Brod grüßen. Ihre Eltern lehnen die Palästinareise ab.

28. SEPTEMBER
Wenzelstag (Feiertag in Böhmen)
an Felice Bauer: Ist nur im Büro, um nach Felices Brief zu sehen. Beantwortet ihn sofort. Schreibt fast nur über das langwierige Zustandekommen des 1. Briefs. Schlechtes Gedächtnis. Bittet um ein »Tagebuch« mit möglichst vielen Einzelheiten.
an Max Brod: Hat in Brods Wohnung auf dem Sofa liegend vergeblich auf ihn gewartet.

29. SEPTEMBER
Brod und Weltsch aus Italien zurück. Kafka holt sie von der Bahn ab, spricht sogleich von **Das Urteil.**
Max Brod, Tagebuch: »Kafka in Ekstase, schreibt die Nächte durch. Ein Roman, der in Amerika spielt.«

OKTOBER
Franz Kafka, **Großer Lärm**, in: *Herderblätter.*

1912 Das Galanteriewarengeschäft von K.s Eltern wird von der Zeltnergasse 12 in den rechten Seitenflügel des Kinsky-Palais am Altstädter Ring verlegt.
Felice Bauer liest von Strindberg *Totentanz* und *Die gotischen Zimmer*.
Franz Werfel übersiedelt nach Leipzig und wird Lektor bei Kurt Wolff.

etwa 1.–10. OKTOBER
an Felice Bauer: (nicht abgesandt; dem Brief vom 21. Dez. beigelegt) Er hat die »Pflicht«, ihr zu schreiben. Hat eine Nacht ununterbrochen Briefe an sie phantasiert.
an Felice Bauer: (nicht abgesandt; dem Brief vom 18. Mai 1913 beigelegt) »Zu wem zu klagen wäre mir jetzt gesünder, als zu Ihrer grossen Ruhe?« »Wie wirkt Ihr Anblick schon von der Ferne auf mich!«

1. OKTOBER (?)
an Max Brod: Die Asbestfabrik braucht dringend ein Telefon. K. war vor 2 Wochen das letzte Mal dort. Schließt aus den Gesichtern der Schwäger, dass es mit der Fabrik bergab geht.

1. OKTOBER
Max Brod, Tagebuch: »Kafka in unglaublicher Ekstase.«

2. OKTOBER
Max Brod, Tagebuch: »Kafka, der weiter sehr inspiriert ist. Ein Kapitel fertig. Ich bin glücklich darüber.«

3. OKTOBER
Max Brod, Tagebuch: »Kafka, dem es gut geht.«

6. OKTOBER
an den Rowohlt Verlag: Schickt eine neue Fassung von *Der plötzliche Spaziergang*. Will noch immer wissen, wann *Betrachtung* erscheint.
K. liest Brod *Das Urteil* und *Der Heizer* vor.
In der Nacht schreibt K. 10 Ms.-Seiten zu *Der Verschollene* (V 89,1–97,7).

7. OKTOBER
Kurt Wolff an K.: Sagt Erscheinen von **Betrachtung** für November zu.

7.–8. OKTOBER
an Max Brod: Hat an diesem Abend nur 1 Seite geschrieben (bis V 98,8). Soll 14 Tage auf die Fabrik aufpassen, da der Schwager auf Geschäftsreise. Die Mutter wirft ihm vor, seinetwegen sei der Vater krank; auch Ottla »verlässt« ihn. Naher Entschluss zum Selbstmord wegen der Unterbrechung des Schreibens.»... ich hasse sie alle der Reihe nach«.

8. OKTOBER
[Max Brod an Julie Kafka]: Interveniert mit 8 Seiten langem Brief.
Julie Kafka an Max Brod: Will einen anderen Aufseher für die Fabrik suchen und ihrem Mann vorspielen, K. gehe regelmäßig in die Fabrik.

nach 8. OKTOBER
an Max Brod: Die Asbestfabrik benötigt dringend ein Telefon.

13. OKTOBER
an Felice Bauer: (nicht abgesandt; dem Brief vom 16. Nov. beigelegt) »Warum haben Sie mir denn nicht geschrieben?«

14. OKTOBER
an Sophie Brod: Bittet um Vermittlung zu Felice.
an Max Brod: Schickt das 2. und 3. Kap. von **Der Verschollene**.
Der Vater ist krank; will, dass K. bei ihm bleibt.
Im Gasthaus ›Zu den zwei Amseln‹ wird K. durch Brod mit Otto Stoessl bekannt gemacht. Gemeinsamer Spaziergang in den Gassen der Kleinseite. K. ist beeindruckt von Stoessls Äußerung: »Der Epiker weiß alles.« Er liest bei Brod einen Brief von dessen Schwester Sophie an ihre Eltern.

16. OKTOBER
Kurt Wolff an K.: Satzprobe von **Betrachtung**.
[Sophie Brod an K.]: Zitiert Felice, die in einem Brief vom 2. oder 3. Okt. von einer »lebhaften Korrespondenz« mit K. berichtet.

1912 **18. OKTOBER**
an Sophie Brod: Sehr erstaunt, bittet weiter um Vermittlung.
an den Rowohlt Verlag: Sehr zufrieden mit der Satzprobe von **Betrachtung**. Weiß die Reihenfolge der Stücke nicht mehr, hat kein Inhaltsverzeichnis mitgeschickt.

19. OKTOBER
Kurt Wolff an K.: Bestätigung.

20. OKTOBER
K. liest bei Baum **Der Heizer**.
Max Brod, Tagebuch: »Und wie wir gelacht haben.«

22. OKTOBER (?)
[Felice Bauer an K.]: Antwortet nach 3 Wochen. Angeblich ist ein Brief verlorengegangen. Beschreibt ihren Alltag. Bekommt im Büro Bücher, Bonbons und Blumen geschenkt. Schickt K. eine Blume. Fragt nach dem Geburtstag von Sophie Brod. Geht ins Theater. Liest sehr viele Zeitschriften.

23. OKTOBER
an Felice Bauer: (dieser und die folgenden Briefe an Felice Bauer per Einschreiben) Antwortet sofort trotz Unruhe im Büro. Hat einen Brief Felice Bauers an Brod in der Brieftasche. Die Hälfte seines Lebens bestand aus Warten auf ihren Brief. Chaos auf seinem Büroschreibtisch.

24. OKTOBER
an Felice Bauer: Schlaflosigkeit, formuliert an Briefen. Hat zu viel mitzuteilen. Will alles über ihre Theaterbesuche wissen. Ebenso ihren Geburtstag. Hat ihr längst **Das Urteil** gewidmet, das inhaltlich jedoch nichts mit ihr zu tun hat. Will den Inhalt des verlorenen Briefs wissen.
an Sophie Brod: Bedankt sich für die Vermittlung.

25./26. OKTOBER
an Felice Bauer: Felice hat ihm »erlaubt«, ihr zu schreiben, wann er will. Sie soll auf Pyramidon verzichten.

26. OKTOBER (?)
[Felice Bauer an K.]: Hat sich bei den Brods unbehaglich gefühlt, niemand nahm Notiz von ihr.

27. OKTOBER
an Felice Bauer: Sehr langer Brief mit der Beschreibung der ersten Begegnung. Sie soll eigene Erinnerungen ergänzen. Hat seither mehr als 30 Abende bei den Brods verbracht. Der erste Absatz literarisch; Monotonie der Arbeitswoche. Die Hälfte des Sonntags im Bett verbracht. Bedauert die militärischen Niederlagen der Türken, weil »ein grosser Schlag für unsere Kolonien«.

28. OKTOBER
Spaziergang mit Brod, erzählt ihm von dem langen Brief an Felice Bauer.

29. OKTOBER
an Felice Bauer: Entschuldigt sich wegen des Riesenbriefs. Sie soll weniger schreiben. Sie hat sehr positiv über ihre Mutter geschrieben, geht zweimal wöchentlich turnen, tippt 3-mal wöchentlich für einen Professor, macht an Sonntagen Handarbeiten. Pyramidon.
Ottla Kafka 20 Jahre alt.

30. OKTOBER
Max Brod, Tagebuch: »Mit Kafka spaziert, den das Unglück der Türken an seines erinnert.«

31. OKTOBER
an Felice Bauer: Denkt im Büro nur an ihre Briefe, von denen er sich eine beruhigende Wirkung verspricht. Felice schreibt, ihre Briefe seien für ihn eine »kleine Freude«. Sie fragt, ob es ihm unangenehm sei, »jeden Tag« ins Büro einen Brief zu bekommen. Hat in 2 Stunden 2 Briefe bekommen (von gestern und vorgestern). Sie stellt viele Fragen, er beantwortet keine. Hat sich bei der Farbe ihres Hutes geirrt.

31. OKTOBER (?)
Notiert erstmals Kapitelübersicht zu **Der Verschollene**.

1912 1. NOVEMBER
Feiertag (K. ist dennoch im Büro)
an Felice Bauer: Großer Rechtfertigungs- und Vorstellungsbrief.
»Mein Leben besteht ... aus Versuchen zu schreiben«. Sie hat ihn schon mehrfach gebeten, seine Lebensweise zu schildern. »... ich bin der magerste Mensch«. »Jetzt habe ich mein Leben um das Denken an Sie erweitert«. Felice ist mit seinem Schreiben »verschwistert«. Genaue Tageseinteilung seit 6 Wochen. Die Asbestfabrik, er ist Teilhaber mit Geld des Vaters. »Jammerbrief«.

2. NOVEMBER
an Felice Bauer: Fragt nach ihrer beruflichen Position. Sie muss mit vielen Leuten reden, sitzt spät abends müde im Büro. Über seine Hauptarbeit, das Diktieren. Er hat keine Lust, die Büroarbeit zu schildern.
K. schreibt nachts bis 2 Uhr.
Ernst Rowohlt tritt aus dem Rowohlt Verlag aus, Kurt Wolff übernimmt die Leitung.

3. NOVEMBER
an Felice Bauer: Es ist ihr unangenehm, allein im Hotel zu wohnen, ihm dagegen »behaglich«. Sie traut sich nachts nicht auf die Haustreppe. Felice ist »ruhig und zuversichtlich«. Empfiehlt ihr den Besuch des jüdischen Theaters, war voriges Jahr 20-mal dort. Über Löwy. Ihre Tipparbeit.
K. liest bei Baum das 2. Kap. von **Der Verschollene** vor. Am Nachmittag bei Brod, der ihm 2 Kap. von *Aus einer Nähschule* vorliest.
K. schreibt nichts, erledigt abends die Korrekturbogen von **Betrachtung**, die schon seit Tagen warten.
Max Brod, Tagebuch: »Er ist ganz verliebt in Felice und glücklich.«

vor 4. NOVEMBER
[Jizchak Löwy an K.]: Beschreibt die Immanuelkirchstraße in Berlin und irrtümlich Haus Nr. 37 (die Familie Bauer lebte in Nr. 29). Sonst nur Klagen.

4. NOVEMBER
an Felice Bauer: Wartet seit 2 Tagen auf Brief. »Verdiene ich wirklich

kein Wort?« Hatte »kleine Entscheidung« erwartet (vermutlich ihre Reaktion auf den Bekenntnisbrief vom 1. Nov.).

5. NOVEMBER
an Felice Bauer: Bekommt 2 Briefe, entschuldigt sich. Felice verspricht, täglich zu schreiben; sie hatte keine Marke zur Hand! Gründe, warum er in Sanatorien war: Magen, Nervosität, Hypochondrie. Hasst Ärzte. Spielt auf möglichen Besuch an. Felice hat ihm »Mass und Ziel« im Schreiben angeraten. Strenge, abweisende Antwort. Hat Sophie Brod »sehr gern«, erwähnt seine Briefe an sie.

6. NOVEMBER
an Felice Bauer: Felice kam es vor, als habe K. bei Brod »ironisch« über das jüdische Theater gesprochen. Das weist er von sich. Sein Vortrag über das Jiddische. Löwy. Teilt ihr seine Wohnungsadresse mit. »… schön … Ihnen zu klagen«.
Kommt zu spät zu einer Verabredung mit Brod und Oscar A. H. Schmitz ins Café Arco.

7. NOVEMBER
an Felice Bauer: »durch mein Dasein quäle ich Sie«. Felice ist für ihn ein »neues, unerfülltes Verlangen« und eine »neue menschliche Sicherheit, vielleicht meine stärkste«. Sie hat im Schlaf geweint. Durch Briefe kann man am meisten voneinander erfahren. »Ich wäre Ihnen unleidlich, käme ich selbst.« Hat immer dieselbe Sommerkleidung an. Ernährungsweise. Sie soll ihn nicht zu bessern suchen. »… bekam ein solches Verlangen nach Ihnen«. Sie schätzt ihn als viel zu jung. Man hält ihn sonst für 18–25. Hält nichts von Rudolf Binding.
an Max Brod: Erwähnt »meine Korrespondenz« (mit Felice). War lange nicht mit Brod allein. Brods Gedichte in den *Herderblättern*.
an Willy Haas: Haas' »Schlamperei«.
K. geht trotz Kälte 2 Stunden spazieren. Schreibt nicht wegen Übermüdung. Kurz nach Mitternacht wird Gerti geboren, die Tochter von Elli.

8. NOVEMBER
an Felice Bauer: Sie vermutet, ihn durch ihre letzten Briefe sehr ver-

1912 unsicht zu haben; wirft ihm offenbar »Fremdheit« vor. K. sehr betroffen, liest den Brief 20-mal.« »... da wir entfernt sind, muss ich schreiben, ich käme sonst um vor Traurigkeit«. Man weckt ihn in der Familie nicht. Hat erstmals von Felice geträumt, unangenehm. »Wütender Neid« gegen Schwester und Schwager.« ... ich werde niemals ein Kind haben«.
an Felice Bauer: Entschuldigt sich für den vorigen Brief. Depressiv u. a. wegen Nicht-Schreibens am Abend zuvor. Spürt Depressivität jedoch nur, wenn er sich »jemandem nahe bringen« und »ganz einsetzen« will. Rückseite: Satzprobe von ***Betrachtung***.« ... meine kleinen Winkelzüge«.
K. schreibt 3–4 Seiten.
Max Brod, Tagebuch: »Streit mit K. weil unpünktlich.«

9. NOVEMBER
an Felice Bauer (nicht abgeschickt): Will Briefverkehr abbrechen, weil ihm nicht zu helfen sei. »Vergessen Sie das Gespenst, das ich bin«. Hält sich für verflucht.
Spaziergang mit Brod, klagt ihm sein Unglück. Selbstmordideen.

11. NOVEMBER
an Felice Bauer: Hat 3 Briefe von ihr bekommen.
an Felice Bauer: »Ich habe Sie also nicht verloren.« »Bestätigung eines Fluches«. Seine Mutter weint wegen seines Schweigens bei Tisch. Sie geht seit 30 Jahren täglich ins Geschäft. K. »jaust« nie. Will werktags nur noch kurz, sonntags ausführlich schreiben. Über ***Der Verschollene***, Kapiteleinteilung. »Die erste grössere Arbeit, in der ich mich nach 15-jähriger ... trostloser Plage ... geborgen fühle«. Felice hat Augenschmerzen. Sie fragt, ob er »ganz zurückgezogen« von der Familie lebt. Ironische Antwort: ***Großer Lärm***. Ottla ist seine »beste Prager Freundin«. »Nur der Vater und ich, wir hassen einander tapfer.«
an Felice Bauer: Sie soll nur einmal wöchentlich schreiben, erträgt ihre täglichen Briefe nicht, »weiss von nichts als von Ihnen«. Geht unvermittelt zum ›Du‹ über. Kommt nicht nach Berlin, denn »ich bin noch knapp gesund für mich, aber nicht mehr zur Ehe und schon gar nicht zur Vaterschaft«. »... lassen wir alles, wenn uns unser Leben lieb ist«.
Felice nimmt die ganze Woche über an Theaterproben teil.

11./12. NOVEMBER
Brod ist allein in Berlin, dann in Leipzig bei Rowohlt. Telefoniert mit Felice über K., bereitet sie auf einen Absagebrief vor. Sie lacht bei diesem Gespräch, möchte K. gern helfen, aber es sei eigenartig, dass sie trotz vieler Briefe einander nicht näherkämen.

12. NOVEMBER
[Felice Bauer an K.]: Rät K., er solle mit seiner Mutter sprechen, die ihn sicher liebt. (Julie Kafka liest und beantwortet diesen Brief am 16. Nov.)
K. beendet das 6. Kap. von *Der Verschollene.*
Max Brod, Tagebuch: »Kafkas Dank dafür, dass ich Felice auf seine Absage vorbereitet habe.«

13. NOVEMBER (?)
an Max Brod: »Nichts, Max, nichts.«
[Felice Bauer an K.]: (Einschreiben) Nennt ihn ›Du‹. Beruhigt ihn schon durch einige Zeilen auf dem Briefumschlag.
[Felice Bauer an Max Brod]: Vermutlich soll Brod K. beruhigen.

13. NOVEMBER
an Felice Bauer: Kurzer Brief mit Blumen (von einer Berliner Blumenhandlung am 17. Nov. zugestellt).
an Max Brod: Wollte bei Baum das 3. Kap. von *Der Verschollene* vorlesen; sagt ab wegen mangelnder Qualität des Textes. Über Brods Vermittlung in Berlin.
Schreibt nicht. Von 22 bis 23.30 Uhr Spaziergang mit Ottla.

14. NOVEMBER
an Felice Bauer: Glücklich wegen des ›Du‹. »Ich war heute der ruhigste Mensch im Bureau.« Fragt, warum sie ihn nicht für verrückt hält. Sie spielt bei einem Firmenjubiläum die Rolle des ›Humors‹. K. fragt Brod vergeblich nach dem Inhalt seines Telefonats mit Felice aus. Erklärt, warum er sie nicht anrufen will.
an Felice Bauer: (1 Uhr nachts) Phantasiert seinen Kopf auf Felices Schulter. Bezeichnet sich als »schweres Gewicht«, das an ihr hängt. Sie ist für ihn ein »Geschenk«, »wie ich es in diesem Leben zu finden auch nicht geträumt habe«.

1912 *an Max Brod:* (Rohrpostkarte) »alles ist unausdenkbar gut geworden«.
K. schreibt 3 Seiten (*V* 271,1-273,23f).
Felice Bauer für ~2 Tage krank.

15. NOVEMBER
an Felice Bauer: 3 Bürokollegen sind darauf eingeschworen, Felices Briefe sofort zu K. zu bringen.
an Felice Bauer: Hat ihr zum Geburtstag (18. Nov.) Flauberts *L'éducation sentimentale* (in deutscher Übersetzung, ohne Widmung) und ein weiteres Buch geschickt. Fühlt sich als »geistiges Kind« Flauberts. Küsst sie.
Max Brod an Felice Bauer: K. nicht überspannt, nur kompromisslos. Kann sogar praktisch-geschickt sein. Bittet um Nachsicht für K.s »oft krankhafte Sensibilität«. Begeistert über *Der Verschollene*. (*B1* 544 f.)

16. NOVEMBER
an Felice Bauer: Verzweifelt, weil sie nicht schreibt. »Wagnis, sich an ein Lebendiges gehängt zu haben«. Legt einen nicht abgeschickten Brief bei. *Der Verschollene* hat sich gestern »sehr verschlechtert«.
an Max Brod: Hat eine Verabredung mit Brod verschlafen, dieser hat daraufhin auf 2 Karten und einen Brief nicht geantwortet. Hat daher Angst vor Brod.
[Felice Bauer an K.]: Hat nicht geschrieben, weil sie krank war. Verspricht, dass K. am Montag 1–2 Briefe bekommt. Er soll sich über die Büroarbeit »nicht so viel aufregen«.
Julie Kafka an Felice Bauer: Hat Felices Brief vom 12. Nov. gelesen, in dem sie K. rät, mit seiner Mutter zu sprechen. »... kein Wunsch wurde ihm von seinen Eltern je versagt«. Hielt sein Schreiben für »Zeitvertreib«. Felice soll sich nach seiner Gesundheit erkundigen. (*B1* 553 f.)
Arbeit an *Der Verschollene* bis V 283,8f (Unterbrechung bis 9. Dez.).
Felice geht tanzen bis morgens 7 Uhr.

17. NOVEMBER
an Felice Bauer: K. entschuldigt sich. »Ich bin nicht so entschlossen wie Du, ich wollte nicht nach Berlin fahren«. War depressiv, da kein Brief kam, lag daher im Bett, wo ihm der Gedanke zu *Die Verwand-*

lung kam. Träumte, endlose Briefe von ihr zu bekommen. Sie soll auf keinen Fall anrufen.
an Felice Bauer: (nachts 1.30 Uhr) Freut sich schon auf die versprochenen Briefe (die nicht kommen werden).
Beginn der Arbeit an *Die Verwandlung*. K. hatte gehofft, an *Der Verschollene* parallel weiterzuarbeiten.
Felice schläft nicht, bekommt Rosen von K., vermutlich auch den Brief Julie Kafkas, schreibt an ihn, geht erst um 1 Uhr nachts zu Bett.
Anna Bauer 63 Jahre alt.

18. NOVEMBER
an Felice Bauer: (vormittags, nicht abgeschickt) Will Briefwechsel reduzieren.
an Felice Bauer: (dringendes Telegramm an private Adresse, 14.30 Uhr) »Sind Sie krank?«
[Felice Bauer an K.]: Telegramm (trifft 23.15 Uhr ein).
[Felice Bauer an K.]: Brief, der offenbar verlorengeht.
an Felice Bauer: »Wahnsinniges Leid« und völlige Zerstreutheit im Büro, da kein Brief von ihr kommt. Wollte aus Verzweiflung sogar an den christlichen Sektierer Hitzer schreiben. Bedürfnis, sich in *Die Verwandlung* »auszugiessen«.
Felice Bauer 25 Jahre alt; sie geht abends zu einem Hausball.
Mit einer Anzeige im *Börsenblatt* kündigt der Rowohlt Verlag den Band *Betrachtung* an.

19. NOVEMBER
an Felice Bauer: Rechnet ihr vor, wie viele Briefe sie in den letzten Tagen versprochen, aber nicht geschrieben hat.
an Felice Bauer: (nachts 1.30 Uhr) Entschuldigt sich panisch wegen des Briefs vom Vormittag.
[Felice Bauer an K.]: Führt Julie Kafkas Auftrag aus, ihn nach seinen Essgewohnheiten zu fragen; rät ihm, mehr zu essen und zu schlafen. Fragt, ob er ihre Briefe sicher verschließt.

20. NOVEMBER
Buß- und Bettag (Feiertag in Berlin, nicht in Prag)
an Felice Bauer: »Ich warte also auf keine Briefe mehr.«

1912 **21. NOVEMBER**
an Felice Bauer: (15 Uhr) Hat 2 Briefe von ihr bekommen. Beschreibt seine Essgewohnheiten, die er jedoch nicht ändern will. Glaubte schon, Felices Mutter habe die Korrespondenz unterbinden wollen.
[Felice Bauer an K.]: (Telegramm) Antwort auf K.s resignativen Brief vom Vortag.
an Felice Bauer: Glaubt, dass einige ihrer Briefe verlorengingen. Brod besucht K.; er deutet an, K. solle empfangene Briefe sicherer aufbewahren. K. errät, dass seine Mutter einen Brief Felices gelesen hat. Macht der Mutter eine wütende Szene, die er durch besondere Freundlichkeit wiedergutzumachen sucht. Josef Pollak bei den Kafkas. K. schreibt nicht.
an Felice Bauer: Wütend über die Mutter. Grundsätzliche Äußerungen über die Funktion der Eltern: »Verfolger«. Legt eine Fotografie bei, die ihn als Einjährigen zeigt.

22. NOVEMBER
an Felice Bauer: Der Zusammenstoß mit der Mutter.
Max Brod an Felice Bauer: Verständnislosigkeit von K.s Eltern.
K. »von einer erfreulichen Halsstarrigkeit«; »Ausnahmemensch«. Erzählt von K.s Selbstmordabsicht. Vom eigenen Roman *Schloß Nornepygge* »ganz entfremdet«. (*B1* 555 f.)
K. schreibt nicht.

23. NOVEMBER
an Felice Bauer: Will ihr *Die Verwandlung* nicht zu lesen geben, lieber vorlesen.
Bis 3 Uhr nachts Arbeit an *Die Verwandlung*.

24. NOVEMBER
an Felice Bauer: (5 nummerierte Bögen, einzeln verschickt, mit 3 beigefügten weiteren Schreiben) *Die Verwandlung* ist »ekelhaft«. Liebeserklärung. Hat 2 Briefe von ihr bekommen. Felice soll nachts nicht schreiben, sondern schlafen. Schreibt ihr dazu das chinesische Gedicht *In tiefer Nacht* ab. Über Vegetarismus und Schlaf bei offenem Fenster. Schlägt vor, Zeitungsnotizen auszutauschen, legt zwei Ausschnitte bei. Die bevorstehende Dienstreise. K.s Mutter hat einen Entschuldigungsbrief an Felice geschrieben, den K. aber nicht

weggehen lässt. Er verlangt nach mehr Informationen über Felices Büro. Alles in betont munterem Tonfall. Sorgt sich um ihre Gesundheit. Erinnert an die ostjüdische Theatertruppe.
[Felice Bauer an K.]: Sendet ihm ein Kinderbild.
K. liest bei Baum vormittags den 1. Teil von *Die Verwandlung* vor. Brod und Elsa Taussig sind anwesend. Nachmittags Briefeschreiben bis 18.15 Uhr, Schlaf bis 21.30 Uhr, dann Einwerfen der Briefe am Bahnhof. Arbeit an *Die Verwandlung*. Die Eltern und Ottla besuchen Elli; Valli besucht mit Josef Pollak dessen Eltern.
an Felice Bauer: (nach Mitternacht) Schildert den Sonntag.

25. NOVEMBER
an Felice Bauer: Die häufigen »Übereinstimmungen« zwischen ihnen. Ihr Kinderbild. Detail des ersten Abends.
an Willy Haas: Nimmt die Einladung an, in der Herder-Vereinigung zu lesen.
→ REICHENBERG

26. NOVEMBER
→ KRATZAU
Abfahrt 7 Uhr.
an Felice Bauer: (2 Ansichtskarten)
an Felice Bauer: Grüße, notiert im Bezirksgericht Kratzau.
an Emmy Brühl: (Ansichtskarte) Anonyme »Glückwünsche« (an eine Kollegin Felice Bauers).
→ PRAG
an Felice Bauer: Hat Felices Brief vom Sonntag bekommen, ist trotzdem erregt, weil kein Brief vom Montag kam, verurteilt sich wegen dieser Instabilität, für die er seinen Gesundheitszustand verantwortlich macht. Über die »hässliche« Dienstreise. Unglücklich über die Unterbrechung von *Die Verwandlung*. Fürchtet ihren »Breslauer Bekannten«. Hofft doch noch auf einen Brief vom Montag.
Nachts Fortsetzung von *Die Verwandlung*.

27. NOVEMBER
an Felice Bauer: Noch immer erregt, weil zu wenige Briefe kommen, obwohl er ein weiteres Foto erhalten hat. Das Mädchenfoto hat ihm besser gefallen, vor der Dame hat er zu viel Respekt. Über den Lärm von Grammophonen.

1912 *an Felice Bauer:* Fürchtet sich vor einem Zusammentreffen mit ihr; wahrscheinlich ausgelöst durch ihre Frage nach seinen Weihnachtsferien. Hatte eigentlich vor, an Weihnachten *Der Verschollene* zu vollenden, schlägt ihr aber dann doch ein Treffen vor.
Nachts Fortsetzung von *Die Verwandlung*.

28. NOVEMBER
an Felice Bauer: Glaubt, er sei die Ursache ihres unbeherrschbaren Weinens. Legt den unvollendeten Brief vom 18. Nov. sowie ein Kinderporträt bei. Will ihr Brods *Die Höhe des Gefühls* in Leder schicken sowie ein Buch von Oskar Baum, den sie nicht kennt.
an Felice Bauer: Längeres Gespräch mit dem Berliner Maler Ernst Feigl, der sich in »wie Kerzenlicht auszublasenden« Kunsttheorien ergeht. K. hält ihn am Arm, um noch mehr von seiner glücklichen Ehe zu hören. »Wenn mich Menschen einmal freuen, kenne ich für diese Freude keine Grenze.« Schickt Feigls Selbstporträt.

29. NOVEMBER
an Felice Bauer: Über einen Traum Felices. Fragen zu ihrer Amateurschauspielerei und zu ihrer Bürotätigkeit.
[Felice Bauer an K.]: (1 umfangreicher Brief und 2 Karten)
[Felice Bauer an K.]: (nachts) Ob K. sie gleich liebgehabt habe?
K. arbeitet erst nach Mitternacht an *Die Verwandlung*.

30. NOVEMBER
an Felice Bauer: (früh am Morgen) Hält die letzten Seiten für verzweifelt schlecht. Ekel. Muss dennoch schreiben, »um zu leben«.
an Felice Bauer: Muss im Büro seinen Chef vertreten. Ist beunruhigt über ihre Nervosität, erwähnt »schöne Sanatorien«. Legt eine Einladung zur Lesung von *Das Urteil* bei.
Arbeitet erst nach Mitternacht an *Die Verwandlung*.
10-jähriges Jubiläum der Firma Carl Lindström, Feier für die Belegschaft. Auftritt Felice Bauers, Tanz bis zum Morgen.

DEZEMBER
Max Brod, *Der Bräutigam*. Erzählung, Berlin-Charlottenburg (Axel Juncker).
Max Brod, *Die Höhe des Gefühls. Szenen, Verse, Tröstungen*, Leipzig (Rowohlt).

vor 1. DEZEMBER
[Jizchak Löwy an K.]: Klagt darüber, dass K. nicht schreibt.

1. DEZEMBER
an Felice Bauer: (morgens 2.45 Uhr begonnen) Phantasien über das Fest bei Lindström, Tanzen. Möchte mehr über ihr Zimmer wissen. »Ich fürchte, wenn ich bei Dir wäre, ich liesse Dich niemals allein«. K.s Familie stellt die Gästeliste für Vallis Hochzeit zusammen. K. »gleichgültig« bei einer Lesung Herbert Eulenbergs im Deutschen Haus. Danach Arbeit an *Die Verwandlung* (bis D 176,16).
an Felice Bauer: Beim Schreiben »ein wenig ins Feuer gerathen«. Das Glück mit ihr »unmöglich und unausdenkbar«. »Ich muss Dich unbedingt noch einmal sehn und lange«. Deutlich unter dem Einfluss des Schreibens. Hat die Adresse Jizchak Löwys nicht mehr.

2. DEZEMBER
an Felice Bauer: Ihr erschöpftes Aussehen. Am 25. Dez. soll Vallis Hochzeit stattfinden. »Aber auch Du hast Besuch, der mir wahrscheinlich Berlin versperrt, und wohin sollte ich sonst?« Noch einmal über seinen ersten Eindruck von ihr. »Ich nahm es wie etwas Selbstverständliches.«
an Felice Bauer: Sie hat ihm ein Foto geschickt, auf dem auch ihr Bruder Ferri zu sehen ist. Er schickt ihr ein Foto von 1910 und erläutert es. Trägt alte Kleidung. Er wird sie einmal »in schönern Tagen« aus dem Zug steigen sehen.»... dein Mund, aus dem ich alle Entscheidungen über mich erwarte«. Kündigt ihr ironisch seine beruflichen Aufsätze an.

3. DEZEMBER
an Felice Bauer: Die Vorstandswahlen der AUVA sind beendet. Übermüdet. »Dein, wie keines Menschen sonst«. Sendet ihr die Jahresberichte der AUVA.
an Felice Bauer: Die Auswirkungen des nächtlichen Schreibens auf die Büroarbeit: Zerstreutheit, wüste Unordnung auf dem Schreibtisch. Felice hat ihm ein Bild geschickt, auf dem sie im »Mustersaal« ihrer Firma zu sehen ist. »Ich überfalle Dich mit Küssen.« Wünscht sich einen gemeinsamen Landaufenthalt.
Nachts Arbeit an *Die Verwandlung*, bis »knapp vor dem Ende«.

1912   vor 4. DEZEMBER
Brod wird zum Koncipisten ernannt. K. besichtigt mit Brod dessen neue Wohnung am Porič.

4. DEZEMBER
an Felice Bauer: Verspricht ihr, sie nie mehr brieflich zu quälen, denn »Du bist mein innerstes und zartestes Selbst«. Will ihr tagsüber nur noch einmal schreiben.
20 Uhr: K. liest *Das Urteil* beim halböffentlichen ›Prager Autorenabend‹ der Herder-Vereinigung im Hotel Erzherzog Stefan am Wenzelsplatz (K.s einzige Lesung in Prag). Weiterhin lesen Brod (*Die Höhe des Gefühls, Die Hochzeitsreise*) und Oskar Baum (*Der Antrag*). Einleitung von Willy Haas. K. liest als Letzter. Wenige Zuhörer.
[Felice Bauer an K.]: (Telegramm) Glückwünsche zur Lesung.
an Felice Bauer: Liest »höllisch gerne vor«, fühlt dabei »Erhebung«, träumt davon, Flauberts *L'éducation sentimentale* in einem Zug vorzulesen. Das Schreiben ist für seine »Befreiung« bestimmt. Bewundert Stoessl. Über die Lesung. Spielt mehrfach auf ein mögliches Treffen an. Hat einen sehr langen Brief von Felice bekommen. K.s Brief geradezu übermütig, spiegelt die Stimmung nach der Lesung.

5. DEZEMBER
an Felice Bauer: Die Wahlen bei der AUVA. Über eine 2 Jahre alte Porträtaufnahme. Er bekommt ein »Nachtgesicht«.
Nachts Arbeit an *Die Verwandlung*.
an Felice Bauer: Unzufrieden mit *Die Verwandlung*. Hätte »mit den gestaltenden Kräften, die ich in mir fühle«, unter anderen Umständen Besseres geleistet. Über seine Position in der AUVA.

6. DEZEMBER
an Felice Bauer: Über das Porträtfoto: »... jeden Augenblick fürchte ich, ein Telegramm zu bekommen: ›Franz, Du bist wunderschön‹.« Legt Paul Wieglers Besprechung bei.
Nach Mitternacht Vollendung von *Die Verwandlung*.
an Felice Bauer: (~ 3 Uhr) Unzufrieden mit dem Schluss von *Die Verwandlung*. Nennt Felice »eine zweite Berechtigung zum Leben«

neben dem Schreiben. Genaue Analyse eines Gruppenfotos mit Felice. Findet es nicht schlimm, dass ihre Schwester gar nichts liest, »halbes Lesen ist ärger«. »Bilder sind schön ... aber eine Qual sind sie auch.«
Paul Wiegler, Besprechung des Vortragsabends der Herder-Vereinigung mit sehr positiver Wertung von *Das Urteil*, in: *Bohemia*, Prag.

7.–8. DEZEMBER
an Felice Bauer: Erzählt mehrere Träume: telegraphische Verbindung mit Felice; Felice als blindes Mädchen, das er vergeblich sucht. Plant, in den Nachtstunden vor der Dienstreise zu schreiben (was nicht gelingen wird, da zu wenig Schlaf am Tag).
K. schläft von 19 bis 23 Uhr, verzichtet dann auf die Weiterarbeit an *Der Verschollene*. Geht dennoch erst ~4 Uhr zu Bett.

8. DEZEMBER
an Felice Bauer: Unglücklich wegen der Dienstreise.
[Felice Bauer an K.]: (2 Briefe) Bezeichnet K. als »außergewöhnlich«; es stecke »Großes« in ihm. Hatte Streit mit ihrer Mutter, die findet, sie sehe schlecht aus.
K. steht erst um 11.30 Uhr auf. Am Nachmittag Spaziergang. Rückkehr um 19.30 Uhr. Schreibt nicht.

9. DEZEMBER
K. steht um 4.30 Uhr auf.
→ LEITMERITZ
Ankunft 8 Uhr. Vergeblich beim Kreisgericht, da die Verhandlung, bei der er die AUVA vertreten sollte, verschoben worden ist. Er besucht Karoline Kafka, die Witwe seines Onkels Heinrich.
an Felice Bauer: (Karte) Strindbergs Novelle *Einsam* hat ihn »vor Zeiten überwältigt«.
an Felice Bauer: (Ansichtskarte)
→ PRAG
In der Nacht Fortsetzung von *Der Verschollene*.
an Felice Bauer: (3 Uhr) Schilderung der Fahrt. Will von ihr nicht für außergewöhnlich gehalten werden. Hat fortwährend Angst, überhaupt nicht mehr schreiben zu können. Deutet Furcht vor einer Berlinreise an. Besorgt um ihre Gesundheit.

1912 etwa 10. DEZEMBER

📖 Franz Kafka, *Betrachtung*, Leipzig (Rowohlt). Erstauflage 800 Ex. Ungewöhnlich großer Schriftgrad ›Tertia‹. Gedruckte Widmung: »Für M. B.«

10. DEZEMBER

an Felice Bauer: Hat das Gefühl, in ihrer Familie sei etwas vorgefallen, will darüber unbedingt »Aufklärung«. Auch sie hat vom Blindsein geträumt.

an Felice Bauer: Hat ein Foto von ihr bekommen, auf dem sie mit Kollegen zu sehen ist. Will darüber mehr Einzelheiten wissen.

Bekommt das erste Ex. von *Betrachtung*. Schreibt nicht. Geht um 1 Uhr zu Bett.

11. DEZEMBER

an Felice Bauer: (mit *Betrachtung* übersandt; die Widmung lautet: »Für Fräulein Felice Bauer/um mich bei ihr mit diesen/Erinnerungen an alte unglückliche/Zeiten einzuschmeicheln«) »Heute gehört es Dir, wie keinem sonst.« Die Texte darin bis zu 10 Jahre alt.

an Felice Bauer: Spricht von seiner »schrecklichen, durch das Nichtschreiben verursachten allgemeinen Unlust«.

an die AUVA: Sehr ausführlich begründetes Gesuch um Gehaltserhöhung auf 3600 K und Ernennung zum Vicesekretär. Durch ungerechte Gehaltsregelungen bei den »Konzipisten der Anstalt« »hat der ergebenst Gefertigte einen bedeutenden wirtschaftlichen Nachteil erlitten«.

Kopfschmerzen. Schreibt wenig, danach 1 Stunde lang untätig im Sessel.

12. DEZEMBER

an Felice Bauer: Tadelt sie, weil sie einen versprochenen Brief nicht geschickt hat. Felice liest Stoessls *Morgenrot*. Scharfe Kritik an Wilhelm Herzogs Aufsatz *Was ist modern?*, den sie geschickt hat. Sehr bewundernd und ein wenig neidvoll über Werfel. Bei der Lektüre von *Der Weltfreund* glaubte K., »die Begeisterung für ihn werde mich bis zum Unsinn fortreissen« (= Tagebuchzitat vom 23. Dez. 1911).

an Felice Bauer: Sorgt sich um ihre ständige Müdigkeit. Sie hat gefragt,

ob K. zu ihrer Vergangenheit noch Informationen möchte:»Aber Liebste, ich weiss ja noch gar nichts.«Interessiert sich vor allem für ihre Reisen.
Arbeit an *Der Verschollene* (V 289,10-291,16);»eine mir etwas fremde Stelle«.

13. DEZEMBER
an Felice Bauer: Ist seit Tagen »müde und traurig«. Über ein Foto von einer Firmenfeier, auf dem auch Kollegen und Vorgesetzte Felices zu sehen sind. Erinnert sie an *Betrachtung.* »Liebe und Freundschaft« zu Brod.

14.–15. DEZEMBER
an Felice Bauer: »An meinen Briefen hängt ein Fluch«. Sie hat geweint, weil ihre Mutter (und eventuell auch eine Schwester) K.s Briefe gelesen hat. Er hat wieder ein Foto von ihr erhalten, das ihn begeistert: »Die Hand an der Hüfte, die Hand an der Schläfe, das ist Leben«. Sie soll es ihm sagen, wenn es ihr schlechtgeht,»verstellen muss man sich nur vor seinen Eltern«. Spekulationen über die Indiskretion von Felices Mutter.

15. DEZEMBER
Am Vormittag liest K. bei Baum *Die Verwandlung* vor. Er trifft Sophie Brod. Am Abend bei Max Brods Verlobung mit Elsa Taussig. K. bekommt am Wochenende 4 Briefe von Felice.
an Felice Bauer: Schildert auf komische Weise ein Gespräch mit Sophie Brod, das er vergeblich auf Felice zu lenken versuchte. Über Elsa Taussig:»hat im ganzen ein sehr sanftes, zartes, vorsichtiges Wesen«. Unruhig, fürchtet offenbar Entfremdung von Brod.

16. DEZEMBER
an Felice Bauer: Wünscht sich möglichst regelmäßige Briefe,»Ruhe«, »Treue«. (Fortgesetzt 3.30 Uhr:) »förmlich die Finger noch schmutzig von einer widerlichen ... Szene« des Romans.
Arbeitet bis morgens 3.30 Uhr an *Der Verschollene* (V 296,27-304,18). »... eine schöne Nacht«.
Felice Bauer sieht *Gabriel Schillings Flucht* von Gerhart Hauptmann.

1912 **17. DEZEMBER**
an Felice Bauer: Möchte mit ihr das Büro teilen: »am Ende gar nicht so unmöglich«. Komisches über seinen Schreibmaschinisten. Über das Tanzen. Offenbar aufgehellte Stimmung.

18. DEZEMBER
an Felice Bauer: (~3 Uhr) Über ein älteres Foto, das sie mit Kolleginnen in Weißensee zeigt, wo sie offenbar arbeitete. K. besitzt kein Gruppenfoto, auf dem er zu sehen ist. Über ihre Krankheiten. Seinen Wunsch, mit ihr allein zu sein, hat sie zu prosaisch aufgefasst. Am Nachmittag mit Brod in Möbelgeschäften, abends mit der Familie. Schreibt wenig.
Alfred Löwy 60 Jahre alt.

19. DEZEMBER
an Felice Bauer: Sie sieht sehr schlecht aus, leidet unter Kopfschmerzen und Mattigkeit. K. drängt sie, sich endlich zu schonen. Über das Alleinsein in seiner frühesten Kindheit. Die früh verstorbenen Brüder. Vor- und Nachteile der Erst- und Spätgeborenen.
K. schreibt nicht bis 21. Dez.

20. DEZEMBER
an Felice Bauer: Sorgen wegen ihrer »Unruhe«. Will notfalls wieder zweimal täglich schreiben (offenbar schlägt sie dies vor), obwohl ihn das »zweimalige Anknüpfen und zweimalige Abreissen« sehr belastet. (Im Büro geschrieben:) »Es ist etwas von Irrenhaus in meinem Leben ... nicht in eine Zelle, aber in diese Stadt eingesperrt«.
an Felice Bauer: Starke Beanspruchung im Büro. Viel Unerledigtes auf dem Schreibtisch, das er zu verbergen sucht. Weicht der Verantwortung aus, hat sehr schlechtes Gedächtnis, fühlt sich daher »zur Schreibmaschine hingezogen«, deren Arbeit anonym ist. »... ich fühle, wie ich mit unnachgiebiger Hand aus dem Leben gedrängt werde, wenn ich nicht schreibe.« »Rücksichtnahme schmerzt mich mehr als Wahrheit.« Legt einen nicht abgesandten Brief von Anfang Okt. bei.
Assistiert Brod bei einem Notariatsakt.
Hans Kohn, Rezension u. a. von **Betrachtung**, in: *Selbstwehr*: »ich wüsste kein Vorbild«. (1. Rezension eines Textes von K.)

21. DEZEMBER

an Felice Bauer: (Ansichtskarte, Alchemistengasse auf dem Hradschin) *[Felice Bauer an K.]:* Ihre Kollegin Frl. Lindner erstaunt über den geringen Umfang von **Betrachtung.**
Völlig übermüdet im Büro. Kurzer Schlaf am Nachmittag. Längerer Abendspaziergang mit Ottla und einer Cousine.

22. DEZEMBER

an Felice Bauer: Sie hat wegen eines Konflikts mit einem Lindström-Vertreter im Büro ihres Direktors geweint. K. erleichtert, dass nur dies der Grund ihrer Niedergeschlagenheit ist. In Wut fühlt er sich »Gott näher als sonst«. »Werde nicht lustig, wenn Du es nicht bist. Zur Fröhlichkeit genügen nicht Entschlüsse, es sind ausserdem auch fröhliche Verhältnisse nötig.«
[Felice Bauer an K.]: (Telegramm, 16 Uhr) Tröstliche Worte.
Geht um 21 Uhr zu Bett, liegt von 2 bis 4 Uhr wach, steht dann auf, turnt, schreibt 2 Seiten an einer »kleinen Geschichte«, die nicht erhalten ist, beginnt Brief an Felice, schläft bis 9 Uhr.

23. DEZEMBER

an Felice Bauer: (um 4 Uhr begonnen, vormittags fortgesetzt) Die Ferientage bringen K.s Zeiteinteilung durcheinander. Anspielung auf mögliche Berlinreise.
an Felice Bauer: Hat ihr gestriges Telegramm rahmen lassen und hängt es über den Schreibtisch. Möchte mit ihr tanzen.
an Felice Bauer: Enttäuscht, weil die freien Tage so unproduktiv verlaufen. Fürchtet, dadurch unausstehlich zu werden. »Deine erdachte, erschriebene, mit allen Kräften der Seele erkämpfte Nähe«. Ihre Großzügigkeit. »Es gäbe keine Entwürdigung, die ich nicht auf mich nehmen würde – aber wo treibe ich da hin?«
Zweimal im Büro, um nach Post zu sehen.

24. DEZEMBER

an Felice Bauer: Kein Brief von ihr.
an Felice Bauer: Vorwürfe, weil er seit Sonntag keine Nachricht mehr erhalten hat. Erinnert sich erst in der Nacht, dass heute Weihnachten war.

1912 **25. DEZEMBER**
an Felice Bauer: (15 Uhr) Hat 2 Briefe, eine Karte, ein Foto in einem Täschchen und Blumen erhalten. Fürchtet, dass ihre Familie seine letzten Briefe mitgelesen hat.
Spaziergang mit Weltsch und dessen Schwester, Flucht vor Verwandtenbesuch. Erhält einen Weihnachtsgruß des Sanatoriums Just in Jungborn. Arbeitet weiter an *Der Verschollene*.

📖 Franz Kafka, ***Kinder auf der Landstraße*** [unter dem Titel ***Betrachtung***], in: *Bohemia*, Prag.

25.–26. DEZEMBER
an Felice Bauer: Über das Scheitern der am 22. Dez. begonnenen Erzählung. Er küsst auch die nächsten Verwandten nicht. (Vormittags fortgesetzt) Über ihr Foto. Macht sich Vorwürfe, dass er über Weihnachten nicht nach Berlin gefahren ist. »Aber wann werde ich Dich endlich einmal sehn? Im Sommer?« Ihre Mutter ist feindselig gegen K.

26. DEZEMBER
an Felice Bauer: Weiter über ihr Foto. Entschuldigt sich wegen der Vorwürfe vom 24. Dez.

26. DEZEMBER (?)
Jizchak Löwy an K.: Gastiert in Leipzig und Berlin. Ist depressiv.

vor 27. DEZEMBER
K. sendet an Felice ein Luxusexemplar von Brods *Die Höhe des Gefühls* mit Widmung des Autors.

27. DEZEMBER
an Felice Bauer: Weiter über das Foto, das er wie einen Fetisch behandelt. »Wunderwirkung der Bilder«. War beim Fotografen, um ihr ebenfalls ein neues Foto schicken zu können. Wundert sich, dass Felice aufgrund ihres Berufs in der Familie nicht stärker respektiert wird. Die ständige Überwachung durch ihre Mutter.
[Felice Bauer an K.]: »Ich übertreffe Dich jetzt bei weitem im Schreiben von langen Briefen.«
Kafkas 1. Arbeitstag nach den Weihnachtsferien.

28. DEZEMBER
an Felice Bauer: Die Demonstrationsszene in ***Der Verschollene***. Eifersucht wegen der vielen Menschen, die in ihren Briefen vorkommen. Ironisch bis ablehnend über ihre Lektüre, u. a. Herbert Eulenberg.

29. DEZEMBER
an Felice Bauer: Freut sich über einen Brief ohne »diese vielen Bekannten und Schriftsteller«.

an Felice Bauer: »Eifersüchtig«, weil sie sich über die Werke vieler anderer Autoren äußert, aber nicht über ***Betrachtung***, obwohl sie es versprochen hat. »Du bist doch selbst die Klarheit von uns zweien«. Felice wird in Ehestreitigkeiten ihrer Eltern gezogen, was sie quält. Dagegen K.: »meine Mutter ist die liebende Sklavin meines Vaters und der Vater ihr liebender Tyrann«. »Die Eintracht der Familie wird eigentlich nur durch mich gestört«. Andeutung früherer Selbstmordideen. Will nur noch einmal täglich schreiben.
[Felice Bauer an K.]: »Wir gehören unbedingt zusammen.«
Kurzes Treffen mit Weltsch, dann Besuch bei Brod. Schreibt nicht.

30. DEZEMBER
an Felice Bauer: Felices Familiensorgen. »... dem Wagnis, Vater zu sein, würde ich mich niemals aussetzen dürfen«. Möchte Silvester allein verbringen; traurig gestimmt. Liest »seit einiger Zeit« *Berühmte Aussprüche und Worte Napoleons.*

31. DEZEMBER
an Felice Bauer: Sitzt um Mitternacht allein in seinem Zimmer. Zunehmende Depression, daher unfähig für »das Glück des ersten Gesprächs, das Glück, mein Gesicht in Deinem Schoss zu verstecken«. Zwangsvorstellungen über konkrete Formen des Zusammenseins mit Felice.

1913

Franz Kafka, *Unfallverhütung in der Landwirtschaft* sowie *Verkehr mit den Unternehmern*, in: Jahresbericht der AUVA für 1912.
Max Brod schließt sich dem Verein ›Bar Kochba‹ an.
Oskar Pollak, mittlerweile habilitiert, wird kunsthistorischer Sekretär am österr. Institut für Geschichtsforschung in Rom.

1. JANUAR
an Felice Bauer: »wie Du meine Sorgen verstehen kannst!« Felice hat sich K.s kritischer Haltung gegenüber Eulenberg angeschlossen.
an Felice Bauer: (0.30 Uhr) Begeistert über neue Gedichte Werfels, der für Felice ein Ex. von *Der Weltfreund* signiert. »... der Junge ist schön geworden«. Sie hat K. eine neue Zeiteinteilung vorgeschlagen, die jedoch nur 1–2 Stunden zum Schreiben vorsieht. Er lehnt ab: »zehn Stunden wären gerade das Richtige ... nicht an Schonung denken«.
K. am Nachmittag mit Werfel, dann bis ~ 20 Uhr mit Brod beisammen. Lässt das Abendessen wegen Magenproblemen ausfallen. Schlaf bis ~ 24 Uhr, danach kurzes Fragment zu *Der Verschollene* (VA 49).
Hugo Bergmann zum Bibliotheksassistenten befördert. Sein Grundgehalt beträgt 2200 K.

2. JANUAR
[*Felice Bauer an K.]:* (Telegramm) Hat keine Briefe von K. erhalten.
an Felice Bauer: Konfusion um nicht zugestellte Briefe.
an Felice Bauer: Sie ist auf K.s Schreiben eifersüchtig. »Der Roman bin ich, meine Geschichten sind ich«. »... dass ich Dich und alles ver-

lieren muss, wenn ich einmal das Schreiben verliere«. Sie hat *Betrachtung* noch nicht gelesen. Carl Bauer hat offenbar Brods *Arnold Beer* gelesen.
Kafkas Klassenkamerad Hugo Hecht eröffnet in der Seilergasse 10 eine Privatpraxis für »Kosmetik, Haut- und Geschlechtskrankheiten und Syphilis«.

3. JANUAR
an Felice Bauer: Sie hat offenbar um Champagner gewettet, nicht zu heiraten, K. vor Jahren ebenfalls. Traum von der Verlobung mit ihr. Schickt eine neue Fotografie in 3 Abzügen.

4. JANUAR
an Felice Bauer: Empfindet innere Leere, »eine Art Erstarrung«, die er auf unzulängliches Schreiben zurückführt.

5. JANUAR
an Felice Bauer: Wünscht sich, sie zu küssen.
an Felice Bauer: Unzufrieden mit *Der Verschollene*. Die Familie verschickt 600–700 Einladungen zu Vallis Hochzeit. Möchte genau wissen, was Felices Eltern über ihn gesagt haben, denn: »Stärkere Nähe gibt es vielleicht gar nicht, das nächst Höhere wäre schon Durchdringung.« Ist eifersüchtig auf einen Kinderarzt, den sie an Silvester kennengelernt hat.
[Felice Bauer an K.]: 2 Briefe und Fotos.

6. JANUAR
Dreikönigstag (Feiertag in Böhmen)
an Felice Bauer: Überlegt fortwährend, wie lange eine Reise nach Berlin dauern würde. Beziehungen Prager Örtlichkeiten zu Felice. Sie hat sein Foto in ein Medaillon gesteckt, das sie Tag und Nacht trägt. K. ist erkältet.

7. JANUAR
an Felice Bauer: Bleibt wegen der Erkältung ab Nachmittag im Bett.

8. JANUAR
an Felice Bauer: Sie zweifelt, ob er auch lachen könne. »... ich bin sogar

1913 als grosser Lacher bekannt«. Ausführlichste Schilderung der Szene, da K. bei einer Feier mit dem Präsidenten der AUVA, Otto Přibram, das Lachen nicht unterdrücken konnte.
K. abends bei der Familie von Robert Weltsch. Dessen Vater erzählt Geschichten aus der Prager Judenstadt. Spaziergang mit Weltsch. Schreibt nicht bis 12. Jan.

9. JANUAR
an Felice Bauer: Grundsätzliches über die Bedienung von Büromaschinen, die er als Zwang empfindet. Parlographen. Kennt Strindberg »fast gar nicht«, liebt ihn dennoch; war sehr erregt bei der Lektüre von Ola Hanssons ›Erinnerungen an Strindberg‹. Sendet ihr einen Kalender; verspricht die französische Ausgabe von Flauberts *Éducation sentimentale.*

10. JANUAR
an Felice Bauer: Zufrieden damit, dass sie täglich schreibt. Weitergehende Wünsche sind »augenblicklich oder für immer unerfüllbar«. Hat viele »Geschichten« im Kopf. Hält im Bett phantasierte Reden an sie. Übel gelaunt wegen der Verlobung von Brod und der bevorstehenden Hochzeit von Valli. Ihn stört, dass die jüdischen Zeremonien nur noch bei Hochzeit und Begräbnis praktiziert werden. Die Scham, die ihn als Jungen vom öffentlichen Baden abhielt. »Ich sehe im Bad wie ein Waisenknabe aus.«

11. JANUAR
an Felice Bauer: (Ansichtskarte)
an Felice Bauer: Überlegt angestrengt Begrüßungsworte für die morgigen Hochzeitsgäste. Charakterisierung Ottlas. »... liebt sie mich sehr ... hat aber so viel eigene witzige Vernunft«.
20 Uhr: Werfel liest im Spiegelsaal des Deutschen Hauses als Gast der ›Lese- und Redehalle‹. K. ist nicht anwesend.
Ewald Felix Přibram 30 Jahre alt.

12. JANUAR
Heirat von Valli Kafka und Josef Pollak in der Synagoge in der Geistgasse; Familienfeier mit Begrüßungsrede K.s. Dann allein im Café.
an Felice Bauer: Ist froh, dass die Feier vorbei ist. Hatte geglaubt, dass

solche »ausgetrockneten, kopfhängerischen« Zustände der Vergangenheit angehören.

13. JANUAR
an Felice Bauer: Hat keine Lust, Einzelheiten über die Feier zu erzählen. Die Eltern haben eine »unsinnige Summe ... mit Schmerzen dafür hinausgeworfen«.

14. JANUAR
an Felice Bauer: Könnte nicht schreiben, wenn sie dabeisitzt, weil noch die »äusserste Offenherzigkeit und Hingabe« des menschlichen Verkehrs für das Schreiben unzureichend. Phantasiert stattdessen ein Leben als schreibender, völlig abgeschotteter »Kellerbewohner«. »Was ich dann schreiben würde! Aus welchen Tiefen ich es hervorreissen würde!«
»Beiläufig gute« Arbeit an *Der Verschollene* (*V* 355,1-362,26f).

15. JANUAR
an Felice Bauer: Häufige Kopfschmerzen seit 2 Monaten. Denkt an eine notwendige Überarbeitung von *Der Verschollene*. Anna Bauer zu Felices Korrespondenz mit K.: »Das ist Dein Ruin!« Schreibt nicht bis 19. Jan.

16. JANUAR
an Felice Bauer: Wieder begeistert über Flauberts *Éducation sentimentale*. Martin Buber macht ihm einen »öden Eindruck«; geht am Abend dennoch zu dessen 4. Prager Vortrag (›Der Mythos der Juden‹, Hotel Central, organisiert vom Verein ›Bar Kochba‹), jedoch nur der Schauspielerin Gertrud Eysoldts wegen (die 2 chassidische Erzählungen vortragen wird).
K. mit Buber, Eysoldt, Werfel, Max und Elsa Brod beisammen; kommt erst ~3 Uhr nachts nach Hause.

17. JANUAR
an Felice Bauer: Blättert mit größtem Genuss in der *Gartenlaube* von 1863. »... dieses alte, einem ans Herz gehende wartende Deutschland« von damals, »die engen Zustände«. Begeistert von russischen Tänzerinnen. Felice hat Tango getanzt; K. fragt, was das sei.

1913 *[Felice Bauer an K.]:* Nicht erbaut über K.s »Keller«-Phantasie vom 14. Jan.

18. JANUAR
Viel Ärger im Büro. Gespräch über Zionismus mit Buber, Brod, Werfel, Baum und Otto Pick. K. beim Russischen Ballett im Neuen deutschen Theater (Gastspiel des Marien-Theaters in St. Petersburg, mit Lydia Kyast und Vaclav Nijinski). Kommt morgens ~ 3.30 Uhr nach Hause.

19. JANUAR
an Felice Bauer: (Ansichtskarte)
an Felice Bauer: Trauer wegen ihres Briefs vom Freitag. Versucht, ihr die Situation nochmals mit dem Gedicht vom chinesischen Gelehrten zu verdeutlichen.»... die Tage werfen mich hin und her ... schick mich nicht fort«. Fühlt sich mit äußerster Notwendigkeit in ihr Wesen »eingehakt«. Über Werfel: »Ich habe den Jungen täglich lieber.« Sie hat Fragen zu *Betrachtung* gestellt: »beantworte ich nächstens«.
an Felice Bauer: Abends allein in seinem Zimmer, nebenan ungeheurer Lärm von Verwandten. Schlägt vor, Parlographen in Hotels aufzustellen.
Am Nachmittag ist K. mit Brod und Werfel beisammen.

20. JANUAR
an Felice Bauer: Verhältnis zu Speisen und Getränken, die er selbst nicht zu sich nimmt: »gänzlich neidlose Ruhe beim Anblick fremder Lust«. Felice hat Bubers *Chinesische Geister- und Liebesgeschichten* gekauft. Bubers jüdische Legendenbücher »unerträglich«.
Werfel kehrt nach Leipzig zurück.

21. JANUAR
an Felice Bauer: Depressiv beim Erwachen, Selbstmordgedanken. »Ich bin doch der wankelmütigste Mensch von allen, die ich kenne.«
an Felice Bauer: Nochmals ausführlich über das Gedicht vom chinesischen Gelehrten, das K. nun nicht mehr heiter, sondern »schrecklich« findet (offenbar als Vision eines eigenen künftigen Ehelebens).

etwa 22. JANUAR
[Max Brod an K.]: Bittet um eine Aussprache.

22. JANUAR
an Felice Bauer: Bittet um eine von ihr erstellte »Referenzenliste«.
an Felice Bauer: Sie hat geweint, wahrscheinlich über K. Ausführliche Vorschläge zur kommerziellen und technischen Entwicklung des Parlographen. Phantasie selbständig kommunizierender Geräte.

23. JANUAR
an Felice Bauer: Weist sich selbst die Schuld daran zu, dass es ihm seit Wochen schlechtgeht. Sie hingegen ohne »die geringste Schuld«. Brod hat »etwas Ehemännisches«, »oberflächlich Fröhliches«. Brod macht am Abend K. den Vorwurf, sie entfremdeten sich voneinander aufgrund von K.s zurückgezogener Lebensweise. Brod stellt für *Betrachtung* eine Liste möglicher Rezensenten zusammen. K. schreibt nicht.

24. JANUAR
an Felice Bauer: Über Sophie Brods Hochzeit; K. stand *vor* der Synagoge, anwesend waren Otto Brod, Ferri Bauer und Käthe Levin, eine Cousine Felices. Ihre Ernährungsweise; K. rät von zu viel Tee ab. Möchte, dass sie ihm Aufträge erteilt. Fragt, ob sie ein Tagebuch führte. Legt einen Brief von Jizchak Löwy bei.
Schenkt Werfel ein Ex. von *Betrachtung* mit Widmung: »Der grosse Franz grüsst den kleinen Franz.« Bricht die Arbeit an *Der Verschollene* ab (bei V 370,11; Faks. VA 79).
Felice weint abends im Bett über K.s Brief vom Vortag.

25. JANUAR
an Felice Bauer: »Liebe und Sorge, als hätte Dich Gott mit den eindeutigsten Worten mir anvertraut«.
Abends mit Brod bis ~0.30 Uhr im Kaffeehaus.

26. JANUAR
an Felice Bauer: Sie glaubt, sie sei schuld an K.s Zustand. Kopfschmerzen, Schlaflosigkeit. Er will sich eine Woche lang abends ausruhen. Über ein Foto von ihr. Hält nichts von einem Buch über

1913 *Die Frauen um Napoleon.* Erwähnt einen »merkwürdigen Sektionsbefund« Napoleons (der auf Impotenz hindeutet). Hatte innerhalb von 10 Jahren niemals Streit mit Brod.
an Felice Bauer: Sehr bewundernd über Hebbel. War nicht immer ehrlich gegenüber Brod. Die Freundschaft mit ihm »unwandelbar«, aber »der Schwerpunkt dieser Freundschaft in mir allein«.
Liest lange in Hebbels Briefen.

27. JANUAR
an Otto Stoessl: Hat ihm über den Rowohlt Verlag *Betrachtung* zusenden lassen, »ein kleines Zeichen der Liebe, die mich mit Ihren Schriften verbindet«.
an Felice Bauer: K.s Vorschläge zum Parlographen sind teilweise schon überholt.
K. trifft Otto Pick, dem er von Parlographen erzählt. Bringt ihm am Abend Felices Referenzenliste.
Kurt Tucholsky, Besprechung u. a. von *Betrachtung*, in: *Prager Tagblatt*: »Es gibt nur noch einen, der diese singende Prosa schreiben kann: Robert Walser.«

28. JANUAR
an Felice Bauer: Wieder bewundernd und ausführlich über Hebbel, »er klagt an meinem Hals«. Spricht sich die Fähigkeit zu analytischem Denken ab. Hat Schokolade gegessen, die Felice ihm geschickt hat.

29. JANUAR
an Felice Bauer: Resümiert seine Lebensweise, die ihn immer weiter aus der »menschlichen Gemeinschaft« entfernt. »... nicht jede Furcht bestätigte sich, aber jede Hoffnung wurde getäuscht«. Erzählt beispielhaft von einem Ausflug mit Brod; Langeweile und Stumpfheit. Hat sich »verkühlt«.
Beginnt im Büro, einen Bericht ans Ministerium zu schreiben.

30. JANUAR
an Felice Bauer: Felice muss mehrere kranke Kolleginnen vertreten, daher keine Mittagspause, Arbeit bis 19.45 Uhr. K. hingegen im Büro fast untätig. Hat 8 Seiten mit der Schreibmaschine geschrieben.
[Otto Stoessl an K.]: Positives, aber völlig verfehltes Urteil über *Betrachtung:* »Humor der guten eigenen Verfassung«.

Otto Pick, Rezension von *Betrachtung*, in: *Bohemia*, Prag: »die ganze Seelenqual eines neuen befangenern Kaspar Hauser«.

31. JANUAR
an Felice Bauer: Entsetzt über den Brief von Stoessl, »Zumutungen«.
Sophie Brod trifft in Prag zur Hochzeit ihres Bruders ein.

FEBRUAR
Adolf und Fanny Brod ziehen in die Bilekgasse 14 um; Max Brod und Elsa Taussig beziehen eine Wohnung in der Ufergasse 8.

2. FEBRUAR
an Felice Bauer: Sitzt nachmittags in der geheizten Küche. Erwähnt Brods Hochzeit recht beiläufig.
11 Uhr: Heirat von Max Brod und Elsa Taussig im Hotel Bristol; wie von K. empfohlen, keine religiöse Zeremonie, kein Festessen. K. schenkt dem Paar *Meyers Konversationslexikon* in 20 Bänden. Brod und seine Frau fahren am Nachmittag an die Côte d'Azur. Am Abend schenkt K. Felix Weltsch ein Ex. von *Betrachtung* mit Widmung. Er wird von der Familie Weltsch überredet, mit ihnen im Deutschen Landestheater das Lustspiel *Fräulein Josette – meine Frau* von Paul Gavault und Robert Charvey anzusehen; Anlass ist das Debut von Paula Kohn (einer Klassenkameradin von Lise Weltsch), die unter dem Namen ›Paula Clemens‹ die (Neben-)Rolle der Totoche spielt. K. geht nach dem 2. Akt.
Felice Bauer mit ihrer Mutter auf einem Fest bis spät in die Nacht; gewinnt bei einer Tombola viele Preise, u. a. einen Füllfederhalter.

3. FEBRUAR
K. steht um 4.30 Uhr auf.
→ LEITMERITZ (mit Ottla)
Ottla besucht Karoline Kafka, K. ist bis 14 Uhr für die AUVA beim Kreisgericht; das Verfahren wird vertagt.
an Felice Bauer: (Ansichtskarte) Mit Unterschrift von Ottla.
→ PRAG (mit Ottla)
an Felice Bauer: Auf der Rückfahrt.
Am Abend etwa 2 Stunden bei Brods, Gespräch mit Sophie.
an Felice Bauer: Sorgen um Felices allgemeine Überforderung.

1913 *[Felice Bauer an K.]:* (Karte) Mit Unterschrift von Felices Mutter: »Gruß Frau A. Bauer«.
[Otto Pick an K.]: Möchte Prospekte über Parlographen für einen Interessenten.
Carl Bauer 57 Jahre alt.

4. FEBRUAR
an Elsa und Max Brod: (Ansichtskarte) Sie sollen nach einem geeigneten Ort für ihn Ausschau halten, für »Sommer oder Herbst«.
an Felice Bauer: Über Otto Pick und den Parlographen.

5. FEBRUAR
an Felice Bauer: Der Theaterbesuch am Sonntag. Die Fahrt nach Leitmeritz. Ottlas Tagesablauf.»... eine Faulenzerin ist sie nicht, wie Du glaubst«. Dringliche Anspielung auf einen möglichen Besuch in Berlin.

6. FEBRUAR
an Felice Bauer: Weltsch hat seine persönlichste Korrespondenz aus vielen Jahren wohlgeordnet in seiner »Geheimlade«; liest K. daraus vor.
K. macht nachmittags im Büro Unfallstatistik; danach Besuch bei Weltsch.

7. FEBRUAR
an Felice Bauer: Fragt, ob sie manchmal über sich verzweifelt, ob sie religiös sei. »Manchmal ... glaube ich wirklich, dass ich für den Verkehr mit Menschen verloren bin.« »für jemanden sorgen zu können, ist mein geheimer, ewiger ... Wunsch«. Versteht nicht, warum er sich allein wohler fühlt als mit den nächsten Menschen.
K. liest Kleists *Michael Kohlhaas.* Felice Bauer besucht eine Synagoge.

8. FEBRUAR
Liest spät am Abend *Michael Kohlhaas* zu Ende (»wohl schon zum zehnten Male«).

9. FEBRUAR
Ausflug aufs Land, in größerer Gesellschaft. Rückkehr mit dem Zug 18 Uhr.

an Felice Bauer: Unglücklich im Zug.
an Felice Bauer: Möchte ihr *Michael Kohlhaas* vorlesen; vollkommene Erzählung, wenn nicht der schwache Schluss wäre. Kein literarisches Werk ist vollkommen.
[Felice Bauer an K.]: Langer Brief, in dem sie ein Treffen in Berlin offenbar als nicht besonders verheißungsvoll schildert. Charakterisiert ihre Schwester Toni als lebendig und schlagfertig.
K. liest am Abend Ottla vor, wahrscheinlich *Der Heizer.* K.s Eltern bis spätabends bei Verwandten in Kolin.
Otto Pick, Rezension von *Betrachtung*, in: *Pester Lloyd.*

10. FEBRUAR
an Felice Bauer: Hat bei Brods »sehr viel gelacht«; findet für diese Stimmung nachträglich keinen Anlass mehr. Über Sophie. Wiederholt seine Frage hinsichtlich Berlin. Möchte ein Verzeichnis ihrer Bücher.
Otto Pick an K.: Über seine Rezension von *Betrachtung.* Aufforderung, zu einem Vortrag über Lasker-Schüler zu kommen. Parlograph.
Abends bei der Familie Brod; auch Weltsch ist dort.

11. FEBRUAR
Tagebuch: (Beginn des ›7. Hefts‹) *Das Urteil* »ist wie eine regelrechte Geburt mit Schmutz und Schleim bedeckt aus mir herausgekommen«. Analysiert die Erzählung.
an Felice Bauer: Hat von einer Zusammenkunft in Berlin geträumt, bei der er mit ihr auf besondere Weise eingehängt geht, und verdeutlicht es durch eine Skizze.« ... ich war einmal ein grosser Zeichner«. Vorwurf, dass sie auf seine Vorschläge zum Vertrieb des Parlographen nicht eingeht. Legt dazu Brief von Pick bei.
K. liest in der Familie von Weltsch *Das Urteil* vor. Ottla ist anwesend; glaubt, die Erzählung spiele in der Kafkaschen Wohnung.

12. FEBRUAR
Tagebuch: Die gestrige Lesung.
an Felice Bauer: Ständige Kopfschmerzen. Sehr negativ über Else Lasker-Schüler und ihr Werk: »nichts als Langeweile über ihre Leere und Widerwillen wegen des künstlichen Aufwandes«. Hat widerwillig für sie gespendet.

1913 1. Korrektur von *Das Urteil*.

13. FEBRUAR
an Felice Bauer: Grauen vor dem Mechanischen des menschlichen Körpers. Möchte sie »verpflichten«, über jedes Unwohlsein wahrheitsgetreu zu berichten. Über die Widmung von *Das Urteil*, dessen Publikation sich verspäten wird. Seine Liebe lebt »vom Zwang«.

14. FEBRUAR
an Elsa und Max Brod: (Ansichtskarte) »Führt Ihr wenigstens ein Tagebuch?«
an Felice Bauer: »... uns verbindet ein fester Strick«. »Ich liebe den Schnitzler gar nicht und achte ihn kaum«. Hat *Zwischenspiel*, *Ruf des Lebens* und *Medardus* gesehen. Schätzt hingegen *Anatol*, *Reigen* und *Leutnant Gustl*. Entsetzt über Brods Besprechung von *Betrachtung*, die Freundschaft, aber kein wirkliches Urteil ausdrückt. K. steht zu Brods Arbeiten ebenso, ist sich dessen »manchmal bewusst ... er dagegen nie«. Legt einen Brief von Alfred Löwy bei, möchte auch einmal Briefe aus ihrer Verwandtschaft lesen. K. sieht im Neuen deutschen Theater Wedekinds *Hidalla*; Wedekind und seine Frau Tilly wirken mit. Felice Bauer sieht Schnitzlers *Professor Bernhardi*.

15. FEBRUAR
Der Rowohlt Verlag wird umbenannt in ›Kurt Wolff Verlag‹.
Max Brod, ›Das Ereignis eines Buches‹ (= Rezension von *Betrachtung*), in: *März*: »eine Macht von mittelalterlicher Innigkeit, von einer neuen Moral und Religiosität ... mystische Versunkenheit in das Ideal«.

vor 16. FEBRUAR
[Elsa und Max Brod an K.]: (Ansichtskarte aus Saint-Raphaël) Empfehlen K., seinen Sommerurlaub in Saint-Raphaël zu verbringen.

16. FEBRUAR
an Felice Bauer: Entschuldigt sich wegen des vorigen Briefs. »Ich bin ein recht unglücklicher Mensch«.
an Felice Bauer: Idee einer Reise nach Saint-Raphaël.

an Felice Bauer: »... vielleicht führe ich da im Schreiben Künste auf, die Dich täuschen«. Daher bietet ihr Gefühl ihm Glück, aber nicht Sicherheit; diese »liegt vielmehr darin, dass *ich* Dich liebe, dass ich Dich an dem kurzen Abend erkannt habe«. Anna Bauer hat erneut K.s Briefe gelesen. Über die Eigenschaften Carl Bauers, der Felice in Schutz nimmt.
[Felice Bauer an K.]: Sieht in K.s Bild vom »Strick« die Möglichkeit des Zerreißens angedeutet. Er habe sie »ganz erworben«.
Abends langer Spaziergang allein, »kreuz und quer durch die Stadt«.

17. FEBRUAR
an Felice Bauer: (2.30 Uhr) »... dieser Verkehr in Briefen, über den hinaus ich mich fast immerfort zur Wirklichkeit sehne«; »dass die Überschreitung dieser mir gesetzten Grenze in ein uns gemeinsames Unglück führt«. »Ach Gott, was wird das für ein Ende nehmen!«
Abend bei Brods; trifft auf dem Heimweg Pick, mit dem er bis ~ 2 Uhr im Kaffeehaus sitzt.

etwa 18. FEBRUAR
Max Brod/Felix Weltsch, *Anschauung und Begriff. Grundzüge eines Systems der Begriffsbildung*, Leipzig (Kurt Wolff).

18. FEBRUAR
an Felice Bauer: Möchte den letzten Brief am liebsten zurückziehen.
an Felice Bauer: Grundsätzliches über die Sprache als zureichendes Mittel der Selbsterkenntnis. »Das was im Innern klar ist, wird es auch unweigerlich in Worten.« »Dieses stürmische oder sich wälzende oder sumpfige Innere sind ja wir selbst«. »... diese unzusammenhängende Konstruktion, die ich bin«. Rezension von Brod lächerlich, weil sie nicht *Betrachtung* lobt, sondern K.

19. FEBRUAR
an Felice Bauer: (2 Uhr) Hat vergeblich ihren Vorschlag erwartet, die Reise an die Côte d'Azur gemeinsam zu unternehmen. Felice hat eine verzweifelte junge Frau getröstet. K. beantwortet konkrete Fragen nicht. »... war ich immer in mich zusammengefallen, damals und heute«.
[Felice Bauer an K.]: Spielt mit der Möglichkeit der gemeinsamen

1913 Reise.»... ich suche Dir ein schönes Plätzchen, und dann lasse ich Dich allein«.
Otto Pick, Rezension von **Betrachtung**, in: *Die Aktion*, Berlin.

20. FEBRUAR
an Felice Bauer: Geistesabwesenheit. Hält die gemeinsame Reise wegen seines psychischen Zustands für unmöglich.»Niemals darf ich den Zusammenhang mit Dir, den ich mit meinen letzten Kräften erhalten will, durch eine solche Reisebegleitung gefährden.«
an Gertrud Thieberger: (Karte) Sagt gemeinsamen Besuch der Oper *Carmen* ab. Vergisst am Telefon alles.
K. hat Nachmittagsdienst im Büro.
Abend: Otto Pick hält im Deutschen Haus vor dem Verein ›Frauenfortschritt‹ einen Vortrag über Else Lasker-Schüler. Danach Lesung aus ihren Werken. K. wahrscheinlich anwesend.
Max und Elsa Brod kehren von der Côte d'Azur zurück.

21. FEBRUAR
an Felice Bauer: Fragt, ob sie sich einen Menschen denken könne,»der so nutzlos lebt wie ich und *doch lebt*«.»Ich bin kein Ziel für Briefe.« Mitteilung einer masochistischen Phantasie.

22. FEBRUAR
an Felice Bauer: Sie plant kurzfristig eine Reise nach Dresden. K. ist wegen seines psychischen Zustands unfähig, sie dort zu treffen. Abends bei Max und Elsa Brod.

23. FEBRUAR
an Felice Bauer: Verbringt den Sonntag im Bett. Schrecklicher Lärm des Vaters, der im Nebenzimmer mit Kindern spielt. K. denkt daran, sich deswegen ein eigenes Zimmer zu nehmen.
an Felice Bauer: Über das Kinderbild ihrer Nichte ›Muzzi‹, das ihm sehr gefällt. Über einen Brief von Else Bauer, den ihm Felice geschickt hat.»Eben dort, wo scheinbar und gesetzmässig nichts zu geniessen ist, ergreift es mich immer.« Das Beispiel eines jüdischen Buchhändlers, den er gierig beobachtet.
K. schreibt für seine Kusine Irene Kafka eine Widmung in ein Ex. von **Betrachtung**. Abends bei Max und Elsa Brod. Felice Bauer ist in Dresden bei ihrer Schwester Erna.

24. FEBRUAR
an Felice Bauer: Nachdem sie mitgeteilt hat, dass sie wegen der unglücklichen Schwester in Dresden ist, bereut K., nicht gefahren zu sein. (Dass es um eine uneheliche Schwangerschaft Ernas geht, hat sie verschwiegen.) Bittet sie dringend, sich zu schonen.

25. FEBRUAR
an Felice Bauer: Sie ist sehr unglücklich, braucht Rat. Hat offenbar nicht einmal den Eltern von Ernas Schwangerschaft erzählt. K. beschreibt ausführlich ein Bild, auf dem ein Liebespaar gemeinsam Selbstmord begeht.

26. FEBRUAR
an Felice Bauer: Der Schrecken, wenn sie plötzlich nach Prag käme. »… widerliche Lauheit, die mir aus der ganzen Wohnung, ja aus der ganzen Stadt ein einziges Bett macht«. Hält Else Bauer für eine »schlechte Erzieherin«.
[Felice Bauer an K.]: (Telegramm) K. soll sich keine Sorgen machen.

27. FEBRUAR
an Felice Bauer: Muss sich zum Lesen von *Anschauung und Begriff* »zwingen«. Beschämt durch Äußerungen von Weltsch »gegen meine Trübseligkeit«. Lässt sich weder zu einem zionistischen Vereinsabend noch ins Café einladen.
Abends Spaziergang mit Weltsch.

28. FEBRUAR
Tagebuch: Beginn des **Ernst Liman**-Fragments.
an Felice Bauer: Sie soll sich nicht zu Briefen zwingen. Lebt völlig zurückgezogen, selbst von Ottla. Einsame Spaziergänge. Ein Passant erinnert ihn an **Der Verschollene**. Felice hat nach seinen Plänen und Aussichten gefragt, K. staunt darüber: »Ich habe natürlich gar keine Pläne, gar keine Aussichten«.

1. MÄRZ
Am Abend liest K. bei Brod den Schlussteil von **Die Verwandlung**. Schreibt nicht, trotz langer Erregung nach der Vorlesung.
Erna Bauer übersiedelt von Sebnitz / Sachsen nach Hannover, Baedeckerstraße 6.

1913 Hans Janowitz, *Das zierliche Mädchen*, in: *Der Brenner*, 3. Jg., H. 11 (Ex. in K.s Bibliothek mit Widmung von Janowitz).

2. MÄRZ

an Felice Bauer: (begonnen vorherige Nacht 2 Uhr) »Ein schöner Abend bei Max. Ich las mich an meiner Geschichte in Raserei … viel gelacht.« War grob gegen Grete Baum, »die ich sehr lieb habe«. Baums geplante Lesung in Berlin, »soll ich mit ihm … kommen?« Auftrag eines Geburtstagspakets für Else Bauer.
an Felice Bauer: »was mich in der letzten Zeit ergriffen hat, ist kein Ausnahmezustand, ich kenne ihn 15 Jahre lang«. Fragt, ob sie noch zu ihm stehe wie am Anfang; ob sie, falls ihr Gefühl einmal erkalte, ihm dies mitleidlos mitteilen werde.
Bei Baum, der viel von Verlagsverhandlungen in Berlin erzählt. Spaziergang mit Ottla. Abends Valli und Elli mit ihren Ehemännern bei den Kafkas. Nach 22.30 Uhr sitzt K. bei den kartenspielenden Eltern, da ihm in seinem Zimmer zu kalt ist. Dann bis 1 Uhr Arbeit am *Ernst Liman*-Fragment, das er aufgibt.
Erna Bauer in Berlin.

3. MÄRZ

an Felice Bauer: Nervosität. K.s Fähigkeit zu warten. »Ich bin ein anderer Mensch, als ich es in den ersten 2 Monaten … war, es ist keine neue Verwandlung sondern eine Rückverwandlung und wohl eine dauernde«. »Widerlichkeit« K.s »von Dir aus gesehn«.

4. MÄRZ

an Felice Bauer: (2 Uhr) Fühlt sich gegenüber ihrer Kraft minderwertig. »Ich ruhe eben nicht in mir«. Dadurch verfälschtes, trostloses Aussehen der Welt. Führt als Beispiel den Schauspieler Bassermann an, den er bemitleidet, weil er die eigene Unsicherheit auf ihn projiziert.
Abends Spaziergang mit Brod, dessen Frau und Weltsch. Gemeinsam sehen sie im Kino ›Bio Lucerna‹ den Film *Treffbube* (während gleichzeitig Karl Kraus im Hotel Central liest).

5. MÄRZ

an Felice Bauer: Hört die Familie über die Asbestfabrik sprechen,

Widerwillen. Will seine Lebensweise »von heute ab ... für einige Zeit« ändern. Liest nochmals die Einleitung zu *Anschauung und Begriff*; »in manchen Stellen meisterhaft«. Wirft sich vor, immerzu nur über sich selbst zu sprechen. Furcht vor der Antwort auf die Frage vom 2. März. Hat ein Paket an Else Bauer geschickt.

6. MÄRZ
an Felice Bauer: »Nein, das genügt mir nicht. Ich fragte, ist es nicht Mitleid, was Du vor allem für mich fühlst ... Du sagst bloss: nein.« Sie soll nicht glauben, er könne sich grundlegend ändern. »Nicht 2 Tage könntest Du neben mir leben.« Widerwillen gegen einen 18-jährigen »ergebenen Anhänger«, der ihm geschrieben hat.
Else Bauer 30 Jahre alt.

7. MÄRZ
an Felice Bauer: Sie hat gefragt, ob sein Vorschlag, nach Berlin zu kommen, ernst gemeint war. »Unmöglichkeit eines menschlichen Verkehrs mit mir«.
K. sieht im Kabarett Lucerna die Tänzerin Erika Bera. Schreibt dort während der Pause an Felice.

8. MÄRZ
an den Kurt Wolff Verlag: Rücksendung der 2. Korrektur von **Das Urteil**.
[Felice Bauer an K.]: Bestätigt, dass K. sich verändert hat; konstatiert wahrscheinlich aber auch eigene Veränderung. Über K.s Selbstbezichtigungen: »ich glaube nicht daran und auch Du glaubst es nicht«. Sein Gefühl, sie allmählich zu verlieren, führt sie auf die Entfernung zurück.
[AUVA an K.]: K.s Antrag vom 11. Dez. 1912 wird teilweise bewilligt; es wird ihm ab 1. März 1913 der Titel des Vicesekretärs verliehen, mit einem Grundgehalt von 2850 K.
Am Abend bei Baum; anwesend sind auch Max und Elsa Brod sowie Weltsch. K. holt Verwandte im Café zu einem Spaziergang ab. Danach Lektüre von **Der Verschollene**.

8. MÄRZ (?)
[Felice Bauer an K.]: Ist »am Ende ihrer Kräfte« wegen Erna, ver-

1913 schweigt jedoch noch immer, worin das Unglück besteht. Sie sei ein schwacher Mensch, der mit sich selbst schon in ruhigen Zeiten nichts anzufangen wisse.

9. MÄRZ
an Felice Bauer: Die ganze Familie marschiert durch K.s Zimmer. Der Vater und sein Enkel Felix. Spricht von Felices »unveränderlichem göttlichen Kern«. Unglücklich, weil sie seine Klagen nicht ernst nimmt.
an Felice Bauer: Hält **Der Verschollene** mit Ausnahme des 1. Kapitels für wertlos.»... gleichsam in Erinnerung an ein grosses aber durchaus abwesendes Gefühl hingeschrieben«.
Spaziergang mit Weltsch.

10. MÄRZ
an Felice Bauer: Hat von ihr eine Schachtel mit Blumen erhalten. Von jeher ohne Beziehung zu Blumen. Über Ewald Přibram und dessen Blumenliebe.

11. MÄRZ
an Felice Bauer: Fühlt sich hilflos, weil er die Ursache von Felices Überforderung nicht kennt.»... dass Du fremdes Leid schwerer trägst als eigenes«. Möchte sie »Fe« nennen.

12. MÄRZ
an Felice Bauer
[Felice Bauer an K.]: Hat offenbar versucht, *Uriel Acosta* von Gutzkow zu lesen, aber ihr Gehirn sei eingetrocknet. Fragt, was sie lesen soll.
Abends bei Brods, dann lange im Café, wo K. zahlreiche Zeitschriften liest.

13. MÄRZ
an Felice Bauer: Geht selten ins Kino, weiß aber alle Programme. Schlägt vor, die Briefe durch Tagebuchblätter zu ersetzen, da er das Tagebuch entbehrt. Empfiehlt ihr zur Lektüre Goethes *Werther*. Denkt oft an Felices Vater. Legt die beiden an diesem Tag erschienenen Texte von Baum und Weltsch bei. Sie werde noch staunen über Baum.

Ottla sieht abends den Film *La broyeuse des cœurs* und erzählt K. davon. Er liest lange in einem »wissenschaftlichen Buch«.
Oskar Baum, *Die Fremde* (Novelle), in: *Bohemia*, Prag.
Felix Weltsch, *Henri Bergson*, in: *Prager Tagblatt*.

14. MÄRZ
an Felice Bauer: Völlig übermüdet. Musste seinen Vorgesetzten vertreten. Hat bereits weiße Haare.
[Felice Bauer an K.]: Selbstmordgedanken.
K. sieht mit Weltsch im Kino ›Bio Lucerna‹ *Der Andere* (mit Albert Bassermann in der Hauptrolle), danach Spaziergang.

16. MÄRZ
an Felice Bauer: »Wenn ich Dich doch so verdiente ... wie ich Dich brauche«. Phantasie, von ihrem Auto überfahren zu werden: »Es wäre die äusserste Verbindung, deren ich wert und hoffentlich fähig bin.« Über das Gesicht Ernas: »Typus jüdischer Mädchen, der mir immer naheging«. Fragt nach Ostern.
an Felice Bauer: Fragt, ob er Ostern kommen soll. Will aber weder seine Bekannten noch ihre Verwandten sehen. Würde notfalls auch im April nach Frankfurt kommen.

17. MÄRZ
an Felice Bauer: Kann vielleicht doch nicht kommen.
an Felice Bauer: Gibt zu, dass er sich in letzter Zeit öfters zwinge, ihr zu schreiben.» ... dass jedes wahre Gefühl die zugehörigen Worte nicht sucht, sondern mit ihnen zusammenstösst oder gar von ihnen getrieben wird«. Kein Mut zum Tagebuch.

18. MÄRZ
an Felice Bauer: Er könnte zu Ostern kommen.
Brod liest K. sein Schauspiel *Die Retterin* vor.
Die Korrekturbögen zu Brods *Über die Schönheit häßlicher Bilder* werden in Leipzig gedruckt; darin enthalten ist noch K.s **Die Aeroplane in Brescia** (das Buch wird ohne diesen Text erscheinen).

19. MÄRZ
an Felice Bauer: Erregt, weil sie seinem Besuch zugestimmt hat.

1913 »Ich fahre nach Berlin zu keinem andern Zweck, als um Dir, der durch Briefe Irregeführten, zu sagen und zu zeigen, wer ich eigentlich bin.« Fragt, ob sie den Briefwechsel zwischen Elizabeth Barrett und Robert Browning kennt (den er selbst besitzt).

20. MÄRZ
an Felice Bauer: Über mögliche berufliche Hinderungsgründe der Reise. »Aber ich muss, ich muss Dich sehn«. Sein Tschechisch »höchst traurig«.
Kurt Wolff an K.: Bittet um **Die Verwandlung**, von der ihm Werfel erzählt hat (der die Erzählung nur vom Hörensagen kennt).

21. MÄRZ
Karfreitag (Feiertag in Deutschland, nicht in Österreich-Ungarn)
an Felice Bauer: Höchste Erregung wegen des bevorstehenden Treffens. Fürchtet, unausgeschlafen zu sein.

22. MÄRZ
an Felice Bauer: »Noch immer unentschieden.«
➜ BERLIN (mit Otto Pick und František Khol)
Ankunft 22.30 Uhr. K. nimmt ein Zimmer im Hotel Askanischer Hof.

23. MÄRZ
Ostersonntag
an Kurt Wolff: (Karte) K. sagt zu, **Die Verwandlung** zu schicken, sobald sie abgeschrieben ist.
K. und Felice Bauer gehen im Grunewald spazieren. Er kündigt ihr ein Geständnis an. Sie verabreden sich für Pfingsten. K. trifft am Abend im Café Josty Carl und Albert Ehrenstein, Otto Pick, Paul Zech und Else Lasker-Schüler, die gemeinsam eine Postkarte an Kurt Wolff unterschreiben. Anwesend ist vermutlich auch František Khol.

25. MÄRZ
Mariä Verkündigung (Feiertag in Böhmen)
➜ LEIPZIG
K. trifft Kurt Wolff.
an Felice Bauer: (Ansichtskarte mit Unterschriften von Werfel, František Khol, Otto Pick und Jizchak Löwy)

→ DRESDEN
an Felice Bauer: (Ansichtskarte)
an Ottla: (Ansichtskarte)
→ PRAG

26. MÄRZ
an Felice Bauer: Völlig übermüdet. »Weisst Du, dass Du mir jetzt nach meiner Rückkehr ein unbegreiflicheres Wunder bist als jemals?« K. liest bis nach 23 Uhr Akten für die morgige Verhandlung, schläft erst nach 1 Uhr ein.

27. MÄRZ
K. steht um 4.30 Uhr auf.
→ AUSSIG
an Felice Bauer: (Ansichtskarte)
K. vertritt die AUVA bei einer Gerichtsverhandlung.
an Felice Bauer. (Ansichtskarte) »Alles gut abgelaufen«.
→ PRAG

28. MÄRZ
an Felice Bauer: »schreckliche Ermüdungszustände«. Phantasie, von Zügen überfahren und zerschnitten zu werden. »Wie nah ich Dir von meiner Seite durch die Berliner Reise gekommen bin! Ich atme nur in Dir.« Möchte wissen, welchen Eindruck er auf sie gemacht hat.
an Felice Bauer: Ihre Fotografien genügen ihm jetzt nicht mehr. Weiterhin Angst, wenn kein Brief kommt. »Mir fehlt jedes Vertrauen. Nur in glücklichen Zeiten des Schreibens habe ich es, sonst aber geht die Welt ihren ungeheueren Gang durchaus gegen mich.«

29. MÄRZ (?)
[Felice Bauer an K.]: Er sei ihr »unentbehrlich« geworden. Bittet, sie vom Briefschreiben zu »dispensieren« (vermutlich wegen des bevorstehenden Umzugs).

30. MÄRZ
an Felice Bauer: Fühlt sich völlig von ihr abhängig. Alles erinnert ihn an sie.

1913 **31. MÄRZ**
an Felice Bauer: »heute bin ich aus Notwendigkeit allein und nicht zum geringen Teil aus Sehnsucht nach Dir«. Schilderung eines längeren Spaziergangs. Will jetzt immer schon um 21 Uhr zu Bett gehen.

📖 Franz Kafka, *Die Vorüberlaufenden, Zum Nachdenken für Herrenreiter, Das Unglück des Junggesellen*, mit dem vorangestellten Hinweis »Aus dem wunderschönen Skizzenbuch eines neuen Dichters«, in: *Deutsche Montags-Zeitung*, Berlin.

APRIL
K. arbeitet in der AUVA zwei Vorträge aus, *Die Organisation der Unfallverhütung in Österreich* und *Die Unfallverhütung im Rahmen der Unfallversicherung, mit besonderer Berücksichtigung der Prager Arbeiter-Unfallversicherungsanstalt*, die seine Vorgesetzten Pfohl und Marschner im Sept. auf dem ›II. Internationalen Kongreß für Rettungswesen und Unfallverhütung‹ in Wien vortragen werden. Abgabetermin für die Druckfassung der Vorträge ist der 1. Mai.
Grete Bloch wechselt in die Berliner Filiale der Frankfurter Büromaschinenfirma Heinrich Zeiß. Sie lernt Felice Bauer kennen.
Max Brod, *Über die Schönheit häßlicher Bilder. Ein Vademecum für Romantiker unserer Zeit*, Leipzig (Kurt Wolff).

1. APRIL
an Felice Bauer: Das angekündigte Geständnis: »Meine eigentliche Furcht ist ... dass ich Dich niemals werde besitzen können.« Phantasiert sich als niederes, stummes Tier an ihrer Seite.
K.s Mutter gibt ihm den ersten Gutenachtkuss seit Jahren.

2. APRIL
an Felice Bauer: Bestreitet, sich ihr zu entfremden. Stärkstes Verlangen nach ihr.
Kurt Wolff an K.: Bittet »sehr dringend« um *Der Heizer* und *Die Verwandlung*.
Die Familie Bauer übersiedelt von der Immanuelkirchstraße 29 nach Berlin-Charlottenburg, Wilmersdorfer Straße 73.

3. APRIL
an Max Brod: Verschiebt wegen seines Zustands ein Treffen auf morgen. Wird von Zerstückelungsphantasien gequält. Sein Direktor müsste ihn eigentlich hinauswerfen. Felice eine Märtyrerin, deren Boden er untergräbt.
an Felice Bauer: (nachts) Traum von Zähnen als Ausdrucksmittel. »... ich gehe in einer sinnlosen Verzweiflung und Wut herum ... gegen mich allein«. Im Büro »gespensterhafte Tätigkeit«.
[Felice Bauer an K.]: (Telegramm) Beruhigende Antwort auf sein Geständnis.
K. spricht in der Gärtnerei Dvorský in Nusle (Slupergasse) vor, um dort gelegentlich zu arbeiten. Er behauptet, etwas Gärtnerei erlernen zu wollen.

4. APRIL
an Felice Bauer: Befürchtet, nach seinem Geständnis überhaupt nichts mehr von ihr zu hören.
an Felice Bauer: Über den tschechischen Schriftsteller Petr Dejmek, der seit 1 bis 2 Monaten Nachbar der Kafkas ist. Die Tschechen als Nachahmer der Franzosen. Sein Geständnis-Brief enthielt »keine Bilder sondern Tatsachen«.
an Kurt Wolff: Verspricht, **Der Heizer** sofort zu senden (»es ist ein Fragment und wird es bleiben«), **Die Verwandlung**, sobald sie abgeschrieben ist. Schlägt vor, diese beiden Texte zusammen mit **Das Urteil** als Buch mit dem Titel ›Die Söhne‹ zu veröffentlichen. Treffen mit Brod vor 19 Uhr.

5. APRIL
an Felice Bauer: Dass sie noch immer »friedlich und lieb« schreibt, führt K. darauf zurück, dass sie sein »Geständnis« nicht verstanden hat, weil er »undeutliche Worte« gebraucht hat. »Wäre schon Pfingsten!« Legt den Brief Kurt Wolffs vom 2. April bei.
K. bei einer Lesung Else Lasker-Schülers im ›Klub deutscher Künstlerinnen‹, danach mit ihr und anderen im Café Arco.

vor 6. APRIL
[an Franz Werfel]: Bittet ihn, sich für Jizchak Löwy einzusetzen.
[Jizchak Löwy an K.]: Liegt mit stärksten Kopfschmerzen im Krankenhaus.

1913 7. APRIL
an Felice Bauer: Über die Gemüsegärten von Nusle. Der Zweck der Gartenarbeit: »mich für paar Stunden von der Selbstquälerei zu befreien«, die allerdings »höchst notwendig« sei. »... dort im Büro ist die wahre Hölle, eine andere fürchte ich nicht mehr«.
[Franz Werfel an K.]: (Karte) Verspricht Hilfe für Löwy.
K. beginnt, nachmittags je etwa 2 Stunden in der Gärtnerei in Nusle zu arbeiten, um seine ›Neurasthenie‹ zu heilen. Bei Baum, der vorliest.

8. APRIL
an Felice Bauer: Hat seiner Mutter nur sehr wenig über die Berlin-Reise erzählt.
an Felice Bauer: Über Werfel. Über Jizchak Löwys Scheitern mit einer eigenen Theatertruppe. Hat »eine Menge Briefe von ihm bekommen«.
an Kurt Pinthus: Bedankt sich für Pinthus' Hilfe für Jizchak Löwy. Dessen notwendiges Scheitern. K. hat ihm geraten, nach Palästina zu gehen. Pinthus will in Leipzig einen Vortragsabend mit Löwy veranstalten.
Kurt Wolff an K.: Bietet die Veröffentlichung von **Der Heizer** in der Reihe ›Der jüngste Tag‹ an. Honorar: 100 K. Der Satz kann »sofort« beginnen.
Nachmittags in der Gärtnerei.
Felice Bauer fährt am Nachmittag zu ihrer Schwester Erna nach Hannover.

9. APRIL (?)
K. sendet an Felice Bauer Werfels Gedichtband *Wir sind.*

9. APRIL
an Felice Bauer: (Briefumschlag) »wieder genug verwirrt«.
[Felice Bauer an K.]: (Ansichtskarte)
K. am Nachmittag in der Gärtnerei.
Felice Bauer fährt am Nachmittag nach Frankfurt/Main, um bei der dortigen ›Ausstellung für Geschäftsbedarf und Reklame‹ die Fa. Lindström zu repräsentieren. Sie wohnt im Hotel Monopol Metropole am Hauptbahnhof.

10. APRIL
an Felice Bauer: »ich will keine Antworten auf meine Briefe haben, ich will von Dir hören, nur von Dir«. Über den »Geständnis«-Brief: »hast Du ... herausgelesen, um was es sich handelt?« Begrenzte Wirkung der Gartenarbeit. Hat über Brods Ehe »zuerst schlecht geurteilt«.
Nachmittags in der Gärtnerei. Abends bei Brod.

11. APRIL
an Felice Bauer: Traum von Berlin.
an Kurt Wolff: Einverstanden mit den Vertragsbedingungen zu *Der Heizer*. Wünscht aber ergänzend eine Formulierung über die spätere Publikation des Bandes ›Die Söhne‹, denn zwischen *Das Urteil*, *Der Heizer* und *Die Verwandlung* »besteht eine offenbare und mehr noch eine geheime Verbindung«.
[Felice Bauer an K.]: (Ansichtskarte)
Liest die Novelle *Der Gast* von Friedrich Huch.

13. APRIL
an Felice Bauer: Da sie aus Frankfurt nicht schreibt, fürchtet er, die andere Umgebung habe sie ernüchtert. »Mir geht es nicht gut«.
an Felice Bauer: Keine Nachricht von ihr.
Verbringt fast den ganzen Tag im Bett. Besuch bei Brod.

14. APRIL
an Felice Bauer: (Telegramm nach Frankfurt) »wieder keine nachricht bitte ein offenes wort«.
[Felice Bauer an K.]: (Telegramm) »bitte keine unnütze sorge es ist doch alles wie es war«.
an Felice Bauer: Glücklich, aber doch skeptisch wegen ihres Telegramms. »Ich war am Ende meiner Kraft«. Hatte sich ausgemalt, Felice habe in Frankfurt einen anderen, vitaleren Mann kennengelernt.

16. APRIL
[an Felice Bauer]
Kurt Wolff an K.: (aus Paris) Zusage, später einen Band mit *Das Urteil*, *Die Verwandlung* und *Der Heizer* zu veröffentlichen.

1913 Albert Ehrenstein, ›Franz Kafka, *Betrachtung*‹, in: *Berliner Tageblatt*: »Ein seltsam großes, seltsam feines Buch eines genial-zarten Dichters.«

17. APRIL
an Felice Bauer: »Als ich Deinen Brief las … glaubte ich, es gäbe für mich und für alles Heilung nur bei Dir.«

18. APRIL
an Felice Bauer: Verlangen, wieder schreiben zu können. Muss jedoch möglichst vor 22 Uhr zu Bett gehen wegen seiner »abgespielten Nerven«.

19. APRIL
Felice Bauer bekommt von ihrer jüngeren Kollegin Genia Grossmann Arthur Schnitzlers Roman *Der Weg ins Freie*, mit Widmung.

20. APRIL
an Felice Bauer: Das Verlangen zu schreiben »brennt mich aus«. »Du hast es nicht genug begriffen, dass Schreiben meine einzige innere Daseinsmöglichkeit ist«. »… erst zwischen den innern Gestalten werde ich wach«.
an Felice Bauer: Hat vergeblich versucht, sich zur Vorbereitung der Verhandlung in Aussig zu zwingen. »… dass ich Dich eigentlich anbete und irgendwelche Hilfe und Segen … von Dir erwarte«.
an Kurt Wolff: Dank für Wolffs Zusage.
Felice Bauer fährt zurück nach Berlin (wahrscheinlich mit Zwischenaufenthalt bei Erna Bauer in Hannover).

22. APRIL
→ AUSSIG
an Felice Bauer: (Ansichtskarte) Ist bei der Verhandlung »eine Art Ankläger«.
K. vertritt vor Gericht die AUVA.
an Felice Bauer: (Ansichtskarte) Die Verhandlung ist »schlecht ausgefallen«.
→ PRAG

24. APRIL
an Kurt Wolff: Sendet die 1. Korrektur von *Der Heizer* zurück und bittet um die Möglichkeit einer 2. Korrektur. Besteht auf dem Untertitel ›Ein Fragment‹.

26. APRIL
an Felice Bauer: Hat ihr weniger geschrieben, um ihr Zeit zur Besinnung zu geben. Konstatiert zunehmende Entfremdung seit Ostern. »… es liegt Dir nichts mehr daran, mir von Dir zu schreiben«.

27. APRIL
[Felice Bauer an K.]: Er habe ihr wohl mit dem gestrigen Brief weh tun wollen.
Geht von 20.30 bis 21.15 Uhr vergeblich vor Brods Wohnung auf und ab.

28. APRIL
an Felice Bauer: K. arbeitet in der AUVA noch immer an Pfohls Vortrag. Ist durch ihren Brief »wieder in die Welt gestellt«. Fühlt sich von ihrem Leid, das er nicht kennt, ausgeschlossen (Ernas Schwangerschaft). Hatte bereits mit dem Gedanken gespielt, ihr wieder die Anrede »Sie« vorzuschlagen, wollte zunächst anrufen, dann Brod um Vermittlung bitten.

29. APRIL
an Felice Bauer: Die Möglichkeit des Selbstmordes als Trost. Fragt, ob er an Pfingsten ihre Familie besuchen soll.
Mit Weltsch und dem Ehepaar Brod bei einer Vorstellung der ›Wiener Jüdischen Bühne‹ im Café Picadilly (das ehemalige Café Savoy). K. verlässt die Vorstellung vorzeitig.

30. APRIL
Geburt von Erna Bauers unehelicher Tochter Eva in Hannover.

1. MAI
Christi Himmelfahrt (K. dennoch bis 12 Uhr im Büro)
an Felice Bauer: Erträgt das ständige vergebliche Warten auf Briefe nicht mehr, schlägt deshalb vor, sie solle nur noch einmal wöchent-

1913 lich schreiben. Starke Spannungen im Kopf. Über die Publikation von *Der Heizer*. K. trifft Louise Bailly. Zweite Korrektur von *Der Heizer*.

2. MAI
Tagebuch: (Beginn des ›8. Hefts‹) Tagebuch »sehr notwendig geworden«. Vallis Ehe. Der Sohn des Gärtners, bei dem K. arbeitet, hat sich vergiftet. Verlegenheit beim Gespräch mit der Mutter über die bevorstehende Fahrt nach Berlin. Beschreibung Louise Baillys.
an Felice Bauer: Die »kurzen Sätzchen« aus Frankfurt hatten ihn aufgebracht. Fürchtet, sie nach Pfingsten lange nicht zu sehen. Schlägt gemeinsame Reise nach Italien, an den Gardasee oder nach Madrid vor.

3. MAI
Tagebuch: »Die schreckliche Unsicherheit meiner innern Existenz.« Hautausschlag. Fragment: Ehemann, der von einem Pfahl durchbohrt wird.
an Felice Bauer: Spielt mit der Idee, ein altes Häuschen mit Garten an der Moldau zu kaufen.
Am Nachmittag langer Spaziergang allein an der Moldau flussaufwärts. Trifft Weltsch, der sagt, K. brauche einen »Curator«. Josef Pollak rückt zu einer Waffenübung ein.

4. MAI
Tagebuch: Phantasie, in Scheiben zerschnitten zu werden. Kurzes Fragment. »1. Verdauung 2. Neurasthenie 3. Ausschlag 4. innere Unsicherheit«.
an Felice Bauer: Da sie zugestimmt hat, dass K. ihre Familie besucht, möchte er Einzelheiten wissen: Kleidung? Blumen? Beschwört sie, ihn nicht von der Bahn abzuholen. Er schlägt eine Aussprache mit ihrem Vater vor, um ihm all das zu sagen, was er ihr gegenüber nicht aussprechen konnte.

6. MAI
K. liest einen Bericht über den Tod Kleists.

7. MAI
an Felice Bauer: Ist bereit, auch am »Empfangstag« zur Verlobung von Felices Bruder Ferri bei den Bauers zu erscheinen oder gemeinsam mit Felice die Familie von Ferris Braut aufzusuchen. Die Aussprache mit ihrem Vater »war ein Traum«.
[Felice Bauer an K.]: Fragt, ob K. sie durch Schweigen strafen wolle.

8. MAI
an Felice Bauer: Hält sich derzeit für »empfindlich und weibisch«. »In der Endsumme dulden ja doch meine Eltern mehr von mir, als ich von ihnen, nur sind sie allerdings auch fähig, mehr auszuhalten.« Es geht ihm heute »besonders elend«.

10. MAI
an Felice Bauer: »Werde ich Dich aber allein sehen?« (Auf der Rückseite dieses Briefs stenographische Notizen Felice Bauers, die sich auf Ernas Schwangerschaft beziehen.)
K. ist vormittags im Büro.
→ BERLIN
Quartier im Hotel Askanischer Hof.

11. MAI
Pfingsten
Am Nachmittag Besuch bei Familie Bauer. Auch Erna ist anwesend. – Am Nachmittag oder Abend findet bei der Familie Heilborn ein Empfang anlässlich der Verlobung ihrer Tochter Lydia mit Ferri Bauer statt.

12. MAI
Ausflug mit Felice nach Nikolassee.
→ PRAG (Ankunft ~ 24 Uhr)
an Felice Bauer: (1 Uhr) »Ohne sie kann ich nicht leben und mit ihr auch nicht«.
Karl Hermann 30 Jahre alt.

13. MAI
an Felice Bauer: Wünscht sich völlige Verschmelzung mit ihr, »die Trennung in zwei Menschen ist unerträglich«. »... warum krümme

1913 ich mich statt dessen auf dem Waldboden wie die Tiere«. Klagt darüber, sie werde in seiner Gegenwart passiv und stumm.

14. MAI
an Max Brod: (Ansichtskarte) Kann am Abend wegen der bevorstehenden Dienstreise nicht kommen.

15. MAI
→ AUSSIG (Abfahrt 5 Uhr)
→ PRAG
an Felice Bauer: Kam sich angesichts ihrer Familie »klein« vor, mit Ausnahme Ernas, »der ich mich gleich näher fühlte«. Legt Brods Besprechung von **Betrachtung** vom 15. Feb. bei.

16. MAI
St. Nepomukstag (Feiertag in Böhmen)
an Felice Bauer: »Was Du mir an Liebe zuwendest, geht mir als Blut durch das Herz, ich habe kein anderes.« Will ihrem Vater schreiben.

18. MAI
an Felice Bauer: Will ihrem Vater möglichst sofort schreiben. Sie sagt, er solle ihr »blind vertrauen«. »Aber weisst Du, ob Du Dir vertrauen kannst?« Bedauernd über die früheren flüchtigen Bekanntschaften mit Mädchen. »Geliebt, dass es mich im Innersten geschüttelt hat, habe ich vielleicht nur eine Frau« (in Zuckmantel 1905/06). Legt einen nicht abgesandten Brief von Anfang Okt. 1912 bei.

23. MAI
an Felice Bauer: Hat Felices Brief vom Sonntag erst heute erhalten, schrieb daher einige Tage nicht. Begründet seinen Wunsch, an ihren Vater zu schreiben: Er fühle sich seit 10 Jahren »nicht ganz gesund« und brauche daher unvoreingenommenen Rat. Will sich ärztlich untersuchen lassen.
an Felice Bauer: Liest Brods *Weiberwirtschaft*. Anna Bauer hat offenbar geäußert, K.s Besuch in Berlin sei ohne »Sinn und Zweck« gewesen.
Felice kehrt von einer 5-tägigen Reise zu ihrer Schwester Erna nach Hannover zurück.

etwa 24. MAI
 Franz Kafka, *Der Heizer. Ein Fragment,* Leipzig (Kurt Wolff)
als Bd. 3 der Reihe ›Der jüngste Tag‹.

24. MAI (?)
K. erhält vom Kurt Wolff Verlag die ersten Ex. von *Der Heizer.*

24. MAI
Tagebuch: Spaziergang mit Otto Pick. Liest am Abend den Eltern
Der Heizer vor; der Vater hört nur »höchst widerwillig« zu.

25. MAI
an Felice Bauer: »Seit einer Woche kein Wort. Das ist doch schrecklich.«
an Kurt Wolff: Bedankt sich für die Zusendung von *Der Heizer.*
War zuerst über die Titelillustration erschrocken, »der ich doch das
allermodernste New Jork dargestellt hatte«.
K. schenkt Weltsch ein Ex. von *Der Heizer* mit Widmung.

26. MAI
K. ruft Felice im Büro an. Sie ist recht einsilbig. Brod besucht K.,
nimmt das Ms. von *Der Verschollene* an sich. Am Abend liest
K. daraus vor.

27. MAI
an Felice Bauer: Verzweifelt, weil sie seit mehr als einer Woche nicht
mehr schreibt. »Das ist also das Ende«.
Kurt Wolff an K.: Über die Titelillustration von *Der Heizer.*
Max Brod 29 Jahre alt.

28. MAI
[Felice Bauer an K.]: (Telegramm)
an Felice Bauer: »Es bleibt nichts übrig, als den Abschied zu nehmen,
den Du mir zwischen den Zeilen Deiner Briefe und in den Pausen
zwischen den Briefen längst gegeben hast.«

30. MAI
K. schenkt Hans Kohn ein Ex. von *Der Heizer* mit Widmung.

1913 **31. MAI**
an Max Brod: (Ansichtskarte) Bittet ihn, einer von Otto Pick geschriebenen Ankündigung eines Vortragsabends von Jizchak Löwy zum Abdruck im *Prager Tagblatt* zu verhelfen.

ENDE MAI
📖 Franz Kafka, *Das Urteil*, in: *Arkadia. Ein Jahrbuch für Dichtkunst*, hg. von Max Brod, Leipzig (Kurt Wolff). 18 Autoren, 23 Beiträge, ~1000 Ex.

JUNI
Max Brod, *Weiberwirtschaft*. Drei Erzählungen, Leipzig (Kurt Wolff).

1. JUNI
an Felice Bauer: Hat viel zu tun mit der Organisation von Löwys Vortragsabend; legt den Artikel von Pick über Löwy bei. Ist verbittert, da Felices Briefe nicht nur seltener, sondern auch inhaltsleerer werden.

2. JUNI
[Felice Bauer an K.]: Verspricht, wieder täglich zu schreiben.
20 Uhr: K. bei dem von ihm organisierten Rezitationsabend von Jizchak Löwy im Hotel Bristol.
Max Brod an Richard Dehmel: Beklagt die geringe Wirkung der eigenen Bücher und den »verhassten Beruf«. Dehmel möge sich dafür einsetzen, dass Brod den Kleist-Preis erhält.

etwa **2.–22 JUNI.**
K. häufig im Geschäft der Eltern, die sich in Franzensbad aufhalten.

3. JUNI
an Felice Bauer: Bittet sie, wieder wie früher Einzelheiten aus ihrem Alltag zu berichten. »Du weisst nicht, wie ich das zum Leben brauche«. Analyse von *Das Urteil*; die Umstände, unter denen die Erzählung entstand.
Brod und Jizchak Löwy besuchen K. im Geschäft von dessen Eltern.

5. JUNI
Tagebuch: Über »mittelmässige litterarische Arbeiten«.
an Lise Weltsch: Sendet ein Ex. von *Der Heizer* mit Widmung.

6. JUNI
Hans Kohn, *Prager Dichter*, in: *Selbstwehr*; über Brod, Pick, Werfel und K. *Der Heizer* erinnere an Dickens.

6.–7. JUNI
an Felice Bauer: Bitter, weil sie trotz ihres Versprechens nicht mehr schreibt. »Warum bohrst Du nur so nutzlos in mir herum?«

7. JUNI
an Felice Bauer: Es hat sich herausgestellt, dass ein Brief Felices verlorenging. Vermutet bei ihr unbewusste Zweifel. Fragt nach der Adresse Erna Bauers.
K. macht einen Ausflug, von dem er erst um 23.30 Uhr zurückkehrt.
Ottla liegt krank zu Bett.

8. JUNI
Beginnt einen langen Brief an Felice, bricht ab mit der Formulierung eines Heiratsantrags (abgesandt erst am 16. Juni).

9. JUNI
Felice Bauer ist krank und geht zum Arzt.

10. JUNI
an Felice Bauer: Schlägt gemeinsame Ferien vor. Jizchak Löwy ist im privaten Gespräch interessanter, »das kann er besser als alles Vorlesen, Recitieren und Singen«. Legt die Notiz über Löwy vom 1. Juni bei. Knappe Bemerkungen zu *Das Urteil*, das allerdings »nicht zu erklären« ist. Fordert sie auf, nach Prag zu kommen.
K. sendet Felice Bauer ein Ex. von *Der Heizer* mit Widmung.

13. JUNI
an Felice Bauer: Resigniert, weil sie wieder seit Tagen nicht schreibt.

1913   **14. JUNI**
[an Felice Bauer]: (Telegramm)
K. besucht am Abend Dr. Theodor Weltsch, einen Onkel von Felix Weltsch, Vater von Lise Weltsch.

15. JUNI
an Felice Bauer: »Was will ich denn nur von Dir? Was treibt mich hinter Dir her? Warum lasse ich nicht ab, folge keinem Zeichen?«

16. JUNI
an Felice Bauer: (begonnen am 8. Juni) Hat vor, sich die Ehefähigkeit ärztlich attestieren zu lassen. Fragt Felice, ob sie seine Frau werden will; danach Unterbrechung des Briefs für einige Tage. Widerspricht energisch ihrer Vermutung, er sei »in allem weiter« als sie: »Ich bin ja nichts, gar nichts«, abgesehen von literarischen Fähigkeiten. Die Ehe verlange aber nicht »Ebenbürtigkeit«, sondern »menschliche Übereinstimmung«. »Ich glaube wirklich, ich bin für den menschlichen Verkehr verloren.« Hatte noch nie ein langes, intensives Gespräch mit Brod. Zählt auf, was sie alles durch ein Ja-Wort verlieren würde. Beziffert sein Einkommen.
Bis abends im Geschäft der Eltern. Im Bahnhof überlässt K. den Brief (und damit den Heiratsantrag) einem Fremden, der verspricht, ihn aufzugeben.
Heinrich Eduard Jacob, ›Franz Kafka: **Der Heizer**. Novelle‹, in: *Deutsche Montags-Zeitung*, Berlin: ein »Wunder«.

17. JUNI
an Felice Bauer: Felice hat geklagt, K.s Briefe seien »anders« und unpünktlich geworden. K. schlägt vor, im September gemeinsam an den Gardasee zu reisen. Fragt, warum sie immer so teuer reist.

18. JUNI
[Felice Bauer an K.]: (Karte) Der Heiratsantrag ist eingetroffen.

19. JUNI
an Felice Bauer: In ängstlicher Erwartung. Bittet um Jacobs Rezension von **Der Heizer**.
[Felice Bauer an K.]: Stimmt einer Heirat mit K. zu. Versteht jedoch

seine gesundheitlichen Bedenken nicht: »lassen wir das!« Sie glaubt ihm, aber seine Selbstanklagen sind »zu schroff«. Sie wünscht sich »einen guten lieben Mann«.

20. JUNI
an Felice Bauer: Bittet sie, doch genauer über seine Zweifel nachzudenken und sie nicht pauschal ad acta zu legen. »Mut ohne Überlegung ist Selbstaufopferung.«
K. schenkt Oskar Baum ein Ex. von *Der Heizer* mit Widmung.

21. JUNI
Tagebuch: Verachtet seinen Arzt. »Die ungeheuere Welt, die ich im Kopfe habe. Aber wie mich befreien und sie befreien ohne zu zerreissen. Und tausendmal lieber zerreissen, als sie in mir zurückhalten oder begraben. Dazu bin ich ja hier, das ist mir ganz klar.« Kurzes Fragment.
Bei Dr. Heinrich Kral, dem Hausarzt der Familie. Beginnt am Abend einen grundsätzlichen Brief an Felice Bauer.

22. JUNI
an Felice Bauer: Vermisst noch immer »das ganz bewusste Ja-sagen«. Kündigt für Dienstag einen letzten grundsätzlichen Brief an, den sie »haargenau« beantworten soll.
Treffen u. a. mit Werfel. Um 17.30 Uhr holt K. seine aus Franzensbad zurückkehrenden Eltern vom Bahnhof ab. Danach Besuch von Elli und Valli (wahrscheinlich mit ihren Ehemännern).

21.–23. JUNI
an Felice Bauer: (per Einschreiben) Nur das Schreiben ist sein »eigentliches gutes Wesen«. Wenn sie das nicht versteht, wird sie in der Ehe »schrecklich einsam« sein. Malt ein Eheleben aus, das völlig seinem Schreiben untergeordnet ist. Möglichst wenig Besuche von Verwandten und Freunden. Wünscht sich »ein kleines Haus mit Garten vor der Stadt«. War schon öfters nahe daran, zu kündigen. Seine finanziellen Verhältnisse. Fragt, ob sie Armut ertragen könnte. Angewidert von der Familie, die verbrauchten Körper von Mutter und Schwestern. Beschwört sie, genau zu antworten, will ihren Eltern nur kurz schreiben.

1913 23. JUNI
Um 17 Uhr bei der außerordentlichen Vollversammlung des ›Vereins der deutschen Beamten der Arbeiter-Unfallversicherungsanstalt‹ im Vereinsheim des ›Staatsbeamtenvereins‹.

25. JUNI
[Felice Bauer an K.]: Ein Leben wie das von K. skizzierte würde ihr »recht schwer werden«, sie glaubt aber, K. werde sich in der Ehe verändern.»… so zurückgezogen zu leben, ob Du das könntest, weißt Du nicht.« »Ob ich Dir alle Menschen ersetzen könnte, weißt Du nicht.« Zerstreut seine Bedenken wegen des unzulänglichen Einkommens.

26. JUNI
an Felice Bauer: Hat einem unglücklichen Kollegen das Du angeboten. Aus äußeren Gründen kein längeres Zusammensein mit Felice möglich. Ihre Annahmen über seine Veränderbarkeit seien unrichtig. »Ich brauche zu meinem Schreiben Abgeschiedenheit … wie ein Toter.« »ich kann eben nur auf diese systematische, zusammenhängende und strenge Art schreiben und infolgedessen auch nur so leben.« Furcht vor Menschen »seit jeher«. Möglich, dass er eines Tages die Büroarbeit aufgeben muss.
[Felice Bauer an K.]: Schickt die *Deutsche Montags-Zeitung* mit Jacobs Besprechung von **Der Heizer**.

27. JUNI
an Felice Bauer: Trauer, Schlaf- und Appetitlosigkeit, Ärger im Büro. Da er sich selbst das »Recht« auf Felice abspricht, kann dieses Recht nur von ihr kommen. Sie müsste sagen, ›Ich kann nicht anders, trotz allem‹. Diese Unbedingtheit fehlt jedoch.
Als Ottla abends nach Hause kommt, sitzt K. stumm auf dem Kanapee.

28. JUNI
an Felice Bauer: Weiterer Ärger im Büro. Isst fast nichts. K.s Mutter besorgt. »Es fällt mir nur Trauriges ein.«
Erste Begegnung mit dem Mediziner und Schriftsteller Ernst Weiß (*1882).

29. JUNI
an Felice Bauer: Sonntagsdienst im Büro. Sie schreibt nicht.

JULI
K. liest Gustav Roskoffs *Geschichte des Teufels* (1869). Max Brod, ›Kleine Prosa‹ (Sammelbesprechung von Robert Walser, *Aufsätze*; K., ***Betrachtung***; Heinrich Eduard Jacob, *Das Leichenbegängnis*), in: *Die neue Rundschau*. Erwähnt wird auch ***Der Heizer***.

1. JULI
Tagebuch: »Der Wunsch nach besinnungsloser Einsamkeit.« Über Ernst Weiß, »Typus des westeuropäischen Juden«. Kinoeindrücke.
an Felice Bauer: »Du willst also trotz allem das Kreuz auf Dich nehmen, Felice?« Seine »Gegenbeweise« sind unendlich, und ihr Wort scheint ihm noch immer frei zu sein, dennoch: »[ich] nehme Dich als meine liebe Braut«. Angst vor dem Zusammenleben. Angst vor ihrer Familie, besonders vor der Mutter. Angst vor den eigenen Eltern. »Angst neben Gleichgültigkeit das Grundgefühl ... das ich gegenüber Menschen habe«.
Sieht im Kino die Filme ›Fantomas‹, ›Sklaven des Goldes‹ und ›Nur einen Beamten zum Schwiegersohn‹.
Willy Haas, ›Die Verkündigung und Paul Claudel‹, in: *Der Brenner* (Ex. in K.s Bibliothek mit Widmung von Haas).

2. JULI
Tagebuch: Weint über eine junge Frau, die aus materieller Not ihr Kind getötet hat (*Prager Tagblatt*). Erzählt Ottla von einem Film.
[Felice Bauer an K.]: Sie glaube ihm; ob er denn noch immer daran zweifle. Hat ihre Kollegin Frl. Brühl in die künftige Prager Wohnung eingeladen.

3. JULI
Tagebuch: »Erweiterung und Erhöhung der Existenz durch eine Heirat«. Was er sagt oder schreibt, verliert »sofort und endgiltig die Wichtigkeit«; schreibt er es aber, gewinnt es manchmal eine neue. K. sagt seiner Mutter, dass er eine Braut habe. Sie will Erkundigungen über die Familie Bauer einziehen und bedrängt K. so lange, bis dieser ihr Namen und Adresse angibt.

1913 *an Felice Bauer:* »Dass Du mir glaubst, daran zweifle ich nicht mehr«. Die von ihm widerstrebend geduldeten Erkundigungen über Felices Familie. Dass sie so wenig Angst vor ihm hat, ist ein Wunder, »dafür muss man nur Gott danken«.
[Felice Bauer an K.]: (Telegramm) Geburtstagswünsche.
Kafka 30 Jahre alt.

5. JULI
an Felice Bauer: Schlechtes Gewissen wegen der geplanten Erkundigungen. »Nicht ich frage nach Deiner Familie«. »... nur um Innerstes kann es sich handeln, wenn wir zusammen leben wollen«. Die Eltern stehen außerhalb, man kann sie also auch »zum Spiel« Auskünfte einholen lassen, »um sie zu beschäftigen«.
Abends mit Weltsch, Max und Sophie Brod im Kabarett ›Chat Noir‹ im Hotel Goldener Engel.

6. JULI
an Felice Bauer: Bittet um Verzeihung wegen der Erkundigungen der Mutter. Das Chantant vom Vorabend.
[Felice Bauer an K.]: Ist offenbar verärgert wegen der Erkundigungen. Über die Banalität des Lebens.
K. mit den Eltern und Ottla in der Sommerwohnung in Radešowitz, wo die Familien von Elli und Valli sich aufhalten. Er untersagt der Mutter nun doch, Erkundigungen über die Familie Bauer einzuziehen.
Otto Brod 25 Jahre alt.
Otto Pick, ›Neue Dichtungen von Prager Autoren‹ (Sammelbesprechung von Max Brod, *Weiberwirtschaft*; Franz Werfel, *Versuchung*; K., **Der Heizer**), in: *Prager Tagblatt*.

7. JULI
an Felice Bauer: Ekel vor der Familie. »ich hasse unbedingt alle meine Verwandten... einfach deshalb, weil es die Menschen sind, die mir zunächst leben«. Das Leben ist nicht banal, »bloss schrecklich«. »Oft... zweifle ich daran, ein Mensch zu sein.«

8. JULI
an Felice Bauer: Das Zusammenleben »ist unmöglich, und wenn ich

auch verzweifelt danach die Hand ausstrecke, es ist mir nicht gegeben.« »Winde ich mich nicht seit Monaten vor Dir wie etwas Giftiges?« Soziale Kälte. Die Literatur in seinem Kopf »jagt beständig wie Affen in den Baumwipfeln statt auf dem Boden zu gehen«.

9. JULI
an Felice Bauer: »dass ich Dich liebe ... und dass ich Dir dienen will und muss, solange ich am Leben bin.«

10. JULI
an Felice Bauer: Was ihn hindert, ist »die Angst vor der Verbindung selbst mit dem geliebtesten Menschen, und gerade mit ihm«. Hat »das bestimmte Gefühl, durch die Ehe ... zugrundezugehn«.

13. JULI
an Felice Bauer: (Ansichtskarte) Aus der Kafkaschen Sommerwohnung in Radešowitz.
an Felice Bauer: »Nur die Nächte mit Schreiben durchrasen, das will ich. Und daran zugrundegehn oder irrsinnig werden ... weil es die notwendige längst vorausgefühlte Folge dessen ist.« Hat eine Wohnung in Prag ausgewählt, die jedoch erst im Mai bezugsfertig ist. Schlägt daher vor, mit weiteren Schritten zur Ehe noch zu warten. Nimmt sich vor, im Herbst wieder literarisch zu arbeiten.

14. JULI
Max Brod an K.: (Karte) K. hat Bücher aus dem Verlag A. Juncker bestellt. »Wolff lässt grüßen. **Der Heizer** geht gut.«

17. JULI
an Felice Bauer: Sie solle ihn wegen seines Zögerns nicht verachten. »... es gibt genug Verächtliches an mir, dieses aber ist es nicht«.

19. JULI
Tagebuch: 3 kurze Fragmente. »Dazu der innere Aufwand.«
an Felice Bauer: Seit 6 Tagen kein Brief von ihr. »... das Schweigen ist doch die ärgste Strafe, die sich ausdenken lässt«.

1913 20. JULI
Tagebuch: 2 kurze Fragmente.
[Felice Bauer an K.]: (Telegramm)
K. vollendet einen Brief an Carl Bauer, in dem er um Einwilligung in die Heirat mit Felice bittet, sendet ihn aber noch nicht ab. Er zeigt den Brief seiner Mutter.

21. JULI
Tagebuch: »Nicht verzweifeln ... Wenn schon alles zuende scheint, kommen doch noch neue Kräfte angerückt, das bedeutet eben, dass Du lebst.« Traum von einem Ast als »neues Verkehrsmittel«. Masochistische Gewaltphantasie. Dostojewski. Die Psyche als innerer Mechanismus. Ausführliche »Zusammenstellung alles dessen, was für und gegen meine Heirat spricht«. 7 kurze Fragmente, dazwischen die Ausrufe »Ich elender Mensch!« und »Was für Not!«, am Ende: »Nichts, nichts, nichts.«
Julie Kafka beauftragt ein Informationsbüro, Auskunft über die Familie Bauer einzuholen. Erst nachträglich teilt sie es K. mit.

23. JULI
Ausflug mit Weltsch nach Rostok.
Tagebuch: Beobachtungen in Rostok. »Die geplatzte Sexualität der Frauen. Ihre natürliche Unreinheit.« Kälte gegenüber einem Kind.

24. JULI
an Felice Bauer: Das erste Gespräch K.s mit seinem Vater über die geplante Ehe. Warnungen vor finanziellem Ruin. Dennoch erklärt sich Hermann Kafka bereit, die Familie Bauer in Berlin aufzusuchen.
an Felice Bauer: (nachts) Versuch, die Bedenken des Vaters zu erläutern. Durch die Ehen von Elli und Valli geriet die Familie ökonomisch in einen noch fortdauernden »entsetzlichen Rückschritt«. K. hat in finanziellen Dingen kein Urteil.

27. JULI
an Felice Bauer: Steckt »bis an den Hals« in seiner Familie, »desto grossartiger wird der Schwung sein, mit dem ich herauskomme«. »... wir gehören zusammen und werden zusammensein«. Will nach der Heirat keinesfalls Geld vom Vater.

28. JULI
an Felice Bauer: Klagt, weil sie nicht schreibt.

30. JULI
an Felice Bauer: Sie hat nicht geschrieben wegen vieler Verwandtenbesuche. Er ist darüber »unglücklicher, als Du Dir denken kannst«.
[an Alfred Löwy]: (nachts) Begleitbrief zu dem Band *Arkadia*. Er werde sich »nächstens öffentlich verloben«. Viele Klagen.
[Felice Bauer an K.]: Sie wird Urlaub auf Sylt machen. K. soll an ihren Vater schreiben, während sie abwesend ist. Er soll sich mit Brod beraten.

AUGUST
K. muss seinen Vorgesetzten vertreten, der in Urlaub ist.
Max und Elsa Brod auf Urlaubsreise; gemeinsam mit Felix Weltsch in Riva.

1. AUGUST
an Felice Bauer: Auf Felices Frage bestätigt K., dass die Auskunft über die Bauers eingetroffen ist: ein »ebenso grausliches wie urkomisches Elaborat«, das jedoch seine Eltern beruhigt. Er setzt voraus, dass in ihrem künftigen Haushalt vegetarisch gekocht wird.
an Felice Bauer: (nach Westerland/Sylt) Weiß nicht, worüber er sich mit Brod beraten sollte. Bei Brods wird fortwährend von Geld gesprochen: »Das will ich nicht lernen.«
[Felice Bauer an K.]: (mindestens 2 Karten aus Hamburg, die jedoch nicht ankommen)
Felice Bauer reist gemeinsam mit ihrer Kusine Erna Danziger nach Westerland auf Sylt. Erna Bauer verlässt Hannover (zuletzt Sophienstraße 5).

2. AUGUST
an Felice Bauer: Schlägt vor, sofort an ihren Vater zu schreiben; dann »wären wir vielleicht in 14 Tagen vor unseren Eltern verlobt«. Fragt, ob sie nicht die Rückfahrt über Prag machen könnte, damit er sie seiner Familie vorstellen kann.

1913 3. AUGUST
an Felice Bauer: Sie hat vorgeschlagen, dass K.s Vater nach Berlin kommt. Er träumt »fast jede Nacht« von ihr. »Ich glaube ich werde während unserer Verlobungszeit, selbst wenn wir erst im Mai heiraten sollten, kaum einmal nach Berlin kommen... Wirst Du das billigen können?«
[Felice Bauer an K.]: (Telegramm)

4. AUGUST
an Felice Bauer: »ungeheuere Angst davor, dass ich zugrunde gehe, wenn wir nicht bald beisammen sind«. Sie soll daher unbedingt nach Prag kommen.
[Felice Bauer an K.]: Erster Brief aus Westerland. Fragt, ob K.s Eltern ihn noch immer vor einer Heirat warnen. Wird auf der Rückreise nicht nach Prag kommen; dazu hätte es auch einer Einladung von K.s Eltern bedurft.
K. wegen Herzschmerzen bei seinem Hausarzt, der keine organische Ursache findet.

5. AUGUST
an Felice Bauer: Hat noch immer keinen Brief von ihr aus Westerland. Schämt sich wegen seiner »Bettelei«. Sein Brief an Alfred Löwy erinnert ihn an den Brief Georgs an seinen Freund in **Das Urteil**.
Alfred Löwy an K.: (Telegramm) »sehr erfreut gratuliert herzlichst dem brautpaar onkel alfred«.

6. AUGUST
an Felice Bauer: Hatte in der Nacht »einen förmlichen Irrsinnsanfall«. Herzschmerzen. »Es ist das Charakteristische meines ganz zerrütteten Zustandes, dass mir jeden Tag ganz anders zumute ist«. Wollte zunächst 4 Wochen in ein Sanatorium bei Genua, das jedoch geschlossen ist. Wählt daraufhin das Sanatorium Hartungen in Riva.
[Felice Bauer an K.]: (2 Briefe)

etwa 7. AUGUST
K. sendet an Felice Bauer eine französische Ausgabe von Flauberts *L'Éducation sentimentale.*

7. AUGUST
an Felice Bauer: Bittet um mehr Einzelheiten aus Westerland. Fordert sie auf, systematisch mit dem »Müllern« zu beginnen, der von ihm bevorzugten Gymnastikmethode. Liest *Robinson Crusoe.*

8. AUGUST
an Felice Bauer: Nichts als Klage wegen ihres unregelmäßigen Schreibens.

9. AUGUST
an Felice Bauer: Bittet um eine Erklärung, warum ihre Briefe so inhaltsleer sind, wenn sie auf Reisen ist.

10. AUGUST
an Felice Bauer: Weitere Klagen darüber, dass sie nur widerwillig schreibt.
Theodor Reik, Rezension zu Brods *Arkadia*, in: *Die Zeit:* »Mir gefiel besonders ›*Das Urteil*‹ von Franz Kafka.«

11. AUGUST
an Felice Bauer: Sie habe die Pflicht, darüber nachzudenken, ob das, was sie im Augenblick von ihm entfremdet, nicht etwas Grundsätzliches ist. Entsetzt über die lakonische Art, wie sie die Frage des nächsten Zusammentreffens behandelt.

12. AUGUST
an Felice Bauer: »Ich fühle in Deinen letzten Briefen und Karten Deine Nähe, Deine Hilfe, Deine überzeugte Entschlossenheit nicht«. »… ganz allein Du bildest meine einzige wesentliche Verbindung mit Menschen und nur Du sollst sie in Zukunft bilden«. »Ich leide noch viel mehr, als ich leiden mache«.
Nächtlicher Spaziergang über die Belvedere-Anhöhe.

13. AUGUST
Tagebuch: »Vielleicht ist nun alles zuende und mein gestriger Brief der letzte. Es wäre unbedingt das Richtige.«

1913   14. AUGUST
Tagebuch: Bekommt 3 Briefe von Felice. Seine »Liebe liegt zum Ersticken begraben unter Angst und Selbstvorwürfen«. Georg in *Das Urteil* geht »an der Braut zugrunde«. »Der Coitus als Bestrafung des Glückes des Beisammenseins.« Könnte die Ehe nur als asketisches Zusammenleben ertragen.
an Felice Bauer: Einer ihrer Briefe beruhigt ihn, da er sich nicht in bloßen Äußerlichkeiten ergeht. Sie hat einem Hobby-Graphologen K.s Handschrift vorgelegt, der daraufhin K.s Charakter völlig falsch einschätzt, u. a.: »überaus sinnlich«. Dagegen K.: »habe grossartige, eingeborene asketische Fähigkeiten«. Geschichte eines vom Teufel besessenen Sängers. Felice befürchtet, die Gymnastik nach dem Müllerschen System werde ihr langweilig; K. besteht darauf.
[an Anna und Carl Bauer]: Bitte um die Einwilligung zur Heirat mit Felice; veränderte Fassung des Entwurfs vom 20. Juli.
Sendet an Felice *Mein System für die Frau* von Jørgen Peder Müller. In der Wohnung von Oskar Baum, wo nur deren Sohn Leo anwesend ist. K. spielt mit ihm.

15. AUGUST
Tagebuch: Selbstmordgedanken. Grundsätzliche Auseinandersetzung mit der Mutter, die zu K. sagt: »Also keiner versteht dich, ich bin dir wahrscheinlich auch fremd, und der Vater auch. Wir alle wollen also nur dein Schlechtes.« K. fühlt durch dieses Gespräch wachsende innere Bestimmtheit, die ihm vielleicht doch die Ehe ermöglichen wird. Fragment eines Dialogs zwischen »Leopold« und »Felice«.
an Felice Bauer: Will künftig Klagen und Vorwürfe zwar notieren, aber nicht mehr abschicken. Sie soll weniger, dafür absolut regelmäßig schreiben. »Ein grosser Briefverkehr ist ein Zeichen dafür, dass etwas nicht in Ordnung ist. Der Frieden braucht keine Briefe.«
Paul Friedrich, *Gleichnisse und Betrachtungen*, in: *Das literarische Echo*, Berlin; Besprechung u. a. von *Betrachtung*.

16. AUGUST
Max Brod, Gedichte, u. a. *Lugano-See* (»Meinem Freunde Franz Kafka«), in: *März*.
Erich Franz, *Neue Epik. Ein Rundweg*, in: *Die Gegenwart*, Berlin. Positiv über *Das Urteil*.

17. AUGUST
K. bei Max und Elsa Brod, die von ihrer Reise zurückgekehrt sind. Anwesend auch Brods Eltern. Abends Spaziergang allein.

18. AUGUST
an Felice Bauer: Sie schreibt, es ginge ihr »nicht besonders«. K. bittet um Erklärung.

20. AUGUST
an Felice Bauer: Sie hat eine gefährliche Situation beim Baden erlebt, ist seither krank. K. glaubt, dass ihr das Schreiben widerstrebt, ihm aber das Reden. »Ich bin deshalb schweigsam, nicht nur aus Not, sondern auch aus Überzeugung.«
[Felice Bauer an K.]: (Telegramm)

21. AUGUST
Tagebuch: Kierkegaards »Fall trotz wesentlicher Unterschiede dem meinen sehr ähnlich«. Entwurf eines weiteren Briefs an Carl Bauer, der fast nur aus Selbstanklagen besteht.
an Felice Bauer: Sie fragt, ob sie K.s Mutter schreiben soll. K. möchte die Antwort von Carl Bauer abwarten. Erklärt, warum er nicht nach Berlin kommen kann.
Elsa Brod 30 Jahre alt.
K. liest in Kierkegaards Tagebüchern.

22. AUGUST
an Felice Bauer: (nach Berlin) Sie fühlt sich beim Anblick der Paare in Westerland angenehm an ihre künftige Ehe mit K. erinnert. K. antwortet, sie erwarte »ein klösterliches Leben an der Seite eines verdrossenen, traurigen, schweigsamen, unzufriedenen, kränklichen Menschen«. Der gestrige Briefentwurf an Carl Bauer war »nur ein Ausbruch«.
an Felice Bauer: Sie ist K.s »Schutzengel«.

23. AUGUST (?)
[Carl Bauer an K.]: Behält sich eine Entscheidung über K.s Antrag vor, bis er mit Ehefrau und Tochter gesprochen hat.
Felice Bauer zurück in Berlin.

1913   23. AUGUST
[Felice Bauer an K.]: Sie werde sich an K. »gewöhnen«. Spricht von seinem »Hang zum Schreiben«. Offenbar amüsiert über K.s Androhung eines klösterlichen Lebens.
K. geht mit Brod schwimmen und rudern. Gespräch über Gemeinschaftsgefühl, das K. für sich bestreitet. Er zeigt Brod Kierkegaards Tagebücher und Beethovens Briefe. Abends besuchen sie eine Vorstellung des Kabaretts ›Chat Noir‹.

24. AUGUST
an Felice Bauer: Über das Schreiben: »Ein Hang ist auszureissen oder niederzudrücken. Aber dieses bin ich selbst«. Erneut über die Einsamkeit, die sie in der Ehe erwartet; in Herbst und Winter nur »eine gemeinsame Stunde« täglich. Sie soll ihrem Vater Briefe K.s zeigen.

26. AUGUST
[Felice Bauer an K.]: Kündigt einen Brief ihres Vaters an.

27. AUGUST
[Carl Bauer an K.]: Zustimmung zur Heirat K.s mit Felice.

28. AUGUST
an Felice Bauer: Da weder Felice noch ihr Vater auf seine Bedenken eingehen, soll sie den beigelegten Brief an Carl Bauer übergeben. »Es muss sein.«
an Carl Bauer: (auf der Grundlage des Entwurfs im Tagebuch vom 21. Aug.) »Ich habe mit meinem Schreiben Ihre Tochter verblendet«. Wiederholung zahlreicher Selbstanklagen. »Mein ganzes Wesen ist auf Literatur gerichtet«. »Für die Familie fehlt mir jeder mitlebende Sinn.« Er liebt Felice, aber »sie gibt sich zu wenig Rechenschaft«.

29. AUGUST (?)
[Felice Bauer an K.]: Über die Gründe, die ihre Eltern zur Einwilligung bewogen haben: »blieb also nur eine Neigungsheirat«. Anna Bauer werde ihre Liebe zu Felice vielleicht auf K. übertragen.

30. AUGUST
Tagebuch: »In mir selbst gibt es ohne menschliche Beziehung keine sichtbaren Lügen. Der begrenzte Kreis ist rein.«

an Felice Bauer: Ihr Brief »lieb« und »selbstmörderisch«. Vermag dennoch nicht, die innere Spaltung zu überwinden. »Es sind ja kaum Tatsachen, die mich hindern, es ist ... Furcht davor, glücklich zu werden, eine Lust und ein Befehl, mich zu quälen für einen höheren Zweck«. »Ich kann nicht für mich bürgen.« Die Gefühle ihrer Eltern sind ihm letztlich gleichgültig.« ... stosse mich fort, alles andere ist unser beider Untergang«.

31. AUGUST
[Felice Bauer an K.]: Möchte den Brief K.s an ihren Vater nicht übergeben. Schlägt ein Treffen vor.
K. ist vermutlich auf dem Land.

1. SEPTEMBER
K. erfährt im Büro, dass er am 6. Sept. zum ›II. Internationalen Kongress für Rettungswesen und Unfallverhütung‹ nach Wien fahren soll.

2. SEPTEMBER
an Felice Bauer: Zitiert eine masochistische Phantasie aus dem Tagebuch. »Die Lust, für das Schreiben auf das grösste menschliche Glück zu verzichten, durchschneidet mir unaufhaltsam alle Muskeln. Ich kann mich nicht frei machen.« Nennt Grillparzer, Dostojewski, Kleist und Flaubert seine »eigentlichen Blutsverwandten«. Besteht nicht darauf, dass sie den für ihren Vater bestimmten Brief übergibt, denn die Entscheidung liege allein bei ihr. Nach dem Aufenthalt in Wien wird er sich in Riva erholen. Er möchte ihr während der Ferien »nicht eigentlich schreiben«, allenfalls Tagebuchnotizen senden. »Und bis ich zurückkomme, treffen wir uns, wo Du willst«.
[Felice Bauer an K.]: (Telegramm)
Eröffnung des XI. Zionisten-Kongresses in Wien.

5. SEPTEMBER
In der zionistischen Zeitung *Die Welt* (Wien) erscheint eine halbseitige Anzeige der Prager Asbestwerke mit dem Vermerk: »Vertreter an allen Plätzen der Welt gesucht«.

1913 6. SEPTEMBER
→ WIEN
Bahnreise mit Otto Pick, der K. mit Literaturgesprächen lästig fällt.
Hotel Matschakerhof, Seilergasse 6. K. und Pick nehmen 2 Zimmer
mit gemeinsamem Zugang. Abends Treffen mit Lise Weltsch.

7. SEPTEMBER
an Felice Bauer: (Ansichtskarte) »Erbarmungslose Schlaflosigkeit.«
K. im Parlamentsgebäude, vermutlich, um sich als Delegierter der
AUVA anzumelden. Mit Otto Pick Besuch bei Albert Ehrenstein in
Ottakring; zu dritt im vegetarischen Restaurant Thalisia beim Hofburgtheater. Mit Pick, Ehrenstein und Lise Weltsch im Prater, sie
lassen sich gemeinsam in einer Flugzeugattrappe fotografieren.
Mit Theodor Weltsch im Pratercafé. K. verzichtet wegen ständiger
Kopfschmerzen auf einen Theaterbesuch.

8. SEPTEMBER
an Felice Bauer: (Ansichtskarte) »Zum Tagebuch noch nicht die
geringste Zeit.«
K. vormittags beim XI. Zionisten-Kongress; vermutlich hört er den
Vortrag ›Jüdische Kulturarbeit in Palästina‹. Am Abend wahrscheinlich im Rathaus.

9. SEPTEMBER
an Felice Bauer: Bereut die Wien-Reise. Fortdauernde Schlaflosigkeit.
Ist »mit schrecklich vielen Leuten beisammen«.
an Max Brod: (Ansichtskarte) »Laufe von überall, Litteratur und Kongress, weg wenn es am interessantesten wird.«
Am späten Abend Ende des XI. Zionistenkongresses. Die Mehrheit
der Teilnehmer spricht sich für die Gründung einer Universität in
Jerusalem aus.

10. SEPTEMBER
Tagebuch: (4 Notizbuchblätter) Notizen über den 6.–8. Sept. Reflexion über »das einzig mögliche Leben«, »nämlich beisammenleben,
jeder frei, jeder für sich, weder äusserlich noch wirklich verheiratet,
nur beisammensein«. Hat durch Lektüre einer Biographie wenige
Tage zuvor erfahren, dass Grillparzer ebendies getan hat.

an Felix Weltsch: (Ansichtskarte) Langeweile, Schlaflosigkeit, Kopfschmerzen.

11. SEPTEMBER

Vor der Abteilung X des Unfall-Kongresses verliest Eugen Pfohl den von Kafka verfassten Vortrag *Die Organisation der Unfallverhütung in Österreich.*
19.30 Uhr: Empfang am Wiener Hof für die Teilnehmer des ›II. Internationalen Kongresses für Rettungswesen und Unfallverhütung‹.

12. SEPTEMBER

Vor der Abteilung X des Unfall-Kongresses verliest Robert Marschner den von Kafka verfassten Vortrag *Die Unfallverhütung im Rahmen der Unfallversicherung, mit besonderer Berücksichtigung der Prager Arbeiter-Unfallversicherungsanstalt.*
K. verzichtet auf die den Kongressteilnehmern gebotene Theaterkarte.

13. SEPTEMBER

an Felice Bauer: Wünscht sich, die Tage in Wien ungeschehen zu machen. Hat ein Telegramm von ihr bekommen. Legt die Aufzeichnungen vom 10. Sept. bei, die er jedoch nicht fortsetzen will.
Abends Empfang im Rathaus für die Teilnehmer des ›II. Internationalen Kongresses für Rettungswesen und Unfallverhütung‹.

14. SEPTEMBER
→ TRIEST
Abfahrt 8.45 Uhr, Ankunft 21.10 Uhr. K. reist allein.

15. SEPTEMBER
→ VENEDIG
Bei der Schiffsüberfahrt von Triest nach Venedig herrscht stürmisches Wetter; K. ist seekrank. Er nimmt ein Zimmer im Hotel Sandwirth, Riva degli Schiavoni.
an Felice Bauer: (Ansichtskarte)

16. SEPTEMBER

an Felice Bauer: Sie hat ihn gebeten, an ihren Vater zu schreiben, was K. ablehnt. Er sieht voraus, dass er »bei der geringsten Annäherung der

1913 geringsten Realität« wieder außer sich geraten wird.«... ich bin wie verstrickt, reisse ich mich vorwärts, reisst es mich stärker wieder zurück«. »Wir müssen Abschied nehmen.«
an Max Brod: Fühlte sich auf dem Zionisten-Kongress völlig fremd. Über Brod wurde in Wien überwiegend positiv gesprochen. K. gefällt Venedig, er will noch einige Tage länger bleiben als geplant.

19. SEPTEMBER (?)
→ VERONA

20. SEPTEMBER
Italienischer Nationalfeiertag
an Felice Bauer: (Ansichtskarte) Geschrieben in der Kirche S. Anastasia.
K. beobachtet ein Volksfest und ist im Kino zu Tränen gerührt.

21. SEPTEMBER
→ DESENZANO
Tagebuch: (2 Notizbuchblätter) »Mein einziges Glücksgefühl besteht darin, dass niemand weiss, wo ich bin.« »Das Geniessen menschlicher Beziehungen ist mir gegeben, ihr Erleben nicht.«
→ GARDONE

22. SEPTEMBER
→ RIVA
Ankunft im ›Sanatorium und Wasserheilanstalt Dr. von Hartungen‹. K. bezieht eine Lufthütte.
Ludwig Ullmann, Rezension von **Der Heizer**, in: *Wiener Allgemeine Zeitung.*

nach 22. SEPTEMBER
[an Alfred Löwy]: (Karte) Glaubt, er sei seinem Onkel eine Erklärung schuldig.

24. SEPTEMBER
an Oskar Baum: (Ansichtskarte)
an Ottla Kafka: (2 Ansichtskarten) Bittet sie, den kostenlosen Katalog *Das Buch des Jahres 1913* zu besorgen.

vor 27. SEPTEMBER
[Max Brod an K.]: (2 Karten)

28. SEPTEMBER
an Max Brod: Bezeichnet die Beziehung zu Felice als »seit 14 Tagen vollständig beendet«. Muss dennoch zwanghaft daran denken. Bedürfnis nach Einsamkeit.«... die Vorstellung einer Hochzeitsreise macht mir Entsetzen«.
an Ottla Kafka: (Ansichtskarte) Über Malcesine.
Schiffsausflug nach Malcesine. K. sucht die Stelle auf, wo Goethe beim Zeichnen einer Schlossruine der Spionage verdächtigt wurde.

ANFANG OKTOBER
an Felix Weltsch: »Manchmal glaube ich, dass ich nicht mehr auf der Welt bin, sondern irgendwo in der Vorhölle herumtreibe.« Über Schuldbewusstsein und Reue. Hat über Brod einen Brief von Felice Bauer erhalten, den er jedoch nicht beantworten will. Eine junge Russin hat einigen Sanatoriumsgästen die Karten gelegt, wobei K. Einsamkeit prophezeit wurde.
K. übersiedelt ins Hauptgebäude des Sanatoriums. Beginn der Freundschaft mit der jungen Schweizerin »G. W.«.

2. OKTOBER
an Ottla Kafka: (Ansichtskarte) Verspricht für den folgenden Tag einen Brief an die Eltern, die ihm schon mehrfach schrieben.

3. OKTOBER
K.s Tischnachbar, der 66-jährige Generalmajor Ludwig von Koch, begeht in seinem Zimmer im Sanatorium Selbstmord.

vor 10. OKTOBER
K. trifft den in Nago bei Riva lebenden Carl Dallago.

10. OKTOBER
Carl Dallago an Ludwig von Ficker: Über K.: »Ein wirklich sehr netter Mensch, der Wertvolles schafft.«

1913 **11.–12. OKTOBER**
➜ MÜNCHEN ➜ PRAG
K. hält sich einen Tag in München auf.

12. OKTOBER
Camill Hoffmann, Rezension von *Der Heizer*, in: *Neue Freie Presse*, Wien.
Leo Greiner, Sammelbesprechung ›Aus dem »Jüngsten Tag«‹, u. a. über *Der Heizer*, in: *Berliner Börsen-Courier*.

13. OKTOBER
Rückkehr ins Büro. K. trifft Brod.

14. OKTOBER
Tagebuch: 4 Fragmente.

15. OKTOBER
Tagebuch: Über Riva: »Ich verstand zum ersten Mal ein christliches Mädchen und lebte fast ganz in seinem Wirkungskreis.« Vergeblicher Versuch, an Ernst Weiß zu schreiben. Die »Fress- und Trinksucht« des Prager Prof. Anton Karl Grünwald. 2 Fragmente.
an den Kurt Wolff Verlag: Bittet um Ludwig Ullmanns Besprechung von *Der Heizer* vom 22. Sept.

16. OKTOBER
Alfred Löwy an K.: Kennt Hoffmanns Rezension von *Der Heizer*, gratuliert K. dazu.

18. OKTOBER
K. und Karl Hermann stellen über ihren Rechtsanwalt Robert Kafka beim Handelsgericht den Antrag, die Adressänderung der Prager Asbestwerke ins Handelsregister einzutragen: nunmehr Žižkov N. C. 918 Bořivojova ul.

nach 19. OKTOBER
📖 Franz Kafka, *Zum Nachdenken für Herrenreiter*, in: *Das bunte Buch*, Leipzig (Kurt Wolff).

20. OKTOBER
Tagebuch: Liest *Der Fall Jacobsohn,* bewundert die Selbstsicherheit Siegfried Jacobsohns. Trifft auf einem Spaziergang Willy Haas. Liest *Die Verwandlung,* »finde sie schlecht«. Einige Einzelheiten zu G. W., doch »alles wehrt sich gegen das Aufgeschriebenwerden«. Er hat niemandem von ihr erzählt. Reflektiert versäumte sexuelle Gelegenheiten in Riva.

21. OKTOBER
Tagebuch: Denkt viel an *Die Verwandlung.* 1 Fragment.
Vormittags in den Ringhofer Werken; nachmittags im philosophischen Seminar bei Christian von Ehrenfels (*1859): ›Lektüre ausgewählter Schriften‹, wo auch über *Anschauung und Begriff* von Brod und Weltsch diskutiert wird; danach bei Weltsch.

22. OKTOBER
Tagebuch: »Von ihr angelächelt werden im Boot. Das war das Allerschönste.«

23. OKTOBER
an Kurt Wolff: Bittet um die Besprechungen von Ludwig Ullmann und Leo Greiner zu *Der Heizer* sowie um 1 Ex. von Brods *Anschauung und Begriff.*
Erhält vom Kurt Wolff Verlag *Das bunte Buch.*

26. OKTOBER
Tagebuch: 3 kurze, 2 längere Fragmente.

27./28. OKTOBER
[Grete Bloch an K.]: (aus Aussig) Bittet K. um ein Treffen im Prager Hotel Schwarzes Roß.
[Felice Bauer an K.]

28. OKTOBER
[Jizchak Löwy an K.]: Beklagt seine Einsamkeit. »Sie waren doch der Einziger was war so gutt zu mir ... der einzige was hat zu meiner Seele gesprochen«.
Nachmittags im philosophischen Seminar bei Christian von Ehrenfels.

1913 29. OKTOBER
an Felice Bauer: Er musste sich in Venedig losreißen, um nicht von ihr verstoßen zu werden. »Ein dauerndes Zusammenleben ist für mich ohne Lüge ebenso unmöglich wie ohne Wahrheit.« Starkes Verlangen nach ihr.
an Grete Bloch: Ist mit Treffen einverstanden.

30. OKTOBER
K. trifft abends im Prager Hotel Schwarzes Roß erstmals mit Grete Bloch zusammen (die offenbar den Auftrag ihrer Freundin Felice Bauer hat, sich K. anzuschauen).

31. OKTOBER
Erneutes Treffen mit Grete Bloch. K. verspricht ihr, zu einer Aussprache mit Felice nach Berlin zu fahren. Sie erzählt K., dass Felices Bruder Ferri Geld veruntreut hat und daher wohl auswandern muss.

NOVEMBER
Die Familie Kafka übersiedelt in eine Sechszimmerwohnung im ›Oppeltschen Haus‹, Altstädter Ring 6, 3. Stock.

2. NOVEMBER
Brod besucht K., der ihm von Grete Bloch erzählt.

3. NOVEMBER
Grete Bloch tritt in Wien eine Stelle bei der Firma Joe Lesti Nachf. an.

5. NOVEMBER
[Felice Bauer an K.]: Hält ein Treffen für notwendig, um Klarheit zu schaffen. Erinnert daran, dass K. gegenüber Grete Bloch zugesagt hat, nach Berlin zu kommen.

6. NOVEMBER
Tagebuch: »Woher die plötzliche Zuversicht?« 2 kurze Fragmente.
an Felice Bauer: Kündigt seine Ankunft für den 8. Nov. an. »Wo ich bin, ist keine Klarheit.« Legt die am 21. Sept. in Desenzano geschriebenen Notizen bei.

7. NOVEMBER
K. besucht eine Lesung Albert Ehrensteins im ›Klub deutscher Künstlerinnen‹.

8. NOVEMBER
→ BERLIN
K. ~ 23 Uhr im Askanischen Hof. Keine Nachricht von Felice Bauer.

9. NOVEMBER
an Felice Bauer: (um 8.30 Uhr per Boten überbracht) Fragt, warum sie nichts von sich hören lässt. Wartet auf ihren Anruf. Gegen 10 Uhr meldet sich Felice Bauer telefonisch. Sie gehen im Tiergarten spazieren. Um 12 Uhr muss sie zu einem Begräbnis, verabschiedet sich von K., verspricht, gegen 15 Uhr anzurufen und K. zur Bahn zu begleiten. K. ist von ~ 13.15 Uhr bis 14.45 Uhr bei Ernst Weiß in Schöneberg. Felice lässt nichts mehr von sich hören. K. fährt 16.30 Uhr zurück.
→ PRAG

10. NOVEMBER
an Grete Bloch: Rekapituliert sein erstes Gespräch mit ihr, bei dem er von Felices Zahnleiden und von Ferri Bauers Entlobung erfahren hat. Schildert minutiös den Aufenthalt in Berlin.

15. NOVEMBER
Max und Elsa Brod fahren nach Berlin. Begegnung mit Hans Bloch, der in der zionistischen Bewegung engagiert ist. Elsa Brod trifft Felice Bauer und lädt sie zu Weihnachten nach Prag ein.

17. NOVEMBER
Tagebuch: Traum von einem Mann mit Dreirad, dem K. zu Hilfe kommt.
Anna Bauer 64 Jahre alt.

18. NOVEMBER
Tagebuch: »Ich werde wieder schreiben«. Vergleicht sich mit einem Hund. 1 kurzes Fragment.
an Grete Bloch: Hat keine Verbindung mit Felice. Schreibt den Traum

1913   vom Vortag aus dem Tagebuch ab. Er widerspricht ihrer Vermutung, die Berichte über Felices Zahnprobleme und über die Entlobung des Bruders hätten ihn gelangweilt. Über die in den letzten Monaten inhaltsleere Korrespondenz mit Felice. Die Aussicht aus seinem neuen Zimmer.
Felice Bauer 26 Jahre alt.

19. NOVEMBER
Tagebuch: Liest im eigenen Tagebuch, ist ergriffen davon. »Alles erscheint mir als Konstruktion.« »Ich bin unsicherer als ich jemals war, nur die Gewalt des Lebens fühle ich.« Nur dicke, ältere Prostituierte verlocken ihn.

20. NOVEMBER
Abends im Grand Theatre ›Bio Elite‹.
Tagebuch: Hat im Kino geweint.

21. NOVEMBER
Tagebuch: Traum. Über »Konstruktionen«.

22. NOVEMBER
K. am Abend bei Brod.

24. NOVEMBER
Tagebuch: Über Brod: »Er wird immer fremder, mir war er es schon oft, nun werde ich es auch ihm.« Hat geträumt, im Sanatorium einen langen Brief von Toni Bauer zu erhalten. Längeres Fragment.

25. NOVEMBER
K. geht nicht mehr ins Seminar von Ehrenfels.

26. NOVEMBER
Max Brod an K.: Bittet ihn um einen Besuch am Nachmittag.

27. NOVEMBER
Tagebuch: »Die Festigkeit, die das geringste Schreiben mir verursacht, ist zweifellos und wunderbar.« 4 kurze Fragmente.
[an Felice Bauer]: (per Einschreiben)

[*Grete Bloch an K.*]: Erhielt Postkarten von Felice Bauer.

DEZEMBER
Oskar Baum, *Die böse Unschuld. Ein jüdischer Kleinstadtroman*, Frankfurt am Main.

3. DEZEMBER
Tagebuch
[an Ernst Weiß]

4. DEZEMBER
Tagebuch: Reflexionen über den Selbstmord, über die »Einheitlichkeit der Menschheit« und über »Narrheit«.

5. DEZEMBER
Tagebuch: Gereizt gegen die Mutter und gegen Ottla.
Max Brod an K.: (Karte)

6. DEZEMBER
Abends mit Brod im Kabarett ›Lucerna‹. Brod gibt K. Ernst Weiß' Roman *Die Galeere*.

7. DEZEMBER
K. liest Weiß' *Die Galeere*.

8. DEZEMBER
Tagebuch: Kritisch über *Die Galeere*. »Ich will Ruhe, Schritt für Schritt oder Lauf, aber nicht ausgerechnete Sprünge von Heuschrecken.«

9. DEZEMBER
Tagebuch: Kritisch über *Die Galeere*. »Hass gegenüber aktiver Selbstbeobachtung« und psychologischen Erklärungen. Fragment.

10. DEZEMBER
Tagebuch: Erneut kritisch über Selbstbeobachtung. Geht fast jeden Abend zum Staatsbahnhof. Fragment.

1913 **11. DEZEMBER**
Tagebuch: War begierig aufs Vorlesen am Abend, hält seinen Vortrag jedoch für »ganz und gar misslungen«. Verzweiflung.
K. liest im Festsaal des Jüdischen Rathauses auf einer Wohltätigkeitsveranstaltung der ›Jüdischen Toynbee-Halle‹ den Anfang von Kleists *Michael Kohlhaas*.

12. DEZEMBER
Tagebuch: Betrachtet das eigene Gesicht im Spiegel. Hat sich in der Nacht entschlossen, Ernst Weiß zu bitten, Felice Bauer in ihrem Büro aufzusuchen.
K. leitet einen Diskussionsabend des ›Vereins der deutschen Beamten der Arbeiter-Unfallversicherungsanstalt‹.

14. DEZEMBER
Tagebuch: Findet bei Dostojewski, *Die Brüder Karamasoff*, eine Stelle, die ihn an *Unglücklichsein* erinnert.
[an Felice Bauer]: (Eilbrief)
[an Alfred Löwy]: Anlässlich des Geburtstags am 18. Dez., doch ohne ausdrückliche Gratulation. Erzählt von der Entstehung der Buchreihe ›Der jüngste Tag‹.
K. vormittags im Büro, abends bei einer Lesung Richard A. Bermanns im Kleinen Spiegelsaal des Deutschen Hauses: ›Literarische Momentbilder‹.

15. DEZEMBER
Tagebuch: Liest sehr gerührt Hermann Schaffstein, *Wir Jungen von 1870/71. Erinnerungen aus meinen Kinderjahren*. Boshaft gegenüber der Mutter. Besuch bei Weltsch.
[an Ernst Weiß]: Fragt, ob Weiß bereit ist, Felice Bauer im Büro aufzusuchen.
an Grete Bloch: (Entwurf) »Wissen Sie etwas von F.? Ist sie vielleicht krank?« Felices Schweigen. Fragt nach Blochs eigentümlichem Leben in Wien.

16. DEZEMBER
Tagebuch:
K. besucht Weltsch. Liest Dostojewski, *Die Brüder Karamasoff*.

etwa 17. DEZEMBER
[an Felice Bauer]

17. DEZEMBER
K. im Hotel Bristol beim Vortrag Hugo Bergmanns über ›Moses und unsere Gegenwart‹.
Tagebuch: Bewundernd über Bergmann und dessen Vortrag. Er selbst irrt »zwischen Freiheit und Sklaverei« umher.
[an Ernst Weiß]: Bittet ihn, mit einem kurzen Brief Felice Bauer in ihrem Büro aufzusuchen und dort um Antwort zu bitten.
[Grete Bloch an K.]

18. DEZEMBER
Tagebuch: »Falscher Brief von Bl.«
Ernst Weiß sucht Felice Bauer in ihrem Büro auf. Sie gibt ihm für K. das schriftliche Versprechen, noch am selben Tag ausführlich zu schreiben.
[Ernst Weiß an K.]: Felices Botschaft.
Alfred Löwy 61 Jahre alt.

19. DEZEMBER
Tagebuch
[an Felice Bauer]: Mitteilung, dass kein Brief gekommen ist.
Geburt von Marianne, der ersten Tochter von Valli und Josef Pollak.

20. DEZEMBER
Tagebuch: 2 Fragmente.
[Felice Bauer an K.]: (Telegramm) Verspricht erneut einen Brief.
Alfred Löwy an K.: Ist mit seinem Leben zufrieden, bedauert allerdings, nicht geheiratet zu haben. Erinnert K. an die praktische Seite des Lebens, auch an die Asbestfabrik.
K. ruft Felice Bauer an. Sie verspricht wiederum einen Brief und bittet ihn, an Weihachten nicht nach Berlin zu kommen.

21. DEZEMBER
[an Felice Bauer]: (Telegramm) Kein Brief von ihr gekommen.
[Felice Bauer an K.]: (Telegramm) Ein Brief sei fertig zum Versenden. K. solle aber keinesfalls an Weihnachten kommen.

1913 nach 23. DEZEMBER
Bis Ende Dez. häufige Zusammentreffen mit Ernst Weiß, der von seinem neuen Roman *Der Kampf* erzählt.

24. DEZEMBER
Spaziergang mit Brod; Unterhaltung »über Soziales«.

25. DEZEMBER
Hugo Bergmann 30 Jahre alt.

28. DEZEMBER
[Felice Bauer an K.]: »Wir würden beide durch eine Heirat viel aufzugeben haben, wir wollen es nicht gegenseitig abwägen, wo ein Mehrgewicht entstehen würde.«

vor 29. DEZEMBER
Lise Weltsch lädt K. zur Silvesterfeier ihrer Familie ein.

29. DEZEMBER
an Lise Weltsch: Nimmt die Einladung an.
K. schreibt einen Brief an Felice Bauer, in dem er versucht, ihre ständigen unwahren Versprechen zu deuten. Nachdem ~ 17 Uhr ihr Brief eintrifft, geht er nicht, wie geplant, nochmals ins Büro. Er versäumt auch einen mit Ernst Weiß verabredeten Besuch in einem Vorstadttheater, da er seinen Brief fortsetzt (der erst am 2. Jan. abgesandt wird).

31. DEZEMBER
Am Abend besucht K. die Familie Theodor Weltschs. Anwesend sind auch Brod und Felix Weltsch.

1914

Franz Kafka, *Gewerbliche Unfallverhütung* sowie *Pauschalierung gewerblicher Betriebe*, in: Jahresbericht der AUVA für 1913.
Felix Weltsch wird zum Bibliotheksassistenten befördert.

JANUAR
Willy Haas übersiedelt nach Leipzig und wird Lektor bei Kurt Wolff.

1. JANUAR
Weltsch und Baum holen K. um 15.30 Uhr zu Hause ab.

2. JANUAR
Tagebuch: »Mit Dr. Weiss viel Zeit gut verbracht.«
an Felice Bauer: (begonnen am 29. Dez.) Erklärt sich ihre mehrfachen nicht eingelösten Versprechen durch »innere Gründe«. Findet ihre Bemerkung über das Abwägen beiderseitiger Verluste »schrecklich«, weil es »sinnlos und unmöglich ist, zu rechnen«. Er bliebe auch nach einer Heirat unverändert. Seine bisherige Ansicht, im Alleinsein liege eine »höhere Verpflichtung«, war ein »erdachtes Gefühl«. Über die Verliebtheit in Riva. Mit einem lauen Gefühl ihm gegenüber könnte er sich in einer Ehe begnügen, nicht aber mit dem Bewusstsein eines Verlustes. Er bittet sie erneut um die Ehe, doch sie soll nicht mehr versuchen, ihn grundlegend zu ändern.

4. JANUAR
Tagebuch: Kurzes Fragment.

1914 **5. JANUAR**
Tagebuch: Kurzes Fragment. Notizen zu einem Artikel von J. Höffner, ›Die Tragödie im Hause Goethe‹, in: *Velhagen und Klasings Monatshefte.* »… alles, was möglich ist, geschieht ja; möglich ist nur das, was geschieht«.
K. liest Oskar Iden-Zeller, *Als Knecht unter heidnischen Nomaden im Tschuktschen-Lande.*

6. JANUAR
Dreikönigstag (Feiertag in Böhmen)
Tagebuch: Notiz zu Dilthey, *Das Erlebnis und die Dichtung.*
K. formuliert im Büro einen privaten Brief für seinen Kollegen Anzenbacher, der sich von seiner Braut betrogen glaubt.

8. JANUAR
Tagebuch: »Was habe ich mit Juden gemeinsam? Ich habe kaum etwas mit mir gemeinsam«.
K. bei einer privaten Lesung von Claudels Trauerspiel *Goldhaupt.*

12. JANUAR
Tagebuch: »Es gibt Möglichkeiten für mich, gewiss, aber unter welchem Stein liegen sie?« Notizen zu Dilthey, *Das Erlebnis und die Dichtung.*

18. JANUAR
Ernst Weiß, Besprechung von **Der Heizer**, in: *National-Zeitung*, Berlin. »Nach dieser Probe … erwarten wir den ganzen Roman.«

19. JANUAR
Tagebuch: Über **Die Verwandlung:** »Unlesbares Ende. Unvollkommen fast bis in den Grund.«

21. JANUAR
K. und Ottla bei einem Festabend von ›Bar Kochba‹ im Hotel Central: Vortrag Felix Saltens über ›Jüdische Moderne‹, Rezitation des Schauspielers Rudolf Schildkraut (u. a. Gedichte Brods).

21./22. JANUAR (?)
[an Jizchak Löwy]

22. JANUAR (?)
[an Ernst Weiß]: Über Felice Bauer.

23. JANUAR
Tagebuch: Über Gräfin Lulu Thürheim, *Mein Leben*. K. hat seiner Mutter mitgeteilt, dass Felice Bauer den neuerlichen Heiratsantrag nicht beantwortet. Hat *Die Verwandlung* korrigiert.

24. JANUAR
Tagebuch: Ausführlich über Anzenbacher. Gräfin Thürheim. Vergleicht sein Leben mit einer unendlichen, sinnlosen Strafarbeit. Er fühlt sich »ganz fest, aber hohl«.

25.–26. JANUAR
an Grete Bloch: Entschuldigt sich dafür, dass er bereits 2 Briefe nicht beantwortet hat. War ihr gegenüber zu Unrecht misstrauisch. Der neuerliche Heiratsantrag. Möchte möglichst rasch erfahren, wie es Felice Bauer geht (da er vorhat, nach Berlin zu reisen).

26. JANUAR
Tagebuch: Memoiren der Gräfin Thürheim »mein Vergnügen der letzten Tage«. Kurzes Fragment.

27. JANUAR
[Grete Bloch an K.]: Legt einen Monate alten Brief Felice Bauers bei, in dem er als »armer Kerl« bezeichnet wird. Seither hat sie von Felice Bauer nichts mehr gehört.

28. JANUAR
an Grete Bloch: Einzelheiten über seine Versuche, Antwort von Felice zu bekommen. Bittet um Erna Bauers Adresse. Lässt ihr Ernst Weiß' *Die Galeere* zusenden.

29. JANUAR
Tagebuch: Anzenbacher.

1914 K. hört im ›Deutschen Vereinshaus‹ den Vortrag des freisinnigen Arztes Eduard Aigner über ›Die Wunderheilungen von Lourdes‹.

ENDE JANUAR
K. sendet *Die Verwandlung* zur Veröffentlichung an Franz Blei, der *Die weißen Blätter* redigiert.

FEBRUAR
Max und Elsa Brod übersiedeln in die Eliška-Krásnohorský-Gasse 3.

1. FEBRUAR
an Grete Bloch: Sie hat sich in ihrem letzten Brief über ihre privaten Umstände geäußert. Es macht nicht glücklich, bemitleidet zu werden. Nun soll »alles zwischen uns gut sein und wir sollen offen miteinander reden können«. Zitiert Felices Bemerkung über die beiderseitigen Verluste, die von ihr »unmöglich so gefühlt sein kann«.

2. FEBRUAR
Mariä Lichtmess (Feiertag in Böhmen)
Tagebuch: Ausführlich über Anzenbacher. Über den Lourdes-Vortrag: »Wie steht es mit den verbohrten Meinungen hinsichtlich der Operationen, der Serumheilungen, der Impfungen, der Medicinen?«

3. FEBRUAR
Carl Bauer 58 Jahre alt.

4. FEBRUAR
Beginn tagelanger Zahnschmerzen.

5. FEBRUAR
an Grete Bloch: Da sie diesmal nicht sofort antwortet, glaubt er, entweder er habe sie gekränkt, oder sie habe schlechte Nachrichten.
[Grete Bloch an Felice Bauer]: Fordert sie auf, K. zu antworten.
K. vergeblich beim Zahnarzt.

vor 6. FEBRUAR
Brod teilt Musil die Adresse K.s mit.

6. FEBRUAR
an Max Brod: Dank dafür, dass Brod ihm *Tycho Brahes Weg zu Gott* widmen will. Zahnschmerzen: »Die Schuld hat natürlich der Arzt«. Glaubt, kein Ms. zu haben, das er Musil anbieten könnte. Lehnt Brods Einladung in den Salon Fanta ab.

8. FEBRUAR
an Grete Bloch: Sehr positiv über *Die Galeere*, die sie sofort gelesen hat. Zahnschmerzen.
[Felice Bauer an K.]: (22.30 Uhr, Postkarte) Geschrieben im Wartesaal des Anhalter Bahnhofs.

9. FEBRUAR
an Felice Bauer: Über ihre Karte: »mir war elend vor Glück«.
»... für mich hängt wirklich Berlin über Prag, wie der Himmel über der Erde«.
an Grete Bloch: Fühlt sich gedemütigt, weil Grete Bloch, nicht aber er selbst eine Antwort Felices erwirken konnte.
[Felice Bauer an Grete Bloch]: Sie hat an K. geschrieben.

etwa 10. FEBRUAR
Verlobung von Felix Weltsch und Irma Herz.
[Robert Musil an K.]: (der Brief bleibt versehentlich im S. Fischer Verlag liegen)

10. FEBRUAR
Tagebuch: »Ich bleibe allein, falls mich nicht F. doch noch will.«
~22 Uhr Spaziergang: Kettensteg, Hradschin, Karlsbrücke.

11. FEBRUAR
Tagebuch: Über Dilthey, *Das Erlebnis und die Dichtung*.
an Grete Bloch: Bittet sie, Felice Bauer darüber aufzuklären, dass sie mit K. in Korrespondenz steht. Wegen der intensiven Träume ist sein Schlaf anstrengender als der Wachzustand. Empfiehlt die Memoiren der Gräfin Thürheim.

12. FEBRUAR
K. besucht die Prager Zionistin Klara Thein (*1884).

1914 13. FEBRUAR
Tagebuch: Über Klara Thein. Intensiver Traum von Berlin.

14. FEBRUAR
Tagebuch: Reflexion über den Selbstmord. Vorstellung, sich vor den Augen der Familie Bauer aus dem Fenster zu stürzen. »F. ist zufällig die, an der sich meine Bestimmung erweist«.
an Grete Bloch: Sie fühlt sich kraftlos und traurig, K. hält Wien für die Ursache. Er möchte Wien nicht mehr sehen, abgesehen vom ›Grillparzerzimmer‹. Felice Bauer antwortet nicht mehr.
K. beim Frisör; kurzer Besuch in Brods neuer Wohnung. Im Hotel Bristol mit Ottla bei einer von der ›Zionistischen Kulturkommission für Böhmen‹ veranstalteten Diskussion über ›Die Erziehung der jüdischen Jugend‹; K. sitzt neben Lise Weltsch. Mit Brod bei Oskar Baum.

15. FEBRUAR
Tagebuch: Ereignisse des Wochenendes. Ist »entschlossen Freitag nach Berlin zu fahren«.
Vergeblich im Büro, um nach einem Brief Felice Bauers zu sehen.
Spaziergang an der Moldau mit Jan Gerke, dann bei ihm zu Hause. Weiterer 2-stündiger Spaziergang allein. K. trifft František Khol.
Am Abend bei Weltsch, der seine Heirat mit Irma Herz plant.

16. FEBRUAR
Tagebuch: (wieder im ›7. Heft‹) Kurzes Fragment.

19. FEBRUAR
an Grete Bloch: Mahnt zum Schreiben: »ich bin leider dazu erzogen worden, hinter jedem Schweigen einen Haken zu fürchten, der mir an den Hals gehen könnte«. Über die geplante Heirat von Weltsch, die ein Verlust ist, weil er nun nicht mehr offen mit ihm sprechen kann, aber auch ein Gewinn, weil sie das Ende einer »gespensterhaften« Gemeinschaft von Junggesellen bedeutet.

20. FEBRUAR
[Robert Musil an K.]: Fragt, ob K. seinen Brief erhalten hat und bittet um Antwort per Eilbrief.

21. FEBRUAR
[an Robert Musil]: K. bietet Musil *Die Verwandlung* zum Abdruck in der *Neuen Rundschau* an und teilt den Umfang mit: 77 Schreibmaschinenseiten.

22. FEBRUAR
Tagebuch: Glaubt an die Möglichkeit, alles zu vergessen und nur des Guten sich bewusst zu werden.
Robert Musil an K.: Über den Plan, einen Teil der *Neuen Rundschau* bislang nicht bekannten Autoren zur Verfügung zu stellen. Bittet K. dafür um Mss. Kennt *Das Urteil* und *Der Heizer,* der ihn »ausserordentlich entzückt hat«. Glaubt, dass *Die Verwandlung* zu lang für seine Zwecke ist, will dennoch behilflich sein, die Erzählung in dem von Oskar Bie betreuten Hauptteil der *Neuen Rundschau* abzudrucken.

23. FEBRUAR
Tagebuch: Entschlossen, nach Berlin zu fahren. Zu Musils Angebot: »Freut mich und macht mich traurig, denn ich habe nichts.«
[an Robert Musil]: Über seinen Plan, als freier Schriftsteller oder Journalist nach Berlin zu gehen. Will das Ms. von *Die Verwandlung* von den *Weißen Blättern* zurückverlangen, um es Musil zu schicken. Schlägt vor, der Überlänge wegen nur den ersten Teil abzudrucken. Legt vermutlich Belegexemplare seiner bisherigen Veröffentlichungen bei.

24. FEBRUAR
[Grete Bloch an K.]: Zitiert Sätze aus einem eben empfangenen Brief Felice Bauers, in dem es offenbar um die erzwungene Auswanderung ihres Bruders Ferri geht.
Franz Blei übergibt Musil das Ms. von *Die Verwandlung.*

25. FEBRUAR
an Grete Bloch: (begonnen am 21. oder 22. Feb.) »Ich will keine Hilfe mehr, nur hören will ich ... wie es Ihnen geht.« »Wenn uns zweien, F. und mir, zu helfen ist, müssen wir es selbst tun.« Sie hat über ihre »mitteilungsunwürdigen Zustände« gesprochen. Seine Fähigkeit des Miterlebens. Sie hat es bereut, K. zu einer Fahrt nach Berlin ver-

1914 anlasst zu haben. (K. verschweigt, dass er zu einem weiteren, diesmal unangemeldeten Besuch in Berlin entschlossen ist.)
Robert Musil an K.: Blei hat ihm das Ms. von *Die Verwandlung* »geliehen«.
K. bis Abend im Büro, um am Freitag Urlaub nehmen zu können.
Arthur Schnitzler, Tagebuch: »Hotel Post [Wien], bei dem blinden Dichter Baum ... Sein unbefriedigter Ehrgeiz.«

27. FEBRUAR
→ BERLIN
an Robert Musil: (aufgegeben in Bodenbach) »Machen Sie verehrter Herr Doktor mit der Geschichte [*Die Verwandlung*], was Sie wollen und was Ihnen nicht Mühe bereitet – es wird das Richtige sein.«
K. ~23 Uhr im Hotel Askanischer Hof.

28. FEBRUAR
Am Vormittag sucht K. erstmals die Lindström AG auf. Mittags ist er mit Felice Bauer in einer Konditorei. Am späten Nachmittag gemeinsamer 2-stündiger Spaziergang. Er behauptet, von Grete Bloch seit 2 Wochen keine Nachricht zu haben.

MÄRZ
Max Brod, *Die Retterin*, Schauspiel, Leipzig (Kurt Wolff).

1. MÄRZ
Vormittags im Tiergarten 3-stündiger Spaziergang mit Felice Bauer. Sie hat Angst vor einer Ehe mit K. und glaubt, ihre Gefühle für ihn seien unzureichend. K. glaubt, dies auf sich nehmen und sich verändern zu können. Sie treffen in einem Café Ernst Weiß.
→ PRAG
an Grete Bloch: (Ansichtskarte aus Dresden) »Es konnte nicht schlimmer sein. Jetzt käme das Pfählen daran.«

2. MÄRZ
K. erzählt seiner Mutter von der Begegnung in Berlin und teilt ihr mit, dass er kündigen wird, falls Felice ihn nicht heiratet. Sie will ihm schreiben.
[an Felice Bauer]: Langer Brief. Nimmt sein Versprechen zurück, sich

grundlegend zu ändern, falls sie ihn heiraten will. Kündigt einen Brief seiner Mutter an.

an Grete Bloch: Zusammenfassung der Begegnung in Berlin. Hat einen Brief Grete Blochs an einen (früheren?) Liebhaber eingeworfen, dessen Besuch sie verhindern will. Erwähnung eines »guten und festen« Entschlusses (zu kündigen und nach Berlin zu übersiedeln).
[Felice Bauer an K.]: (Telegramm) Entschuldigt sich dafür, dass sie nicht zur Bahn kam.

3. MÄRZ

an Grete Bloch: Empfiehlt ihr, vegetarisch zu essen. Zitiert mündliche Sätze Felice Bauers, u. a.: »Hör doch auf zu bitten. Immerfort willst Du das Unmögliche.«
[Grete Bloch an K.]: Möchte wissen, wie Felice Bauer aussieht. Glaubt, dass manche ihrer Einwände gegen eine Ehe mit K. nicht ganz ernst gemeint sein können.
Brod besucht K., der ihm von seinem Plan erzählt, als Journalist nach Berlin zu gehen.

4. MÄRZ

an Grete Bloch: »F. sieht sehr wechselnd aus, an der Luft meist sehr frisch, im Zimmer manchmal müde, gealtert, mit fleckiger Haut.« Alle ihre Zähne plombiert. Schlägt eine regelmäßige Korrespondenz vor.
[an Alfred Löwy]: Kündigt gute Nachrichten an. Sendet ihm Sonderdrucke der von ihm verfassten Vorträge *Die Organisation der Unfallverhütung in Österreich* und *Die Unfallverhütung im Rahmen der Unfallversicherung, mit besonderer Berücksichtigung der Prager Arbeiter-Unfallversicherungsanstalt.*

5. MÄRZ

[Grete Bloch an K.]: Plant eine Dienstreise, die sie am Sonntag zunächst nach Prag führen wird.

6. MÄRZ

an Grete Bloch: Freut sich sehr auf ihren Besuch. Teilt ihr seine private Adresse mit.
[Grete Bloch an K.]: Fährt doch zunächst nach Budapest. Lehnt seinen Vorschlag eines zeitlich geregelten Briefwechsels ab.

1914 K. am Nachmittag 2 Stunden mit Kopfschmerzen auf dem Sofa.

vor 7. MÄRZ
[Julie Kafka an Felice Bauer]

7. MÄRZ
an Grete Bloch: »Ich glaube gefunden zu haben, dass Eltern im allgemeinen gerechter gegen die Kinder sind als umgekehrt.« Man kann gegenüber den eigenen Eltern nicht gerecht sein, »aber die Möglichkeit der Liebe sollte man selbst in seinem eigenen schlimmsten Falle fühlen können«. Legt einen Sonderdruck von **Das Urteil** bei. Ihre Frage, wie Felice Bauer zu ihr stehe, kann er nicht beantworten.

8. MÄRZ
Tagebuch: »Wenn F. den gleichen Widerwillen vor mir hat wie ich, dann ist eine Heirat unmöglich.« Glaubt, die Hemmung, die ihn umgibt, sprengen zu können. »Es gibt zwei Mittel, heiraten oder Berlin, das zweite ist sicherer, das erste unmittelbar verlockender.« 2 kurze Fragmente.
[Grete Bloch an K.]: Über ihre berufliche Tätigkeit: »mir ist zum Sterben übel«. Schlägt ein Treffen an Ostern vor.

9. MÄRZ
Tagebuch: 3 Fragmente, 1 Dialog-Fragment. Zu müde zum Schreiben. Lange dialogische Reflexion über den Plan, Prag zu verlassen.
an Grete Bloch: Dringender Rat, Wien zu verlassen. Setzt an, ihr den Plan seiner Übersiedelung nach Berlin zu offenbaren, bricht aber ab.

11. MÄRZ
[Felice Bauer an K.]: Ihr Bruder Ferri reist heute nach Amerika ab. (Dass und warum dies eine unfreiwillige Auswanderung ist, verschweigt sie weiterhin.) Macht K. neuerlich Hoffnungen.
[Felice Bauer an Julie Kafka]

12. MÄRZ
an Grete Bloch: Ihr Briefwechsel ist jetzt von Felice unabhängig. Schlägt vor, einen Sonntag zwischen Wien und Prag gemeinsam zu verbringen.

[an Felice Bauer]: (Telegramm) Schlägt für den folgenden Tag ein Treffen in Dresden vor.
an Grete Bloch: Hat einen Brief von Felice erhalten, »zum ersten Mal seit langer Zeit wieder F's menschliche Stimme«. »F. hat viel Unglück in ihrer Familie gehabt«.
Alfred Löwy an K.: Lobt die Sachkompetenz und die reine Sprache der von K. verfassten Vorträge.
[Grete Bloch an K.]: Sehr deprimiert.

13. MÄRZ
[Felice Bauer an K.]: (Telegramm) »Nach Dresden zu kommen unmöglich Gruss Felice«.
an Felice Bauer: Schlägt ein Treffen in Dresden am 21. März vor; hat Angst vor Berlin. Will auf keinen Fall mehr in die bisherige Unsicherheit zurück.
an Grete Bloch: Schlägt für den 29. März ein Treffen in Gmünd vor. Erinnert sie an Grillparzer und die Memoiren der Gräfin Thürheim.

15. MÄRZ
Tagebuch: Kurzes Fragment. Über das Schreiben: »Nichts als ein Erwarten, ewige Hilflosigkeit.«
[Grete Bloch an K.]: Hofft, ihr letzter deprimierter Brief sei verlorengegangen.
K. liest Stefan Zweigs Aufsatz *Dostojewski: Die Tragödie seines Lebens*.

16. MÄRZ
[an Felice Bauer]
an Grete Bloch: Felice antwortet wieder nicht. Das wird »unmöglich lange« so weitergehen. Über Ferri: »was für ein Unglück einem solchen Menschen immerfort mit Liebe folgen zu müssen!« Denkt an die finanziellen Folgen von Ferris Vergehen für die Familie Bauer.

17. MÄRZ
Tagebuch
an Felice Bauer: »rede doch, F, ... erkenne doch endlich, wer ich bin, wer ich durch die Liebe zu Dir geworden bin.«
[Grete Bloch an K.]: Bestätigt, dass die Familie Bauer in finanziellen Schwierigkeiten ist.

1914   K. sitzt von 20 bis 22 Uhr untätig bei den Eltern im Wohnzimmer.

18. MÄRZ

an Felice Bauer: (Telegramm) »Wenn Du nicht nach Dresden kommst komme ich Samstag nach Berlin.« (Da sie nicht im Büro ist, erhält Felice Bauer dieses Telegramm nicht vor Abend.)
an Grete Bloch: Möchte sich mit ihr am 21. Mai in Gmünd treffen, falls er nicht nach Berlin fährt.
an Felice Bauer: (21 Uhr) »Du hältst mich keines Wortes wert«. Kündigt an, sich an ihre Eltern zu wenden.
Julie Kafka an Felice Bauer: Bittet, K.s Briefe »sogleich« zu beantworten. (K. weiß nicht von diesem Brief.)

19. MÄRZ

an Grete Bloch: Kann nicht nach Gmünd kommen, da es ihm zu schlecht geht. Seine neuen, schon wieder enttäuschten Hoffnungen beruhten auf Felices Brief vom 11. März: »wie ein Brief aus unsern guten Tagen«. »… es muss ein Ende haben, gut oder schlecht«.
an Carl und Anna Bauer: Bittet um telegraphische Nachricht, ob Felice krank ist.
[Felice Bauer an K.]: (Telegramm, das zurückgeht, da falsch adressiert)

20. MÄRZ

[Felice Bauer an K.]: (Telegramm)
[Felice Bauer an K.]: (Eilbrief) »Wir wollen einen Strich durch die Reden im Tiergarten machen.« »Du hast mir gesagt, die Liebe, die ich für Dich fühle, genügt Dir, also gut.« Sie hat im Tiergarten »nicht alles« gesagt. Fragt, ob K. sie will. Noch keine Nachricht von ihrem Bruder.
Muzzi Braun an K.: (Karte)

21. MÄRZ

Nachdem sie K.s Brief an ihre Eltern gelesen hat, ruft Felice Bauer K. im Büro an. Er kündigt an, noch heute nach Berlin zu reisen.
Carl Bauer an K.: (Telegramm) »Felice wohl, Ihren Brief soeben erhalten Felice wie mir sagt gestern geschrieben«.
[an Carl Bauer]: (Telegramm) Dankt für die Nachricht.
[an Felice Bauer]: (Telegramm) Sagt die Berlin-Reise ab.

an Felice Bauer: Hatte ihren Anruf falsch gedeutet und daher voreilig die Reise beschlossen. Weiß, dass in ihrer Familie irgendein Unglück geschehen ist. Ihr Brief ein »Schlag auf den Kopf«, weil klar ist, dass sie ihn nicht aus Liebe heiraten wird. Er wird aber keinesfalls ein »Menschenopfer« annehmen. Seine Beamtenstellung hat nur einen Sinn, wenn er heiratet, ansonsten wird er kündigen. Setzt ihr Montag als allerletzte Frist für eine Antwort.
an Grete Bloch: »Die Klarheit des heutigen Briefes von F. war fast vollständig.« Blochs »kleine Karte hat mich mehr gefreut, als alles was ich von Berlin bekommen habe.« Sie sei »das beste liebste und bravste Geschöpf«.
Grete Bloch 22 Jahre alt.

22. MÄRZ
an Grete Bloch: »Kommt morgen Montag nicht irgendein ... ganz unvorstellbarer Brief von F., dann sind wir beide, F. und ich, frei.« Will Ostern nach Wien kommen.

23. MÄRZ
[Felice Bauer an K.]: (Telegramm; Ankunft 17 Uhr) Kündigt für den folgenden Tag einen Brief an.

24. MÄRZ
[Felice Bauer an K.]: Fragt, ob er sie liebe und ob es ihm möglich sei, sie so zu nehmen, als wäre nichts gewesen. Hat offenbar Sorge wegen seines schwankenden Wesens, denn sie sei unselbständig und brauche eine Stütze. Er soll nach Berlin kommen und mit ihren Eltern sprechen.

25. MÄRZ
Mariä Verkündigung (Feiertag in Böhmen)
an Felice Bauer: Ist glücklich über ihren Brief, möchte aber erst mit ihr selbst sprechen. Schlägt ein Treffen in Dresden vor. Gibt zu, dass es ständige »Überraschungen und Enttäuschungen« mit ihm gibt, von denen er sie aber so wenig wie möglich spüren lassen will.

26. MÄRZ
an Grete Bloch: Von Felice »kein schlechter Brief«. Grete Bloch ist in Budapest.

1914 vor 27. MÄRZ
[an Johanna Bleschke]: (Karte)

27. MÄRZ
Tagebuch: 3 kurze Fragmente.
Johanna Bleschke an K.: (Ansichtskarte) Hofft auf K.s Besuch, wenn er wieder in Berlin ist.

28. MÄRZ
an Grete Bloch: Hat den ganzen Nachmittag »mit einer alten Dame« aus Halberstadt verbracht.
[Felice Bauer an K.]: Lehnt Zusammenkunft in Dresden ab.
Franz Kafka, *Baugewerbe und Arbeiter-Unfall-Versicherungs-Anstalt,* in: *Bohemia,* Prag.

30. MÄRZ
Tagebuch: Kurzes Fragment.

31. MÄRZ
an Grete Bloch: Fragt, warum sie nicht schreibt.

1. APRIL
Felix Braun, Sammelbesprechung, u. a. zu **Der Heizer**, in: *Österreichische Rundschau.*

1. APRIL (?)
an Felice Bauer: (Telegramm) »Letzten Brief konnte ich nicht beantworten. Musste mir sagen, dass Du mich ohne ein anderes Gefühl nur demütigen willst.«

2. APRIL
[Felice Bauer an K.]: (Telegramm) Versteht K.s Telegramm nicht.
Werfel liest im Mozarteum aus seiner noch unveröff. Bearbeitung von Euripides' *Troerinnen* sowie aus den Gedichtbänden *Der Weltfreund* und *Wir sind.* K. ist vermutlich anwesend.

3. APRIL
an Felice Bauer: Die Demütigungen im Tiergarten, das Demütigende

ihrer ständigen Schweigepausen und ihrer letzten, lakonischen Botschaft. Bietet an, am nächsten Tag nach Berlin zu kommen.
an Grete Bloch: (ein Teil des Briefes, in dem es um Grete Blochs Münchner Freund geht, nicht erhalten) Sie findet es »unergründlich«, dass K. Felice eine Frist setzte. K. kommt an Ostern nach Wien, falls die Verständigung mit Felice scheitert; andernfalls könnte Grete Bloch auch nach Berlin kommen.

4. APRIL
[Grete Bloch an K.]: Fährt nicht nach Berlin. Hat keine Verbindung zu Felice Bauer, bittet K. um Diskretion ihr gegenüber.
Felice Bauer ruft K. im Büro an. Sie verständigen sich darauf, dass K. an Ostern nach Berlin kommt.

5. APRIL
Tagebuch: Wunsch, nach Berlin zu übersiedeln, »selbständig zu werden, von Tag zu Tag zu leben, auch zu hungern«.
an Grete Bloch: Felice hat diese Woche schon mehrfach angerufen. K.s Unfähigkeit zu telefonieren; teils humoristische Schilderung.

6. APRIL
[Felice Bauer an K.]: K. könne doch nicht im Ernst angenommen haben, dass sie ihn demütigen wollte. Erwähnt ihre Familie. Bittet ihn, täglich zu schreiben.
[Grete Bloch an K.]: Hat das Angebot aus Berlin bekommen, wieder in ihre vorherige Stellung zurückzukehren.

7. APRIL
Tagebuch: Nur das Datum.
an Felice Bauer: Erbittert, weil sie erneut nicht sofort antwortete. Sie erklärt ihr Verhalten noch immer nicht. Bittet sie, lieber nicht zur Bahn, sondern ins Hotel zu kommen, da er nicht allein ankommen wird.
an Grete Bloch: Fragt, ob sie in Berlin einen Auftrag für ihn hat. Sendet ihr Grillparzer, *Der arme Spielmann.*
Grete Bloch sendet K. ein Päckchen, das dieser Felice Bauer überreichen soll.

1914 8. APRIL
Tagebuch: »Wer erlöst mich?« Über Werfels Erscheinung.
an Grete Bloch: Rät ihr dringend, nach Berlin zurückzukehren.
»Wien, dieses absterbende Riesendorf«.
[Felice Bauer an K.]: Er ist zu streng zu ihr.
Mit Werfel im Kaffeehaus.

9. APRIL
an Felice Bauer: Es ist verständlich, dass sie Antwort nur mündlich geben will, »denn mündlich musst Du sie dann nicht geben«. »Du hast, F., die unbedingte Pflicht, soweit es Dir möglich ist, Dir über Dich klar zu werden.« Hat Grete Bloch »sehr lieb«.

10. APRIL
an Grete Bloch: Sie hat offenbar von Felice Bauer einen Rat erbeten hinsichtlich der Berliner Stelle, doch keine Antwort erhalten.

11. APRIL
→ BERLIN (mit Otto Pick)
Ankunft 19 Uhr. Felice Bauer ~ 19.30 Uhr im Hotel Askanischer Hof. Gemeinsam verbrachter Abend. Auf K.s Fragen nach ihrer Stellung zu ihm kann Felice Bauer keine klare Antwort geben. Sie beschließen, sich zu verloben.

12. APRIL
Ostersonntag
K. spricht mit Carl Bauer. Inoffizielle Verlobung mit Felice Bauer. Die Heirat soll im September stattfinden. Über Ferri Bauers Vergehen wird K. nicht aufgeklärt.

13. APRIL
→ PRAG
[Julie Kafka an Felice Bauer]: Glückwünsche zur Verlobung, Einladung nach Prag.

nach 13. APRIL
an Jizchak Löwy: »Ich habe mich verlobt und glaube damit etwas Gutes und Notwendiges getan zu haben«. Löwy geht es schlecht.

an František Khol: Ausführlich über südliche Sanatorien. Empfiehlt dringend das Sanatorium Dr. Ernst in Pegli bei Genua, das sein »Traum« ist. Will ihm einen Gruß an eine »Bekannte« mitgeben (sehr wahrscheinlich »G. W.«, mit der er in Riva beisammen war). K. beginnt mit der Suche nach einer Wohnung. Brod schenkt K. Richard Lichtheim, *Das Programm des Zionismus*, mit Widmung: »Für meinen lieben Franz Kafka und Braut – Max Brod«.

14. APRIL

an Felice Bauer: Gefühl der Notwendigkeit der Verlobung. War in Berlin sehr zerstreut. »Das Hässlichste ... dass ich mir niemals in einem Kuss Ruhe bei Dir holen konnte.« Verlobung ist »Komödie der Ehe zum Spass der andern«, darunter leidet er. Bittet sie, weniger zu arbeiten.
Grete Bloch an K.: (Telegramm) »Innige Glückwünsche Ihrer zufriedenen Grete Bloch«.
an Grete Bloch: Gefühl der Bestimmtheit. »Meine Verlobung oder meine Heirat ändert nicht das geringste an unserem Verhältnis«. Schlägt ein Treffen zu dritt in Prag oder in Gmünd vor.
[Grete Bloch an K.]: Fürchtet, in Berlin ihrer Familie »bedingungslos ausgeliefert« zu sein.

15. APRIL

an Grete Bloch: »ich habe eine ganz offenbare und wirkliche Sehnsucht nach Ihnen.« Über den früheren Entschluss, zu kündigen und nach Berlin zu gehen. Wie er einmal Ottla den *Armen Spielmann* vorgelesen hat.
an das k. k. Handelsgericht: (gemeinsam mit Paul und Karl Hermann) Antrag, Paul Hermann als dritten »offenen Gesellschafter« der ›Prager Asbestwerke Hermann & Co.‹ ins Handelsregister einzutragen.
[Grete Bloch an K.]: Sie möchte ihre Briefe zurück.

16. APRIL

an Grete Bloch: »Warum soll überhaupt die geringste Änderung geschehn?« Über Anna Bauers misstrauische Haltung.

17. APRIL

an Felice Bauer: Da sie »äusserlich gegensätzliche Menschen« sind,

1914   müssen sie den »fast göttermässigen ... Blick für des andern Notwendigkeit, Wahrheit und endlich Zugehörigkeit« haben.
an Grete Bloch: Sie ist dafür, dass er trotz Heirat kündigt und nach Berlin übersiedelt. K. hält das jetzt für riskant.
[an Alfred Löwy]: Mitteilung der Verlobung.
[an Josef Löwy]: Mitteilung der Verlobung.
[an Siegfried Löwy]: Mitteilung der Verlobung.
[an Karoline Kohn]: Mitteilung der Verlobung.
[Grete Bloch an K.]: Er soll ihre Briefe nach der Hochzeit verbrennen. Eine Erfindung hat ihr ein Patent eingebracht.
K. sendet ein (eigenes?) Buch an Carl Bauer.

vor 18. APRIL
[Robert Musil an K.]: Die *Neue Rundschau* nimmt **Die Verwandlung** zur Veröffentlichung an.

18. APRIL
an Grete Bloch: »ich habe meine Fähigkeit des Schreibens gar nicht in der Hand. Sie kommt und geht wie ein Gespenst.« Hat nichts geschrieben seit einem Jahr.
[Felice Bauer an K.]: Fragt, ob er sich bewusst sei, ihr ganz zu gehören. Mahnt, er solle endlich an ihre Mutter schreiben.

19. APRIL
an Felice Bauer: »in der Ehe wird alles klar werden und wir werden die einigsten Menschen sein ... wären wir schon so weit!«
an Anna Bauer: Dank. Sie hat einiges an ihm auszusetzen, »ohne es ändern zu können«. Die Bauers sollen recht bald nach Prag kommen.
Julie und Hermann Kafka an Felice Bauer: (Bildkarte aus Kolin) Langer Spaziergang mit Ottla, einer Kusine und Herrn Dub, einem Freund von Alfred Löwy. K.s Eltern bei Filip Kafka in Kolin.

20. APRIL
an Felice Bauer: Sie verspricht viel »ins Blaue«. K. sieht täglich Brod, dennoch Entfremdung: »Ich bin Max unklar und wo ich ihm klar bin, irrt er sich.« Ist verschlossener geworden. Hat dennoch die seltene Fähigkeit, aus halber Distanz Menschen völlig zu »fassen«.

[Felice Bauer an Julie Kafka]
K. teilt dem Direktor der AUVA seine Verlobung mit. Die Onkel Siegfried und Rudolf Löwy zu Besuch.

21. APRIL
Felice Bauers Verlobungsanzeige erscheint im *Berliner Tageblatt*.
an Felice Bauer: Hat ihre Verlobungsanzeige gesehen, Furcht vor dem »Empfangstag«.
an Grete Bloch: Hält sie entgegen ihrer eigenen Meinung für selbstlos. Wünscht sich noch immer ein Treffen zu dritt in Gmünd. Über Grete in **Die Verwandlung**.
[Carl Bauer an K.]
Julie Kafka an Felice Bauer: Bittet sie, noch einmal zu schreiben, da sie in ihrem Brief Hermann Kafka mit keinem Wort erwähnt habe.
In der *Fackel* publiziert Karl Kraus Verse von Brod als negative Beispiele neuerer Literatur aus Prag, wo sich die Lyriker »wie die Bisamratten« vermehren.

22. APRIL
an Felice Bauer: »Komm' bald, heiraten wir, machen wir Schluss.« Hat eine Wohnung bis 2. Mai reserviert.
an den Kurt Wolff Verlag: (Karte) Bittet, **Betrachtung** an František Langer (*1888) zu senden, der daraus ins Tschechische übersetzen will.
Alfred Löwy an K.: »Deine Heirath wird gewiss eine glücklichere Wendung in Deinem Leben bedeuten als alle übrigen Projekte die Du im Schilde führtest«. Weiß, dass K. kündigen wollte.

23. APRIL
an Grete Bloch: »es scheint mir manchmal für mich förmlich notwendig, dass Sie dabei sind, wenn F. zum ersten Mal bei mir zuhause ist«.
[Felice Bauer an K.]: (Telegramm)
K. hört im Deutschen Haus den Vortragskünstler Emil Milan.

24. APRIL
an Felice Bauer: Gestört durch die Erinnerung an Felice Bauers Breslauer Jugendliebe. Er schreibt ihr lieber ins Büro. Enttäuscht, dass sie erst am 5. Mai kommen will.
K.s Verlobungsanzeige erscheint im *Prager Tagblatt*.

1914 **25. APRIL**
[Grete Bloch an K.]: Sie wird ab 1. Juni wieder in Berlin leben, ist traurig deswegen.

26. APRIL
an Grete Bloch: Schlägt gemeinsame Fahrt nach Berlin vor. Glaubt nicht, dass Felice mit seinem Geld auskommt.

26./27. APRIL
an Felice Bauer: Fragt, warum sie weder über den Mann aus Breslau noch über ihren Bruder etwas mitteilt. Bekommt Gratulationen zur Verlobung, liest sie aber nicht. Weiß nicht, wie viel Geld sie besitzt.

27. APRIL
an Lise Weltsch: Gute Wünsche für die Übersiedelung nach Berlin. »Wunderbar ist es von zuhause weg zu kommen, noch wunderbarer nach Berlin zu kommen.« Möchte sie mit Grete Bloch und Ernst Weiß bekannt machen.

28. APRIL
[Felice Bauer an K.]: Teilt über den Mann aus Breslau und über Ferri nur Äußerlichkeiten mit.
K. auf Wohnungssuche.

29. APRIL
an Felice Bauer: Über verschiedene Wohnungen. Hat auch eine Wohnung besichtigt, »wie man sie manchmal in Angstträumen bewohnt«.
an Grete Bloch: Es gibt »nur zweierlei reines, tränenloses« Glück: »einen Menschen haben, der einem treu ist und dem man sich treu fühlt und dann sich selbst treu sein und sich vollkommen ausnützen, sich ohne Asche zu verbrennen«.

30. APRIL
K. besichtigt weitere Wohnungen.

MAI
K. beginnt mit Eintragungen in ein neues Heft (›9. Heft‹). 4 kurze Fragmente, darunter eines zu **Der Verschollene**.

1. MAI
Felice und Anna Bauer reisen nach Prag. Erstes Zusammentreffen mit K.s Familie.

2. MAI
K. und Felice versuchen, Grete Bloch in Wien anzurufen.

3. MAI
an Grete Bloch: Hatte ihr Gesicht fast vergessen. Sie hat ein Porträtfoto geschickt (evtl. leihweise). Er sendet selbst ein Foto.

vor 5. MAI
[an Alfred Löwy]: (gemeinsam mit Felice Bauer) Einladung zur Verlobung in Berlin.
Felice Bauer fotografiert K. Auf dem Bild ist nur ein »Wölkchen« zu sehen.

5. MAI
Felice Bauer und ihre Mutter fahren zurück nach Berlin.
an Grete Bloch: Hat Bilder von ihr bekommen. Fühlt sich nicht als »glücklichster Bräutigam«.

6. MAI
Tagebuch: Die Eltern scheinen eine Wohnung gefunden zu haben. »Ob sie mich auch noch ins Grab legen werden«. 4 Fragmente zum Thema Wohnung und Verlobung.
K. am Nachmittag auf Wohnungssuche.

7. MAI
an Grete Bloch: Über Felice: »Meine Verwandten haben sie fast lieber als mir lieb ist.« Hat noch immer keine geeignete Wohnung gefunden.

8. MAI
an Grete Bloch: Sie wundert sich, warum er noch immer nicht glücklich ist. »Grundgesetz« seines Lebens: Er erreicht alles, aber immer auf Umwegen und im letztmöglichen Augenblick. K. und Felice Bauer haben »beschlossen«, dass Grete Bloch eine Zeitlang bei ihnen leben soll. Sehr kritisch über Ernst Hardt.

1914 **9. MAI**
Camill Hoffmann, Rezension zu *Der Heizer*, in: *B. Z. am Mittag*, Berlin.

10. MAI
Julie Kafka an Felice Bauer: »Was die Wohnung anbelangt suchen wir noch immer.«

12. MAI
an Grete Bloch: Sie war endlich im Grillparzerzimmer. »Er war doch ein fürchterlicher Mensch ... er war lebendiges, abzutastendes Unglück.« Erzählt eine Episode aus Grillparzers Tagebuch. Hat noch immer keine Wohnung. Hat Ernst Weiß' 2. Roman, *Der Kampf*, als Abschrift.

14. MAI
Alfred Löwy an K.: Dank für den Brief der Verlobten. Kann zur Feier in Berlin nicht kommen.
[Grete Bloch an K.]: Bittet um Zusendung von Ernst Weiß' *Der Kampf*.
K. schneidet sich tief in den rechten Daumen.

MITTE MAI
[an Felice Bauer]: Sendet Skizze der gemieteten 3-Zimmer-Wohnung Lange Gasse 5. Bittet um Camill Hoffmanns Rezension vom 9. Mai.

16. MAI
St. Nepomukstag (Feiertag in Böhmen)
an Grete Bloch: Sie hat starke Zahnschmerzen. Er hat einmal Felice gefragt, ob sie sich ihrer vielen Goldzähne nicht schäme. Musste sich unter Qualen an den Anblick gewöhnen. Hat eine Wohnung gemietet, die er beschreibt.

17. MAI
an Grete Bloch: Sie liegt mit Zahnschmerzen im Bett.
K. schläft den ganzen Nachmittag.
Felice Bauer und ihre Tante Emilie besprechen die Ausstattung für die Ehe.

vor 18. MAI
[Lise Weltsch an K.]: Hat sich in Berlin rasch eingelebt.

18. MAI
an Grete Bloch: Über die Schädlichkeit des Fleischessens für die Zähne. Positive Charakterisierung von Ernst Weiß. »Übrigens F's Feind.« Legt ein Bild von Weiß bei.
an Lise Weltsch: »es ist doch wunderbar von zuhause wegzukommen«. Möchte sie an Pfingsten in Berlin treffen.
K. muss für 2 Wochen seinen Vorgesetzten Eugen Pfohl vertreten, der in Wien ist. Er sendet ein Widmungsex. von **Betrachtung** sowie eine Abschrift von Ernst Weiß' *Der Kampf* an Grete Bloch.

19. MAI
an Felice Bauer: Die gemietete Wohnung ist im Sommer »ein wenig traurig«. Nachbarn können hereinsehen. Vertraulicher Plan, Ottla schon am 24. Mai nach Berlin fahren zu lassen.

20. MAI
[Felice Bauer an K.]: Will sich wegen Ottlas Besuch erst mit ihrer Mutter beraten, dann K. nochmals schreiben.

21. MAI
an Grete Bloch: Sie hat ihm Baldriantee empfohlen, was er als »unwürdig« ablehnt. Über den unangenehmen Eindruck, den ihr Pelz auf ihn machte.

22. MAI
an Felice Bauer: (dem Brief vom 24. Mai beigelegt) Verärgert, da sie seinen Vorschlag zu Ottlas Berlinfahrt noch immer nicht definitiv beantwortet hat. Erinnert an seinen Brief vom 2. März: »das dort Gesagte die letzte, von keiner Seite widerrufene Grundlage unseres Verhältnisses«.
[Grete Bloch an K.]: Auch Schlaflosigkeit ist unwürdig. Fragt nach Neuigkeiten über Felice Bauer.

24. MAI
an Felice Bauer: Erbost darüber, dass Felice den Plan zu Ottlas Reise

1914 nicht vertraulich behandelt hat. Sie hat gemeinsamen Theaterbesuch in Berlin vorgeschlagen. Legt Alfred Löwys Brief vom 14. Mai sowie das misslungene Foto bei, das sie von K. machte.
an Grete Bloch: Ausführlich über Naturheilkunde und Schulmedizin. Im Verhältnis zu Felice hat sich durch die Verlobung »innerlich nichts« geändert. Felices Briefe beschränken sich auf Praktisches. Unfähig, an Else Bauer nach Budapest zu schreiben.
K. am Nachmittag beim Schwimmen.

25. MAI
an Felice Bauer: Über das Turnen am offenen Fenster. Julie und Ottla sollten im Askanischen Hof wohnen; schlägt für sie eine Aufführung von *Was ihr wollt* vor. Felice lernt schwimmen, er möchte darüber Genaueres wissen.
an Anna Bauer: Sie hat sich in der Straßenbahntür die Hand gequetscht.
an Martin Buber: Kündigt seinen Besuch für Pfingsten an.
K. liest die *Memoiren* von Hector Berlioz.

27. MAI
Tagebuch: Glaubt, dass sein Vater sich fürchtet, mit ihm allein zu sein. 3 Fragmente. »Tanzt ihr Schweine weiter; was habe ich damit zu tun? Aber wirklicher ist es als alles, was ich im letzten Jahr geschrieben habe ... Ich werde noch einmal schreiben können.«
Julie und Ottla Kafka fahren nach Berlin.
Max Brod 30 Jahre alt.

vor 28. MAI
an die Deutschen Werkstätten: Teilt die Adresse Felice Bauers mit.

28. MAI
Tagebuch: Fortsetzung eines Fragments vom Vortag. Durch das Schreiben gekräftigt.
an Felice Bauer: Kündigt den Besuch eines Prager Möbelvertreters an. Die Möbel der ›Deutschen Werkstätten‹, von denen er Prospekte hat, sind jedoch die besten.

29. MAI
Tagebuch: Fühlt »Zusammenhalt«. Fragment.
an Grete Bloch: Sie ist bereits in Berlin oder auf dem Weg dorthin. Hofft sehr, sie anlässlich der Verlobung zu sehen.
K. am frühen Abend mit Otto Pick.

30. MAI
→ BERLIN (mit Hermann Kafka)

31. MAI
Pfingstsonntag
Felice Bauer schenkt K. *Ein Vermächtnis* von Anselm Feuerbach, mit Widmung: »Zur Erinnerung an den 31. Mai 1914. Felice«.

JUNI
[an Else Bauer]
Willy Haas an K.: Glückwunsch zur Verlobung.
Otto Freund an K.: (Visitenkarte) Glückwunsch zur Verlobung.
[Alfred Kubin an K.]: (Karte)
Josef David wird Praktikant bei der ›Metská sporitelna Prazská‹ (Städtische Sparkasse Prag).

1. JUNI
Empfang zur Verlobung in der Wohnung der Familie Bauer (bis zum frühen Nachmittag). Anwesend ist Grete Bloch, wahrscheinlich auch deren Bruder Hans. K. und Felice Bauer besuchen Martin Buber.

2. JUNI
→ PRAG
Abfahrt 16.30 Uhr (möglicherweise mit Hermann, Julie und Ottla Kafka).
Grete Bloch arbeitet wieder in der Berliner Filiale der Firma Union Zeiß.

3. JUNI
an Grete Bloch: »Was Sie für mich im Ganzen bedeuten, das können Sie nicht wissen«.

1914 K. im Büro übermüdet. Vertritt am Nachmittag die Eltern in deren Geschäft.

4. JUNI
an Grete Bloch: »das Wichtigste ist nicht, dass ich in Prag schreibe«, sondern »dass ich von Prag wegkomme«. Sehr kritisch über die *Legende von Theodor Herzl* von Grete Blochs Bruder Hans.

vor 6. JUNI
[Lise Weltsch an K.]: »ich habe schon etwas gelernt«.

6. JUNI
Tagebuch: Die Verlobung: »War gebunden wie ein Verbrecher. Hätte man mich mit wirklichen Ketten in einen Winkel gesetzt ... es wäre nicht ärger gewesen.« 7 Fragmente.
an Grete Bloch: »Manchmal ... weiss ich wirklich nicht, wie ich es verantworten kann, so wie ich bin, zu heiraten.« »Viel eher gewinne ich Ruhe durch das Schreiben, als das Schreiben durch Ruhe.« Nochmals über Hans Bloch.
an Lise Weltsch: Hat sie in Berlin nicht gesehen, nicht einmal angerufen.

vor 7. JUNI
Die Johannes-Fastenrath-Stiftung, Köln, spricht Oskar Baum eine Ehrengabe von 1000 M zu.

7. JUNI
[Grete Bloch an K.]: Über sein Klagen. Erwähnt Strindbergs *Totentanz.*
Irma Kafka 25 Jahre alt.

8. JUNI
an Grete Bloch: Will im Juli den Urlaub in einem Wald verbringen. Ausführlich über seine immer größer und zahlreicher werdenden »Gespenster«.
Julie Kafka an Anna Bauer: (aus Franzensbad)

9. JUNI
an Grete Bloch: (Telegramm) »Es ist nicht so schlimm, Ihre Briefe sind Engelsbriefe.«

10. JUNI
[Grete Bloch an K.]: Glaubt nicht, dass es ihm schon besser geht, versteht aber den Grund für K.s Unruhe nicht. »... drei Monate werden Sie doch noch erleben können«.

11. JUNI
an Grete Bloch: Sie soll ihn als »Fall« betrachten: Ein »gänzlich unsocialer Mensch ... durch sein nichtzionistisches (ich bewundere den Zionismus und ekle mich vor ihm) und nichtgläubiges Judentum von jeder grossen tragenden Gemeinschaft ausgeschieden ... entschliesst sich, allerdings unter dem stärksten innersten Zwang, zum Heiraten, also zur socialsten Tat.« Ausführlich über Ottla, die sich mit Blinden in einer Anstalt angefreundet hat.

12. JUNI
Tagebuch: Über Kubin, Wolfskehl, Anton Max Pachinger. Reflexionen zu einem Brief Dostojewskis: Beschränktheit von Gemeinschaften, die auf gleichem Leid beruhen.

vor 14. JUNI
[an Else Braun]

14. JUNI
Tagebuch: »Ich habe die Ruhe, ich habe die Sicherheit anderer Menschen in mir aber irgendwie am verkehrten Ende«.
an Grete Bloch: »Wäre ich gesünder und fester, wären alle Schwierigkeiten überwunden, ich wäre längst nicht mehr im Bureau, ich wäre F's ganz sicher und der ganzen Welt sicher«. Die eigene Hypochondrie »ungeheuerlich«, doch mit tiefsten Wurzeln.

16. JUNI
[Ernst Weiß an K.]: Kündigt für den folgenden Tag sein Eintreffen in Prag an.

1914 **17. JUNI**
an Grete Bloch: Klagen über Schlaflosigkeit. Will Erna und Toni Bauer etwas schenken.
K. im Schwimmbad und im Park. Um 23 Uhr trifft Ernst Weiß aus Berlin ein.

18. JUNI
an Grete Bloch: Ernst Weiß »ist mir sehr lieb. Er bringt das Berlin mit, das ich brauche«.

19. JUNI
Tagebuch: »Die Ruhe die von Dr. W. auf mich übergeht.« »Angst. Überzeugung der Notwendigkeit von F.«
K. liest einen Roman von Otto Soyka. Er trifft (wahrscheinlich dienstlich) den Prager Mäzen und Fabrikanten Eugen Löwenstein.
Ernst Weiß reist aus Prag ab.

21. JUNI
Tagebuch: »Verlockung im Dorf.«

21. JUNI (?)
an Grete Bloch: Hat Grete Bloch an die Prager Firma Winterstein empfohlen, wo sie ab August Personal schulen soll.

nach **21. JUNI**
Tagebuch: Langes Fragment »*Ich kam einmal im Sommer gegen Abend in ein Dorf...*« (*T* 643-656) und 2 kürzere Fragmente.

etwa **22. JUNI**
Alfred Löwy aus Madrid für 4 Tage zu Besuch bei den Kafkas.

vor **24. JUNI**
Anna Bauer an K.: (Karte) Hat nach der Verlobungsfeier vergeblich einen Brief K.s erwartet.

24. JUNI
Tagebuch: »Wie wir uns, O.[ttla] und ich, austoben in Wut gegen Menschenverbindungen.«

an Anna Bauer: »ich bin nicht schlechter als einer, der geschrieben hätte«.

25. JUNI
Tagebuch: Kurzer Prosatext: trügerische Erscheinung eines Engels, der durch die Zimmerdecke kommt.

vor 26. JUNI
[an Erna Bauer]

26. JUNI
an Grete Bloch: Andeutungen eines unbekannten Unglücks. Weiß noch nicht, ob er am 5. Juli nach Dresden kommen kann.

27. JUNI
Max Brod an Auguste Hauschner: Hat in der Postdirektion die Verantwortung für die Pensionskasse übernommen und muss nun erstmals »ernstlich arbeiten – sogar denken«.

27.–28. JUNI
→ HELLERAU BEI DRESDEN (mit Otto Pick)
K. trifft u. a. Jakob Hegner, Otto Fantl, Paul Adler, Georg von Mendelssohn, Kurt Wolff und Willy Haas. Besichtigung der ›Bildungsanstalt für Musik und Rhythmus‹ von Emile Jaques-Dalcroze, der allerdings abwesend ist. K. sucht wahrscheinlich auch die ›Deutschen Werkstätten‹ auf.

28. JUNI
Mittag: In Sarajevo werden der österreichisch-ungarische Thronfolger Franz Ferdinand und seine Frau Sophie v. Hohenberg erschossen. Täter ist der 19-jährige bosnische Nationalist Gavrilo Princip.

29. JUNI
Peter und Paul (Feiertag in Böhmen)
→ LEIPZIG
Besuch der ›Internationalen Ausstellung für Buchgewerbe und Graphik‹. Werfel und Kurt Wolff haben keine Zeit für Gespräche mit K.

1914 → PRAG
Am Abend mit Otto Pick im Café Arco.

vor 30. JUNI
[an Felice Bauer]: Will am 5. Juli sie und Grete Bloch in Dresden treffen und am 12. Juli wieder nach Berlin fahren.

30. JUNI
Tagebuch: Notizen zur Reise. »Ich habe mich schrecklich aufgeführt.« Zählt »Misslungenes« auf.
an Grete Bloch: Wieder schwankend, ob er am 5. Juli nach Dresden kommen soll. »Sie sollen nicht so reden, ich bin nicht anders«.

JUNI–JULI
Korrespondenz mit Erna Bauer.

JULI
Grete Bloch übergibt Felice Bauer zahlreiche der Briefe, die sie von K. erhalten hat. Zuvor hat sie Briefpassagen, die nur sie selbst betreffen, weggeschnitten. (Diese Ausschnitte bewahrt sie auf.)
Der mit Brod befreundete Musiker Adolf Schreiber kommt für ~1 Jahr nach Prag.

1. JULI
Tagebuch
an Grete Bloch: Ist viel im Freien. Möchte von Grete Bloch und Felice lieber getrennte Post. »… ich bin ungesellig bis zum Verrücktsein … ich kann mich kaum zeigen«.

2. JULI
an Grete Bloch: Kommt am 5. Juli wohl nicht nach Dresden.
[Grete Bloch an K.]: Bedenken wegen der geplanten Ehe K.s, aus dessen Briefen sie zitiert. Er ist stark verändert. Felice braucht einen Mann, der »heiter, temperamentvoll, intelligent und grundgut« ist.

vor 3. JULI
Erna Bauer schickt K. zum Geburtstag *Die gotischen Zimmer* von Strindberg, mit Widmung.

3. JULI

an Grete Bloch: »Nun habe ich Sie also überzeugt ... und Sie fangen an in mir nicht F's Bräutigam sondern F's Gefahr zu sehn.« Kann sich aber nicht grundlegend ändern.« »... neurasthenisch bis in den Grund hinein«. Hat heute »einen sehr unangenehmen Brief bekommen« (wahrscheinlich von Musil).
Grete Bloch an K.: (Entwurf) Entsetzt über K.s Brief vom 1. Juli. »Dass ich mit Gewalt in einer Verlobung ein Glück für Sie beide sehen wollte«, schafft »eine grenzenlose Verantwortung, der ich mich kaum mehr gewachsen fühle«. Kann Felice nicht mehr in die Augen sehen. War gegen K. »weichlich«.
Kafka 31 Jahre alt.
16–17 Uhr: In Prag läuten sämtliche Glocken. Alle Theater, Kinos und Vergnügungslokale sind geschlossen.

nach 3. JULI

an Robert Musil: (Entwurf) Die *Neue Rundschau* verlangt die Kürzung von **Die Verwandlung** um ein Drittel, was K. ablehnt. Schlägt vor, nur den 1. Teil zu veröffentlichen oder die Publikation auf 1915 zu verschieben.

4. JULI

Ewald Přibram an K.: Hat von K. **Der Heizer** bekommen und gleich gelesen. Dankt »für die genussreiche Stunde«.
Julie Kafka an Anna Bauer: Besuch Alfred Löwys. Über das Gästebett in K.s künftiger Wohnung.
Robert Weltsch promoviert zum Dr. jur.

5. JULI

Tagebuch: »Solche Leiden tragen müssen und verursachen!«

6. JULI

Ottla fährt zu ihrem Onkel Siegfried Löwy nach Triesch, um dort die Ferien zu verbringen.

10. JULI

an Ottla Kafka: Verzweifelt und schlaflos. »Ich schreibe anders als ich rede, ich rede anders als ich denke, ich denke anders als ich denken soll und so geht es weiter bis ins tiefste Dunkel.«

1914 *Julie Kafka an Anna Bauer:* Bittet sie, behilflich zu sein, eine 30-jährige Bekannte »unter die Haube« zu bringen.
Julie Kafka an Carl Bauer: »ich bin in der dritten Landessprache [Jiddisch] nicht sehr bewandert«.
K.s Schreibmaschinist Heinrich Hubalek wird zum Kanzlisten befördert.

11. JULI
→ BERLIN
K. nimmt wieder ein Zimmer im Hotel Askanischer Hof.
Am Abend reist Carl Bauer wegen der Krise zwischen K. und Felice von Malmö nach Berlin.

12. JULI
Im Hotel Askanischer Hof kommt es am Nachmittag zu einer Aussprache zwischen K. und Felice Bauer, die erbittert ist über einen Brief K.s an Grete Bloch. Anwesend sind auch Erna Bauer und Grete Bloch. Auflösung der Verlobung. K. besucht die Familie Bauer, um ihnen die Entscheidung mitzuteilen. Verabredung mit den Bauers für den folgenden Tag. Am Abend allein Unter den Linden. Depression und Schlaflosigkeit.
Otto Přibram 70 Jahre alt.

13. JULI (?)
[Felice Bauer an K.]: (Telegramm) »Erwarte Dich, muss aber Dienstag geschäftlich verreisen.«

13. JULI
an Carl und Anna Bauer: (per Boten) Absage des Besuchs und Abschied.
[an Hermann und Julie Kafka]: Mitteilung der Entlobung.
Im Flussbad Stralauer Brücke. In der Nähe Treffen mit Erna Bauer, die K. zu trösten versucht. Nochmals im Flussbad. Essen im Garten des Askanischen Hofs.
an Ottla Kafka: (Ansichtskarte, mit Erna Bauer) »nicht sehr lustig«.
→ LÜBECK
K. übernachtet im Hotel Schützenhaus.

14. JULI
K. übersiedelt ins Hotel Kaiserhof. Ausflug nach Travemünde zum Baden. Er plant, die Ferien in Gleschendorf nördlich von Lübeck zu verbringen.
Felice Bauer tritt eine Dienstreise an.

15. JULI
K. trifft Ernst Weiß und dessen Freundin Johanna Bleschke. Sie überreden ihn, mit ihnen in ein dänisches Ostseebad zu reisen. K. sagt in Gleschendorf telefonisch ab.

16. JULI
➜ MARIELYST (Lolland-Falster / Dänemark)
Hotel und Umgebung missfallen K. so, dass er beschließt, am folgenden Tag abzureisen. Auch stören ihn die Streitigkeiten zwischen Weiß und Bleschke.

etwa **16. JULI**
[Alfred Löwy an Julie Kafka]: Sendet einen Scheck über 1000 K als Hochzeitsgeschenk für K. und Felice.

17. JULI
K. bleibt doch in Marielyst. In den folgenden Tagen mit Weiß Korrekturen an dessen Roman *Der Kampf.*

19./20. JULI
an Max Brod und Felix Weltsch: »Ich bin entlobt … weiss ich genau, dass es so am besten ist«. Isst viel Fleisch, Übelkeit deswegen.

20. JULI
Julie Kafka an Anna Bauer: Entsetzt über die Entlobung. Bittet um den Brief K.s an Grete Bloch, der der Anlass war. K. »hat nie die Gabe besessen, seine Liebe wie andere Menschenkinder zu zeigen«. Hofft, dass K. und Felice nicht völlig miteinander brechen.
[Julie Kafka an Alfred Löwy]: Mitteilung der Entlobung. Fragt, wie sie die 1000 K zurückschicken kann.

1914 21. JULI
an Ottla Kafka: (Ansichtskarte) »… fast nur Fleischessen, das ist abscheulich«.
an Hermann und Julie Kafka: (fragmentarisch überliefert) »Ich bin bis jetzt durchaus in Unselbständigkeit und äusserlichem Wohlbehagen aufgewachsen.« »Ich habe nichts zu riskieren und alles zu gewinnen, wenn ich kündige und von Prag fortgehe.« Will von Ersparnissen 2 Jahre lang literarisch arbeiten, in Berlin oder München, die Eltern jedoch keinesfalls finanziell in Anspruch nehmen.

22. JULI (?)
an Alfred Kubin: (Ansichtskarte, mit Ernst Weiß) Deutet an, dass Kubins Arbeit ihm viel bedeutet.

23. JULI
Tagebuch: Schilderung des 12. und 13. Juli: »Gerichtshof im Hotel.« 18 Uhr: Übergabe eines auf 48 Stunden befristeten österreichisch-ungarischen Ultimatums an Serbien. U.a. wird gefordert, die Drahtzieher des Attentats auch auf serbischem Territorium von österreichischen Beamten verfolgen zu lassen.

25. JULI
Jakob Hegner an K.: Über Bücher von Francis Jammes und Paul Adler, die K. offenbar von Hegner bekommen hat.
Max und Elsa Brod in der Sommerwohnung Hugo Bergmanns in Podbaba. Sie kehren am Abend zu Fuß nach Prag zurück.

26. JULI
→ BERLIN
K. mit Erna Bauer in Potsdam.
an Ottla Kafka: (Ansichtskarte, mit Erna Bauer)
→ PRAG
Teilmobilisierung in Österreich. Pressefreiheit und Postgeheimnis werden außer Kraft gesetzt. Alle privaten Telefonverbindungen ins Ausland werden unterbrochen. Das in Prag verwaltete 8. Korps wird mobilisiert. Zustrom von Wehrpflichtigen in die Stadt. Geschäfte trotz Sonntag geöffnet.

27. JULI
Tagebuch: Fortsetzung der Schilderung des 13. Juli und der Fahrt nach Lübeck und Marielyst. Die Absage an Felices Eltern »unehrlich und kokett ... Ansprache vom Richtplatz«.

28. JULI
Tagebuch: Über den Aufenthalt in Marielyst. Beschreibung anderer Urlauber. »Meine Unfähigkeit zu denken, zu beobachten ... mitzuerleben wird immer grösser, ich versteinere, ich muss das feststellen ... Wenn ich mich nicht in eine Arbeit rette, bin ich verloren.« Erna Bauer glaubt an K., war »lieb« zu ihm.
Max Brod an Kurt Wolff: »Ganz Prag ist unter die Waffen berufen, mein Bruder dabei, zwei Schwäger, die besten Freunde! ... Sie können sich das Elend hier nicht vorstellen.«
11 Uhr: Österreich-Ungarn erklärt Serbien den Krieg.
In Prag werden Höchstpreise für Lebensmittel festgesetzt.

29. JULI
Tagebuch: Beschreibung eines weiteren Urlaubers. Zwei Fragmente: Im ersten erscheinen »Josef K.« und ein »Türhüter«, im zweiten wird der Ich-Erzähler bei einem Diebstahl ertappt.

30. JULI
Tagebuch: 4 kurze und ein längeres Fragment: Monolog eines Direktors gegenüber einem Stellenbewerber.

31. JULI
Tagebuch: Die Ehemänner von Elli und Valli sind einberufen. »... ich bin wenig berührt von allem Elend und entschlossener als jemals«. Wird nachmittags regelmäßig in die Asbestfabrik gehen müssen. »Aber schreiben werde ich trotz alledem, unbedingt, es ist mein Kampf um die Selbsterhaltung.«
14 Uhr: Generalmobilmachung in Österreich-Ungarn.

ENDE JULI
Valli übersiedelt zu ihren Schwiegereltern nach Böhmisch-Brod. Paul, der Bruder von Karl Hermann, übernimmt die Leitung der Kafka'schen Asbestfabrik.

1914 Ewald Felix Přibram wird als Oberleutnant der Reserve einberufen. Lise Weltsch kehrt nach Prag zurück.

AUGUST
Robert Musil, Sammelbesprechung u. a. zu *Der Heizer* (sehr positiv) und zu Brod, *Weiberwirtschaft*, in: *Die neue Rundschau*. Musil erwähnt auch *Betrachtung*, das ihn zu sehr an Robert Walser erinnert.

1. AUGUST
Tagebuch: Hat Karl Hermann, den Ehemann Ellis, zur Bahn begleitet. Hugo Bergmann fährt als Leutnant an die Front in Galizien.
19.10 Uhr: Kriegserklärung Deutschlands an Russland.

2. AUGUST
Tagebuch: »Deutschland hat Russland den Krieg erklärt. – Nachmittag Schwimmschule.«
Kurt Wolff wird vom Militär eingezogen.

3. AUGUST
Tagebuch: »... vollendete Einsamkeit. Keine ersehnte Ehefrau öffnet die Tür.«
K. übersiedelt in die Wohnung von Valli in der Bilekgasse 10. Elli übersiedelt mit ihren beiden Kindern in die Wohnung der Kafkas.

4. AUGUST
Tagebuch: Schwierigkeiten, die für sich und Felice gemietete Wohnung wieder loszuwerden.
Prager Cafés und Nachtlokale sind ab heute um 24 Uhr zu schließen.

5. AUGUST
Tagebuch: K. benötigt die Hilfe Weltschs, eines Rechtsanwalts und eines weiteren Zeugen, um die Wohnungsangelegenheit zu regeln. »Neid und Hass gegen die Kämpfenden, denen ich mit Leidenschaft alles Böse wünsche«.
Ab 24 Uhr nahezu völlige Einstellung des zivilen Bahnverkehrs in Österreich-Ungarn.

6. AUGUST
Tagebuch: »Ich bin zerrüttet statt erholt.« »Der Sinn für die Darstellung meines traumhaften inneren Lebens hat alles andere ins nebensächliche gerückt und es ist in einer schrecklichen Weise verkümmert ... Nichts anderes kann mich jemals zufriedenstellen.« Beobachtet Artillerie, die durch die Altstadt zieht, sowie einen patriotischen Umzug, »eine der widerlichsten Begleiterscheinungen des Krieges«. »Ich stehe dabei mit meinem bösen Blick.«
Kriegserklärung Österreich-Ungarns an Russland.

7. AUGUST
Tagebuch: Gesang aus dem gegenüberliegenden Gasthaus, von einem Polizisten unterbunden. Liest bewundernd Strindbergs *Gotische Zimmer*. Hat 4 Seiten geschrieben.
Julie Kafka an Anna Bauer: Beide Schwiegersöhne eingerückt. »Die Angelegenheit mit Franz ist natürlich dadurch in den Hintergrund getreten.« K. ist ausquartiert. Im Geschäft kaum Kunden. Sie soll trotz allem zu einem Besuch nach Prag kommen.

10. AUGUST
Kriegserklärung Frankreichs an Österreich-Ungarn.

11. AUGUST (?)
Beginn der Arbeit am Roman *Der Process*. Zuerst entstehen die Kap. ›Verhaftung‹ und ›Ende‹.

11. AUGUST
Tagebuch: Phantasie über Leben in Paris.
5-jähriges Dienstjubiläum Felice Bauers in der Carl Lindström AG.

12. AUGUST
Tagebuch: Schlaflosigkeit, »es darf mich aber nicht hindern«.
Kriegserklärung Großbritanniens an Österreich-Ungarn. Beginn des österreichischen Angriffs gegen Serbien.

15. AUGUST
Mariä Himmelfahrt (Feiertag in Böhmen)
Tagebuch: Zufrieden mit der Arbeit an *Der Process*. »... mein regel-

1914 mässiges, leeres, irrsinnig-junggesellenmässiges Leben hat eine Rechtfertigung. Ich kann wieder ein Zwiegespräch mit mir führen und starre nicht so in vollständige Leere.«
Beginnt die Erzählung *Erinnerungen an die Kaldabahn*.

nach 16. AUGUST
K. beginnt das Kap. ›Gespräch mit Frau Grubach/F. B./Erste Untersuchung‹ aus *Der Process*.

21. AUGUST
Tagebuch: »von allen drei Geschichten zurückgeworfen«. Fortsetzung von *Der Process*.

nach 23. AUGUST
K. arbeitet wieder an *Der Verschollene:* die kurze Fortsetzung V 370,12-371,15 sowie das Fragment ›Ausreise Bruneldas‹ (V 377-384, bis ~ Mitte Sept.).

24. AUGUST
Die österreichisch-ungarische Armee muss sich unter schweren Verlusten aus Serbien zurückziehen.

28. AUGUST (?)
[an Erna Bauer]

29. AUGUST
Tagebuch: Über die Arbeit an *Der Process*. »Ich darf mich aber nicht verlassen, ich bin ganz allein.«

30. AUGUST
Tagebuch: »Ich fühle allzu sehr die Grenzen meiner Fähigkeit, die, wenn ich nicht vollständig ergriffen bin, zweifellos nur eng gezogen sind.«
Erna Bauer an K.: (Ansichtskarte) Erinnerung an das Beisammensein in Potsdam am 26. Juli. Entbehrt K.s Gesellschaft.
Heirat von Felix Weltsch und Irma Herz (*1892).

ENDE AUGUST
K. beginnt die Kap. ›Im leeren Sitzungssaal/Student/Kanzleien/
Der Onkel/Leni/Der Prügler‹ sowie ›Zu Elsa‹ aus
Der Process.
In Prag treffen die ersten jüdischen Flüchtlinge aus Galizien ein.

SEPTEMBER
an Felix Weltsch: (Visitenkarte) Entschuldigt sich dafür, dass er Felix
und Irma Weltsch noch nicht besucht hat. Sendet Bücher.
K. liest Brod den Anfang von *Der Process* vor.

ANFANG SEPTEMBER
K. übersiedelt in Elli Hermanns Wohnung in der Nerudagasse 48
(Prag-Weinberge).
Oskar Pollak meldet sich freiwillig zum Kriegsdienst.

1. SEPTEMBER
Tagebuch: 2 Seiten geschrieben. Hofft auf »die grössere auf mich vielleicht wartende Freiheit«. Schreckt vor keiner Demütigung zurück.
Josef David 23 Jahre alt.

nach 1. SEPTEMBER
K. beginnt das Kap. ›Advokat/Fabrikant/Maler‹ aus *Der Process*.

13. SEPTEMBER
Tagebuch: 2 Seiten geschrieben. Hat Angst vor der Zukunft und ist traurig über die Niederlagen der österreichischen Armee. Wird »zerfressen« von Gedanken an den Krieg. »Ich bin unfähig Sorgen zu tragen«.

nach 15. SEPTEMBER
K. beginnt mit dem Kap. ›Im Dom‹ aus *Der Process* (bis ~ 13. Dez.).

22. SEPTEMBER
Elli Kafka 25 Jahre alt.

27. SEPTEMBER
Kurt Wolff, Tagebuch: »... das ist schlimmer, nicht besser als der dreißigjährige Krieg!«

1914 ENDE SEPTEMBER
K. arbeitet am Kap. ›Das Haus‹ aus *Der Process* (bis ~ 5. Okt.).

1. OKTOBER
Tod von K.s Onkel Filip Kafka aus Kolin.

4. OKTOBER
Beisetzung von Filip Kafka.

5. OKTOBER
Beginn eines 14-tägigen Urlaubs. Bis 18. Okt. schreibt K. die Erzählung *In der Strafkolonie*, das ›Oklahoma‹-Kap. von *Der Verschollene* sowie den Beginn eines weiteren Kap. (V 387,1-417,3). Außerdem beginnt er das Kap. ›Kaufmann Block / Kündigung des Advokaten‹ aus *Der Process*.

6. OKTOBER
Felix Weltsch 30 Jahre alt.

7. OKTOBER
Tagebuch: Das Schreiben ist »im Niedergang«, trotz des Urlaubs.

13. OKTOBER (?)
[Grete Bloch an K.]: Vermutet, dass K. sie hasst. Mitteilungen über Felice Bauer (vermutlich über deren Trauer um K.).

14. OKTOBER
K. schreibt bis 3 Uhr morgens. Er denkt an Selbstmord und an einen zuvor notwendigen »Brief an Max mit vielen Aufträgen«.

15. OKTOBER
an Grete Bloch: Hasst sie keineswegs. »Sie sind zwar im Askanischen Hof als Richterin über mir gesessen … in Wirklichkeit bin ich auf Ihrem Platz gesessen und bin noch bis heute dort.« Was sie über Felice schreibt, sei »vollständig unmöglich«.
Tagebuch: »gute Arbeit zum Teil, vollständiges Begreifen meiner Lage«. Zu Blochs Brief: »ich weiss, dass es so bestimmt ist, dass ich allein bleibe«. Felices Fremdheit, »aber trotz allem tritt wieder die

unendliche Verlockung ein«. Wiederholt aus dem Gedächtnis wörtlich seinen Brief an Bloch.

16. OKTOBER
Tagebuch: Obwohl er von Felice geträumt hat »wie von einer Toten«, ist sie seit Grete Blochs Brief »wieder der Mittelpunkt des Ganzen. Sie stört wohl auch meine Arbeit.« Sie schien ihm »der fremdeste Mensch«, mit dem er jemals zusammengetroffen ist. Hat im eigenen Tagebuch geblättert.
Erna Bauer an K.: (Ansichtskarte) »ich möchte Dir am liebsten täglich schreiben.«

19. OKTOBER
K. wieder im Büro.

21. OKTOBER
Tagebuch: Schreibt täglich nur 1 Stunde.

23. OKTOBER (?)
[Grete Bloch an K.]

25. OKTOBER
Tagebuch: Weiß nicht, was er Bloch antworten soll. Traurigkeit.

27. OKTOBER
an Felice Bauer: (Telegramm) »Brief folgt es geht jetzt langsam«.

30. OKTOBER (?)
[Felice Bauer an K.]: Bittet ihn, sein Verhalten zu erklären. Über ihre Erschöpfung. Spricht von Leuten, denen es »im Schlafen zufällt«.

NOVEMBER
Die Zahl der jüdischen Flüchtlinge in Prag steigt auf 4000.

1. NOVEMBER
Tagebuch: Spaziergang auf der Kleinseite. Liest Nina Hoffmann, *Th. M. Dostojewsky. Eine biographische Studie.* »Viel Selbstzufriedenheit«, die er jedoch nicht produktiv umsetzen kann.
Karl Hermann wird zum Oberleutnant befördert.

1914 **1.–2. NOVEMBER**
an Felice Bauer: Sehr ausführliche Bestandsaufnahme. »Wertlosigkeit von Briefen« ist erwiesen. »Es hat nicht an Aussprache, aber an Glauben gefehlt.« Erklärt seine ihr unverständlichen »Sonderbarkeiten« mit der Sorge um sein Schreiben. Rechtfertigt sein Schweigen im Askanischen Hof damit, dass er einen ständigen Widerwillen bei ihr fühlte. Seine Tageseinteilung, die nach wie vor ganz dem Schreiben dient; dagegen ihre Sehnsucht nach bürgerlichem Behagen. Hatte auf einen Kompromiss gehofft.

2. NOVEMBER
K. liest »einige Zeilen« von Francis Jammes. Schreibt eine »erträgliche Stelle«.

3. NOVEMBER
Tagebuch: Liest Otto Picks Erzählung *Der blinde Gast* im Ms. Schreibt nicht wegen Kopfschmerzen. »Schuld sind die Briefe«.
[an Erna Bauer]: Teilt ihr mit, dass er an Felice geschrieben hat.
Elsa Brod an Felice Bauer: (Telegramm) »Brief unterwegs«.

4. NOVEMBER
Tagebuch: (Beginn des ›10. Hefts‹) Geschichten aus dem Krieg, die der verwundet zurückgekehrte Josef Pollak aufgeregt erzählt.

5. NOVEMBER
Carl Bauer erliegt einem Herzinfarkt.

6. NOVEMBER
Neuerliche Großoffensive der österreichisch-ungarischen Armee in Serbien.

nach 6. NOVEMBER
[Familie Kafka an Familie Bauer]: (Telegramm) Beileid zum Tod Carl Bauers.

etwa 10. NOVEMBER
📖 Franz Kafka, **Zum Nachdenken für Herrenreiter**, in: *Das bunte Buch* (2. Aufl.), Leipzig (Kurt Wolff).

10. NOVEMBER
Carl Bauer wird auf dem Jüdischen Friedhof in Berlin-Weißensee beigesetzt.

12. NOVEMBER
Tagebuch: Eltern, die Dankbarkeit von ihren Kindern erwarten, »sind wie Wucherer«.

MITTE NOVEMBER
K. arbeitet am Kap. ›Kaufmann Block / Kündigung des Advokaten‹ aus *Der Process* und notiert das *Monderry-Fragment* (T 746-748).

17. NOVEMBER
Anna Bauer 65 Jahre alt.

18. NOVEMBER
Felice Bauer 27 Jahre alt.

20. NOVEMBER
K. liest Brod *In der Strafkolonie* vor.

23. NOVEMBER
K. beobachtet die Verteilung gebrauchter Wäsche an jüdische Flüchtlinge aus Galizien. Daran beteiligt Brod und dessen Mutter.

24. NOVEMBER
Tagebuch
Lotte, die zweite Tochter Vallis, wird geboren.

25. NOVEMBER
Tagebuch: »Leere Verzweiflung«.
an *Paul Hermann:* (Entwurf) Hermann, der sich um die Asbestfabrik kümmert, hat Geld aus der Kasse entnommen. »Du trägst die Verantwortung für die Arbeit, ich aber trage die Verantwortung für das Geld.« K. weist ihn zurecht, weil er Elli »unerhört behandelt« und abfällige Bemerkungen über die Kafkas macht.

1914 **27. NOVEMBER**
Julie Kafka an Anna Bauer: Beileidsbrief zum Tod Carl Bauers, den ihr Mann »wie einen wahren Freund« geliebt habe. Die Sorge um die Schwiegersöhne.

29. NOVEMBER
Erna Bauer an K.: (Ansichtskarte) Gruß aus Dresden.
K. verschenkt *Das Exemplar* von Annette Kolb, mit handschriftlicher Widmung, vermutlich an Ottla.

30. NOVEMBER
Tagebuch: »Ich kann nicht mehr weiterschreiben. Ich bin an der endgiltigen Grenze, vor der ich vielleicht wieder Jahre lang sitzen soll«. Übelkeit vor sich selbst wegen des Wunsches, »für die Zwischenzeit wieder F. zu bekommen«.

30. NOVEMBER (?)
[an Erna Bauer]: Fragt offenbar nach Weihnachten. Glaubt, Ernas Verhältnis zu Felice habe sich verschlechtert.

2. DEZEMBER
Am Nachmittag mit Brod und Otto Pick im Elternhaus von Werfel. K. liest *In der Strafkolonie* vor, Werfel aus *Esther, Kaiserin von Persien*.
Tagebuch: Über das Treffen bei Werfel. K. betrachtet gierig dessen »schöne Schwestern«. Will »unbedingt weiterarbeiten«.
Erna Bauer an K.: Über Carl Bauer: »Nichts war ihm fremd ... großes Verstehen für all die Schwächen und Fehler seiner Kinder.« Sie versteht sich gut mit Felice, die aber über K. schweigt. Ihre Schwester Else und deren Kind Muzzi in Berlin. Die Bauers wollen im April in eine kleinere Wohnung übersiedeln. Alle Einkünfte auf die Hälfte gesunken.

3. DEZEMBER
Beginn einer serbischen Offensive, die innerhalb von 12 Tagen die k. u. k. Armee aus Serbien vertreibt.

5. DEZEMBER
Tagebuch: Hält sich für das Verderben der Familie Bauer, von der er sich psychisch ganz abgetrennt fühlt. Hat alle unglücklich gemacht und zum Tod des Vaters beigetragen. Hat darunter selbst schon so gelitten, dass er sich niemals davon erholen wird.
Die Zeitschrift *Die Aktion* empfiehlt als Buchgaben für Soldaten »alles von Brod«, jedoch keinen Titel von K.

7. DEZEMBER
K. beginnt das Kap. ›Fahrt zur Mutter‹ aus *Der Process*.

nach 7. DEZEMBER
K. beendet das Kap. ›Kaufmann Block / Kündigung des Advokaten‹ aus *Der Process*.

8. DEZEMBER
Tagebuch: Zufrieden mit dem Schreiben.

9. DEZEMBER
Tagebuch: Über ein Treffen mit seinem Vetter Emil und dessen Leben in Chicago.

13. DEZEMBER
Tagebuch: Liest in fertigen Kapiteln von *Der Process* und hält sie für gut. Schreibt eine Seite: »Exegese der Legende«. Über die unglückliche Ehe von Weltsch. Glaubt, dass die Sterbeszenen in seinen Texten die Leser rühren, während sie für ihn selbst keinen Schrecken haben und eher ein Spiel sind.

14. DEZEMBER
Tagebuch: Am Nachmittag bei Baum.

15. DEZEMBER
Tagebuch: Wieder bei Baum. Erledigt zu Hause Büroarbeit. »Die Niederlagen in Serbien, die sinnlose Führung.«

nach MITTE DEZEMBER
K. schreibt das Fragment *Die Pferde von Elberfeld* (NSF1 225-228)

1914   und beginnt dann das Kap. ›Kampf mit dem Direktor-Stellvertreter‹ aus *Der Process*.

18. DEZEMBER
Neuerliche Vorwürfe des Vaters wegen der Asbestfabrik. ~ 22.45 bis 1.45 Uhr: K. beginnt *Der Dorfschullehrer*.
Alfred Löwy 62 Jahre alt.

19. DEZEMBER
Tagebuch: »Anfang jeder Novelle zunächst lächerlich.« Etwa so wie ein Säugling.
K. verzichtet auf das Abendessen bei den Eltern. Schreibt nur 1 Seite.

20. DEZEMBER
Tagebuch: Brods Auffassung, Dostojewski lasse zu viele geistig Kranke auftreten, hält K. für »vollständig unrichtig. Es sind nicht geistig Kranke.«

23. DEZEMBER
Tagebuch: Liest in Alexander Herzens *Erinnerungen*.

24. DEZEMBER (?)
→ KUTTENBERG/KOLIN
Gemeinsam mit Max und Elsa Brod. An einem der folgenden Tage Besichtigung des Hus-Denkmals in Kolin, evtl. auch Übernachtung.

26. DEZEMBER
Tagebuch: Kritisch über *Der Dorfschullehrer*. Nimmt sich neue Zeiteinteilung vor. Eine andere Erlösung als der Tod wird nicht kommen.

27. DEZEMBER (?)
→ PRAG

27. DEZEMBER
Tagebuch: Fragment: Kaufmann, der in Not zu einem »Gesetzeskundigen« geht.

nach 27. DEZEMBER
K. beginnt *Der Unterstaatsanwalt*.

31. DEZEMBER
Tagebuch: Liste aller Prosawerke, an denen er seit August gearbeitet hat. »Ich weiss nicht, warum ich diese Übersicht mache, es entspricht mir gar nicht.«

ENDE DEZEMBER
~ 11 000 galizische Flüchtlinge in Prag.

1915

Franz Kafka, *Betriebsstand zu Ende des Jahres 1914, Die Neueinreihung der Betriebe pro 1915–1919, Die Unfallverhütung in den Steinbruchbetrieben* sowie *Einwirkung der Kriegslage auf die Anstaltsgebarung*, in: Jahresbericht der AUVA für 1914.
Jubiläumsbericht 25 Jahre Arbeiter-Unfall-Versicherungs-Anstalt.
Verfasst vermutlich von Franz Kafka und Robert Marschner.
K.s Kollege Alois Gütling erfährt erst jetzt, dass K. Schriftsteller ist. Er legt K. eigene Gedichte vor.

JANUAR
an die k. k. Statthalterei Prag: Beantragt die Genehmigung für eine Reise zu seiner »Braut« in Berlin am 23./24. Januar.
K. schreibt wahrscheinlich das Kap. ›B.s Freundin‹ aus **Der Process**.

4. JANUAR
Tagebuch: Muss **Der Unterstaatsanwalt** wohl aufgeben; fürchtet wegen der Verpflichtungen in der Asbestfabrik das Ende der produktiven Phase.

5. JANUAR
K. am Nachmittag in der Asbestfabrik.

6. JANUAR
Tagebuch: Hat **Der Unterstaatsanwalt** und **Der Dorfschullehrer** »vorläufig aufgegeben«. Gedanken an die Ostjüdin Fanny Reiß aus Lemberg.

13. JANUAR
an Felix Weltsch: (Karte) Hat möglicherweise ein geliehenes Buch verlegt.

MITTE JANUAR
Hugo Bergmann wird wegen Herzschwäche vom Kriegsdienst beurlaubt.

16. JANUAR
K. mit Kopfschmerzen im Café Arco; Herzschmerzen zu Hause. Er diktiert erstmals Briefe im Büro der Asbestfabrik.

17. JANUAR
Tagebuch: Hat Ottla unterdrückt, auch Felice ist dieser Ansicht. Hat seit August die Zeit falsch eingeteilt, zu langer Schlaf am Nachmittag, zu später Beginn des Schreibens (~ 23 Uhr), dann Arbeit meist nur bis 1 Uhr. Liest Strindberg, *Schwarze Fahnen.* »Wenn man seine Grenzen sehr intensiv erkennt, muss man zersprengt werden.«
[Ottla Kafka an Erna Bauer]: Hat sich in Berlin unglücklich gefühlt. K. liest Ottlas Brief.

etwa 18. JANUAR
Paul Hermann wird zum Militärdienst eingezogen. K. muss ihn für ~ 2 Wochen in der (stillstehenden) Asbestfabrik vertreten.

18. JANUAR
Tagebuch: Erwähnt »4 oder 5« unvollendete Texte.
K. arbeitet bis 18.30 Uhr in der Asbestfabrik. Am Abend beginnt er eine neue Erzählung.
Prag wird durch Ministerialverordnung für Flüchtlinge aus Galizien gesperrt. In der Stadt befinden sich ~ 15 000 jüdische Flüchtlinge.

19. JANUAR
Tagebuch: Glaubt, nicht mehr schreiben zu können, solange er in die Fabrik gehen muss, obwohl er dort innerlich völlig unbeteiligt ist. Kurzer fiktiver Text.

1915 **20. JANUAR**
Tagebuch: »Ende des Schreibens.« Liest Strindberg, *Schwarze Fahnen.*

22. JANUAR
Die Erlaubnis zur Reise nach Berlin, die K. bei der Statthalterei beantragt hat, ist noch immer nicht eingetroffen. Daher wahrscheinlich kurzfristige telefonische Verabredung mit Felice Bauer in Bodenbach.

23. JANUAR
→ BODENBACH
Erstes Zusammentreffen mit Felice Bauer seit der Entlobung. 2 Stunden sind sie zusammen in einem Hotelzimmer, wo K. ihr aus seinen Mss. vorliest, u. a. *Vor dem Gesetz.*
Paul Hermann 25 Jahre alt.

24. JANUAR
→ PRAG
Tagebuch: Über das Treffen in Bodenbach. »Ich lasse nichts nach von meiner Forderung nach einem phantastischen nur für meine Arbeit berechnetem Leben, sie will stumpf gegen alle stummen Bitten das Mittelmass ... Und sie behält Recht«. Sie zeigte mäßiges Interesse an seinen Texten. »Wir haben mit einander noch keinen einzigen guten Augenblick gehabt«.

25. JANUAR
an Felice Bauer: »... wir sind beide erbarmungslos gegeneinander«. Wusste schon vor der Fahrt nach Bodenbach, dass seine Begierde nach Nähe dort nicht gestillt wird. Klagt darüber, nicht streiten zu können. Will wegen der Briefzensur seltener schreiben. Hat ihr ein Buch Werfels geschickt.

27. JANUAR
an die AUVA: Bitte, finanziell nicht schlechter gestellt zu werden als jüngere Kollegen. Verweis auf den Antrag auf Gehaltserhöhung vom 11. Dez. 1912, der nur teilweise bewilligt wurde.
k. k. Statthalterei an K.: Genehmigt zu spät eine 2-tägige Reise nach Deutschland.
K. geht schon um 22 Uhr zu Bett.

28. JANUAR
K. erneut um 22 Uhr zu Bett.

29. JANUAR
Tagebuch: Vergeblicher Versuch zu schreiben.

30. JANUAR
Tagebuch: »Kaum 10 Tage lang das Schreiben unterbrochen und schon ausgeworfen.«

ENDE JANUAR
Max Brod in Deutschland.

FEBRUAR
In Österreich-Ungarn werden Mehl und Getreide rationiert.

7. FEBRUAR
Tagebuch: »Vollständige Stockung« des Schreibens, »endlose Quälereien«. Bei hinreichender Selbstreflexion wird man finden, dass man ein »Rattenloch elender Hintergedanken« ist und dass der »unterste Boden« aus Schmutz besteht.

vor 8. FEBRUAR
Paul Hermann kann wieder täglich nach der Asbestfabrik sehen, da er seinen Militärdienst in Prag ableistet.

8. FEBRUAR
K. beginnt mit dem Fragment »*Blumfeld ein älterer Junggeselle...*« (*NSF1* 229-266).

9. FEBRUAR
Tagebuch: Der Anfang des *Blumfeld*-Fragments »trotz aller Wahrheit böse, pedantisch, mechanisch«.

10. FEBRUAR
K. bezieht in der Bilekgasse 10, wo auch Valli lebt, zum ersten Mal ein eigenes Zimmer. Seine Vermieterin ist die 55-jährige Witwe Justine Nalos, geb. Propper.

1915 *Tagebuch:* Verzweiflung wegen des Lärms, der ihn an der Fortsetzung der **Blumfeld**-Erzählung hindert.»... etwas zähes Judentum ist noch in mir, nur hilft es meistens auf der Gegenseite.«

11. FEBRUAR
an Felice Bauer: Über die Asbestfabrik, die er jetzt nicht mehr aufsucht. Die hässlichen Zimmer, die er besichtigte. Komisch-verzweifelte Schilderung störender Geräusche, »zu nichts braucht man die Ruhe, die ich zum Schreiben brauche«.

14. FEBRUAR
Tagebuch: »Die unendliche Anziehungskraft Russlands.«
K. liest wahrscheinlich in Alexander Herzens *Erinnerungen*.

15. FEBRUAR
Tagebuch: »Die Wohnung verdirbt mir alles.« K. zeichnet sich selbst, am Schreibtisch sitzend und nur durch eine papierdünne Wand von der Nachbarin getrennt.

16. FEBRUAR
Tagebuch: Konfusion.

20. FEBRUAR
K. spricht mit Brod über seine Ehepläne.

22. FEBRUAR
Tagebuch: »Unfähigkeit in jeder Hinsicht und vollständig.«

23. FEBRUAR
Ein Erlass des Wiener Innenministeriums überträgt der AUVA die »Fürsorge für die heimkehrenden Krieger«.

25. FEBRUAR
Tagebuch: Hatte tagelang Kopfschmerzen.

27. FEBRUAR
AUVA an K.: Der Antrag auf Gehaltserhöhung vom 27. Jan. wird teilweise bewilligt. Ab 1. März beträgt K.s Jahreseinkommen 5.800 K.
K. liest Brod **Vor dem Gesetz** vor.

FEBRUAR–MÄRZ
an Ottla Kafka: (Karte) Deutet einen kleinen Streit an, offenbar ging es um das eigenmächtige Ausräumen von K.s Habseligkeiten. Ottla hat ebenfalls ein Zimmer gemietet.

MÄRZ
Josef David wird zum Kriegsdienst einberufen.
Kurt Wolff übernimmt von Axel Juncker das gesamte Werk Max Brods.

1. MÄRZ
Tagebuch: Hat sein Zimmer gekündigt. »… glaube zu ahnen, dass in der Veränderung meine Rettung liegt«. Starke Kopfschmerzen.
K. schreibt eine Seite am **Blumfeld**-Fragment.

2./3. MÄRZ
K. mietet ein Zimmer in der Langegasse 18.

3. MÄRZ
an Felice Bauer: (Telegramm)
an Felice Bauer: (Karte) Kündigt den am selben Tag verfassten Brief an (der wegen der Zensur länger unterwegs sein wird als die Karte). Will künftig 14-tägig einen eingeschriebenen Brief schicken. Lehnt es ab, ihr ein noch nicht abgeschriebenes Ms. zu senden.
an Felice Bauer: Über die Kündigung des Zimmers. Gehaltserhöhung. »Sage offen, glaubst Du, dass wir in Prag eine gemeinsame Zukunft haben können?« »Warum liest Du so alte und nicht gute Bücher wie **Betrachtung**?« Schlägt ihr als Lektüre die Briefe von Flaubert und Browning vor. »Und im Sommer machen wir eine Reise.«

4. MÄRZ
K. geht nicht zum Samstagstreffen bei Brod.

9. MÄRZ
K. besucht den 2. Diskussionsabend des Jüdischen Volksvereins zum Thema ›Ost und West‹ im Hotel Bristol. Heftige Debatte, beteiligt u. a. Max Brod.

1915 10. MÄRZ
Erna Bauer schickt K. Strindbergs *Am offenen Meer* mit Widmung.

11. MÄRZ
Tagebuch: Beobachtungen beim Diskussionsabend, die Überlegenheit der Ostjuden.

13. MÄRZ
Tagebuch: »Manchmal das Gefühl fast zerreissenden Unglücklichseins und gleichzeitig die Überzeugung der Notwendigkeit dessen«.
K. schläft von 18 bis 21 Uhr, schreibt dann 1½ Ms.-Seiten, liest 2 Kap. in Herzens *Erinnerungen*. Verzichtet auf das Samstagstreffen bei Brod.

14. MÄRZ
Tagebuch: Tagesablauf.
K. bleibt bis 11.30 Uhr im Bett, liest am Nachmittag einen Aufsatz Gogols über Lyrik. Am Abend Spaziergang. Sitzt in den Chotekschen Anlagen. Trifft Ottla und ihren tschech. Freund Josef David (*1891).

15. MÄRZ
K. übersiedelt in die Langegasse 18 (Haus ›Zum goldenen Hecht‹), wo er im 4. Stock ein Eckzimmer gemietet hat. Vermieter ist der jüdische Geschäftsmann Salomon Stein.

16. MÄRZ
Arbeit an *Der Unterstaatsanwalt*.

17. MÄRZ
Tagebuch: Das neue Zimmer schöner, aber lauter. Schreibversuch wegen des Lärms abgebrochen.

20. MÄRZ
K. hat Kopfschmerzen. Geht nicht zum Samstagstreffen bei Brod.

21. MÄRZ
an Felice Bauer: Über das neue Zimmer und die Abhängigkeit von freiem Ausblick. Sein Brief vom 3. März noch unbeantwortet.

Grete Bloch 23 Jahre alt.

22. MÄRZ
K. sitzt in den Chotekschen Anlagen.

23. MÄRZ
Tagebuch: »Hohl wie eine Muschel am Strand«.
Liest auf dem Karlsplatz Strindbergs *Am offenen Meer*.

24. MÄRZ
K. beim 4. Diskussionsabend des Jüdischen Volksvereins zum Thema ›Ost und West‹ im Hotel Bristol. Brod hält einen Vortrag über ›Religion und Nation‹.

25. MÄRZ
Tagebuch: Beobachtungen beim gestrigen Diskussionsabend. »Meine Verwirrung.«

31. MÄRZ
Letzter Arbeitstag Felice Bauers bei der Carl Lindström AG.

ENDE MÄRZ
an Max Brod: Sendet ein Typoskript von *Die Verwandlung* und fragt, ob man die Erzählung nicht in den *Weißen Blättern* veröffentlichen könnte. Brod reist offenbar mit seiner Frau nach Deutschland, K. empfiehlt den Thüringer Wald anstelle Berlins. Brod soll für K. französische Zeitungen kaufen [sic!].

1. APRIL
Felice Bauer tritt eine Stelle in der Technischen Werkstätte an (Berlin O-27, Markusstraße 52), einer Produktionsstätte für Feinmechanik.

4. APRIL
Ostersonntag
an Felice Bauer: Über den höllischen Lärm in seinem Zimmer. Hat sich aus Berlin ›Ohropax‹ schicken lassen. Gibt auf ihre Frage, ob er durch den Krieg leide, keine klare Antwort (vermutlich wegen der Briefzensur). Glaubt, in Prag nicht weiterkommen zu können. Bittet sie, wieder mehr über sich und ihre Familie zu schreiben.

1915 vor 7. APRIL
René Schickele an K.: Noch kein definitiver Bescheid hinsichtlich des Abdrucks von *Die Verwandlung* in den *Weißen Blättern*. Einen Abdruck in Fortsetzungen will er vermeiden.

7. APRIL
an René Schickele: Bittet um Entscheidung, ob *Die Verwandlung* zum Abdruck angenommen werden kann. Bietet ersatzweise *In der Strafkolonie* an.

9. APRIL
Tagebuch: »Paar Abende gut gearbeitet«, trotz des ständigen Lärms.

10. APRIL
Brod besucht am Vormittag K. in seinem Zimmer. K. liest ihm 2 Kap. aus *Der Process* vor.
Max Brod, Tagebuch: K. ist »der grösste Dichter unserer Zeit«.

14. APRIL
K. und Felix Weltsch besuchen den Unterricht, den Brod einmal wöchentlich galizischen Mädchen erteilt.
Tagebuch: Brods »Homerstunde«.

17. APRIL
Albert Anzenbacher an K.: (Ansichtskarte) Aus Nagy-Mihály, auf dem Weg an die Karpatenfront.

20. APRIL
an Felice Bauer: Noch keine Antwort auf den Brief vom 4. April. Er erinnert an die Verlobung vor einem Jahr, zu der er gar kein Recht hatte. Ihre »kindlich bösartigen Worte im Askanischen Hof«. Bittet sie, an Pfingsten allein nach Bodenbach zu kommen. Hat ihr Lily Brauns *Memoiren einer Sozialistin* geschickt.

21. APRIL
K. sieht Strindbergs *Der Vater* im Prager Königlich deutschen Landestheater (Gastspiel der Neuen Wiener Bühne).

22. APRIL
➜ WIEN

K. reist als Begleiter seiner Schwester Elli, die ihren im Kriegsdienst befindlichen Ehemann sehen will.

23.–24. APRIL
➜ BUDAPEST (mit Elli; Ankunft am Morgen des 23.)
an Felice Bauer: (Ansichtskarte) Will an Pfingsten notfalls auch nach Berlin kommen.
an Ottla Kafka: (Ansichtskarte)
➜ SÁTORALJA-ÚJHELY (mit Elli)
K. und Elli nehmen Hotelzimmer. K. versucht vergeblich, die Erlaubnis für die Benutzung des Militärzugs nach Nagy-Mihály zu bekommen. Zusammentreffen mit Ernst Popper. Am Abend in einem Kaffeehaus.

24. APRIL
an Felice Bauer: (Ansichtskarte)

25. APRIL
➜ NAGY-MIHÁLY (mit Elli)
Reise mit einem Postzug. Zusammentreffen mit Ellis Ehemann Karl Hermann, der hier als Offizier stationiert ist.
an Felice Bauer: (Ansichtskarte)

26. APRIL
Elli bleibt bei ihrem Ehemann in Nagy-Mihály zurück.
➜ BUDAPEST
an Felice Bauer: (Ansichtskarte) Geschrieben während eines 2-stündigen Aufenthalts am Abend.
Felice Bauer befindet sich ebenfalls in Budapest, was K. jedoch nicht weiß.
➜ WIEN (per Nachtzug)

27. APRIL (?)
K. trifft mit Werfel zusammen und bezeichnet die auf dem Graben flanierenden Menschen als »Gespenster«. Er glaubt, »dass das alles bald vorbei ist«.

1915 27. APRIL
an Felice Bauer: (Ansichtskarte)
an Ottla Kafka: (Ansichtskarte)
→ PRAG
Tagebuch: »Unfähig mit Menschen zu leben, zu reden.« Beobachtungen auf der Reise, ausführlich (Abbruch der Notate mit der Schilderung Sátoraljas).

MAI
Felice Bauers Schwester Else und deren Tochter ›Muzzi‹ sind in Berlin.

1. MAI
K. bekommt von Felice Bauer Flauberts *Salammbô* mit recht pessimistischer Widmung (nicht im Nachlass erhalten).

2. MAI
K. macht allein einen Ausflug nach Dobřichowitz. Er liest eine Bismarck-Biographie.
an Felice Bauer: (Ansichtskarte) Fragt erneut nach dem vorgeschlagenen Treffen an Pfingsten.

3. MAI
Tagebuch: »Vollständige Gleichgültigkeit und Stumpfheit.« Über Strindbergs *Entzweit*. Nennt einen Brief an Felice »falsch, nicht wegschickbar« (schickt ihn dennoch ab).
Die Prager Tagespresse meldet, dass K.s Jahrgang erneut militärisch gemustert wird.

4. MAI
Tagebuch: »Besserer Zustand weil ich Strindberg (*Entzweit*) gelesen habe.« »... niemand ist hier, der Verständnis für mich im Ganzen hat ... Ottla versteht manches, sogar vieles, Max, F[elix] manches, manche wie E[lli?] verstehn nur einzelnes, aber dieses mit abscheulicher Intensität, F[elice] versteht vielleicht gar nichts«.
an Felice Bauer: Leugnet, sich verändert zu haben. Er würde »den geraden Weg« und das Glück »im kleinen natürlichen Kreis« vorziehen, aber das ist unmöglich. Fragt, warum sie ein gemeinsames Leben in Prag nun doch für möglich hält. »Wir müssen neu anfan-

gen«, auch die Briefe müssen anders werden. Wünscht sich, bei der bevorstehenden Musterung für tauglich befunden zu werden.
Begeistert über Lily Brauns *Memoiren einer Sozialistin*.
an Felice Bauer: (Karte) Hat mittlerweile erfahren, dass sie ebenfalls in Budapest war.

5. MAI
Tagebuch: Begegnung mit Angela Rehberger (die K. 1911 im Zug kennenlernte). »Trotz allem gefällt sie mir sehr gut auch im zweifellos hässlichen«.
Am Nachmittag sitzt K. in den Chotekschen Anlagen und liest Strindberg. Am Abend liest er ein Kap. in Brods (unveröffentlichtem) Roman *Die neuen Christen*.

9. MAI
an Felice Bauer: (Ansichtskarte) Aus Dobřichowitz. Hat seit Wochen von Felice keine Nachricht.
Felice Bauer an K.: (Ansichtskarte) Mit Erna Steinitz in Potsdam. »Mache einen Vorschlag wegen Pfingsten.«

13. MAI
Christi Himmelfahrt
Ausflug nach Dobřichowitz und Častalice mit Ottla, dem Ehepaar Weltsch und den ostjüdischen Schwestern Reiß.

14. MAI
Tagebuch: Gestriger Ausflug »wie in einer Folter«. Fürchtet, wegen eines Herzfehlers nicht Soldat werden zu können.
K. besucht einen Gottesdienst und die Volksküche für ostjüdische Flüchtlinge. Liest im Ms. von **Der Verschollene**.

16. MAI
Ausflug nach Oúvaly mit Ottla und Irma Stein.
an Josef David: (Ansichtskarte) Text von Ottla, Gruß und Zeichnung von K.

22. MAI
→ BÖHMISCHE SCHWEIZ
Zusammentreffen mit Felice Bauer, Grete Bloch und Erna Steinitz.

1915 23. MAI
Pfingstsonntag
Nachmittag: Italien erklärt Österreich-Ungarn den Krieg.

24. MAI
Gemeinsamer Ausflug zur Edmundsklamm.
an Ottla Kafka: (Ansichtskarte) Unterzeichnet von K., Felice Bauer, Erna Steinitz und Grete Bloch.
→ PRAG

26. MAI
an Felice Bauer: (Karte) Spricht über sich selbst in der 3. Person: Er sei »ganz an F. verloren«.

27. MAI
Tagebuch: »Viel Unglück ... Gehe zu Grunde.« (Letzter Eintrag im ›10. Heft‹)
an Felice Bauer: (Karte) Trennungsschmerz, denn 2 gemeinsame Tage waren schon »zu viel«. Hofft, Soldat zu werden, plant andernfalls gemeinsamen Ausflug an die Ostsee.
Max Brod 31 Jahre alt.

JUNI
Die 19-jährige Margarethe Kirchner wird Mutter einer unehelichen Tochter.

3. JUNI
Fronleichnam
K. um 8 Uhr morgens bei der militärischen Musterung auf der Schützeninsel. Er wird als »geeignet auf Kriegsdauer« für den »Landsturmdienst mit der Waffe« befunden.

10. JUNI
Die AUVA bittet das k. u. k. Militärkommando in Prag um K.s Freistellung vom Landsturmdienst.

11. JUNI
Oskar Pollak wird als Fähnrich am Isonzo getötet.

23. JUNI
Durch Erlass des k. u. k. Militärkommandos wird K. auf unbestimmte Zeit vom Landsturmdienst freigestellt.

2./3. JULI
➜ KARLSBAD
Zusammentreffen mit Felice Bauer.

3. JULI
Kafka 32 Jahre alt. Felice Bauer schenkt ihm Strindbergs *Inferno/Legenden* mit Widmung.

3./4. JULI
Gemeinsamer Ausflug nach Elbogen.

4. JULI
Felice Bauer schenkt K. Dostojewskis *Die Brüder Karamasow* (2 Bde.) mit Widmung.
Robert Marschner 50 Jahre alt.

4./5. JULI
➜ AUSSIG ➜ PRAG
Bis Aussig gemeinsame Reise mit Felice Bauer.

10. JULI
an Felice Bauer: (Karte) Felice hat beim Fotografieren in Karlsbad irrtümlich den Film nicht belichtet.

20. JULI
➜ RUMBURG (NORDBÖHMEN)
K. begibt sich ins Sanatorium Frankenstein, wo sich auch Weltschs Schwester Elizabeth aufhält.
an Felice Bauer: (Karte) »Es ist mir nach der Rückkehr in Prag unerträglich geworden, ich musste weg«. Kündigt an, häufiger zu schreiben (tut es dann aber nicht).

1915 26. JULI (?)
an Felice Bauer: (Ansichtskarte) »Schon ein wenig eingewöhnt.«
Erwartet ein Paket von den Eltern.
an Felix Weltsch: (Ansichtskarte) »ich werde niemals mehr in ein Sanatorium gehen«.

1. AUGUST
→ PRAG

7. AUGUST
[an Felice Bauer]: (Telegramm) »Brief unterwegs« (unwahr).

9. AUGUST
an Felice Bauer: Benennt in Er-Form sein »vierfaches« Leid: Kann nicht in Prag leben, kann deshalb Felice nicht »haben«, daher auch keine eigenen Kinder; schließlich zunehmende psychische Zermürbung. Dies als Begründung seines Schweigens.

16. AUGUST
K. wird der III. Ersatzkompanie des k. u. k. Infanterieregiments Nr. 28 zugeteilt, aufgrund seiner Freistellung aber nicht eingezogen.

7. SEPTEMBER
 Franz Kafka, **Vor dem Gesetz**, in: *Selbstwehr.*

11. SEPTEMBER
K., Brod und Georg Langer (*1894) besuchen den ›Wunderrabbi‹ von Grodek, der in Žižkov residiert.

13. SEPTEMBER
Tagebuch: (Beginn des ›11. Hefts‹) Tagebuch »nicht so notwendig wie sonst«. »… ununterbrochen zerrendes Verlangen«.

14. SEPTEMBER
Tagebuch: Schilderung des Besuchs beim Rabbi. »Schmutzig und rein, Eigentümlichkeit intensiv denkender Menschen.«

16. SEPTEMBER
Besucht Ernst Eisner, den Direktor der Assicurazioni Generali, durch dessen Verhalten sich K. gedemütigt fühlt.
Tagebuch: »Früher war ich anders«, jetzt »unberührbar aber auch unerweckbar.«

nach 17. SEPTEMBER
Tagebuch: Beobachtet Ostjuden auf dem Gang zur Synagoge. Kein sichtbarer religiöser Einfluss auf sein Schreiben. Tötungsphantasie. Liest einen Bericht über Napoleons Russland-Feldzug.

25. SEPTEMBER
Valli Kafka 25 Jahre alt.

28. SEPTEMBER
Wenzelstag (Feiertag in Böhmen)
Tagebuch: Kurzes Fragment. Historische Lektüre. Über die Sinnlosigkeit aller Klagen.

29. SEPTEMBER
Tagebuch: Starke Kopfschmerzen. »Früher dachte ich: Dich wird nichts umbringen«.

30. SEPTEMBER
Tagebuch: »Rossmann und K., der Schuldlose und der Schuldige, schliesslich beide unterschiedslos strafweise umgebracht«.
Besuch bei Weltsch.

1. OKTOBER
Tagebuch: Langes Exzerpt über »Fehler die Napoleon beging«, aus den Memoiren des Generals Marcellin de Marbot. Paraphrase aus Paul Holzhausen, *Die Deutschen in Russland 1812*.

6. OKTOBER
Tagebuch: »Ich glaube Lärm kann mich nicht mehr stören.« Chassidische Geschichten, die K. von Georg Langer hörte; Hierarchie der Zaddikim.
Treffen mit Fanny Reiß.

1915 **7. OKTOBER**
Tagebuch: Erträgt den Anblick eines blutenden Pferdes nicht. »Bin ich gebrochen? Bin ich im Niedergang? Fast alle Anzeichen sprechen dafür«.

8. OKTOBER
Erna Bauer meldet sich in Hildesheim ab und gibt als neuen Wohnort Berlin an.

11. OKTOBER
Georg Heinrich Meyer (Kurt Wolff Verlag) an K.: Dass K. **Die Verwandlung** nicht Korrektur lesen konnte, ist ein Versäumnis Schickeles. Schlägt vor, dass die Erzählung schon im November als Band des ›jüngsten Tages‹ erscheint. Die Gelegenheit günstig, da Sternheim den Fontane-Preis erhalten und das Preisgeld an K. weitergeben wird. »Sie sind also der reine Hans im Glück!« Vorschlag, **Betrachtung** neu auszuliefern.

etwa **11. OKTOBER**
 Franz Kafka, **Die Verwandlung**, in: *Die weißen Blätter. Eine Monatsschrift*, Verlag der Weißen Bücher, Leipzig.

15. OKTOBER
an Georg Heinrich Meyer (Kurt Wolff Verlag): K. zweifelt, ob er den Geldbetrag von Sternheim annehmen kann. Erinnert an seinen Wunsch, drei Erzählungen in einem »grösseren Novellenbuch« zu vereinigen. Legt die Korrektur des 1. Bogens von **Die Verwandlung** bei. Wünsche zur Buchgestaltung.

18. OKTOBER
[Georg Heinrich Meyer (Kurt Wolff Verlag) an K.]

vor **20. OKTOBER**
[an Carl Sternheim]: Vermutlich Dank für das von Sternheim an K. weitergegebene Preisgeld.

20. OKTOBER
an Georg Heinrich Meyer (Kurt Wolff Verlag): Ist noch immer unzu-

frieden damit, das Preisgeld, aber keinen Anteil am Fontane-Preis zu bekommen. Legt weitere Korrekturbögen von *Die Verwandlung*, das Prosastück *Vor dem Gesetz* (zum Abdruck im Verlagsalmanach) sowie zu Werbezwecken frühere Rezensionen von *Der Heizer* und *Betrachtung* bei.

25. OKTOBER
an Georg Heinrich Meyer (Kurt Wolff Verlag): Bittet dringend darum, der Illustrator von *Die Verwandlung* möge darauf verzichten, den Käfer zu zeichnen.

31. OKTOBER
K. und Fanny Reiß in einer Nachmittagsvorstellung des Neuen deutschen Theaters: Bernhard Buchbinder, *Er und seine Schwester*, mit Alexander Girardi.

NOVEMBER
Franz Kafka, *Betrachtung*. Zweite Ausgabe, Leipzig (Kurt Wolff).

2. NOVEMBER
K. beim gemeinsamen Vortragsabend zionistischer Vereine. Adolf Brod spricht über ›Palästina im Kriege‹. Anwesend u. a. Max, Fanny und Otto Brod, Felix Weltsch. K. gibt 5 K als ›Kriegslandspende‹ (»zur Ansiedelung von Kriegsopfern in Erez Israel«).

3. NOVEMBER
Tagebuch: »Viel gesehn in der letzten Zeit«. Über Fanny Reiß und deren schöne Schwestern.

4. NOVEMBER
Tagebuch: Erinnerung an Brescia und Verona. Beobachtet die Abreise jüdischer Flüchtlinge am Staatsbahnhof.

5. NOVEMBER
Tagebuch: Fieberhafte Überlegungen wegen des Kaufs von Kriegsanleihen, beauftragt schließlich die Mutter mit der Anlage von 2000 K. Erfährt, dass die Eltern bereits 3000 K auf seinen Namen angelegt haben. Über das Schreiben: »fühlte das schon oft erfahrene Unglück des verzehrenden Feuers das nicht ausbrechen darf«.

1915 **6. NOVEMBER**
Tagebuch: »Gibt es übrigens jemanden, vor dem ich mich nicht beuge?« Hält z. B. Abraham Grünberg für einen »sehr bedeutenden Menschen«. Selbstprüfung.
K. besichtigt den ›Schauschützengraben‹ auf der Kaiserinsel. Er besucht Mutter und Schwester des an der Front getöteten Oskar Pollak.
Letzter Zeichnungstag der 3. österreichisch-ungarischen Kriegsanleihe. Sie erbringt 6,17 Mrd. K.

10. NOVEMBER
Franz Werfel an K.: Überwältigt von **Die Verwandlung**. »Sie sind so rein, neu, unabhängig, und vollendet, dass man eigentlich mit Ihnen verkehren müsste, als wären Sie schon tot und unsterblich.«

nach **12. NOVEMBER**
K. und Brod besuchen Werfel, der aus seinem Bozener Kriegstagebuch vorliest.

MITTE NOVEMBER
K. sendet an Felice Bauer ein Ex. von Gerhart Hauptmann, *Der Narr in Christo Emanuel Quint*, mit Widmung.

16. NOVEMBER
Anzeige zu **Die Verwandlung** im *Börsenblatt für den Deutschen Buchhandel*.

17. NOVEMBER
Max Brod an Martin Buber: Schlägt K. als Mitarbeiter von *Der Jude* vor.
Anna Bauer 66 Jahre alt.

18. NOVEMBER
Felice Bauer 28 Jahre alt.

vor **19. NOVEMBER**
[an Franz Werfel]
K. und Brod besuchen die Prager Autorin Regine Mirsky-Tauber.

19. NOVEMBER
Tagebuch: Fortdauernder Kopfschmerz.
K. hört in der Alt-Neu-Synagoge einen Vortrag über das jüdische Religionsgesetz. Gespräch mit dem Talmudgelehrten Dr. Jeiteles.

21. NOVEMBER
Tagebuch: »Vollständige Nutzlosigkeit.«
Nach schlafloser Nacht bleibt K. bis 11.15 Uhr im Bett. Spaziergänge in der Stadt, dann Richtung Podol.

22. NOVEMBER
Martin Buber an K.: Lädt ihn zur Mitarbeit an *Der Jude* ein, bittet um ein eindeutiges Bekenntnis zum jüdischen Volk.

28. NOVEMBER
K. besucht im ›Klub deutscher Künstlerinnen‹ den 1. Vortrag Brods im Rahmen seines wöchentlichen Literaturkurses ›Hauptströmungen der neuzeitlichen Literatur‹.

29. NOVEMBER
an Martin Buber: Lehnt eine Mitarbeit an *Der Jude* ab. Der Besuch bei Buber vor 2 Jahren sei die »reinste Erinnerung, die ich von Berlin habe«.

DEZEMBER
Grete Bloch wird Privatsekretärin des Geschäftsführers der Berliner Maschinenbaufirma Adrema, Julius Goldschmidt.

ANFANG DEZEMBER
Franz Kafka, **Die Verwandlung**, Leipzig (Kurt Wolff) als Band 22/23 der Reihe ›Der jüngste Tag‹. Mit einer Umschlagzeichnung von Ottomar Starke.
K. geht mit seinem Neffen Felix zu einer Chanukkahfeier des ostjüdischen Kindergartens.

5. DEZEMBER
an Felice Bauer: Sie hat ihn gebeten, öfter zu schreiben, und hat ein Treffen an Weihnachten vorgeschlagen. Beides lehnt K. ab, sein psy-

1915 chischer Zustand lasse es nicht zu. Verspricht die Sendung von Brods Roman *Tycho Brahes Weg zu Gott*, »der mir sehr lieb ist«.

nach 5. DEZEMBER
K. sendet *Die Verwandlung* an Erna Bauer.

6. DEZEMBER
K. sendet ein Paket an Else Bauer in Arad.

19. DEZEMBER
Kasimir Edschmid, *Deutsche Erzählungsliteratur*, in: *Frankfurter Zeitung*. Positiv über *Die Verwandlung*.

20. DEZEMBER
Widmungsex. von *Die Verwandlung* an Ernst Weiß: »Meinem lieben Ernst«.

21. DEZEMBER
an Felice Bauer: (Karte) Auf ihre Frage, was er nach dem Krieg tun will: »Ich werde dann nach Berlin übersiedeln«. »1912 hätte ich wegfahren sollen.« Beantwortet nur knapp ihre Fragen nach Fontane-Preis und *Die Verwandlung*.

23. DEZEMBER
K. nimmt sich vor, beim morgigen Gespräch mit Pfohl unnachgiebig zu bleiben.

etwa 24. DEZEMBER
[Felice Bauer an K.]: Sie hat überlegt, Weihnachten in Prag zu verbringen, fährt nun aber doch nach Garmisch. Bittet ihn, Muzzi Braun ein Geburtstagspaket zu schicken.

24. DEZEMBER
K. spricht mit seinem Abteilungsleiter Eugen Pfohl über die heftigen Kopfschmerzen, über Urlaub, Kündigung oder Freistellung für den Militärdienst. Er plädiert für Letzteres. Pfohl schlägt einwöchigen Urlaub und »Hämatogenkur« vor.

25. DEZEMBER
Tagebuch: »wäre glückselig schreiben zu dürfen, schreibe nicht. Werde die Kopfschmerzen nicht mehr los. Ich habe wirklich mit mir gewüstet.« Das Gespräch mit Pfohl. »Erleichterung offen gesprochen zu haben.« »Wäre ich 1912 weggefahren im Vollbesitz aller Kräfte mit klarem Kopf«.

26. DEZEMBER
an Felice Bauer: (Karte) Zufrieden damit, dass sie nach Garmisch fährt, bittet um Fotos.

26. DEZEMBER (?)
Tagebuch: Jüdische Gesetze hinsichtlich des Lesens.
K. trifft Georg Langer.

28. DEZEMBER
Max Brod liest Heinrich Mann Passagen aus Egon Erwin Kischs unveröff. Kriegstagebuch vor. K. trifft Werfel, Elsa und Max Brod, Heinrich und Mimi Mann.
an Egon Erwin Kisch: (Karte) Mit Grüßen von K., Werfel, Max und Elsa Brod, Heinrich und Mimi Mann.

1916

Franz Kafka, *Unfallverhütung*, in: Jahresbericht der AUVA für 1915. (Mit-Autorschaft bei zwei weiteren Aufsätzen.)

JANUAR
Max Brod, *Tycho Brahes Weg zu Gott*, Leipzig (Kurt Wolff).

ANFANG JANUAR
📖 Franz Kafka, **Vor dem Gesetz**, in: *Vom jüngsten Tag. Ein Almanach neuer Dichtung*, redigiert von Max Brod u. Franz Werfel, Leipzig (Kurt Wolff).

1. JANUAR
Einführung des zusätzlichen Nachmittagsdienstes in der AUVA (16–18 Uhr).

8. JANUAR
K. schenkt Felix und Irma Weltsch ein Widmungsex. von *Die Verwandlung*.

18. JANUAR
an Felice Bauer: Will nach dem Krieg nach Berlin übersiedeln, wird dort aber zunächst mit Selbstprüfung beschäftigt sein, ehe er die Beziehung zu Felice wiederaufnimmt.

24. JANUAR
an Felice Bauer: (Karte) »Ist nicht mein Schreiben entsetzlicher als mein Schweigen?« Sieht keine andere Möglichkeit als abzuwarten.

FEBRUAR
Brod im Kurt Wolff Verlag in Leipzig. Er spricht mit Georg Heinrich Meyer über literarische Projekte Werfels und K.s.

7. FEBRUAR
Brod besucht K., der mit einer Erkältung im Bett liegt. Otto Brod rückt beim Militär ein.

MITTE FEBRUAR
an Felice Bauer: Er ist »verzweifelt wie eine eingesperrte Ratte«. Schlaflosigkeit, Kopfschmerzen.»... mein erstes Verlangen ist Freiheit vom Bureau«. Keine Angst vor Unabhängigkeit. Doch es gelingt ihm nicht, sich den Wünschen der Vorgesetzten zu entziehen. Hält Felice mangelnde Unterstützung vor. Beispiel: der Kauf bürgerlicher Möbel in Berlin.

29. FEBRUAR
an Gertrud Thieberger: (Karte) Muss den telefonisch vereinbarten Besuch von Bizets Oper *Carmen* im Stadttheater Königliche Weinberge absagen, da er im Büro Nachmittagsdienst hat.

ENDE FEBRUAR
K. und Ernst Weiß trennen sich im Streit. Anlass ist wahrscheinlich K.s Weigerung, Weiß' Roman *Der Kampf* zu rezensieren.

ANFANG MÄRZ
an Felice Bauer: Sie solle nicht leugnen, dass ihr an einem gemütlichen Heim recht viel liegt. Über die Entlobung und den Konflikt mit Weiß: » Im Grunde sind mir immer nur die gleichen primitiven Vorwürfe zu machen, deren oberster und blutnächster Vertreter ja mein Vater ist.« Will sie nicht sehen, solange er nicht frei ist. Liest nur wenig.

21. MÄRZ
Grete Bloch 24 Jahre alt.

23. MÄRZ
Julie Kafka 60 Jahre alt.

1916 ANFANG APRIL
[Felice Bauer an K.]: Schlägt für Ostern ein Treffen bei Max und Sophie Friedmann (geb. Brod) in Waldenburg vor (Bezirk Breslau).

3. APRIL
Ottla Kafka an Josef David: »Es geht ihm [K.] wirklich nicht gut, und ich muss manchmal Geduld mit ihm haben.«

6. APRIL
an Felice Bauer: (Telegramm) »bekomme keinen Pass«.

8. APRIL
➝ KARLSBAD (Dienstreise mit Ottla)
K. und Ottla am Abend vor der Villa Tannhäuser. Kopfschmerzen, schlechte Nacht.
Robert Musil im Spital Prag-Karolinenthal (bis 29. April).

9. APRIL
an Felice Bauer: (Karte): Die Briefe, die sie schreibt, weder gut für sie noch für ihn.
Eugen Löwenstein, Besprechung von *Die Verwandlung*, in: *Prager Tagblatt*.

10. APRIL
➝ PRAG

14. APRIL
an Felice Bauer: (Karte): Wird an Ostern nach Marienbad reisen und versuchen, schon im Mai Urlaub zu bekommen.
Robert Musil besucht K.

MITTE APRIL
K. sucht einen Nervenarzt auf, der eine Herzneurose diagnostiziert und Elektrisieren vorschlägt. K. lehnt schriftlich ab.

nach 17. APRIL
1. Heft der Zeitschrift *Der Jude*, hrsg. von Martin Buber, finanziert u. a. von Salman Schocken; Wien (Löwit). Auflage: 3.000 Ex.

Beiträge u. a. von Brod u. Hugo Bergmann, 4 Beiträge von der Zensur unterdrückt.

vor 19. APRIL
Ernst Weiß lässt K. ein Ex. seines Romans *Der Kampf* zusenden (ohne Widmung).

19. APRIL
Tagebuch: Kurzes Fragment (erster literarischer Versuch seit einem Jahr). Intensiver Traum vom Vater.
an Felice Bauer: (Karte) Will keine Vermittlung zu Ernst Weiß. Bewundernd über *Der Kampf*. »Lies das Buch unbedingt.«
Hanns Martin Elster, *Dichterische und unterhaltende Erzählkunst* (über die Beziehung von Carl Sternheims Werk zu *Der Heizer* und *Die Verwandlung*), in: *Die Grenzboten*, Berlin.

20.–24. APRIL
Tagebuch: Fortsetzung des Fragments vom Vortag. Albtraum von kämpfenden Männern. »*Hans und Amalia*«-Fragment (*T* 780-784). Fragment zum ›Golem‹-Thema (gestrichen).

22.–24. APRIL (?)
Felice Bauer zu Besuch bei Max und Sophie Friedmann (geb. Brod) in Waldenburg.
[Felice Bauer an K.]: (3 Karten)

23. APRIL
Brod nimmt an der Generalversammlung der böhmischen Zionisten in Pilsen als einziger Prager Delegierter teil.

25. APRIL
an Felice Bauer: (Karte) Musste geplante Dienstreise nach Marienbad verschieben. Plan, im Mai 3 Wochen in Marienbad zu verbringen.

28. APRIL
an Felice Bauer: (Karte) Hat sehr schlechtes Personengedächtnis.

1916 MAI
Franz Herwig, *Vom literarischen Expressionismus*, in: *Hochland*, München. Erwähnt wird ***Die Verwandlung***.

ANFANG MAI
K. sendet Felice Bauer Ernst Weiß' *Der Kampf.*

2. MAI
Max Brod an Martin Buber: »Sie sollten« in *Der Jude* »auch die besten Dichter, die jüngste Generation vereinen z. B. Werfel, Kafka, Wolfenstein u. a.«

6. MAI
an Felice Bauer: (Telegramm) Meldet den Empfang mehrerer Briefe, die sehr lange unterwegs waren.

7. MAI
an Felice Bauer: (Karte) Hatte sehr unglückliche Woche. Verwechslung dreier Verwandter Felices.

8. MAI
[an Robert Marschner (AUVA)]: Bittet ab Herbst um längeren unbezahlten Urlaub, falls der Krieg beendet ist; ansonsten um Aufhebung der Zurückstellung vom Kriegsdienst. (K. formuliert 3 Versionen dieses Briefs.)

9. MAI
Max Brod an Martin Buber: Findet Bubers Ablehnung »unlogisch«. Die westjüdischen Dichter seien eine »Sondergruppe« der jüdischen, nicht der deutschen Literatur.

11. MAI
Entscheidende Unterredung zwischen K. und Direktor Marschner, der K.s Wunsch ignoriert, zum Militär zu gehen, und ihm stattdessen (vorschriftswidrig) 3 Wochen bezahlten Urlaub bewilligt.
Tagebuch: Brief an Marschner war »Lüge«. »Wahrheit wäre gewesen, wenn ich gekündigt hätte.« Über die Aussprache mit Marschner. »Ich schwächlich, trotzdem ich sehe dass es um mein Leben fast

geht. Bleibe aber dabei, dass ich zum Militär will ... Darauf verschiebt er die Fortsetzung der Unterredung.«
an Felice Bauer: (Karte) Über die Trennung von Ernst Weiß. Empfiehlt nochmals *Der Kampf.*

13. MAI
➜ KARLSBAD (Dienstreise)
an Ottla Kafka: (Ansichtskarte)

14. MAI
➜ MARIENBAD
an Felice Bauer: Ausführlich über das Gespräch mit Direktor Marschner. Über die eigene Angst, den geraden Weg zu gehen.

15. MAI
an Felice Bauer: (Karte) Begeistert über Marienbad. »... im Grunde bin ich ja Chinese«.
an Ottla Kafka: (Ansichtskarte)
➜ PRAG

18. MAI
Eröffnung des Jüdischen Volksheims in Berlin, Dragonerstraße.

24. MAI
Ausflug in das Dorf Podbaba, gemeinsam mit Brod und einigen Schülerinnen der Notschule für galizische Flüchtlinge.

25. MAI (?)
K. sieht im Neuen deutschen Theater Werfels *Die Troerinnen des Euripides* (Gastspiel des Berliner Lessing-Theaters). Auch Werfel ist anwesend.

vor 26. MAI
[Felice Bauer an K.]: Über Weiß' Roman *Der Kampf*: »Vielleicht kann ich diese Wahrheit nicht vertragen.« Glaubt, dass K. in dem Roman porträtiert ist. Sendet eigenes Porträt sowie Fotos des Ehepaars Friedmann.

1916   26. MAI
an Felice Bauer: (Karte) Dank für Foto; die Friedmann-Aufnahmen interessieren ihn hingegen nicht.«… Pass unmöglich zu bekommen.«
an Felice Bauer: (Karte) Seit 3 Tagen Kopfschmerzen. Fragt nach Erna.

27. MAI
Max Brod 32 Jahre alt.

28. MAI
an Felice Bauer: Seit 5 Tagen Kopfschmerzen. Weiß' Roman *Der Kampf* kein Unterhaltungsroman; »Messerwirkung«. Sieht sich nur als Typus porträtiert. Entschluss, das Urlaubsangebot Marschners doch anzunehmen und für 3 Wochen nach Marienbad zu gehen. Positiv über Werfels *Troerinnen*, negativ über die Inszenierung.
an Ottla Kafka: (in der Wohnung der Eltern hinterlassene Nachricht) Will nicht nach Karlstein kommen.
Ottla reist nach Karlstein.
[Ottla Kafka an K.]: (Ansichtskarte)
Ottla Kafka an Josef David: Legt K.s Nachricht bei.

30. MAI
an Felice Bauer: (Karte) Brods Tätigkeit für die galizischen Flüchtlinge.
K. sendet Brods Aufsatz ›Die drei Hauptströmungen der zeitgenössischen Literatur‹ sowie den Tätigkeitsbericht der AUVA für 1914 an Felice Bauer.

31. MAI
an Felice Bauer: (Karte) Sie hat vorgeschlagen, gemeinsam in ein Sanatorium zu gehen. Er schlägt stattdessen Marienbad vor, da er »mit den Sanatorien endgültig abgeschlossen« hat.
an Felice Bauer: (Karte) Will im Urlaub ein wenig zu schreiben versuchen; Sanatorien hingegen sind »fast ein neues Bureau im Dienst des Körpers«.

1. JUNI
Christi Himmelfahrt

Am Nachmittag Ausflug mit Ottla und einer weiteren jungen Frau in die Umgebung Prags.

2. JUNI
Tagebuch: »Was für Verirrungen mit Mädchen ... es sind seit dem Sommer mindestens 6.« Paraphrasen aus N. Söderblom, *Das Werden des Gottesglaubens. Untersuchungen über die Anfänge der Religion.*

3. JUNI
an Felice Bauer: (Karte) Urlaubsplanung. Sie ist erkältet und leidet unter »enormer Arbeit«. »Sternheims Erzählungen scheinen mir bedeutend«.

7. JUNI
Brod bewirbt sich um ein Lektorat bei Kurt Wolff.
Willy Haas 25 Jahre alt.

9. JUNI
an Felice Bauer: (Telegramm) »warum keine Antwort«.
Brod bei Kurt Wolff in Leipzig. Vereinbarung eines Autorenvertrags mit monatlichen Honorarvorschüssen.

14. JUNI
an Felice Bauer: (Karte) Sie hat dem gemeinsamen Aufenthalt in Marienbad zugestimmt.

16. JUNI
Hedwig Taussig, eine Schwester von Brods Ehefrau Elsa, stirbt 24-jährig an Lungenentzündung.

19. JUNI
Tagebuch: »Alles vergessen. Fenster öffnen. Das Zimmer leeren.« Zitate aus dem 1. Buch Mose.
an Felice Bauer: (Karte) Möchte nicht vor ihr in Marienbad sein, da seine 3 Wochen Urlaub nicht sicher sind.
Abendspaziergang mit Ottla.

1916 21. JUNI
K. wird gemustert und zum Landsturmdienst mit der Waffe als tauglich befunden.
Max Brod an Martin Buber: Sendet die Mss. von *Unsere Literaten und die Gemeinschaft* und von K.s **Ein Traum**; Letzteres habe er »ausbetteln« müssen.

23. JUNI
Durch Erlass des k. k. Statthaltereipräsidiums wird K. auf unbestimmte Zeit vom Landsturmdienst enthoben.

25. JUNI
Abends Spaziergang mit Ottla und einer weiteren jungen Frau.

27. JUNI
an Felice Bauer: (Telegramm) Wird am Abend des 2. Juli in Marienbad sein.
Ernst Weiß an Rahel Sanzara: K. hat es abgelehnt, Weiß' Roman *Der Kampf* zu rezensieren. »… der böse Pharisäer«.

2. JULI
K. vormittags in der Synagoge bei der Hochzeit seines Cousins Robert Kafka mit Elsa Robitschek. Heftige Kopfschmerzen.
➜ MARIENBAD
Felice Bauer holt K. am Bahnhof ab. Er bezieht ein Zimmer im Hotel Neptun.

vor 3. JULI
[an Felix Weltsch]

3. JULI
Kafka 33 Jahre alt. Übersiedelung ins Hotel Schloss Balmoral.
Tagebuch: Kurzes Fragment. Über das Hotel: »Tür an Tür, von beiden Seiten Schlüssel.«

4. JULI
Tagebuch: Kurzes Fragment.

vor 5. JULI
Ottla fährt für ~2 Wochen nach Eisenstein/Böhmerwald.

5. JULI
Tagebuch: »Mühsal des Zusammenlebens ... im tiefen Grunde vielleicht ein dünnes Bächlein würdig Liebe genannt zu werden«.
an Max Brod: (2 Karten) Hat im Büro »musterhafte Ordnung« zurückgelassen. Konfusion, Kopfschmerzen. Schlechte erste Nacht in Marienbad.

6. JULI
Tagebuch: »Unmöglichkeit mit F. zu leben. Unerträglichkeit des Zusammenlebens mit irgendjemandem.« Suizidgedanken.
Oskar Walzel, ›Logik im Wunderbaren‹, in: *Berliner Tageblatt.* Ausführliche Würdigung von **Der Heizer** und **Die Verwandlung;** Hinweis auf Kleist.

nach 6. JULI
Tagebuch: »Nur das alte Testament sieht«. 3 kurze Fragmente, darunter eines zu **Der Verschollene**. Felices Unaufmerksamkeit beim Vorlesen.

vor 8. JULI
[an Julie Kafka]: Teilt erst jetzt mit, dass Felice ebenfalls in Marienbad ist.

8. JULI
Fahrt nach Tepl, wo K. eine dienstliche Verabredung hat. Spaziergang nach Auschowitz.
an Max Brod: (Karte) »Quäle sie und mich zu Tode.«
an Max Brod: (Karte) Seit Tagen schlechtes Wetter. Liest nur in der Bibel.

9. JULI
Irma Kafka an Ottla Kafka: Julie Kafka sehr froh darüber, dass K. mit Felice Bauer beisammen ist.

1916 10. JULI (?)
Tagebuch: »Ich war noch niemals ausser in Zuckmantel mit einer Frau vertraut«, mit Felice »menschlich erst seit 2 Tagen.«

10. JULI
an Anna Bauer: Mitteilung, dass er und Felice wieder ein Paar sind. Nachschrift von Felice Bauer.
[Georg Heinrich Meyer an K.]: Schlägt K. vor, sich beurlauben zu lassen und nach Leipzig zu kommen. Offenbar skeptisch über einen Erzählband ›Strafen‹ mit **Das Urteil**, **Die Verwandlung** und **In der Strafkolonie**.

11. JULI
[Grete Bloch an K. und Felice Bauer]: (Telegramm) Vermutlich Gratulation zur Verlobung.
an Grete Bloch: (Karte)
an Felix Weltsch: (Karte) »warum keine Antwort?« Nachschrift von Felice Bauer: »es ist hier herrlich«.

12. JULI
an Ottla Kafka: (2 Ansichtskarten) »es ist mir viel besser gegangen als ich denken konnte«. Möchte nicht nach Eisenstein kommen.
K. sendet Grete Bloch ein Ex. von Adelbert von Chamisso, *Peter Schlemihls wundersame Geschichte*, mit Widmung.
Julie Kafka und Valli fahren nach Franzensbad zur Kur, Hermann Kafka kehrt von Franzensbad nach Prag zurück.

vor 13. JULI
[an Ottla Kafka]

13. JULI
K. und Felice Bauer fahren mit dem Zug nach Eger, von dort mit dem Taxi nach Franzensbad und treffen Julie Kafka und Valli. Felice reist weiter nach Berlin, K. fährt zurück nach Marienbad. Im Hotel Schloss Balmoral wird ihm Felices Zimmer zugewiesen, das wesentlich lauter ist als sein bisheriges.
Tagebuch: »Also öffne Dich Thor Mensch komme hervor«. Fragment.

12./14. JULI
an Max Brod: Ausführlich über die Wiederannäherung an Felice Bauer seit 8. Juli. »Im Grunde war ich noch niemals mit einer Frau vertraut«. »Ich kannte sie ja gar nicht«. Die erste Verlobung war Folter. Hat nun mit ihr vereinbart, nach dem Krieg in Berlin zusammenzuziehen; sie wird ihren Beruf behalten. Freude über die Rezension im *Berliner Tageblatt*, will Walzel dafür danken. Sieht keinen Anlass, an Kurt Wolff zu schreiben.

14. JULI
Tagebuch: Notate zum Alten Testament. 4 Zeichnungen.
an Felice Bauer: (Karte) Bewohnt jetzt ihr voriges Zimmer. Lärm.

15. JULI
Tagebuch: Kurzes Fragment.
an Felice Bauer: (Karte) Vergeblicher Versuch, für eine Woche ein privates Zimmer zu finden. Liest eine Biographie über Erdmuthe von Zinzendorf (er wird sie noch in Marienbad zu Ende lesen).

16. JULI
an Felice Bauer: (Karte) Fühlt sich ruhig, »denn ich habe Sicherheit hinsichtlich Deiner«.

etwa 17. JULI
Auf Wunsch K.s sendet Brod an Felice Bauer eine Einladung, am Jüdischen Volksheim mitzuarbeiten.

17. JULI
K. sucht Georg Langer auf, der sich im Gefolge des Belzer Rabbi Issachar Dow Rokeach (*1854) befindet. Nimmt im strömenden Regen am Abendspaziergang der Chassidim teil. Um 22.30 Uhr in der Hotelhalle, beginnt Brief an Brod.

17.–18. JULI
an Max Brod: Sehr ausführlich über den Rabbi, dessen Anhänger und den Verlauf des Spaziergangs.

1916 18. JULI
an Felice Bauer: (Karte) Kopfschmerzen seit 2 Tagen. Der Belzer Rabbi.
[Felice Bauer an K.]: (Brief)
K. trifft im Wald Robert Marschner mit Ehefrau und Tochter. Am Abend wiederum im Gefolge des Belzer Rabbi.

vor 19. JULI
[Felix Weltsch an K.]: (Karte aus Karlsbad) Aufzählung diverser Leiden.

19. JULI
Tagebuch: Fragmentarische Verse und kurzes Prosafragment.
an Felice Bauer: (Karte) Über Marschner.
an Felice Bauer: (Karte) Kann wegen Kopfschmerzen und Schlaflosigkeit nicht schreiben. Ist dennoch »hinsichtlich Deiner ruhig und froh«.
an Felix Weltsch: (Karte) Will nicht nach Karlsbad kommen.
Hermann Kafka an K.: (Karte) Grüße an Felice.

20. JULI
Tagebuch: 3 kurze Fragmente, davon 2 in Form einer direkten Ansprache Gottes. »... bin jetzt nahe am Ende, gerade zu einer Zeit, wo sich äusserlich alles zum Guten für mich wenden könnte«.
an Felice Bauer: (Karte) Genauer Speiseplan des Vortags.
an Felice Bauer: (Karte) »Du hast einen grossen und guten Einfluss auf mich«. »Es wäre gut, wenn wir bald wieder zusammenkämen.«

21. JULI
Tagebuch: Kurzes Fragment.
an Felice Bauer: (Karte) Gibt viel Geld für Essen aus.
an Felice Bauer: (Karte) Sitzt als einziger Hotelgast am Abend auf dem Balkon.

22. JULI
Tagebuch: Fragment über Hinrichtung. »Sonderbarer Gerichtsgebrauch«.
an Felice Bauer: (Karte) Sie ist eifersüchtig aufgrund eines Missverständnisses.

Weltsch besucht K. von Karlsbad aus, gemeinsam mit seiner Frau Irma, Bruder Paul und Vater Heinrich.

23. JULI
an Felice Bauer: (Karte) Von der Familie Weltsch mitunterzeichnet.
an Ottla Kafka: (Ansichtskarte) Von der Familie Weltsch mitunterzeichnet.
Julie Kafka und Valli besuchen K. Gemeinsam im Café Egerländer.
an Felice Bauer: (Karte) Von Julie K. und Valli mitunterzeichnet.

23./24. JULI
[an Emilie Marschner]: Mit Rosen in einem Marienbader Hotel überreicht. Entschuldigt sich für sein Fernbleiben; »mein leidiger Zustand«.
Julie Kafka und Valli fahren zurück nach Franzensbad.

24. JULI
→ PRAG

25. JULI
K. ist wieder im Büro.
an Felice Bauer: (Karte) Sie hat vergeblich versucht, **Der Heizer** zu kaufen. Die Biographie Erdmuthe von Zinzendorfs »ist genug wichtig für uns«.

26. JULI
an Felice Bauer: (Karte) Sie soll regelmäßiger essen.

27. JULI
an Felice Bauer: (Karte) Ist der Familie Marschner in Marienbad ausgewichen.

28. JULI
an Felice Bauer: (Karte) Ist etwas zuversichtlicher, durch »ein wenig Reisen und viel Ruhe und Freiheit« eine psychische Besserung zu erreichen. »Gern wüsste ich, was Dir Marienbad hinterlassen hat«.
an Georg Heinrich Meyer (Kurt Wolff Verlag): Ist wie Meyer skeptisch, ob ein Band mit **Das Urteil**, **Die Verwandlung** und **In der**

1916 *Strafkolonie* sinnvoll wäre, da zwei der Erzählungen schon publiziert sind. Kann aber vorläufig nichts Neues vorlegen. Kann auch nicht für länger nach Leipzig kommen.

29. JULI
an Felice Bauer: (Karte) Ihre berufliche Verantwortung hat sich ausgedehnt. K. fragt dringlich nach ihrer Beteiligung am Jüdischen Volksheim; wobei es auf Zionismus nicht ankomme.

30. JULI
an Felice Bauer: (Karte) Die große Bedeutung der Arbeit im Jüdischen Volksheim. Bestreitet ihre Ansicht, dafür kämen nur Studenten in Frage.
K. steht erst um 12.30 Uhr auf. Geht allein spazieren, liegt im Gras, liest Samuel Lublinski, *Die Entstehung des Judentums*.

31. JULI
an Felice Bauer: (Karte) Über den freien Sonntag. Schlaflosigkeit.

1. AUGUST
an Felice Bauer: (Karte) Liegt gern im Gras.
K. sendet die *Jüdische Rundschau* vom 21. Juli an Felice Bauer.
In Österreich-Ungarn treten neue, verschärfte Passbestimmungen für Reisen nach Deutschland in Kraft.

2. AUGUST
an Felice Bauer: (Karte) Erneut zum Jüdischen Volksheim: Zionismus ist nicht das Entscheidende.

3. AUGUST
an Felice Bauer: (Karte) Enttäuscht über ihre seltenen, unpersönlichen Nachrichten. Beklagt die neuen Passvorschriften.

5. AUGUST
an Felice Bauer: (Karte) Sie soll ans Jüdische Volksheim nicht schreiben, sondern hingehen.

6. AUGUST
Spaziergang mit Ottla; Gartenrestaurant.

7. AUGUST
an Felice Bauer: (Karte) Beklagt ihre formelhaften Berichte, schlägt vor, das Schreiben einzuschränken. Glaubt jetzt eher an mündliche Verständigung.
an Felice Bauer: (Karte) Zitiert eine Stelle aus der Biographie über Erdmuthe von Zinzendorf: Ablehnung protziger Möbel.
Felice Bauer bekommt eine Assistentin.

8. AUGUST
Julie Kafka und Valli kehren von Franzensbad zurück, da Vallis Ehemann Josef Pollak zwei Wochen Urlaub vom Kriegsdienst hat.

9. AUGUST
an Felice Bauer: (Karte) Über einen Lieblingsort am Waldrand.
Felice Bauer an K.: (Karte) »Liebster, willst Du mich strafen? ... Bitte, Franz, schreibe regelmäßig.« Leidet ebenfalls unter Kopfschmerzen und Schlaflosigkeit.
Julie Kafka an Anna Bauer: 1. Brief seit 2 Jahren.

10. AUGUST
an Felice Bauer: (Karte) Empfiehlt, die Sonntage für Ausflüge zu nutzen und die Lektüre von Lily Brauns *Memoiren einer Sozialistin* fortzusetzen.
an Georg Heinrich Meyer (Kurt Wolff Verlag): Wünscht sich ***Das Urteil*** und ***In der Strafkolonie*** als separate Drucke in der Reihe ›Der jüngste Tag‹.
Milena Jesenská 20 Jahre alt.

11. AUGUST
K. hat starke Kopfschmerzen.

12. AUGUST
an Felice Bauer: (Karte) Lobt ihren Brief an Siegfried Lehmann, den Leiter des Jüdischen Volksheims.

1916 13. AUGUST

an Felice Bauer: (2 Karten) Lange Zitate aus Briefen Fontanes, in denen dieser die Kündigung seiner Beamtenstelle rechtfertigt.

Felice Bauer an K.: Erinnert ihn an den 13. August 1912, den Tag der ersten Begegnung.

Felice Bauer im ›Café des Westens‹; befragt jemanden nach dem Jüdischen Volksheim.

14. AUGUST

an Felice Bauer: (Karte) Fragt nach ihrer beruflichen Situation.

an Georg Heinrich Meyer (Kurt Wolff Verlag): (Karte) Lehnt den Vorschlag ab, **Das Urteil** und **In der Strafkolonie** in einem Band zu vereinen. Bittet erneut um separate Publikation von **Das Urteil**. Verzichtet definitiv auf einen Band mit drei Erzählungen, betont aber, Kurt Wolff habe ihm diesen Band zugesagt.

Felice Bauer erhält Gesamtprokura für die Technische Werkstätte Berlin.

15. AUGUST

an Felice Bauer: (Karte) Erinnert sich nicht an das Datum, aber an alle Einzelheiten der ersten Begegnung.

[Kurt Wolff Verlag an K.]: **In der Strafkolonie** könnte allenfalls später erscheinen, **Das Urteil** zu schmal für ›Der jüngste Tag‹.

16. AUGUST

an Felice Bauer: (Karte) Erinnerung an das ›Café des Westens‹.

K. wird zum k. u. k. Infanterieregiment Nr. 28, III. Ersatz-Kompanie eingeteilt; gleichzeitig wird er für die AUVA »enthoben auf unbestimmte Zeit«.

17. AUGUST

an Felice Bauer: (Karte) Beunruhigt, weil sie Bedenken hinsichtlich seiner Familie andeutet.

18. AUGUST

an Felice Bauer: (2 Karten) Sie benötigt offenbar seine Geburtsurkunde. K. bittet sie um einen Besuch bei dem Maler Friedrich Feigl, um dort ein Bild auszuwählen, als Hochzeitsgeschenk für Robert Kafka.

an Rudolf Fuchs: (Karte) Hat von Fuchs aus dem Tschechischen übersetzte Gedichte Brod gezeigt und dann an Otto Pick für die Anthologie *Jüngste tschechische Lyrik* weitergereicht.
K. lässt sich von Dr. Gustav Mühlstein untersuchen, der »ausserordentliche Nervosität« feststellt. Er empfiehlt u. a. »wenig rauchen, wenig trinken, mehr Gemüse als Fleisch«.

19. AUGUST
an Felice Bauer: (Karte) Über den Bilderkauf bei Feigl.
an Felice Bauer: (2 Karten) Rät ihr, der Mutter das Nötigste über die künftige Ehe mitzuteilen. »Was unsere Verbindung betrifft, so ist deren Tatsache absolut bestimmt, soweit Menschen bestimmen können«.
an den Kurt Wolff Verlag: Will nun **In der Strafkolonie** den *Weißen Blättern* anbieten. Besteht aber auf separater Veröffentlichung von **Das Urteil**, diese Arbeit sei ihm die liebste. Erwähnt noch schmalere Bände in der Reihe ›Der jüngste Tag‹.

19. AUGUST (?)
[*an Friedrich Feigl*]: Bietet 150 K für ein Bild und bittet ihn, Felice Bauer anzurufen.

20. AUGUST
Tagebuch: Vor- und Nachteile des Junggesellendaseins, tabellarisch (*NSF2* 24f).
Felice Bauer im Büro.

21. AUGUST
Tagebuch: Nicht verifiziertes Zitat aus einem Aufsatz gegen die Monogamie.
an Felice Bauer: (3 Karten) Zum Jüdischen Volksheim. Weiteres Fontane-Zitat, in dem ausgeführt ist, dass man sich keineswegs an alles gewöhnen kann. Zum Verhalten von Fontanes Ehefrau.

vor 22. AUGUST
K. schenkt Max und Elsa Brod den Reiseführer über Marienbad, den er und Felice Bauer dort benutzt hatten. In den Einbanddeckel notiert er zahlreiche Ratschläge zu Marienbad.

1916 **22. AUGUST**
an Felice Bauer: Über den Schreibmaschinisten. Bittet um Fotos. Marienbad »ist so weit und so für uns verloren«.
Max und Elsa Brod reisen nach Marienbad.

23. AUGUST (?)
[Friedrich Feigl an K.]: (Karte) »wir werden uns sehr freuen, Ihr Fräulein Braut persönlich kennenzulernen«.

24. AUGUST
an Felice Bauer: (Karte) Die große Bedeutung ihrer Arbeit für das Jüdische Volksheim.

25. AUGUST
an Felice Bauer: (Karte) Zum Ehepaar Feigl: »Das für Dich Sehenswürdige sollte ... in der Beispielhaftigkeit des Ganzen liegen, in dem Aufbau einer Wirtschaft auf viel Wahrem und wenig Fassbarem.«

25./26. AUGUST
K. schreibt eine Karte an Felice Bauer mit einem grundlegenden Vorschlag, möglicherweise die sofortige Heirat. Er vernichtet die Karte.

26. AUGUST
an Felice Bauer: (Karte) Sie hat ein Foto geschickt, auf dem auch Grete Bloch zu sehen ist. Fragt wiederum nach ihren Bedenken und nach der Mutter.
Max und Sophie Friedmann (geb. Brod) zu Besuch in Berlin.

27. AUGUST
Tagebuch: Grundsätzliche moralische Ansprache an sich selbst. Aufgeben der »Beamtenlaster«. »... schone Dich nicht ... denn schonen ist unmöglich ... fange doch an zu sehn, wer Du bist, statt zu rechnen, was Du werden sollst. Die nächste Aufgabe ist unbedingt: Soldat werden.« Die Vergleiche mit Flaubert, Kierkegaard und Grillparzer sind unsinnig.
Felice Bauer besucht am Nachmittag Friedrich Feigl und dessen Frau Margarete.

30. AUGUST
an Felice Bauer: (Karte) Will ihre Auslagen für das Jüdische Volksheim übernehmen.

31. AUGUST
an Felice Bauer: (2 Karten) Ausführlich über Feigl, den sie besucht hat. Sie hat offenbar mitgeteilt, dass Grete Bloch schwanger ist oder eine Schwangerschaft abgebrochen hat.

SEPTEMBER
Brod schenkt K. ein Widmungsex. von *Die erste Stunde nach dem Tode*: »Meinem lieben Franz! Im Jahre der Schmerzen 1916.«
[Martin Buber an K.]: Lehnt den Abdruck von *Ein Traum* in *Der Jude* ab.
Aufgrund einer Intervention des Großherzogs von Hessen wird Kurt Wolff aus dem Militärdienst entlassen.
Max Brod, *Die erste Stunde nach dem Tode. Eine Gespenstergeschichte*, Leipzig (Kurt Wolff).

1. SEPTEMBER
an Felice Bauer: (Karte) Außerordentlich nervös. »Fräulein Gretes Leid geht mir sehr zu Herzen«. Über Friedrich Feigls Arbeit.
Ernst Feigl besucht K. im Büro.
Josef David 25 Jahre alt.

1. SEPTEMBER (?)
[Felice Bauer an K.]: Bittet ihn, an ihre Schwester Else zu schreiben, deren Wohnort in Ungarn sie für kriegsgefährdet hält. Teilt mit, dass sie über Ersparnisse verfügt.

3. SEPTEMBER
an Felice Bauer: (Karte) Will an Else schreiben, obgleich er die Befürchtungen für verfrüht hält. Staunt über ihre Ersparnisse. K. mit Ottla in der Schwimmschule.

3. SEPTEMBER (?)
[Felice Bauer an K.]: Brief mit Fotos. Thematisiert die Frage der Familiengründung, erwähnt mehrere kinderlose Ehen gemeinsamer Bekannter (möglicherweise Feigl, Brod, Weltsch).

1916 7. SEPTEMBER

an Felice Bauer: (Karte) »Die Kinderfrage ... ist wahrscheinlich überhaupt unlösbar.« »Was für eine Peitsche ist aus dieser höchsten Ermächtigung gedreht worden!«
K. liest Otto Kaus, *Dostojewski. Zur Kritik der Persönlichkeit.*
Felice Bauer und Grete Bloch besuchen das Jüdische Volksheim und hören einen Vortrag von dessen Leiter Siegfried Lehmann: ›Das Problem der jüdisch-religiösen Erziehung und Franz Werfel‹. Anwesend auch der 18-jährige Gershom (Gerhard) Scholem.

8. SEPTEMBER
Mariä Geburt (Feiertag in Böhmen)
an Felice Bauer: (Karte) Lärmempfindlichkeit.
Mit Ottla Ausflug in die Nähe von Troja. Gemeinsames Singen.
K. liest aus Platon vor.

9. SEPTEMBER
an Felice Bauer: (Karte) »Mit der Bemerkung über die Gleichheit der Frauen willst Du mir wohl Angst machen?« Über Friedrich Feigl.
Ernst Feigl besucht K. im Büro, bringt ihm eigene Gedichte.

10. SEPTEMBER
an Felice Bauer: (Karte)
Ausflug mit Ottla. Liest ihr aus Kaus' Buch über Dostojewski vor.

11. SEPTEMBER
an Felice Bauer: Freude über ihren Besuch des Volksheims. Erst dort werde sie ihre eigentlichen Fähigkeiten bewähren. Erinnert daran, dass er alle notwendigen Auslagen übernehmen will. Über den Arztbesuch am 18. Aug. Über Lily Braun, *Memoiren einer Sozialistin.*
Ottla Kafka an Josef David: K. »liebt Dostojewski, er weiß viel von ihm«.

12. SEPTEMBER
an Felice Bauer: Ausführlich und grundsätzlich über die Arbeit im Volksheim, durch die eine enge »geistige Verbindung« zwischen ihnen entsteht und zu »geistiger Befreiung« führt. Die Helfer haben

davon größeren Gewinn als die Ostjuden. Der Zionismus ist gegenüber dieser unmittelbaren Erfahrung allenfalls ein Mittel. K. selbst ist kein Zionist.
Galerie ›Neue Kunst Hans Goltz in München‹ an K.: Einladung zur Lesung am 6. oder 11. Okt.

13. SEPTEMBER
an Felice Bauer: (Karte) Rät, die zu große Wohnung aufzugeben. Staunt über die Höhe ihrer Ersparnisse.

15. SEPTEMBER
an Felice Bauer: (Karte) Ist froh, dass das Volksheim sie nicht schon äußerlich abstößt. Fragt, ob sie zur Lesung nach München kommen kann.
an das k. k. Polizeipräsidium Prag: »bittet um Ausstellung eines Reisepasses nach München«.

15./16. SEPTEMBER
[an Else Braun]

16. SEPTEMBER
an Felice Bauer: (4 Karten) Über ihre Furcht, von den ostjüdischen Kindern nach religiösen Themen befragt zu werden. Er hat sich als Kind in der Synagoge gelangweilt. Kritisch gegen die unechte Religiosität der Zionisten. Er hat nichts mehr mit dem Glauben der Ostjuden gemein, geht nicht in die Synagoge.
Felice Bauer bei einer Diskussion des Vortrags von Lehmann im Volksheim. Gershom Scholem tritt aggressiv auf und fordert, lieber Hebräisch zu lernen.

17. SEPTEMBER
Ausflug mit Ottla. Gemeinsame Lektüre eines Essays von N. N. Strachoff über Dostojewski.
Felice Bauer macht mit Kindern und Helfern des Volksheims einen 4-stündigen Ausflug.

18. SEPTEMBER
an Felice Bauer: Sie hat im Volksheim ein Referat zu F. W. Foersters

1916 *Jugendlehre* übernommen, die nun auch K. lesen will. Hat sich bei Weltsch über das Buch erkundigt.
K. sendet Felice Bauer ein ungebundenes Exemplar von Foersters *Jugendlehre*, nachdem er darin das von ihr zu referierende Kap. gelesen hat.

19. SEPTEMBER
an Felice Bauer: (Karte) Möchte sie beim Referat beraten. Deutet Vorbehalte gegen Foerster an. Schlägt erneut ein Treffen in München vor. Hat zur Lesung allerdings weniger Lust, seit er erfahren hat, dass die Einladung von Brod vermittelt war.
Julius Bab, ›Die Expressionisten und das Drama‹, in: *Die Schaubühne*. Sehr kritisch gegen Franz Blei; positiv erwähnt werden u. a. Werfel und »Kaffka«.

20. SEPTEMBER
an Felice Bauer: (Karte) Sie soll neben dem Lektürekurs zu Foerster und einem Abend Unterricht pro Woche keine weiteren Aufgaben im Volksheim übernehmen. Friedrich Feigl meldet sich nicht.

22. SEPTEMBER
an Felice Bauer: (Karte) Sie nimmt noch an einem weiteren Kurs im Volksheim teil, in dem sich Gershom Scholem kritisch zu Wort gemeldet hat. Rät ihr, »immer zu wissen, dass man zu danken hat«.
[Galerie ›Neue Kunst Hans Goltz in München‹ an K.]: K.s Lesung kann erst im November stattfinden.

23. SEPTEMBER
an Felice Bauer: (Karte) Die Ablehnung Bubers ein Beispiel dafür, »wie unsicher meine materielle und geistige Existenz ist«.

24. SEPTEMBER
an Felice Bauer: (Karte)
K. kurz im Büro.
Felice Bauer macht mit Mitarbeitern und Zöglingen des Volksheims einen Ausflug nach Mühlenbeck, wo ihnen eine Jagdhütte zur Verfügung steht.

25. SEPTEMBER
an Felice Bauer: Zusammenfassung eines Abschnitts aus Foersters *Jugendlehre*, den Felice Bauer im Volksheim referieren wird.
an die k. k. Statthalterei in Prag: Bittet, seinen Antrag auf einen Pass ruhen zu lassen, bis das Datum der Lesung in München feststeht.
K. bestellt für Felice Bauer 12 Ex. von Chamissos *Peter Schlemihls wundersame Geschichte*.

26. SEPTEMBER
an Felice Bauer: Viele Fragen zum Volksheim und zu ihren Lebensumständen. Empfiehlt Schalom Asch, *Kleine Geschichten aus der Bibel*, und Alfred Lichtwark, *Übungen in der Betrachtung von Kunstwerken nach Versuchen mit einer Schulklasse*. Fürchtet, dass sie sich überarbeitet. Erinnert an das Müllern. Sie will zur Lesung nach München kommen, K. hingegen nicht nach Berlin.
K. macht allein einen Ausflug.

27. SEPTEMBER
an Felice Bauer: (Karte) Über »die Freuden des Alleinseins, Alleingehns, Allein-in-der-Sonne-Liegens«.

28. SEPTEMBER
Wenzelstag (Feiertag in Böhmen) und Rosh Ha-Shana (Neujahr)
an Felice Bauer: (Karte) Positiv über den Musiker Adolf Schreiber, der ebenfalls für das Volksheim tätig ist.
Zwei Bilder von Friedrich Feigl treffen ein.

29. SEPTEMBER
an Felice Bauer: Sie war bei einem privaten Vortrag in der Wohnung von Alfred Lemm. K. schlägt vor, das Vorlesen von *Minna von Barnhelm* abzubrechen. Lässt Perez' *Volkstümliche Erzählungen* schicken. Lehnt es ab, in ihrem Auftrag der eigenen Familie Blumen zum Neujahrsfest (Rosh Ha-Shana) zu schenken.
[Galerie ›Neue Kunst Hans Goltz in München‹ an K.]: K.s Lesung soll am 10. Nov. stattfinden.

30. SEPTEMBER
an Felice Bauer: (Karte) Unsicherheit der Reise nach München. Er würde Felice lieber in Bodenbach sehen als in Prag.

1916 *an Georg Heinrich Meyer (Kurt Wolff Verlag):* Schickt einige Gedichte Ernst Feigls und schlägt die Publikation in der Reihe ›Der jüngste Tag‹ vor.

OKTOBER

📖 Franz Kafka, **Das Urteil**. *Eine Geschichte,* Leipzig (Kurt Wolff) als Bd. 34 der Reihe ›Der jüngste Tag‹. 29 S.

📖 Franz Kafka, **Der Heizer**. **Ein Fragment** (2. Aufl.), Leipzig (Kurt Wolff).

Jüngste tschechische Lyrik. Eine Anthologie, Berlin (Verlag der Aktion). (Die von Rudolf Fuchs übersetzten Gedichte wurden von K. durchgesehen.)

Robert Müller, *Phantasie,* in: *Die neue Rundschau.* U. a. über **Die Verwandlung:** »Erzählkunst Kafkas, die etwas Urdeutsches ... besitzt«.

Brod wird zum Vizepräsidenten des neugegründeten Jüdischen Nationalrats in Prag gewählt.

ANFANG OKTOBER

Max Brod, *Unsere Literaten und die Gemeinschaft,* in: *Der Jude.* K.s Werke zählen »zu den jüdischesten Dokumenten unserer Zeit«.

1. OKTOBER

an Felice Bauer: (Karte) Traum vom verlorenen Brief.

[Felice Bauer an K.]: Schlägt ein Treffen in Berlin statt in München vor.

2. OKTOBER

an Felice Bauer: (Karte) Möchte ihre Notizen zu Foersters *Jugendlehre* sehen. Vorschläge für die Lektüre im Heim: Chamisso, Hebel; keinesfalls Wildenbruch oder Rosegger.

3. OKTOBER

an Felice Bauer: (Karte) Fühlt sich durch die Erwähnung des Alexanderplatzes an seine »Telephonmonologe« im Askanischen Hof erinnert.

an die k. k. Statthalterei in Prag: Bittet um Reisepass für 10.–12. November.

4. OKTOBER

an Felice Bauer: (Karte) Besteht auf Treffen in München, weil er in Berlin Störungen fürchtet. Hat aus Arad einen Brief von Felices Schwester Else bekommen, die ihren Wohnort nahe der Front nicht verlassen will.
K. besucht Hugo Bergmann.

5. OKTOBER

an Felice Bauer: Schlaflosigkeit. Über Bergmann. Felice war in der Ausstellung ›Mutter und Säugling‹. Ausführlich das abschreckende Beispiel der Ehe seiner Cousine Hedwig Löw.

6. OKTOBER

an Felice Bauer: (Karte) Bewundernd über Erdmuthe von Zinzendorf. K. sendet einige Ex. von Chamissos *Peter Schlemihls wundersame Geschichte*.

7. OKTOBER

an Felice Bauer: (Karte) Hat sich darüber geärgert, dass Felice im Volksheim Tipparbeiten übernimmt. Brods Aufsatz *Unsere Literaten und die Gemeinschaft*. Ironisch darüber, dass seine Texte hier als »jüdischeste Dokumente«, in der *Neuen Rundschau* hingegen als »urdeutsch« charakterisiert werden.

8. OKTOBER

Tagebuch: Über »die Erziehung als Verschwörung der Grossen« und den »Wert des Austobens der Laster«. Zu Foersters *Jugendlehre*.
an Felice Bauer: (Karte) Hat zu seiner Freude Fotos bekommen, auf denen sie mit Heimkindern zu sehen ist.
Ausflug mit Ottla in die Prager Umgebung.
Julie Kafka an Felice Bauer: Erwiderung der Neujahrswünsche. »Wir hielten die jüdischen Feiertage wie rechte Juden.« Andeutung von Versorgungsproblemen. Einladung nach Prag. Über die Schwiegersöhne.
Eugen Pfohl, *Ein grosser Plan der Kriegsfürsorge verlangt Verwirklichung. Gründung einer Nervenheilanstalt in Deutschböhmen*, in: *Rumburger Zeitung*. Vermutlich von K. mitformuliert.

1916   9. OKTOBER

an Felice Bauer: (Karte) »in das ihnen ganz und gar Unbegreifliche soll man die Kinder nicht treiben«. Über den eigenen Griechischlehrer. Sendet an Felice ein Handbuch der Bewegungsspiele für Mädchen.

10. OKTOBER

an Felice Bauer: (Karte) Wird in München *In der Strafkolonie* lesen. Empfehlungen zum Vorlesen im Volksheim: Hebel, Tolstoi, Andersen.

11. OKTOBER

an Felice Bauer: (Karte) Das jüdische Neujahrfest ist für ihn bedeutungslos. Konnte deshalb auch keine Glückwünsche an Anna Bauer senden, die darüber erbost war. Sieht keinen Grund, sich dafür zu entschuldigen.

an Kurt Wolff: Begründet das »Peinliche« von *In der Strafkolonie*, das Wolff moniert hat. Ist einverstanden, dass die Erzählung nicht einzeln erscheint, hält aber den von Wolff vorgeschlagenen Band mit 3 Erzählungen für unzweckmäßig. Empfiehlt nochmals die Gedichte von Ernst Feigl.

12. OKTOBER

an Felice Bauer: (Karte) Ihre München-Reise ist gesichert, seine noch nicht. Freut sich darauf, dass sie an Weihnachten nach Prag kommt, aber: »ich will uns vor niemandem verstecken, ich fürchte niemanden, nur meine Eltern, diese aber gewaltig«.

13. OKTOBER

an Felice Bauer: (Karte) Sie schrieb, beim Abtippen nehme sie den Text intensiver auf. Wichtigkeit von Foersters *Jugendlehre*.
K. schickt ein Rätselbuch für die Mädchen des Volksheims.

14. OKTOBER

an Felice Bauer: (Karte) Hat den ›Ersten Bericht‹ des Volksheims erhalten und gelesen. Findet darin »Hochmut«.
K. ist wahrscheinlich am Abend im Deutschen Haus, wo der ›Deutsche Verein zur Errichtung und Erhaltung einer Volksnervenheilanstalt in Deutschböhmen‹ gegründet wird.

15. OKTOBER
an Felice Bauer: (Karte) Hat den Bericht des Volksheims Brod geliehen.
K. im Büro, dann 5-stündige Wanderung allein, obwohl er Weltsch und dessen Frau einen gemeinsamen Ausflug versprochen hat. Ottla auf dem Land.
Felice Bauer bei einem Ausflug des Jüdischen Volksheims in Mühlenbeck.

etwa **16. OKTOBER**
K. liest Johann Adam Möhler, *Symbolik oder Darstellung der dogmatischen Gegensätze der Katholiken und Protestanten nach ihren öffentlichen Bekenntnisschriften.*

16. OKTOBER
Tagebuch: 3 Notizen, u. a. über die Hussiten.
an Felice Bauer: (Karte) Über eine kleine Veruntreuung im Volksheim.

17. OKTOBER
an Felice Bauer: (Karte) Empfiehlt eine Veranstaltung des Rezitators Emil Milan. Sie liest im Volksheim Märchen von Andersen vor.

18. OKTOBER
Tagebuch: Langer Entwurf zu einem Brief an Felice, Grundsätzliches zum ambivalenten Verhältnis gegenüber den Eltern. Auslöser ihre Bemerkung, auch für sie werde es »nicht zu den größten Annehmlichkeiten« gehören, mit seiner Familie beisammen zu sein.
an Felice Bauer: (Karte) Brod bekommt offenbar keinen Urlaub für eine eigene Lesung in München. K. will daher einige seiner Gedichte vorlesen.

19. OKTOBER
an Felice Bauer: Der lange, tags zuvor entworfene Brief über die Eltern.
[Felice Bauer an K.]: Droht ihm scherzhaft, ihn zu mehr Geselligkeit zu nötigen. »Du bist ein Mensch, der sich so unendlich klar über sich selber ist, dass Du vom Alleinsein sicher noch viel trauriger wirst, als Du es sonst bist.«

1916 **21. OKTOBER**
an Felice Bauer: (Karte) Sein Pass nach München ist bewilligt. Über Auguste Hauschner, die als Mäzenatin des Volksheims in Betracht kommt.

22. OKTOBER
an Felice Bauer: (Karte) Will Ottla nicht idealisieren, sie ist auch »selbstgefällig, im Geistigen rechnerisch«.
K. mit Ottla in Vtelno bei Brüx, Besuch einer ehemaligen Lehrerin Ottlas.
an Felix Weltsch: (Ansichtskarte) »So ländlich, so schön«.

23. OKTOBER
an Felice Bauer: (Karte) Ist allmählich »ein Landmensch« geworden. Über das einfache, zufriedene Leben der besuchten Lehrerin.

24. OKTOBER
an Felice Bauer: (Karte) Über das Urteil einer Bekannten, K. sei unnatürlich und kein guter Mensch. Hat ihr Bücher mit Liedern geschickt.

25. OKTOBER
an Felice Bauer: (Karte) Brod hat mit Auguste Hauschner gesprochen und ihr angekündigt, sie werde in Berlin von Vertretern des Volksheims besucht.

26. OKTOBER
an Felice Bauer: (Karte) Unverständnis darüber, dass sie auch noch regelmäßig Vorträge über Strindberg besucht.
K. bekommt den Pass für die Reise nach München.

27. OKTOBER
an Felice Bauer: (Karte) Brod bekommt keinen Urlaub für die Münchener Lesung, daher wird K. einige von Brods Gedichten vortragen. Freigabe durch Zensurbehörde ist noch nicht erteilt.

vor 28. OKTOBER
K. liest Arnold Zweig, *Ritualmord in Ungarn*. Erstmals seit Jahren weint er.

28. OKTOBER
an Felice Bauer: (Karte) Über *Ritualmord in Ungarn*.

30. OKTOBER
Tagebuch: Kurzes Fragment.
an Felice Bauer: Sie hat um einen ausführlichen Brief gebeten. Psychische Spaltung: der eine Teil auf Felice bezogen, der andere Teil »nichts anderes als Fähigkeit und Lust« zum Schreiben. Legt u. a. ein Foto Ottlas, einen Brief Bubers sowie den selbst verfassten Aufruf zur ›Errichtung und Erhaltung einer Krieger- und Volksnervenheilanstalt in Deutschböhmen‹ bei.

31. OKTOBER
an Felice Bauer: (Karte) Hat ihr für das Volksheim die Reihe ›Schaffstein's Blaue Bändchen‹ schicken lassen. Die ›Grünen Bändchen‹, seine »Lieblingsbücher«, sollen folgen. Vor allem Oskar Webers *Der Zuckerbaron* geht ihm sehr nahe.

NOVEMBER
Ottla mietet das Häuschen Alchimistengasse 22 auf dem Hradschin.

1. NOVEMBER
an Felice Bauer: (Karte) Sie hat einige Fotos von einem Ausflug des Volksheims geschickt, er kommentiert sie. Bittet sie, nach München zu kommen.

3. NOVEMBER
an Felice Bauer: (Karte) Ist nervös wegen der Münchener Zensur, obgleich er **In der Strafkolonie** für »unschuldig ... in seinem Wesen« hält.

4. NOVEMBER
Die Galerie Goltz reicht Gedichte Brods und K.s *In der Strafkolonie* bei der Münchner Zensurbehörde ein.

5. NOVEMBER
an Felice Bauer: (Karte) Noch keine Entscheidung aus München. Ausflug mit Ottla nach Elbeteinitz.

1916 **7. NOVEMBER**
Die *Münchener Zeitung* und die *Münchner Neuesten Nachrichten* kündigen K.s Lesung unter dem Titel »Tropische Münchhausiade« an.

10. NOVEMBER
→ MÜNCHEN
8.00 Uhr Abreise von Prag. Felice Bauer reist von Berlin ab.
Mittag: Die beiden Züge aus Prag und Berlin vereinigen sich; Zusammentreffen von K. und Felice Bauer.
18.30 Uhr: Sie kommen in München an und beziehen das Hotel Bayerischer Hof.
20 Uhr: K. liest in der Reihe ›Abende für Neue Literatur‹ in der Galerie Goltz einige Gedichte Brods sowie *In der Strafkolonie*. Anwesend sind u. a. Felice Bauer, Max Pulver, Gottfried Kölwel, Eugen Mondt und wahrscheinlich Rilke. Dieser äußert gegenüber K., weder *Die Verwandlung* noch *In der Strafkolonie* erreiche die »Konsequenz« von *Der Heizer*.

11. NOVEMBER
K. trifft Gottfried Kölwel (*1889) in einem Café und liest einige seiner Gedichte. K. und Felice Bauer streiten sich in einer Konditorei.
Ottla spricht (erstmals?) mit Hermann Kafka über ihren Plan, in der Landwirtschaft zu arbeiten.
Kritik von K.s Lesung in den *Münchner Neuesten Nachrichten*: »wenig erquicklich«. K. habe schlecht gelesen, *In der Strafkolonie* sei »stofflich abstoßend« und zu lang.

12. NOVEMBER
→ PRAG
Kritik von K.s Lesung in der *Münchener Zeitung*: K. besitzt »ein außergewöhnliches episches Formtalent«, ist jedoch »ein Lüstling des Entsetzens«. Negativ über Brod.

13. NOVEMBER
Kritik von K.s Lesung in der *München-Augsburger Abendzeitung*: »zum Vorlesen ist die Geschichte zu lang und zu wenig fesselnd«. Positiv über Brod.

14. NOVEMBER
an Anna Bauer: Glückwünsche zum Geburtstag.

MITTE NOVEMBER
K. sucht eine Wohnungsmaklerin auf. Es wird ihm eine Wohnung im Palais Schönborn angeboten, die jedoch zu groß und zu teuer ist. Eine kleinere Wohnung im Palais, die K. gern hätte, ist noch nicht zu vermieten.

Felice Bauer schickt an Brod das Theaterstück eines Bekannten zur Begutachtung.

Ottla beginnt mit der Renovierung und Einrichtung des Häuschens in der Alchimistengasse.

17. NOVEMBER
[an Felice Bauer]: (Telegramm) »Umarmung aus der Ferne«.
Anna Bauer 66 Jahre alt.

vor 18. NOVEMBER
K. sendet an Felice Bauer eine *Textbibel des Alten und Neuen Testaments* mit Widmung.

18. NOVEMBER
Felice Bauer 29 Jahre alt.

20. NOVEMBER
M. G., *Rasende Motoren,* in: *Deutsche Montags-Zeitung.* U.a. über **Die Verwandlung:** »Das Buch ist jüdisch«.

vor 21. NOVEMBER
[an Felice Bauer]: (mehrere Karten)

21. NOVEMBER
an Felice Bauer: (Karte) Wehrt den Vorwurf der »Eigensucht« ab; diese bezieht sich weitaus mehr auf das Schreiben als auf die eigene Person.

Franz Joseph I. stirbt in Schönbrunn. (Sein Großneffe Karl I. wird sein Nachfolger auf dem Thron.)

1916 23. NOVEMBER
an Felice Bauer: (Karte) Ist zuversichtlich, obwohl er nicht daran glaubt, dass Streitigkeiten wie in München nicht mehr vorkommen werden. Mit der Wohnungsfrage beschäftigt.

etwa 24. NOVEMBER
Brod schenkt K. ein Widmungsex. von *Die erste Stunde nach dem Tode.*

24. NOVEMBER
an Felice Bauer: (Karte) Hat eine 2-Zimmer-Wohnung im Palais Schönborn in Aussicht; wäre wegen der Möglichkeit zu schreiben sehr deprimiert, wenn er sie nicht bekommen würde. »Weihnachten? Ich werde nicht fahren können.«
K. schenkt Ottla ein Widmungsex. von *Das Urteil:* »Meiner Hausherrin. Die Ratte vom Palais Schönborn«.
Ottla Kafka an Josef David: K. möchte für einige Tage Ottlas Häuschen nutzen. »Ich bin froh, weil es doch schade ist, wenn es immer leer steht.«

24. NOVEMBER (?)
Beginn der Niederschrift von *Der Gruftwächter* (im ›Oktavheft A‹).

26. NOVEMBER
K. schreibt in der Alchimistengasse.

27. NOVEMBER
Ottla Kafka an Josef David: Kommt mittags in ihr Häuschen, um den Ofen zu reinigen und für K. zu heizen, der sich dort ab Nachmittag aufhält.

29. NOVEMBER
Abraham Grünberg schenkt K. ein Widmungsex. von *Ein jüdisch-polnisch-russisches Jubiläum.*

ENDE NOVEMBER
📖 Franz Kafka, **Vor dem Gesetz**, in: *Vom jüngsten Tag. Ein Almanach neuer Dichtung* (2., veränderte Ausgabe, 11.-20. Tsd.), Leipzig (Kurt Wolff).

ANFANG DEZEMBER
Der Komponist Leoš Janáček besucht Brod. Beginn der Zusammenarbeit.

2. DEZEMBER
K. schenkt Baum und Weltsch Widmungsex. von *Das Urteil*.

4. DEZEMBER
an Felice Bauer: (Karte) Lehnt ein Treffen an Weihnachten weiterhin ab. Sie hat fortwährend Kopfschmerzen.

7. DEZEMBER
an Felice Bauer: (Karte) Über die negativen Rezensionen zur Münchener Lesung. Die sei nach so langer unkreativer Zeit »phantastischer Übermut« gewesen. Die Äußerung Rilkes über *Der Heizer*, *Die Verwandlung* und *In der Strafkolonie*.

8. DEZEMBER
an Felice Bauer: (Karte) Hat ein Geschenkpaket für Muzzi zusammengestellt. »Ich lebe in Ottlas Haus. Jedenfalls besser als jemals in den letzten zwei Jahren.«

9. DEZEMBER
an Felice Bauer: (Karte) Über den Verzicht auf ein Treffen an Weihnachten: »Ich konnte doch nicht anders.« Will künftig den ganzen Abend in der Alchimistengasse verbringen.
Am Abend führt K. Protokoll beim Verein zu Errichtung einer Krieger- und Nervenheilanstalt.

13. DEZEMBER
K. sendet Dickens' *Klein Dorrit* an Felice Bauer, zur Lektüre im Jüdischen Volksheim.

14. DEZEMBER
an Felice Bauer: (Karte) Deutet Probleme beim Schreiben an, viele Streichungen (vermutlich in *Der Gruftwächter*). »Aber schön das Wohnen dort«. Kehrt erst um Mitternacht in das eigene Zimmer zurück.

1916 **15. DEZEMBER**
an Felice Bauer: (Karte) Sie ist offenbar deprimiert darüber, Weihnachten nur mit den Angehörigen zu verbringen.
Max Pirker, *Neue österreichische Erzählkunst,* in: *Österreichische Rundschau.* Sammelbesprechung, u. a. zu **Der Heizer**.

MITTE DEZEMBER
📖 Franz Kafka, **Ein Traum**, in: *Das jüdische Prag. Eine Sammelschrift*, Prag (Verlag der *Selbstwehr*).
K. beginnt ein (nicht überliefertes) Oktavheft zu benutzen, in dem er bis Mitte Januar **Ein Landarzt, Auf der Galerie, Das nächste Dorf** und **Ein Brudermord** niederschreibt.

16. DEZEMBER
K. sendet an Felice Bauer ein weiteres Buch zum Vorlesen im Jüdischen Volksheim.
Franz Kafka, *Helfet den Kriegsinvaliden! Ein dringender Aufruf an die Bevölkerung,* in: *Prager Tagblatt* und *Bohemia.*

20. DEZEMBER
an Felice Bauer: (Karte) Sie ist traurig darüber, dass die Pausen zwischen K.s Nachrichten länger werden. Über sein »angeborenes« Unglück: »Kann ich nichts, bin ich unglücklich; Kann ich etwas, reicht die Zeit nicht«. Und hofft er auf die Zukunft, meldet sich Angst. »Eine fein ausgerechnete Hölle. Aber ... sie ist nicht ohne gute Augenblicke.«

21. DEZEMBER
K. sendet Felice Bauer ein Verzeichnis empfehlenswerter Literatur für Jugendliche. Die von Ottla besorgten Geburtstagsgeschenke gehen an Muzzi ab.
Kasimir Edschmid, *Deutsche Erzählungsliteratur,* in: *Frankfurter Zeitung.* Positiv über **Das Urteil**.

vor 22. DEZEMBER
[Jizchak Löwy an K.]: Hat Erfolge als Rezitator in Budapest. Macht K. heftige Vorwürfe, sich in Prag nicht genug für ihn eingesetzt zu haben.

22. DEZEMBER
an Felice Bauer: (Karte) Es geht ihm gesundheitlich besser. Über Gottfried Kölwel und Jizchak Löwy. Wohnungssorgen. K. sendet Felice Bauer ein Kinderbuch.

31. DEZEMBER
Julie Kafka an Anna Bauer: Neujahrsgrüße. Hatte gehofft, Felice würde zu Weihnachten nach Prag kommen. K. verbringt den Silvesterabend allein.

1917

Der literarische Jahresbericht des Dürerbundes 1916–17 bezeichnet *Die Verwandlung* als »phantasielos und langweilig«.

JANUAR
📖 Franz Kafka, *Ein Traum*, in: *Der Almanach der Neuen Jugend auf das Jahr 1917*, Berlin (Verlag Neue Jugend).
K. sagt dem Verwalter des Palais Schönborn zu, dort eine 2-Zimmer-Wohnung zu mieten.
Siegfried Löwy 50 Jahre alt.

1. JANUAR
an Ottla Kafka: (Notiz) Bittet um das *Montagsblatt* und um eine Karte zur Rezitation Wüllners am 7. Jan. »Ich habe jeden Abend mehr als ich aufessen kann.«
K. beobachtet Felix und Irma Weltsch durch deren Fenster, tritt aber nicht ein.
Der Grenzübertritt zwischen Österreich-Ungarn und Deutschem Reich erfordert ein Visum mit Lichtbild.

2. JANUAR
an Felix Weltsch: Neujahrswünsche. Wollte am Vortag nicht stören.

3. JANUAR
an Gottfried Kölwel: Dank und Lob für die Zusendung einiger Gedichte. Über ihr Treffen in München. »… las dort meine schmutzige Geschichte in vollständiger Gleichgültigkeit«.

6. JANUAR
Franz Kafka, *Ein Traum*, in: *Prager Tagblatt*.

7. JANUAR
16 Uhr: K. beim Rezitator Ludwig Wüllner im Neuen deutschen Theater; u. a. Texte von Homer und Schiller.

10. JANUAR
Ernst Weiß an Rahel Sanzara: »Kafka wird, je länger ich von ihm entfernt bin, desto unsympathischer in seiner schleimigen Bosheit.«

12. JANUAR
Franz Rosenzweig an Georg und Adele Rosenzweig: K.s *Das Urteil* »habe ich gleich gelesen. Der Alte ist *selbstverständlich* wahnsinnig (was sonst?), aber er ist bloß Staffage, die Geschichte spielt im *Sohn*«.

13. JANUAR
Kurt Wolff Verlag an K.: 258 verkaufte Ex. von *Betrachtung* von Mitte 1915 bis Mitte 1916, Honorar 96,75 M.

nach MITTE JANUAR
K. beginnt das ›Oktavheft B‹. Es entstehen *Die Brücke*, *Der Kübelreiter* sowie Fragmente zum *Jäger Gracchus*.

20. JANUAR
Max Brod an Martin Buber: Bezeichnet sich selbst als »Fremdkörper« in der deutschen Literatur.

23. JANUAR
Die Nachricht, Prag habe nur noch Kohlereserven für eine Woche, löst Panikkäufe aus.

31. JANUAR
an Gottfried Kölwel: Kritische, doch letztlich positive Würdigung weiterer Gedichte Kölwels. Angebot, über Brod Informationen zum Kurt Wolff Verlag einzuholen (der Kölwels *Gesänge gegen den Tod* nicht in 2. Aufl. bringen will).

1917 ENDE JANUAR
an Paul Wiegler: (Entwurf) Dank für die von Wiegler hrsg. Bücher *Ludwig van Beethoven. Briefe, Gespräche, Erinnerungen* und *Schopenhauer. Briefe, Aufzeichnungen, Gespräche* (Berlin 1916).

FEBRUAR
an Felice Bauer: Sehr ausführliche Schilderung des Wohnungsproblems: Lärm in der Langen Gasse, die Wohnungen im Palais Schönborn, das Haus in der Alchimistengasse. Er möchte nach dem Krieg 1 Jahr Urlaub nehmen und mit Felice in der kleineren Schönborn-Wohnung leben, die er daher bereits mündlich zugesagt hat.
K. mietet die 2-Zimmer-Wohnung im Palais Schönborn zum 1. März.
Max Krell, *Metaphysische Figuren,* in: *Die neue Rundschau.* Positiv über *Das Urteil.*

ANFANG FEBRUAR
K. schreibt *Schakale und Araber* (›Oktavheft B‹).

5. FEBRUAR
an die AUVA: K. beantragt die Ernennung zum Sekretär, da er bereits seit 7 Jahren Koncipist sei. Hinweis auf die »ausserordentlichen Teuerungsverhältnisse«.

etwa 10. FEBRUAR
K. schreibt *Der neue Advokat* (›Oktavheft B‹).

11. FEBRUAR
Max Brod, Tagebuch: »Bei Kafka in der Alchimistengasse. Er liest schön vor. Klosterzelle eines wirklichen Dichters.«

13. FEBRUAR
Max Brod an Martin Buber: »Werfel ist nicht die mimosenhafte zarte Natur wie z. B. mein Freund Kafka (mit dem ich nicht diskutiere und auf den ... das Judentum langsam, unvermerkt übergeht).«
Alle Prager Theater und Kinos für 1 Woche geschlossen. Restaurants und Kaffeehäuser müssen um 22 Uhr schließen.

MITTE FEBRUAR
K. schreibt »*An alle meine Hausgenossen*« (›Oktavheft B‹).

17. FEBRUAR
K. schenkt Ottla Dickens' *Weihnachtsgeschichten*, mit Widmung.

19. FEBRUAR
K. trägt erstmals seine Militärstiefel. Er liest Goethe, *Hermann und Dorothea*, in Hauptmanns *Griselda* und Ludwig Richters *Lebenserinnerungen eines deutschen Malers*.

nach **19. FEBRUAR**
an Moritz Schnitzer: (Entwurf) Bitte um Rat für Ottla, die einen landwirtschaftlichen Kurs besuchen will.

20. FEBRUAR
[an den Kurt Wolff Verlag]: (Karte) Bittet, die 96,75 M Honorar für **Betrachtung** an Felice Bauer zu überweisen, und fragt nach dem Abrechnungsmodus für **Der Heizer** und **Das Urteil**.

etwa **20. FEBRUAR**
[an Felice Bauer]: Kündigt das Geld vom Kurt Wolff Verlag an.

vor **21. FEBRUAR**
[Gottfried Kölwel an K.]: Kurt Wolff hat inzwischen zugestimmt, die *Gesänge gegen den Tod* in 2. Aufl. erscheinen zu lassen. Legt weitere Gedichte bei.

21. FEBRUAR
an Gottfried Kölwel: Dank für die Gedichte.

MÄRZ
Die ›Prager Asbestwerke‹ werden geschlossen.

1. MÄRZ
Ottla Kafka an Josef David: Positiv über Růžena, das tschechische Blumenmädchen, das die Behausungen K.s jetzt versorgt.

1917 2. MÄRZ
K. übersiedelt in eine 2-Zimmer-Wohnung im 2. Stock des Palais Schönborn.

4. MÄRZ
Georg Küffer, Besprechung von *Das Urteil*, in: *Der Bund*, Bern.
Schlägt einen überzeugenderen Schluss vor.

8. MÄRZ
an Fritz Lampl: Lehnt es ab, sich einer national gesinnten Künstlergruppe anzuschließen. »Ich bin nämlich nicht imstande mir ein im Geiste einheitliches Österreichertum klar zu machen«.

nach 8. MÄRZ
K. schreibt *Beim Bau der chinesischen Mauer*, darin *Eine kaiserliche Botschaft* (›Oktavheft C‹).

10. MÄRZ
Ottla Kafka an Josef David: Im Häuschen in der Alchimistengasse hört man nur den Gesang der Vögel.

nach MITTE MÄRZ
K. schreibt *Ein altes Blatt* und das Fragment *Der Schlag ans Hoftor* (›Oktavheft C‹).
[Felice Bauer an Julie Kafka]: (2 Briefe) Kündigt Reise nach Prag an.

15. MÄRZ
Samuel Fischer und Kurt Wolff verhandeln in Leipzig ergebnislos über eine Fusion ihrer Verlage.

17. MÄRZ
*Werner Kraft an Martin Buber: **Die Verwandlung*** hätte »von Staats wegen verboten werden müssen«.

nach 20. MÄRZ
K. schreibt *Elf Söhne*.

21. MÄRZ
Grete Bloch 25 Jahre alt.

24. MÄRZ
an den Kurt Wolff Verlag: K.s Anfrage vom 20. Feb. ist noch immer nicht beantwortet, das Honorar bei Felice Bauer nicht eingetroffen.

26. MÄRZ
Julie Kafka an Felice Bauer: Freut sich über die Ankündigung Felices, nach Prag zu kommen. Andeutung von Versorgungsschwierigkeiten.

29. MÄRZ
K. schenkt Ottla ein Ex. *Chinesische Volksmärchen*, mit Widmung.

ENDE MÄRZ
K. schreibt **Eine Kreuzung**, das Fragment **Der Nachbar** und weitere Passagen zum **Jäger Gracchus** (›Oktavheft D‹).

APRIL
Karl Hermann ist auf Urlaub in Prag.

ANFANG APRIL
K. schreibt **Die Sorge des Hausvaters**.

6. APRIL
Tagebuch: Fragment zum **Jäger Gracchus**.

nach 6. APRIL
K. schreibt **Ein Bericht für eine Akademie** (›Oktavheft D‹).

7. APRIL
Max Brod an Martin Buber: »Sie sollten an Kafka wegen dichterischer Beiträge schreiben. Er hat viele kleine wunderschöne Prosastücke, Legenden, Märchen in letzter Zeit geschrieben.«

10. APRIL
Siegfried Wolff an K.: Aufforderung, eine Deutung von **Die Verwandlung** zu liefern. (Einziger überlieferter Leserbrief an K.)

1917 **15. APRIL**
Hugo Wolf, *Von neuen Büchern und Noten*, In: *Der Merker*, Wien.
U.a. über *Die Verwandlung*.

MITTE APRIL
[Martin Buber an K.]: Bittet um Manuskripte für *Der Jude*.
K. beginnt ein weiteres, nicht überliefertes Ms.-Heft.
Ottla beendet ihre Tätigkeit im elterlichen Geschäft und übersiedelt nach Zürau, um einen von ihrem Schwager Karl Hermann gepachteten Hof zu bewirtschaften. Beginn heftiger innerfamiliärer Konflikte deswegen, insbesondere zwischen Ottla und ihrem Vater.

18. APRIL
an das k. k. Handelsgericht in Prag: Antrag, die ›Prager Asbestwerke‹ als »in Liquidation« ins Handelsregister einzutragen. (Wird erst Ende Dez. eingereicht.)
Irma Weltsch 25 Jahre alt.

19. APRIL
an Ottla Kafka: War am Abend zuvor in ihrem Haus in der Alchimistengasse und musste dort Feuer machen, angeblich auch mit Mss. Über einen lautstarken Streit zwischen dem Vater und Rudolf Hermann, der geäußert hatte, Hermann Kafka bezeichne den eigenen Sohn als »Halunken«.

21. APRIL
K. schenkt Ottla ein Ex. von *Ludwig Richters Heimat und Volk*, mit Widmung.

vor 22. APRIL
Elli Hermann begleitet ihren Ehemann Karl, der zurück zu seiner in Ungarn stationierten Einheit muss, bis nach Wien.
[Ottla Kafka an die Familien Kafka und Hermann]: 1. Bericht zu ihrer Tätigkeit auf dem Zürauer Hof. Will eine Kuh und ein Pferd anschaffen.

22. APRIL
an Ottla Kafka: (gemeinsam mit Elli Hermann) Elli wird für Ottla

5000 K als Startkapital bereitstellen. Fragen zur Bewirtschaftung des Hofs. Hermann Kafka hat Ottlas Bericht nicht negativ kommentiert.

an Martin Buber: Sendet 12 Prosastücke zur Auswahl, wovon er 2 bereits der Zeitschrift *Marsyas* angeboten hat. »Alle diese Stücke und noch andere sollen später einmal als Buch erscheinen unter dem gemeinsamen Titel: ›Verantwortung‹.«

Irma Kafka erstmals in Zürau. Ottla setzt Kartoffeln.

23. APRIL
K. bei Irma Kafka, um sich von Zürau berichten zu lassen. Elli Hermann beginnt ihre Tätigkeit im Geschäft der Eltern.

24. APRIL
Hermann Kafka veranlasst, dass Ottla 5000 K Startkapital ausgezahlt werden.

28. APRIL
AUVA an K.: Die von K. beantragte Ernennung zum Sekretär wird ohne Begründung abgelehnt. Gehaltserhöhung rückwirkend ab 1. März.

30. APRIL
Irma Kafka an Ottla Kafka: K. »hat ganz zufrieden ausgeschaut, ich glaube es geht ihm gut.« Sie liest Tolstoi, *Anna Karenina*, und Flaubert, *Madame Bovary*. Bittet um Lebensmittel.

ENDE APRIL
K. schreibt *Ein Besuch im Bergwerk*.

MAI
K. beginnt, Hebräisch zu lernen. Er benutzt das *Lehrbuch der hebräischen Sprache für Schul- und Selbstunterricht* von Moses Rath.

1. MAI
Julie Kafka an Ottla Kafka: »Mit der Esswaare ist es Tag täglich ärger«. Bittet um weitere Sendungen von Brot und Milch.

1917   2. MAI
Irma Kafka an Ottla Kafka: K. plant einen gemeinsamen Besuch mit Felix und Irma Weltsch in Zürau. Julie Kafka rät ab wegen der knappen Lebensmittel.

10. MAI
Franz Kafka, *Helfet den Kriegsinvaliden!*, in: *Bohemia*, Prag.

vor 12. MAI
[Martin Buber an K.]: Hat aus den von K. eingesandten Prosastücken **Schakale und Araber** sowie **Ein Bericht für eine Akademie** zum Abdruck in *Der Jude* ausgewählt.

12. MAI
an Martin Buber: Bittet, **Schakale und Araber** sowie **Ein Bericht für eine Akademie** nicht als Gleichnisse zu bezeichnen. Schlägt als Obertitel »Zwei Tiergeschichten« vor.

15. MAI
Übernahme der Kuranstalt Rumburg-Frankenstein durch den ›Deutschen Verein zur Errichtung und Erhaltung einer Krieger- und Volksnervenheilanstalt in Deutschböhmen‹. Anwesend u. a. K.s Vorgesetzte Marschner und Pfohl.

16. MAI
St. Nepomukstag (Feiertag in Böhmen)
an Ottla Kafka: (Karte) »Ich habe mich schon ganz verlassen gefühlt«. Dennoch hat Ottla ihm ein Leben ermöglicht, das »unvergleichlich besser als die letzten Jahre« ist. Das Schreiben in der Alchimistengasse hat er wegen Schlafstörungen aufgegeben.
Irma Kafka für 2 Tage in Zürau.

18. MAI
Julie Kafka an Ottla Kafka: Bittet um Brot und Milch.

21. MAI
Irma Kafka an Ottla Kafka: K. meint, er müsse beim nächsten Besuch die Familie Weltsch mit nach Zürau nehmen, da er es schon versprochen hat.

22. MAI
K.s Sekretärin Julie Kaiser 30 Jahre alt.

27. MAI
Max Brod 33 Jahre alt. Hermann Kafka reist nach Franzensbad.

28. MAI
Hermann Kafka an Ottla Kafka: Dankt für Lebensmittel.

JUNI
K. und Brod öfters in der Civilschwimmschule.

3. JUNI
K. besucht wahrscheinlich Ottla in Zürau.

4. JUNI
Eugen Pfohl 50 Jahre alt.

10. JUNI
Julie Kafka reist nach Franzensbad.

17. JUNI
Abendlicher Spaziergang mit Max und Elsa Brod über die Belvedere-Höhen.

28. JUNI
an Martin Buber: Sendet 4 Gedichte von Rudolf Fuchs, empfiehlt Abdruck in *Der Jude*.

JULI
K. und Brod wiederum öfters in der Civilschwimmschule.
 K. bemerkt, dass sein Speichel rot verfärbt ist.

3. JULI
Kurt Wolff an K.: Bittet um Zusendung neuer literarischer Texte, von denen Brod ihm berichtet hat.
Kafka 34 Jahre alt.

1917 4. JULI
K. bekommt den Pass für eine Reise nach Ungarn.
Brod trennt sich von seiner Geliebten Maruška Podrouková.

7. JULI
an Kurt Wolff: »Mir war in diesem Winter ... ein wenig leichter.« Legt 13 Prosastücke als maschinenschriftliche Mss. bei. »Es ist weit von dem, was ich wirklich will.«

etwa 7. JULI
[Martin Buber an K.]: Positiv über die Mss. von Rudolf Fuchs.
Felice Bauer trifft in Prag ein. Sie bezieht ein Zimmer in der Wohnung von Valli, Bilekgasse 10.

9. JULI
K. und Felice Bauer besuchen die Ehepaare Brod und Weltsch. Nach der Heimkehr vermisst Felice Bauer ihre Handtasche mit 900 K.

10. JULI
K. bei Irma Weltsch, fragt vergeblich nach Felices Tasche. Er durchsucht noch einmal die Wohnung Vallis, findet die Tasche, versäumt es jedoch, Frau Weltsch davon zu benachrichtigen. Heftiger Streit zwischen Felix und Irma Weltsch, die K.s Besuch als Zeichen des Misstrauens deutet.
[Irma Weltsch an K.]: Grobe Vorwürfe wegen seines Verhaltens.
(Felix Weltsch weiß nichts von diesem Brief, der K. erst am 20. Juli erreicht.)

11. JULI
→ BUDAPEST (mit Felice Bauer)
Abreise gegen Mittag.

12. JULI
Ankunft in Budapest.

12.–16. JULI
[an Ottla Kafka]: (Karte)
K. und Felice Bauer lassen sich in einem Atelier gemeinsam fotogra-

fieren. K. trifft Jizchak Löwy; er fordert ihn auf, seine Erfahrungen als Schauspieler schriftlich niederzulegen.
Felice Bauer reist zu ihrer Schwester Else nach Arad.

14. JULI
an Rudolf Fuchs: Kündigt seine Ankunft in Wien an und bittet um Reservierung eines Hotelzimmers.

16. JULI
→ WIEN
Ankunft 21.30 Uhr. K. geht mit Rudolf Fuchs ins Café Central.
Er bezieht ein Zimmer im St.-Stephan-Hotel.

17. JULI
K. verschiebt seine für heute geplante Rückreise nach Prag.
Er trifft möglicherweise Werfel.

18. JULI
→ PRAG
Abreise abends. K. begegnet im Zug Otto Gross (*1877) und Anton Kuh (*1890); Gross redet lange auf ihn ein.

20. JULI
an Martin Buber: Will ein weiteres Gedicht von Fuchs beilegen (vergisst es jedoch). Schlägt vor, einen Aufsatz Jizchak Löwys über »die geistige Not der Jargonschauspielkunst« in *Der Jude* zu publizieren.
an Irma Weltsch: Antwort auf ihren Brief vom 10. Juli. Entschuldigt sich wegen der Geschichte um Felices Handtasche.
Kurt Wolff an K.: Findet K.s Prosastücke »ganz außerordentlich schön und reif« und möchte sie publizieren.

22. JULI
Irma Kafka reist für 3 Wochen nach Zürau.

23. JULI
In Brods Wohnung trifft K. mit Otto Gross, Marianne Kuh, Franz Werfel und Adolf Schreiber zusammen. Gross plant eine Zeitschrift *Blätter zur Bekämpfung des Machtwillens,* die K. interessiert.

1917 27. JULI
an Kurt Wolff: Der geplante Prosaband soll auch *Vor dem Gesetz* und das beigelegte Stück *Ein Traum* enthalten. Hat »eine bedrückende Angst« vor der Zeit nach dem Krieg: »Ich werde meinen Posten aufgeben... werde heiraten und aus Prag wegziehn, vielleicht nach Berlin.« Bittet Wolff, ihm schon jetzt mitzuteilen, ob er ihn dann materiell unterstützen werde.

28. JULI
an Ottla Kafka: (Karte) »Auf der Reise ist es mir durchschnittlich erträglich gegangen, aber eine Erholungs- und Verständigungsreise war es natürlich nicht.« Leidet wieder unter Schlaflosigkeit. Will Anfang Sept. für ~ 10 Tage nach Zürau.

29. JULI
Tagebuch: 3 kurze Fragmente zu einer Erzählung, in der ein ›Ich‹ zum Hofnarren avanciert.

30. JULI
Tagebuch: Über die Schauspielerin Gertrud Kanitz, die K. erotisch anzieht. 3 kurze Fragmente.

31. JULI
Tagebuch: 2 kurze Fragmente.
Julie Kafka an Ottla Kafka: Hat mehrere Pakete geschickt.

ENDE JULI
Karl Hermann wird das Eiserne Kreuz verliehen.

AUGUST
K. beginnt das ›Oktavheft E‹.
Das Häuschen in der Alchimistengasse wird durch die Vermieterin zum Monatsende gekündigt.

ANFANG AUGUST
an Felix Weltsch: (Karte) Kündigt seinen Besuch bei Weltsch an, der sich mit seiner Frau auf dem Land in Radešowitz befindet.
K. liest Pascal, *Pensées*.

1. AUGUST
Tagebuch: »Altprager Geschichten«, die er auf der Civilschwimm-schule gehört hat. »Ich spanne die Zügel an.«
Kurt Wolff an K.: Will K.s Prosastücke publizieren. »Mit aufrichtigster, freudigster Bereitwilligkeit sage ich Ihnen auch für die Zeit nach dem Krieg eine fortlaufende materielle Förderung zu«.

2. AUGUST
Tagebuch: Literarisches Fragment: »Meistens wohnt der den man sucht nebenan.« Essayistisches Fragment über Pascal.

3. AUGUST
Tagebuch: 2 kurze Fragmente. Hinrichtungsphantasie.
an Martin Buber: Sendet Gedichte von Ernst Feigl und empfiehlt sie zum Abdruck in *Der Jude*. Will sich bemühen, Jizchak Löwy zur Niederschrift seiner Erinnerungen zu bewegen.

4. AUGUST
Tagebuch: 3 kurze Fragmente, darunter ein Dialog zwischen ›A‹ und ›B‹.

5. AUGUST
Tagebuch: Fortsetzung des Dialogs.
Am Nachmittag mit Baum Besuch in der Sommerwohnung von Felix und Irma Weltsch in Radešowitz.
Zionistischer Distriktstag in Prag. Im neugewählten Distriktskomitee ist Max Brod zuständig für »Organisation und Propaganda in Prag«.
Ottla Kafka an Josef David: Will in 4 Tagen mit der Hopfenernte beginnen, bekommt jedoch in der Nähe keine Geräte.

6. AUGUST
Tagebuch: Fortsetzungen des Dialogs.
Max und Elsa Brod reisen nach St. Wolfgang.
Ottla fährt für einen Tag nach Prag, um Geräte für die Hopfenernte zu kaufen. Sie wird vom Vater mit Vorwürfen empfangen, weil sie nicht mehr im Geschäft arbeitet. Negative Äußerungen des Vaters auch über Franz.

1917 7. AUGUST

Tagebuch: Fortsetzung des Dialogs. Kurzes Fragment zum Schluss von *In der Strafkolonie*.

8. AUGUST

Tagebuch: 4 kurze Fragmente zum Schluss von *In der Strafkolonie*. 2 weitere Fragmente.
[an Felice Bauer]: »arme liebe Felice«.

9. AUGUST

Tagebuch: 2 Fragmente zum Schluss von *In der Strafkolonie*. 2 weitere kurze Fragmente.
Ottla beginnt mit der Hopfenernte.
Julie Kafka an Ottla Kafka: Schickt Brot.

10. AUGUST

Tagebuch: (letzter Eintrag im ›11. Heft‹) 3 kurze Fragmente.

11. AUGUST

K. erleidet gegen 4 Uhr morgens einen Blutsturz. Vormittags im Büro. Nachmittags zur Untersuchung beim Internisten Dr. Gustav Mühlstein, der Bronchialkatarrh diagnostiziert und ein Medikament verschreibt.

12. AUGUST

In der Nacht erneute, schwächere Blutung. K. geht wieder zu Dr. Mühlstein, der leugnet, dass es sich um Tuberkulose handeln könnte.
Oktavheft E: »Die Welt – F. ist nur ihr Repräsentant – und mein Ich zerreissen in unlösbarem Widerspruch meinen Körper.« Falls er demnächst sterben sollte, habe er sich selbst zerrissen, analog einer früheren Drohung des Vaters.

MITTE AUGUST

K. kündigt die Wohnung im Schönborn-Palais zum Monatsende, vermutlich wegen seiner Erkrankung. In den folgenden Tagen sucht er vergeblich eine andere Wohnung.

20. AUGUST
an Kurt Wolff: Titelvorschlag: ***Ein Landarzt. Kleine Erzählungen***. Reihenfolge der Prosastücke. Dank für zugesagte Förderung.

21. AUGUST
Max und Elsa Brod kehren von St. Wolfgang zurück.

22. AUGUST
Weltsch unterrichtet Brod über K.s Erkrankung.

23. AUGUST
an Ottla Kafka: (Karte) Will sie bei der Hopfenernte nicht stören.

24. AUGUST
Brod besucht K., der seine Erkrankung psychosomatisch und als »endgültige Niederlage« erklärt.
Julie Kafka an Ottla Kafka: Sendet erneut Brot nach Zürau.

25. AUGUST
Brod in Leipzig bei Kurt Wolff.

26. AUGUST
Irma Kafka an Ottla Kafka: Hermann Kafka ärgert sich noch immer über das Zürauer Gut. Sie hat für K. eine Wohnung in der Domherrengasse besichtigt, aber K. ist zu wählerisch.

28. AUGUST
K. erneut beim Internisten Dr. Mühlstein, der die Möglichkeit einer Tuberkulose noch immer leugnet. Da K. Sicherheit will, wird eine Röntgenuntersuchung sowie Analyse des Speichels verabredet. Treffen mit Brod.

29. AUGUST
an Ottla Kafka: Ausführlich über den Blutsturz und die Untersuchung durch Dr. Mühlstein. Psychosomatische Erklärung der Tuberkulose: Schwächung durch den jahrelangen inneren Kampf um die Ehe. Schlägt vor, am 6. Sept. für 8–10 Tage nach Zürau zu kommen.

1917 *an Max Brod:* (Karte) Entschuldigt sich wegen seines (zynischen?) Verhaltens am Vortag.
Ernst Weiß 35 Jahre alt.

etwa 30. AUGUST
K. bei einer Röntgenuntersuchung.

SEPTEMBER
Josef Körner, *Dichter und Dichtung aus dem deutschen Prag*, in: *Donauland*, Wien. Darin sehr positiv über K., insbesondere *Die Verwandlung*.

ANFANG SEPTEMBER
Karl Hermann in Prag.

1. SEPTEMBER
Kurt Wolff an K.: Möchte neben den Prosastücken *Ein Landarzt* auch *In der Strafkolonie* möglichst bald publizieren, jedoch nicht in der Reihe ›Der jüngste Tag‹. Beide Bände sollen in der typographischen Ausstattung von *Betrachtung* erscheinen.
K. übersiedelt vom Palais Schönborn in die Wohnung der Eltern am Altstädter Ring, wo er das Zimmer Ottlas bezieht.

2. SEPTEMBER
an Ottla Kafka: (Karte) Über die nächtliche Unruhe in der Wohnung der Eltern. »Aber für die Lunge war es besser.«

etwa 2. SEPTEMBER
[Felice Bauer an K.]: (2 Briefe)

3. SEPTEMBER
an Ottla Kafka: (Karte) Über eine Wohnung auf dem Belvedere, die ihm angeboten wurde. Möchte ab Wochenende für 8 Tage nach Zürau.
K. bei Dr. Mühlstein, der ihm mitteilt, beide Lungenspitzen seien angegriffen. Gefahr bestehe jedoch nicht. Evtl. spätere Behandlung mit Tuberkulin.

4. SEPTEMBER
Nachmittags mit Brod zu Prof. Gottfried Pick, der ebenfalls Lungenspitzenkatarrh diagnostiziert. Er empfiehlt wegen Tuberkulosegefahr einen Kuraufenthalt von mindestens 3 Monaten, ist jedoch auch mit Zürau einverstanden, sofern K. dort eine Arsenkur macht.
K. soll möglichst viel essen. – Danach mit Brod zur Sophieninsel, gemeinsames Bad. K. deutet die Krankheit als gerechte Strafe, ist jedoch enttäuscht, dass es ein so triviales Ende nimmt.
an Ottla Kafka: (Karte) Über den Besuch bei Dr. Mühlstein. Will sich vielleicht pensionieren lassen. »... in dieser Krankheit liegt zweifellos Gerechtigkeit ... aber so grob, so irdisch«.
an Kurt Wolff: Erfreut über Wolffs Angebot, bittet jedoch, *In der Strafkolonie* vorläufig nicht zu publizieren, da das Ende der Erzählung »Machwerk« sei. »Ich fahre für längere Zeit aufs Land, vielmehr ich muss fahren.«

5. SEPTEMBER
an Ottla Kafka: (Karte) Über den Besuch bei Prof. Pick. Will jetzt Pensionierung oder 3 Monate Urlaub beantragen. »Willst Du mich aufnehmen und kannst Du es?«
an Max Brod: Bittet, die Tuberkulose gegenüber den Eltern geheim zu halten. Dank, weil Brod ihn überredet hat, zu Prof. Pick zu gehen. Hat die Krankheit in *Ein Landarzt* vorhergesagt.
[an Felix Weltsch]: Bittet, die Tuberkulose gegenüber den Eltern geheim zu halten.
K. teilt der Mutter mit, er werde keine Wohnung mieten, sondern versuchen, wegen Nervosität längeren Urlaub zu bekommen und bei Ottla zu wohnen. Verschweigt die Tuberkulose.
In Österreich-Ungarn werden ›Kohlenkarten‹ eingeführt. Heizverbot bis 15. Okt. Einheitliche Sperrstunden: 22 Uhr für Restaurants, 23 Uhr für Kaffeehäuser.

6. SEPTEMBER
K. spricht mit Eugen Pfohl über seine Erkrankung und legt das Gutachten von Prof. Pick vor, wagt es aber nicht, auf Pensionierung zu drängen.
an Ottla Kafka: (Karte) Sein Gespräch mit Pfohl »eine sentimentale Komödie«.

1917 7. SEPTEMBER
K. schlägt Direktor Marschner Pensionierung vor. Bekommt stattdessen mehrmonatigen Urlaub.
an Ottla Kafka: (Karte) Möchte statt der geplanten 8 Tage nun mindestens für 3 Monate nach Zürau. Das Gespräch mit Marschner, der K. tröstet.
an Felice Bauer: Unterrichtet sie über die Tuberkulose. Wundert sich, da doch in seiner Familie niemand Tbc hatte. Leichter Husten, gelegentlich leichtes Fieber.

8. SEPTEMBER
an Ottla Kafka: (Karte) Kündigt seine Anreise für den 12. Sept. an. Brod ist gegen Zürau, K. hält daran fest.
K. bekommt Lebensmittel von einem Schwarzhändler, den er auch zu Baum und Weltsch vermittelt.

etwa 9. SEPTEMBER
[Felice Bauer an K.]: (Karte) Sie ist verzweifelt, obwohl sie von K.s Erkrankung offenbar noch nichts weiß.

9. SEPTEMBER
an Ottla Kafka: (Karte) »das übermässige Essen macht mich traurig.« Elli Hermann kommt von einem Besuch bei Ottla zurück.

nach 9. SEPTEMBER
[an Moritz Schnitzer]

10. SEPTEMBER
Letzter Arbeitstag. K. mit Brod bei Prof. Pick, um noch einmal über die Heilungschancen in Zürau zu sprechen. K. eröffnet Brod, dass er bereits 45 Lektionen Hebräisch gelernt hat.
Max Brod, Tagebuch: Über K.: »Diese einsame Geheimnistuerei! Es ist aber sehr Gutes darin, doch auch Böses.«
Otto Brod hat als Oberleutnant Urlaub von der Front.
Jizchak Löwy 30 Jahre alt.

11. SEPTEMBER
[Felice Bauer an K.]: Über die Möglichkeit eines Besuchs in Zürau.

(Der Brief trifft wegen eines Fehlers in der Adresse erst am 28. Sept.
bei K. ein.)
K. im Büro von Weltsch, um sich zu verabschieden, trifft ihn jedoch
nicht an.

vor 12. SEPTEMBER
K. beginnt das ›Oktavheft F‹.

12. SEPTEMBER
→ ZÜRAU
Brod bei K. zu Hause, um sich zu verabschieden; dabei zeigt ihm K. die
letzte Karte von Felice Bauer. Angestellte der Galanteriewarenhandlung bringen sein Gepäck zum Bahnhof, dabei bezeichnet K.
einen der Koffer als »Sarg«. Während der Zugfahrt denkt er intensiv
über die Krankheit und die Beziehung zu Felice nach. Abfahrt
14 Uhr, Ankunft in Zürau 18 Uhr. – K. wiegt 61,5 kg.
Ottla Kafka an Josef David: Ankunft K.s. »Es geht mir wirtschaftlich
viel besser, ich glaube, dass ich die schwerste Zeit hinter mir habe.«

13. SEPTEMBER
Beim Mittagessen unterhält sich K. mit einem 62-Jährigen, der seit
10 Jahren auf planloser Wanderschaft ist.

etwa 13. SEPTEMBER
[Felice Bauer an K.]: Kündigt ihren Besuch in Zürau an.

14. SEPTEMBER
an Max Brod: Es gefällt ihm sehr gut in Zürau. »Ottla trägt mich förmlich auf ihren Flügeln durch die schwierige Welt«, »die Freiheit, die
Freiheit vor allem«. Die Tuberkulose ist ein »Sinnbild«. »Immerfort
suche ich eine Erklärung der Krankheit«.
an Oskar Baum: Der Wanderer vom Vortag, »ein Gegenbild von mir«.
an Felix Weltsch: Lädt ihn und seine Frau nach Zürau ein. In einer
Nachschrift wiederholt Ottla die Einladung nachdrücklicher.
Hermann Kafka 65 Jahre alt.

MITTE SEPTEMBER
Franz Kafka, ***Ein altes Blatt, Der neue Advokat, Ein Brudermord***, in:
Marsyas. Eine Zweimonatsschrift, Berlin.

1917   15. SEPTEMBER
Tagebuch: (Beginn des ›12. Hefts‹) »Du hast soweit diese Möglichkeit überhaupt besteht, die Möglichkeit einen Anfang zu machen. Verschwende sie nicht.« Kurze Notate.

16. SEPTEMBER
Irma Kafka in Zürau.

18. SEPTEMBER
Tagebuch: »Alles zerreissen.«
an Max Brod: Ungewöhnlich metaphernreicher Brief. Klavier gegenüber. Fragt sich, ob seine Sehnsucht nach dem Land Selbsttäuschung ist. »Mit Ottla lebe ich in kleiner guter Ehe; Ehe nicht auf Grund des üblichen gewaltsamen Stromschlusses, sondern des mit kleinen Windungen geradeaus Hinströmens.« Mangel an Lebensmitteln.

19. SEPTEMBER
Tagebuch: Problem, warum es möglich ist, das Unglück im Schreiben zu objektivieren: »gnadenweiser Überschuss der Kräfte«. »Gestriger Brief an Max. Lügnerisch, eitel, komödiantisch.«
[an Felice Bauer]: (Telegramm, nicht abgeschickt) »Sehr willkommen«.
[an Felice Bauer]: (»Abschiedsbrief«, wahrscheinlich nicht abgeschickt)
[Felice Bauer an K.]: (Telegramm) Kündigt ihre Ankunft für den folgenden Nachmittag an.
Felix Weltsch an K.: Ist mit seiner Frau von der Kirchengasse in die Bildhauergasse übergesiedelt. Kann bestenfalls übers Wochenende nach Zürau kommen. »Trotzdem möchte ich gerne mal hinausschauen, wenn's was zu beschaffen gibt«.

20. SEPTEMBER
an Max Brod: (Ansichtskarte von Zürau) Brod hat einen Brief seiner Geliebten an K. geschickt. »Diese Umsicht Ruhe, Überlegenheit, Weltlichkeit es ist das grossartig und grässlich Frauenhafte.«
Julie Kafka an K. und Ottla Kafka: Dank für ein Messer und 3 Krawatten, die Hermann von Ottla zum Geburtstag erhielt.
Felice Bauer bei Brod, der ihr für K. Max Scheler, *Die Ursachen des Deutschenhasses*, mitgibt. Sie kommt ~18 Uhr in Zürau an.

etwa 20. SEPTEMBER
[an Gottfried Pick]: K. berichtet über seinen Gesundheitszustand.
[Gustav Mühlstein an K.]: Besserung von K.s Krankheit nur »in längeren Zeitintervallen« zu erwarten.

22. SEPTEMBER
Am späten Nachmittag fährt Felice Bauer in Begleitung von Ottla nach Prag.
Tagebuch: Gegenüber Felice »gänzlich gefühllos, ebenso hilflos«; sie ist »eine unschuldig zu schwerer Folter Verurteilte«. Traum vom Vater als Sozialreformer.
Max Brod, *Johann Straußens Radetzky-Marsch*, in: *Die Aktion*.

23. SEPTEMBER
Tagebuch
an Felix Weltsch: Will ihm keine Hoffnungen wegen Lebensmitteln in Zürau machen. Dr. Mühlsteins neue Beurteilung der Erkrankung. Schöner Platz, um in der Sonne zu liegen, das Zimmer hingegen dunkel und unruhig. Möchte wissen, was Wilhelm Stekel über ***Die Verwandlung*** geschrieben hat. Liest nur tschechische und französische Autobiographien und Briefwechsel, darunter Božena Němcovás Briefe. Buchbestellungen aus der Bibliothek.
an Oskar Baum: Ein Prager Schwarzhändler, zu dessen Kunden die Kafkas zählen, liefert derzeit nichts. Verschiedene Lärmquellen in Zürau.
Julie Kafka fragt Felice Bauer, ob K. schon in besserer Laune sei. Sie antwortet, das habe sie nicht bemerkt. Brod fragt Felice nach K.s Leben in Zürau aus.

24. SEPTEMBER
Max Brod an K.: K. geht viel zu fahrlässig mit seiner Krankheit um, Ottla sollte strenger sein. K. soll sich unbedingt bald in Prag untersuchen lassen. Beispiele von Bekannten, die einen Lungenspitzenkatarrh überstanden haben. Über Brods Ehekrise. Begreift erstmals die Leiden der Unentschlossenheit. Versteht aber K.s Hemmung gegenüber Felice nicht.
[Felice Bauer an K.]
Ottla zurück in Zürau.

1917 **25. SEPTEMBER**
Tagebuch: Sehr kritisch über Theodor Tagger, *Das neue Geschlecht*. »Nicht durchaus frevelhaft, als Tuberkulöser Kinder zu haben«, wie Flauberts Vater beweist. »Zeitweilige Befriedigung kann ich von Arbeiten wie ›Landarzt‹ noch haben … Glück aber nur, falls ich die Welt ins Reine, Wahre, Unveränderliche heben kann.«

26. SEPTEMBER
[Felice Bauer an K.]
In Österreich-Ungarn sollen Kleider und Stoffe nur noch auf Bezugsschein abgegeben werden. Die Verordnung wird in Prag monatelang ignoriert.

28. SEPTEMBER
Tagebuch: »Grundriss der Gespräche mit F.« »Dem Tod also würde ich mich anvertrauen. Rest eines Glaubens. Rückkehr zum Vater. Grosser Versöhnungstag.«
an Max Brod: Beantwortet widerstrebend Brods Fragen zur Tuberkulose. Kein Fieber, Essgewohnheiten, Liegekur. »Sicher ist nur, dass es nichts gibt, dem ich mich mit vollkommenerem Vertrauen hingeben könnte, als der Tod.« Der Konflikt um Felice ein »durchaus für Lebenslänge gebauter Fall«. Anekdote aus Stendhals *Leben des Henry Brulard*.

29. SEPTEMBER
Max und Elsa Brod an K.: Sie schildert ausführlich den Besuch des Kabaretts Lucerna am Vorabend. Beigelegt ein Foto Rolf Wagners, des Kabarett-Direktors. Adolf Schreiber ist wegen Tuberkulose vom Militär freigestellt. Brod legt seine Übersetzung des Librettos von Leoš Janáček, *Její pastorkyňa (Ihre Ziehtochter)*, bei.

vor 30. SEPTEMBER
K. bekommt von Jizchak Löwy den Anfang eines autobiographischen Textes, der zur Publikation in *Der Jude* bestimmt ist.
K. wiegt 63 kg.

30. SEPTEMBER
an Felice Bauer: Versucht, sein abweisendes Verhalten zu erklären.

»Dass zwei in mir kämpfen, weisst Du.« Sein Endziel ist nicht, ein guter Mensch zu sein, sondern das »Menschengericht« hinters Licht zu führen, um ungestraft zu bleiben. »Du bist mein Menschengericht.« Die Tuberkulose sein »allgemeiner Bankrott«. Da sie eine notwendige Waffe ist, wird er nicht mehr gesund werden.
Julie Kafka und ihre Haushälterin Marie Werner in Zürau. K. lässt 2 Briefe Felices bis zum Abend ungeöffnet.

OKTOBER
Rolf Conrad Cunz, Sammelbesprechung, u. a. zu *Das Urteil*, in: *Der Orkan*, Leipzig.

ANFANG OKTOBER
an Oskar Baum: Die Bahnverbindungen nach Zürau. Bittet darum, ihn jetzt nicht zu besuchen. Guter Gesundheitszustand. Kann nur wenige Lebensmittel schicken, auf Ottlas Gut gibt es weder Kühe noch Hühner.
an Růžena Hejná: Möchte nach wie vor eine Wohnung auf der Kleinseite.
[Felice Bauer an K.]: (mindestens 2 Briefe)
[Grete Bloch an K.]: (vermutlich Karte)

1. OKTOBER
Tagebuch: Schreibt eine Passage aus dem Brief an Felice Bauer ab: »Wenn ich mich auf mein Endziel hin prüfe ...«
an Max Brod: Ist seit Felices Besuch kaum fähig, Menschen zu empfangen, würde daher Weltschs Ehefrau nicht ertragen, obwohl er sie bereits eingeladen hat. Chassidische Geschichten sind das einzig Jüdische, in dem sich K. stets zu Hause fühlt. Jizchak Löwys Erinnerungen bedürfen der sprachlichen Überarbeitung. (Brod zeigt diesen Brief Weltsch.)
K. sendet an Brod und Weltsch je 2 Rebhühner.
Irma Kafka an Ottla Kafka: Schlägt vor, mit Ella David, der Schwester von Josef David, nach Zürau zu kommen. Das könnte K. zwar unangenehm sein, »doch glaube ich, dass Du ihn für einen Tag in irgend einen großen Schrank aufräumen könntest«. Hermann Kafka plant, das Geschäft aufzugeben.

1917 **2./3. OKTOBER**
an Elsa und Max Brod: Über das Kabarett Lucerna. Humoristische Charakterisierung der Schweine und Ziegen, die er mit Menschen vergleicht. Kommt erst Ende Oktober nach Prag.

4. OKTOBER
Max Brod an K.: K. soll mehr über die Tuberkulose schreiben. Hat einen Anfall von Verzweiflung überwunden. Über die Arbeit an *Das große Wagnis*. Liest Hans Blüher, *Die Rolle der Erotik in der männlichen Gesellschaft* und *Volk und Führer in der Jugendbewegung*. »Schreibst Du etwas?«

5. OKTOBER
Felix Weltsch an K.: Über seine Privatstunden in Literatur. Lärm in der neuen Wohnung. Kann nicht ohne seine Frau nach Zürau kommen. Hat für K. in der Bibliothek einige tschechische Biographien und Autobiographien zusammengestellt. K. soll seine Krankheitstheorien aufgeben und lieber den festen Willen zur Heilung aufbringen.

7. OKTOBER
Irma Kafka in Zürau.

7./8. OKTOBER
an Max Brod: K. ist fieberfrei, hustet wenig, ist etwas kurzatmig. Tuberkulose keine eigentliche Krankheit, sondern »Verstärkung des allgemeinen Todeskeims«. Bewundert es, dass Brod mit konkreten literarischen Problemen kämpft. Er dagegen: »selbst ein Dunkles jage ich im Dunkeln«. Zitiert seine Selbstanalyse aus dem Brief an Felice. Ist »begierig«, Blüher zu lesen. Fragt nach der von Otto Gross geplanten Zeitschrift.

8. OKTOBER
Tagebuch: Die Bauern »wirkliche Erdenbürger«. Liest *David Copperfield*. »*Der Heizer* glatte Dickensnachahmung«. Ausführliche kritische Würdigung Dickens'.
Brod zum Verhör bei der Staatspolizei (vermutlich hatte er sich in einem Brief an Siegfried Jacobsohn für die Friedensresolution des Deutschen Reichstags vom 19. Juli ausgesprochen).

9. OKTOBER
Tagebuch: Beim Bauer Lüftner in Zürau.

10. OKTOBER (?)
Max Brod an K.: K.s Briefe zeugen von großer Ruhe. »Du bist in Deinem Unglück glücklich.« Über geplante Vorträge in Komotau. K. soll endlich nach Prag zu Prof. Pick kommen.

etwa 11. OKTOBER
an Felix Weltsch: Bleibt bei seiner Deutung der Tuberkulose, »eine verliehene Krankheit«. Möchte keine Übersetzungen lesen, sondern »Originaltschechisches«. Das Leben auf dem Dorf ist geistig frei, »ich wollte immer hier leben«. Fährt nur ungern nach Prag.

12. OKTOBER
Irma und Julie Kafka an K. und Ottla Kafka: Julie bittet um Beschaffung von 1000 kg Kartoffeln für die Familie Kafka. Sie sucht für K. eine Wohnung in Prag. Irma hat bei der AUVA K.s Gehalt abgeholt: 650 K.
Irma Kafka an Ottla Kafka: Leicht verärgert über die Wünsche der Kafkas.

13. OKTOBER
an Max Brod: Brods Formulierung »im Unglück glücklich« ist nur akzeptabel, wenn sie nicht als Vorwurf, sondern als Feststellung eines allgemeinen Zustands gemeint ist. Über Thomas Manns Palestrina-Essay. »Mann gehört zu denen, nach deren Geschriebenem ich hungere«. Psychisch zu instabil, um Besuch zu empfangen. Über eine geplante Reise Brods nach Komotau. Kein Interesse am Kabarett.

14. OKTOBER
Tagebuch
Max Brod an K.: Regelmäßige Sendungen der *Selbstwehr* und der *Aktion*.
[*Max Brod an Ottla Kafka*]
15 Uhr: Moriz Schnitzer spricht im Klub deutscher Künstlerinnen über ›Bestrebungen der Lebensreform‹. Weltsch ist anwesend.

1917   **15. OKTOBER**
Tagebuch
Max Brod an K.: (Karte) Soll unbedingt nach Prag zur ärztlichen Untersuchung kommen.
Am Abend Spaziergang in Richtung Oberklee.

etwa **15. OKTOBER**
📖 Franz Kafka, **Schakale und Araber**, in: *Der Jude.*

MITTE OKTOBER
Felix Weltsch an K.: Hat Moriz Schnitzer gehört, den er für sehr beschränkt hält. Prof. Robert Zuckerkandl hat einige Seiten Kafka gelesen, die er »genial« findet. Kurt Wolff hat Vorbehalte gegen Weltschs Ms. *Organische Demokratie.*

16. OKTOBER
an Felice Bauer: (letzter erhaltener Brief an sie) Zu Brods Behauptung, K. sei im Unglück glücklich: Hat bei Felices Abreise das Unglück eher beobachtet als gefühlt. Will dies aber nicht als Vorwurf hinnehmen, denn es ist die Beschreibung eines zeittypischen Zustands. »Es bedeutet den Verlust des Gleichschritts mit der Welt«.

18. OKTOBER
Oktavheft G: Beginn aphoristischer Notate.
[an Robert Marschner]: Bittet ihn, Ottla zu einer Futterzuweisung zu verhelfen.

19. OKTOBER
Oktavheft G: »Alle kämpfen nur einen Kampf.« »Der wahre Weg geht über ein Drahtseil ... knapp über dem Boden.« Hat stolz seine Texte in *Der Jude* gelesen. Über Psychologie. »Alle menschlichen Fehler sind Ungeduld«.
Max Brod an K.: (Karte) Hält am 27. Okt. einen Vortrag in Komotau. Schlägt für den 28. Okt. gemeinsame Rückreise nach Prag vor.
Ottla fährt nach Prag.

19.–21. OKTOBER
an Felix Weltsch: »Das Dorfleben ist schön und bleibt es.« »Die Natur-

teorien haben Unrecht so wie ihre psychologischen Schwestern.«
Weltsch unterschätzt Schnitzer.

20. OKTOBER
Oktavheft G: »zwei menschliche Hauptsünden ... Ungeduld und Lässigkeit«. »Der entscheidende Augenblick der menschlichen Entwicklung ist ... immerwährend.« »Kampf mit den Frauen, der im Bett endet«.
an Max Brod: Über Brods Radetzkymarsch-Aufsatz (22. Sept.) sowie Artikel von Teweles und Kuh.
Ottla bei Marschner, übergibt K.s Brief. K. macht am Abend einen Spaziergang nach Oberklee.

21. OKTOBER
Oktavheft G: Prosastücke: *Ein alltäglicher Vorfall*, *Sancho Pansa*. Dialektik von Gut und Böse.
Tagebuch: Die Hunde im Dorf.

22. OKTOBER
Oktavheft G: Über Don Quijote.
an Max Brod: Stimmt der gemeinsamen Rückreise nach Prag widerwillig zu. Fürchtet, wegen Appetitlosigkeit abzunehmen.
Ottla fährt zurück nach Zürau. K. macht am Abend einen Spaziergang zum Wald.

22.–25. OKTOBER
an Felix Weltsch: Sehr ausführlich ein Traum über Weltschs Lehrtätigkeit.

23. OKTOBER
Oktavheft G: Prosastück über Odysseus. »Erkenne Dich selbst bedeutet nicht: Beobachte Dich.«
K. nimmt an der Beerdigung von Ernestine Löser teil, der Tochter eines Zürauer Beamten. Enthebung vom Militärdienst bis 1. Jan. 1918.

25. OKTOBER
Oktavheft G: »Angst vor Prag.« 2 Prosastücke. »Ein erstes Zeichen beginnender Erkenntnis ist der Wunsch zu sterben.«

1917   27. OKTOBER
→ KOMOTAU (mit Max und Elsa Brod)
K. beim Vortrag Brods über ›Die jüdische Kunst‹, Verein ›Theodor Herzl‹. Elsa Brod liest Geschichten von Perez, Alejchem sowie Brods *Elegie an die abgefallenen Juden*. Außerdem liest der Rezitator Heinrich Fischer.

vor 28. OKTOBER
Felix Weltsch an K.: Vielfältige Lektüre. Der Privatunterricht langweilt ihn.

28. OKTOBER
→ PRAG (mit Max und Elsa Brod sowie Ottla)

29. OKTOBER
K. in Begleitung Brods bei Prof. Pick.
Ottla Kafka 25 Jahre alt.
Erna Bauer heiratet den Kaufmann Adolf Haustetter (Berlin-Charlottenburg, Custrinerstraße 3).

29.–31. OKTOBER
K. zu Gesprächen in der AUVA über seine Pensionierung. Mehrere Besuche beim Zahnarzt, wo ihm ein Zahn abgebrochen wird, sowie bei Dr. Mühlstein. In der neuen Wohnung von Weltsch.
K. unterzeichnet einen Brief des Rechtsanwalts Karl Steurer an das Prager Handelsgericht. Beantragt wird, dass die Kuratel für Paul Hermann, der Mitgesellschafter der Prager Asbestwerke ist, sich jedoch in russischer Kriegsgefangenschaft befindet, ins Handelsregister eingetragen wird.

2. NOVEMBER
K. in Brods Büro. Brod liest aus seinem Tagebuch vor.
→ ZÜRAU
Max Brod an K.: (Karte) Bitte, für den Leseabend einer Schauspielerin zwei Prosastücke nach Frankfurt zu schicken. K. soll in besseres Klima übersiedeln.

3. NOVEMBER
Oktavheft G: 3 kurze Notate.
Spaziergang nach Oberklee.
Das *Prager Tagblatt* verweist auf die Buchreihe ›Der jüngste Tag‹; erwähnt wird Brod, jedoch nicht K.

etwa 3. NOVEMBER
[Kurt Wolff Verlag an K.]: Abrechnung über den Band *Betrachtung*: 102 Ex. in 1916/17.

3.–9. NOVEMBER
an Felix Weltsch: Die »Brutwärme« von dessen neuer Wohnung, möchte ihn deshalb warnen. »Zürau habe ich unenttäuschbar wieder gefunden.« (Weltsch liest diesen Brief seiner Frau vor.)

6. NOVEMBER
Oktavheft G: 2 kurze Notate. »Ein Vogel ging einen Käfig fangen.«
Tagebuch: »Glattes Unvermögen.«
an Max Brod: Will keine Manuskripte nach Frankfurt schicken. Verteidigt seinen Aufenthalt in Zürau damit, dass er sich Ottla fügen kann. Akzeptiert Stekels Begriff »Angst um die Persönlichkeit«. Kritische Bemerkungen zu Brods Ms. *Das große Wagnis*. Möchte regelmäßig *Die jüdische Rundschau*.
Julie Kaiser und ihr späterer Ehemann August Kopal zu Besuch in Zürau. Es entsteht das einzige überlieferte von K. geschossene Foto.

7. NOVEMBER
Oktavheft G: 2 kurze Notate. »… unverwundbar werden«.
Irma Kafka an Ottla Kafka: »Franzens Zeilen sind sehr verheissungsvoll«.

8. NOVEMBER
Franz Kafka, **Ein Bericht für eine Akademie**, in: *Der Jude*.
Max Brod an K.: Ist im Unterschied zu K. unfähig, »das Eine« außerhalb alltäglicher Erfahrungen zu suchen. Bittet um Erlaubnis für Elsa Brod, *Ein Bericht für eine Akademie* öffentlich zu lesen. Die »Schlamperei« im Kurt Wolff Verlag. Droht, K.s Eltern über die Tuberkulose zu informieren, wenn K. nicht in besseres Klima über-

1917 siedelt. Möchte Lebensmittel aus Zürau künftig bezahlen. Legt eine Einladung bei, an der neuen Zeitschrift *Daimon* mitzuarbeiten.
Max Brod an K.: (Karte) Bittet um Protektion für Georg Langer in der AUVA.
Max Brod sendet an K. die *Jüdische Rundschau*, *Die Aktion* und die *Selbstwehr*.
Ottla Kafka an Josef David: Kommt mit dem Vorarbeiter nicht aus. Will Marschner um K.s Pensionierung bitten.« ... ein kleines Häuschen kaufen, irgendwo auf dem Dorf und dazu eine kleine Landwirtschaft ... Das ist tatsächlich alles, was er sich jetzt wünscht.«
»Ich glaube selbst, dass Gott ihm diese Krankheit geschickt hat, ohne die er nie von Prag weggekommen wäre.«

9. NOVEMBER
Oktavheft G: Kurzes Notat zum »Turm von Babel«.
Spaziergang nach Oberklee.

10. NOVEMBER
Oktavheft G: 2 kurze Notate.
Tagebuch: »Das Entscheidende habe ich bisher nicht eingeschrieben, ich fliesse noch in zwei Armen. Die wartende Arbeit ist ungeheuerlich.« Traum von einer Schlacht.
K. liest Hans Blüher, *Die Rolle der Erotik in der männlichen Gesellschaft*, und Theodor Tagger, *Das neue Geschlecht*.

11. NOVEMBER
Irma Kafka in Zürau.
In Prag gibt es Kohlen nur noch gegen Karten.

12. NOVEMBER
Oktavheft G: 5 kurze Notate. »Du bist die Aufgabe. Kein Schüler weit und breit.«
Felix Weltsch an K.: Fühlt sich zur Oberflächlichkeit und zu theoretischem Harmoniestreben disponiert. Erwartet allgemeine Verarmung.

13. NOVEMBER
an Max Brod: Kann Georg Langer nicht helfen, da die AUVA keine

weiteren Juden aufnimmt. Idee, Langer könne in das Geschäft des Vaters eintreten; Ottla hält das für ausgeschlossen.

14. NOVEMBER
an Max Brod: Hat sich in keinem Bereich des Lebens bewährt. Über Selbstmord; zitiert *Der Process*. Sieht jetzt den Ausweg, die Nichtbewährung offen zu leben. Das wird auch die Beziehung zu Brod auf eine andere Grundlage stellen, denn »bisher fühlte ich mich zu oft als Deine Last«. Ist nicht begeistert von der Lesung von *Ein Bericht für eine Akademie*. Möchte an Werfel schreiben wegen der mit Otto Gross geplanten Zeitschrift. Über Blüher und die Psychoanalyse. Will kein Geld für Lebensmittelsendungen.
Ottla Kafka an Josef David: »Ich möchte, dass Vater mich mehr beachtet, einerlei in welcher Weise. Mutter ... verdient viel Liebe.«

15. NOVEMBER
an Felix Weltsch: Schilderung einer panischen »Mäusenacht«. Weltsch schreibt zu unernst über sich selbst.
Ottla Kafka an Josef David: K.s Angst vor Mäusen.

vor 17. NOVEMBER
K. schickt Felice Bauer ein Ex. der Tagebücher Tolstois mit Widmung.

18. NOVEMBER
Oktavheft G: 5 kurze Notate.
Felice Bauer 30 Jahre alt.
11 Uhr: Max Brod liest in den Wiener Kammerspielen aus eigenen Werken. Er trifft Rudolf Fuchs.
14.30 Uhr: Karl Kraus beginnt eine Lesung im Wiener Konzerthaussaal mit einer Gedenkrede für Franz Janowitz. Darin Angriff auf Brods Sammelband *Arkadia*.

20. NOVEMBER
Max Brod an K.: (Karte) Über seine Lesung in Wien.
Max Brod an Rudolf Fuchs: Bittet um Diskretion hinsichtlich der »ganz persönlichen Angelegenheiten« Kafkas.

1917   **21. NOVEMBER**
Oktavheft G: 12 kurze Notate. »Böse ist, was ablenkt.«

22. NOVEMBER
Ottla reist nach Prag. Sie teilt ihrem Vater mit, dass K. Tuberkulose hat. Hermann Kafka ist schockiert, fragt, ob K. in Zürau alles Notwendige hat.
Irma Kafka an Ottla Kafka: Ein Angestellter hat Hermann Kafka wegen Beleidigung verklagt. Die beiden präparierten Entlastungszeugen erscheinen nicht vor Gericht. Über einen weiteren Prozess Hermanns. Er unterstützt sehr großzügig eine Verwandte.

23. NOVEMBER
Oktavheft G: 6 kurze Notate. »Nach Selbstbeherrschung strebe ich nicht«.
Ottla am Vormittag bei Direktor Marschner, der eine Pensionierung K.s weiterhin ablehnt, sich aber für einen möglichst langen Aufenthalt auf dem Land einsetzen will. Sie spricht auch mit Julie Kaiser.
Ottla Kafka an Josef David: »Vater ist so gut zu mir, hat sich so schön an alles gewöhnt«.

23.–24. NOVEMBER
an Max Brod: Über die Mäuseplage. Hat nur wenige Stunden Tageslicht, in denen er liest: politische Nachrichten, Kierkegaard. Abends in Ottlas Zimmer. Dennoch sehr zufrieden.

24. NOVEMBER
Oktavheft G: 12 kurze Notate. »Wirklich urteilen kann nur die Partei, als Partei aber kann sie nicht urteilen.«

nach **24. NOVEMBER**
an Oskar Baum: Die Tiere in Zürau. Schlägt vor, mit Baum gemeinsam an Neujahr nach Zürau zu fahren.

25. NOVEMBER
Oktavheft G: 2 kurze Notate.

26. NOVEMBER
Oktavheft G: 3 kurze Notate.
Felix Weltsch an K.: Viel Lektüre für ein geplantes Buch über Ethik.
Schätzt »plötzlich« Buber.
Ottla ist zurück in Zürau.

27. NOVEMBER
Oktavheft G

28. NOVEMBER
Max Brod an K.: Über Blüher, Wyneken, die zionistische Jugendbewegung. Fühlt sich vor den Jugendlichen »krank, schuldbewusst, ohnmächtig«. Will erst nach Zürau kommen, wenn sein Roman *Das große Wagnis* fertig ist. Legt einen Brief von Leoš Janáček bei.

etwa 30. NOVEMBER
an Felix Weltsch: »ich kann nur Bücher halten, die mir von Natur sehr nah sind«. Möchte Augustinus' *Bekenntnisse* lesen. Empfiehlt *Salomon Maimons Lebensgeschichte*. Bittet um die Vermittlung einer 18-jährigen Nachbarin nach Prag.

30. NOVEMBER
Das Bezirksgericht in Žižkov erteilt die Genehmigung, die ›Prager Asbestwerke‹ trotz der Abwesenheit Paul Hermanns (in russischer Kriegsgefangenschaft) zur Liquidation anzumelden.

ANFANG DEZEMBER
K. wird von der Zeitschrift *Der Anbruch* zur Mitarbeit eingeladen.

1. DEZEMBER
Oktavheft G: 8 kurze Notate.

2. DEZEMBER
Oktavheft G: Kurzes Notat.

vor 3. DEZEMBER
[an Franz Werfel]

1917 3. DEZEMBER
📖 Franz Kafka, *Schakale und Araber*, in: *Oesterreichische Morgenzeitung*.
an Max Brod: Analysiert seine Angst vor Mäusen. Die Katze wirkungsvoller als Mausefallen. Brods Selbstzweifel sind nur »Augenblicke«.
Max Brod an K.: (Karte) Baum »freut sich sehr auf Zürau«.
Max Brod an K.: (Telegramm) Waffenstillstand mit Russland.

4. DEZEMBER
Oktavheft G: 4 kurze Notate.
an Max Brod: Hat viele Zeitschriften von Brod erhalten.
Ewald Felix Přibram heiratet in Wien Marie Fürtová.

vor 5. DEZEMBER
[Josef Körner an K.]: Lädt ihn zur Mitarbeit an der Zeitschrift *Donauland* ein.

5. DEZEMBER
Max Brod an K.: Schenkt Ottla den Brief von Janáček. Bittet K., sich weiterhin als Patienten zu betrachten. K.s Abwesenheit »ein gewaltiges Minus in meinem Leben«. Es nützt nichts, dass K. ihn immer als »normal oder abnorm gesund« hinstellt.

6. DEZEMBER
Oktavheft G: 2 kurze Notate.
Ottla lässt ein Schwein schlachten.

7. DEZEMBER
Oktavheft G: 3 kurze Notate. »Der Mensch kann nicht leben ohne ein dauerndes Vertrauen zu etwas Unzerstörbarem«.

8. DEZEMBER
Oktavheft G: 8 kurze Notate. »Es gibt nur eine geistige Welt, was wir sinnliche nennen ist das Böse in der geistigen.«
Brod schickt K. ein Widmungsex. von *Eine Königin Esther*. K. leidet unter Verstopfung und Rückenschmerzen. Er beobachtet am Abend den Kirchweihtanz.

etwa 8. DEZEMBER
Felice Bauer an Julie Kafka: Kündigt an, Weihnachten in Prag zu verbringen, falls sie Urlaub bekommt.

8.–10. DEZEMBER
an Josef Körner: Ausführliche Begründung seiner Weigerung, in der Zeitschrift *Donauland* zu publizieren: »frevelhafte Mischung« von Österreich, Militarismus, Krieg.

9. DEZEMBER
Oktavheft G: 5 kurze Notate.

10. DEZEMBER
an Max Brod: Gesund bis auf Kurzatmigkeit. Will in kein Sanatorium, fürchtet, ins Büro zurückzumüssen. Bezweifelt nicht Brods Krise, doch soll er sich nicht der Verzweiflung überlassen. Kann ihm jedoch keine präziseren Ratschläge geben. Gegen Foersters »Selbstbeherrschungs-Pädagogik«.
Besuch Eugen Pfohls in Zürau.
Beginn einer mehrtägigen Aussprache zwischen Brod und seiner Frau. Elsa Brod will die Ehe fortsetzen, Brod ist unschlüssig.

10.–19. DEZEMBER
an Rudolf Fuchs: Hat Fuchs' Gedicht *Kündigung* deklamiert.
»... kümmere ich mich, seitdem ich wirklich krank bin, weniger um mein Kranksein, als jemals«.

11. DEZEMBER
Oktavheft G: 2 kurze Notate. »Nicht jeder kann die Wahrheit sehn, aber sein.«

12. DEZEMBER
Oktavheft G: 2 kurze Notate über Paradies und Jenseits.
Felix Weltsch an K.: Neuerliche Ehekrise. Wolff hat Weltschs *Organische Demokratie* angenommen. Kohlennot.

etwa 12. DEZEMBER
[Josef Körner an K.]: Legt seinen Aufsatz *Achim von Arnim und der Krieg* bei.

1917 **13. DEZEMBER**
Oktavheft G: »Wer sucht findet nicht, wer nicht sucht, wird gefunden.«
K. beginnt, Alexander Herzens *Erinnerungen* zu lesen. Er isst Schweinefleisch.

14. DEZEMBER
Oktavheft G: Kurzes Notat. »Gestern heute schlimmste Tage.«
[an Ernst Weiß]
Julie Kafka an K. und Ottla Kafka: Schickt u. a. Kuchen, Birnen, Zigarren, Zeitungen und Petroleum nach Zürau. Ottla und K. sollen Weihnachten in Prag verbringen.
K. isst erneut Schweinefleisch. Spaziergang nach Michelob.

15. DEZEMBER
Oktavheft G: Kurzes Notat.

MITTE DEZEMBER
[an die Redaktion des ›Anbruch‹]: Lehnt Mitarbeit ab.
Hermann Kafka teilt Julie mit, dass K. an Tuberkulose erkrankt ist.

16. DEZEMBER
an Josef Körner: Soll Baum und Weltsch zur Mitarbeit auffordern.
Über Körners Aufsatz *Achim von Arnim und der Krieg*. Ratschläge, wie Körner bei Wolff eine Arnim-Ausgabe initiieren könnte.

16. DEZEMBER (?)
[Felice Bauer an K.]: Will Weihnachten nach Prag kommen.

16./17. DEZEMBER
[an Hermann und Julie Kafka]
[an Julie Kaiser]
[an Eugen Pfohl]
[an Ewald Felix Příbram]

17. DEZEMBER
Oktavheft G: 3 kurze Notate.
Max Brod an K.: Über seine Ehekrise. »Meine Frau tut Übermenschliches.« Voraussichtliche Trennung von der Geliebten.

K. liest van Goghs *Briefe*.

18. DEZEMBER
Max Brod an K.: (Karte) Werfel ist begeistert über *Ein Bericht für eine Akademie*, findet, »dass du der grösste deutsche Dichter bist. Auch meine Ansicht seit langem, wie du weisst.«
Hermann und Julie Kafka an Elli und Karl Hermann: »Der Herr Oberst befielt, das ist Die liebe Mutter ich muss schreiben und da gibt's kein Protest.«
Alfred Löwy 65 Jahre alt.

18. DEZEMBER (?)
[Eugen Pfohl an K.]
[Elsa Brod an K.]: Versuch, K. als Fürsprecher zu gewinnen.

19. DEZEMBER
Oktavheft G: 2 kurze Notate.
an Max Brod: Glaubt, dass Brod keine der beiden Frauen liebt. Hat Brods Bühnenwerk *Eine Königin Esther* Ottla vorgelesen; ausführlich und kritisch über das Stück.
an Elsa Brod: »Sie klagen aus Liebe und haben die wahre Gelegenheit der Liebe.« Man soll Brod keine Ratschläge geben. Sendet Elsa Brods Brief zurück.
Spaziergang nach Zarch mit Begleiter.
Literarischer Abend des Klubs jüdischer Frauen und Mädchen, mit Ernst Feigl. Gelesen werden u. a. Werke von Fuchs und Bezruč. Elsa Brod liest ohne Ankündigung *Ein Bericht für eine Akademie*. Anwesend auch Baum und Weltsch.

20. DEZEMBER
an Felix Weltsch: Als »Zuflucht« steht ihm Zürau jederzeit offen.
Max und Elsa Brod an K.: Begeisterung bei der gestrigen Lesung von *Ein Bericht für eine Akademie*.

etwa 20. DEZEMBER
an Oskar Baum: Zerstreut Baums Bedenken gegen einen Besuch in Zürau.

1917 21. DEZEMBER
Oktavheft G: Kurzes Notat.
[an Felice Bauer]: (Telegramm)
Julie Kafka an K. und Ottla Kafka: Für K. bestellte Bücher sind da.

nach 21. DEZEMBER
Julie Kafka an K. und Ottla Kafka: Hin- und Hersenden von Lebensmitteln, Bekleidung, Decken etc. Ottla soll die Lebensmittel in Rechnung stellen.

vor 22. DEZEMBER
an Adolf Harms (Die schöne Rarität): Kann sich trotz seines Versprechens im Sommer nicht an der Zeitschrift beteiligen.

22. DEZEMBER
Oktavheft G
K. leidet unter einem Hexenschuss.

23. DEZEMBER
→ PRAG
Oktavheft G

24. DEZEMBER
Oktavheft G: 4 kurze Notate.
Felice Bauer trifft in Prag ein.

24. DEZEMBER (?)
Josef David besucht Ottla in Zürau, vermutlich in Begleitung seiner Schwester Ella.

25. DEZEMBER
 Franz Kafka, **Ein Bericht für eine Akademie,** in: Oesterreichische Morgenzeitung.
K. teilt Felice Bauer mit, dass er die Verlobung auflösen möchte.
Am Abend besuchen sie, beide sehr wortkarg, das Ehepaar Brod.
Brod vollendet seinen Roman *Das große Wagnis.*

26. DEZEMBER
Am Morgen ist K. bei Brod. Gemeinsam im Café Paris. K. spricht über Tolstois *Auferstehung*: »Man kann die Erlösung nicht schreiben, nur leben.«
Am Nachmittag Ausflug mit den Ehepaaren Brod, Weltsch und Baum zum Lokal ›Schipkapaß‹ in Prag-Dejwitz.
Max Brod, Tagebuch: »Kafka unglücklich. Er sagt mir: ›Was ich zu tun habe, kann ich nur allein tun. Über die letzten Dinge klarwerden.‹«

27. DEZEMBER
Vormittags begleitet K. Felice Bauer zur Bahn; sie fährt zurück nach Berlin. Er sucht Brod in dessen Büro auf und fängt dort plötzlich an zu weinen. Am Nachmittag vergeblich in der Praxis von Prof. Pick, dann bei Dr. Mühlstein, der K.s Lunge abhört, ohne Befund. Der Arzt fragt K. nach seinen Heiratsplänen.
Oktavheft G: »Alles schwer, unrecht und doch richtig«. Kurzes Notat.

28. DEZEMBER
an Ottla Kafka: Hat an der Richtigkeit der Trennung von Felice keinerlei Zweifel. Es fällt ihm schwer, Baum nach Zürau mitzunehmen: »auf dem Land will ich sein und allein«.
K. unterzeichnet den Antrag vom 18. April, die Liquidation der Prager Asbestwerke einzuleiten. Er geht in die AUVA.

28. DEZEMBER (?)
[Felice Bauer an K.]

29. DEZEMBER
Auseinandersetzung in der Familie über Ottlas Lebensführung. K. verteidigt sie.

30. DEZEMBER
Oktavheft G: Kurzes Notat.
an Ottla Kafka: Sie und K. sind gegenüber den Vorwürfen der Eltern im Recht, es bleibt jedoch eine Befangenheit aufgrund der fortdauernden materiellen Abhängigkeit.
K. erfährt erst jetzt, dass auch seine Mutter von der Tuberkulose weiß.

1917 31. DEZEMBER
K. zeigt Brod den unglücklichen Brief Felice Bauers. Brod liest K. aus *Das große Wagnis* vor.

1918

Felix Weltsch wird zum Bibliothekar II. Klasse befördert.
Felix Weltsch, *Organische Demokratie. Eine rechtsphilosophische Studie über das Repräsentativsystem und das parlamentarische Wahlrecht,* Leipzig (Der neue Geist-Verlag).
Der Literarische Jahresbericht des Dürerbundes 1917–18 bezeichnet *Das Urteil* als »mühsam aufgebauschte Geisteskrankenstudie«.

JANUAR
Franz Kafka, *Ein Landarzt, Der Mord [= Ein Brudermord],* in: *Die neue Dichtung. Ein Almanach,* Leipzig (Kurt Wolff).

1. JANUAR
K. spricht mit Marschner über seine Pensionierung, erreicht aber nur Verlängerung des Urlaubs.

etwa 1. JANUAR
[Felice Bauer an K.]: Dankt für Brods *Eine Königin Esther.*

2. JANUAR
Oktavheft G: 2 kurze Notate.
an Ottla Kafka: (Karte) Entschlossen zu kündigen, wenn die AUVA ihn nicht pensioniert.
K. wird vom Militärdienst bis zum 30. Juni 1918 enthoben. Am Nachmittag bei Prof. Pick.
In Wien nimmt das neugegründete ›Ministerium für soziale Fürsorge‹ seine Arbeit auf, das auch für die AUVA zuständig ist.

1918 **3. JANUAR**
K. im elterlichen Geschäft, bringt Irma einen Brief von Ottla.
Irma Kafka an Ottla Kafka: Hermann Kafka ist wegen der Unterredung mit K. und wegen des schlechten Geschäftsganges ständig in übler Laune.

etwa **4. JANUAR**
an Max Brod: Legt Prosastücke bei, die Elsa Brod öffentlich lesen könnte, u. a. *Der Kübelreiter* und *Ein altes Blatt.* Trotz eines Versprechens am Tag zuvor weigert sich K., Brod die Mss. von *Der Verschollene* und *Der Process* zu überlassen, da »künstlerisch misslungen«.

5. JANUAR
➜ ZÜRAU (gemeinsam mit Oskar Baum)
Baum und K. bewohnen für 8 Tage dasselbe Zimmer.

6.–12. JANUAR
K. liest Baum den Aufsatz *Luther und der Protestantismus* von Ernst Troeltsch vor, außerdem aus Tolstois *Tagebüchern.*

7. JANUAR
Kurt Wolff an K.: Die Herstellung von *Ein Landarzt* hat sich verzögert, da die Schrifttype nicht verfügbar war.

10. JANUAR
an Max Brod: (Karte) Schreibt Mitteilungen Baums nach Diktat. Über den Schluss von *Das große Wagnis.*

12. JANUAR
Oktavheft G: 2 kurze Notate.
Hermann Kafka kauft für 500 000 K ein Miethaus, Bilekgasse 4.

etwa **12. JANUAR**
an Felix Weltsch: (Karte) Nach Diktat von Baum. Das Waschwasser ist zugefroren.
Beginn der Lektüre von Kierkegaard, *Entweder – Oder.*

13. JANUAR
Oktavheft G: Kurzes Notat.
an Max Brod: Kritisch über Baums Roman *Die Tür ins Unmögliche*. Kann es kaum ertragen, Brod hilflos zu sehen. Den Frauen ist »mehr Recht gegeben«, auch Elsa Brod im Recht, da Max zur Ehe nicht taugt. Konzeption einer idealen Ehe.
Oskar Baum reist in Begleitung Ottlas nach Prag zurück. Er gibt Ottla eine Flasche Himbeersaft sowie Ferdinand Avenarius' *Balladenbuch* mit Widmung. K. macht einen Spaziergang nach Lischwitz.
Werfel auf der Durchreise in Prag, trifft Brod.

14. JANUAR
Oktavheft G: Kurzes Notat. »Die sinnliche Liebe täuscht über die himmlische hinweg«.
Spaziergang in der Nacht nach Oberklee. Ottla kehrt nach Zürau zurück.

15. JANUAR
Oktavheft G: Kurzes Notat.

etwa 15. JANUAR
[an Irma Kafka]

MITTE JANUAR
Allgemeiner Schriftstellerverein (Berlin) an K.: Vorschlag, bei der Oesterreichischen Morgenzeitung das Honorar für den unautorisierten Abdruck von **Ein Bericht für eine Akademie** einzutreiben.
[Kurt Wolff Verlag an K.]: Erste Korrekturfahnen zu *Ein Landarzt*.
[Felice Bauer an Julie Kafka]

16. JANUAR
Oktavheft G: **Prometheus** und weiteres kurzes Notat.
Max Brod an K.: K. sieht Brods Eheproblem zu ideologisch. »Meine Frau ist nicht mein erotischer Typus.« Will »endlich im Eros Ruhe, völligen Frieden ... wozu auch Kinder gehören«. Kann seine Frau nicht verlassen, aber auch nicht asketisch leben.

1918 **17. JANUAR**
Oktavheft G: Kurzes Notat.

18. JANUAR
Oktavheft G: Kurzes Notat.
Massenstreiks in Österreich greifen auf Prag über. Auch die Angestellten der Galanteriewarenhandlung streiken.
Irma Kafka an Ottla Kafka: Über den Hauskauf: »Vater und Mutter sind sehr stolz darauf, Hausherren zu sein«. Elli, Valli und die Eltern werden dorthin übersiedeln, unter den Mietern herrscht deshalb Aufregung.

etwa **18. JANUAR**
an Oskar Baum: Dank für Geschenke. Mausefallen funktionieren nicht. Über Tolstois *Tagebücher*. Nachträge von Ottla und der Magd Toni.

nach **18. JANUAR**
K. sendet Felice Bauer Heft 15 der pazifistischen Zeitschrift *tablettes*, das er von Brod bekommen hat.

19. JANUAR
Oktavheft G: 3 kurze Notate.
an Karl und Elli Hermann: (Karte) Die Mausefallen.

20. JANUAR
Oktavheft G: 14 kurze Notate, überwiegend zu Paradies und Sündenfall.
an Max Brod: Ausführlich über Baums Besuch, dessen Eheprobleme und unerträgliche »Hilfskonstruktionen«. K. ist aufgewühlt. Zu Brods *Das große Wagnis*, Kierkegaards *Entweder – Oder* sowie zwei Bücher Bubers, die Baum geschickt hat, »abscheulich, widerwärtig«. Ist von Brods Deutung seiner Ehekrise nicht überzeugt. Brod soll die Lösung nicht auf die Frauen abwälzen, sondern selbst einen entscheidenden Schritt tun. »... im Eros Ruhe« ist eine ungeheure Forderung. Legt **Eine kaiserliche Botschaft** bei.
Julie Kafka an K. und Ottla Kafka: Dr. Mühlstein verschreibt Hermann Kafka Tropfen gegen Husten, ohne ihn zu sehen.

21. JANUAR
[Julie Kafka an Felice Bauer]
Oskar Baum 35 Jahre alt.

22. JANUAR
Oktavheft G: Ein langes, 4 kurze Notate.
K. geht Richtung Michelob, muss umkehren.
Max Brod, Tagebuch: »Brief von Kafka, der mich missversteht.«
Irma Kafka an Ottla Kafka: Wegen eines Streiks bleibt auch das Geschäft der Kafkas geschlossen. Viel Wirbel um das neu erworbene Mietshaus.

23. JANUAR
Julie Kafka an K. und Ottla Kafka: Schickt Lebensmittel.

24. JANUAR
Max Brod an K.: (Karte) »du verstehst meine Lage nicht«. Zitiert Dante, um zu belegen, was er mit der Frau als »Führerin« meint. Kündigt für Februar Besuch an.

25. JANUAR
Oktavheft G: 6 kurze Notate.

etwa 26. JANUAR
an Max Brod: (von Ottla zu überbringen) Fragt, ob er dem Allgemeinen Schriftstellerverein positiv antworten soll.
Ottla reist nach Prag.

27. JANUAR
an Max Brod: »Auch ich glaube an eine Führerschaft der Frau«. Gibt Brod darin recht, dass ihm »das Tiefere des eigentlichen Sexuallebens verschlossen« sei. Einladung nach Zürau. Kurt Wolff in Briefen unaufrichtig. Fragt nach den unterschiedlichen Ausgaben von Tolstois *Tagebüchern.*
an den Kurt Wolff Verlag: Sendet die Korrekturfahnen von **Ein Landarzt** zurück; korrigiert die falsche Reihenfolge der Erzählungen; widmet den Band seinem Vater. Bestellt *Briefe von und an J. M. R. Lenz.*

1918 **28. JANUAR**
Oktavheft G: 4 kurze Notate.
Ottla bei Brod, um ihm K.s Anfrage wegen des Schriftstellervereins sowie 2 Rebhühner zu überbringen; trifft ihn jedoch nicht an. Sie fährt zurück nach Zürau.
Brod kehrt abends mit einem Lastzug von Aussig zurück.

28.–30. JANUAR
Oktavheft H: Ein längeres, 3 kurze Notate. Über Verantwortung.

29. JANUAR
Kurt Wolff an K.: Eingang der Korrekturen zu **Ein Landarzt**, kündigt Revision an. Schenkt K. Lenz' Briefwechsel.

31. JANUAR
Oktavheft H: Kurzes Notat.
Max Brod an K.: Brods Geliebte trauert, er lässt die Entscheidung weiter offen.
K. arbeitet im Garten, verletzt sich dabei am Daumen.

FEBRUAR
K. schreibt ausgewählte Aphorismen aus den Oktavheften G und H auf 105 separate, nummerierte Zettel ab und versieht sie mit Korrekturen.
Otto Pick lädt K. und Brod ein, sich an einer Anthologie Prager Dichtung zu beteiligen. Beide lehnen ab, Brod offenbar aufgrund persönlicher Differenzen mit Pick.

ANFANG FEBRUAR
an Felix Weltsch: War in der Kirche, hat eine Beerdigung beobachtet. Interesse an Weltschs Vorträgen.

1. FEBRUAR
Oktavheft H: 2 kurze Notate. »Zum letzten Mal Psychologie!«

etwa **2. FEBRUAR**
an Kurt Wolff: Dank für das Buchgeschenk.

2. FEBRUAR
Oktavheft H: Kurzes Notat.

2.–3. FEBRUAR
Irma Kafka in Zürau.

3. FEBRUAR
Oktavheft H: Kurzes Notat.

4. FEBRUAR
Oktavheft H: 2 kurze Notate, ein Dialog-Fragment.

5. FEBRUAR
Oktavheft H: 2 kurze Notate.

6. FEBRUAR
Oktavheft H: Kurzes Notat.
Felix Weltsch an K.: Literarische Vorträge erfolgreich; werden jedoch von den Professoren und der Presse ignoriert.
Julie Kafka an K. und Ottla Kafka: Bittet um 5 kg Fleisch pro Woche. K. in Flöhau.

7. FEBRUAR
Oktavheft H: 2 längere Notate, davon eines dialogisch.

7.–12. FEBRUAR
an Felix Weltsch: Fragt erneut nach schriftlicher Fassung der literarischen Vorträge, bewundert Weltsch deswegen. Fühlt sich gesund, jedoch unfähig zu körperlicher Arbeit.

8. FEBRUAR
Oktavheft H
Max Brod an K.: »Musiker hätte ich werden sollen, nicht Dichter.«

9. FEBRUAR
Oktavheft H: 9 kurze Notate.
Max Brod an K.: (Telegramm) »Frieden mit Ukraine«.

1918 **9.–13. FEBRUAR**
an Max Brod: Muss sich in Prag einer Musterungskommission stellen. Fragt nach Baum und nach Brods geplantem Besuch in Zürau.

10. FEBRUAR
Oktavheft H: »Friede Ukraina«. 6 kurze Notate.

11. FEBRUAR
Oktavheft H: »Friede Russland«. 5 kurze Notate und ein weitgehend gestrichener Dialog.

13. FEBRUAR
➔ PRAG
K. besucht eine Lesung im Palace Hotel, ohne sich anzukündigen: Oskar Baum, Oskar Kohn und Elsa Brod lesen für den ›Klub jüdischer Frauen und Mädchen‹. Brod ist anwesend, wahrscheinlich auch Hania Gerson.

nach **13. FEBRUAR**
K. vor der Musterungskommission und in der AUVA.

15. FEBRUAR
Brod reist nach Wien.

18. FEBRUAR
Hania Gerson 23 Jahre alt.

vor **19. FEBRUAR**
K. gibt Brod die Mss. von *Der Verschollene* oder *Der Process*.

19. FEBRUAR
➔ ZÜRAU
Oktavheft H: 3 kurze Notate.

nach **19. FEBRUAR**
K. liest Kierkegaard, *Furcht und Zittern* und *Die Wiederholung*.

etwa 20. FEBRUAR
[Hania Gerson an K.]

21. FEBRUAR
Oktavheft H: 4 kurze Notate.

22. FEBRUAR
Oktavheft H: 3 Notate.

23. FEBRUAR
Oktavheft H: »Die Frau, noch schärfer ausgedrückt vielleicht die Ehe, ist der Repräsentant des Lebens mit dem Du Dich auseinandersetzen sollst.«

23. FEBRUAR (?)
[an die Familie Kafka]: Verschiedene Aufträge.

24. FEBRUAR
Oktavheft H: 3 Notate.

25. FEBRUAR
Oktavheft H: Sehr grundsätzliches, das eigene Leben bilanzierendes Notat. »Ich bin Ende oder Anfang.« 8 weitere kurze Notate.
Irma Kafka an Ottla Kafka: (2 Briefe) Dank für Fleisch. K.s Aufträge werden erledigt.

26. FEBRUAR
Oktavheft H: 10 kurze Notate.
Erich Reiß an K.: Angebot, im Erich Reiß Verlag zu publizieren.
Ottla Kafka an Josef David: K. hat Holz gehackt und gepflügt, ist hilfsbereit, »alles gefällt ihm«, doch »zur Arbeit taugt er nicht«.

27. FEBRUAR
Oktavheft H

28. FEBRUAR
Julie Wohryzek 27 Jahre alt.

1918   FEBRUAR / MÄRZ
Kurt Pinthus, Sammelbesprechung, u. a. zu *Das Urteil*, in: *Zeitschrift für Bücherfreunde*, Leipzig. Hält *Der Heizer* und *Die Verwandlung* für besser.

MÄRZ
Oktavheft H: Die besitzlose Arbeiterschaft. Weitere überwiegend reflexive Notate. Einige poetische Ansätze.
Brod schenkt K. ein Widmungsex. seines eben erschienenen Buchs *Das gelobte Land. Ein Buch der Schmerzen und Hoffnungen*.
In Prag kommt es mehrfach zu Hungerkrawallen, die sich vor allem gegen Juden richten.

ANFANG MÄRZ
[an Kurt Wolff]: Ultimativer Brief wegen des Ausbleibens weiterer Korrekturen zu *Ein Landarzt*.

1. MÄRZ
Julie Kafka an K. und Ottla Kafka: Schickt Petroleum, Zeitungen, Bücher nach Zürau.

3. MÄRZ
Max Brod an K.: Da sich K. seit zwei Wochen nicht gemeldet hat, beklagt Brod die »Verblassung« ihrer Beziehung. Liest Kierkegaard, Vergleich mit dem eigenen und K.s »Schicksal«. Baum hat sich über das Niveau des literarischen Abends am 13. Feb. beschwert und Brod dafür verantwortlich gemacht.

4. MÄRZ
Julie und Irma Kafka an Ottla Kafka: Ottla hat Lebensmittel geschickt.

etwa 5. MÄRZ
an Max Brod: Auch Schweigen und Nüchternheit gehören zu Zürau. Beschäftigt sich intensiv mit Kierkegaard, doch »aus dem Zimmernachbar ist irgendein Stern geworden«. Über *Entweder – Oder*.

7. MÄRZ
Brod mit seinen Eltern nach Dresden, zur UA seines Stücks *Die Höhe des Gefühls*. Er bittet einen Vertreter des Kurt Wolff Verlags, K. endlich neue Korrekturen zu *Ein Landarzt* zu senden.

14. MÄRZ
Milena Jesenská und Ernst Pollak heiraten in Prag.

nach 14. MÄRZ
Milena Jesenská und Ernst Pollak übersiedeln nach Wien.

15. MÄRZ
K. ruft in der Galanteriewarenhandlung an.
Ottla Kafka an Josef David: Positiv über den Bauer Riedl. Hat keinerlei freie Zeit, aber »ich bedaure in keinem Augenblick, dass ich hier bin.«
Irma Kafka an Ottla Kafka: Hat ihren Geliebten, den Jurastudenten Vesecký, K.s Eltern vorgestellt. Fragt, ob Ottla die Eltern 3 Wochen lang im Geschäft vertreten kann.

MITTE MÄRZ
[an Erich Reiß]: Absage.
K. bekommt vom Kurt Wolff Verlag neue Korrekturen zu *Ein Landarzt*.

nach MITTE MÄRZ
[Paul Cassirer an K.]: Angebot, K.s Werke zu verlegen.

18. MÄRZ
Ottla Kafka an Josef David: K. ist in ihrem Zimmer und stört sie mutwillig beim Schreiben.

19. MÄRZ
Max Brod an K.: Über die UA von *Die Höhe des Gefühls* in Dresden. Sehr ausführlich über Kierkegaards selbstquälerisches Verhalten. Parallele zu K.s *Das Urteil*.

1918 **21. MÄRZ**
Grete Bloch 26 Jahre alt.

27. MÄRZ (?)
[an Hermann und Julie Kafka]: Sendet Unterlagen, die von Dr. Robert Kafka bearbeitet werden sollen. Bittet um Zeitungen.

vor 28. MÄRZ
an Max Brod: Über Kurt Wolff. Will **Ein Landarzt** seinem Vater widmen, trotz nicht zu beseitigender »Feindschaft«, und hält es für sein »wahrscheinlich letztes Buch«. Kierkegaards bezwingende Begrifflichkeit. Empfindet dessen Publikationen nicht als rücksichtslos gegenüber Regine Olsen. Mehrere für K. wichtige Kierkegaard-Zitate.

29. MÄRZ
Max Brod an K.: Wünscht sich von K. persönlichere Briefe. Rät davon ab, den Verlag zu wechseln.
Julie Kafka an K.: Hat Fleisch aus Zürau an Pfohl weitergeschickt.

30. MÄRZ
Julie Kafka an K. und Ottla Kafka: Will wöchentlich Zeitungen nach Zürau senden.

ENDE MÄRZ
[an Siegmund Fleischmann (AUVA)]: Schildert die Umstände eines Kriegsblinden namens Pelda, auf Bitte Baums.
an Oskar Baum: Beschreibung der Kollegen in der AUVA, mit denen Baum in der Sache Pelda sprechen sollte. Mit Sympathie vor allem über Fleischmann. Auch Baum will jetzt Kierkegaard lesen.

FRÜHJAHR
📖 Franz Kafka, **Der Heizer** (3. Aufl.), Leipzig (Kurt Wolff).

ANFANG APRIL
an Max Brod: Die AUVA »schweigt, duldet, zahlt, wartet. Das ist nicht leicht auszuhalten.« »... wir sind mit allem was wir haben auf den Mond übersiedelt ... Mondheimat«. Bittet leihweise um Christian von Ehrenfels' *Kosmogonie*.

an Felix Weltsch: »Wenn es mir gut gienge Felix hätte ich Dir schon längst geschrieben.«
Beginn der Ausbreitung der Spanischen Grippe in Europa.

6. APRIL
Julie Kafka an K. und Ottla Kafka: Schickt Äpfel, Seife und Zeitungen. Fragt dringlich nach K.s Rückkehr.

7. APRIL
[an Robert Marschner]: Kündigt seine Rückkehr in die AUVA für den 1. Mai an.

nach **9. APRIL**
Robert Marschner an K.: Ist froh über K.s Rückkehr.

16. APRIL
Brod reist nach Königsberg. In Berlin trifft er u. a. Felice Bauer.

vor **25. APRIL**
[an Hermann Kafka]: Offenbar Grundsätzliches über das künftige Zusammenleben in Prag, wahrscheinlich auch über Ottla und Irma, die von der Arbeit in der Galanteriewarenhandlung erschöpft ist.

25. APRIL
Irma Kafka an Ottla Kafka: »Du Ottla ... bist ein vollkommener Mensch.« »Was mir Franz eingebrockt hat mit seinem Brief an den Vater«.

27. APRIL
K. und Ottla setzen Gemüse von 13 bis 20 Uhr. Ottla fragt ihn, was er von ihrer Beziehung zu Josef David hält. Elli kommt nach Zürau.
Ottla Kafka an Josef David: »Mit dem Bruder verstehe ich mich wieder gut, ich bin froh, dass zwischen uns nichts ist.«

vor **29. APRIL**
an Felix Weltsch: »Mir war nicht zum Schreiben, zum Reden übrigens auch nicht.«

1918   29. APRIL
Nachmittags K. mit Ottla beim Bauer Riedl. K. verabschiedet sich.

30. APRIL
→ PRAG
7 Uhr: Ottla bringt K. zum Bahnhof Michelob. Am Abend K. bei den Eltern, er bezieht wieder Ottlas Zimmer.
Ottla Kafka an Josef David: Traurig wegen K.s Abreise.

MAI
an Ottla Kafka: K. ist dabei behilflich, für einen Soldaten Josef Tetsch Sozialleistungen zu erwirken.
K. beginnt in seiner freien Zeit im Institut für Pomologie, Wein- und Gartenbau in Troja zu arbeiten.
Oskar Baum, *Zwei Erzählungen*, Leipzig.

ANFANG MAI
Oktavheft H: (letzter Eintrag) »Die Religionen verlieren sich wie die Menschen«.
[an Albin Bartl (Saaz)]: Offenbar über einen Rentenantrag, bei dem K. behilflich sein will. (Der Brief geht als unzustellbar an K. zurück.)

2. MAI
K. nimmt seinen Dienst in der AUVA wieder auf.

5. MAI
an Ottla Kafka: (mit Text von Julie Kafka) Sehr schlechter Schlaf, kurzer Atem. Ratschläge für den Garten. Julie klagt darüber, dass K. nichts isst.
K. besichtigt Schrebergärten hinter dem Baumgarten.

11. MAI
K. macht mit Brod und weiteren Freunden einen Ausflug ins Šárkatal. Gespräche über den Krieg.

14.–15. MAI
an Ottla Kafka: (Karte) Über die Angelegenheit Bartl. »… es ist hier schwieriger zu leben als in Zürau«.

MITTE MAI
Milena und Ernst Pollak beziehen eine Wohnung in Wien, Lerchenfelderstr. 113 (7. Bezirk).

22. MAI
K. erwirbt *Die religiösen Bewegungen innerhalb des Judentums im Zeitalter Jesu* von Moriz Friedländer.

25. MAI
Irma Kafka in Zürau.

27. MAI
Max Brod 34 Jahre alt.

JUNI
Julie Wohryzek hat keine feste Anstellung mehr. Sie hilft im Modesalon ihrer Schwester Růžena aus.
Hermann Kafka ist in Franzensbad.

9. JUNI
Prager EA von Max Brod, *Die Höhe des Gefühls*, an den Kammerspielen des Landestheaters.

16. JUNI
Spaziergang mit Brod. Gespräch über Palästina und die hebräische Sprache.

23. JUNI
Karl Kraus, *In memoriam Franz Janowitz*. Gesprochen am 18. November 1917, in: *Die Fackel*. Darin Angriff gegen Brods Sammelband *Arkadia*.

24. JUNI
an Ottla Kafka: (Karte) K. wird auf ihre Bitte hin 2 Erntehelfer schicken. Julie Kaiser möchte Ottla besuchen.

25. JUNI
an Ottla Kafka: K. ist einigen Zürauern administrativ behilflich.

1918 Brod holt K. in Troja vom Pomologischen Institut ab. Gespräch über Krieg und hebräische Sprache. Brod berichtet über Kraus' Angriff in der *Fackel*.

28. JUNI
Julie Kafka reist mit Valli nach Franzensbad.

30. JUNI (?)
[an Julie Kafka]

ENDE JUNI
[an Hans Janowitz]: K. hat einen Brief von Franz Janowitz an Brod abgeschrieben, aus dem hervorgeht, dass Janowitz sich nicht, wie Kraus behauptet, »nur widerwillig einer fragwürdigen Anthologie [*Arkadia*] einverleiben ließ«. K. bittet Hans Janowitz, diese Abschrift an Kraus weiterzuleiten.
Josef Pollak, Vallis Ehemann, wird an der italienischen Front verschüttet. Er erleidet einen Schock und wird ins Militärhospital in Eger verlegt.
Hermann Kafka verkauft das Galanteriewarengeschäft an Bedřich (Fritz) Löwy, einen Vetter seiner Frau.

1. JULI
K. bezeichnet gegenüber Brod »Hebräisch und Gartenbau« als die Positiva seines Prager Lebens. Er hat vor, sich von allen Freunden zurückzuziehen. Man müsse sich auf das beschränken, was man unbedingt beherrscht.

2. JULI
Max Brod, Tagebuch: »Schlaflose Nacht wegen K. Fühle mich verlassen, aber respektiere seinen Entschluss. Es gab nie eine Trübung. Seine gute Art, an allen (auch Gegnern) das Positive zu sehen, das, worin sie Recht haben, worin sie nicht anders können (so auch Blüher) tröstete mich oft ... Sein Vertrauen darauf, daß eine reine Absicht, eine sachliche Arbeit niemals sinnlos bleibt, daß nichts Gutes verloren gehen kann – darauf stütze ich mich.«

3. JULI
Kafka 35 Jahre alt. Er bekommt ein Postkarten-Leporello von Hania Gerson mit der Widmung: »Dem lieben Herrn Kafka zum Geburtstag/Hania«.

nach 3. JULI
K. besucht Brod und revidiert seinen Entschluss zum Rückzug.

4. JULI
an Ottla Kafka: (fragmentarisch überliefert) »tatsächlich leben wir ja auch oder lebe ich mit Dir besser als mit irgendjemandem sonst«.

6. JULI
Julie Kafka an Ottla Kafka: »die Arbeit die Du verrichtest ist viel zu schwer für Dich«. Ottla hat stark abgenommen. Tägliche Krankenbesuche Vallis bei Josef Pollak in Eger.
Otto Brod 30 Jahre alt.

10. JULI
an das k. k. Handelsgericht in Prag: Antrag von Dr. Karl Steurer, die Liquidation der ›Prager Asbestwerke‹ ins Handelsregister einzutragen. Unterzeichnet von K., Karl und Paul Hermann.

15. JULI
Bedřich Löwy übernimmt das Galanteriewarengeschäft der Kafkas.

nach 15. JULI
Hermann Kafka reist nach Franzensbad.

vor 31. JULI
Karl Hermann in Zürau. Vereinbarung, dass Ottla den Hof Anfang Sept. verlässt und eine landwirtschaftliche Ausbildung beginnt.

31. JULI
Hermann und Julie Kafka zurück von Franzensbad.
Irma Kafka an Ottla Kafka: Über die Demütigungen des Angestellten-Berufs. Ihre Arbeit ist nur den Kafkas zugutegekommen. Bedřich Löwy ist kleinlich und geschäftsuntüchtig. Sie plant baldige Heirat.

1918 AUGUST
[an die Landwirtschaftsschule in Budweis]: Bittet um Informationen.
[an die Landwirtschaftsschule in Friedland]: Bittet um Informationen.
[an die Königlich Böhmische Landwirtschaftliche Landes-Akademie in Tetschen-Liebwerd]: Bittet um Informationen.

nach **MITTE AUGUST**
K. bei Prof. Pick, der den Zustand seiner Lunge für »sehr gut« befindet.

19. AUGUST
Julie Wohryzek beantragt bei der Prager Polizeidirektion eine Reisebewilligung nach Davos, wo sie einen beidseitigen Lungenspitzenkatarrh auskurieren will. Der Antrag wird abgelehnt.

20. AUGUST
Irma Kafka an Ottla Kafka: Möchte wegen Erschöpfung für 2 Wochen nach Zürau kommen.

22. AUGUST
[Ottla Kafka an Irma Kafka]: (Telegramm) Lädt sie nach Zürau ein.

ENDE AUGUST
an Ottla Kafka: Bittet um Abmeldebestätigung aus Zürau.

HERBST
Franz Kafka, **Die Verwandlung** (2. Aufl.), Leipzig (Kurt Wolff).

SEPTEMBER
Brods Schwager Max Friedmann gerät in Gefangenschaft.

1. SEPTEMBER
Josef David 27 Jahre alt.

vor **2. SEPTEMBER**
[an Ottla Kafka]: (Telegramm) Benötigt die Abmeldung.

2. SEPTEMBER (?)
Irma Kafka für 2 Wochen in Zürau.

3. SEPTEMBER
an Ottla Kafka: Über seine Recherchen bei Landwirtschaftsschulen. Empfiehlt Friedland und bietet an, mit Ottla Besichtigungsfahrten zu unternehmen und ihre Ausbildung zu finanzieren.
[an den Direktor der Königlich Böhmischen Landwirtschaftlichen Landes-Akademie in Tetschen-Liebwerd]: Beantwortet die Frage nach Ottlas Vorbildung.
[an den Direktor der Landwirtschaftsschule in Friedland]

8. SEPTEMBER
→ TURNAU

9. SEPTEMBER (?)
K. beginnt, in der Gärtnerei Maschek zu arbeiten, der größten Handelsgärtnerei Böhmens.

13. SEPTEMBER
Georg Heinrich Meyer an K.: Gründung und Funktion einer Zweigstelle des Verlags in Wien. Kündigt Besuch in Prag an. Weitere Probleme mit dem Satz von *Ein Landarzt*. Die Maschinenabschrift von *Ein Traum* ging verloren.

21. SEPTEMBER
an Max Brod: (Karte) Arbeitet tagsüber im Garten, lernt daher kein Hebräisch. Hat noch Kontakt zu Ernst Weiß.

23.–25. SEPTEMBER
an Felix Weltsch: Hat sich nach einem geeigneten Hotel für Weltschs Schwester Elizabeth umgetan. Preise. Mangelwirtschaft.

28./29. SEPTEMBER
→ PRAG

30. SEPTEMBER
K. wieder im Büro der AUVA.

1918 **1. OKTOBER**
an den Kurt Wolff Verlag: Korrigiert die falsch angegebene Reihenfolge der Texte von *Ein Landarzt*. Möchte weitere Korrekturen. Erinnert an die Widmung »Meinem Vater«.

2. OKTOBER
K. trifft Brod.

11. OKTOBER
Kurt Wolff an K.: Möchte *In der Strafkolonie* in der Reihe seiner ›Drugulin-Drucke‹ veröffentlichen.

vor **12. OKTOBER**
an Ottla Kafka: Bittet sie, Julie Kaiser zu besuchen; Ottla soll zwischen Kaiser und deren Freund vermitteln.

14. OKTOBER
K. ist an der Spanischen Grippe erkrankt, er geht nicht ins Büro. Mittags über 40 °C Fieber. Besuch von Dr. Heinrich Kral, der von K.s Lungenerkrankung nichts weiß und bei der Untersuchung auch keine Spur davon findet.
Ottla Kafka an Eugen Pfohl: Entschuldigt K.s Abwesenheit im Büro.
Ottla Kafka an Josef David: Die Mutter weint fortwährend wegen K.s Erkrankung. Ottla wehrt sich gegen Josef Davids pauschale Verurteilung der Juden.

MITTE OKTOBER
an Max Brod: »Ich habe etwas Fieber.« Bittet, die Hebräischstunden bei Thieberger abzusagen. Sendet zwei tschech. Zeitschriften, in denen über die Tschechisierung jüdischer Familiennamen berichtet wird.

nach **MITTE OKTOBER**
K. bittet Brod, Kurt Wolff mitzuteilen, dass er mit der Publikation von *In der Strafkolonie* einverstanden ist.

15. OKTOBER
Dr. Kral bei K.

16. OKTOBER
Die Symptome der Tuberkulose-Erkrankung treten bei K. erneut auf.

22. OKTOBER
Gründung des ›Jüdischen Nationalrats für den tschechoslowakischen Staat‹ in Prag. Brod wird Vizepräsident.

26. OKTOBER
Einführung der tschech. Amtssprache in der inneren Verwaltung Böhmens.

28. OKTOBER
Kurt Wolff Verlag an K.: (nach Zürau adressiert) Abrechnung von *Betrachtung:* 69 Ex. in 1 Jahr.
10.30 Uhr: Die Prager Redaktion der *Národní politicka* hängt eine Tafel auf mit der Aufschrift »Waffenstillstand«. Die Meldung löst eine tschech. Massenkundgebung aus.
13 Uhr: Militär marschiert am Wenzelsplatz auf. Die Prager Polizei steht unter tschech. Befehl.
15 Uhr: Tschech. Kundgebung auf dem Altstädter Ring. Der Platz wird militärisch besetzt. Am Nachmittag auf dem Wenzelsplatz Ausrufung eines unabhängigen tschech. Staates. Am Abend Stillhalteabkommen zwischen Tschechen und k.u.k. Militärs.
Der Jüdische Nationalrat in Prag (darunter Brod) überreicht dem tschech. Nationalausschuss ein Memorandum mit den Forderungen: Anerkennung der jüdischen Nation, volle Gleichberechtigung, Demokratisierung der Kultusgemeinden, kulturelle Autonomie.

NOVEMBER
Franz Kafka, **Schakale und Araber**, in: *Neue deutsche Erzähler*, hg. von J. Sandmeier, Bd. 1, Berlin (Furche).

ANFANG NOVEMBER
Der Kurt Wolff Verlag schickt K. das Ms. von *In der Strafkolonie* zur nochmaligen Durchsicht.

2. NOVEMBER
Ottla beginnt eine Ausbildung an der Landwirtschaftlichen Winterschule in Friedland.

1918 3. NOVEMBER
19 Uhr: Tschech. Nationalisten stürzen die Mariensäule auf dem Altstädter Ring.

4. NOVEMBER
Kurt Wolff an K.: Genesungswünsche.

7. NOVEMBER
K. tagsüber auf einem Kanapee, da das Schlafzimmer gereinigt wird.
Julie Kafka an Ottla Kafka: »Franz geht es so ziemlich, natürlich ist er noch sehr schwach und hat oft Kopfschmerzen.«

8. NOVEMBER
In Friedland werden Lebensmittelgeschäfte geplündert.
Irma Kafka an Ottla Kafka: »Franz geht es gut, ich halte mich jeden Tag bei ihm auf.«

10. NOVEMBER
Karl Hermann kehrt nach Prag zurück.

11. NOVEMBER
an Ottla Kafka: Kann das Bett verlassen, jedoch noch nicht die Wohnung. Ermuntert Ottla zum Durchhalten in Friedland.
an Kurt Wolff: Sendet eine veränderte Fassung von *In der Strafkolonie* an den Verlag.
an den Kurt Wolff Verlag: Begleitschreiben zum Ms. von *In der Strafkolonie*.
an den Kurt Wolff Verlag: (Karte) Kündigt das Ms. von *In der Strafkolonie* an.
Irma Kafka tritt eine Stelle im Ledergeschäft Traub an.
Irma Kafka an Ottla Kafka: »Franz geht es sehr gut, sobald bisschen Sonnenschein kommt, geht er heraus.«
Karl I. verzichtet auf die Regierung, ohne formell abzudanken.

12. NOVEMBER
Felice Bauer an K.: (Karte) »wiederum die aufrichtigsten und herzlichsten Wünsche für recht, recht baldige Gesundung und innigste Grüße«.

14. NOVEMBER
Julie Kafka an Ottla Kafka: »Franz habe ich unser früheres Schlafzimmer eingeräumt, wo es ihm sehr behaglich ist und er vollkommen Ruhe hat.« Wünscht, dass Ottla zurückkommt. Denkt an die Pension Stüdl, wo K. sich erholen könnte.

16. NOVEMBER
[Ottla Kafka an Julie und Hermann Kafka]

19. NOVEMBER
Nach ~5-wöchiger Krankheit ist K. wieder im Büro.

20. NOVEMBER
K. zur Untersuchung bei Dr. Kral, der in einem Attest einen 4-5-wöchigen Landaufenthalt empfielt.
Julie Kafka an Ottla Kafka: Sendet Lebensmittel nach Friedland.

22. NOVEMBER
Tomáš G. Masaryk erklärt die deutschböhmischen Gebiete zu Teilen der neu gegründeten tschech. Republik.

23. NOVEMBER
Am Nachmittag hat K. erneut Fieber.

24. NOVEMBER
K. mit Fieber im Bett. Kann daher nicht, wie geplant, nach Schelesen reisen.

25. NOVEMBER
an Eugen Pfohl: Entschuldigungsschreiben wegen seines erneuten Fernbleibens vom Büro. Legt das Attest von Dr. Kral bei. Leidet wieder unter kurzem Atem und Nachtschweiß. Bittet, Marschner die Situation zu schildern.

nach 25. NOVEMBER
Julie Kafka im Büro von Eugen Pfohl.

1918   **27. NOVEMBER**
an Ottla Kafka: (Karte) Mit Unterschriften von K., Hermann und Julie Kafka, Irma Kafka und Marie Wernerová, die den Besuch Josef Davids andeutet.
Josef David stellt sich K.s Eltern überraschend als Bräutigam Ottlas vor.

28. NOVEMBER
[Josef David an Julie und Hermann Kafka]

29. NOVEMBER
K. will sich von Brod verabschieden, trifft ihn jedoch nicht an.
an Max Brod: War die ganze Woche krank. Wird morgen abreisen. Bittet Brod, die Ms.-Sendung an den Kurt Wolff Verlag zu reklamieren, die nicht angekommen ist.

30. NOVEMBER
→ SCHELESEN (gemeinsam mit Julie Kafka)
Ankunft 9.45 Uhr. K. als einziger Gast in der Pension von Olga Stüdl (*1873). Liegt am Nachmittag auf der offenen Terrasse. Julie Kafka fährt um 19.30 Uhr zurück.

ANFANG DEZEMBER
an Max Brod: In Schelesen nicht so angenehm wie in Zürau, aber billig. Legt eine Liste mit Fragen zum Hebräischen bei. Liest Alfred Meißner, *Geschichte meines Lebens.*
an Ottla Kafka: (Karte) Fragt, ob er an Weihnachten nach Prag kommen soll. Zeichnung: »Ansichten aus meinem Leben«.

1. DEZEMBER
Julie Kafka an Ottla Kafka: Josef David »hat auf uns den besten Eindruck gemacht«, dennoch Bedenken wegen des »kleinen Gehalt, dann die Religion«. Über Schelesen und ihre unbequeme Rückreise von dort. Ottla soll lieber eine Hauswirtschaftsschule in Prag besuchen.
Max Brod erkrankt an der Spanischen Grippe. Er ist mehr als eine Woche bettlägrig.
Antisemitische Ausschreitungen in der Prager Altstadt.

2. DEZEMBER
Ottla Kafka an Josef David: Kann sich nur schwer damit abfinden, dass ihre Eltern Bescheid wissen über ihre Beziehung zu Josef David.

9. DEZEMBER
Julie Kafka an Ottla Kafka: Hermann Kafka denkt daran, K. in Schelesen zu besuchen.

11. DEZEMBER
Josef David erneut bei den Kafkas.
an Ottla Kafka: (Karte) Der Besuch Josef Davids bei den Kafkas verlief »grossartig leicht und selbstverständlich«. Kurzatmigkeit und Herzklopfen. Zeichnung.

17. DEZEMBER
an Max Brod: (Karte) Hat erst jetzt von Brods Erkrankung erfahren. Schlägt vor, dass Brod ebenfalls nach Schelesen kommt. Brod wieder im Büro.

18. DEZEMBER
Berta Fanta stirbt nach einem Schlaganfall 53-jährig in Prag.

20. DEZEMBER
Max Brod an K.: Sehr ausführlich über Berta Fanta. Trauer.

21. DEZEMBER
Max Brod an K.: Bittet K., im Fall seines Todes drei Pakete mit Papieren ungelesen zu verbrennen; zwei befinden sich in Brods Büro, eines bereits bei K. Bestimmt K. zum Herausgeber seines Nachlasses.
Ottla kommt nach Prag.
13 Uhr: Tomáš G. Masaryk kehrt nach 4-jährigem Exil nach Prag zurück. Menschenmassen an seinem Weg zur Nationalversammlung. Aufenthalt auf dem überfüllten Altstädter Ring. Glockenläuten, Kanonenschüsse vom Hradschin.

22. DEZEMBER (?)
→ PRAG

1918 **23. DEZEMBER (?)**
an Max Brod: (Karte) Hat in seiner Brieftasche eine »Visitkarte mit ähnlicher sehr einfacher Verfügung« an Brod. Über ein Ms. Brods: »Dein Gemeinschaftaufsatz ist herrlich.« Wendet allerdings ein, dass beinahe jeder Mensch sozial ist.
K. im Büro.

24. DEZEMBER
Durch einen Ministerialerlass wird Tschechisch zur alleinigen Amtssprache der AUVA. Umbenennung in ›Úrazov´pojišt'ovna dělnická pro Čechy v Praze‹ (ÚPD).

27. DEZEMBER
Ottla Kafka an Josef David: Julie Kafka war nahe daran, für Ottla und Josef David ein Gut im Böhmerwald zu kaufen.

31. DEZEMBER
Masaryk empfängt Vertreter des jüdischen Nationalrats, u. a. Brod, der die Anerkennung der jüdischen Nationalität fordert.

1919

K. abonniert die Zeitschrift *Naše řeč. Listy pro vzdělávání a tříbení jazyka české* [Unsere Sprache. Zeitschrift zur Erforschung und zur Pflege der tschechischen Sprache], Prag-Karlín.
Hugo Bergmann, *Jawne und Jerusalem*, Berlin (Jüdischer Verlag).

4.–5. JANUAR
1. Jüdischer Nationalkongress in Prag. Es sprechen u. a. Max Brod und Hugo Bergmann.

6. JANUAR
Ottla zurück in Friedland.
Ottla Kafka an Josef David: Leidet unter der Trennung von ihm.
Toni, die jüngste Schwester Felice Bauers, nimmt sich das Leben durch Gas.

7. JANUAR (?)
[Ottla Kafka an Julie und Hermann Kafka]: Räumt offenbar Fehler ein.

8. JANUAR
K. beim Amtsarzt der AUVA, Dr. Josef Popper, der einen 3-monatigen Genesungsurlaub empfiehlt.

9. JANUAR
Julie Kafka an Ottla Kafka: Bleibt in Prag aus Furcht vor Einbrüchen.

1919 12. JANUAR
an die AUVA: (tschech.) Bittet um 3-monatigen Urlaub, legt Attest von Dr. Popper bei.
Ottla Kafka an Josef David: Will Marschner bitten, ihr zu einer Anstellung zu verhelfen.

14. JANUAR
AUVA an K.: (tschech.) Genehmigt wird lediglich ein 3-wöchiger Urlaub.
Ottla Kafka an Josef David: Wäre gern mit Irma oder K. beisammen, ansonsten lieber allein. Großes Interesse an allen Fragen der Landwirtschaft.

15. JANUAR
Julie Kafka an Ottla Kafka: K. »sieht ganz gut aus, nur hustet er noch immer«. K. könnte Josef David einen Posten bei der AUVA beschaffen.

18. JANUAR
Josef David unangemeldet bei den Kafkas.

20. JANUAR
an Jindřich Valenta (AUVA): (tschech.) Kann wegen Fieber nicht ins Büro.
Julie Kafka an Ottla Kafka: Sendet Lebensmittel.

21. JANUAR
K. vermutlich im Büro, um zu diktieren.
Ottla Kafka an Josef David: War noch nicht bei Marschner, der »überarbeitet« ist. Schlechtes Gewissen gegenüber den Eltern.

22. JANUAR
→ SCHELESEN
K. quartiert sich erneut in der Pension Stüdl ein. Außer ihm ist nur die 19-jährige Hermine Pomeranz anwesend.

24. JANUAR
Ottla Kafka an Josef David: Will die Mutter fragen, ob es gut wäre, wenn sie nach Prag käme.

27. JANUAR
Der englische Botschafter bei Brod.

28. JANUAR
Josef David bei den Kafkas.

ENDE JANUAR
[an Hermann und Julie Kafka]: (Julie zeigt Hermann diesen Brief nicht)
Julie Wohryzek trifft in Schelesen ein.

1. FEBRUAR
an Max Brod: Traum vom Fliegen. Fieberfrei, keine Atemnot, der Husten geht zurück.
an Ottla Kafka: »ein kleines Fräulein ist noch da, sehr komisch übrigens und gut im Grunde«. Versucht, ihr schlechtes Gewissen gegenüber den Eltern zu beruhigen. Lernt Hebräisch. Liest Jaroslav Goll, *Chelčicky a Jednota v XV století* [Chelczizky und Brüderunität im XV. Jahrhundert]. »Über die Zukunft denke ich eigentlich nicht nach«.
an Ottla Kafka: (Karte) Traum.
Max Brod an K.: Ist der Politik müde, weil sie keine wirklichen Entscheidungen bringt. Es ist »nur die Angst um das Volk, die mich weitertreibt«. Betrachtet es als sein Verdienst, dass in Prag die jüdischen Fraktionen im Nationalrat zusammenarbeiten.

2. FEBRUAR
Julie Kafka an Ottla Kafka: Sendet Lebensmittel.

4. FEBRUAR
Josef David bringt den Kafkas Theaterkarten.

vor 5. FEBRUAR
[Ottla Kafka an K.]: Fragt um Rat wegen eines freien Vortrags, den sie halten muss.

5. FEBRUAR
an Ottla Kafka: Themenvorschläge zu ihrem Vortrag. Empfiehlt Foersters *Jugendlehre*.

1919 *Julie Kafka an Ottla Kafka:* Sendet Geld und Lebensmittel. Findet es anstrengend, mit Josef David immer nur Tschechisch sprechen zu müssen.

6. FEBRUAR
an die AUVA: (tschech.) Bittet um Verlängerung seines Urlaubs, da die wesentlichen Krankheitssymptome andauern. Legt ein weiteres ärztliches Zeugnis von Dr. Popper bei (der aber K. offenbar nicht mehr gesehen hat).

7. FEBRUAR
AUVA an K.: (tschech.) Verlängerung des Urlaubs um 4 Wochen.

8. FEBRUAR
an Max Brod: Traum. Ausführlich und sehr ambivalent über Julie Wohryzek. Bittet um einen Aufsatz über Zionismus, den sie lesen soll.

9. FEBRUAR
Hermann und Julie Kafka im Nationaltheater: Bedřich Smetana, *Die verkaufte Braut.*

11. FEBRUAR
[an die AUVA]: Bitte um Gehaltserhöhung.

16. FEBRUAR
Ottla Kafka an Josef David: Will mit der Mutter in Prag wegen ihrer Stellensuche sprechen, vom Vater hat sie angeblich nichts zu befürchten.

nach 16. FEBRUAR
K. erhält vom Kurt Wolff Verlag den Umbruch von **Ein Landarzt**.

19. FEBRUAR
K. verschenkt den Band *Ludwig Richter. Erbauliches und Beschauliches*; die Widmung unterzeichnet er als »Anna vom Schützenhaus«.

20. FEBRUAR
an Ottla Kafka: Über tschechische Redewendungen im Deutschen. Bezeichnet sich als »Halbdeutschen«. Humoristische Beobachtung. Versteht nicht, warum Ottla über ihre Stellensuche mit der Mutter sprechen muss. Sie soll sich von Einwänden gegen ihre Heirat mit einem Nichtjuden nicht beirren lassen.
Julie Kafka an Ottla Kafka: Hat keine Nachricht von ihr.

24. FEBRUAR
an Ottla Kafka: Versichert nochmals, dass er gegen ihre Reise nach Prag nichts habe, wohl aber dagegen, die Suche nach einer Anstellung von der Mutter abhängig zu machen.

25. FEBRUAR
Julie Kafka an Ottla Kafka: »... von Franz haben wir gute Berichte«. Drängt sie, endlich nach Prag zu kommen.

27. FEBRUAR
an Ottla Kafka: (Karte) Sie soll am 2. März in Prag mit der Pensionsinhaberin Olga Stüdl sprechen, die ihr vielleicht zu einer Anstellung verhelfen kann.

28. FEBRUAR
K. lässt sich in Liboch von Dr. Ernst Fröhlich untersuchen, der ihm ein Attest ausstellt.
Julie Wohryzek 28 Jahre alt.

ENDE FEBRUAR
an den Kurt Wolff Verlag: Im zugesandten Umbruch von *Ein Landarzt* fehlen Titel- und Widmungsblatt.
an den Kurt Wolff Verlag: Korrekturen von *Ein Landarzt* und *In der Strafkolonie.*

ANFANG MÄRZ
an den Kurt Wolff Verlag: (Karte) Bittet um weitere Korrekturbögen von *Ein Landarzt.*

1919 **1. MÄRZ**
an die AUVA: (tschech.) Bitte um Verlängerung des Urlaubs bis Ende März. Legt das Attest von Dr. Fröhlich bei.
Ottla in Prag.

2. MÄRZ
an Max Brod: Dankt für ein Buch jüdischer Thematik, das er gemeinsam mit Julie Wohryzek gelesen hat. Sie ist »nicht so beziehungslos gegenüber dem Zionismus, als ich anfangs dachte«. Deutet an, dass es wegen Julies Anwesenheit eine zwar lustige, aber auch »schwere Zeit« ist.

4. MÄRZ
[Julie Kafka an K.]: Große Aufregungen um Ottla.

5. MÄRZ
Ottla reist zurück nach Friedland.

nach **5. MÄRZ**
Ottla hält an der Landwirtschaftsschule einen Vortrag.

6. MÄRZ
an Ottla Kafka: (Karte) »Wie war es zuhause?« Hat ihr das *Reformblatt für Gesundheitspflege* geschickt.
AUVA an K.: (tschech.) Verlängerung des Urlaubs bis Ende März.

etwa **6. MÄRZ**
Julie Wohryzek kehrt nach Prag zurück.

7. MÄRZ
an Oskar Baum: (Karte) In Schelesen ebenso schön, aber »schwieriger« als in Zürau.

7. MÄRZ (?)
[Ottla Kafka an Julie und Hermann Kafka]

8. MÄRZ
Ottla Kafka an Josef David: War wegen einer Anstellung beim Direk-

tor der Landwirtschaftsschule.»Er verspricht gern und vergisst leicht.«

9. MÄRZ
Josef David und seine Schwester Anna bei den Kafkas.

13. MÄRZ
Josef David bei den Kafkas. Anwesend auch Robert und Else Kafka, die positiv über David urteilen.

14. MÄRZ
Prof. Bedřich Odstrčil (*1878) wird leitender Direktor der AUVA und damit Nachfolger von Robert Marschner.

15. MÄRZ
Julie Kafka an Ottla Kafka: Sehr positiv über Josef David.

15. MÄRZ (?)
an Ottla Kafka: Andeutungsweise über ihren Konflikt mit dem Vater, der Josef Davids Einkommen für unzureichend hält.

16. MÄRZ
Hermann und Julie Kafka bei den Eltern von Josef David.

18. MÄRZ
Ottla Kafka an Josef David: Die Prüfungen sind leicht, aber die Aussichten auf eine Anstellung sind nicht gut.

19. MÄRZ
Josef David, seine Mutter und seine Schwester Ella bei den Kafkas. Julie Kafka fordert David auf, sie mit »maminko« (Mutter) anzusprechen.

22. MÄRZ
10 Uhr: Brod und andere jüdische Vertreter bei Präsident Masaryk.

24. MÄRZ
Ottla Kafka an K.: (Karte) »Mit den Prüfungen geht es gut«.

1919 **25. MÄRZ**
Felice Bauer heiratet den Bankprokuristen Moritz Marasse.

29. MÄRZ
Gustav Janouch 16 Jahre alt.

ENDE MÄRZ
→ PRAG

APRIL
Max Brod, *Das große Wagnis,* Leipzig/Wien (Kurt Wolff).

ANFANG APRIL
Beginn von K.s Liebesbeziehung mit Julie Wohryzek.

1. APRIL
K. wieder im Büro.

2. APRIL
Spaziergang mit Brod, Baum und Weltsch.

3. APRIL
Ottla Kafkas Schulschluss an der Landwirtschaftsschule Friedland. Sie kehrt nach Prag zurück.

7. APRIL
Georg Langer 25 Jahre alt.

15. APRIL
K. hat Fieber.

19. APRIL
Im Altstädter Rathaus ist K. Trauzeuge bei der Hochzeit einer Schwester von Marie Werner.

29. APRIL
Brod erfährt von seiner Schwester Sophie, dass Felice Bauer geheiratet hat.

30. APRIL
Brod teilt K. mit, dass Felice Bauer geheiratet hat. K. ist sehr erleichtert.

3. MAI
Eugen Pfohl stirbt in Prag-Smichov.

12. MAI
K. krankgemeldet, vermutlich wegen Fieber.

16. MAI
K. wieder im Büro.

22. MAI
K. erneuert seinen Diensteid in der AUVA.

27. MAI
Max Brod 35 Jahre alt.

29. MAI
Irma Kafka stirbt wenige Tage vor ihrem 30. Geburtstag.

1. JUNI
Ernst Weiß meldet sich in Prag ab und reist nach Brünn.

3. JUNI
an Josef Körner: Dank für einen Sonderdruck aus *Euphorion*: Körners Rezension des Briefwechsels *Achim von Arnim und Bettina Brentano*.

8. JUNI
Ausflug mit Brod nach Radeschowitz.

15. JUNI
Gemeindewahlen in Böhmen, erstmals Wahlrecht für Frauen. In Prag gewinnt die ›Liste der bewussten Judenschaft‹, für die auch Brod kandidiert, 3 Mandate.

1919 **18. JUNI**
an Julie Wohryzek: Verlegt ein Treffen von Donnerstag auf Freitag, 15.30 Uhr »bei Koruna« (Palais Corona).

20. JUNI
Am Nachmittag Treffen mit Julie Wohryzek.

27. JUNI
Tagebuch: »neues Tagebuch, eigentlich nur weil ich im alten gelesen habe.«

30. JUNI
Spaziergang mit Julie Wohryzek im Riegerpark.
Tagebuch: Bei Julie »Gebundenheit«, »Vertrauen«, »Geborgensein«.

3. JULI
Kafka 36 Jahre alt.

6. JULI
Tagebuch: »das Verlangen, die Angst«.

nach 15. JULI
Max und Elsa Brod reisen nach Heringsdorf auf Usedom. In Leipzig Besprechung mit Georg Heinrich Meyer (Kurt Wolff Verlag).
In Berlin Treffen mit Felice Bauer.

31. JULI
Oskar Baum an Hugo Bergmann: Sieht eine Lösung des Problems der Ehe nur darin, dass die Frau berufstätig bleiben kann. Will sich dieser Frage intensiv widmen.

1. AUGUST
Max Brod an K.: Begeistert vom Seebad Heringsdorf, K. sollte dort ebenfalls Urlaub machen. Auch politisch friedlicher als Prag. Über die Besprechung mit Meyer, der behauptet, er könne aus einem Roman K.s »einen sensationellen Erfolg machen«. »Ich werde doch deinen ›Prozess‹ auf eigene Faust zu Ende schneidern!«
Oskar und Grete Baum reisen für mehrere Wochen aufs Land.

11. AUGUST
Milena Pollak wird wegen Diebstahls verhaftet.

SEPTEMBER
Franz Kafka, *Schakale und Araber*, in: *Neue deutsche Erzähler*, Bd. 1 (21.-30. Tsd.), Berlin (Furche).

1. SEPTEMBER
Josef David 28 Jahre alt.

4. SEPTEMBER
Private Audienz Brods bei Präsident Masaryk.

5. SEPTEMBER
Ab 8 Uhr: Demonstration auf dem Altstädter Ring gegen jüdischen Einfluss auf die Regierung.

10. SEPTEMBER
Friedensvertrag zwischen den Alliierten und Österreich in St. Germain-en-Laye. Der geplante Anschluss Österreichs an Deutschland wird untersagt, Südtirol fällt an Italien. Die Tschechoslowakei wird verpflichtet, den Schutz von Minderheiten zu gewährleisten.

11. SEPTEMBER
K. teilt Brod mit, dass er Julie Wohryzek heiraten wird. Sie sprechen Hebräisch.
Milena Pollak in Haft.

MITTE SEPTEMBER
K. verlobt sich mit Julie Wohryzek. Harte Auseinandersetzungen mit dem Vater wegen dieser Verbindung.

18. SEPTEMBER
K. mit Brod in Prag-Branik. Sie sprechen Hebräisch.

22. SEPTEMBER (?)
K. beim Arzt, der vor der Heirat eine Mastkur empfiehlt.

1919   **22. SEPTEMBER**
Elli Kafka 30 Jahre alt.

24. SEPTEMBER
📖 Franz Kafka, *Eine kaiserliche Botschaft*, in: *Selbstwehr*.

ENDE SEPTEMBER
Eine frühere Geliebte behauptet gegenüber Brod, Julie Wohryzek und ihre beiden Schwestern seien »Dirnen«.

HERBST
📖 Franz Kafka, *Das Urteil* (2. Auflage), Leipzig (Kurt Wolff).
Felix Weltsch übernimmt die Redaktion der Wochenschrift *Selbstwehr*.

OKTOBER
K. und Julie Wohryzek legen den Termin der Hochzeit fest (ein Sonntag), nachdem ihnen eine Wohnung im Stadtteil Wrschowitz zugesagt wurde. Nach der kurzfristigen Absage der Wohnung bestellen sie das Aufgebot ab.
K. vermittelt einem Bekannten Brods eine Anstellung in der AUVA.
Der Kurt Wolff Verlag übersiedelt von Leipzig nach München.
Oskar Baum, *Die Tür ins Unmögliche*. Roman, München / Leipzig.

1. OKTOBER
Ernst Weiß arbeitet in der Chirurgie des Allgemeinen Krankenhauses in Prag (bis Sept. 1920).

6. OKTOBER
Felix Weltsch 35 Jahre alt.

ENDE OKTOBER
📖 Franz Kafka, *In der Strafkolonie*, München / Leipzig (Kurt Wolff).
71 S., 1000 Ex.
K. schenkt Oskar Baum ein Widmungsex. von *In der Strafkolonie*.

NOVEMBER
K. liest Knut Hamsun, *Segen der Erde*.

Heirat von Julie Kaiser und August Kopal.

3. NOVEMBER
Geburt von Hanna, des 3. Kindes von Elli und Karl Hermann.

4. NOVEMBER
→ SCHELESEN (mit Max Brod)
Während der Fahrt spricht K. über Hamsun, *Segen der Erde*.
Erneut in der Pension Stüdl, für einige Tage gemeinsam mit Brod.
Außerdem anwesend zwei junge Männer sowie die 18-jährige Minze Eisner.

5.–19. NOVEMBER
K. verfasst den mehr als 100-seitigen *Brief an den Vater*. Unmittelbarer Anlass sind die Angriffe des Vaters wegen K.s Verlobung mit Julie Wohryzek.

nach 8. NOVEMBER
an Ottla Kafka: Oskar Baum will für 3 Tage nach Schelesen kommen, K. hat Bedenken, da sie in gemeinsamem Zimmer wohnen müssten. Der *Brief an den Vater* erst in den Anfängen.

etwa 10. NOVEMBER
an Ottla Kafka: Schlägt vor, dass sie nach Schelesen kommt und *Brief an den Vater* begutachtet. Erwähnt Minze Eisner: hat »alle Hysterie einer unglücklichen Jugend, aber ist doch ausgezeichnet«.

11. NOVEMBER
Max Brod an K.: Es sei mit K. in Schelesen »wunderschön« gewesen. Sendet einige Zeitungen.
Brod reist nach Brünn.

13. NOVEMBER
an Ottla Kafka: »Es geht mir wenn ich allein bei mir bin erträglich, im Beisammensein mit den andern bin ich sehr traurig.«

14. NOVEMBER
an Jindřich Valenta (AUVA): Kündigt an, seinen regulären Urlaub evtl. um 3 Tage zu verlängern.

1919 **15.–16. NOVEMBER**
Ottla zu Besuch in Schelesen. Sie liest wahrscheinlich den *Brief an den Vater*.

20. NOVEMBER
➜ PRAG

nach 20. NOVEMBER
K. bekommt eine negative Auskunft über Julie Wohryzek zu lesen, die offenbar von seinen Freunden in Auftrag gegeben wurde.

21. NOVEMBER
K. im Büro.

24. NOVEMBER
an Käthe Nettel: Sehr ausführlich und grundsätzlich über K.s Beziehung zu ihrer Schwester Julie Wohryzek. Erklärt, warum es nicht zur Heirat kam. Bittet sie, zu dulden, dass K. und Julie dennoch beisammenbleiben.

DEZEMBER
an Minze Eisner: Ausführlich über Fotos, die sie in Schauspielerposen zeigen. Bittet sie, zu schreiben, sobald sie die geplante landwirtschaftliche Ausbildung beginnt. »Es ist doch vielleicht gar nicht so schlimm einen guten Freund zu haben.«

5. DEZEMBER
Tagebuch: »Wieder durch diesen schrecklichen langen engen Spalt gerissen«.

8. DEZEMBER
Tagebuch: »Leid und Freude, Schuld und Unschuld«.
K. mit Julie Wohryzek im Baumgarten, in einem Restaurant und in der ›Modernen Galerie‹.

9. DEZEMBER
Tagebuch: »Viel Eleseus.«

11. DEZEMBER
Tagebuch: Vergleicht sich erneut mit der Figur des Eleseus aus Hamsuns *Segen der Erde.* »Verführung« durch Julie Wohryzek. »Das alles ist zu schwer. Ich bin nicht genug vorbereitet.« K. mit Julie Wohryzek im Riegerpark.

16. DEZEMBER
K. sendet ein Ex. von *In der Strafkolonie* an Rudolf Fuchs.

19. DEZEMBER
Franz Kafka, *Die Sorge des Hausvaters*, in: *Selbstwehr.* Sammelbesprechung u. a. zu *Ein Landarzt*, in: *Selbstwehr.* »... kristallreine und unerhört melodiöse Prosa«.
K. wird von der AUVA zum Sekretär ernannt. Er wird Vorstand des Konzeptreferats für die Einreihungsagenda. Sein Gehalt wird zum 1. Jan 1920 um 2 Stufen erhöht (7.750 K incl. aller Zulagen).

22. DEZEMBER
K. für eine Woche krankgemeldet.

29. DEZEMBER
K. wieder im Büro.

1920

Max Brod, *Im Kampf um das Judentum*, Wien/Berlin.

JANUAR
an Felix Weltsch: Sendet (nicht erhaltene) Fahnen zu Weltsch, *Gnade und Freiheit*, mit Korrekturen und Fragen.
an Minze Eisner: Drängt sie, die geplante landwirtschaftliche Ausbildung zu beginnen. Möchte Einzelheiten über ihre Beziehung zum Vater.

6. JANUAR
Tagebuch: Die lebendige Wirklichkeit erweckt den Anschein, es sei etwas Neues, was K. tue. Tatsächlich kommt es »aus dem alten Höllensumpf«.

9. JANUAR
Tagebuch: Laster und Tugend.

10. JANUAR
Tagebuch: 4 reflexive Fragmente. Die Unmöglichkeit, sich auf irgendeine Aufgabe vorzubereiten. »Er hat den Archimedischen Punkt gefunden, hat ihn aber gegen sich ausgenützt«.
Mit Julie Wohryzek im Baumgarten.

13. JANUAR
Tagebuch: 3 reflexive Fragmente. »Mit einem Gefängnis hätte er sich abgefunden ... Aber es war ein Gitterkäfig.«

14. JANUAR
Tagebuch: 4 reflexive Fragmente.

17. JANUAR
Tagebuch: 7 reflexive Fragmente. »… an seiner eigenen Stirn schlägt er sich die Stirn blutig«. »… keine Vorstellung von Freiheit«.

23. JANUAR
Paul Hermann 30 Jahre alt.

FEBRUAR
an Minze Eisner: Über »Dummheiten«, für die man sofort Lehrgeld zahlt. Lehnt es vorläufig ab, ein Porträtfoto zu schicken. Legt Inserat eines jüdischen Guts nahe Berlin bei.
an Minze Eisner: Sie hat sich bei der ›Israelitischen Gartenbauschule Ahlem‹ beworben. Er hat ihr Äußeres in Schelesen kaum beachtet. »Ich klage ja nicht darüber, dass ich mich alt fühle, eher über das Gegenteil«. Meran ist teuer, will daher in die Bayerischen Alpen. Lehnt die Zusendung eines Fotos erneut ab, ebenso ein Treffen in Prag.
an Minze Eisner: Hat sich über die Ahlemer Gartenbauschule informiert.
an Kurt Wolff: K. hat ~ Nov. 1919 bei Wolff einen mehrmonatigen Aufenthalt in München angekündigt. Wolff antwortete, K. reagierte jedoch nicht mehr. Wolff fragt nun, ob K. seine Pläne vergessen habe. K. antwortet, er brauche jetzt einen Sanatoriumsaufenthalt, geplant ist Kainzenbad bei Partenkirchen.
an Felix Weltsch: Weitere Korrekturen zu Weltsch, *Gnade und Freiheit.*
[an Hans Klaus]
Oskar Baum, *Die verwandelte Welt.* Roman, Wien.

1. FEBRUAR
Julie Kopal, geb. Kaiser, wird von der AUVA von der Aushilfsbeamtin zur Kanzlistin befördert.

2. FEBRUAR
Tagebuch: Deutung von Edward John Gregorys Gemälde ›Boulter's Lock, Sunday Afternoon‹; Einsamkeit und Gemeinschaft.

1920 **15. FEBRUAR**
Tagebuch: Früher »Wunsch, eine Ansicht des Lebens zu gewinnen«, gleichzeitig als Realität und Traum. 5 kurze Fragmente.

13. FEBRUAR
Otto Gross stirbt in einer Berliner psychiatrischen Heilanstalt an Lungenentzündung.

nach MITTE FEBRUAR
an Kurt Wolff: Bekommt nun doch ein Zimmer in Kainzenbad Anfang März.
K. erfährt, dass er ein mehrmonatiges Visum nach Deutschland nur bekommt, wenn er die Einreisebewilligung von Kainzenbad vorlegt. Dort ist jedoch eine ›Fremdensperre‹ in Kraft getreten.

18. FEBRUAR
Tagebuch: K. belauscht das Gespräch zweier Kinder über Sünden; sie sehen ihn als Teufel. 2 kurze Fragmente.
[an die AUVA]: Antrag auf Gehaltserhöhung.
Kurt Wolff an Max Brod: »An Kafka schreibe ich Ihrer Anregung entsprechend gleichzeitig«.

19. FEBRUAR
Tagebuch: 10 kurze Fragmente. »Meine Gefängniszelle – meine Festung«.
Josef Reiner, der Ehemann von Jarmila Ambrožová, nimmt sich 23-jährig das Leben.

21. FEBRUAR
K. in der AUVA krankgemeldet.

25. FEBRUAR
K. wieder im Büro. Er wird vom Anstaltsarzt Dr. Kodym untersucht, der »Anzeichen einer fortgeschrittenen Lungeninfiltration« findet und einen 3-monatigen Aufenthalt in einem Lungensanatorium empfiehlt.

26. FEBRUAR
[an die AUVA]: Bittet um 6-8-wöchigen Krankenurlaub. Legt ärztliches Gutachten von Dr. Kodym bei.

27. FEBRUAR
AUVA an K.: Genehmigung eines 8-wöchigen Urlaubs.

28. FEBRUAR
AUVA an K.: Gehaltserhöhung ab 1. März: 4900 K Gehalt, 1600 K Wohngeld, 1625 K Teuerungszulage.
K. spricht mit Brod über religiöse Fragen.
Julie Wohryzek 29 Jahre alt.

29. FEBRUAR
Tagebuch: Kurzes Fragment.

MÄRZ
an Max Brod: Bittet, sich für Ottla einzusetzen, die in Opladen an einem landwirtschaftlichen Vorbereitungskurs für Palästina teilnehmen will.
an Minze Eisner: K. hat leichtes Fieber. Eisner in Ahlem abgelehnt. Jeder Heimatort ist etwas Unheimatliches. Fährt vielleicht nach Meran. Über Familienfotos, die sie ihm geschickt hat.
an Minze Eisner: Über die inneren Teufel, Garanten des Lebens. Rät ihr davon ab, nur um des inneren Friedens willen zu heiraten.
[an Milena Pollak]

1. MÄRZ
Unter dem Namen ›František Kafka‹ bekommt K. einen ›Heimatschein‹ als tschechischer Bürger.

3. MÄRZ
Kurt Wolff an Max Brod: »Kafka: Diese Angelegenheit, die Sie mir so besonders dringlich ans Herz legen«.

5. MÄRZ
Kurt Wolff an K.: Bietet ihm Unterstützung für seinen Aufenthalt in Deutschland an.

1920 *Kurt Wolff an Max Brod:* K. hat ihm nie mitgeteilt, dass er lungenkrank ist. Kainzenbad für K. ungeeignet, ebenso München. Empfiehlt Schönberg im Schwarzwald, Bozen und Meran.
Brod schenkt K. Fritz Mordechai Kaufmann, *Vier Essays über ostjüdische Dichtung und Kultur*, mit Widmung.

12. MÄRZ
Ottla holt auf der Polizeidirektion K.s Reisepass ab.

19. MÄRZ
AUVA an K.: Ernennung zum Sekretär und zum ›Vorgesetzten des gemeinsamen Konzeptreferats für Aufnahmeagenda‹.

29. MÄRZ
Gustav Janouch 17 Jahre alt.

ENDE MÄRZ
an Kurt Wolff: Fährt wegen der Fremdensperre in Bayern nun doch nach Meran.

ANFANG APRIL
Minze Eisner beginnt ein 6-monatiges landwirtschaftliches Praktikum in Milsau im nordwestlichen Böhmen.

1. APRIL
an Minze Eisner: Über ein Porträtfoto von ihr. Das Beste an Meran ist, dass er allein hinfährt.

2. APRIL
➜ MERAN (über Salzburg, München, Innsbruck)
Ottla begleitet K. zum Nachtzug. In K.s Abteil ein Mann aus Mailand.

3. APRIL
In Meran nimmt K. ein Zimmer im Hotel Frau Emma, am Bahnhof. Großes Osterfest und Enthüllung des Andreas-Hofer-Denkmals in Meran.

4. APRIL
K. sucht eine andere Unterkunft.

5. APRIL
K. sucht weiter nach einer Unterkunft, stößt zufällig auf die Pension Ottoburg.
an Ottla Kafka: Beschreibung der Pension Ottoburg. Bedrückende Atmosphäre in kleinen Pensionen, »Massengrab«; mehr Freiheit in großen Hotels.

6. APRIL
K. übersiedelt in die Pension Ottoburg (Meran-Untermais, Majastr. 10).

6.–8. APRIL
an Max Brod und Felix Weltsch: Begegnungen mit Juden in Meran. Der latente Antisemitismus der Pensionsgäste. K. will zunächst allein essen, wird dann an den gemeinsamen Tisch gebeten. Regnerisches, kaltes Wetter.

nach 6. APRIL
[an Hermann und Julie Kafka]: (Ansichtskarte) Bittet um Zusendung von Zucker.
an Minze Eisner: (Ansichtskarte) K.s Zimmer muss beheizt werden.
an Olga Stüdl: (Ansichtskarte) Vages Versprechen, auf der Rückreise ihre Familie in Salzburg zu besuchen.

etwa 8. APRIL
an Milena Pollak: Freude an der Fremde. Die Pension. »Ich lebe hier sehr gut, mehr Sorgfalt könnte der sterbliche Leib kaum ertragen«.

MITTE APRIL
an Milena Pollak: Fragt, warum sie nicht antwortet. Rät, Wien für einige Zeit zu verlassen.» ... vielleicht wäre selbst Meran gut?« Kann sich an ihr Gesicht kaum erinnern.

16. APRIL
[an Julie Kafka]: Beschreibung des Abendessens.

1920 **17. APRIL**
an Ottla Kafka: Es gefällt ihm in der Pension; üppige Pflanzen vor dem Balkon. Das Essen viel zu reichlich, schläft deshalb schlecht.

18. APRIL
1. Wahlen zur tschechoslowakischen Nationalversammlung. Die Vereinigten Jüdischen Parteien bekommen 80 000 Stimmen, aber kein Mandat. Max Brod scheitert als jüdischer Kandidat der slowakischen Stadt Prešov.

vor 22. APRIL
an Milena Pollak: Sie hat von Wolff die Genehmigung erhalten, *Der Heizer* zu übersetzen. Erinnerung an eine Begegnung mit Ernst Pollak.

22. APRIL
 Franz Kafka, *Topič [Der Heizer]*, übertragen von Milena Jesenská, in: *Kmen*; die erste Übersetzung eines literarischen Textes von K.
Geburt von Ruth, der Tochter von Felix und Irma Weltsch.
Minze Eisner 19 Jahre alt.

ENDE APRIL
[Hans Janowitz an K.]
an Max Brod: Julie Kafka meldete, Brod sehe gut aus.
[an Hans Janowitz]: Schickt diesen Brief an Brod, der ihn weiterleiten soll.
K. lässt sich von Dr. Josef Kohn aus Prag untersuchen.
Hugo und Else Bergmann wandern nach Palästina aus.

ANFANG MAI
 Franz Kafka, *Ein Landarzt. Kleine Erzählungen*, München / Leipzig (Kurt Wolff). Mit Widmung: »Meinem Vater«. Enthält: ***Der neue Advokat, Ein Landarzt, Auf der Galerie, Ein altes Blatt, Vor dem Gesetz, Schakale und Araber, Ein Besuch im Bergwerk, Das nächste Dorf, Eine kaiserliche Botschaft, Die Sorge des Hausvaters, Elf Söhne, Ein Brudermord, Ein Traum, Ein Bericht für eine Akademie.***

etwa 1. MAI
an Ottla Kafka: Versucht, sie darüber zu beruhigen, dass Josef David so oft abwesend ist. Hat Schlafstörungen. Gewichtszunahme in Zahlen. Sie soll sich auf seine Kosten Lily Braun, *Memoiren einer Sozialistin*, bestellen.

vor 4. MAI
[an Bedřich Odstrčil (AUVA)]: (deutsch)

4. MAI
an die AUVA: Bittet, den regulären 5-wöchigen Urlaub an den Krankenurlaub anschließen zu dürfen. 1. Arbeitstag wäre demnach der 3. Juli.
an Hermann, Julie und Ottla Kafka: Legt den Brief an die AUVA bei, den Ottla dem Direktor bringen soll, mit einigen Erläuterungen.

7. MAI (?)
K. erhält von Milena Pollak die letzte Nummer des *Kmen*, mit ihrer Übersetzung von *Der Heizer*.

8. MAI
an Milena Pollak: Schilderung seines Blutsturzes. Sie soll ihrer Gesundheit Vorrang einräumen, auch nachts nicht mehr übersetzen.
an Ottla Kafka: (Karte) Bittet sie, 20 Ex. von *Kmen* zu besorgen, zum Verschenken. Die anderen Gäste raten ihm zu Fleisch und Bier.

vor 9. MAI
[an den Kurt Wolff Verlag]: Bittet, den Band *Ein Landarzt* an Milena Pollak zu senden.

9. MAI
an Milena Pollak: Lobt ihre Übersetzung der »schlechten« Geschichte. Lobt auch ihr Deutsch, bittet sie aber, tschechisch zu schreiben. Über seine Verlobungen, nach denen sie fragt. Die mit Julie Wohryzek »lebt noch, aber ohne jede Aussicht auf Ehe«. Die Männer leiden in solchen Konflikten mehr, die Frauen aber »ohne Schuld«.
Auf dem Bahnhofsplatz von Meran demonstrieren 15 000 Menschen

1920 für die Autonomie Südtirols. K. mit einem weiteren Kurgast inmitten der Menge.

15. MAI
AUVA an K.: K. darf seinen regulären Urlaub an den Krankenurlaub anschließen.
Julie Kopal, geb. Kaiser, verlässt die AUVA.

MITTE MAI
an Milena Pollak: Schlaflosigkeit. Erzählt ausführlich von Dostojewski, der sich gegenüber seinen ersten Wohltätern als moralisch minderwertig empfunden habe (was die von Dostojewski überlieferte Version verfälscht).

nach 15. MAI
an Ottla Kafka: Schlaflosigkeit; K. nimmt Brom und überlegt, den Ort zu wechseln. Sie soll ihm gegenüber kein schlechtes Gewissen haben wegen ihrer Heirat. Sie hat Julie Wohryzek über K.s Ergehen beruhigt.
an Max Brod: Über den Antisemitismus des Münchener Publikums und der Pensionsgäste. Die Juden haben den Deutschen »Dinge aufgedrängt«, die für sie zu früh kamen. Die »typische Unschuld« des Antisemitismus. Fährt nicht zurück über München, da nur »passives Interesse« am Kurt Wolff Verlag.
an Felix Weltsch: Referiert einen antisemitischen Artikel aus dem *Burggräfler*. Über die *Selbstwehr*, die er schon zweimal verliehen hat. Lobt die redaktionelle Tätigkeit von Weltsch. »... ich lebe nicht sehr gern weder im Gebirge noch am Meer, es ist mir zu heroisch«.

17. MAI (?)
Ottla schickt K. die *Selbstwehr* sowie einen Stapel tschechischer Tageszeitungen.

etwa 20. MAI
an Milena Pollak: Kleine Kinder versuchten, ihn in den Fluss zu werfen. Wenige Anmerkungen zu ihrer Übersetzung von **Der Heizer**. »Mein tschechisches Sprachgefühl ... ist voll befriedigt«.

21. MAI
an Ottla Kafka: (Karte) Fragt nach dem Zweck der Zeitungen, die sie schickte.

etwa 21. MAI
an Milena Pollak: »das tschechische ist mir viel herzlicher«. Über das Gesetz ihres Lebens: ›Ich bin der, der zahlt.‹ Sie weigert sich, ihm ihre Feuilletons zu schicken.

23. MAI
In Meran findet auf der Promenade eine ›Damenschönheitskonkurrenz‹ statt. Eine Prostituierte, die den 1. Preis gewinnt, wird von der Bevölkerung durch die Straßen gehetzt.

etwa 24. MAI
Milena Pollak sendet K. erstmals eigene Texte.

vor 25. MAI
[an Milena Pollak]: Plant einen größeren Ausflug.

25.–29. MAI
an Milena Pollak: Fragt, warum sie sich von den »lächerlichen« Leuten ihrer Umgebung nicht zurückzieht. Findet die »Sprachmusik« ihrer Texte mit der von Božena Němcová »verwandt an Entschlossenheit, Leidenschaft, Lieblichkeit und vor allem einer hellsichtigen Klugheit«. K.s Eindruck von Pollak. »... es ist unsinnig, diese Lust an Briefen«.

26. MAI
K. macht einen Ausflug.

27. MAI
Max Brod 36 Jahre alt.
Tomáš G. Masaryk wird erneut zum Staatspräsidenten der ČSR gewählt.

30. MAI
an Milena Pollak: Verteidigt Werfel, nur die Dicken seien vertrauens-

1920 würdig. Anwortet auf ihre Frage, ob er Jude sei. Jüdische Ängstlichkeit. Einer ihrer Verwandten hat sich ablehnend über Juden geäußert. Sie möchte, dass er nach Wien kommt.

30. MAI (?)
[Julie Wohryzek an K.]: (Telegramm) »Treffpunkt Karlsbad achten erbitte schriftliche Verständigung«.

31. MAI
an Milena Pollak: Kann nicht nach Wien kommen, »weil ich die Anstrengung geistig nicht aushalten würde. Ich bin geistig krank«, seit der Verlobung mit Felice Bauer. »Fast 5 Jahre habe ich auf sie eingehauen«. Hatte geplant, noch einige Zeit mit Julie auf dem Land zu verbringen und dann die Eltern in Konstantinsbad zu besuchen. Muss absagen, »denn ich bin jetzt nichts anderes als ein einziges Wort«. Will am 7. Juni abreisen.
[an Julie Wohryzek]: (Telegramm) Sagt das Treffen in Karlsbad ab.

ENDE MAI
an Ottla Kafka: Hitze in Meran. Geringfügige Arbeit im Garten. Im Biergarten mit einem General.
an Max Brod: Wäre »toll« geworden, wenn er geheiratet hätte. Hypothese, dass die Güte, die er von anderen erfährt, nur hoffnungslosen Fällen zugutekommt. Legt einen Brief von Gustav Janowitz bei.

JUNI
an Minze Eisner: (2 Karten) Hat einen Ausflug zum Schloss Tirol unternommen.
Egon Erwin Kisch kehrt von Wien nach Prag zurück.

ANFANG JUNI
[an Julie Wohryzek]: (2 Briefe) Teilt ihr mit, dass er in intensivem Briefwechsel mit einer anderen Frau steht.

1. JUNI
an Milena Pollak: Will die Abreise noch verschieben, dann über München direkt nach Prag fahren.

3. JUNI
an Milena Pollak: Ist schockiert über 2 ihrer Briefe, die Selbsthass und Vorwürfe gegen ihn enthalten (u. a. »Ängstlichkeit«).
K. im Zimmer eines Ingenieurs, um sich Bilder von dessen Kindern anzusehen.
Peter Panter [= Kurt Tucholsky], Rezension zu *In der Strafkolonie,* in: *Die Weltbühne,* Berlin.

4. JUNI
an Milena Pollak: Argumentiert gegen ihr Gefühl der Nutzlosigkeit.
an Milena Pollak: Fühlt sie gegenwärtig.
[Milena Pollak an K.]: Bittet K., unbedingt nach Wien zu kommen.
Abendlicher Spaziergang allein.

5. JUNI
an Milena Pollak: Erwartet noch immer ihre Reaktion darauf, dass er nicht nach Wien kommen will.

6. JUNI
an Milena Pollak: Bestreitet, zwischen ihr und ihrem Ehemann Ernst Pollak Partei ergriffen zu haben; das stehe ihm nicht zu. Die Schrift »ist ärmer aber klarer« als das Leben. Sie hat ein entschuldigendes Telegramm geschickt.

9. JUNI
an Milena Pollak: Resümee seiner Existenz, hat Angst vor der Fahrt nach Wien. Wird aus gesundheitlichen Gründen noch 2 Wochen in Meran bleiben und dann nach Wien kommen, falls sie es dann noch will.
Max Brod an K.: Über Tucholskys Kritik von *In der Strafkolonie.* Fühlt sich leer, hatte eine Affäre in Brünn. Regelmäßige Treffen mit Baum und Weltsch. Arbeitet am 4. Kap. von *Heidentum, Christentum, Judentum.* Geschichte vom Selbstmord Josef Reiners (*1897), dessen Ehefrau Jarmila Ambrožová mit Willy Haas eine Beziehung unterhält.

10. JUNI
an Milena Pollak: Die beiderseitige Scheu. Sie hat sich über die Inhalts-

1920 leere einiger seiner Briefe beklagt. Er möchte zur Aufrichtigkeit nicht aufgefordert werden. Fühlt völliges Vertrauen.
an Milena Pollak: Hat häufig menschliche Beziehungen zerstört, weil er die Zuwendung anderer für einen Irrtum hielt, z. B. im Fall Ernst Weiß. Seine »Verblendung« beim Versuch, Julie Wohryzek zu heiraten, die jetzt zu ihrem eigenen Glück von K. loskommen wird. Hört kaum je Vorwürfe anderer. Schlägt vor, ihr einen Aufenthalt in Böhmen zu finanzieren.

11. JUNI
an Ottla Kafka: Soll Baum besuchen; K. schreibt ihm nicht, da seine Frau stets mitlesen muss. Die Beziehung zu Julie Wohryzek »wahrscheinlich zuende«. Ottla soll das letzte Heft der *Weltbühne* bestellen.
an Milena Pollak: Kann manche ihrer Briefe nur etappenweise lesen. Bekräftigt seinen Vorschlag, ihr einen Aufenthalt auf dem Land zu ermöglichen, ohne sie jedoch zu treffen. Sie hat negativ über Werfel berichtet. K. geht unvermittelt zum ›Du‹ über. Hat geträumt, ihre Adresse verloren zu haben.

12. JUNI
an Milena Pollak: Sie hat ein mögliches Ende der Korrespondenz angedeutet.
an Milena Pollak: Sein »Wesen« ist »Angst«. »*Du gehörst zu mir*, selbst wenn ich Dich nie mehr sehen würde«. Schreibt Brods Bericht über Reiners Selbstmord wörtlich ab. »Du bist für mich keine Frau, bist ein Mädchen, wie ich kein Mädchenhafteres gesehen habe«.
an Felix Weltsch: (Karte) Bedauert das Ausbleiben der *Selbstwehr*, da er etwas über die Unruhen in Palästina erfahren will.

13. JUNI
an Milena Pollak: Sie schreibt zweierlei Briefe: friedliche, die K. glücklich machen, und stürmische, vor denen er Angst hat. Phantasie über das Ersticken von Juden. Fühlt sich mit Pollak verbunden, ist ihm aber unterlegen.
Ausflug mit dem Ingenieur Ludwig Ott.
Peter Panter [= Kurt Tucholsky], gekürzter Nachdruck der Rezension zu ***In der Strafkolonie***, in: *Prager Tagblatt*.

14. JUNI
an Milena Pollak: Schilderung eines Traums: erstes Zusammentreffen in Wien, Gleichgültigkeit Milenas.
Hans Mardersteig an K.: Bittet erneut um einen Beitrag für die Zeitschrift *Genius*. Schätzt K.s Prosa sehr.
K. bekommt Blumen von Milena.

15. JUNI
an Milena Pollak: Weiterer Traum über ein unglückliches Treffen.

MITTE JUNI
an Max Brod: Hat die Schilderung von Reiners Selbstmord »zehnmal gelesen und zehnmal über ihr gezittert«. Unterschied zu Brod, der inmitten einer psychischen Festung sitzt, »ich aber brenne selbst, habe plötzlich gar nichts«. »Und wessen ich gewürdigt bin, das weiss ich.« Von Gesundung »ist seit einem Monat keine Rede mehr«.
[Milena Pollak an K.]: »am liebsten liefe ich auf einem dritten Weg davon, der weder zu Dir noch zu ihm führt, irgendwohin in die Einsamkeit.«

19. JUNI
an Milena Pollak: Kommt wahrscheinlich nicht nach Wien, »weil es über meine geistige Kraft geht« und weil »es so für uns alle besser ist«. Die Enthüllungen, die sie ankündigt (vermutlich über ihre Haftstrafe), will er nicht unbedingt hören. Pollak ist krank, sie kann darum nicht weg aus Wien.

20. JUNI
an Milena Pollak: Erklärt, warum die Geschichte von Reiners Selbstmord so bedeutsam für ihn ist: als Beispiel dafür, wie sich jüdische Männer auf christliche Frauen stürzen, um sich durch sie zu retten. Vergleicht Willy Haas mit Hilsner. Max Brod muss man »lieb haben, ihn bewundern, auf ihn stolz sein, allerdings auch Mitleid mit ihm haben«.

21. JUNI
an Milena Pollak: War erregt, weil er einen scherzhaften Vorwurf

1920 zunächst ernst genommen hat. Erinnerung an das 1. Schuljahr, als er Drohungen der Köchin ernst nahm. Bietet ihr seinen *Brief an den Vater* zur Lektüre an. Verzichtet darauf, die Eltern in Franzensbad zu besuchen.

22. JUNI
K. steht um 6 Uhr auf. Ausflug nach Bozen und Klobenstein mit dem Ingenieur Ludwig Ott. Rückfahrt von Bozen allein.

vor 23. JUNI
an Oskar Baum: Beschreibt sich als medizinisch aussichtslosen Fall, die Tuberkulose ist geistigen Ursprungs.

23. JUNI
an Milena Pollak: Sie hat mit ihrem letzten Brief alle »alten Teufel« geweckt. Angst »vor dieser inneren Verschwörung gegen mich«. Was er Pollak antut, trifft ihn selbst vielfach verstärkt. Will eventuell nach Wien kommen.

24. JUNI
an Milena Pollak: Hält die Reise nach Wien weiterhin offen, wird sich jedenfalls ankündigen und nicht in ihre Wohnung kommen. Milena ist kein tschechischer Name.
Österr. Kriegsanleihen werden per Erlass in tschech. Staatsanleihen konvertiert, nach beträchtlicher Minderung ihres Nominalwerts. K.s Kriegsanleihen haben nun einen Wert von 3600 K, rückzahlbar im Jahr 1935.

25. JUNI
an Milena Pollak: Seine Begegnung mit Otto Gross. Hat seine Unmusikalität ererbt. »Verwandtschaft bedeutet für mich viel«.
an Milena Pollak: Wird in 4 Tagen in Wien sein, möchte aber noch keinen Treffpunkt vereinbaren.

28. JUNI
an Ottla Kafka: (Karte) Sie soll sein Äußeres und den Erfolg der Kur nicht zu streng beurteilen.
→ WIEN

Abfahrt 12.30 Uhr.

29. JUNI
Peter und Paul (Feiertag in Österreich)
K. kommt 9.45 Uhr in Wien an. Er nimmt ein Zimmer im Hotel Riva am Südbahnhof.
an Milena Pollak: (10 Uhr) Ist übernächtigt. Bittet sie, erst am folgenden Tag ab 10 Uhr vor dem Hotel Riva zu sein. Sie soll ihn jedoch auf keine Weise überraschen.
K. geht zur Lerchenfelderstr., um das Haus zu sehen, in dem Milena wohnt.
Max Brod, Tagebuch: »Kafkas herrlichen *Process* gelesen und geordnet. Da ist wahres Leben.«

nach 29. JUNI
[an Bedřich Odstrčil (AUVA)]: Kündigt vermutlich seine Rückkehr für den 5. Juli an.

30. JUNI
Nach 10 Uhr: K. und Milena Pollak treffen sich vor dem Hotel Riva.

SOMMER
Felix Weltsch, *Nationalismus und Judentum*, Berlin (Welt-Verlag).

JULI
an Minze Eisner: Sehr erfreut über die Nachricht, dass sie ab Oktober die Israelitische Gartenbauschule in Ahlem besuchen wird. Sie hat ein Foto geschickt, auf dem sie ein Ferkel im Arm hält. »Meran hat mir gesundheitlich nichts geholfen«, das verhindert der »innere Feind«.

1. JULI
K. trifft Milena Pollak.

2. JULI
K. trifft Milena Pollak.

1920 3. JULI
K. und Milena Pollak machen einen Ausflug in den Wienerwald.
Kafka 37 Jahre alt.

4. JULI
→ PRAG
Milena Pollak begleitet K. bis zum Bahnsteig, er küsst sie zum Abschied. Er kauft das *Neue Wiener Journal*, liest darin einen Aufsatz von Hermann Bahr. Abfahrt 7 Uhr. An der Grenzstation Gmünd wird K. zunächst festgehalten, da sein österr. Visum abgelaufen ist. Am Nachmittag schickt Julie Wohryzek einen Dienstmann in K.s Wohnung mit der Bitte, sie um 21 Uhr zu treffen. K. schreibt eine Zusage und schickt damit den Dienstmann zurück. Am Abend erwartet er Julie auf der Straße vor ihrer Wohnung. Während eines Spaziergangs erklärt er, sich wegen seiner Beziehung zu Milena von ihr zu trennen. Sie reagiert verzweifelt.
an Milena Pollak: Über die Abreise aus Wien.
an Milena Pollak: Sendet Julie Wohryzeks Botschaft vom selben Tag sowie einen Brief von Brod.

4.–5. JULI
an Milena Pollak: Über das Treffen mit Julie. Bittet Milena, sofort zu kommen, falls mit Julie ein Unglück geschehen sollte. Kündigt an, ihr am Montag seinen **Brief an den Vater** sowie Grillparzer, *Der arme Spielmann*, zu senden.

5. JULI
an Milena Pollak: Trauer, weil die Tage in Wien Vergangenheit sind. Ausführlich über die Probleme beim Grenzübertritt am Vortag. K. wieder im Büro. Begrüßung beim Direktor. Bekommt zwei nach Meran adressierte Briefe Milenas. Trifft nach Dienstschluss Julie Wohryzek auf dem Karlsplatz, Gespräch bis 20.30 Uhr, verspricht ihr einen Dampfer-Ausflug für den folgenden Nachmittag. Von 21 bis 0.30 Uhr mit Brod, der erst jetzt erfährt, dass K.s Geliebte Milena Pollak ist.
[an Milena Pollak]: (Telegramm) »Mädchen schreibt Dir antworte freundlich und streng verlass mich nicht«.
an Milena Pollak: (nachts) Ausführlich über das Treffen mit Julie

Wohryzek. Bereut, dass er ihr zugestanden hat, an Milena zu schreiben.»... wenn man durch Glück umkommen kann, dann muss es mir geschehn. Und kann ein zum Sterben Bestimmter durch Glück am Leben bleiben, dann werde ich am Leben bleiben.«

6. JULI
Todestag von Jan Hus (Feiertag in der ČSR)
[an Julie Wohryzek]: (per Rohrpost) Kann sie wegen Übermüdung erst um 18 Uhr abholen. Bittet sie, den Brief an Milena noch nicht abzuschicken.
an Milena Pollak: Alfred Löwy hat sich per Telegramm angemeldet. Über einen Bruder von Ewald Přibram, den Milena in der psychiatrischen Klinik kennengelernt hat und dem sie durch Brods Vermittlung helfen will. Ist nicht eifersüchtig, obwohl er jetzt von Ernst Pollaks Krankheit erfahren hat.
an Milena Pollak: Über Julie Wohryzeks Brief, den er beilegt.
an Milena Pollak: Sie soll auf eine Antwort an Julie Wohryzek verzichten, wenn ihr das als Zumutung erscheint. Milena war beim Abschied am Sonntag »unsinnig schön« angezogen.
Julie Wohryzek schreibt am Morgen einen Brief an Milena Pollak und wirft ihn ein. Nachdem sie K.s Nachricht erhalten hat, geht sie zur Hauptpost und erhält dort den Brief zurück. Am Abend während eines Spaziergangs auf dem Vyšehrad gibt sie K. den Briefumschlag, der ihn ungeöffnet weiterleitet.

7. JULI
an Milena Pollak: Über seine neue Bleibe. Hat noch keine Nachricht von ihr.
K. übersiedelt in die Wohnung von Elli (Manesgasse 45), da sein Zimmer für Alfred Löwy benötigt wird. Um 22 Uhr holt er die aus Franzensbad eintreffenden Eltern am Bahnhof ab, um 24 Uhr Alfred Löwy, der aus Paris kommt.

8. JULI
an Milena Pollak: Das Glück, in einer leeren Wohnung zu sein; die »Unzucht« in vollen Behausungen.
an Milena Pollak: Hat Brief von ihr erhalten, in dem sie die Möglichkeit erwägt, ihrem Mann von K. zu erzählen. Sie vergleicht den Fall

1920 mit der Dreiecksbeziehung von Jarmila, was K. zurückweist. Er habe keinen Freund verraten, sie aber liebe Pollak.»… wenn wir uns vereinigen … ist es auf einer anderen Ebene, nicht in seinem Bereich.« »Darf ich Dir Geld schicken?«
Brod in K.s Büro, während dieser an Milena schreibt. Es trifft ein weiterer Brief ein, in dem sie mitteilt: »Ernst weiß alles«. Sie gehen ins Café Imperial und beraten, was K. nun unternehmen soll. Da Milena unbedingt ihre Freundin Staša sehen möchte, die sich in Libschitz aufhält, geht K. zu deren Ehemann Rudolf Jílovský, der soeben dorthin fährt. Erst im Lauf des Gesprächs gibt K. zu, der Geliebte Milenas zu sein.
[an Milena Pollak]: (Eil-Telegramm mit Rückantwort, für 90 K) »es war das einzig Richtige«. Kündigt Stašas Besuch für nächste Woche an.
[Milena Pollak an K.]: (Telegramm, jedoch noch nicht die Antwort auf K.s Eil-Telegramm)
Paul Claudel, *Arthur Rimbaud*, übertragen von Milena Pollak, in: *Tribuna*.
K. liest flüchtig den von Milena übersetzten Aufsatz.

nach 8. JULI
[an Julie Wohryzek]: Sagt ein Treffen mit ihr ab, da er wegen der Entwicklung in Wien zu aufgewühlt ist.
[an Julie Wohryzek]
[Julie Wohryzek an K.]: Laut K. ein »lehrhafter, mütterlicher Brief«. Sie bittet ihn um die Adresse Ernst Pollaks.
[an Julie Wohryzek]: (per Rohrpost) K. lehnt es ab, ihr die Adresse Pollaks zu geben.

9. JULI
an Milena Pollak: »Verzeih das Geschwätz der 11 Briefe… jetzt kommt die Wirklichkeit die ist grösser und besser. Angst muss man im Augenblick glaube ich nur wegen eines haben, wegen Deiner Liebe zu Deinem Mann.« Sie soll entweder nach Prag oder nach Libschitz kommen. Pollak ist seiner Aufgabe als Ehemann nicht länger gewachsen. Sie hat K. gebeten, nicht an Pollak zu schreiben.
K. trifft um 15 Uhr Rudolf Jílovský, der von Libschitz zurück ist, in einem Café. Jílovský gibt ihm einen offenen Brief von Staša an

Milena, den K. weiterleiten soll. Staša lässt ausrichten, dass sie K. am Montag treffen kann.
an Milena Pollak: Unzufrieden mit Stašas Brief. Bekommt einen Brief Milenas von Ende März, der in der AUVA aufbewahrt wurde. K. trifft Alfred Löwy und Brod.

10. JULI
an Milena Pollak: Da sie auf sein dringendes Telegramm nicht geantwortet hat, überlegt K., nach Wien zu reisen. Hat jedoch tagsüber starken Husten. »Wie dunkel Wien geworden ist«. Spaziergänge mit Alfred Löwy und mit Brod. Alle 2 Stunden im Büro, um nach Post zu fragen. Dann zu Arne Laurin in die Redaktion der *Tribuna*, um sich nach Milena zu erkundigen. Ruft von dort Paul Kisch in Wien an. Über das kindische Selbstlob Laurins.

10. JULI(?)
[an Paní Kohler]: (Telegramm) Bittet Milenas Haushälterin um Nachricht über sie.

11. JULI
K. am Vormittag im Bett, am Nachmittag erstmals bei den Eltern von Josef David. Um 18 Uhr vergeblich in der AUVA, um nach Post zu fragen. Klingelt an der Wohnung von Staša in der Obstgasse, geht danach ins Café Arco in der Hoffnung, jemanden zu treffen, der Milena kennt.

12. JULI
an Milena Pollak: Hat 4 Briefe (sowie Fotos) gleichzeitig von ihr bekommen, die von der Post aufgehalten wurden. Versucht aus ihnen »herauszufinden was für mich übrig bleibt«. »Mutter Milena«. Fühlt sich weniger zerrüttet als in den vergangenen Jahren. Keine Antwort von Frau Kohler. Würde gern nach Wien kommen, doch sie wünscht es nicht. Die Qual der Tage ohne Nachricht von ihr.
Elli und Karl Hermann sowie eines ihrer 3 Kinder kommen aus Marienbad (K. also nicht mehr allein in Ellis Wohnung). K. besucht Staša um 17 Uhr, begleitet sie zum Neuen deutschen Theater, wo sie eine Wagner-Aufführung besucht. Dann vergeblich in der Redaktion der *Tribuna*, um Laurin zu treffen.

1920 13. JULI

an Milena Pollak: Was sie auch tun wird, es ist das Richtige; die Urteile der vielen Bekannten hingegen bedeutungslos. Angesichts ihrer Authentizität schämt er sich nicht mehr, kein gewöhnliches Leben führen zu können. Entsetzt über Staša: »Sie ist müde und tot und weiss es nicht.« Es kann nicht gut für Milena sein, wenn Staša nach Wien kommt.

an Milena Pollak: »das Glück, dass Du da bist und doch auch mir gehörst«. Kritisch über Grillparzer, *Der arme Spielmann*.

K. lässt sich von Dr. Kral untersuchen. Der Zustand der Lunge ist unverändert.

14. JULI

an Milena Pollak: Über ihren Satz: »Ja, Du hast recht, ich habe ihn lieb. Aber F., ich habe auch Dich lieb.« Sie fürchtet noch immer, dass er ohne Rücksprache etwas unternehmen wird. Es freut K., dass auch sie Stašas Brief enttäuschend findet. Hat seit seiner Rückkehr erst 6 amtliche Briefe diktiert, hat jetzt Akten zur Bearbeitung bekommen.

15. JULI

an Milena Pollak: Schlaflosigkeit. »... die wunderbare beruhigend-beunruhigende Wirkung Deiner körperlichen Nähe verflüchtigt sich«. Ausführlich über seine »Angst«, die etwas Allgemeines ist, »Angst allen Glaubens seit jeher«.

an Milena Pollak: Sie hat fälschlich vermutet, K. sei mit Stašas Brief einverstanden. Über die 4 Tage in Wien. Sie findet, es ist »zuviel verlangt«, dass K. ihr einen Landaufenthalt finanziert.

an Milena Pollak: Hat per Brief Geld an Paní Kohler geschickt. Heirat von Ottla Kafka und Josef David im Prager Rathaus. Beim Hochzeitsessen sitzt K. zwischen den Schwestern von Josef David. Abreise von Elli und Karl Hermann.

16. JULI

📖 Franz Kafka, *Nešťastný [= **Unglücklichsein**]*, übers. von Milena Jesenská, in: *Tribuna*.

an Milena Pollak: Glück. Kann in Erinnerung an sie fast alles ertragen. Sie hat ein Foto geschickt und einen großen Brief angekündigt.

16. JULI (?)
Ottla und Josef David reisen in die Flitterwochen nach Eisenstein im Böhmerwald.

17. JULI
an Milena Pollak: Sie hat mitgeteilt, dass sie sich wohl von Pollak nicht lösen kann. K. spürt eine »Flut von Leid und Liebe«.
K. bei Arne Laurin.

18. JULI
an Milena Pollak: Kämpft nicht gegen Pollak, sondern mit sich selbst. Pollak ist überlegen, seine Wertschätzung K.s ist »die Liebe des reichen Mannes zur Armut«, K. nur die Maus im Hause Pollak. Über die Geschichten, die Laurin erzählt, u. a. über Jarmila: »langweilig«. Milena soll besser nicht nach Prag kommen, »Du müsstest ja wieder wegfahren«. Erklärt sein merkwürdiges Verhalten gegenüber einer Wiener Bettlerin; dazu Kindheitserinnerung.
K. geht bei großer Hitze zu Fuß zum Olschaner Friedhof und sucht vergeblich das Grab von Milenas Bruder Jan (der 1899 im Alter von 6 Monaten starb).

vor 19. JULI
K. erhält von Brod Ms.-Teile von *Heidentum, Christentum, Judentum.*

19. JULI
an Milena Pollak: Fühlt sich nicht sehr krank. Hat genug Geld, um sie zu unterstützen. Vermutet, selbst das Glück der Wiener Tage sei von Pollak beeinflusst gewesen. Fürchtet, sie könne spontan nach Prag kommen. Sie soll weniger oft schreiben. Sie hat ihm *Madame Donadieu* von Charles-Louis Philippe geschickt, aber er kann jetzt überhaupt nichts lesen, selbst Brods *Heidentum, Christentum, Judentum* nicht. Wird von Gustav Janouch mit Mss. überhäuft. Legt einen Brief Julie Wohryzeks bei.
Am Vormittag Jilovský bei K. im Büro. Am Abend K. beim Ehepaar Jilovský, sie erzählen zufrieden von einem Brief Milenas. K. zeigt ein Foto Milenas, das Staša lange betrachtet.

1920 20. JULI
an Milena Pollak: Über das Ehepaar Jilovský. Zu ihrer Übersetzung von *Das Unglück des Junggesellen.* Sie soll weiterhin täglich schreiben.
K. diktiert Amtsbriefe. Julie Wohryzek sendet K. kommentarlos, jedoch mit Anstreichungen einen Brief von Milena.

21. JULI
an Milena Pollak: »dass ich fern von Dir nicht anders leben kann als dass ich der Angst vollständig recht gebe«. Diese Angst ist »das Schrecklichste was ich jemals erlebt habe oder erleben könnte«. Wäre sie von ihm ganz überzeugt gewesen, wäre sie längst bei ihm; das wäre für K. eine große Selbstbestätigung gewesen. Er gibt ihr darin recht, dass er von Erotik eigentlich »keine Ahnung« hat. »Alles war nur Schmutz«.
Milena Jesenská an Max Brod: Über ihren Mitpatienten Přibram, der in der psychiatrischen Klinik gequält wurde. Bittet Brod, ihr mitzuteilen, wie es K. tatsächlich geht, ob er ihretwegen körperlich leidet.
Hans Klaus in K.s Büro. K. wird zu Direktor Odstrčil gerufen, der sich freundlich in den Urlaub verabschiedet.

22. JULI
an Milena Pollak: Über einen Brief Jarmilas, der Milena ekelt und den sie K. zur Ansicht geschickt hat. »… vielleicht ist sie wirklich verwirrt oder irrsinnig«. Es ist K.s Schuld, dass sie von Pollak nicht loskommt.

23. JULI
an Milena Pollak: »Deine Briefe, die mir jeden Morgen die Kraft geben den Tag zu überstehn«. K. ist nicht eifersüchtig, versteht aber ihre Behauptung nicht, zur Eifersucht sei kein Grund. Brod fragt oft nach ihr. K. hat Rudolf Fuchs getroffen und versucht, das Gespräch auf Milena zu lenken.
an Milena Pollak: Sendet ihr den Bittbrief einer Verwandten.

vor 24. JULI
[an Julie Wohryzek]: Sendet ihr den Brief Milenas mit einigen Zeilen zurück.

24. JULI
an Milena Pollak: Entsetzt darüber, dass sie hungert und als Gepäckträgerin arbeitet. Milena hat einen weiteren Brief Julie Wohryzeks erhalten, über den sie sich ärgert. K. will Julie nicht mehr treffen. Milena hat einen Brief an Brod beigelegt. Sie müht sich ab mit der Übersetzung eines Aufsatzes von Landauer.
Alfred Löwy reist ab, K. übersiedelt zurück in die Wohnung der Eltern. Er übergibt Brod den Brief Milenas vom 21. Juli.

25. JULI
an Milena Pollak: »Entweder bist Du mein und dann ist es gut, oder aber Du gehst mir verloren ... dann ist gar nichts«. Angst wegen dieses hohen Anspruchs. Während er den Brief schreibt, kommt ein tröstliches Telegramm von ihr.
an Ottla Davidová: (Karte) Deutet an, dass es ihm gesundheitlich nicht gut geht. Sie hat ihm versichert, er habe durch ihre Heirat nichts verloren.
[Max Brod an Milena Pollak]

26. JULI
an Milena Pollak: Sie hat mitgeteilt, dass sie aus der Lunge blutet. Erinnerung an die Schulzeit und an den Abschied in Wien.
an Milena Pollak: Gustav Janouch, der »ausserordentliche, aber mir gerade jetzt entsetzlich lästige Junge«. Über die Ähnlichkeit der beiderseitigen Briefe.

27. JULI
an Milena Pollak: Schlaflosigkeit. Will wissen, was der Arzt über ihre Lungenkrankheit sagt. Über Jarmila, die die Schuld am Selbstmord ihres Mannes dessen Kollegen Michal Mareš zuschiebt.

28. JULI
an Milena Pollak: Vergleicht die Geschichten in Jarmilas Brief mit Casanovas Kampf gegen die Ratten. Genauer Bericht über den Blutsturz 1917. Sie soll endlich zum Arzt gehen. Pollak will K. schreiben. Sie hat von heftigen tätlichen Auseinandersetzungen mit Pollak berichtet.
K. nochmals auf dem Olschaner Friedhof, findet das Grab Jan Jeseníkýs und legt Nelken nieder.

1920 **29. JULI**
an Milena Pollak: Sie hat einen alten Brief Stašas geschickt, der offenbar Empathie für Milena zeigt. K. unbeeindruckt. Fühlte sich gut auf dem Friedhof. Hat nur 2 Fotos von ihr, die jedoch nicht charakteristisch sind. »Nein, nach Wien komme ich nicht«, er müsste im Büro dafür lügen.
an Milena Pollak: Es geht ihm psychisch so gut, dass Aussicht auf Gesundung besteht.
[Milena Pollak an K.]: (Telegramm) Ihr Arzt empfiehlt einen 4-wöchigen Landaufenthalt.
K. trifft einen Juden aus Palästina. Gustav Janouch in K.s Büro.
Milena Jesenská an Max Brod: Hat K.s Krankheit unterschätzt, da er in Wien gesund schien. Sie ist »zerquält« und »verzweifelt«, aber sie kann jetzt nicht weg aus Wien, »ich kann vielleicht überhaupt nicht«. Will K. notfalls in Prag zu einer weiteren Kur überreden.

30. JULI
an Milena Pollak: Sie fragt immer wieder, ob er sie liebt. Schmerzlich ihr Vorschlag, er solle nach Wien kommen; »ich werde nicht kommen«. Sie hat Blumen bekommen (wohl nicht von K.). Gefühl, die Welt müsse ihn um ihr Telegramm beneiden.

31. JULI
an Milena Pollak: Über ihre Krankheit. Ist außerstande, mit einer Lüge im Büro die Reise nach Wien zu ermöglichen, zumal diese Reise auch einmal zwingend sein könnte. Verteidigt Brods Zionismus, der sich sogar im Brief an sie zeigt. Das bloße Wegziehen in eine andere Wohnung hilft nicht.
an Milena Pollak: Gegen ihren Rat, nach Davos zu fahren: Sie hat ihn doch schon durch ihr Dasein gerettet, weiterer Maßnahmen bedarf es nicht. Davos ist auch zu weit von ihr entfernt. Hat die dringende Bitte von ihr erhalten, nach Wien zu kommen, kann jedoch nicht fahren, wie er außerstande ist, den Direktor zu belügen. Ausführlich über seine Beziehung zur Behörde.
Max Brod an Auguste Hauschner: Hat sich von der Postdirektion für ein Jahr beurlauben lassen; er bezieht für diese Zeit ein Fixum von Kurt Wolff.

ENDE JULI
Ottla und Josef David beziehen eine Wohnung im Haus Altstädter Ring 6, als unmittelbare Nachbarn der Familie Kafka.

AUGUST
Milena Pollak an Max Brod: Für K. »ist das Leben etwas gänzlich anderes als für alle anderen Menschen«. 2 Vorkommnisse in Wien, die K.s Beziehung zum Geld beleuchten. Hat K. vergeblich gebeten, für einen Tag nach Wien zu kommen. Seine »Ehrfurcht« gegenüber Pollak. »Frank [!] kann nicht leben ... Frank wird nie gesund werden. Frank wird bald sterben.« »Er ist wie ein Nackter unter Angekleideten.« »Seine Bücher sind erstaunlich. Er selbst ist viel erstaunlicher.«

1. AUGUST
Milena Pollak, *Plavky* [Badeanzug], in: *Tribuna*.
K. hat Sonntagsdienst in der AUVA. Er leiht sich von Josef David die *Tribuna*.
an Milena Pollak: Trübe Stimmung nach schlafloser Nacht. Traum von ihr. Über ihren Artikel *Plavky*.
an Milena Pollak: Schlägt ein Treffen in Wien vor, das allwöchentlich in der Nacht zum Sonntag von 2 bis 7 Uhr möglich wäre, oder in Gmünd von 22 bis 11 Uhr.
[an Milena Pollak]: (Telegramm)
Brod fährt zur Erholung nach Johannisbad.

2. AUGUST
an Milena Pollak: Präzisierung der Vorschläge anhand des Fahrplans: In Wien von 23 bis 7 Uhr oder in Gmünd von 19.30 bis 16.30 Uhr. Mögliche Probleme in Gmünd wegen des Passes. Telefonieren ist unmöglich.
[an Milena Pollak]: (Telegramm)
K. liest Brods Kap. über ›Heidentum‹, geht um 23 Uhr zu Bett.

2.–3. AUGUST
an Milena Pollak: Ist beunruhigt, weil sie so plötzlich eine Zusammenkunft will. Ein Treffen in Gmünd möglich auch ohne Übernachtung. Es gehört zu ihrem Wesen, »dass Du nicht leiden machen

kannst«. Ihr Vorschlag, K. solle im Büro einen kranken Verwandten erfinden, um wegzukommen, ganz unmöglich. Schlägt genaue telegraphische Verabredungen für Gmünd vor.

3. AUGUST
[an Milena Pollak]: (Telegramm)
Ottla beantragt auf der Polizeidirektion einen Reisepass für K.
Otto Pick in K.s Büro. K. sagt ihm, dass er in Wien gewesen ist.

3. AUGUST (?)
Gegen Abend rudert K., der für einen jungen Mann gehalten wird, einen Unternehmer von der Sophieninsel zur Judeninsel.

4. AUGUST
an Milena Pollak: Sie hat ihm vorgeworfen, er warte mit der Reise nach Wien, bis er selbst sie nötig habe. Sie hat K. einen Brief ihres Vaters geschickt; »herzlich und tyrannisch«. K. würde antworten, dass Jesenský seine Tochter endlich als »gleichwertigen Menschen« respektieren soll. Hofft auf baldiges Treffen in Gmünd. Ihre Übersetzung eines Aufsatzes von Landauer über Hölderlin besser als das Original.
[Milena Pollak an K.]: (Telegramm, 11 Uhr) Absage des Treffens in Gmünd.
K. trifft auf der Sophieninsel Elsa Brod, er begleitet sie nach Hause.
Um 22 Uhr in der AUVA, wo er Milenas telegraphische Absage vorfindet.

4.–5. AUGUST
an Milena Pollak: Traurig wegen ihres Telegramms. Treffen in Gmünd wäre wichtig gewesen, um ihre Beziehung zum Vater zu besprechen. Ihr wütendes »Mach's gut, Frank« soll sie bitte zurücknehmen. Hat erst jetzt erfahren, dass Pollak und Jesenský mehrmals miteinander gesprochen haben.

vor 5. AUGUST
[Otto Abeles an K.]

5. AUGUST
K. spricht mit dem Juristen Paul Stein über die Eltern von Gustav Janouch.

6. AUGUST
an Milena Pollak: Sie hat fortwährend Kopfschmerzen und liegt im Bett. Sie hat K. erneut geraten, im Herbst nach Davos zu fahren, er möchte lieber in »irgendein Dorf«. Über die Ehe von Janouchs Eltern, die in Scheidung leben. K. soll ihr einiges aus Prag besorgen.
an Elsa Brod: (Notiz) Der diesjährige *Jüdische Nationalkalender* erscheint nicht.
an Max Brod: Kritisch über Brods Kapitel zum ›Heidentum‹. »Ich glaube nämlich an kein ›Heidentum‹ in Deinem Sinn.«
K. trifft Elsa Brod nicht zu Hause an.
[Milena Pollak an K.]: (Telegramm) K. sei »lieb und geduldig«.

7. AUGUST
an Milena Pollak: Sie hat ihm mitgeteilt, dass sie ihren Ehemann nicht verlassen kann; Pollak könne ohne sie nicht leben. K. bittet sie, ihren Briefwechsel mit Brod abzubrechen. Sie hat nichts mehr dagegen, dass er ihre Modeartikel liest, was er ohnehin schon öfters getan hat.
[Milena Pollak an K.]: (Telegramm) Schlägt ein Treffen in Gmünd vor.

8. AUGUST
an Milena Pollak: Stimmt dem Treffen zu. Resigniert. »Woher ist das alles eingebrochen zwischen uns?«

8.–9. AUGUST
an Milena Pollak: K. glaubt ihr nicht, dass Pollak ohne sie mit dem Leben nicht fertig würde. Sie fragt nach Angst und Sehnsucht in Bezug auf seine Sexualität. K. antwortet mit einem Bericht seiner »ersten Nacht«, die er 20-jährig mit einem Ladenmädchen verbrachte; Beziehung zwischen sexueller Gier, Schmutz und Angst. Verabredung für Sonntag 9 Uhr in Gmünd.

9. AUGUST
an Milena Pollak: Kann zu niemandem so frei sprechen wie zu ihr. Seine Angst ist vielleicht das Beste, was er hat, auch in ihren Augen.

1920 »... ich liebe Dich also, Du Begriffsstützige«. Hatte in Wien keine Angst vor ihrer körperlichen Nähe. Vom Koitus jedoch trennt ihn ein Abgrund. »Dort drüben ist eine Angelegenheit der Nacht«.

10. AUGUST
an Milena Pollak: Über ihre Artikel in der *Tribuna*. Die Geburt Milenas war ein Geschenk zu seiner Bar-Mizwa. Sie muss Pollak belügen, um nach Gmünd kommen zu können.
Milena Pollak 24 Jahre alt.

11. AUGUST
an Milena Pollak: K. hat auf ihre Bitte ein Trikot geschickt. Sie hat K. mit ihrem Vater verglichen. K. hingegen glaubt, Jesenský gewinne an Einfluss auf sie. Anspielung auf den eigenen Tod. Sie hat ihm den österr. Kurort Kreuzen empfohlen. Versucht immer wieder, Gespräche auf Milena zu lenken. Paul Stein erzählte ihm, sie sei an Kokain zugrunde gegangen.

12. AUGUST
an Milena Pollak: Ernst Pollak glaubt, K. habe keinen Kontakt mehr zu Milena.
[an Otto Pick]
K. in der Devisenzentrale, später vergeblich im Büro von Arne Laurin.

13. AUGUST
[an Milena Pollak]: (Telegramm)
an Milena Pollak: Sie ist »durch eine geradezu sakramentale unlösliche Ehe« mit ihrem Mann verbunden. Er möchte nicht mehr über die Zukunft sprechen. Sie hat einen früheren, werbenden Brief Pollaks zitiert. Seine Untreue nichts Wesentliches im Vergleich zum »reichen unausschöpfbaren Geheimnis« ihres Zusammenlebens.
K. in Milenas Auftrag bei der Spedition Schenker. Er ruft Laurin an.

14. AUGUST
→ GMÜND
Abfahrt 16.15 Uhr, Ankunft 19.30 Uhr. Spaziergang mit Milena.

15. AUGUST
an Ottla Davidová: (Ansichtskarte) Mit Gruß Milenas.
→ PRAG (Abfahrt 16.45 Uhr)

MITTE AUGUST
[an Ernst Weiß]

16. AUGUST
K. um 18.30 Uhr bei Jarmila Reinerová im Stadtteil Hradschin, um Briefe Milenas zurückzuholen. Kurzer Spaziergang mit ihr.
[an Milena Pollak]: (Telegramm) Auftrag bei Jarmila ausgeführt.
Max Brod zurück aus Johannisbad.

17.–23. AUGUST
an Milena Pollak: Ausführlich über das Gepräch mit Jarmila, die äußerst deprimiert ist und sich Milenas Anwesenheit wünscht.
»... lass Dich nicht abschrecken von mir«. Traurig über das Treffen in Gmünd. Er soll die Assistentin von Jesenský anrufen, er möchte aber lieber schreiben.

nach 17. AUGUST
Milena und Ernst Pollak reisen zur Erholung über Salzburg nach St. Gilgen.

19. AUGUST
Jarmila gibt in K.s Wohnung einen Brief für Milena ab.
Gustav Landauer, *Friedrich Hölderlin* (1. Teil), ins Tschech. übertragen von Milena Pollak, in: *Kmen.*

etwa 20. AUGUST
K. beginnt erneut mit regelmäßiger literarischer Arbeit in den späten Abendstunden (*NSF2* 223 ff.).

nach 21. AUGUST
an Jarmila Reinerová: Sie hat einen Brief für Milena zur Weiterbeförderung nach St. Gilgen beigelegt. K. hat noch keine Adresse.

1920 26. AUGUST
an Milena Pollak: Liest ihre Briefe etappenweise. Über ihre Beiträge in der *Tribuna*. Hat ihre Übersetzung des Aufsatzes von Landauer gelesen. »Schmutzig bin ich Milena, endlos schmutzig, darum mache ich ein solches Geschrei mit der Reinheit.« Hat die frühere Einteilung des Tages wieder eingeführt, um abends schreiben zu können. Geht um 24 Uhr zu Bett. Glaubt, dies ein halbes Jahr lang praktizieren zu müssen, um sich »die Zunge zu lösen«. Sie hatte Fieber.
In der Wiener *Neuen Freien Presse* erscheint erstmals eine von K. aufgegebene Anzeige, in der Milena Pollak Tschechischunterricht anbietet.

26.–27. AUGUST
an Milena Pollak: »Den ganzen Tag war ich mit Deinen Briefen beschäftigt in Qual, in Liebe, in Sorge«, ebenso in der Nacht. Es wäre besser, nicht mehr täglich zu schreiben. Fürchtet um ihre Gesundheit. Sendet das Inserat aus der *Neuen Freien Presse*. Über Brod und den Verlag Topič.

28. AUGUST
an Milena Pollak: »Wurde mir der Liebespfeil in die Schläfen geschossen, statt ins Herz?« Kam zu selbstgewiss nach Gmünd. Sehr positiv über ihre Übersetzung von **Das Urteil**.
an Milena Pollak: Über Kondukteure.
Gustav Janouch holt K. vom Büro ab.

29.–30. AUGUST
an Milena Pollak: Hat ihren letzten Brief als viel zu heiter aufgefasst. Legt einen Aufsatz von Bertrand Russell bei *(Aus dem bolschewistischen Russland)*, der ihn sehr beeindruckt hat.

30. AUGUST
K. bei Dr. Kral, der keine Besserung der Tuberkulose konstatiert und K. empfiehlt, in ein Lungensanatorium in Niederösterreich zu fahren.

31. AUGUST
an Milena Pollak: Sie hat ihn klug charakterisiert. Sein Unglück ist, dass er alle Menschen für gut hält. Glaubt, sie sei sehr unglücklich seinetwegen. Sie hat angedeutet, dass ihre Ehe mit Pollak vor dem Ende steht.

ENDE AUGUST
K. schreibt die Fragmente »*Der grosse Schwimmer!*« (NSF2 254-257) sowie *Zur Frage der Gesetze* (NSF2 270-273).

SEPTEMBER
Max Brod, *Die Fälscher. Schauspiel in vier Akten*, München (Kurt Wolff).

ANFANG SEPTEMBER
K. schreibt *Poseidon* (NSF2 300-302) sowie das Fragment »*Ich sass in der Loge ...*« (NSF2 310-312).
Felix Weltsch, *Gnade und Freiheit. Untersuchungen zum Problem des schöpferischen Willens in Religion und Ethik*, München (Kurt Wolff).

1. SEPTEMBER
an Milena Pollak: Weiß nicht, wie er sich gegenüber Jarmila verhalten soll.
Jarmila Reinerová zum zweiten Mal in K.s Büro, ohne erkennbaren Anlass.
Josef David 29 Jahre alt.

2. SEPTEMBER
an Milena Pollak: Ernst Pollak ist schwer krank; sie streitet mit ihm über Schuldfragen. Über Ernst Weiß und eine Begegnung mit dessen Freundin, der Schauspielerin Rahel Sanzara. Will Jarmila nicht besuchen.
[Otto Pick an K.]: Ernst Weiß ist wieder in Prag.
[Jarmila Reinerová an K.]: Entschuldigt sich dafür, dass sie so lange in K.s Büro war.
K. besucht Brod.

1920 **3. SEPTEMBER**
Am Nachmittag Jarmila in K.s Wohnung. Da K. schläft, behauptet seine Mutter, er sei nicht zu Hause. K. ruft Vlasta Knappová an, die Assistentin von Jan Jesenský. Er trifft sich mit ihr um 18 Uhr, sie fahren in eine Wohnung auf der Kleinseite, wo auch ihr Verlobter Jaroslav Říha am Gespräch teilnimmt. K. schlägt vor, Milenas Vater solle ihr mehr Geld schicken oder ein Abonnement in einem Restaurant bezahlen.
an Milena Pollak: Über Vlasta Knappová.

3.–4. SEPTEMBER
an Milena Pollak: Ausführlich über das Gespräch mit Vlasta Knappová. K. hat Angst vor Jarmila: »Todesengel«.

5. SEPTEMBER
[an Milena Pollak]: (Telegramm) Teilt ihr die Adresse von Hans Janowitz mit, der in Berlin lebt.

5./6. SEPTEMBER
K. bei Jarmila Reinerová.

6. SEPTEMBER
an Milena Pollak: Über eine mögliche Veröffentlichung Brods in der *Tribuna*. K. muss sein Büro jetzt mit einem Kollegen teilen. Hat keine Lust, ins Sanatorium zu gehen.
Janouch 2 Stunden in K.s Büro, geht weinend weg. Längeres Treffen mit Brod, der es ablehnt, etwas in der *Tribuna* zu publizieren, und mit Ewald Felix Přibram. Sie machen Přibram Vorwürfe wegen der psychiatrischen Internierung seines Bruders, unter Berufung auf den Augenzeugenbericht Milenas. K. um 0.30 Uhr zu Hause.

7. SEPTEMBER
an Milena Pollak: Über den Bolschewismus-Aufsatz Russells: »Das was der Verfasser dort aussetzt, ist für mich das höchste auf Erden mögliche Lob.« Über Přibram. Hat die jüdisch-russischen Auswanderer im Jüdischen Rathaus gesehen; wünscht sich, als Kind unter ihnen zu sein.

9. SEPTEMBER

Franz Kafka, ›Z knihy prósy [Aus einem Prosaband]‹: *Der plötzliche Spaziergang, Der Ausflug ins Gebirge, Das Unglück des Junggesellen, Der Kaufmann, Der Nachhauseweg, Die Vorüberlaufenden.* In: *Kmen*, übers. von Milena Jesenská.
[Milena Pollak an K.]: (Telegramm) Sehr ungehalten darüber, dass K. bei Vlasta Knappová um Geldzuwendungen für sie gebeten hat. Offenbar Aufforderung, das »sofort« richtigzustellen.
Der eng mit Brod befreundete Komponist Adolf Schreiber nimmt sich in Berlin das Leben.

10. SEPTEMBER

an Milena Pollak: »Wir müssen jetzt aufhören uns zu schreiben«.
K. fragt bei Jesenský vergeblich nach Vlasta Knappová.
Franz Werfel 30 Jahre alt.

11. SEPTEMBER

K. passt am Morgen Vlasta Knappová vor der Wohnung Jesenskýs ab.
[an Milena Pollak]: (Telegramm) Zum Gespräch mit Vlasta Knappová.
[an Jarmila Reinerová]
Jarmila Reinerová in K.s Büro.

13. SEPTEMBER

[Milena Pollak an K.]: (Telegramm) Ist doch froh über K.s Vermittlungsversuch.

etwa 13. SEPTEMBER
Milena Pollak kehrt nach Wien zurück.

14. SEPTEMBER

an Milena Pollak: Über ihre berechtigten Vorwürfe, die er als Schlag empfindet.

15. SEPTEMBER

an Milena Pollak: »stimmst Du mit mir schon seit langem überein, dass wir einander jetzt nicht mehr schreiben sollen«. »Du sollst mir immer schreiben, wenn es irgendwie nötig wird, aber das ist ja selbstverständlich«. Sie hat auf ihr Inserat keine Rückmeldung

1920 erhalten. Jesenský hat ihr über Vlasta Knappová den Vorschlag gemacht, ihr den Aufenthalt in einem tschech. Sanatorium zu finanzieren. Gibt nochmals ausführlich wieder, wie schonungslos er gegenüber Vlasta Milenas Situation dargestellt hat.

17. SEPTEMBER
»Es gibt nur ein Ziel, keinen Weg. Was wir Weg nennen, ist Zögern.« (*NSF2* 322).
[Milena Pollak an K.]: (Telegramm) Bitte, einen Brief ungeöffnet zurückzusenden.
K. am Abend auf dem Belvedere.

18.–20. SEPTEMBER
an Milena Pollak: »Sollte es nicht gut sein, dass wir einander zu schreiben jetzt aufhören, müsste ich mich entsetzlich irren.« »Diese Briefe, so wie sie sind, helfen zu nichts, als zu quälen«. »... entscheidend ist meine an den Briefen sich steigernde Ohnmacht über die Briefe hinauszukommen«. Sie sagt, sie brauche seine Briefe, ihm aber rauben die Briefe den Schlaf. Schildert sich als schmutziges Waldtier, das sich nur vorübergehend und aus Selbsttäuschung bei ihr zu Hause fühlen konnte.

20. SEPTEMBER
Ernst Weiß beendet seine Tätigkeit in der Chirurgie des Allgemeinen Krankenhauses in Prag und damit seine ärztliche Tätigkeit generell.

etwa 22. SEPTEMBER
an Milena Pollak: Beharrt darauf, den Briefwechsel abzubrechen. Möchte ihr dennoch einen Aufenthalt im Sanatorium finanzieren, mit 1000 K monatlich.
an Milena Pollak: »Die einsame Unvollkommenheit muss man ertragen ... die Unvollkommenheit zu zweit muss man nicht ertragen.« »Liebe ist, dass Du mir das Messer bist, mit dem ich in mir wühle«.

25. SEPTEMBER
an Milena Pollak: Sein Dasein ist ein »unterirdisches Drohen«, aber gerade das hat sie angezogen. Sie hat seinen Abbruch der Korrespondenz verglichen mit seinen früheren Trennungen: »ich kann

doch nur immer der gleiche sein und das gleiche erleben«. Er hat von ihr »Wahrheits-Worte« erfahren, schwebte zu hoch über dem eigenen Boden.
Valli Kafka 30 Jahre alt.

26. SEPTEMBER
Franz Kafka, *Zpráva pro Akademii [Ein Bericht für eine Akademie]*, übers. von Milena Jesenská, in: *Tribuna*.

27. SEPTEMBER
an Milena Pollak: Möchte sie in seinen »Schmutz« nicht hineinziehen, zumal gerade sie ihn bewusster macht. Möchte diese Trennung aber nicht mehr mit früheren vergleichen.

ENDE SEPTEMBER
K. schreibt *Konsolidierung*, *Die Prüfung* und *Der Geier*.

etwa 1. OKTOBER
an Milena Pollak: »Ob ich wusste, dass es vorübergehn wird? Ich wusste, dass es nicht vorübergehn wird.« Will sich nicht mehr über Dritte äußern. Sie soll eine Möglichkeit der Verständigung vorschlagen, bei der sie nicht vergeblich zur Post muss. Traum einer Verschmelzung mit ihr, brennend. Will keine Besucher mehr.

etwa 6. OKTOBER
an Milena Pollak: »Warum Milena schreibst Du von der gemeinsamen Zukunft«. Sie werden niemals zusammenleben. Hat keine Angst vor dem Tod, nur vor Schmerzen. Hat Prospekte der Sanatorien Grimmenstein und Wiener Wald bekommen, die sehr teuer sind. Über ihre Übersetzungen.

vor 10. OKTOBER
Ottla bittet bei Direktor Odstrčil um Urlaub für K., gegen dessen Willen.

10. OKTOBER
Minze Eisner beginnt eine Ausbildung an der Israelitischen Gartenbauschule in Ahlem.

1920 **14. OKTOBER**
K. beim Anstaltsarzt Dr. Kodym, der eine »beidseitige Infiltration der Lungenspitzen« feststellt und einen 3-monatigen Sanatoriumsaufenthalt empfiehlt.

etwa **15. OKTOBER**
an Milena Pollak: Hat nicht mehr erwartet, dass sie schreibt. Im Gegensatz zu ihr glaubt er, »dass wir niemals zusammenleben werden und können«. Über die Sanatorien Grimmenstein und Wiener Wald. Möchte lieber aufs Land fahren oder in Prag ein Handwerk erlernen. Lobend über ihre Übersetzung von ***Der Kaufmann***, kleine Verbesserungen. Sie hat von »Gespensterbriefen« gesprochen. Odstrčil ruft K. in sein Büro und teilt ihm mit, dass die AUVA ihm Krankenurlaub gewährt.

MITTE OKTOBER
K. liest Werfel, *Spiegelmensch*, an nur einem Nachmittag.

19. OKTOBER
K. gibt für Milena über eine Prager Agentur ein Inserat in der *Neuen Freien Presse* auf.

etwa **20. OKTOBER**
an Milena Pollak: Schlechter gesundheitlicher Zustand, will evtl. nach Grimmenstein. Das würde ermöglichen, dass sie sich in Wiener Neustadt regelmäßig treffen. Liest mit Zustimmung ein chinesisches Buch, das »nur vom Tod handelt«.
an Milena Pollak: Sie schreibt, dass sie ihn nicht versteht. Sie solle es Krankheit nennen, wenngleich er diesen Begriff ebenso wie die psychoanalytischen Erklärungen ablehnt. Modell dreier konzentrischer Ringe der Psyche.
[an das Sanatorium in Grimmenstein]: Fragt, ob es auch vegetarische Kost gibt.

21. OKTOBER
Der Verwaltungsausschuss der AUVA bewilligt K. einen 3-monatigen Krankenurlaub.

22. OKTOBER
an Milena Pollak: Sie hat ihm versehentlich einen für Vlasta Knappová bestimmten Brief geschickt. Legt einen Brief von Rudolf Illový bei, der ihm mitteilt, dass seine Frau ein Prosastück K.s übersetzt hat. Husten und Atemnot zwingen K. dazu, ins Sanatorium Grimmenstein zu gehen.

24. OKTOBER
Franz Kafka, ›'Před zákonem *[Vor dem Gesetz]*‹, in: *Právo lidu*, übers. von Milena Illový.

24./25. OKTOBER
an Milena Pollak: Legt eine Zeichnung bei, auf der ein Mann von Stangen zerrissen wird. Fragt, ob sie sich nicht vor ihm fürchtet.

26. OKTOBER
K. um 21.15 Uhr zu Bett. Hustet in der Nacht stundenlang.

27. OKTOBER
an Milena Pollak: Kommt frühestens in 2 Wochen. Hat Hemmungen, mit seinem nächtlichen Husten in ein Sanatorium zu gehen. »Du kennst den, der Dir jetzt schreibt, aus Meran. Dann waren wir eines ... dann sind wir wieder gespalten worden.«

31. OKTOBER
Rudolf Thomas, Rezension u. a. zu Max Brod, *Die Fälscher*, Ludwig Winder, *Kasai*, sowie, als »erfreulichstes« Buch, Franz Kafka, *Ein Landarzt*; in: *Prager Tagblatt*.

NOVEMBER
Max Brod, *Im Kampf um das Judentum*, Wien.

1. NOVEMBER
an Milena Pollak: »Ja, das Foltern ist mir äusserst wichtig«. Sich selbst peitschen, um Herr zu werden. Hat ihr Bücher geschickt, u. a. einen Band von Tschechow, ein Buch über deutsche Orthographie sowie Božena Němcová, *Babička*. Ernst Pollak ist in Prag, K. versichert, ihn nicht zu treffen. Der Krankenurlaub verzögert sich wegen Büroarbeit.

1920 7. NOVEMBER
In der *Neuen Freien Presse* erscheint ein von K. aufgegebenes Inserat, mit dem Milena Pollak Tschechischunterricht anbietet.

8. NOVEMBER
an Milena Pollak: Ausführlich über das verzögerte Inserat. K. im Mozarteum bei einer Lesung von Albert Ehrenstein: u. a. aus *Bericht aus einem Tollhaus* und aus seiner Polemik *Karl Kraus*. Danach vermutlich kurzes Gespräch mit ihm.

etwa 12. NOVEMBER
an Milena Pollak: Auf einen Vorwurf: »ich bin so aufrichtig, als es die ›Gefängnisordnung‹ erlaubt«. Er ist der westjüdischste aller Westjuden, was bedeutet, »dass mir keine ruhige Sekunde geschenkt ist ... alles muss erworben werden«. Das ist aber mit individuellen Kräften unmöglich.» ... ich kann nur still sein, ich kann nichts anderes wollen, ich will auch nichts anderes.« Wie wenn man sich zu jedem Spaziergang das gesamte Zubehör selbst herstellen müsste.

16.–19. NOVEMBER
Antisemitische Ausschreitungen in Prag. Das Archiv im jüdischen Rathaus wird verwüstet. Antideutsche Demonstrationen.

17. NOVEMBER
Kurt Wolff Verlag an K.: Honorarabrechnung Mitte 1919 bis Mitte 1920. K. erhält 765 M.

etwa 18. NOVEMBER
an Milena Pollak: Will nach Grimmenstein. »Die ganzen Nachmittage bin ich jetzt auf den Gassen und bade im Judenhass.« Man sollte weggehen, wo man derart gehasst wird. » ... die widerliche Schande, immerfort unter Schutz zu leben«. Ottla will nach Wien mitkommen. Ausführlich über Ehrenstein, der an Milena schrieb, welchen Eindruck er von K. hatte. Ehrensteins Trost ohne Substanz.» ... die gemeinsame Möglichkeit, die wir in Wien zu haben glaubten, haben wir nicht«.

vor 19. NOVEMBER
[an die Landesregierung in Wien]: Bitte um Aufenthaltsbewilligung.

26. NOVEMBER
an Milena Pollak: Seine Briefe sind aufrichtig, versuchen aber, etwas mitzuteilen, »was ich in den Knochen habe und was nur in diesen Knochen erlebt werden kann«, vor allem Angst. »An mir zerschlagen«, schrieb sie. »Lüge ist entsetzlich, ärgere geistige Qualen gibt es nicht. Darum bitte ich Dich: lass mich still sein«. Hat Zeitschriften und ein Buch von Čapek geschickt.

ENDE NOVEMBER
an Minze Eisner: Erfreut über ihre landwirtschaftliche Ausbildung in Ahlem. Möchte Genaueres wissen. Über ihre Lektüre. Empfiehlt die von Heilmann hrsg. *Chinesische Lyrik* und Lilly Braun, *Memoiren einer Sozialistin.*

DEZEMBER
Franz Kafka, **Ein Brudermord**, in: *Die Entfaltung. Novellen* an die *Zeit,* hrsg. von Max Krell, Berlin (Rowohlt). K. schreibt **Der Kreisel** (*NSF2* 361 f.); danach gibt er die literarische Arbeit vorläufig auf.

ANFANG DEZEMBER
Brod beschwert sich beim Kurt Wolff Verlag, für seine Bücher werde zu wenig getan.

1. DEZEMBER
Nach einer schlaflosen Nacht beschließt K., nicht nach Grimmenstein und somit auch nicht nach Wien zu fahren.

nach 1. DEZEMBER
Brod fährt für ~2 Wochen nach Berlin.

2. DEZEMBER
an Milena Pollak: Sagt das Treffen in Wien ab. »Ich kann Dir und niemandem begreiflich machen, wie es in mir ist.« »im Umkreis um mich ist es unmöglich menschlich zu leben«.

1920 **13. DEZEMBER**
an Max Brod: Er wird nicht nach Grimmenstein, sondern nach Tatranské Matliary fahren. Glückwunsch zum Erfolg in Königsberg.
AUVA an K.: Mitteilung des Beschlusses, K. ab 20. Dez. einen 3-monatigen Krankenurlaub zu gewähren.

17. DEZEMBER
Lesung Max Brods im Rowohlt Verlag, Berlin, vor ~ 40 geladenen Gästen.

18. DEZEMBER
→ TATRANSKÉ MATLIARY
K. kommt spätabends an, bekommt zunächst ein unzulängliches Zimmer in einem Nebengebäude. Nach ergebnislosem Gespräch mit der Besitzerin beschließt er, am nächsten Tag abzureisen. Dann übersiedelt er jedoch in das für Ottla vorbereitete bessere Zimmer. Abendessen im Hauptgebäude.

etwa **21. DEZEMBER**
an Ottla Davidová: Bericht über Reise und Ankunft. Beschreibung des Sanatoriums, der Ernährung und der ärztlichen Versorgung. Falls der Vater vorhat, ihn zu besuchen, soll er das Frühjahr abwarten.

vor **27. DEZEMBER**
[an Hermann und Julie Kafka]: (3 Karten)

27. DEZEMBER
Max Brod an K.: Rowohlt möchte auch K. einladen und verlegen. Felice Bauer hat sich bei Sophie Friedmann (geb. Brod) »sehr freundlich« nach K. erkundigt. K. soll ausführlich über das Sanatorium schreiben. Beeindruckt vom Lebenstempo Berlins, hat dort wieder eine Affäre begonnen. »Dir ist, wenn ich dich recht verstehe, das Körperliche der Frau etwas Unheimliches. Mir die eigentliche Heimat«.

31. DEZEMBER
an Max Brod: Bedauert, dass Brod Felice Bauer nicht gesehen hat.

»Ich habe für F. die Liebe eines unglücklichen Feldherrn zu der Stadt die er nicht erobern konnte«. Wäre gern nach Berlin übersiedelt. Positiv über das Sanatorium, ironisch über den Arzt. Hat in der 1. Woche 1,6 kg zugenommen. Viele Juden; mit einem Ostjuden hat K. Bekanntschaft geschlossen.
an Siegmund Kaznelson: (Karte) Glückwunsch zur Hochzeit mit Lise Weltsch.

ENDE DEZEMBER
[an Milena Pollak]
an Minze Eisner: (Karte) Sie wird die Gartenbauschule Ahlem verlassen müssen, da dort die Ausbildung von Mädchen eingestellt wird.

1921

Der *Literarische Jahresbericht des Dürerbundes 1920–21* bezeichnet *In der Strafkolonie* als »langweilig«.

JANUAR
[an Milena Pollak]: »Nicht schreiben und verhindern, dass wir zusammenkommen ... alles andere zerstört weiter.«
Milena Pollak an Max Brod: Verzweifelt. Will wissen, ob sie Schuld an K.s Zustand trägt.
K. bekommt von Otto Pick den Band *Die Litanei vom schreienden Christus* von Charles Péguy, mit Widmung.

etwa 3. JANUAR
[an Max Brod]

6. JANUAR
Max Brod an K.: Beschwört ihn, in ein besseres Sanatorium zu übersiedeln und den Rat der besten Ärzte zu suchen, denn es gehe »um Leben und Tod«. Über seine Beziehung zu der Berliner Hotelangestellten Emmy Salveter (*1900, späterer Künstlername: Änne Markgraf).

13. JANUAR
an Max Brod: Lärmempfindlichkeit. Verteidigt dennoch das Sanatorium in Matliary, wo er sich bestens versorgt fühlt. Plant, seinen Krankenurlaub bis Herbst auszudehnen; die Gefahr eines langen Siechtums ist ihm bewusst. Über Brods Beziehung zu Frauen:

»Du willst das Unmögliche, mir ist das Mögliche unmöglich.«
Skeptisch über Brods Beziehung zu Emmy Salveter; fragt, ob er
sie ernst nimmt. Versucht, seine Angst zu erklären.

MITTE JANUAR
Christian von Ehrenfels an K.: Einladung zu einem Vortrag in der Urania am 21. Jan. Mit ausführlichem Begleitschreiben, in dem Ehrenfels den Freunden seine jahrelangen Depressionen erläutert.

19. JANUAR
Max Brod an K.: Emmy Salveter will sich der Musik zuwenden, wird von Brod darin unterstützt. »Die Welt bedeutet mir nur durch das Medium der Frau irgendetwas.« Versteht K.s Angst vor der Liebe nicht. Literarischer Misserfolg. Angebote an Brod, entweder als Musikreferent der *Prager Presse* oder als Beamter für das Ministerratspräsidium zu arbeiten; tendiert zu Letzterem.

20. JANUAR (?)
an Ottla Davidová: Formuliert einen Brief an Ostrčil, den Josef David in »klassisches Tschechisch« übersetzen soll und in dem er über seinen gesundheitlichen Zustand berichtet.
[Milena Pollak an K.]: Abschiedsbrief.

21. JANUAR
K.s Tante Julie Ehrmann aus Strakonitz stirbt.

26./27. JANUAR
an Josef David: (tschech.) Dank für die Übersetzung des Briefs an Ostrčil, will noch kleine Fehler einbauen, damit er glaubwürdiger wird. Über lärmende Soldaten.
[an Hermann und Julie Kafka]

27. JANUAR
an Bedřich Odstrčil (AUVA): (tschech.) Gesundheitlicher Zustand: weniger Fieber, Husten leichter, doch noch immer Atemnot. Kündigt Übersiedelung nach Nový Smokovec an, rechnet mit langem Aufenthalt.

1921 **28. JANUAR**
an Max Brod: (am 15. Jan. begonnen) K. wird übel im Zimmer eines Kranken, der ihm vorführt, wie Geschwüre auf dem Kehlkopf zu behandeln sind.»... schlimmer als eine Hinrichtung ja selbst als eine Folterung«. Über sein »Vollkommenheitsstreben«; definiert erneut seine Angst, »die Last eines fremden Menschen« nicht tragen zu können. Hat einen Abszess am Rücken. Widerwillen gegenüber antisemitischer Tischnachbarin. Brod soll die Stellung bei der *Prager Presse* ablehnen, da politisch zu verpflichtend.

30. JANUAR
K.s Onkel Rudolf Löwy stirbt knapp 60-jährig in Prag.

ENDE JANUAR
K. hat Fieber. Tagelanger Schneesturm. Der junge Mediziner Robert Klopstock (*1899), Jude aus Ungarn, kommt als Patient ins Sanatorium Matliary.

JANUAR/FEBRUAR
Milena Pollak an Max Brod: Über die 4 Tage in Wien, in denen K. gesund und ohne Angst war. Sie fürchtete die Askese, die sie an der Seite K.s erwartete. Fühlt sich schuldig, hält K. für den »einzig reinen Menschen«. Ist krank und einsam, fragt noch immer täglich nach Post. Bittet Brod, ein Vorwort zu schreiben zu ihren Übersetzungen K.s, die als Buch erscheinen sollen.

1.–2. FEBRUAR
an Max Brod: War erkältet und bettlägerig. Charakterisiert Robert Klopstock: »antizionistisch, Jesus und Dostojewski sind seine Führer«. Brod soll nicht wegen eines Kurzbesuchs die Reise nach Matliary machen. Neugier auf die kabbalistischen Werke, die Brod gelesen hat.

2.–3. FEBRUAR
an Ottla Davidová: Erstmals wieder schönes Wetter, K. ist auf den Beinen. War anfangs viel allein. Ottlas Rat, sich von Frauen fernzuhalten. Etwas positiver über das antisemitische Fräulein. Hat Sardellen gegessen, mit schlechtem Gewissen. »Man nimmt die Krank-

heit ernster«, wenn man mit Kranken beisammen ist. Glaubt nicht an Ansteckung. Über eine naive Patientin, über Arthur Szinay (aus Kaschau) und über Klopstock, für den Ottla Bücher schicken soll, u. a. Kierkegaards *Furcht und Zittern* und eine biographische Studie zu Dostojewski.

4. FEBRUAR
Brod reist von München nach Berlin.

5. FEBRUAR
Stephan Hartenstein an K.: Bittet um einen Beitrag für die Zeitschrift *Renaissance.*

vor 10. FEBRUAR
[Ottla Davidová an K.]: Inhaltsverzeichnis der *Neuen Rundschau.*

14. FEBRUAR
Vortrag von Oskar Baum, ›Der Verfall der Erotik und des jüdischen Wesens‹ (über Otto Weininger), im Prager Uraniasaal.

18. FEBRUAR
Brod zurück in Prag.
Ausführliche Besprechung von Baums Weininger-Vortrag in der *Selbstwehr.*

20. FEBRUAR
an Minze Eisner: (vermutlich am 3. Feb. begonnen) Sie hat die Ausbildung in Ahlem abgebrochen und eine Stellung in einer Gärtnerei angenommen.
Felix Weltsch mietet in Schelesen eine Wohnung für den Sommer.

21. FEBRUAR
Max Brod an K.: (fragmentarisch überliefert) Schwierige Ehe von Weltsch. Empfiehlt eine Wundersalbe gegen Abszesse. Kann nicht nach Matliary kommen, da er am 1. März eine neue Stelle antritt. Hat Emmy Salveter in Berlin eine Wohnung beschafft. Ein weiteres, offenbar unangenehm verlaufenes sexuelles Abenteuer in Berlin.

1921 **1. MÄRZ**
Max Brod tritt eine Stelle im Pressedepartement der Regierung an.

4. MÄRZ
an Josef David: (Ansichtskarte) Ein Scherz: Hat sich an einem Skirennen beteiligt.
[an Josef David]: (Ansichtskarte)

5./6. MÄRZ
an Max Brod: Kommt in 2 Wochen nach Prag, würde jedoch gerne noch bleiben. Spricht erstmals davon, dass es ihm gesundheitlich sehr schlechtgeht und er nicht mehr an Heilung glaubt. Zwingt sich dazu, Fleisch zu essen.

6./7. MÄRZ
an Max Brod: Versucht, den gestrigen Brief zu relativieren. Hat schmerzhafte Hämorrhoiden, die er auf die Fleischspeisen zurückführt.

9. MÄRZ
an Ottla Davidová: Sendet Fotos und gezeichnete Porträts. Ottla hat vorgeschlagen, er solle kündigen und nach Palästina auswandern; das »sind Träume«. Dr. Strelinger hat dringend empfohlen, K. solle bleiben. K. fürchtet, in Prag andere anzustecken, hat aber keine Lust, bei der AUVA weitere Bitten vorzutragen.
Max Brod an K.: Hat K.s Brief Dr. Kral gezeigt, der dringend eine Tuberkulinbehandlung und das Sanatorium in Pleš empfiehlt.
Rezitationen von Ludwig Hardt im Meistersaal, Berlin: Börne, Walser, Heym, Liliencron, Maupassant, Morgenstern, Heine, Scheerbart sowie 3 Prosastücke von K., u. a. *Elf Söhne*.

10. MÄRZ
Lobende Besprechung zum Vortragsabend von Hardt, in: *Vossische Zeitung*. K.s *Elf Söhne* »der stärkste Eindruck des Abends«.

11. MÄRZ
Max Brod an K.: Zitiert die Besprechung aus der *Vossischen Zeitung*. Dr. Strelinger erstellt ein ärztliches Gutachten über K.: »wesentliche

Besserung«, jedoch »noch immer beträchtlicher Lungenbefund«.
Daher Empfehlung, die Kur noch 5–6 Monate fortzusetzen.

11. MÄRZ (?)
an Max Brod: (Eilbrief) Will die Kur nun doch fortsetzen, da sowohl Dr. Strelinger als auch die Eltern ihm dazu raten und da Husten und Atemnot schlimmer sind denn je. Fürchtet, in Prag andere anzustecken. Will in das noch höher gelegene Polianka. Bittet Brod, mit Dr. Strelingers Gutachten zu Ostrčil zu gehen, der weitere 2 Monate Urlaub genehmigen soll, auch mit vermindertem Gehalt. Charakterisiert Ostrčil.

12. MÄRZ
Ottla im Büro von Ostrčil; sie erwirkt die Verlängerung von K.s Urlaub um 2 Monate bei vollem Gehalt. K. soll Gesuch und ärztliches Gutachten nachreichen.
[Ottla Davidová an K.]: (Telegramm)

12./13. MÄRZ
an Hermann und Julie Kafka: Kommt nicht nach Prag, will sich im Sanatorium Polianka untersuchen lassen. Braucht bald leichtere Kleidung.
[Ottla Davidová an K.]: Bericht über ihr Gespräch mit Ostrčil, der für eine weitere Kur Südafrika vorgeschlagen hat.

13. MÄRZ
Brod bei den Eltern K.s. Er erfährt, dass Ottla bereits bei Ostrčil war.

14. MÄRZ
Max Brod an K.: K.s Mutter glücklich über die Verlängerung der Kur. K. soll sich endlich Spezialisten anvertrauen.

15./16. MÄRZ
an Ottla Davidová: Legt das Gesuch an die AUVA sowie eine Abschrift vom Gutachten Dr. Strelingers bei. Klopstock bietet ein »dämonisches Schauspiel«. Die Ärzte widersprechen einander, K. ist trotzdem bereit, in ein Lungensanatorium zu gehen. »Qual des Fleischessens«.

1921 16. MÄRZ
an die AUVA: (tschech.) Bittet um weitere 2 Monate Urlaub, da Rückkehr nach Prag »gefährlich«.

vor 20. MÄRZ
[Minze Eisner an K.]: Hat allmorgendlich leichtes Fieber.
[Minze Eisner an K.]

etwa 20. MÄRZ
[an Hermann und Julie Kafka]: (Karte)

20. MÄRZ
Heirat von Willy Haas und Jarmila Reinerová, geb. Ambrožová, in Berlin.

22. MÄRZ
Brod mit Emmy Salveter in Halle; sie fahren 21.45 Uhr nach Leipzig. Der folgende Zug 1 Stunde später wird von Kommunisten zum Entgleisen gebracht.

23. MÄRZ
Julie Kafka 65 Jahre alt.

25. MÄRZ
AUVA an K.: Verlängerung des Krankenurlaubs um 2 Monate bestätigt.

26. MÄRZ
an Minze Eisner: (begonnen am 7. März) Lehnt es ab, sie in Travemünde zu treffen. Dämmerzustand, liest kaum etwas.

27. MÄRZ
Geburt von Věrá, des ersten Kindes von Ottla und Josef David.

nach 27. MÄRZ
[Julie Kafka an K.]: Mitteilung der Geburt Věrás.

28. MÄRZ
1. Ausgabe der *Prager Presse*.

etwa **28. MÄRZ**
[an Gustav Janouch]

29. MÄRZ
Gustav Janouch 18 Jahre alt.

31. MÄRZ
an Max Brod: (Karte) Darmprobleme, vielleicht vom Fleisch.

ENDE MÄRZ
K. leidet unter Darmkatarrh mit Fieber bis 40 °C.

APRIL
Otto Erich Hesse, Besprechung von *In der Strafkolonie*, in: *Zeitschrift für Bücherfreunde*, Leipzig.»... kann nur Ekel erzeugen«.
Max Brod, *Adolf Schreiber. Ein Musikerschicksal*, Berlin.
Oskar Baum, *Die neue Wirklichkeit*. Roman, Reichenberg (Heris-Verlag).

ANFANG APRIL
Brod sendet K. ein Ex. seines neuen Buchs *Adolf Schreiber*.

1. APRIL
In der *Lidové Noviny* (Brünn) erscheint als Aprilscherz ein Artikel über Sanatoriumsschiffe, auf denen Tuberkulose-Patienten nach dem Einsteinschen Relativitätsprinzip zunehmen sollen. Dr. Strelinger lässt sich den Artikel von K. übersetzen.

3. APRIL
Franz Kafka, *Auf der Galerie*, in: *Prager Presse*.
an Bedřich Odstrčil (AUVA): Dank für Bewilligung des Urlaubs.
Erkennt erst jetzt die Bedeutung der Tbc.
Max Brod an K.: Hat erstmals seit 4 Jahren einen erzählenden Text begonnen (vermutlich *Franzi*). »Ich habe ganz richtige Sehnsucht nach dir.« Glücklich mit Emmy, die jetzt in Leipzig lebt; der Aus-

1921 flug nach Halle. Sehr zufrieden mit der neuen Stellung, die ihm volle Freiheit lässt. »Fast sicher« gebe es ein »Ämtchen« für K. beim *Prager Abendblatt*.

etwa 6. APRIL
[an Gustav Janouch]

etwa 6.–14. APRIL
an Max Brod: Fühlt sich angesichts der Nachrichten von den Freunden, als habe er die Schwelle zum Mannesalter noch gar nicht überschritten. Selbstmord des tschech. Patienten mit Kehlkopftuberkulose. Wünscht sich nur Gesundheit, »ein fremdes, südliches Land«, »es muss nicht Palästina sein«, sowie »ein kleines Handwerk«.

15. APRIL (?)
[Milena Pollak an K.]: Sie ist lungenkrank, wird nach Prag fahren und bei ihrem Vater wohnen. Dessen Vorschlag einer Kur in der Tatra hat sie abgelehnt. Bittet um Nachricht, verspricht, darauf nicht zu antworten.

15.–16. APRIL (?)
an Max Brod: Enthusiastisch über Brods Buch *Adolf Schreiber*, das er mehrmals gelesen und dann verliehen hat. Milenas Brief. Brod soll K. verständigen, wenn sie in Prag ist oder doch in die Tatra fährt, damit er ihr aus dem Weg gehen kann. Er deutet seine Angst als »Erkrankung des Instinkts, eine Blüte der Zeit«. Hat viele Mädchen begehrt, aber niemals die, mit denen er leben wollte. Milena »ist mir unerreichbar, damit muss ich mich abfinden«.

16. APRIL
Max Brod an K.: Misstrauen gegen K.s »Abhärtungswahn, der Dir sicher am meisten geschadet hat«. Er soll das Sanatorium wechseln. Hat K. auf einem Gruppenfoto gesehen. »Es ist doch gewiss diese erste Zeit nicht so entscheidend, wie Freud und Du es immer darstellen.« Legt seinen Artikel über Racine und einen Brief Kurt Wolffs bei.

etwa 18. APRIL
[an Milena Pollak]

22. APRIL
Minze Eisner 20 Jahre alt.

23. APRIL
Franz Kafka, *Aus Matlárháza,* in: *Karpathen-Post.* Über die Aquarell-Ausstellung eines tschechischen Offiziers.

etwa 25. APRIL
an Ottla Davidová: Bitte um Briefmarken für einen Sammler. Legt den Artikel aus der *Lidové Noviny* über Sanatoriumsschiffe bei, sie solle ihn Josef David zur Beurteilung vorlegen. Braucht weitere Verlängerung des Urlaubs, der am 20. Mai abläuft, bittet um Rat.»... das Bureau hat die Krankheit aufgehalten«. Über den Hauptmann und Hobbymaler Anton Holub, zu dessen Ausstellung K. und Klopstock nicht ganz ernst gemeinte Beprechungen veröffentlichen.
an Max Brod: Beschreibt Klopstock, der kaum Symptome der Tbc zeigt, als »geradezu schön«. Fragt nach möglicher Unterstützung für Klopstock in Prag, evtl. auch tschech. Staatsbürgerschaft. Bitte, einen beiligenden Brief Klopstocks an seinen Bruder in Russland zu befördern. Gesundheitlicher Zustand aufgrund des Wetters gebessert. Gegen Tuberkulin. Es gibt eigentlich nur eine Krankheit, die von der Medizin »blindlings gejagt« wird.

etwa 27. APRIL
an Oskar Baum: K. isst mittags und abends auf seinem Zimmer. Ungarische Mädchen. Den von Baum zugesandten Roman *Die neue Wirklichkeit* hat K. zunächst an eine Patientin verliehen.

27. APRIL
Max Brod an K.: Milena Pollak hat einen Besuch bei ihm angekündigt. K. soll sich gegenüber Brod aussprechen, falls er sich »irgendeine Heilkraft« davon verspricht. Baum ist Musikkritiker der *Prager Presse.* Tätlichkeiten in der Ehe von Weltsch.

1921 MAI
[an Jakob Hegner]: Bittet darum, Klopstock in seiner Druckerei in Hellerau zu beschäftigen.
Oskar Baum, *Die neue Wirklichkeit,* Roman, Reichenberg.

ANFANG MAI
K. übersiedelt ins Nebenzimmer, das einen Balkon hat.

5. MAI
Ärztliches Gutachten von Dr. Strelinger, der weitere 5 Monate Kur empfiehlt.

vor 6. MAI
[Julie Kafka an K.]: Erwartungsvoll über die von der *Lidové Noviny* angekündigten Sanatoriumsschiffe.

6. MAI
an Ottla Davidová: Sie ist ebenfalls auf den Aprilscherz der *Lidové Noviny* hereingefallen. Ihren Vorschlag einer gemeinsamen Sommerfrische lehnt K. wegen Ansteckungsgefahr ab. Ottla leidet beim Stillen unter Věrás Unersättlichkeit. Legt das ärztliche Gutachten sowie den Brief an die AUVA bei. Ottla soll um Verlängerung von K.s Urlaub bitten, notfalls mit halbem Gehalt.
an die AUVA: Bittet um Verlängerung des Krankenurlaubs, legt Gutachten Dr. Strelingers bei.

7. MAI
Max Brod an K.: Milena war noch nicht in Prag.

etwa 9. MAI
Ottla bei Direktor Ostrčil, bittet um Urlaubsverlängerung für K.

etwa 10. MAI
an Max Brod: Er soll über K. gegenüber Milena »wie über einen Toten« sprechen. Glaubt nicht mehr, gesund zu werden. Langwieriger Abszess.» ... kein Mädchen hält mich hier«.»Merkwürdig wie wenig Scharfblick Frauen haben«. Verkehrt mit den anderen Patienten meist über Vermittlung Klopstocks. Fragen zu Baum und Weltsch.

12. MAI
Dr. Kodym empfiehlt, K. solle die Kur fortsetzen, »bis eine spürbare Besserung eintritt«.

13. MAI
AUVA an K.: Verlängerung von K.s Urlaub um weitere 3 Monate (bis 20. Aug.).

14. MAI
Max Brod an K.: Legt eigene Kritiken bei sowie einen Artikel von Baum. Über die *Prager Presse.* »Felice hat eine Tochter.« K. würde er weitaus lieber vorlesen als den anderen Freunden. Mögliche Unterstützung für Klopstock in Prag.

18. MAI
an Bedřich Odstrčil (AUVA): Dank für Urlaubsverlängerung. Besserung der Gesundheit, K. ist fieberfrei.

20. MAI
Max Brod an K.: (Karte) Milena ist in Prag. Mit Unterschrift von Weltsch und Langer.

21. MAI
an Ottla Davidová: Dank für ihren erfolgreichen Bittgang bei Ostrčil. Glaubt, Urlaub zu bekommen, weil er ohnehin entbehrlich ist. »Ich weiss ... nicht, wie ich von hier loskommen soll, wenn Du mich nicht abholst.«

23. MAI
Brod sendet K. die *Prager Presse* und Zeitungsausschnitte.

24. MAI
Max Brod an K.: Milena war bei Brod, sie ist mit ihrem Vater fast versöhnt, wohnt bei ihm. Sie sagt, K. habe ihr unfreundlich geantwortet. Alle Jüdinnen seien »unglücklich, unglückbringend, todgeweiht«; sie hasse auch Elsa Brod »instinktiv«. Abneigung Brods gegen diese Schroffheit.

1921   25. MAI
Elsa Brod für 5 Wochen in Franzensbad.

27. MAI
Max Brod 37 Jahre alt.

27. MAI (?)
an Max Brod: Zerrüttet durch Lärm und andere Störungen. Versteht Milenas Versöhnung mit dem Vater nicht.

28. MAI
Weiteres Treffen zwischen Brod und Milena Pollak.
[Max Brod an K.]: (Telegramm) Milena fährt zur Kur nicht in die Tatra, sondern in den Böhmerwald.

31. MAI
Max Brod an K.: (Karte) Empfiehlt Ortswechsel.

JUNI
K. liest Swift, *Gullivers Reisen.*

ANFANG JUNI?
an Elli Hermann: Enttäuscht darüber, dass sie ihren 10-jährigen Sohn Felix nicht nach Hellerau schicken will. Er sei keineswegs zu jung, es wäre gut, wenn er aus dem jüdischen Milieu von Prag wegkäme.

etwa 1. JUNI
an Hermann und Julie Kafka: (Karte nach Franzensbad) Fotokarte mit Gruppenaufnahme aus dem Sanatorium Matliary.

5. JUNI
an Felix Weltsch: (Karte) Weltsch hat sich über »Mauern des Nichtschreibens beklagt«. Dr. Strelinger ist neuer Abonnent der *Selbstwehr.*

6. JUNI
an Max Brod: (begonnen vermutlich 28. Mai) Milenas Urteile sind harsch, aber revidierbar. Elsa Brods Bewunderung für ihren Mann

erscheint Milena zu demütig. Ähnlichkeit zwischen Elsa und K. in der Vereinsamung. Hat eine ruhige Waldwiese gefunden. Hat von Brods Schwester Sophie eine Salbe bekommen. Die Lächerlichkeit von Frauengeschichten.

12. JUNI
Max Brod an K.: Schlägt K. gemeinsamen Urlaub an der Ostsee vor, in Begleitung von Emmy Salveter. Ottla solle daher besser nicht mitkommen. Ist glücklich in der Vorfreude. Verteidigt die Freundschaften seiner Frau. 20 Kap. von *Franzi* sind fertig. Legt einen Fragebogen zu K.s Gesundheit bei.

MITTE JUNI?
an Ottla und Josef David: »... so viel Ruhe, als ich brauche, gibt es auf der Welt nicht«. Matliary ist überfüllt, in der Liegehalle jedoch ist Ruhe; K. würde gern auf ewig bleiben. Verschiedene Bedenken gegen gemeinsame Ferien im Böhmerwald, u. a. die Nähe Milenas. »... die Anstalt ist mir (bis auf ihr Geld) ferner als der Mond«. Maximale Gewichtszunahme 8 kg. Dank an Josef David für Ansichtskarten aus Paris.

nach MITTE JUNI
an Elli Hermann: Über sexuelle Aufklärung und religiöse Erziehung. Auch Elli ist der Meinung, dass Felix aus dem Prager jüdischen Milieu hinaus muss, fürchtet aber, dass er sich ihr in Hellerau entfremden wird. K. zitiert Swift: Die Erziehung sollte nicht den Eltern anvertraut werden. Drängt sie, die Schule in Hellerau bald zu besichtigen.

etwa 20. JUNI
an Robert Klopstock: (in Igló) Ausführliche Reflexionen über die Figur des Abraham. »Ein anderer Abraham«, der nicht glauben kann, dass er »gemeint« ist. Jakob Hegner antwortet nicht.

etwa 30. JUNI
an Max Brod: Wäre gern mit an die Ostsee gefahren, der Arzt ist jedoch dagegen. Kranksein ist »schmutzig«. War in einem 1300 m hoch gelegenen Gasthof, wollte dorthin evtl. übersiedeln. Baums

1921   Artikel sind »mangelhaft«. Ausführlich über das »Mauscheln« und die deutsch-jüdische Literatur (»eine Zigeunerlitteratur«), anlässlich von Kraus' *Literatur oder Man wird doch da sehn*. Legt den von Brod zugesandten Fragebogen bei, mit Angaben zur körperlichen Verfassung, »im allgemeinen fieberfrei«, Atmung »nicht gut, an kalten Abenden fast wie im Winter«.

JULI
Ottla und Josef David in Taus (Domažlice) im Böhmerwald.
Max Brod, *Heidentum, Christentum, Judentum. Ein Bekenntnisbuch*, München. Brod sendet ein Ex. an K., mit Widmung.

etwa 1. JULI
Elsa Brod zurück aus Franzensbad.

2. JULI
Brod bei Ottla.

3. JULI
Kafka 38 Jahre alt.

4. JULI
Max Brod an K.: Rät ihm, sich vom Anstaltsarzt untersuchen zu lassen, um Odstrčil zu entlasten. Hat noch immer Hoffnung, dass K. mit an die Ostsee kommt. Hat Kraus' *Literatur* noch nicht gelesen, fragt, ob er selbst darin vorkommt. Kein Kommenar zu K.s langen Ausführungen zur deutsch-jüdischen Literatur. Redigiert die *Selbstwehr*, in Vertretung von Weltsch. Nervös wegen Emmy Salveter: »Ich habe zuviel auf diese eine Karte gesetzt«.

13. JULI
Brod fährt mit Emmy Salveter für ~ 3 Wochen nach Dahme an der Ostsee.

28. JULI
an Ottla Davidová: (Karte) Will pünktlich im Büro zurück sein. Weitere gesundheitliche Besserung unwahrscheinlich. Abszess am Bein.

1. AUGUST
Ludwig Hardt bei Thomas Mann. Er liest ihm Prosa von K. vor, von dem Mann bisher noch nicht gehört hatte.

8. AUGUST
an Ottla Davidová: (Ansichtskarte nach Domažlice) Sie hat Fotos geschickt.
K. macht mit anderen Gästen des Sanatoriums einen Ausflug nach Vysoké Tatry.

10. AUGUST
Milena Jesenská 25 Jahre alt.

13. AUGUST (?)
an Elli Hermann: Sie wundert sich, dass K. so energisch ist. Geiz, Verzweiflung und Hoffnungslosigkeit sind typisch für das »Milieu«. »... teoretisch verstehe ich gar nicht, wie es Menschen ohne Kinder geben kann«. Felix ist bereits durch andere Jungen aufgeklärt worden. Erneut über sexuelle Aufklärung, auch über K.s eigene. Die Gefahr der Langeweile, die in Hellerau gebannt würde. Erläutert ausführlich die ihm sympathische Position Swifts zur Erziehung. »Unterschied zwischen wirklicher Erziehung und Familienerziehung«. »Der Eigennutz der Eltern ... kennt ja keine Grenzen.«

14. AUGUST
K. erwacht mit Fieber. An den folgenden Tagen Fieber und anhaltender Husten.

16. AUGUST
an Bedřich Odstrčil (AUVA): (tschech.) Wird wegen des Fiebers nicht, wie geplant, am 19. nach Prag fahren können. Verlust an Körpergewicht. Dr. Strelinger findet K.s Lunge »in gutem Zustand«.

etwa 18. AUGUST
Josef David bringt K.s Brief zu Jindřich Valenta.
[Josef David an K.]: Bietet an, ihn in Matliary abzuholen.

1921 19. AUGUST
Max Brod an K.: Hat von K.s Vater erfahren, dass K. nicht reisefähig ist. Begeistert von Emmy. Fragt, ob K. mit zum Zionistenkongress fährt.

22./23. AUGUST
an Josef David: (tschech.) Dank für Davids Gang in die AUVA. Kann allein nach Prag fahren.

23. AUGUST
an Max Brod: (Karte) Lag fast eine Woche mit Fieber im Bett; der Husten dauert an.

25. AUGUST
Dr. Strelinger konstatiert eine bedeutende Besserung von K.s Lungenerkrankung.

vor 26. AUGUST
an Rudolf Löwy: (Karte) »Herzliche Grüsse vor baldigem Wiedersehn.« (Der Empfänger ist bereits am 30. Januar verstorben.)
[Minze Eisner an K.]: Kündigt Besuch in Prag an.
[Minze Eisner an K.]

26. AUGUST
→ PRAG
K. reist allein, Robert Klopstock bleibt in Tatranské Matliary.

26. AUGUST (?)
[an Robert Klopstock]: (Karte)

27. AUGUST (?)
an Robert Klopstock: Die Fahrt nach Prag im überfüllten Zug. Hat verwandtschaftliche Verbindung zu dem Internisten Prof. Egmont Münzer, bei dem Klopstock ›Spitalgehilfe‹ werden möchte.

27./28. AUGUST
an Minze Eisner: Bitte, von ihrem Besuch nicht überrascht zu werden.

29. AUGUST
K. wieder im Büro.

30. AUGUST
an Hugo Georg Klopstock: (Telegramm nach Moskau) Im Auftrag von Klopstock warnt K. dessen Bruder vor einer Rückkehr nach Ungarn.

31. AUGUST
Brod reist als Delegierter zum Zionistenkongress nach Karlsbad. Er trifft dort Emmy Salveter.

SEPTEMBER
Max Brod, *Das Buch der Liebe.* Gedichte, München.

ANFANG SEPTEMBER
[Minze Eisner an K.]: Kündigt ihren Besuch für Mitte September an.
[Gustav Janouch an K.]: Kündigt Besuch in Prag an.

1. SEPTEMBER
Josef David 30 Jahre alt.

etwa 2. SEPTEMBER
an Robert Klopstock: Brod wird in Karlsbad die Frage der ungarischen Juden ansprechen, die noch in Russland leben. Bei Hegner in Hellerau für Klopstock keine Aussicht auf Arbeit. K. fühlt sich geschwächt und muss nachmittags im Bett bleiben. Liest in Flauberts Tagebüchern.

etwa 4. SEPTEMBER
an Minze Eisner: Ihr Besuch willkommen. K. will in wenigen Wochen Prag wieder verlassen.

5. SEPTEMBER
Brod zurück in Prag.

vor 7. SEPTEMBER
[an Robert Klopstock]: (Karte)

1921 **7. SEPTEMBER**
Ernst Weiß besucht K.
an Robert Klopstock: (Karte) »Ich bin müde und schwach«. Über Ernst Weiß: »freundlich«, »sanfter als sonst«.
[an das Sanatorium Wehrawald]: Bitte um Prospekte.

9. SEPTEMBER
K. geht mit Brod auf dem Hradschin spazieren.

10. SEPTEMBER
Sanatorium Wehrawald an K.: Es sind keine freien Plätze verfügbar.

11. SEPTEMBER
📖 Franz Kafka, **Entlarvung eines Bauernfängers**, in: *Prager Presse*.

13. SEPTEMBER
In einem Gutachten empfiehlt Dr. Kodym die Fortsetzung von K.s Kur in einem Sanatorium.

vor **MITTE SEPTEMBER**
Gustav Janouch besucht K. im Büro.

etwa **14. SEPTEMBER**
an Robert Klopstock: Will in ein Sanatorium nach Görbersdorf (Schlesien). Hat täglich leichtes Fieber. Brod hat in Karlsbad nichts erreicht hinsichtlich Klopstocks Bruder. Schilderung von Janouchs Besuch: macht »zeitweise einen beängstigend verwirrten Eindruck«.
[an Hugo Georg Klopstock]: (Telegramm)

16. SEPTEMBER
an Robert Klopstock: (Ansichtskarte) Klopstock hat um telegraphische Nachricht über K.s Gesundheit gebeten.

17. SEPTEMBER (?)
an Robert Klopstock: Berufliche Optionen Klopstocks.

19. SEPTEMBER (?)
an Robert Klopstock: Klopstock will nach Prag, K. zweifelt, ob ihm das gesundheitlich zuträglich ist. »Die Kinder machen mir Freude.«

etwa 20. SEPTEMBER
[an die Kunstgewerbeakademie Dresden]

etwa 21. SEPTEMBER
an Robert Klopstock: Hat für Irene Bugsch, 26-jährige Patientin in Matliary, die an die Kunstakademie in Dresden möchte, Empfehlungsschreiben beschafft, u. a. von Paul Adler, und sie nach Dresden geschickt. Unglücklich, weil er Bugsch für völlig untalentiert hält.

vor 23. SEPTEMBER
K. ist erkältet.

23. SEPTEMBER
an Bedřich Odstrčil (AUVA): (tschech.) Bleibt im Bett, da er die beiden letzten Nächte »ausserordentlich stark gehustet« hat.
an Robert Klopstock: (Karte) Muss Besuch bei Prof. Münzer verschieben. »An das Meer kann ich nicht, woher sollte ich das Geld nehmen?«
[Minze Eisner an K.]: (Telegramm) Kündigt ihr Eintreffen für den folgenden Tag an.

24. SEPTEMBER
Minze Eisner besucht K.

etwa 27. SEPTEMBER
an Robert Klopstock: Milena Pollak ist in Prag, »und es beginnen die schlaflosen Nächte«. Will nicht mehr in die Hohe Tatra. »Auch wollen die Ärzte ein regelrechtes Sanatorium«. Schreibt im Scherz, er trage einen »Pneumothorax«.

30. SEPTEMBER
Franz Kafka, **Ein altes Blatt**, in: *Selbstwehr.*

HERBST
K. und Brod nehmen Hebräischstunden bei Georg Langer.
Pua Ben-Tovim (*1904), K.s spätere Hebräisch-Lehrerin, kommt auf Empfehlung Hugo Bergmanns aus Palästina nach Prag und beginnt im Wintersemester Mathematik zu studieren.

1921 OKTOBER

an Robert Klopstock: Legt einen Pass bei, den er ihm besorgt hat. Klopstock hat Fieber.

Max Brod, *Erlöserin. Ein Hetärengespräch,* Berlin. Brod schenkt K. ein Ex. mit Widmung.

1. OKTOBER

19.30 Uhr: K. beim Vortragsabend von Ludwig Hardt im Mozarteum: Börne, Walser, Andersen, Storm, Eichendorff, Kraus, Liliencron, Goethe, Keller, sowie 3 Sücke aus *Ein Landarzt,* darunter *Elf Söhne.* Anwesend auch Brod und Otto Pick.

Hugo Bergmann wird Regierungsinspektor des jüdischen Schulwesens in Palästina.

2. OKTOBER

an Robert Klopstock: (2 Karten) K. bis Donnerstag »in Gedanken« in Anspruch genommen (bezieht sich wahrscheinlich auf Besuche Milenas). Über Klopstocks Bruder, dessen Zionismus zweifelhaft. Keine konkreten Antworten in einem Fragebogen Klopstocks zu seiner Gesundheit.

3. OKTOBER (?)

[Ludwig Hardt an K.]: Schlägt ein Treffen am Nachmittag des 4. Okt. vor.

an Ludwig Hardt: Möchte aus gesundheitlichen Gründen ein kurzes Treffen. Bittet darum, eine von Kleists Anekdoten ins Vortragsprogramm aufzunehmen.

4. OKTOBER

an Robert Klopstock: (Karte) »mit uns beiden spielen die Götter«; über »die Hauptsache« (Milena) kann er nicht viel sagen.

K. trifft Ludwig Hardt nach 18 Uhr im Hotel Blauer Stern.

Positive Besprechung von Hardts Vortragsabend am 1. Okt., in: *Prager Tagblatt.*

Ludwig Winder, Besprechung von Hardts Vortragsabend, in: *Bohemia.* »... kühnes Experiment, wenn man in Betracht zieht, dass Walser der Dichter ist, dem Kafka am nächsten steht«.

Otto Pick, Besprechung von Hardts Vortragsabend, in: *Prager Presse.*

Kritisch über Hardts »bedeutungsvolle« Vortragsweise, die K.s »heiterklarer Sanftheit« nicht ganz angemessen sei.
Max Brod, Besprechung von Hardts Vortragsabend, in: *Prager Abendblatt.* Programm »vielleicht etwas zu abwechslungsreich«. Hardt möge doch einmal einen Kafka-Abend versuchen.

5. OKTOBER
Vortragsabend von Ludwig Hardt im Mozarteum; u. a. Heine, Morgenstern sowie auf K.s Wunsch Anekdoten von Kleist.

5. OKTOBER (?)
an Robert Klopstock: Klopstock unzufrieden mit K., vergleicht ihn mit seiner Cousine. K.s Vater hat ihn immer mit Onkel Rudolf verglichen.

7. OKTOBER (?)
K. gibt Milena Pollak seine Tagebücher und das Ms. von *Der Verschollene.*

8. OKTOBER
an Robert Klopstock: (Karte) »Um einen Tag wurde es verlängert« (Milena). Hardt »bewunderungswürdig«, »liebenswert«. Görbersdorf kommt nicht mehr in Frage, da »antivegetarianisch«. Milena Pollak reist aus Prag ab.

9. OKTOBER
K. besichtigt ein tschech. Sanatorium.
Irene Bugsch besucht K. auf der Durchreise nach Dresden.

10. OKTOBER
an Ludwig Hardt: Kann wegen Fiebers nicht zur Lesung kommen.
Vortragsabend von Ludwig Hardt in der Produktenbörse; u. a. Texte von K.

10. OKTOBER (?)
an Robert Klopstock: Klopstock muss evtl. ins Krankenhaus.

1921 **10.–11. OKTOBER**
an Robert Klopstock: Über Irene Bugsch, deren Studienpläne er für ein »wahnwitziges Unternehmen« hält. Über ein Foto von Klopstocks Bruder. Arthur Szinay war in Prag.

11. OKTOBER
an Minze Eisner: Bleibt vorläufig noch in Prag.

14. OKTOBER
Vortragsabend von Ludwig Hardt im Mozarteum. K. schenkt ihm Hebels *Schatzkästlein des rheinischen Hausfreundes* mit Widmung.

15. OKTOBER
Tagebuch: Das Tagebuch wird nicht mehr die Funktion haben, sich der eigenen Unzulänglichkeiten bewusst zu werden, »ich bin in dieser Hinsicht nicht so vergesslich wie früher«.

15./16. OKTOBER(?)
an Robert Klopstock: Hat ihm einen Pass besorgt.

16. OKTOBER
Tagebuch: »Zwischen den jungen Frauen oben im Park. Kein Neid.« Muss aus seinem geringen Fundus das Beste zu machen suchen.

17. OKTOBER
Tagebuch: Hat nichts Nützliches gelernt, ist daher unabgelenkt durch Lebensfreude, doch Krankheit und Verzweiflung lenken ebenfalls ab. Beneidet nur das Eheglück im Allgemeinen, »im Glück einer einzigen Ehe würde ich selbst im günstigsten Fall wahrscheinlich verzweifeln«. »Ich glaube nicht, dass es Leute gibt, deren innere Lage ähnlich der meinen ist«. »Die systematische Zerstörung meiner selbst im Laufe der Jahre ... der Geist, der das vollbracht hat, muss jetzt Triumphe feiern.«
Um 8.30 Uhr ärztliche Untersuchung bei Dr. Otto Hermann, bei dem K.s Eltern ohne Absprache einen Termin vereinbart haben. Röntgenaufnahme. Hermann rät in einem Gutachten dringend zu einer systematischen Kur.
an Bedřich Odstrčil (AUVA): (tschech.) Entschuldigung wegen des Arzttermins.

18. OKTOBER
Tagebuch: Möglich, dass die »Herrlichkeit des Lebens« für jeden bereitliegt.

19. OKTOBER
Tagebuch: Vergleicht das Ende Moses' mit der Schlussszene von Flauberts *Éducation sentimentale*.

20. OKTOBER
Tagebuch: Traum vom Glück über eine gerechte Strafe.
Georg Langer besucht K., dann Treffen mit Brod, der ihm aus *Franzi* vorliest.

21. OKTOBER
Tagebuch: »Alles ist Phantasie … die Frau die nächste, Wahrheit aber ist nur, dass Du den Kopf gegen die Wand einer fenster- und türlosen Zelle drückst.«
Anton Kuh, 2. Teil eines Vortrags über Erotik, in der Urania. Ausführlich über Hans Blüher und Otto Gross. K. ist vermutlich anwesend.

22. OKTOBER
Tagebuch
Dr. Kodym empfiehlt die Bewilligung eines Genesungsurlaubs und schlägt K.s Pensionierung vor, da mit vollständiger Heilung kaum zu rechnen sei.

23. OKTOBER
Tagebuch
14 Uhr: K. sieht im Kino ›Lido-Bio‹ den Palästina-Film *Schiwath Zion*.

24. OKTOBER
K. trifft Albert Ehrenstein.

25. OKTOBER
Tagebuch: Hat eine Beteiligung am elterlichen Kartenspiel abgelehnt; Reflexion darüber, dass er aus Schwäche soziale Angebote stets zurückgewiesen hat. »Nur das Sinnlose bekam Zutritt, das Jus-

1921 studium, das Bureau, später dann sinnlose Nachträge wie ein wenig Gartenarbeit, Tischlerei udgl.«
an die AUVA: (tschech.) Beantragt mit dem Gutachten von Dr. Hermann einen Erholungsurlaub.
K. sieht im Neuen deutschen Theater Carl Sternheims Bearbeitung von Molière, *Der Geizige*, mit Max Pallenberg.

29. OKTOBER
Tagebuch: »Dieses Grenzland zwischen Einsamkeit und Gemeinschaft habe ich nur äusserst selten überschritten«.
AUVA an K.: Genehmigung eines 3-monatigen Genesungsurlaubs, bis 4. Feb.

30. OKTOBER
Tagebuch: »Du bist nicht von ihrer [der Menschen] Art«.»... die Unenträtselbarkeit des Nicht-Untergehns, der schweigenden Führung«.
K. sieht im Neuen deutschen Theater Paul Schirmers Komödie *Der Herr Minister* mit Max Pallenberg. Er liest den Beginn von Werfels *Bocksgesang* (in der *Prager Presse* bis 4. Nov. in Fortsetzungen abgedruckt).

etwa 30. OKTOBER
an Robert Klopstock: Klopstock fürchtet, als Ungar interniert zu werden. K. bekam bei der *Prager Presse* die Auskunft, dass solche Maßnahmen nicht geplant sind.

31. OKTOBER
Robert Klopstock 22 Jahre alt.

NOVEMBER
Max Brod, *Der Dichter Franz Kafka*, in: *Die Neue Rundschau*.

3. NOVEMBER
Kurt Wolff an K.: Hat in Leipzig mit Hardt über K. gesprochen.
K.s »Teilnahmslosigkeit« am Schicksal seiner publizierten Bücher. Wolff hat »ein leidenschaftlich starkes Verhältnis« zu K.s Texten. Der mangelnde Verkaufserfolg liegt nicht am Verlag. Verspricht,

jedes Ms. K.s zu publizieren, wäre jedoch vor allem an einem Roman interessiert. (K. beantwortet diesen Brief nicht.)

5. NOVEMBER
Julie Wohryzek heiratet den Bankprokuristen Josef Werner.

etwa 5. NOVEMBER
an Robert Klopstock: Liest Werfel, *Bocksgesang,* in der *Prager Presse.* Hat in Prag eine systematische Kur begonnen.

7. NOVEMBER
Tagebuch: »Unentrinnbare Verpflichtung zur Selbstbeobachtung«.

etwa 10. NOVEMBER
an Robert Klopstock: »... dass Sie etwas anderes als Arzt werden sollten, daran habe ich nie gedacht«. Ausführlich zum Thema Berufswahl; »Berufe ohne Ernst sind abscheulich«. Über Palästina. Will ihm Hugo Bergmann, *Jawne und Jerusalem,* schicken. Genaue Tageseinteilung. Hat Fieber. Ein Tee wurde ihm verschrieben, er teilt das Rezept mit.

12. NOVEMBER
Lesung Ludwig Hardts in der Berliner Sezession, u. a. **Elf Söhne** und **Die Sorge des Hausvaters**.

18. NOVEMBER
Hans Mardersteig an K.: Bittet erneut um einen Beitrag für die Zeitschrift *Genius,* die im Frühjahr eingestellt werden muss.

19. NOVEMBER
Anlässlich von Brods Essay über K. fragt *Die Schöne Literatur,* ob bei S. Fischer die »deutschen« Autoren ausgestorben seien.

20. NOVEMBER
Positive Besprechung von Hardts Vortragsabend am 12. Nov., in: *Berliner Tageblatt.*

1921 29. NOVEMBER
Fa. F. A. Brockhaus an K.: Sendet ein Formular, auf dem K. »für lexikalische Zwecke« biographische Angaben eintragen soll.

ENDE NOVEMBER
Milena Pollak 3-mal bei K.

ANFANG DEZEMBER
[an Ilena Roth]: (in Tatranské Matliary)

1. DEZEMBER
Tagebuch: Über die Besuche Milenas: »4 ruhigere Tage innerhalb von gequälten.«
Milena Pollak besucht K.
Peter Panter [= Kurt Tucholsky], *Drei Abende*, in: *Die Weltbühne*, Berlin. U.a. über den Vortragsabend von Hardt am 12. Nov. K. »schreibt die klarste und schönste Prosa, die zur Zeit in deutscher Sprache geschaffen wird«.

1./2. DEZEMBER
an Robert Klopstock: Einförmiges Leben, wenige Besucher; er hat Klopstock lange nicht geantwortet. Über einen Band mit Gedichten und Prosa von Endre Ady, den Klopstock ihm schickte.

2. DEZEMBER
Tagebuch: Vorstellung, als Kind vom Vater besiegt worden zu sein und nur aus Trotz weiterzukämpfen.
Milena Pollak kehrt nach Wien zurück.

6. DEZEMBER
Tagebuch: Kritisch gegen Metaphern, gegen die »Unselbständigkeit des Schreibens«.

6. DEZEMBER (?)
an Robert Klopstock: Ein »Wunder«, dass Irene Bugsch an der Kunstakademie in Dresden angenommen ist.

etwa 6. DEZEMBER
[an Irene Bugsch]: (in Dresden)

14. DEZEMBER
Otto Pick, *Ein seltsames Lesebuch*, in: *Prager Presse.* Rezension zu Alois Bernt, *Deutsche Literaturgeschichte für das deutsche Haus und zum Selbstunterricht;* moniert, dass Bernt K. nicht kennt, »der Stifters reiner Erzählkunst gewiss am nächsten steht«.

etwa 14. DEZEMBER
an Robert Klopstock: Glücklich, dass Irene Bugsch in Dresden angenommen ist. »Temperatur und Gewicht sind nicht ganz so gut wie in Matlar«. Dr. Hermann ist dagegen, dass K. einer Einladung Werfels auf den Semmering folgt, will K. nach Spindelmühle mitnehmen. K. schickt Zeitungen an Klopstock, u. a. das *Reformblatt für Gesundheitspflege.*

20. DEZEMBER
Tagebuch: K. liest in einem Raabe-Gedenkbuch.

etwa 21. DEZEMBER
an Robert Klopstock: Klopstock hat offenbar von der ›Radionik‹ berichtet, die von dem Pathologen Albert Abrams als esoterische Heilmethode begründet wurde. K. fragte vergeblich seinen Arzt danach.

23. DEZEMBER
Tagebuch: K. liest Tolstoi, *Der Tod des Iwan Iljitsch,* und eine tschechische Pfadfinderzeitschrift.

25. DEZEMBER
Franz Kafka, **Der Kübelreiter**, in: *Prager Presse.*

1922

Johann Groß, *Biographisch-literarisches Lexikon der deutschen Dichter und Schriftsteller vom 19. bis zum 20. Jahrhundert*, mit lexikalischem Hinweis auf K.

📖 *Das Urteil* und *Die Verwandlung* erscheinen in nicht autorisierten ungarischen Übersetzungen von Sandor Márai, in: *Szebadság* (Kaschau).

JANUAR
Siegfried Löwy 55 Jahre alt.

ANFANG JANUAR
an Robert Klopstock: War mit Weltsch bei Prof. Münzer: keine Anstellung für Klopstock, allenfalls kleines Stipendium und Freiplatz in der Mensa. Schlaflosigkeit.
an Irene Bugsch: (Entwurf) Hat keinen »primären Blick« für Malerei, liebt sie jedoch für ihre Wirkung auf andere.

1. JANUAR
Durch Eingemeindungen entsteht ›Groß-Prag‹ mit 667 000 Einwohnern (davon ~4,7 % deutschsprachig).

16. JANUAR
Tagebuch: »in der letzten Woche wie ein Zusammenbruch«. Ursache ist, dass innere und äußere Uhr nicht übereinstimmen. Fortwährende Selbstbeobachtung. Die Einsamkeit geht jetzt »auf das Äusserste.« »Diese ganze Litteratur ist Ansturm gegen die Grenze«.
Ludwig Hardt 36 Jahre alt.

17. JANUAR
Tagebuch

nach 17. JANUAR
Georg Kaiser besucht K., auf Bitten Brods.

18. JANUAR
Tagebuch: Reflexionen über die eigene Sexualität, die ihn neuerlich quält. Furcht, Scham und Trauer sind zu überwinden, um sie zu befriedigen. Das Herbeilocken von Gelegenheiten als Mittelding zwischen Tat und Zufall, moralisch verwerflich.

18./19. JANUAR
K. besucht ein Bordell.

19. JANUAR
Tagebuch: »Das unendliche ... Glück neben dem Korb seines Kindes zu sitzen der Mutter gegenüber.« »Dagegen das Gefühl des Kinderlosen: immerfort kommt es auf Dich an«. »Sisyphus war ein Junggeselle.«

20. JANUAR
Tagebuch: Beruhigung. Hat »das wahre Gefühl meiner Selbst« nur im Unglück.
K. versäumt eine Verabredung mit Brod.

21. JANUAR
Tagebuch: Gefühl eines inneren Abgrunds, vor dem die Wirklichkeit verblasst. »So schwer war die Aufgabe niemandes, soviel ich weiss.« »Alle reichen mir die Hand: Vorfahren, Ehe und Nachkommen, aber zu fern für mich.«
K. besucht am Nachmittag eine Vorstellung von Beethovens *Fidelio* im tschech. Nationaltheater.

22. JANUAR
Tagebuch: Die vielen Ähnlichkeiten mit Onkel Rudolf; K. empfindet sich als dessen Karikatur. Ein »nächtlicher Entschluss« (zu schreiben?).

1922 **23. JANUAR**
Tagebuch: K.s ganzes Leben eine Abfolge abgebrochener Versuche.
Gespräch mit Milena. Brod besucht K., der vom Bordellbesuch
erzählt. Brod ist erschüttert.

24. JANUAR
Tagebuch: Eheglück unzugänglich. »Mein Leben ist das Zögern vor
der Geburt.« Das Unglück begann mit harmlosen Spleens, aus
denen allmählich Ernst wurde.
an die AUVA: (tschech.) Bitte um weiteren Genesungsurlaub.
Legt Gutachten von Dr. Kodym bei. Die Kur in Prag hat zu einer
Besserung geführt.

25. JANUAR
Tagebuch: »... das Unglück selbst war fertig«, schon im Kindesalter.
Fürchtet weitere Verstrickungen mit Frauen.« »... über meine Lage
grenzenlos verzweifelt«.

26. JANUAR
Dr. Kodym empfiehlt der AUVA, K.s Urlaub zu verlängern.
Kurt Wolff an Hans Mardersteig: »Von Kafka ... ist – wie mir Max Brod
schreibt – trotz aller Bemühungen nichts zu bekommen.«

vor **27. JANUAR**
an Robert Klopstock: Klopstock hat K. kritisiert, vermutlich wegen
ausbleibender Nachrichten. K. sind jedoch Briefe bei weitem nicht
mehr so wichtig wie früher. Verteidigt halbherzig Brods Roman
Franzi. Seit drei Wochen schlaflos. Schickt Zeitschriften.

27. JANUAR
→ SPINDELMÜHLE (gemeinsam mit Dr. Otto Hermann u. dessen
Familie)
Ankunft im Hotel Krone in Spindelmühle-Friedrichstal. K. beginnt
mit der Niederschrift von ***Das Schloss.***
Tagebuch: »es kann erfahrungsgemäss aus dem Nichts etwas kom-
men«. Über den »Trost des Schreibens«, das eine »höhere Art der
Beobachtung« ermöglicht.
AUVA an K.: Verlängerung des Genesungsurlaubs um 3 Monate
(bis 4. Mai).

Ludwig Hardt rezitiert in München Texte von K. und Georg Heym.

28. JANUAR (?)
K. korrigiert zunächst die am Vortag geschriebene Eingangsszene von *Das Schloss*, verwirft sie dann aber und beginnt den Roman neu in Ich-Form.

28. JANUAR
Tagebuch: Reflexionen über die Gründe, warum er zum Bewohner einer anderen Welt geworden ist. Vom Vater in dessen Welt nicht geduldet. »Kindlicher« Wunsch, um der Frauen willen in ein normales Leben zurückzukehren.
K. fährt Schlitten.

29. JANUAR
Tagebuch: Unfähigkeit zu sozialen Beziehungen, auch zur Liebe. Seine »Hauptnahrung von anderen Wurzeln in anderer Luft«. Starke Anziehung der Menschenwelt, ebenso starke Anziehung von K.s Welt. Das spüren auch die anderen, die K. um der Freiheit willen lieben, die er auf anderer Ebene hat. Dennoch Möglichkeit des Glücks, wenn Milena nach Spindelmühle käme; ähnlich mit Felice in Marienbad.
Abendlicher Spaziergang im Schnee, allein.

30. JANUAR
Tagebuch: Beziehungslos gegenüber der eigenen Krankheit, weiterer Beweis für die 2 Welten. Aber »wohne ich denn in der andern Welt? Wage ich das zu sagen?« Die ausgleichende Rolle der Mutter.
Kurt Wolff sendet den Band *Ein Landarzt. Kleine Erzählungen* an Rilke.
Kurt Wolff an Max Brod: »ich selbst, der ich [K.s] Arbeiten so sehr liebe, bedaure unendlich«, dass K. nichts publizieren will.

31. JANUAR
Tagebuch: Hat jedes erreichte Positive sogleich selbst zunichtegemacht.
an Max Brod: (Karte) Spindelmühle »viel besser als Matlar«. Ist gerodelt.

1922 **1. FEBRUAR**
Tagebuch: Die abendliche »Reinheit von Gespenstern«. Die Wahrheit körperlichen Schmerzes.

2. FEBRUAR
Tagebuch: »Kampf«. »Entscheidung zwischen Irrsinn und Sicherung nahe bevorstehend«. »Glück mit Menschen beisammen zu sein.« K. zu Fuß zum Aussichtspunkt Tannenstein, schaut dort bei einem Skisprungwettkampf zu.

3. FEBRUAR
Tagebuch: Die eigene Lauheit, die sowohl den Irrsinn als auch den »Aufstieg« verhindert.

4. FEBRUAR
Tagebuch: Kehrt zu spät zu den Menschen zurück.

5. FEBRUAR
Tagebuch: Den Gespenstern »entlaufen«. »Unvorsichtig es zu sagen.«

6. FEBRUAR
Tagebuch: Trost im Anhören erfolgreicher Lebenskämpfe anderer.

7. FEBRUAR
Tagebuch: Beansprucht von 2 Hotelgästen.
an Robert Klopstock: (Karte) Kann rodeln und bergauf gehen, doch nach den ersten Tagen »schlaflos bis zur Verzweiflung«.

8. FEBRUAR
Tagebuch: »Friedliche Betäubung« im Sozialen, vergleichbar mit der Beziehung zu Julie Wohryzek.
an Max Brod: (Karte) Würde sich freuen, wenn Brod käme. Deutet an, dass er schreibt. Stand probehalber auf Skiern.

9. FEBRUAR
Tagebuch: »Einbürgerung« in den vergangenen beiden Tagen.

10. FEBRUAR
Tagebuch: Kein wirklicher Zusammenhang mit Menschen. Übermächtige Feinde.» ... nur vorwärts hungriges Tier führt der Weg zur essbaren Nahrung«. Kurzes Fragment.

11. FEBRUAR
Tagebuch

12. FEBRUAR
Tagebuch: Reflexion über die eigene Unfähigkeit zur Liebe. »Angst um mein gemeines Wohlbefinden« als mögliche Ursache des Niedergangs. Glaubt, »am Ende« zu sein.

13. FEBRUAR
Tagebuch: »Die Möglichkeit aus voller Brust zu dienen.«

14. FEBRUAR
Tagebuch: Fatal abhängig von Behaglichkeit.
AUVA an K.: Ernennung zum Obersekretär. Gehalt 12 900 K plus Quartiergeld 5004 K. Erhöhung der Bezüge jedoch erst nach Wiederaufnahme des Dienstes.
Ludwig Hardt liest im Mozarteum, u. a. Texte von K.

15. FEBRUAR
Tagebuch: Gestört von Lärm.

16. FEBRUAR
Tagebuch: K. liest Einar Mikkelsen, *Ein arktischer Robinson*.

17. FEBRUAR
→ PRAG
Tagebuch
an Johannes Urzidil: (Karte) Dank für *Karl Brand. Das Vermächtnis eines Jünglings*.
Rilke an Kurt Wolff: Bittet nach der Lektüre von **Ein Landarzt** um alle Neuerscheinungen von K. »Ich bin ... nicht sein schlechtester Leser.«

1922   **18. FEBRUAR**
[Robert Klopstock an K.]: (Telegramm) Fordert K. auf, seine Rückkehr nach Prag sofort zu melden. (Wird von Julie Kafka beantwortet.)

18. FEBRUAR
Tagebuch: Theaterdirektor, der selbst die Schauspieler erst erschaffen muss.

19. FEBRUAR
Tagebuch

20. FEBRUAR
Tagebuch

etwa **20. FEBRUAR**
an Robert Klopstock: Schlaflosigkeit, aber auch gute Tage in Spindelmühle. Die Umgebung dort viel mannigfaltiger als in Matliary.

21. FEBRUAR
Tagebuch: Spaziergang am Abend, beobachtet Frauen.

vor **22. FEBRUAR**
an Minze Eisner: (Ansichtskarte) Ihre Briefe lagen lange in K.s Büro.

22. FEBRUAR
Tagebuch

23. FEBRUAR
Tagebuch
an Robert Klopstock: Hat vergeblich versucht, Klopstocks alte Aufenthaltsbewilligung noch einmal verlängern zu lassen. Neues Foto erforderlich.

24. FEBRUAR
Tagebuch

25. FEBRUAR
Tagebuch

26. FEBRUAR
Tagebuch: Es gibt noch nahe Möglichkeiten, die allerdings erst zu finden sind.

27. FEBRUAR
Tagebuch

28. FEBRUAR
Tagebuch

MÄRZ
K. schreibt die Erzählung *Erstes Leid*.

1. MÄRZ
Tagebuch
an Robert Klopstock: Bezeichnet sich als »armen kleinen von allen möglichen bösen Geistern besessenen Menschen«, Klopstock soll das akzeptieren. Krankheit als Stadium der Besessenheit.
Kurt Wolff an Kafka: Genesungswünsche und Wiederholung der Bitte um weitere Manuskripte. »… die Heftigkeit, mit der ich Sie umwerbe«.
K. ist wegen Klopstock auf dem Passamt, wird jedoch wegen Überfüllung weggeschickt. Am Abend sieht er Shakespeares *Richard III.* im Neuen deutschen Theater. Spaziergang mit Friedrich Thieberger über die Karlsbrücke.

3. MÄRZ
Kurt Wolff 35 Jahre alt.

3.–5. MÄRZ
K. bettlägerig.

5. MÄRZ
Tagebuch: »Immer die in Zimmern eingesperrte Weltgeschichte.«

1922   6. MÄRZ
Tagebuch

7. MÄRZ
Tagebuch: »Gestern der schlimmste Abend so als sei alles zu ende«.

9. MÄRZ
Tagebuch: Ersticken durch Selbstbeobachtung. »Das Pferd des Angreifers zum eigenen Ritt benützen. Einzige Möglichkeit.«

12. MÄRZ
K. bei der Kinderpurimfeier des Vereins ›Makkabi‹ im Heinesaal, bei der auch seine Nichte Marianne Pollak auftritt.

13. MÄRZ
Tagebuch: Die Purimfeier, Freude an »neuen jungen Menschen ... aber wenig jüdisches Gefühl«.

15. MÄRZ
Tagebuch
Brod bei K., der erstmals aus **Das Schloss** vorliest.

MITTE MÄRZ
K. liest Hans Blüher, *Secessio Judaica. Philosophische Grundlegung der historischen Situation des Judentums und der antisemitischen Bewegung.*

16. MÄRZ
Tagebuch: »Angriffe«.
K.s Vetter Robert Kafka stirbt 41-jährig.

17. MÄRZ
Tagebuch
Melchior Vischer, Schriftsteller und Redakteur der *Prager Presse,* schickt K. ein Ex. von *Der Teemeister,* mit Widmung.

nach 17. MÄRZ
[an Melchior Vischer]

18. MÄRZ
Tagebuch: »Noch nicht geboren«.

19. MÄRZ
Tagebuch

20. MÄRZ
Tagebuch
›Prager Dichterabend‹ der Handelsakademie im Urania-Saal. Die Schauspieler Friedrich Hölzlin und Otto Soltau lesen u. a. Texte von Baum, Brod, Werfel, Leppin, Fuchs, Feigl, Vischer, Winder sowie K.s *Ein Traum*.

21. MÄRZ
Grete Bloch 30 Jahre alt.

22. MÄRZ
Tagebuch: Der innere Schrecken »scheinbar wirklicher«.

24. MÄRZ
Tagebuch
K. beim Arzt.

28. MÄRZ
K. liest Brod vor.

29. MÄRZ
Tagebuch
Gustav Janouch 19 Jahre alt.

30. MÄRZ
K. gegen Mittag bei Brod.

APRIL
an Robert Klopstock: Hat bereits 3 Briefe nicht beantwortet. Klopstock hat aus K. ein »Phantom« gemacht, tatsächlich sei er »nur ein schwer erträglicher, in sich vergrabener, mit fremdem Schlüssel in sich versperrter Mensch«. Schreibt, um sich vor den eigenen Nerven zu retten.

1922 *an Robert Klopstock:* Zustand der Lunge hat sich verschlechtert. Irene Bugsch hat K. besucht. Würde gern 1 Jahr lang in völliger Isolation an *Das Schloss* arbeiten.

an Robert Klopstock: Verteidigt sich gegen einen Brief Klopstocks, den die Beziehung zu K. enttäuscht und der sich nicht ebenbürtig fühlt. Schreiben ist K. derzeit das absolut Wichtigste, »wie einer Frau ihre Schwangerschaft«. Klopstock soll nicht ständig fragen, warum K. nicht anders sei. Er soll auch keineswegs nur wegen K. sein Studium in Prag fortsetzen.

an Robert Klopstock: »Angst vor einer ... mit allen Sakramenten der Untrennbarkeit versehenen, vor den Himmel sich grossartig hinpflanzenden Verbindung. Sie ist mir unmöglich mit Männern wie mit Frauen.« Fragt, was an seiner Angst so unverständlich sei: Er sei Jude, deutsch, krank.

ANFANG APRIL
K. schreibt das 8. Kap. von *Das Schloss*.

4. APRIL
Tagebuch

5. APRIL
K. kritisiert Brods Lustspiel *Klarissas halbes Herz*.

6. APRIL
Tagebuch: »weitere Verfolgung, grosse Kraft des Feindes«.

6. APRIL (?)
an Milena Pollak: (fragmentarisch überliefert) Hat ihr lange nicht geantwortet, spricht sie wieder mit »Sie« an. »Alles Unglück meines Lebens ... kommt, wenn man will, von Briefen«, hat sich mit eigenen Briefen betrogen. Technische Erfindungen gegen die Gespenster im menschlichen Verkehr, doch ebenso wirksame Gegen-Erfindungen.

7. APRIL
Tagebuch: Bilder einer noch nicht eröffneten Ausstellung im Künstlerhaus des Rudolfinums, u. a. Kubin.

10. APRIL
Tagebuch: »Die 5 Leitsätze zur Hölle«. War als Junge an Sexualität desinteressiert.

11. APRIL
Tagebuch

13. APRIL
Tagebuch
K. am Vormittag in Brods Büro.

15. APRIL
Tagebuch

16. APRIL
Tagebuch
K. mit Brod, langer Spaziergang über den Hradschin zum Baumgarten.

📖 *Ein Brudermord* erscheint in einer nicht autorisierten ungarischen Übersetzung von Sandor Márai in *Kassai Naplo* (Kaschau).

18. APRIL
Abreise Brods.

23. APRIL
Tagebuch

26. APRIL
Untersuchung bei Dr. Kodym, der feststellt, dass eine Rückkehr K.s in den Bürodienst »in absehbarer Zeit« nicht möglich ist. K. in der Redaktion der *Selbstwehr*. Milena Pollak besucht K.

27. APRIL
Tagebuch
an die AUVA: (tschech.) Bittet aufgrund von Dr. Kodyms Attest, ab 4. Mai seinen 5-wöchigen Jahresurlaub anschließen zu dürfen.

1922   MAI
Franz Blei, *Das große Bestiarium der modernen Literatur*, Berlin (Rowohlt). Darin auch eine Charakteristik K.s.

ANFANG MAI
K. findet im Büro den Brief Kurt Wolffs vom 1. März.

3. MAI
[AUVA an K.]: Bewilligung des regulären 5-wöchigen Urlaubs ab 4. Mai.

vor **6. MAI**
an Hans Mardersteig (Kurt Wolff Verlag): Sendet **Erstes Leid** zum Abdruck in *Genius*. Lässt sich bei Wolff wegen seines Schweigens entschuldigen. Spielt auf die Arbeit an **Das Schloss** an: »jämmerliches Zeug«, auch wenn Brod anderer Auffassung ist.

8. MAI
Tagebuch: Besuch Milenas. Liest Martin Buber, *Der große Maggid und seine Nachfolge*.

9. MAI
Robert Klopstock immatrikuliert sich an der Prager Deutschen Universität im Fach Medizin.

10. MAI
Kurt Wolff an K.: Dank für **Erstes Leid**. Genesungswünsche.

12. MAI
Tagebuch: 2 längere Zitate aus Karl Gjellerup, *Der Pilger Kamanita*.
an die AUVA: (tschech.) Dank für Bewilligung des regulären Urlaubs.

13. MAI
Tagebuch

MITTE MAI
Brod beginnt die Novelle *Leben mit einer Göttin*.

17. MAI
Tagebuch

19. MAI
Tagebuch: »Zuzweit fühlt er sich verlassener, als allein.«
K. bei einem Rezitationsabend mit Eva Vischer und Werken von Hebbel, Flaubert, Melchior Vischer und Else Lasker-Schüler.

20. MAI
Tagebuch: »Die mögliche Wahrheit jeder Rede und Lehre.«

23. MAI
Tagebuch

etwa 23. MAI
K. schreibt die Erzählung *Ein Hungerkünstler*.

25. MAI
Tagebuch: K. trifft Michal Mareš, der ihm eigene Bücher schicken will.

26. MAI
Tagebuch: Zerrüttung aus nichtigen Anlässen.
K. bekommt von Mareš einen Gedichtband mit Widmung.

27. MAI
Max Brod 38 Jahre alt.

30. MAI
Tagebuch: »Angriff«.

JUNI
Brod sendet *Ein Hungerkünstler* an Rudolf Kayser von der *Neuen Rundschau*.

3. JUNI
Brief von Werfel über die Gründe, warum er 1912 Prag verlassen hat, in: *Prager Tagblatt*.

1922 **5. JUNI**
Tagebuch: »Schlimme Tage«.

7. JUNI
an die AUVA: (tschech.) Bittet um Versetzung in den vorübergehenden Ruhestand und wegen der hohen Arztkosten um Berechnung der Pension nach der derzeit höchstmöglichen Gehaltsstufe.

11. JUNI
K. trifft den tschech. Schriftsteller Fráňa Šrámek.

12. JUNI
Tagebuch
[an Milena Pollak]
K. mit Brod und Weltsch im Smichover Švanda-Theater: Gogol, *Der Revisor*.

14. JUNI
Albert Paris Gütersloh, *Exkurs über Edschmid und Kafka*, in: *Prager Presse*. Zu **Die Verwandlung**.

nach **MITTE JUNI**
[an die Buchhandlung Ewer, Berlin]

16. JUNI
Tagebuch: Beginn einer Rezension zu Blüher, *Secessio judaica*.

23. JUNI
Klopstock bringt K. zur Bahn.
→ PLANÁ NAD LUŽNICÍ (Südböhmen)
Tagebuch
K. bezieht ein Zimmer in einer von Ottla gemieteten Sommerwohnung. Er führt **Das Schloss** am Ende des 16. Kap. fort.

24. JUNI
an Oskar Baum: (Karte) Will um den 20. Juli zu Baum nach Georgenthal (Harz) kommen, hat bereits den Pass. Über Bürokratie.
Walther Rathenau wird in Berlin-Grunewald ermordet.

25. JUNI
an Robert Klopstock: (Karte) In Planá »ausserordentlich schön mit Wald und Fluss und Gärten«, jedoch Lärm.

26. JUNI
an Max Brod: (2 Karten) Hat erst kürzlich im Büro den Brief von Wolff vom 10. Mai erhalten. Über seine »Selbstverurteilung«, die sowohl Wahrheit als auch Methode ist. *Erstes Leid* ist eine »widerliche kleine Geschichte«.

27. JUNI
Max Brod an K.: Legt einen Brief von Rudolf Kayser bei, der Lob über *Ein Hungerkünstler* enthält. Arbeitet intensiv an *Leben mit einer Göttin*.

29. JUNI (?)
an Max Brod: Ist nicht überrascht vom Mord an Rathenau. Ironisch über die Harmlosigkeit des *Prager Abendblatts* und über Brods dortige Aufsätze. Verschiedene Lärmquellen in Planá. Nennt *Ein Hungerkünstler* »erträglich«, wird Kayser dennoch nicht antworten. Will in Planá evtl. die Autorin Gabriela Preissová besuchen.

30. JUNI
an Robert Klopstock: (Karte) Dank für Zeitungen. Bittet darum, ihm das nächste Heft der *Fackel* zu senden, »diese süsse Speise aller guten und bösen Triebe«. Schlägt vor, Klopstock solle Blühers *Secessio judaica* rezensieren, er selbst könne es nicht.
AUVA an K.: Vorläufige Pensionierung ab 1. Juli. Die Pension wird aufgrund seines Gehalts als Obersekretär errechnet; sie beträgt 10 608 K jährlich.

ENDE JUNI
an Elli Hermann: Sie soll auf dem Weg an die Ostsee in Hellerau Station machen. Bücherliste zum Einkauf in der Buchhandlung Ewer in Berlin. Überwiegend jüdische Themen.
an Felix Weltsch: (Karte) Über die gemeinsam besuchte Aufführung von Gogol, *Der Revisor*.

1922 ANFANG JULI
an Robert Klopstock: (Karte) Rät davon ab, Literaturkritiken für ein christlich-soziales Blatt zu schreiben.
[an die Buchhandlung Ewer, Berlin]
[Felix Weltsch an K.]

1. JULI
K. tritt in den »vorläufigen« Ruhestand.
Brod beendet die Erzählung *Leben mit einer Göttin*.

2. JULI
Elli und Karl Hermann sind in Hellerau, um die ›Neue Schule‹ zu besichtigen. Danach fahren sie nach Brunshaupten an der Ostsee.

3. JULI
Max Brod an K.: Politische Sorgen wegen Palästina und deutscher Inflation. Träumt davon, für Emmy ein Haus in Berlin zu kaufen; Eifersucht. Fragt, ob er **Ein Hungerkünstler** an Kurt Wolff senden soll.
Kafka 39 Jahre alt. Am Bahnhof von Planá spricht er mit Elsa Brod, die in einem Zug Richtung Wien sitzt.

etwa **3. JULI**
[Oskar Baum an K.]: Hat für K. in Georgenthal (Thüringen) ein geeignetes Zimmer gefunden.

4. JULI
an Oskar Baum: (dem Brief vom 5. Juli beigelegt) Sagt zu, vor dem 20. Juli für ~4 Wochen nach Georgenthal zu kommen. Hat jedoch tiefe Angst vor jeder Veränderung; »Angst, die Götter auf mich aufmerksam zu machen«.

5. JULI
an Max Brod: Ausführlich über die Angst vor Veränderung. Lebt »über einem Dunkel, aus dem die dunkle Gewalt nach ihrem Willen hervorkommt und ... mein Leben zerstört«. Ist Schriftsteller auch dann, wenn er nicht schreibt. Aber das Schreiben ist »Lohn für Teufelsdienst«. »Hinabgehn zu den dunklen Mächten«. Ausführlich

über die fragwürdige Position des Schriftstellers. »Ich könnte leben und lebe nicht.«
[an Oskar Baum]: (Telegramm) »Kann leider überhaupt nicht kommen«.
an Oskar Baum: Muss die Reise nach Georgenthal absagen, da ihn die Aufregung nicht schlafen lässt.

nach 5. JULI
an Felix Weltsch: Ausführlich über den Lärm in Planá, wo ein Sägewerk nahebei ist. Unverständnis angesichts eines ironischen Artikels von Haas über Rathenau.

9. JULI
Max Brod an K.: Versucht K. von der Idee abzubringen, dass die Angst vor Veränderung künftig jede Reise unmöglich macht. Kann selbst nur schreiben, wenn er seelisch im Gleichgewicht ist. Aufgewühlt wegen Emmy. Über Wagner.

vor 12. JULI
[an Max Brod]: (Karte)

12. JULI
an Max Brod: Sehr zufrieden mit der Wohnung, doch viel Lärm durch Kinder und durch den Bahnhof. Über Brods Kritiken im *Prager Abendblatt.* Weitere Gründe, nicht nach Deutschland zu fahren. War in glücklichen Momenten nicht zum Schreiben fähig. Schreiben ist »nichts als die Fahne des Robinson auf dem höchsten Punkt der Insel«. Fragt nach Klopstock. Abendspaziergang im Wald.

vor 13. JULI
an Elli Hermann: Bedauert, dass sie ihre Tochter Gerti nicht nach Hellerau schicken wird. Sie soll unbedingt Bücher bei Ewer in Berlin kaufen oder bestellen.

13. JULI
Handschriftliche Widmung Melchior Vischers für K. in seinem Buch *Der Hase, der einen Mord erlebt.*

1922 vor 14. JULI
an Robert Klopstock: (Karte) Klopstock ist in den Semesterferien wieder in der Hohen Tatra. K. hatte im 1. Halbjahr 2700 K Arztkosten, sein Vater 1900 K.
[Oskar Baum an K.]: (Karte)

14. JULI
[Julie Kafka an K.]: (Telegramm) Hermann Kafka schwer erkrankt, wurde von Franzensbad nach Prag transportiert.
→ PRAG
Hermann Kafka wird in Prag wegen eines Nabelbruchs mit abgeklemmtem Darm operiert.

15.–18. JULI
K. besucht seinen Vater im Krankenhaus. Er gibt Brod das 2. Ms.-Heft von *Das Schloss*.

16. JULI
an Oskar Baum: Über Hermann Kafka. Lärm in Planá.

19. JULI
→ PLANÁ
K. liest während der Fahrt Theodor Storm, *Erinnerungen und Familiengeschichten*.

20. JULI
an Max Brod: Über die hilflose Lage des Vaters, der sein Leid an Mutter und Schwester auslässt. Brod hat das 2. Ms.-Heft von *Das Schloss*. Kritik zu *Leben mit einer Göttin*. Zitiert Mörike, der hinsichtlich Heines von »der Lüge seines ganzen Wesens« sprach. Schlägt vor, Brod solle über den Bildhauer František Bílek schreiben.
an Dr. Steinfest: (Karte) Bittet den Arzt in Tatranská Kotlina um Auskunft über Klopstock, der lange nicht geschrieben hat.
Julie Kafka an Ottla Davidová und K.: (Karte) Hermann Kafka weitgehend genesen.

21. JULI
an Elli Hermann: (Karte) Ergänzt seine Buchvorschläge um Herzls *Tagebücher.*

24. JULI
an Robert Klopstock: (Karte) Brod sprach herzlich über Klopstock. »Ohne Ohropax bei Tag und Nacht ginge es gar nicht.«
Max Brod an K.: Das Schloss »ein sehr unterhaltendes farbiges Buch«, will unbedingt die Fortsetzung lesen. Emmy wird von ihrer Familie vorgeworfen, »das Verhältnis eines reichen Juden« zu sein. Hermann Kafka hat angeblich in Franzensbad von seinem Sohn geschwärmt.

26. JULI
Spaziergang mit Hund zur Festung Sedlec.

26./27. JULI
an Julie u. Hermann Kafka u. Elli Hermann: Möchte wissen, wie es dem Vater geht. Wiederholt die Bitte, bei Ewer in Berlin Bücher zu kaufen, da er es dem Eigentümer versprochen hat. Bücherliste, u. a. Briefausgaben von Goethe, Schiller und Dehmel. Elli soll für ein paar Tage nach Planá kommen.

27. JULI
Tagebuch: Beobachtungen in Planá.

30. JULI
an Max Brod: Lärm der Kinder, von Ottla unterbunden. Die antisemitische Literaturgeschichte von Friedrich von der Leyen. Brod soll sich für den Bildhauer Bílek einsetzen. Brods Bemerkungen über *Das Schloss* nur Schmeichelei. Glaubt nicht, dass der Vater von ihm geschwärmt hat.

ENDE JULI
an Robert Klopstock: (Karte) Hatte befürchtet, Klopstock habe sich in Prag mit Typhus infiziert.

1922 6. AUGUST
Max Brod an K.: Über die Nachfolge Bubers als Herausgeber von *Der Jude*: möglicherweise Weltsch, vielleicht auch K. Über die Probleme in Weltschs Ehe. Ausführlich zu den Qualen um Emmy, die um »getrennte Zimmer« bittet, weil sie darunter leidet, mit »Frau Doktor« angesprochen zu werden. K. soll an Emmy schreiben und sich für Brod einsetzen.

nach 6. AUGUST
an Emmy Salveter: (Entwurf) Hat von ihr Brief und Karte erhalten. »Maxens Leben und Arbeit beruht auf der Freude darüber, dass Sie leben und blühen«. Brods Leiden.

7. AUGUST
an Max Brod: Nochmals begeistert über das Hus-Denkmal von Bílek. Ist sehr dafür, dass Weltsch die Redaktion von *Der Jude* übernimmt, er selbst kommt dafür nicht in Frage. Über die weiblichen Figuren in Hauptmanns *Anna* und Brods *Leben mit einer Göttin*. Will nicht an Emmy schreiben, denn das sei »Komödie«.

8. AUGUST
Max Brod an K.: »Bewegung und Auflehnung« bei der Lektüre von Wassermann, *Mein Weg als Deutscher und Jude*.

etwa 10. AUGUST
→ PRAG

10. AUGUST
Brod reist nach Berlin, dann gemeinsam mit Emmy Salveter nach Misdroy (Ostsee).
Milena Jesenská 26 Jahre alt.

13. AUGUST
Max Brod an K.: Eifersucht um Emmy, ein Nebenbuhler droht mit Selbstmord.

etwa 13. AUGUST
→ PLANÁ

an Max Brod: Vergleich der Frauen in der Stadt und auf dem Land. Bewundert die Nachbarsfamilie, die 7 Kinder hat. Hermann Kafka hat noch immer Schmerzen, Julie opfert sich für ihn auf. Emmy zu fremd, um an sie zu schreiben.

16. AUGUST
an Max Brod: Ottla und Josef David haben K. das große Zimmer in der Sommerwohnung überlassen. Ausführlich über Brods Konflikt; schlägt vor, Brod solle mit seiner Frau und Emmy eine Ehe zu dritt führen, evtl. in Berlin. Weltsch glaubt, dass Elsa Brod ohnehin Bescheid weiß und vielleicht einverstanden wäre.

21. AUGUST (?)
Brod reist mit Emmy Salveter von Misdroy nach Berlin.

26. AUGUST
Tagebuch: »Mit Unterbrechungen gute Zeit, verdanke sie O[ttla]. Seit paar Tagen wieder Zusammenbruch.«

28. AUGUST
Ernst Weiß 40 Jahre alt.

ENDE AUGUST
→ PRAG

etwa 3. SEPTEMBER
→ PLANÁ

5. SEPTEMBER
an Robert Klopstock: (Karte) Will Okt. und Nov. in Prag verbringen, dann bei Siegfried Löwy in Triesch wohnen.

6. SEPTEMBER
Emmy Salveter übersiedelt zurück nach Berlin.

7. SEPTEMBER
Max Brod an K.: Über Emmys Unlogik; ihr Abschied von Brods Nebenbuhler. Fragt, ob K. nach Berlin mitkommen möchte. Baum erging es nicht gut in den Ferien.

1922 **9. SEPTEMBER**
Die Vermieterin bietet K. an, für ihn zu kochen, falls er den Winter in Planá verbringen will. K. sagt zu, wird dann aber von Angst vor der Einsamkeit ergriffen.

vor 10. SEPTEMBER
an Robert Klopstock: Klopstock hat von einer Möglichkeit berichtet, in Berlin mit finanzieller Unterstützung weiterzustudieren, K. rät dringend dazu. Über die Vorzüge Berlins; bietet an, Klopstock an Ernst Weiß zu empfehlen. K. wird nur einige Wochen in Triesch, den restlichen Winter aber in Prag verbringen, »da ich geistig nicht transportabel bin«. Über die Gründe, warum Elli ihre Tochter Gerti nicht nach Hellerau schickt.

10. SEPTEMBER
Ottla sagt der Vermieterin, dass K. aus gesundheitlichen Gründen nicht in Planá bleiben kann.
an Max Brod: Hat die Arbeit an *Das Schloss* abbrechen müssen. Die unmäßige Erregung wegen seines voreiligen Versprechens, in Planá zu bleiben. Zwiespältiges Verhältnis zur Einsamkeit, fühlt sich wohl in nicht bewohnten, jedoch für andere eingerichteten Wohnungen. Reist noch nicht nach Berlin, da Ottla nur seinetwegen in Planá geblieben ist. Glaubt, Emmy hasse ihn. Sehr kritisch über Gerhart Hauptmann, *Anna*; er hat es Ottla teilweise vorgelesen.

14. SEPTEMBER
Max Brod an K.: Versuch, K.s Angstzustände als »verdrängte Erotik« zu deuten. Man kann den Frauen nicht generell ausweichen. K. solle nach seiner Rückkehr eine Deutschland-Reise machen, um neue Kontakte zu knüpfen. Emmy lässt K. in jedem Brief grüßen, möchte ihn kennenlernen.
Hermann Kafka 70 Jahre alt.

MITTE SEPTEMBER
[Oskar Baum an K.]

15. SEPTEMBER
Brod reist für 2 Tage nach Berlin.

18. SEPTEMBER
→ PRAG

21. SEPTEMBER
an Oskar Baum: »in Planá ging es mir mit einigen zählbaren Unterbrechungen recht gut, erst zum Schluss war ich fast froh dass ich wegfuhr«. Freut sich, dass Leo Baum im Internat ist. Über die eigene Erziehung, die »sich vollständig im einsamen überkalten oder überheissen Knabenbett vollzogen hat«.

22. SEPTEMBER
Oskar Baum, *Otto Weininger und das Judentum*, in: Selbstwehr.

25. SEPTEMBER
[Steueramt Prag-Žižkov an K.]: Aufforderung zur Steuer-Nachzahlung für die Prager Asbestwerke.

ENDE SEPTEMBER
an das Steueramt Prag-Žižkov: (Entwurf) Darstellung der Vermögensverhältnisse und Bitte um Erlass der Restschuld.

SEPTEMBER / OKTOBER
K. verfasst in Prag das Fragment *Forschungen eines Hundes* (*NSF2* 423-482).

OKTOBER
an Leo Baum: (Karte) Leo ist im Internat in Oberhambach, K. ist neidisch darauf.

etwa 2. OKTOBER
an Milena Pollak: Hat ihre Aufsätze in der tschech. Presse gelegentlich gelesen, auch die ihrer deutschfeindlichen Tante. Aber »die Deutschen sind wunderbar und bleiben es«. Hat in Planá Holz gehackt, die Lunge war dort »leidlich«. War jedoch in Prag noch nicht beim Arzt. Über Mareš, der ihm 2 Bücher und eine Einladung geschickt hat.

1922 etwa 7. OKTOBER
 📖 Franz Kafka, *Ein Hungerkünstler*, in: *Die neue Rundschau*.

11. OKTOBER
 📖 Franz Kafka, *Ein Hungerkünstler*, in: *Prager Presse*.

13. OKTOBER
[Hermann und Julie Kafka an K.]: Ausführlicher Brief, der jedoch verlorengeht.

18. OKTOBER
[an Hermann und Julie Kafka]: (Karte) Hat per Botin 1000 K erhalten. *[Hermann und Julie Kafka an K.]:* Sie senden 50 K.

19. OKTOBER
an Hermann und Julie Kafka: Überlegt, ins Kino zu gehen.

21. OKTOBER
an den Kurt Wolff Verlag: Bittet, Klopstock die ungarischen Übersetzungsrechte vorzubehalten.

29. OKTOBER
Ottla Kafka 30 Jahre alt.

30. OKTOBER
Brod reist nach Berlin.

31. OKTOBER
Robert Klopstock 23 Jahre alt.

OKTOBER / NOVEMBER
an Minze Eisner: Sie hat K. nach Kassel eingeladen und ihm eine »Beichte« angekündigt.
K. schreibt *Das Ehepaar* (*NSF2* 516-524, 534-541).

NOVEMBER
Max Brod, *Franzi oder Eine Liebe zweiten Ranges,* München (Kurt Wolff).

3. NOVEMBER
Steueramt Prag-Žižkov an K.: Neuerliche Aufforderung zur Steuer-Nachzahlung für die Prager Asbestwerke und Androhung eines Strafgeldes.

nach 3. NOVEMBER
an das Steueramt Prag-Žižkov: (Entwurf) Die Prager Asbestwerke existieren seit März 1917 nicht mehr. »Hoffentlich gelangt diesmal meine Antwort an das zuständige Referat.«

5. NOVEMBER
Franz Kafka, *Ein Hungerkünstler*, in: *Sonntagsblatt der New Yorker Volkszeitung.*

11. NOVEMBER
Franz Kafka, *Ein Hungerkünstler*, in: *Wochenblatt der New Yorker Volkszeitung.*

13. NOVEMBER (?)
Pick und Werfel besuchen K. Nachdem Pick gegangen ist, übt K. Kritik an Werfels Stück *Schweiger.*

14. NOVEMBER
Tagebuch: Jeden Abend Fieber. Versucht vergeblich zu schreiben.

14. NOVEMBER (?)
an Max Brod: Über den Besuch von Werfel und Pick. Entsetzt über Werfels Stück *Schweiger,* konnte sich nicht zurückhalten, Werfel sein Missfallen auszudrücken: »3aktiger Schlamm«.
an Franz Werfel: (Entwurf) »Was ich gestern sagte hat mir viel Leid gemacht«.

15. NOVEMBER
Franz Kafka, *Ein Hungerkünstler*, in: *Vorbote. Unabhängiges Organ für die Interessen des Proletariats,* Chicago.

nach 22. NOVEMBER
an Franz Werfel: (Entwurf) Entschuldigt sich dafür, dass er mündlich

1922 seine Einwände gegen *Schweiger* nicht präzisieren konnte. Fühlt sich jedoch von dem Stück beleidigt, da die Reduktion auf einen psychiatrischen Einzelfall »die Entwürdigung der Leiden einer Generation« bedeutet.

29. NOVEMBER
an Max Brod: (Entwurf) Hatte einen Monat lang Fieber, Gefahr der Lungenentzündung. Formuliert daher seinen letzten Willen: Gültig sind nur *Das Urteil, Der Heizer, Die Verwandlung, In der Strafkolonie, Ein Landarzt* und *Ein Hungerkünstler.* Alles Übrige, auch Briefe, ist möglichst ungelesen zu vernichten.

ENDE NOVEMBER
an Franz Werfel: Schweiger ist »ein Verrat an der Generation, eine Verschleierung, eine Anekdotisierung, also eine Entwürdigung ihrer Leiden«. Kann Werfels Einladung nach Venedig oder auf den Semmering nicht annehmen, aus medizinischen, finanziellen und psychischen Gründen.

DEZEMBER
an Max Brod: Hat kein Geld, um Bücher zu kaufen, braucht alles für den Arzt.
an Melchior Vischer: (fragmentarisch überliefert) Sehr ausführlich und kritisch über Vischers Buch *Der Hase, der einen Mord erlebt.*

3. DEZEMBER
Ludwig Hardt rezitiert im Mozarteum ›jüdische Dichtungen‹: u. a. Gedichte von Else Lasker-Schüler sowie 3 Texte K.s, u. a. *Das nächste Dorf.*

5. DEZEMBER
Notiz zum Vortragsabend von Hardt, mit Hervorhebung von K.s Texten, in: *Prager Tagblatt.*

17. DEZEMBER
K. liest Kierkegaard, *Entweder – Oder.*

18. DEZEMBER
Tagebuch: Seit Wochen bettlägerig.
Alfred Löwy 70 Jahre alt.

ENDE DEZEMBER
📖 Franz Kafka, *Soud [Das Urteil]*, übertragen von Milena Jesenská, in: *Cesta.*

DEZEMBER / JANUAR
an Minze Eisner: Eine »aussergewöhnlich schlimme« Operation der Mutter, musste zunächst trotz starker Schmerzen immer wieder verschoben werden.
K. beginnt, bei Puah Ben-Tovim (*1903) Hebräisch-Unterricht zu nehmen.

1923

In seinem Buch *Die deutsche Dichtung der Gegenwart 1885–1923* bezeichnet Hans Naumann K. als einen der bedeutendsten Vertreter des Expressionismus.

JANUAR
K. erhält von Alfred Wolfenstein mit persönlicher Widmung den Band *Dichtungen* von Percy Bysshe Shelley in Wolfensteins Übersetzung. Max Brod wird zum Sektionsrat ernannt.

6. JANUAR
UA von Werfels *Schweiger* am Neuen deutschen Theater, Prag. Werfel ist anwesend.

11. JANUAR
Ewald Felix Přibram 40 Jahre alt.

MITTE JANUAR
an Oskar Baum: Glückwünsche zur Bar-Mizwa von Leo Baum (13. Jan.), dem er Bücher schickt.

etwa 18. JANUAR
an Milena Pollak: Fröstelt selbst im Bett. Will *Marie Donadieu* von Charles-Louis Philippe lesen, das sie K. 1920 geschickt hat. Hatte Stifters *Nachsommer* verliehen. Ausführlich über Georg Kaiser.

21. JANUAR
Oskar Baum 40 Jahre alt.

ENDE JANUAR
Franz Kafka, *Erstes Leid*, in: *Genius. Zeitschrift für werdende und alte Kunst.*

JANUAR/FEBRUAR
an Milena Pollak: Ausführliche Deutung von Milenas Aufsatz *Der Teufel am Herd* als Gespräch zwischen einem Engel und einem »Judentum, das knapp vor der Selbstzerstörung ist«; belegt mit tschech. Zitaten aus dem Aufsatz. Hat seit langer Zeit keine Korrespondenz mehr geführt. *Marie Donadieu* gefällt ihm nicht. Sie hat um Brods Roman *Franzi* gebeten, der ihr jedoch kaum gefallen wird. Man muss sicher sein, um zu heiraten, sonst verdoppelt sich nur die Verlassenheit. Der Briefwechsel mit Milena erregt ihn wieder zu stark, »bitte nicht mehr schreiben«.
an Minze Eisner: Verweist sie auf den Rückhalt durch das jüdische Volk. Fragt, ob sie Hebräisch gelernt hat. Julie Kafka erholt sich allmählich von ihrer Operation.

FEBRUAR
K. schenkt Erwin Arnstein, einem Lehrer der Prager jüdischen Schule, den Band *In der Strafkolonie* mit Widmung.
Franz Werfel, *Schweiger. Ein Trauerspiel in drei Akten*, München (Kurt Wolff).

27. FEBRUAR
AUVA an K.: Details zur Pensionszahlung.

28. FEBRUAR
Alfred Löwy stirbt in Madrid. Seiner Schwester Julie Kafka steht ein Teil des Erbes zu.

MÄRZ
an Minze Eisner: Sie hat ihre Verlobung gemeldet.

1923 4. MÄRZ
Dora Diamant 25 Jahre alt.

7. MÄRZ
Vortrag Oskar Baums über Hans Blüher, *Secessio judaica,* im Uraniasaal.

9. MÄRZ
an Kurt Wolff: Klopstock bittet eigenhändig um die Übersetzungsrechte an Kafkas Werken, die er in einer ungarischen Ausgabe edieren will. K. bestätigt.

29. MÄRZ
Gustav Janouch 20 Jahre alt.

FRÜHJAHR
an Puah Ben-Tovim: (hebr.) Nachricht, die K. in der Wohnung für sie hinterlässt, da er zum Arzt muss.

APRIL
Max Brod, *Klarissas halbes Herz. Lustspiel in drei Akten,* München (Kurt Wolff).

MITTE APRIL
Hugo Bergmann, Leiter der Universitätsbibliothek in Jerusalem, kommt für ~ 4 Wochen nach Prag. Er und vor allem seine Frau Else (die noch länger bleibt) sprechen wiederholt mit K. über eine mögliche Auswanderung nach Palästina. K. ist unentschlossen.

vor 18. APRIL
an Robert Klopstock: (Karte) Wollte eigentlich mit Klopstock, der von Budapest nach Prag kommen sollte, in eine Vorstellung Pallenbergs. Die Ankunft Hugo Bergmanns ein großes Ereignis, »es ist aufregend und verlockend, mit ihm beisammen zu sein«.

22. APRIL
Minze Eisner 22 Jahre alt.

24. APRIL
Max Brod an K.: (Karte) Treffen bei Baum.

26. APRIL
16 Uhr: Treffen bei Baum mit Brod und Weltsch.
20 Uhr: Vortrag Hugo Bergmanns über ›Die Lage in Palästina‹.
K. vermutlich anwesend.

ANFANG MAI
→ DOBŘICHOVICE

vor **9. MAI**
an Milena Pollak: (Karte)

9. MAI
an Milena Pollak: (Karte) Die Gegend ist außerordentlich schön, aber die Kosten sind unmäßig.

10. MAI
Geburt von Helena, der zweiten Tochter von Ottla und Josef David.

etwa **11. MAI**
→ PRAG

12. MAI
Karl Hermann 40 Jahre alt.

27. MAI
Max Brod 39 Jahre alt.

ENDE MAI
Brod liest K. den Anfang seines neuen Romans *Rëubeni, Fürst der Juden* vor.
Max Brod, Tagebuch: »Er ist entzückt«.

MAI/JUNI
an Else Bergmann: Sie hat K. besucht.
an Else Bergmann: Absage wegen Fieber.

1923 JUNI
an Puah Ben-Tovim: (hebr., Entwurf) Ihre Eltern, die sich mit Hugo Bergmann beraten, sind dagegen, dass sie weiter in Europa studiert.
K. besucht vermutlich ein Gastspiel des ›Moskauer Künstlertheaters‹ im Stadttheater Königliche Weinberge.

vor 12. JUNI
Milena Pollak besucht K.

12. JUNI
Tagebuch: »Die schrecklichen letzten Zeiten ... für alles unfähig ausser für Schmerzen.« »Auch Du hast Waffen.«
an Oskar Baum: (Karte) Übersetzung eines hebr. Briefes der Arbeiterbank in Jaffa an Baum, der Bergmann versprochen hat, sich unter den eigenen Bekannten für die Aktien der Bank zu verwenden.
[Kurt Wolff Verlag an K.]: (Der Brief erreicht K. nicht, da wiederum ans Büro adressiert.)

SOMMER
an Oskar Baum: Beeindruckt, aber auch kritisch über einen erzählerischen Text Baums.

JULI
[Milena Pollak an K.]: (Dieser Brief erreicht K. nicht, da er in der Wohnung der Kafkas versehentlich verbrannt wird.)

3. JULI
Kafka 40 Jahre alt.

5. JULI
→ BERLIN
K.s Eltern reisen nach Marienbad zur Kur.

6. JULI (?)
Gespräch im Verlag Die Schmiede, der K. einen Autorenvertrag anbietet.
K. trifft erstmals Emmy Salveter. Er will mit ihr am Nachmittag Puah Ben-Tovim in einer jüdischen Kinderkolonie in Eberswalde

besuchen, sie unterschätzen jedoch die Entfernung und kehren in
Bernau wieder um. K. hat leichtes Fieber. (Später wird Emmy über
diesen Ausflug zu Brod sagen: »Ich hätte ihn beinah geküsst.«)
[an Puah Ben-Tovim]

7. JULI (?)
→ MÜRITZ (Ostsee)
Mit seiner Schwester Elli und deren beiden Kindern Felix und Gerti
wohnt K. in der Pension Glückauf. Unmittelbar daneben eine
Ferienkolonie des Jüdischen Volksheims Berlin.

nach 7. JULI
an Hugo Bergmann: Die ostjüdischen Kinder in der Ferienkolonie.
»Wenn ich unter ihnen bin, bin ich nicht glücklich, aber vor der
Schwelle des Glücks.«
K. besucht eine Theateraufführung der Kinder der Ferienkolonie.
Er lernt die 16-jährige Betreuerin Tile Rössler kennen, die in Berlin
eine Lehre als Buchhändlerin absolviert und daher K.s Namen
schon kennt. Rössler vermittelt K. einen engeren Kontakt zur
Ferienkolonie.

10. JULI
an Max Brod: (Karte) Über Emmy Salveter: »Eine wirklich starke
Ursprünglichkeit, Geradheit, Ernsthaftigkeit, kindlich liebe Ernsthaftigkeit.« Ihr Fixiertsein auf Brod. Erfreut über die Kinder in der
Ferienkolonie.

13. JULI
an Robert Klopstock: (Karte) Das Meer »beglückend«, ebenso die
Ferienkolonie. Lernt weniger Hebräisch als in Prag.
an Else Bergmann: Freude an der Ferienkolonie. Hat noch nie den
Beginn des Sabbat gefeiert.
an den Kurt Wolff Verlag: (Karte) Beklagt sich, dass der Verlag noch
immer Post an das Büro in der AUVA schickt.
K. ist eingeladen, in der Ferienkolonie am Freitagabend den Beginn des
Sabbat zu feiern. Dabei lernt er die in Polen geborene, aus jüdisch-
orthodoxer Familie stammende Dora Diamant (*1898) kennen.

1923 nach MITTE JULI
an Else Bergmann: Entscheidet sich dagegen, mit ihr nach Palästina zu reisen.« »… es wäre keine Palästinafahrt geworden, sondern im geistigen Sinne etwas wie eine Amerikafahrt eines Kassierers, der viel Geld veruntreut hat«. Deutet die Furcht von K.s Mutter an, K. könne auswandern.

24. JULI
an Robert Klopstock: (Karte) »Mitteilbares habe ich eigentlich nichts, zu Zeigendes viel, mit-zu-erlebendes viel.« Klopstock sollte in Berlin statt in Prag leben. Erneute Schlaflosigkeit.

25. JULI
Hugo Bergmann an Else Bergmann: »Du weisst, dass ich Franz sehr gern habe u. gern hier hätte, aber ich bitte Dich nur keine Verpflichtung auf Dich zu nehmen u. keine Hoffnungen zu erwecken.« Die Wohnung sei zu klein, die Familie mit der Pflege K.s überfordert; das ginge dann auf Kosten der Kinder.

28. JULI
Else Bergmann 37 Jahre alt.

ENDE JULI
Tile Rössler kehrt zurück nach Berlin.

ANFANG AUGUST
Wegen des schlechten Wetters beenden K.s Eltern ihre Kur in Marienbad vorzeitig (K. wollte sie dort besuchen). K.s Schwager Karl Hermann kommt nach Müritz, um seine Familie abzuholen.

vor 1. AUGUST
[an Hermann und Julie Kafka]: (Karte)

1. AUGUST
Puah Ben-Tovim in Müritz, übernachtet in der Ferienkolonie.

1.–2. AUGUST
Julie und Hermann Kafka an Elli Hermann und K.: Raten K. von einem Aufenthalt in Berlin ab, wegen der politischen Unruhen.

2. AUGUST
an Robert Klopstock: (Karte) Mit einigen Zeilen von Puah Ben-Tovim, die Klopstock mit »Du« anspricht.

vor 3. AUGUST
[Tile Rössler an K.]: (3 Briefe)

3. AUGUST
an Tile Rössler: »Dora, mit der ich am meisten beisammen bin, ist ein wunderbares Wesen«. War jeden Abend in der Ferienkolonie, hat nun jedoch Vorbehalte. Tile hat ihm eine Vase geschenkt, er ihr eine Schale. Deutet an, dass er öfter in Berlin sein wird.
Puah reist von Müritz in den Harz, um dort mit einer Freundin zu wandern.

5. AUGUST
Dora Diamant bittet K. vergeblich, noch länger in Müritz zu bleiben.

vor 6. AUGUST
an Robert Klopstock: Möchte nicht allein in Müritz bleiben, denn er ist in der Ferienkolonie nur Gast. Überlegt, auf der Rückreise nach Prag beim Zionistenkongress in Karlsbad Station zu machen. »Hätten Sie Lust nach Berlin zu übersiedeln? Näher, ganz nahe den Juden?«

6. AUGUST
→ BERLIN
Abreise am Morgen. K. reist mit der Familie seiner Schwester Elli, die nach Prag zurückkehrt. Dora Diamant bleibt in Müritz. K. hat sie gebeten, nicht zum Bahnhof zu kommen.

6.–18. AUGUST
13. Zionistenkongress in Karlsbad.

nach 6. AUGUST
[an Dora Diamant]: (mehrere Briefe und Telegramme) K. bittet Dora, auf ihn nicht in Berlin, sondern in Müritz zu warten. Er sendet ihr Geld, das sie jedoch zurückschickt.

1923 **7. AUGUST**
K. trifft sich mit Tile Rössler. Gemeinsam mit ihr und zwei weiteren ostjüdischen Mädchen besucht er eine Aufführung von Schillers *Die Räuber*.

8. AUGUST
an Max Brod: (postlagernd an »Martin Salvat«, wie alle weiteren Briefe aus Berlin an Brod) Hat in letzter Zeit kaum von ihm gehört. Ist deprimiert, weil allein.
Hugo Bergmann an Else Bergmann: »Wo ist da Platz für Franz? Er müsste unbedingt ein eigenes Zimmer sich irgendwo mieten.«

9. AUGUST
➜ PRAG

10. AUGUST
Milena Jesenská 27 Jahre alt.

16. AUGUST
K. trifft Brod.

nach **16. AUGUST**
➜ SCHELESEN
K. reist mit Ottla und deren Kindern. Er wiegt nur noch 54,5 kg.

21. AUGUST
Hugo Bergmann an Else Bergmann: Erneut die Versicherung, die Wohnung sei zu klein, um K. aufzunehmen.

23. AUGUST
Elsa Brod 40 Jahre alt.

27. AUGUST
an Robert Klopstock: (Karte) Über den Tod eines Mitpatienten in Matliary. Bedauert, dass es in Berlin »immerfort ärger« wird.

29. AUGUST
an Max Brod: (Karte) Die Gegend von Schelesen gefällt ihm. »Gegenkräfte«, die um ihn kämpfen.

SEPTEMBER
[Carl Seelig an K.]: Einladung, sich mit einer Publikation an der Reihe ›Die zwölf Bücher‹ zu beteiligen.
an Carl Seelig: Absage. Ist in letzter Zeit »weit abseits vom Schreiben getrieben worden«. Entschuldigt sich dafür, dass er vor zwei Jahren einen Brief von Seelig nicht beantwortet hat.
Max Brod, *Leben mit einer Göttin. Roman,* München.

ANFANG SEPTEMBER
K.s Eltern in Frankreich (wegen des Nachlasses von Alfred Löwy).

vor 6. SEPTEMBER
[an Emmy Salveter]: (2 Karten)
[Max Brod an K.]

6. SEPTEMBER
an Max Brod: (Karte) Emmy muss (wegen der Inflation) eine Stelle »bei einem Kind« annehmen, Brod ist deshalb wütend und spricht von »Ruin«, K. beruhigt ihn. Plant, am 14. Sept in Prag zu sein.

12. SEPTEMBER
Julie Kafka an Ottla und K.: (Karte aus Versailles) »Unser Urlaub geht zu Ende«. Bittet K., ihr Gebetbuch nach Prag zu schicken.

vor 13. SEPTEMBER
[Robert Klopstock an K.]

13. SEPTEMBER
an Max Brod: (Karte) Kommt morgen doch nicht nach Prag.
an Robert Klopstock: (Karte) Rät ihm zwar, mit dem Studium in Berlin wegen der politischen Verhältnisse noch zu warten, doch das Leben in Prag sei auf Dauer sozial zu unergiebig. Hat erhöhte Temperatur. »Palästina wäre mir ja auch sonst unerreichbar gewesen, angesichts der Berliner Möglichkeiten wäre es aber nicht einmal dringend.«

14. SEPTEMBER
K.s Eltern in Zürich.
Hermann Kafka 71 Jahre alt.

1923 vor 15. SEPTEMBER
[Max Brod an K.]: Bestreitet, dass äußere Umstände keinen Einfluss auf menschliche Beziehungen haben (wie K. angeblich behauptet hat).

15. SEPTEMBER
an Max Brod: (Karte) Beharrt darauf, dass die Umstände in Berlin Brod nicht berechtigen, von »Ruin« zu sprechen. Misst einen Ruhepuls von über 110.
K.s Eltern reisen zurück nach Prag.

21. SEPTEMBER
→ PRAG

vor 22. SEPTEMBER
[Milena Pollak an K.]: (Karte aus Italien)
[Redaktion Vers und Prosa an K.]
[Redaktion Ha-Auhel an K.]
Vermutlich aufgrund einer Zeitungsannonce mietet K. ein Zimmer in Berlin-Steglitz. Er verbrennt einen Brief, den er in Schelesen an Milena Pollak geschrieben hat.

22. SEPTEMBER
an Robert Klopstock: (Karte) »es ging nicht gut länger, ich fahre morgen ... nach Berlin, aber nur für paar Tage«.
Brod reist nach Berlin.

23. SEPTEMBER
→ BERLIN
K. bezieht sein Zimmer in Steglitz, Miquelstr. 8, bei Moritz Hermann. Die ursprünglich vereinbarte Miete hat sich fast verdreifacht.
[an Dora Diamant]: Sie hält sich in Döberitz auf, K. meldet seine Ankunft und Adresse.

24./25. SEPTEMBER
K. trifft Brod, Besuch des Café Josty.

25. SEPTEMBER (?)
K. holt Dora vom Bahnhof ab (Wiederbegegnung nach ~ 7 Wochen), sie nehmen ein Taxi in die Miquelstr.

26. SEPTEMBER
an Ottla Davidová: (Karte) War in der Nacht vor der Abreise so erregt, dass er beinahe den Berliner Vermietern abgesagt hätte. Noch bei der Abreise wurde K. von Josef David vor Berlin gewarnt.
an Ottla Davidová: (Karte) Bittet darum, Butter zu senden, da die Berliner Butter nicht essbar.
an Robert Klopstock: (Karte) Die persönlichen Verhältnisse in Berlin noch nicht geklärt. Hat Brod getroffen, der für Klopstock eine Freikarte für die Mensa in Prag besorgen wird.
an Oskar Baum: (Karte) Ist »für paar Tage« nach Berlin gefahren. »Innerhalb meiner Verhältnisse ist das eine Tollkühnheit«, vergleichbar Napoleons Russlandfeldzug.

27. SEPTEMBER
17 Uhr: Emmy Salveter besucht K. und Dora. Sie bringt Blumen mit. Als sie eintrifft, schläft K.

28. SEPTEMBER
an Max Brod: (Karte) Emmys Besuch.

30. SEPTEMBER
an Elli Hermann: (Karte) Sie soll die Mutter, die äußerst besorgt ist, über K.s Leben in Berlin beruhigen.
K. am Nachmittag bei Emmy Salveter.

ENDE SEPTEMBER
K. beginnt, Josef Chajim Brenners Roman *Unfruchtbarkeit und Scheitern* auf Hebräisch zu lesen.

OKTOBER
Alfred Wolfenstein, *Sphären dreier Dichter,* in: *Der Neue Merkur.* Über Oskar Loerke, Johannes R. Becher und K.
Ernst Weiß, *Die Feuerprobe,* Roman, Berlin (Die Schmiede).

1923 ANFANG OKTOBER
K. besucht Puah Ben-Tovim im ›Viktoria Heim II‹ in der Steinmetzstraße. Sie besucht K. zweimal in Steglitz.

etwa 1. OKTOBER
[Ottla Davidová an K.]

etwa 2. OKTOBER
[Elli Hermann an K.]

2. OKTOBER
an Max Brod: (Karte) Extreme Teuerung; die Miete wird im Okt. auf ~ 180 K steigen. Fühlt sich in der Innenstadt ängstlich. Hat politische Nachrichten gelesen. »Es liegt aber Gerechtigkeit darin, mit dem Schicksal Deutschlands zusammenzuhängen, wie Du und ich«.
an Ottla Davidová: (Karte) Teuerung. Der Duft der Steglitzer Gärten. Schlägt ihr vor, ihn zu besuchen.

3. OKTOBER
an Josef David: (Karte, tschech.) Hat merkwürdig wenige Nachrichten von der Familie. Steglitz um vieles ruhiger als die Innenstadt. Artikel über Fußball in der *Selbstwehr*. »... vielleicht hört der Fussball jetzt überhaupt auf«.
K. erhält von Ottla ein Päckchen mit Butter. Er macht mit Emmy Salveter einen Spaziergang in den Botanischen Garten.

4. OKTOBER
an Elli Hermann: Ist nicht, wie sie glaubt, aus Mutwillen nach Berlin gefahren. Konnte die Reise nicht länger aufschieben, da er wieder anfing abzunehmen (aus psychischen Gründen, deutet er an). Kein Wort über Dora. Berichtet, wie ein Schulmädchen ihm höhnisch »Jud!« zugerufen hat.

etwa 6. OKTOBER
[Hermann und Julie Kafka an K.]: (Karte)

7. OKTOBER
Nachmittag: Ernst Weiß besucht K., der wegen einer schlechten Nacht bis 17 Uhr im Bett liegt.

nach 7. OKTOBER
an Carl Seelig: Schlägt vor, Aufsätze von Ernst Weiß als Buch zu veröffentlichen, legt 2 davon bei.

vor 8. OKTOBER
[Robert Klopstock an K.]

8. OKTOBER
an Ottla Davidová: Außer ihr möge bitte niemand von der Familie nach Berlin kommen, da er sein neues Leben vor ›Prag‹ schützen möchte. Will eventuell nach Prag kommen, dann aber über den Winter in Berlin bleiben.
an Max Brod: (Karte) Über Emmy. Klopstock geht es schlecht, er wagt es nicht, Brod aufzusuchen.

9. OKTOBER
an Felix Weltsch: (Karte) »Über die nächste Umgebung der Wohnung komme ich kaum hinaus, diese ist freilich wunderbar, meine Gasse ist etwa die letzte halb städtische, hinter ihr löst sich das Land in Gärten und Villen auf«.

etwa 10. OKTOBER
[Ottla Davidová an K.]: Rät K. davon ab, nach Prag zu reisen.
Ihr Mann möchte sie ungern nach Berlin reisen lassen.

13. OKTOBER
an Ottla Davidová: (Karte) Pflichtet ihr bei hinsichtlich der Gefahren Berlins.
[Hermann und Julie Kafka an K.]

vor 14. OKTOBER
Ottla kehrt von Schelesen nach Prag zurück.

14. OKTOBER
an Ottla Davidová: (Karte) Wünscht sehr, dass sie kommt.
an Robert Klopstock: (Karte) Möchte in Berlin überwintern. In Steglitz sehr ruhig, kaum sichtbare Armut. »Vor der innern Stadt freilich halte ich mich zurück, war nur 3mal dort, mein Potsdamer Platz ist der Platz vor dem Steglitzer Rathaus«.

1923 **15. OKTOBER**
an Max Brod: (Karte) Kommt nicht nach Prag, »vielleicht in 2 Monaten«. Bittet Brod, ihm eine Tasche mit Winterkleidung mitzubringen. Leidet keinen Mangel, Ernährung »ganz genau so wie in Prag«. Aus K.s Zimmer wird der Flügel des Vormieters abtransportiert. K. bestaunt die Arbeit der Möbelpacker, schaut ihnen noch lange nach.

16. OKTOBER
an Ottla Davidová: (Karte) Die Mutter hatte versprochen, seine Pension (monatlich ~ 1000 K) in kleinen Beträgen per Brief zu senden, aber es kommt nichts. Benötigt Geld für eine Petroleumlampe, das Gaslicht im Zimmer ist zu schwach.

17. OKTOBER
an Hermann und Julie Kafka: (Karte) Hat seit 10 Tagen nichts von ihnen gehört, abgesehen von Lebensmittelsendungen.

18. OKTOBER
[an Hermann und Julie Kafka]: (Karte)
[Hermann und Julie Kafka an K.]
Kurt Wolff Verlag an K.: Abrechnung für 1922/23. Das K. zustehende Honorar ist so niedrig, dass der Verlag stattdessen Bücher sendet. »… erneut zum Ausdruck zu bringen, dass die Geringfügigkeit des Absatzes Ihrer Bücher uns die Freude an deren Zugehörigkeit zu unserem Verlag in keiner Weise mindert.«
K. erhält durch eine Botin der Eltern 1000 K.

19. OKTOBER
an Hermann und Julie Kafka: (Karte)

21. OKTOBER
Tile Rössler besucht K., gemeinsam mit einem befreundeten jungen Maler.

vor 22. OKTOBER
[Max Brod an K.]: Beklagt sich über ausbleibende Nachrichten von K. Fragt, ob er noch Hebräisch lernt.

22.–24. OKTOBER
an Max Brod: Erinnert an ihre beste gemeinsame Zeit an den oberitalienischen Seen. Damals beide noch unschuldig. Er vertraut Briefen nicht mehr. Kunst als »Ermöglichung eines wahren Wortes von Mensch zu Mensch«. Kommt selten ins Zentrum Berlins, lebt »halbländlich«. Liest die am Steglitzer Rathausplatz ausgehängten Zeitungen (da er sich nur 1 Zeitung pro Woche leisten kann). Steht um ~ 9 Uhr auf, liegt auch nachmittags viel. Emmy Salveters Sorgen um Brod. Plante, eine Gärtnerschule in Dahlem zu besuchen, es geht aber aus gesundheitlichen Gründen nicht. Liest pro Tag nur eine Seite Hebräisch. Möchte erst wieder nach Prag fahren, wenn er dort als Gast wahrgenommen wird.

23. OKTOBER
an den Kurt Wolff Verlag: (Karte) Einverstanden mit Sendung von Büchern, die er selbst auswählen möchte.

24. OKTOBER
K. telefoniert mit Emmy Salveter, die ihn gegen Mittag besucht. Sie verabreden, am 27. Okt. Ibsens *Volksfeind* im Schillertheater zu sehen, doch es sind keine Karten mehr erhältlich.

25. OKTOBER
an Robert Klopstock: (Karte) Über Hebräisch und Gärtnerschule.
[Max Brod an K.]: (Karte)

26. OKTOBER
an Max Brod: Emmy weiter aufgeregt, weil Brod immer seltener nach Berlin kommt. Es gibt in Berlin noch immer gutes, reichliches Essen, jedoch sehr teuer. K. hat bisher jeden Abend zu Hause verbracht. K. und Dora Diamant in einem vegetarischen Restaurant in der Friedrichstraße.

vor 28. OKTOBER
an Ottla Davidová: Bedauert, nicht zu ihrem Geburtstag kommen zu können (er glaubt, es sei der 28. Okt., weiß auch ihr Alter nicht). Verzeichnis der Winterkleidung, die man ihm schicken soll. Bittet sie, zum Direktor der AUVA zu gehen und zu begründen, warum K.

1923 ausgerechnet in Berlin ist. Die Idee, nach Palästina zu gehen, hatte nicht zuletzt gesundheitliche und finanzielle Gründe.

29. OKTOBER
[Kurt Wolff Verlag an K.]: (Karte) K. soll sich aus dem Verlagsverzeichnis Bücher auswählen.
Beginn des öffentlichen Rundfunks in Deutschland: 1. Sendung der Radiostunde AG, Berlin, mit klassischer Musik.
Ottla Davidová 31 Jahre alt.

31. OKTOBER
an Max Brod: (Karte) Versucht, ihm den Plan auszureden, für 14 Tage nach Bodenbach zu gehen, wo er Emmy treffen will.
an Robert Klopstock: (Karte) Ist sehr gut versorgt in Berlin, aber möglicherweise wird ihn die Inflation vertreiben.
Robert Klopstock 24 Jahre alt.

NOVEMBER
[Robert Klopstock an K.]
[Josef Krätzig (AUVA) an K.]: Fragt, warum sich K. bei der AUVA nicht mehr meldet.
K. und Dora Diamant beginnen, die ›Hochschule für die Wissenschaft des Judentums‹ zu besuchen (im heutigen Leo-Baeck-Haus), bei gutem Wetter zweimal wöchentlich. K. nimmt bei Rabbiner Julius Grünthal an einem Sprachkurs über den Talmud teil.

ANFANG NOVEMBER
[Hermann und Julie Kafka an K.]: (Karte)
an Hermann und Julie Kafka: Ist entschlossen, zum 15. Nov. auszuziehen; wird es der Vermieterin, mit der er immerfort Dispute um die Höhe der Miete hat, erst am letzten Tag mitteilen. Er wird dann 2 Zimmer haben, was den Besuch der Mutter oder Siegfried Löwys ermöglicht. Die unmäßige Teuerung in Berlin.

1. NOVEMBER (?)
an Max Brod: Umzug am 15. Nov. Widerspricht Gerüchten, die Kafkas würden durch den Tod Alfred Löwys ein großes Vermögen erben. Das Erbe beträgt 600 000 K, muss aber mit drei Brüdern Julies

sowie mit Anwälten und Notaren in Madrid und Paris geteilt werden (Löwy war französischer Staatsbürger). Glaubt, dass Kurt Wolff aufgrund der Inflation »ungeheuerliches Geld« verdient hat.
19–22 Uhr: Emmy Salveter besucht K.
Otto Brod und Therezie Lederer heiraten in Prag.

1.–11. NOVEMBER
K. erhält 3 Pakete von den Eltern.

2. NOVEMBER
an Max Brod: Emmy Salveter hat gefordert, dass Brod sich von seiner Frau trennt. K. deutet an, dass das eine gewisse Berechtigung hat. Brod solle doch wenigstens Emmy regelmäßig besuchen, um äußeren Frieden herzustellen.

5. NOVEMBER
Max Brod, Tagebuch: »Situation sehr verschärft durch einen Brief Kafkas. Er riet [Emmy], nicht zu schreiben. Er meint es gut, aber zerstört er nicht mit seiner ›sittlichen Forderung‹?«
Hungerkrawalle und antisemitische Ausschreitungen im Berliner ›Scheunenviertel‹.

11. NOVEMBER
an Hermann und Julie Kafka: (Karte) Wird für Kohle so viel zahlen müssen wie für die Wohnung. Musste sich Geld borgen.

nach **11. NOVEMBER**
Brod besucht K. und Dora Diamant. Sie duzt Brod schon bei der ersten Begegnung.
Max Brod, Tagebuch: »Franzens Zimmer, unpersönlich wie in Prag ... In Kafkas Wohnung Kälte. Wir saßen nahe beim Ofen.«

13. NOVEMBER
an Hermann und Julie Kafka: (Karte) Wiederholt den Inhalt der letzten Karte, die unzureichend frankiert war.

vor **14. NOVEMBER**
[Marianne u. Lotte Pollak an K.]

1923 **14. NOVEMBER (?)**
an Robert Klopstock: Liest wenig und nur hebräisch. Hat Klopstocks Übersetzung einiger Erzählungen von Friedrich Karinthy durchgesehen, kleine Korrekturen. Schlägt vor, Klopstock solle für die *Selbstwehr* schreiben. Bedankt sich für die Zusendung von Karl Kraus, *Untergang der Welt durch schwarze Magie,* eine »Nachgeburt« der *Letzten Tage der Menschheit.* »Ja, Wien ist schön, nach der Berliner Zeit übersiedeln wir dann nach Wien, ja?« Der Kontakt zu Puah Ben-Tovim ist abgerissen.

vor **15. NOVEMBER**
an Valli Pollak: Berliner Witze über die Inflation. Hat eine neue, große Petroleumlampe, die von Dora aus Einzelteilen gebaut wurde.
[Hermann und Julie Kafka an K.]: Ottla wird nach Berlin kommen. Julie bietet an, Eier zu schicken.
K. bekommt von Klopstock *Untergang der Welt durch schwarze Magie* von Karl Kraus.

15. NOVEMBER
an Hermann und Julie Kafka: (Karte)
10.30 Uhr: K. fährt in die Innenstadt und besucht die Jüdische Hochschule. Danach trifft er einen Bekannten aus Müritz, der ihn zum Essen einlädt. Als er um ~18 Uhr zurückkehrt, hat Dora bereits den Umzug in zwei Zimmer in Berlin-Steglitz, Grunewaldstr. 13 (bei Seifert) erledigt. Die Wohnung hat Zentralheizung und elektrisches Licht, K. hat ein eigenes Telefon.

MITTE NOVEMBER
[Milena Pollak an K.]

nach **MITTE NOVEMBER**
an Robert Klopstock: Klopstock ist öfters bei den Kafkas, K.s Mutter mag ihn, will ihm sogar Geld leihen, was Klopstock ablehnt. Brod ist mit Otto Pick verfeindet. K. geht »selten« in die Hochschule für die Wissenschaft des Judentums.

16. NOVEMBER
In Deutschland wird die Rentenmark eingeführt.

17. NOVEMBER
an Ottla Davidová: (Karte) Einladung in die neue Wohnung. Bittet sie, Eier mitzubringen.

18. NOVEMBER
an Felix Weltsch: (Karte) Hat Weltschs Verwandte noch nicht besucht. Kann bei schlechtem Wetter nicht aus der Wohnung.

19. NOVEMBER
an den Kurt Wolff Verlag: (Karte) Möchte wissen, für welchen Betrag er sich Bücher auswählen darf.

vor 20. NOVEMBER
[Hermann und Julie Kafka an K.]: (2 Briefe) Hermann Kafka fragt, ob K. in Berlin »für später eine Zukunft« hat.

20. NOVEMBER
an Hermann und Julie Kafka: (Karte) Weitere Pakete von den Eltern. Bittet, Geld in Kronen zu senden. Die neue Wohnung außerordentlich schön.

etwa 20. NOVEMBER
an Milena Pollak: Die Reise nach Palästina war nur eine Phantasie. Über Müritz, Schelesen und die Übersiedelung nach Berlin. (Dora erwähnt er nicht.)

etwa 21. NOVEMBER
[Hermann und Julie Kafka an K.]: (Karte)

vor 22. NOVEMBER
[Julie Kafka an K.]: Ottla wird Eier und Butter nach Berlin mitbringen.
[Robert Klopstock an K.]: Bewundernd über Ottla.

22. NOVEMBER
an Ottla Davidová: Übel gelaunt, da die Eltern einen Scheck in Mark per Post schicken, wodurch ein Drittel des Werts verlorengehen wird. Sie soll möglichst bald zur AUVA gehen und dort über K. berichten. (Der das Ende der »vorläufigen« Pensionierung fürchtet.)

1923 **23. NOVEMBER**
an Hermann und Julie Kafka: (Karte) Erneut ist ein Paket angekommen, u. a. mit Hausschuhen. K. fühlt sich sehr gut versorgt.

25. NOVEMBER
an Max Brod: (Karte) K.s Mutter hat Zeitungsaufsätze von Brod geschickt.
Ottla Davidová besucht K. und Dora. Sie bringt Küchentücher und Tischdecken mit.

ENDE NOVEMBER
an Georg Heinrich Meyer (Kurt Wolff Verlag): Wunschliste mit Büchern. Neben einigen eigenen Werken u. a. Gedichtbände von Hölderlin, Hölty u. Eichendorff, Chamissos *Schlemihl* u. 3 Bde. über asiatische Kultur.
K. beginnt mit der Arbeit an *Der Bau* (NFS2 576-632). Er kauft für Ottlas Tochter Věrá eine sprechende Puppe. Ottla reist zurück nach Prag.

ANFANG DEZEMBER
[Ottla Davidová an K.]: Sie war bei Bedřich Odstrčil, Direktor der AUVA, um über K.s Berliner Lebensverhältnisse zu berichten. Kündigt ein 15 kg schweres Paket an.

4. DEZEMBER
[Kurt Wolff Verlag an K.]: Büchersendung ist unterwegs.

MITTE DEZEMBER
an Josef und Ottla David: Legt ein auf Deutsch formuliertes Schreiben an Odstrčil bei, das Josef David übersetzen soll.

17. DEZEMBER
an Max Brod: Nach Versöhnung im Nov. neuerliche Krise zwischen Brod und Emmy Salveter. K. interessiert sich für Musils Stück *Vincenz und die Freundin bedeutender Männer.* Versucht, Baums Novelle *Das Ungetüm* an die *Neue Rundschau* zu vermitteln (was nicht gelingen wird).

19. DEZEMBER
an Hermann und Julie Kafka: (Karte) Braucht derzeit nichts außer Butter. Die Wäscherei ist sehr teuer, K. fragt daher, ob er seine Wäsche alle 6 Wochen nach Prag zum Waschen schicken könnte.

an Robert Klopstock: (Karte) »Die Hochschule für jüdische Wissenschaft ist für mich ein Friedensort in dem wilden Berlin und in den wilden Gegenden des Innern.« Die liberal-reformerische Ausrichtung der Hochschule hat auch etwas Groteskes.

20. DEZEMBER
an Bedřich Odstrčil (AUVA): (tschech.) Begründet seinen Aufenthalt in Berlin-Steglitz und bittet um Genehmigung. War im vergangenen Winter vielfach krank (u. a. schwere Schlafstörungen), in Steglitz hat es sich gebessert. Bittet, die Pension weiterhin den Eltern auszubezahlen, wegen der sonst drohenden Kursverluste.

21. DEZEMBER
an Elli Hermann: (Karte) Ein Prager jüdischer Frauenverein versendet Lebensmittelpäckchen an Bedürftige. Da K. vermutet, dass Elli in diesem Verein ist, sendet er einige Adressen, u. a. die von Ernst Weiß.

vor 23. DEZEMBER
[an Rudolf Kayser (Neue Rundschau)]: (3 Briefe) Zur Publikation von Baums Novelle *Das Ungetüm.*
[Rudolf Kayser an K.]: Novelle ist angenommen, Publikationszeitpunkt unbestimmt.

vor 24. DEZEMBER
an Oskar Baum: (Karte) Bericht über seine Bemühungen bei der *Neuen Rundschau.*

24. DEZEMBER
Dora Diamant findet nachmittags K. mit hohem Fieber vor. Sie ruft Elli Hermann an (zunächst, ohne es K. zu sagen), außerdem Lise Kaznelson (geb. Weltsch) mit der Bitte, einen Arzt zu empfehlen.

25. DEZEMBER
Franz Kafka, **Erstes Leid**, in: *Prager Presse.*

1923 *an Milena Pollak:* (Karte) Es geht ihm nicht gut. Bittet sie, gelegentlich ihre Artikel aus *Národní Listy* zu senden.
Hugo Bergmann 40 Jahre alt.

25.–28. DEZEMBER
an Elli Hermann: Der von Lise Kaznelson mobilisierte Arzt war mittlerweile da, fand nichts außer dem bereits zurückgegangenen Fieber. Das Honorar so hoch, dass Dora es telefonisch herunterhandeln muss.

26. DEZEMBER
an Hermann und Julie Kafka: (Karte) Kälte in Berlin. Weltschs Schwester Lise Kaznelson hat ihm Geld aus Prag mitgebracht.

31. DEZEMBER
an den Kurt Wolff Verlag: (Karte) Noch keine Bücher eingetroffen.
Bedřich Odstrčil (AUVA) an K.: Antrag genehmigt, die Pension an die Eltern auszuzahlen, K. soll Vollmacht senden. Benötigt eine monatliche ›Lebensbescheinigung‹ aus Berlin.

ENDE DEZEMBER
K. bricht die Erzählung *Der Bau* ab.

DEZEMBER / JANUAR
K. schreibt die Erzählung *Eine kleine Frau*.

1924

JANUAR
Siegfried Löwy wohnt bei den Kafkas, in K.s Zimmer, für mindestens 2 Monate.
Max Brod wechselt von der *Prager Presse* zum *Prager Tagblatt*.
Robert Klopstock lernt seine künftige Ehefrau kennen, die 21-jährige Lehrerin Giselle Deutsch.

3./4. JANUAR
an Hermann und Julie Kafka: Erhielt Paket. Einige Preissenkungen. Sendet 2 Briefentwürfe mit, die Josef David übersetzen soll (Übersetzungen von K. abgeschickt am 8. Jan.).

6.–8. JANUAR
an Hermann und Julie Kafka: Ein weiteres Paket ist gekommen. K. wird wieder umziehen, da die Vermieterin die ganze Etage vermieten will. »In Prag wäre mir eine Übersiedlung schrecklich gewesen, hier macht es mir nicht viel aus.« Möchte Zeitungen. Stundenlanger Lärm an Silvester. Dank an Ottla für die Übersetzungen. Überlegt, mit dem Verkauf Prager Butter etwas zu verdienen.

vor 8. JANUAR
Lise und Siegmund Kaznelson besuchen K.

8. JANUAR
an die AUVA: (tschech.) Vollmacht für die Eltern.
an Bedřich Odstrčil (AUVA): (tschech.) Dank.

1924 10. JANUAR
UA von Max Brod, *Prozeß Bunterbart. Schauspiel dieser Zeit
in 3 Akten* in Königsberg, Neues Schauspielhaus.

12. JANUAR (?)
[Max Brod an K.]: (Karte) Aufführung von *Prozeß Bunterbart* kein
Erfolg. Ob für K. nicht das »warme satte Böhmen« besser wäre,
etwa Schelesen.

vor 13. JANUAR
Eines der Hilfspakete des Prager jüdischen Frauenvereins gelangt an
K. Dora backt aus den Lebensmitteln einen Kuchen für ein Waisenhaus.

13. JANUAR
an Max Brod: Fürchtet sich vor weiteren Krankheitskosten. Möchte
Brods Stück *Prozeß Bunterbart* lesen. Hat Fieber, konnte daher
nicht ins ungeheizte Zimmer gehen, wo das Telefon steht. Möchte
Emmy Salveter mit der Rezitatorin und Stimmlehrerin Midia Pinez
zusammenbringen. »Schelesen ist ausgeschlossen, Schelesen ist
Prag, ausserdem hatte ich Wärme und Sattheit 40 Jahre und das
Ergebnis ist nicht für weitere Versuche verlockend.« Positiv über
Ernst Weiß, *Die Feuerprobe;* hat den Roman schon »1½mal gelesen«, außerdem Aufsätze Brods. Nachschrift Dora: K. hat Leitmeritz und Brünn als mögliche Lebensorte erwähnt.
Es stellt sich heraus, dass Brods Ehefrau Elsa über dessen Affäre mit
Emmy Salveter informiert ist.

14.–19. JANUAR
[an Ottla Davidová]
[an Hermann und Julie Kafka]
[an Julie Kafka]

18. JANUAR
AUVA an K.: Mahnung, da K. eine Vollmacht für die Eltern, aber noch
keine Lebensbescheinigung geschickt hat.

20. JANUAR
an Elli Hermann: Sie hat besorgt angerufen, Dora nahm das Gespräch entgegen. Jedoch kein Grund zur Sorge.

25. JANUAR (?)
Dora Diamant gibt ein Wohnungsinserat auf.

vor 26. JANUAR
Irene Bugsch besucht K. Dora Diamant geht ohne K. zu einem Vortragsabend von Midia Pinez im Graphischen Kabinett Neumann; ist begeistert.

26. JANUAR
an Robert Klopstock: (Karte) Wohnungssorgen, kann sich keine gute Wohnung leisten. Kann abends nicht ausgehen wegen erhöhter Temperatur, vormittags im Bett bis 12 Uhr. Nachschrift Dora Diamants, die mehr von Klopstock hören möchte.

26./27. JANUAR
an Elli Hermann: Bekommt viele Angebote für Wohnungen.
Hat in Zehlendorf eine sehr schöne Wohnung besichtigt, jedoch unerschwinglich.
Paula Busse, die Witwe des Schriftstellers Carl Busse, ruft K. spät abends an und bietet ihm eine Wohnung in Berlin-Zehlendorf an, Heidestr. 25–26 (heute Busseallee 7–9).

28. JANUAR
an Felix Weltsch: Die neue Wohnung in der Heidestr. ist angemietet.
In der bisherigen wurde er gekündigt, »als armer zahlungsunfähiger Ausländer«. Dankt für die regelmäßige Zusendung der *Selbstwehr.*
Brod fährt nach Berlin.

ENDE JANUAR
an Hermann und Julie Kafka: Hat Geld von Ottla und Elli bekommen.
Julie strickt eine Wollweste für K., hat ein weiteres Paket mit Lebensmitteln geschickt. K. möchte Einzelheiten aus dem Familienleben.
an Lise Kaznelson (geb. Weltsch): Neue Adresse.

1924 Brod besucht K. Dora kocht. K. liest *Eine kleine Frau* vor, möglicherweise auch Passagen aus *Der Bau*.

1. FEBRUAR
[Ludwig Hardt an K.]: (Telegramm) Weist auf seine Lesung am 3. Feb. hin.
an Ludwig Hardt: Kann wegen abendlichen Fiebers nicht zum Vortragsabend kommen. Bittet Hardt, ihn zu besuchen.
K. und Dora Diamant übersiedeln am Nachmittag nach Zehlendorf. Dora transportiert einiges per Bahn; wegen des schlechten Wetters muss K. ein Taxi rufen.
Ludwig Hardt liest im Prager Mozarteum Texte u. a. von K. Die Veranstaltung ist schwach besucht, K.s Eltern sind anwesend.

3. FEBRUAR
an Ludwig Hardt: Neuerliche Bitte, ihn zu besuchen.
Ludwig Hardt liest im ausverkauften Meistersaal in Berlin, u. a. *Bericht für eine Akademie*. Dora Diamant ist anwesend, übergibt K.s Brief an Hardt.

etwa **3. FEBRUAR**
[Elli Hermann an K.]: (langer Brief)
[Hermann und Julie Kafka an K.]: Mit beigelegtem Geld. Siegfried Löwy bietet an, im Frühjahr gemeinsam mit Julie Kafka nach Berlin zu kommen.

nach **3. FEBRUAR**
Ludwig Hardt besucht K. Er schlägt ihm vor, mit nach Italien zu reisen. K. schenkt ihm eine Beschreibung Sibiriens mit der Widmung: »Als Vorbereitung zu einer gemeinsamen Italienfahrt.«

4.–7. FEBRUAR
an Hermann und Julie Kafka: Über den Umzug, Vorzüge der neuen Wohnung im 1. Stock; Ofenheizung. Aktuelle Lebensmittelpreise. Die Eltern haben sich bei Hermanns Schwägerin Karoline in Leitmeritz erkundigt, ob K. dort wohnen könnte. Unbefriedigende Auskunft.
[an Siegfried Löwy]

8. FEBRUAR
Positive Besprechung des Vortragsabends von Hardt am 3. Feb., in: *Berliner Tageblatt*.

12. FEBRUAR
an Hermann und Julie Kafka: (Karte) Die neue Wohnung sollte etwas ruhiger sein. Telefoniert ungern, ist daher froh, dass das Telefon einen Stock tiefer ist.

19. FEBRUAR (?)
[Siegfried Löwy an K.]: (Karte) Kündigt seinen Besuch an.

20. FEBRUAR
an Hermann und Julie Kafka: (Karte) Erregt wegen des unvermuteten Besuchs des Onkels. Da er den Verdacht hat, es ginge nur um seinen gesundheitlichen Zustand, will er ihn noch telefonisch davon abbringen. (Dazu ist es bereits zu spät.)

21. FEBRUAR
Siegfried Löwy trifft abends in Berlin ein.

23. FEBRUAR
an Hermann und Julie Kafka: (Karte) Der »Verdacht« wegen Löwys Kommen bleibt. Eigenhändig von Löwy: K. »ist hier sehr gut aufgehoben«.

25.–27. FEBRUAR
Dora Diamant und Siegfried Löwy besuchen eine Lesung von Karl Kraus im Berliner Lustspielhaus.

29. FEBRUAR
an Robert Klopstock: (Karte) Bedankt sich für Schokolade und »die Fackel, mit der ich die Ihnen schon bekannten entnervenden Orgien abendelang getrieben habe«. War schon länger als einen Monat nicht in der Hochschule. Wird aus gesundheitlichen Gründen Berlin verlassen müssen.

1924 ANFANG MÄRZ

an Robert Klopstock: Soll nicht nach Berlin kommen. »Ich wehre mich gegen ein Sanatorium, auch gegen eine Pension, aber was hilft es, da ich mich gegen das Fieber nicht wehren kann. 38° ist zum täglichen Brot geworden«. Stundenlanger Husten morgens und abends, viel Auswurf. Denkt auch an ein Sanatorium im Wienerwald. Ausführlich über Arthur Holitscher, dessen Erinnerungen er in der *Neuen Rundschau* liest.

[an Siegfried Löwy]: Der Onkel hat geraten, K. solle auf direktem Weg ins Sanatorium fahren (offenbar, damit die Eltern nicht mit K.s Zustand konfrontiert werden), doch K. will in Prag Station machen. Dr. Ludwig Nelken, ein Bekannter Dora Diamants, untersucht K. und findet ihn (nach seinen späteren Worten) »in einem fürchterlichen Zustand«. Kurz darauf sendet K. an Dr. Nelken ein Buch von Georg Simmel: *Rembrandt. Ein kunstphilosophischer Versuch*, mit Widmung (eines der Bücher, die er als Honorarersatz vom Kurt Wolff Verlag bekommen hat).

1. MÄRZ
an Hermann und Julie Kafka: (Karte) Hat sich vom Onkel widerwillig davon überzeugen lassen, dass er in ein Sanatorium muss (geplant ist zunächst Davos).

4. MÄRZ
Dora Diamant 26 Jahre alt.

7. MÄRZ
K. schließt mit dem Berliner Verlag Die Schmiede einen Vertrag über einen »Novellenband«, der enthalten soll: **Ein Hungerkünstler, Erstes Leid, Eine kleine Frau**. Auflage: 2000 Ex. Honorarvorschuss: 750 M.

etwa 8. MÄRZ
[an Hermann und Julie Kafka]: Teilt mit, dass er Honorar bekommt.

10. MÄRZ
an Elli Hermann: Sie hat K. aufgefordert, seinen gesundheitlichen Zustand nicht zu beschönigen. K. möchte von dem Honorar seine

»Familienschulden« begleichen und Geschenke für die Mutter und für Marie Werner kaufen.

14. MÄRZ
Brod reist in Begleitung von Leoš Janáček nach Berlin, bringt einen Koffer für K. mit.

etwa 14. MÄRZ
an Elli Hermann: Auf Anraten Brods wird Dora versuchen, beim Verlag Die Schmiede einen höheren Vorschuss auszuhandeln.

14./15. MÄRZ
an Hermann und Julie Kafka: Dank für die von der Mutter gestrickte Weste. Will in Prag nur 2–3 Tage Station machen, Marie Werner überlässt ihm für diese Zeit ihr Zimmer. Klopstock soll K. keinesfalls in Berlin abholen.

17. MÄRZ
→ PRAG (begleitet von Brod)
Sie reisen 2. Klasse. Brod muss während der Fahrt eine Kritik der Berliner Aufführung von Leoš Janáčeks Oper *Jenufa* schreiben.
Max Brod, Tagebuch: »Anstrengendster Tag meines Lebens.«
Dora bleibt zurück; es ist verabredet, dass sie ihm ins Sanatorium folgen wird, dass jedoch eine Begegnung mit K.s Eltern vermieden werden soll.

nach 17. MÄRZ
K. schreibt seine letzte Erzählung *Josefine, die Sängerin oder Das Volk der Mäuse.* Er schreibt von Prag aus täglich an Dora Diamant (nicht überliefert).

19. MÄRZ
an Bedřich Odstrčil (AUVA): Teilt mit, dass er in ein Sanatorium in Davos gehen wird.

etwa 20. MÄRZ
Erste schmerzhafte Symptome der Kehlkopftuberkulose, rascher Verlust der Stimmkraft.

1924 23. MÄRZ
Julie Kafka 68 Jahre alt.

28. MÄRZ
an die Polizeidirektion Prag: (tschech.) Bevollmächtigt seine Mutter, den Reisepass abzuholen.

APRIL
Franz Werfel, *Verdi. Roman der Oper,* Berlin.

ANFANG APRIL
K. begegnet auf dem Altstädter Ring Michal Mareš.

5. APRIL
Letzter Abschied von den Eltern.
→ WIEN → ORTMANN (Niederösterreich)
(Es ist wahrscheinlich, dass K. auf dieser Reise begleitet wurde, laut Dora Diamant von einer der Schwestern.)
K. im Sanatorium Wienerwald. Siegfried Löwy kennt einen der Ärzte, hatte daher von der Möglichkeit gesprochen, 10 % Rabatt zu bekommen (was sich nicht bewahrheiten wird).

7. APRIL
an Robert Klopstock: (Karte) K. hat »sehr bösartige« Halsschmerzen und wiegt in Winterkleidung nur noch 49 kg. Er bekommt Pyramidon und Demopon. Bekommt keine klare Auskunft zum Befund des Kehlkopfs. Kann nur flüstern und liegt meist im Bett, hat daher keinen Kontakt zu anderen Patienten.
an Hermann und Julie Kafka: (Karte) »Das Zimmer ist gut, die Gegend prachtvoll.« Bekommt Pyramidon. »Gewicht etwa 50 kg.« »der Hals wurde untersucht, das scheint nicht schlimm zu sein«.

8. APRIL
Dora Diamant kommt aus Wien nach Ortmann, sie bezieht ein Zimmer in einem Bauernhaus neben dem Sanatorium.

9. APRIL
an Max Brod: Deutet an, dass Kehlkopftuberkulose diagnostiziert

wurde. Dringende Bitte, die Erzählung *Josefine, die Sängerin* zur *Prager Presse* und zum Verlag Die Schmiede zu vermitteln, da er Geld für Behandlungskosten benötigt. Nachschrift Dora: »Bitte Max, verkaufe was möglich ist ... Der Zustand ist sehr, sehr ernst.« *an Hermann und Julie Kafka:* (Karte) Die Behandlung wird teuer. Dora bleibt nur für einige Tage. Nachschrift Dora: »Wenn es möglich ist, werde ich die Reise hinausschieben.«

9./10. APRIL
an Robert Klopstock: (Karte) Muss in die Universitätsklinik Wien, da der Kehlkopf zu sehr angeschwollen ist. Kann deswegen nicht essen. Nimmt Kodein. Notwendig sind Alkoholinjektionen, evtl. eine Resektion am Kehlkopf. Handschriftlich ein Hilferuf Dora Diamants: Die Ärzte haben K. aufgegeben, er teilt mit zwei ebenso schwer Erkrankten ein Zimmer. »Er kann nicht essen, nicht sprechen.« Sie denkt an Homöopathie als letzte Rettung. Hat zwar genügend Geld (vermutlich von K.s Familie), kennt aber in Wien niemanden.

10. APRIL
an Hermann und Julie Kafka: (Karte) Muss in die Wiener Klinik, um Alkoholinjektionen in den Nerv zu bekommen. Der Prager Architekt Leopold Ehrmann (wahrscheinlich ein Verwandter der Kafkas) hat dafür gesorgt, dass K. in Wien sofort aufgenommen wird (sein Onkel ist Prof. für Dermatologie in Wien und mit Prof. Hajek bekannt). Nachschrift Dora: Jemand von K.s Familie sollte nach Wien kommen.
→ WIEN (mit Dora Diamant, ~ 4 Stunden Fahrt)
K. in der Laryngologischen Klinik von Prof. Markus Hajek, Lazarettgasse 14. Dora Diamant wohnt im Hotel Bellevue.

11. APRIL
an Hermann und Julie Kafka: (Karte) »sehr gut untergebracht«. »... solange ich nicht gut essen kann, muss ich natürlich bleiben«.

12. APRIL
an Hermann und Julie Kafka: (Karte) »Heute werde ich die Injektionen bekommen«. Obwohl Besuchszeit nur von 14 bis 16 Uhr ist,

1924 kommt Dora immer schon nach 13 Uhr. Nachschrift Dora: »Franz munter u. vergnügt.«
16 Uhr: Karl Hermann trifft in der Wiener Klinik ein.

13. APRIL
an Hermann und Julie Kafka: (Karte) Mentholeinspritzung hat »recht gut gewirkt«. Die Kafkas haben ein Telegramm an Siegfried Löwy nach Venedig geschickt und ihn aufgefordert, seinen Urlaub zu unterbrechen und nach K. zu sehen. K. hält das für »sinnlos«.
Am Nachmittag ist Karl Hermann erneut bei K.

nach 14. APRIL
[Robert Klopstock an Dora Diamant]: (der Brief geht als unzustellbar zurück) Schlägt vor, K. mit künstlicher Ernährung zu unterstützen.
Robert Klopstock an Ottla Davidová: Erhofft sich Wunder von einer Operation K.s. Will nach Wien reisen.
Robert Klopstock an Ottla Davidová: Dora soll auf keinen Fall, wie sie es offenbar vorhat, K. einem naturheilkundlichen Arzt überlassen; in diesem Fall würde Klopstock sofort nach Wien reisen, um einzugreifen. Nur eine Operation kann helfen. K. soll sich von Prof. Hajek privat behandeln lassen.

15. APRIL
an Hermann und Julie Kafka: (Karte) Die Eltern haben Zeitungen geschickt. Schönes Zimmer. Die Injektionen sind unangenehm. Nachschrift Dora: Sie darf für K. kochen.
Dora Diamant an Hermann und Julie Kafka: Kann K. nur zu Besuchsstunden sehen. Seine Schmerzen haben nachgelassen. Die Familie soll keine Decken senden.

16. APRIL
Dora Diamant fährt nach Kierling / Klosterneuburg. Sie mietet im kleinen, privaten Sanatorium von Dr. Hugo Hoffmann (Hauptstr. 187) ein Balkonzimmer für K.
an Hermann und Julie Kafka: (Karte): Deutet Probleme mit dem Trinken an. Vergleich mit dem Leben beim Militär, z. B. Aufstehen um 5.30 Uhr. Nachschrift Dora: Übersiedelung nach Kierling in 3 Tagen.

17. APRIL
Weltsch kommt für einige Tage nach Wien.

18. APRIL
an Robert Klopstock: (Karte) Klopstock hat angekündigt, dass er sofort nach Wien kommt, K. möchte das nicht. Es geht ihm besser, seit er Mentholöl-Bespritzungen auf den Kehlkopf bekommen hat. Übersiedelt bald nach Kierling. Nachschrift Dora: Über das »lebhafte lachende Gesicht« K.s, das Hoffnung macht. Klopstock soll mit seiner Reise noch einige Tage warten, bis K. sich an den Gedanken gewöhnt hat.
Dora Diamant an Julie Kafka: Beschreibung von K.s Mahlzeiten; mittags kocht Dora für ihn. Sie hat in Kierling vereinbart, dass sie auch dort für K. kochen darf.
Robert Klopstock an Elli Hermann: Die Ärzte im Sanatorium Wienerwald haben K.s Zustand übertrieben, um ihn loszuwerden. Plädiert noch immer für eine private Behandlung durch Prof. Hajek (da er von der Übersiedelung K.s nach Kierling noch nicht weiß). K.s Bettnachbar, der ebenfalls an Kehlkopf-Tbc erkrankte Schuhmachermeister Josef Schrammel, stirbt am späten Abend. K. ist empört darüber, dass sich nur ein Geistlicher, aber kein Arzt blicken lässt.

19. APRIL
an Max Brod: (von Kierling abgeschickt) K. hat von Werfel Rosen sowie *Verdi. Roman der Oper* bekommen (mit Widmung). War »grässlich hungrig« nach Lektüre. »Hat man sich einmal mit der Tatsache der Kehlkopftuberkulose abgefunden, ist mein Zustand erträglich«. Hat »heute schon einigemal grundlos geweint« (tatsächlicher Anlass ist Schrammels Tod). Dank für die Vermittlung der Publikationen in den Prager Tageszeitungen (deren Honorare K. dringend benötigt).
→ KIERLING/KLOSTERNEUBURG (mit Dora Diamant)
K. bezieht ein Zimmer im Sanatorium Dr. Hoffmann. Er wiegt ~ 45,5 kg.
Franz Kafka, *Zerstreutes Hinausschaun*, in: *Prager Presse*.

nach 19. APRIL
Robert Klopstock an Ottla Davidová: Ist froh, dass K. in Kierling ist,

1924   aber Prof. Hajek soll K. unbedingt auch weiterhin behandeln. Beklagt, dass K. und Dora ihn im Unklaren über K.s Zustand lassen.

20. APRIL
📖 Franz Kafka, *Josefine, die Sängerin*, in: *Prager Presse*.
📖 Franz Kafka, *Eine kleine Frau*, in: *Prager Tagblatt*.

21. APRIL
an Hermann und Julie Kafka: (Karte) Begründet, warum er nicht ins Sanatorium Wienerwald zurückwollte: »abscheuliche Erinnerungen«. Handschriftlich von Dora: K. benötigt ein Federbett.

25. APRIL
an Hermann und Julie Kafka: (Karte) Ein Lungenfacharzt aus Wien (Prof. Neumann) wird auf Veranlassung von Weltsch kommen, K. fürchtet die Kosten. Handschriftlich von Dora: 2 Pakete aus Prag noch unterwegs. K. kann essen, ist jedoch heiser. Schlechtes Wetter.

etwa **26. APRIL**
Dora Diamant an Elli Hermann: K. hat jeden Abend bis zu 38,8 °C Fieber, ist deprimiert deswegen. Sie wird nach Wien fahren, um zu veranlassen, dass 2 Ärzte nach Kierling kommen. Der von Dora hinzugezogene naturheilkundliche Arzt wird von Dr. Hoffmann abgelehnt. K. benötigt ein Federbett sowie Zeitungen, ist »sehr mürrisch«, weil er nichts zu lesen hat.

27. APRIL
Der Verlag Die Schmiede zahlt K. 300 M als weiteren Honorarvorschuss, da die Auflage des Bandes *Ein Hungerkünstler* auf 3000 Ex. erhöht wurde. Außerdem schickt der Verlag einige Bücher an K.

28. APRIL
an Max Brod: Bekommt Freiexemplare der *Prager Presse*. Über eine Büchersendung Brods: »mit Büchern und Heften spielen macht mich glücklich«. Liest sehr langsam den Roman Werfels. Ist sehr schwach, nicht reisefähig.
an Hermann und Julie Kafka: (Karte) Die Behandlung besteht nur in Wickeln und Inhalieren. Arseninjektionen lehnt K. ab. Handschriftlich von Dora: K. ist heiser. Geringer Husten.

[Franz Werfel an Max Brod]: K. wollte nicht, dass Werfel ihn in der Universitätsklinik besucht. Werfel versuchte dennoch, sich in der Klinik für K. einzusetzen; eine Ärztin versprach, dass K. bald ein Einzelzimmer bekommt.

ENDE APRIL
Das Manuskript von *Josefine, die Sängerin* trifft beim Verlag Die Schmiede ein. Der Satz des Buchs *Ein Hungerkünstler* beginnt.

ENDE APRIL (?)
[an Herschel Diamant]: Bittet Doras Vater, seiner Heirat mit Dora zuzustimmen. Er ist zwar kein gläubiger Jude nach orthodoxen Maßstäben, jedoch ein Bereuender oder Umkehrender.

MAI
K. verständigt sich häufiger mit Zetteln, um den Kehlkopf zu schonen. (Etwa 200 Notate sind erhalten.) Die Familie Dr. Hoffmann rät Dora dringend, K. zu heiraten; sie verständigen einen Rabbiner.
an Robert Klopstock: (Zettel) »Lesen Sie auch die Episode aus Werfels Roman [*Verdi*]. Es geht mir wieder so nah wie Schweiger, ich kann darüber nichts sagen.«

ANFANG MAI
Herschel Diamant lässt K.s Brief dem orthodoxen Rabbi von Ger vorlegen, Mordechai Alter. Der sagt »Nein«.
Ottla besucht K. in Kierling.

2. MAI (?)
Dora Diamant an Elli Hermann: Bittet um Geld. Hat in Wien Dr. Oscar Beck gebeten, K. zu untersuchen. Um K. zu beruhigen, hat sie ihm gegenüber behauptet, es sei noch Geld für 5 Monate vorhanden.

2. MAI
K. hat starke Schmerzen im Kehlkopf; Schlucken ist fast unmöglich. Prof. Neumann und Dr. Beck aus Wien untersuchen K., diagnostiziert wird im Kehlkopf ein »zerfallender tuberkulöser Process … der auch einen Teil des Kehldeckels mit einbezieht«. Sie raten, K. nach Prag zu bringen, da Heilung nicht mehr möglich ist. Eine Alkoholinjektion bringt K. nur vorübergehende Erleichterung.

1924 **3. MAI**
Dr. Oscar Beck an Felix Weltsch: Ein operativer Eingriff ist nicht mehr möglich, Dr. Beck und Prof. Neumann schätzen K.s verbleibende Lebenszeit auf 3 Monate. Bitte an Weltsch, die Familie K.s aufzuklären.
K. hat wiederum starke Schmerzen. Dora Diamant ruft Dr. Beck an, der erneut rät, K. nach Prag zu bringen. Dora lehnt dies ab, um K. nicht die letzte Hoffnung zu nehmen.
Elli Hermann bei Brod, teilt ihm mit, dass K. nicht mehr lange leben wird.

4. MAI
K. trinkt Wein mit nur geringen Schmerzen.

5. MAI
Dora Diamant an Elli Hermann: »Mein einziger Wunsch ist jetzt nur noch, dass er nicht leidet.«

5. MAI (?)
an Hermann und Julie Kafka: (Karte, überwiegend von Dora) Das Wetter noch immer ungünstig.« ... wir telefonieren ja täglich«.

etwa **6. MAI**
Robert Klopstock trifft in Kierling ein. Er bezieht ein Zimmer unter dem Dach. Beginn seiner medizinischen Fürsorge für K.

6. MAI
Dora Diamant an Julie Kafka: Julie hat ein Federbett, ein Kissen und eine Torte geschickt. K. liegt schlafend auf dem Balkon in der Sonne.

nach **6. MAI**
Robert Klopstock an Ottla Davidová: Der Laryngologe Prof. Tschiassny wird K. behandeln, notfalls gratis. Briefe von der Familie heitern K. auf, sonst ist seine Stimmung oft »sehr trüb«.
Dora Diamant an Ottla Davidová: K. könnte Familienbesuch allenfalls ertragen, wenn dieser nicht im Sanatorium wohnt. Dora benötigt Geld. Klopstocks Anwesenheit erspart einige Kosten.

8. MAI
an Hermann und Julie Kafka: (Karte) K. konnte endlich ausgekleidet auf dem Balkon liegen.

etwa 10. MAI
[Herschel Diamant an K.]: Verweigert die Zustimmung zu K.s Heirat mit Dora. (Der Brief wird in derselben Stunde wie Brod eintreffen.)

11. MAI
Siegfried Löwy besucht K.

13.–17. MAI
Brod in Wien und Kierling. Besuche bei K., den er in sehr schlechter Verfassung antrifft.

14. MAI
Klopstock in Wien, er kauft die ersten Kirschen für K.

etwa 15. MAI
Robert Klopstock an Julie Kafka: Prof. Tschiassny bezeichnet es als »Ehre«, K. als Patienten zu haben. Julie könnte K. evtl. besuchen.

15. MAI
Robert Klopstock an Elli Hermann: Hat Geld für Dora erhalten.

MITTE MAI
Der Verlag Die Schmiede schickt die Korrekturbögen zu K.s letztem Buch **Ein Hungerkünstler**. K. korrigiert sie sorgfältig. Er weint bei der Wiederbegegnung mit seinen Texten.

16. MAI (?)
[Hermann und Julie Kafka an K.]: (Expressbrief) Schilderung eines Familienausflugs.

17. MAI
Robert Klopstock an Ottla Davidová: (10 Seiten) Dora hat den jungen anthroposophischen Arzt Dr. Glas hinzugezogen, der sich gegenüber K. sehr menschlich verhält. Prof. Hajek war ebenfalls in Kier-

ling, war erstaunt darüber, wie rasch K.s Erkrankung fortgeschritten ist. Nur noch Linderung der Schmerzen ist möglich. Klopstock bewundert Dora Diamants rückhaltlosen Einsatz für K., es fällt ihm jedoch schwer, mit ihr darüber zu sprechen. Dora will K. evtl. nach Böhmen bringen, was Klopstock ablehnt.
Robert Klopstock an Julie Kafka: K. liest sehr gern Nachrichten von der Familie. Er trinkt »zu jeder Mahlzeit Bier, es so geniessend, dass es ein Ergötzen ist, ihn anzuschauen«.

18. MAI
[Hermann und Julie Kafka an K.]: (Karte) Hermann erwähnt die Möglichkeit gemeinsamen Biertrinkens.
Robert Klopstock an Ottla Davidová: Dr. Glas war wieder da, K. »ein wenig traurig«, als er erfuhr, dass es sich um einen Anthroposophen handelt. Glas wird sich jedoch schon morgen mit Prof. Hajek abstimmen. Sehr positiv über Dora.
Robert Klopstock an Julie Kafka: K. isst recht viel, trinkt Bier, Dora heitert ihn auf. Versucht, Julie zu beruhigen.

19. MAI (?)
an Hermann und Julie Kafka: Trinkt zu den Mahlzeiten Bier und Wein. Hat Lust auf Heurigen, viel Durst (erwähnt jedoch nicht die Schmerzen, die ihm das Trinken bereitet). Handschriftlich von Dora: K. ist von morgens bis abends auf dem Balkon, hat dort Sonne bis 14 Uhr. Halsschmerzen »unbedeutend«. Klopstock ein »wunderbarer Mensch«.

20. MAI
an Max Brod: Hat (auf Brods Kosten) ein Buch von einer Prager Buchhandlung bekommen. Die Alkoholinjektionen benebeln ihn. Es tut ihm leid, dass Brods Besuch so »trübselig« verlaufen ist.

26. MAI
an Hermann und Julie Kafka: (Karte) Handschriftlich von Dora: »Ich bin von den blossen häufigen Unterhaltungen über Bier, Wein, (Wasser), und anderen schönen Dingen sehr oft beinahe betrunken. Franz ist ein leidenschaftlicher Trinker geworden.« 1 Flasche Wein wöchentlich. Klopstock bringt jeden Tag Blumen. Handschriftlich

von K.: »Richtigstellung«: Hat auch (nicht zu befriedigende) Lust auf Wasser und Obst. Handschriftlich von Dora: »Geld könnten wir schon etwas brauchen, aber Franz darf es nicht wissen.«

etwa 26. MAI
Max Brod in Travemünde.

27. MAI
Der Verlag Die Schmiede sendet die 2. Korrektur des Bandes *Ein Hungerkünstler* an K. Von den 5½ Bögen kann K. nur noch einen überarbeiten.
Max Brod 40 Jahre alt.

ENDE MAI
K. bekommt Morphium.
Robert Klopstock an Elli Hermann: K. ist nach einem überstandenen Darmkatarrh und wegen Appetitlosigkeit so geschwächt, dass künstliche Ernährung unausweichlich. »Er ist über diese Massnahme so verzweifelt, dass ich es gar nicht sagen kann, geistig ist es ihm schwer.« Klopstock will unbedingt in Kierling bleiben, obwohl dies für K.s Angehörige Kosten verursacht.

2. JUNI
an Hermann und Julie Kafka: (K.s letzter Brief) Erinnert den Vater an das gemeinsame Biertrinken in der Badeanstalt. Die Eltern haben von einem Besuch in Kierling gesprochen, K. versucht, sie auf schonende Weise davon abzubringen. »... ich bin noch immer nicht sehr schön, gar nicht sehenswert«. Kann nur flüsternd sprechen. Jedoch: »Alles ist in den besten Anfängen«. Über seine ärztliche Versorgung. (Der Brief bricht mitten im Satz ab.) Handschriftlich Dora: »Ich nehme ihm den Brief aus der Hand. Es war ohnehin eine Leistung.«
K. arbeitet noch an der 2. Korrektur für den Band *Ein Hungerkünstler*. Brod reist aus Travemünde ab.

3. JUNI
Robert Klopstock an Max Brod: (Telegramm) »Sehr schlecht Herzschwäche«.
Franz Kafka stirbt gegen Mittag. Diagnostiziert wird »Herzlähmung«.

1924 Brod ruft in Kierling an, erfährt von K.s Tod. Klopstock verständigt telegraphisch K.s Familie.

4. JUNI
Karl Hermann und Siegfried Löwy kommen nach Kierling.
Robert Klopstock an Elli Hermann: »Der Dora kennt, nur der kann wissen, was Liebe heisst.« Siegfried Löwy »freisinnig«, ohne Empathie, Dora fürchtet sich vor ihm. Das starre, strenge Gesicht des verstorbenen K.
Max Brod, *Franz Kafka gestorben*, in: *Prager Tagblatt*.
Rudolf Fuchs, *Der Dichter Franz Kafka gestorben*, in: *Prager Abendblatt*.

5. JUNI
Kafka wird in einem verlöteten Sarg nach Prag überführt.
Meldungen zu K.s Tod im *Berliner Tageblatt*, der *Vossischen Zeitung* und dem *Berliner Börsen-Courier*.
Oskar Baum, *Franz Kafka*, in: *Prager Presse*.

6. JUNI
Milena Jesenská, *Nachruf auf Franz Kafka*, in: *Národní listy*.
Die *Selbstwehr* bringt ein ›Gedenkblatt für Franz Kafka‹ mit Beiträgen von Brod und Weltsch (»Der Tod war ihm gnädig. Schmerzlos ist er verschieden«). Außerdem von K.: **Der plötzliche Spaziergang, Entschlüsse, Das Unglück des Junggesellen, Vor dem Gesetz, Die Sorge des Hausvaters.**
Kurze Notiz über K.s Tod in der *Neuen Freien Presse*.
Egon Erwin Kisch an Ernestine Kisch: »Er war weitaus der echteste von den Prager Dichtern. Ein großer und feiner Mensch.«

7. JUNI
Franz Theodor Csokor, *Franz Kafka gestorben*, in: *Frankfurter Zeitung*.

8. JUNI
Ludwig Hardt, *Franz Kafka gestorben*, in: *Der Tag*, Wien.

10. JUNI
In Prager Tageszeitungen erscheinen Todesanzeigen, deutsch und tschech., mit den Namen der Eltern. Es wird gebeten, von Kondolenzbesuchen abzusehen.
Rowohlt Verlag an Max Brod: Interesse an K.s Romanwerk.

11. JUNI
16 Uhr: Kafka wird auf dem jüdischen Friedhof in Prag-Straschnitz beigesetzt. Der Himmel ist bewölkt, es ist schwül. Weniger als 100 Trauergäste.
Im Auftrag des Verlags Die Schmiede spricht Willy Haas mit Brod über die Publikation von K.s Nachlass.
Hugo Bergmann an Max Brod: Schlägt vor, eine Abteilung der Jerusalemer Universitätsbibliothek nach K. zu benennen.

12. JUNI
Otto Pick, *Dichterehrung,* in: *Prager Presse.* Beklagt sich, dass bei K.s Beisetzung kein einziger Vertreter der »repräsentativen deutschen Literatur- und Kunstinstitutionen Prags« zugegen war.

13. JUNI
Josef David legt der AUVA K.s Totenschein vor. Die Behörde bewilligt K.s Eltern einen Beerdigungsbeitrag von 4365 K.

14. JUNI
Verlag Die Schmiede an Max Brod: »Wir haben das allergrößte Interesse daran, [K.s] Nachlass zu erwerben.«
Heinz Stroh, *In memoriam Franz Kafka,* in: *Berliner Börsen-Zeitung.*

nach **MITTE JUNI**
[Felice Marasse (geb. Bauer) an Hermann und Julie Kafka]: (Telegramm) Beileid.
[Julie Kafka an Felice Marasse]: (Brief, der wegen fehlender Straßenangabe nicht zugestellt wird.)

19. JUNI
Vormittags Totenfeier für K. an der ausverkauften Kleinen Bühne, veranstaltet von Hans Demetz. Reden von Brod und Johannes Urzidil.

1924 Der Schauspieler Hans Hellmuth Koch liest aus K.s Werken, u. a. *Ein Traum, Kleider, Der plötzliche Spaziergang, Vor dem Gesetz, Eine kaiserliche Botschaft.*
Brod verhandelt mit K.s Eltern und Schwestern über die Publikation von K.s nachgelassenen Werken.
Otto Pick, *Franz Kafka,* in: *Prager Presse.*

20. JUNI
Kurt Wolff an Max Brod: »... brennend interessiert, den Nachlass Kafkas kennenzulernen«.

24. JUNI
Wien, Gewerbevereinssaal: Gedächtnisabend von Ludwig Hardt für K. Er liest vor ~ 300 Zuhörern u. a. *Elf Söhne* und *Ein Bericht für eine Akademie.*

27. JUNI
Im *Prager Tagblatt* erscheint eine Anzeige der Familie Kafka, die sich für alle Kondolenzen bedankt.

JULI
Julie Kafka bittet Robert Klopstock, in Berlin die Adresse von Felice Marasse (geb. Bauer) festzustellen und den nicht zugestellten Brief dorthinzuschicken. Klopstock verliert jedoch den Brief, was Julie Kafka erst Ende Dezember erfährt.
Rudolf Kayser, *Franz Kafka,* in: *Neue Rundschau.*

1. JULI
Franz Kafka, *Erstes Leid,* in: *Berliner Börsen-Courier.*
Soma Morgenstern, *Franz Kafka zum Gedächtnis. Vortragsabend Ludwig Hardts in Wien,* in: *Berliner Tageblatt* (= Morgensterns erste Publikation).
Verlag Die Schmiede an Max Brod: »Der Titel ›Ein Hungerkünstler‹ scheint uns nicht sehr glücklich«. (Brod besteht darauf.)

3. JULI
Kafkas 41. Geburtstag.

4. JULI
Rudolf Kayser (S. Fischer Verlag) an Max Brod: Es ist ihm gelungen, Samuel Fischer für den Nachlass K.s zu interessieren.

7. JULI
Rowohlt Verlag an Max Brod: Die von Brod geforderten Honorare für K.s Nachlass sind indiskutabel.

11. JULI
K.s Familie unterzeichnet eine Vereinbarung: Danach erhalten K.s Eltern 55 %, Dora Diamant 45 % der Erlöse aus K.s Werken. Max Brod wird alleiniger Herausgeber.
Rudolf Kayser (S. Fischer Verlag) an Max Brod: Samuel Fischer »bittet Sie um Einsendung der Manuskripte«.

12. JULI
Zsolnay Verlag an Max Brod: Interesse an K.s Nachlass.

14. JULI
Verlag Die Schmiede an Max Brod: »Wir haben ... als Untertitel ›Vier Geschichten‹ gewählt, was uns noch besser gefällt als ›Novellen‹.«

16. JULI
Verband der Vereine Creditreform an Max Brod: »Die vorhandenen Mittel« des Verlags Die Schmiede »sind nur schwache«.

17. JULI
Brod veröffentlicht die beiden testamentarischen Verfügungen K.s in der *Weltbühne*.

31. JULI
Brod schließt mit dem Verlag Die Schmiede einen Vertrag über »Die Werke aus dem Nachlass von Franz Kafka. Herausgegeben von Max Brod«.
Die Weltbühne gibt bekannt, dass K.s Werk im Verlag Die Schmiede erscheinen wird.

1924 AUGUST
Dora Diamant reist aus Prag ab, ohne sich von K.s Angehörigen zu verabschieden.
Oskar Baum, *Franz Kafka*, in: *Der Jude*.
Johannes Urzidil, *Rede zum Ehrengedächtnis Franz Kafkas*. Gehalten bei der Trauerfeier in Prag, in: *Das Kunstblatt*, Berlin.

10. AUGUST
Milena Pollak 28 Jahre alt.

ENDE AUGUST
📖 Franz Kafka, *Ein Hungerkünstler. Vier Geschichten*, Berlin (Die Schmiede). Enthält: **Erstes Leid, Eine kleine Frau, Ein Hungerkünstler, Josefine, die Sängerin oder das Volk der Mäuse**. (Innerhalb von 6 Monaten werden ~500 Ex. verkauft.)

HERBST
Da der Kurt Wolff Verlag sich weigert, die Rechte an *Der Heizer* an den Verlag Die Schmiede zu übertragen, muss Brod den Plan aufgeben, als ersten Roman aus K.s Nachlass *Der Verschollene* zu publizieren (unter dem Titel ›Amerika‹). Statt dessen bereitet er nun *Der Process* für die Publikation vor. Der unvollendete Roman erscheint im April 1925.

Lebensdaten wichtiger Personen

Bauer, Felice

Felice Bauer wurde am 18. November 1887 in Neustadt (Oberschlesien) geboren. Ihr Vater Carl Bauer (geb. um 1850, gest. 1914) war Versicherungskaufmann, ihre Mutter Anna, geb. Danziger (1849–1930), war die Tochter eines in Neustadt ansässigen Färbers. Im Jahr 1899 übersiedelte die Familie nach Berlin.

Felice hatte vier Geschwister: Else (1883–1952), Ferdinand (›Ferri‹, 1884–1952), Erna (1885–1978) und Antonie (›Toni‹, 1892–1918). Else lebte nach ihrer Heirat in Budapest; als Felice sie dort im Jahr 1912 erstmals besuchte, lernte sie bei einem Zwischenaufenthalt in Prag Franz Kafka kennen. Kafka korrespondierte später auch mit Erna, diese Briefe müssen jedoch als verloren gelten. Ein Cousin Felices, der Breslauer Kaufmann Max Friedmann, heiratete Sophie Brod, die Schwester Max Brods.

Felice Bauer schloss ihre Schulausbildung ohne Abitur ab. Sie wurde 1908 Stenotypistin bei der Schallplattenfirma Odeon, 1909 wechselte sie zur Carl Lindström A.G., die u. a. Parlographen herstellte, die damals modernsten Diktiergeräte. In kurzer Frist rückte sie in eine verantwortliche Position auf und hatte 1912 wahrscheinlich schon Prokura. Sie war zuständig für den Vertrieb und repräsentierte die Firma auch auf Verkaufsmessen. Im April 1915 trat sie eine Stelle bei der Technischen Werkstätte Berlin an. Auf Anregung Kafkas wurde sie 1916 auch ehrenamtliche Mitarbeiterin des Jüdischen Volksheims, wo sie eine Mädchenklasse mit überwiegend osteuropäischen Flüchtlingen unterrichtete.

Nach der endgültigen Trennung von Kafka heiratete Felice Bauer 1919 Moritz Marasse (1873–1950), den Teilhaber einer Berliner Privatbank. Das Paar hatte einen Sohn und eine Tochter, mit denen sie 1931 in die Schweiz, 1936 nach Kalifornien emigrierten. Da die Familie fast ihr gesamtes Vermögen verloren hatte, musste Felice in den USA wieder arbeiten. Sie eröffnete einen Laden, in dem sie von ihr und ihrer Schwester Else gefertigte Strickwaren verkaufte. Felice Bauer starb am 15. Oktober 1960 in Rye nördlich von New York.

Die Briefe, die sie von Kafka erhalten hatte, musste Felice Bauer in den fünfziger Jahren aus finanziellen Gründen an den Schocken Verlag, New York, verkaufen. 1987 wurden sie von einem bis heute unbekannt gebliebenen europäischen Händler oder Sammler ersteigert.

Baum, Oskar
Oskar Baum wurde am 21. Januar 1883 als Sohn eines jüdischen Tuchwarenhändlers in Pilsen geboren. Von Geburt an litt er unter einem sehschwachen Auge, das später fast völlig erblindete; im Alter von elf Jahren trug Baum bei einer Rauferei eine irreversible Verletzung auch des zweiten Auges davon. Er musste das Gymnasium in Pilsen verlassen und wurde nach Wien in die jüdische Blindenanstalt ›Hohe Warte‹ geschickt. Nach absolvierter Lehramtsprüfung verließ er 1902 die Anstalt als Lehrer für Klavier und Orgelspiel und zog nach Prag. Hier arbeitete er zunächst als Organist in einer Synagoge, dann als Klavierlehrer. Als Schriftsteller trat er ab 1908 mit Erzählungen und Romanen an die Öffentlichkeit; zu seinen bekanntesten Werken zählen *Uferdasein. Abenteuer und Erzählungen aus dem Blindenleben von heute* (1908), *Das Leben im Dunkeln* (1909) und *Die Tür ins Unmögliche* (1919).

Mit Kafka wurde Baum im Herbst 1904 durch Max Brod bekannt gemacht; aus der Begegnung entwickelte sich eine lebenslange Freundschaft. Nach Baums Heirat mit Margarete Schnabel (geb. 1874) im Dezember 1907 wurde die Wohnung des Ehepaares zum regelmäßigen Treffpunkt der Freunde Brod, Kafka und Felix Weltsch, bei denen aus selbst verfassten literarischen Texten vorgelesen wurde.

Ab 1922 war Baum festangestellter Musikkritiker der regierungsnahen deutschsprachigen Tageszeitung *Prager Presse*; aus dieser Position wurde er im Dezember 1938 kurz vor der deutschen Okkupation entlassen. Bemühungen, ihm die Ausreise nach Palästina zu ermöglichen, scheiterten an bürokratischen Hürden. Baum starb am 1. März 1941 im Prager jüdischen Krankenhaus an den Folgen einer Darmoperation; seine Frau Margarete wurde bald darauf deportiert und kam in Theresienstadt um. Der einzige Sohn Leo (geb. 1909) – der verschiedentlich von Kafka erwähnt wird – starb am 22. Juli 1946 beim Bombenanschlag einer jüdischen Widerstandsgruppe auf das King David Hotel in Jerusalem.

Brod, Max
Max Brod wurde am 27. Mai 1884 in Prag geboren. Der Vater, Adolf Brod, war Bankdirektor, die Mutter, Fanny Brod geb. Rosenfeld, stammte aus Nordböhmen. Brod hatte zwei Geschwister: Otto (1888–1944), der ein ausgezeichneter Pianist war, beteiligte sich an Ausflügen und Urlaubsreisen gemeinsam mit Kafka; er wurde in Auschwitz ermordet. Sophie (geb. 1892, gest. ca. 1953) heiratete den Breslauer Kaufmann Max Friedmann, einen Cousin von Kafkas Verlobter Felice Bauer. Die Familie Friedmann konnte sich durch Emigration in die USA retten.

Max Brod studierte Jura an der Deutschen Universität Prag und promovierte 1907. Bis 1924 war er Beamter der Postdirektion Prag, danach Literatur- und Kunstkritiker. Gemeinsam mit seiner Ehefrau Elsa Taussig (1883–1942) verließ er 1939 die Tschechoslowakei, bereits während des Einmarschs deutscher Truppen. Er emigrierte nach Tel Aviv, wo er bis zu seinem Tod als Dramaturg am israelischen Staatstheater tätig war. Er starb am 20. Dezember 1968.

Außerhalb Israels ist Max Brod heute vor allem als Freund und Nachlassverwalter Kafkas in Erinnerung. Die zeitweise sehr enge Bindung zwischen beiden begann im Oktober 1902. Zahlreiche Bekanntschaften und Freundschaften Kafkas, z.B. die zu den Prager Autoren Oskar Baum und Franz Werfel, wurden durch Brod initiiert. Während Brod bereits sehr früh literarisch in Erscheinung trat (*Tod den Toten!*, Novellen, 1906), verschwieg ihm Kafka jahrelang sein eigenes »Schreiben«. Die erste Lektüre von Texten Kafkas überzeugte Brod von deren überragender Bedeutung; er versuchte nun beständig, Kafka zum Arbeiten und – nachdem er ihn an den Verleger Kurt Wolff vermittelt hatte – auch zur Publikation seiner Texte zu bewegen. Entgegen dem (allerdings uneindeutigen) Wunsch Kafkas hat Brod dessen Manuskripte nach 1924 nicht vernichtet, sondern publiziert. Er verantwortete auch die erste Kafka-Gesamtausgabe, die ab 1935 im Schocken Verlag erschien.

Neben diesem Verdienst um Kafkas Werk, das ohne Brods Initiative fast vollständig verloren wäre, war seine über zwei Jahrzehnte während psychisch stützende Funktion für Kafka von größter Bedeutung. Der menschlich isolierte, phasenweise depressive und suizidgefährdete Kafka sah den geselligen und sozial besser integrierten Brod bis zu dessen Heirat beinahe täglich. Aus dieser Vertrautheit hat Brod später einen Monopolanspruch auf das richtige Verständnis von Kafkas Werken abgeleitet. Gegenüber deren Vielschichtigkeit haben sich Brods religiöse Deutungen jedoch als unzulänglich erwiesen.

Brods eigenes Schaffen umfasst zahlreiche Romane, Erzählungen, Gedichte und Theaterwerke, die jedoch heute kaum noch präsent sind; am erfolgreichsten waren die Romane *Tycho Brahes Weg zu Gott* (1915) und *Rëubeni, Fürst der Juden* (1925) sowie eine Kafka-Biografie (1937). Die eigene Rolle als Protagonist und Impressario der Prager Literatur schilderte Brod in mehreren Erinnerungsbüchern, u. a. *Streitbares Leben* (1960) und *Der Prager Kreis* (1966). Seit etwa 1910 war Brod in der zionistischen Bewegung engagiert; 1918 wurde er Vizepräsident des jüdischen Nationalrats. Außerdem machte er sich als Vermittler zwischen deutscher und tschechischer Kultur verdient; so sorgte er z. B. mit Nachdruck für die Anerkennung des tschechischen Komponisten Leoš Janáček. Brods ausgedehnte Briefwechsel mit zahlreichen zeitgenössischen Autoren sind bis heute nicht erschlossen.

Diamant, Dora

Dora Diamant (jiddisch: Dymant) wurde am 4. März 1898 in Pabianice nahe Lodz (Polen) geboren. Ihr Vater war Herschel Aron Dymant (geb. 1874), ein gelehrter Anhänger des Chassidismus; ihre Mutter Friedel (geb. 1873) starb bereits, als Dora etwa acht Jahre alt war.

Nach dem Tod der Mutter übersiedelte die Familie ins schlesische Bedzin nahe der Grenze zu Deutschland, wo Herschel Aron mit einem Textilunternehmen zu Wohlstand gelangte. Dora besuchte eine polnische Schule und schloss sich nach Beginn des Weltkriegs einer zionistischen Vereinigung an, die sich vor allem der Vermittlung und Belebung der hebräischen Sprache widmete. Hier nahm sie auch an Theateraufführungen teil, gegen den Widerstand des orthodoxen Vaters.

Nach kurzer Ausbildung als Kindergärtnerin in Krakau trennte sich Dora von ihrer Familie und übersiedelte 1919 nach Breslau, ein Jahr später nach Berlin.

Dora Diamant lernte Kafka im Juli 1923 im Ostseebad Müritz kennen, wo sie als Betreuerin der Ferienkolonie des Berliner Jüdischen Volksheims arbeitete. Von Ende September 1923 bis März 1924 lebte sie mit ihm unter schwierigen wirtschaftlichen Umständen in Berlin.

Ab April betreute sie Kafka, der inzwischen unter Kehlkopftuberkulose litt, zunächst in Wien, dann in einem Sanatorium in Kierling, gemeinsam mit Robert Klopstock.

Nach Kafkas Tod lebte Dora Diamant zunächst wieder in Berlin. Ab Ende 1926 nahm sie Unterricht am Schauspielhaus Düsseldorf, von 1927 bis 1930 trat sie in verschiedenen Produktionen auf, unter anderem in Düsseldorf, Neuss und Gladbach. 1930 kehrte sie abermals nach Berlin zurück und schloss sich dort einer Agitprop-Gruppe an. 1932 heiratete sie den Ökonomen und KPD-Funktionär Lutz Lask (1903–1973). Die von Kafka noch vorhandenen Briefe und Notizbücher verlor sie durch eine Hausdurchsuchung der Gestapo. Im März 1934 wurde ihre Tochter Marianne geboren.

Nach einigen Monaten Gestapo-Haft floh Lask in die UdSSR, Dora folgte ihm 1936. Nachdem ihr Ehemann in Moskau wiederum verhaftet und nach Sibirien deportiert worden war, gelang Dora 1938 die Flucht ins westliche Ausland. 1940 erreichte sie England und wurde zunächst auf der Isle of Man interniert. Sie lebte in London von 1942 bis zu ihrem Tod am 15. August 1952.

Jesenská, Milena

Milena Jesenská wurde am 10. August 1896 in Prag geboren. Ihr Vater, Dr. Jan Jesenský (1870–1947), war Professor für Zahnmedizin an der Karlsuniversität, ihre Mutter Milena Jesenská, geb. Hejzlarovà, starb bereits 1913.

Von 1907 bis 1915 besuchte Milena das fortschrittliche tschechische Mädchengymnasium ›Minerva‹, danach studierte sie vier Semester Medizin. Sie führte ein sehr selbständiges Bohème-Leben und war auch in der deutschsprachigen Prager Kaffeehausszene eine bekannte Erscheinung. Etwa 1916 lernte sie den Prager Literaten Ernst Pollak kennen; ihr Vater versuchte diese Beziehung mit allen Mitteln zu unterbinden, ließ sie 1917 sogar in eine psychiatrische Anstalt einweisen. Dennoch heiratete sie Pollak 1918 und übersiedelte mit ihm nach

Wien. Die Ehe war jedoch unglücklich und von ständiger Geldnot überschattet. Ende 1919 begann Milena Jesenskà, Artikel und Feuilletons für tschechische Zeitungen zu schreiben, was ihr sehr bald einen Ruf als exzellente Journalistin einbrachte. Die kurze, aber intensive Beziehung zu Kafka, die 1920 durch Briefe angebahnt wurde, erwies sich als nicht tragfähig; Milena war noch nicht bereit, sich von Pollak zu trennen, Kafka wiederum schreckte vor Milenas leidenschaftlichem, forderndem Charakter zurück. In der Folge übersetzte sie einige seiner Erzählungen ins Tschechische.

1926 kehrte Milena nach Prag zurück, wo sie ihren zweiten Mann kennenlernte, den Architekten Jaromír Krejcar. Ihr gemeinsames Kind, die Tochter Jana, wurde 1928 geboren. In den folgenden Jahren litt Milena unter Morphiumsucht aufgrund einer verfehlten Medikation. Bis 1936 war sie eng mit der kommunistischen Partei verbunden, für die sie auch publizistisch tätig wurde; danach wurde sie Redakteurin der Zeitschrift *Přítomnost*, in der sie zahlreiche politische Reportagen publizierte. Nach der Besetzung der Tschechoslowakei durch das Nazi-Regime betätigte sich Milena als Fluchthelferin; im November 1939 wurde sie von der Gestapo festgenommen. 1940 wurde sie in das Konzentrationslager Ravensbrück deportiert. Dort starb sie am 17. Mai 1944 an einer Erkrankung der Nieren. Sie wurde 48 Jahre alt.

Nachdem man Milena Jesenská jahrzehntelang nur noch als Empfängerin der *Briefe an Milena* kannte, ist ihr Leben und ihre bedeutende journalistische Arbeit inzwischen gut dokumentiert.

Kafka, Elli
Gabriele Kafka, genannt Ella oder Elli, wurde am 22. September 1889 als älteste Tochter von Julie und Hermann Kafka in Prag geboren. Sie besuchte acht Jahre lang eine deutschsprachige Volks- und Bürgerschule für Mädchen, kurzzeitig auch ein privates Fortbildungsinstitut. Am 27. November 1910 heiratete sie den Handelsagenten Karl Hermann (1883–1939), mit dem sie drei Kinder hatte: Felix (1911–1940), Gerti (1912–1972) und Hanna (1919–1942).

Ein Vertrauensverhältnis zu ihrem Bruder entwickelte Elli erst nach ihrer Heirat. Im Frühjahr 1915 begleitete Kafka sie bei einem Besuch ihres in Ungarn stationierten Ehemannes, und noch im Jahr vor seinem

Tod reiste Kafka mit Elli und deren Kindern während der Sommerferien nach Müritz an der Ostsee. An der Erziehung und Entwicklung der Kinder nahm Kafka intensiven Anteil, wie einige ausführliche Briefe an Elli bezeugen. Seinem dringlichen Ratschlag, die Kinder auf einer freien Schule in Hellerau erziehen zu lassen, folgte die Schwester jedoch nicht.

Mit der Weltwirtschaftskrise 1929 geriet die Familie Hermann in finanzielle Schwierigkeiten; der Bankrott des Familienunternehmens und der Tod von Karl Hermann führten dazu, dass Elli Hermann weitgehend auf die Unterstützung ihrer Schwestern angewiesen war. Zusammen mit ihrer Tochter Hanna wurde sie am 21. Oktober 1941 in das Ghetto von Lodz deportiert; im Frühjahr 1942 lebte sie dort zeitweilig mit ihrer Schwester Valli und deren Ehemann. Elli Hermann wurde vermutlich 1942 im Vernichtungslager Chelmno ermordet.

Kafka, Hermann
Hermann Kafka, der Vater Franz Kafkas, wurde am 14. September 1852 im Dorf Wossek in Südböhmen geboren. Sein Vater war Fleischhauer. Wie es im Milieu jüdischer Handwerker und Händler üblich war, wurden er und wahrscheinlich auch seine fünf Geschwister bereits als Kinder zur Arbeit herangezogen. Von 1872 bis 1875 leistete er Militärdienst, danach ging er nach Prag, wo er zunächst als Handlungsreisender tätig war. Während seiner Verlobungszeit mit Julie Löwy begann er mit den Vorbereitungen für eine Geschäftsgründung, und um die Zeit ihrer Heirat am 3. September 1882 eröffnete er ein Geschäft für Kurzwaren und Modeartikel (damals ›Galanteriewaren‹). Mehrere Umzüge innerhalb der Prager Altstadt, die allmähliche Vergrößerung des Geschäfts (mit bis zu 15 Angestellten) und die Betätigung als Großhändler markierten den gesellschaftlichen Aufstieg. Auch die Gründung der ›Prager Asbestwerke‹, ein kurzlebiges Unternehmen des Schwiegersohns Karl Hermann, wurde überwiegend von Hermann Kafka finanziert.

Die Rolle, die Hermann Kafka im Leben seines Sohnes spielte und die sich in dessen langem *Brief an den Vater* spiegelt, ist bis heute umstritten. Einerseits war er stolz auf Franzens Bildungskarriere, die seinen eigenen Horizont weit überschritt. Andererseits war er enttäuscht darüber, dass die offenkundige Begabung des Sohnes mit einem völligen Desinteresse an allem Geschäftlichen einherging – ein

Konflikt, der sich vor allem am Familienunternehmen der ›Prager Asbestwerke‹ immer wieder entzündete. Hermann Kafka übte auf seine Kinder einen andauernden verbalen wie moralischen Druck aus, um sie dazu zu bewegen, ihre Lebenspläne und ihr soziales Verhalten seinen eigenen Vorstellungen anzupassen.

An der schriftstellerischen Arbeit des Sohnes war Hermann Kafka wenig interessiert. Da die soziale Stufenleiter die Achse seines Weltbilds war, betrachtete er Literatur als brotlose Kunst, die von einträglicheren Tätigkeiten abhielt. Er bewunderte jeden, der es zu Wohlstand gebracht hatte, und grenzte sich rigoros ab gegen alle, die er sozial überholt hatte.

Im Juli 1918 verkaufte Hermann Kafka das Galanteriewarengeschäft an einen Verwandten. Nach dem Tod des Sohnes unterzeichnete er einen Vertrag, der Max Brod zum Herausgeber des Nachlasses bestimmte und Dora Diamant die Einnahmen aus den Veröffentlichungen zusprach. In den letzten Lebensjahren war Hermann Kafka gebrechlich, ein Foto zeigt ihn im Rollstuhl. Er starb am 6. Juni 1931 in Prag.

Kafka, Julie

Julie Kafka, die Mutter Franz Kafkas, wurde als Julie Löwy am 23. März 1856 in Podiebrad (Poděbrady) an der Elbe geboren. Sie stammte aus einer jüdischen Unternehmerfamilie, die eine Stoffhandlung besaß und eine Brauerei gepachtet hatte. Julie hatte fünf Brüder; ihre Ausbildung beschränkte sich vermutlich auf häuslichen Privatunterricht. 1876 übersiedelte die Familie nach Prag. 1882 lernte sie – offenbar durch einen Heiratsvermittler – Hermann Kafka kennen, der zu diesem Zeitpunkt noch als Handlungsreisender angestellt war, aber bereits in Prag lebte. Fast gleichzeitig mit der Hochzeit im September 1882 wurde auch das Kafkasche Galanteriewarengeschäft eröffnet, nicht zuletzt auf Grundlage von Julies Mitgift.

In diesem Geschäft trat zwar Hermann als unumschränkter Prinzipal auf, doch trotz der sechs Geburten (zwei Söhne starben als Kleinkinder) und der zunehmenden Pflichten im Haushalt verbrachte Julie Kafka fast genau so viele Arbeitsstunden im Geschäft wie ihr Ehemann und war hier auch an allen wesentlichen Entscheidungen beteiligt.

Im Gegensatz zu dem polternden und ewig nörgelnden Hermann

war Julie eine ausgeglichene, pragmatische, dabei freundliche und weithin beliebte Persönlichkeit. Charakteristisch für sie war – und Kafka hat ihr dies auch vorgehalten –, dass sie die häufigen Konflikte zwischen ihren Kindern und ihrem Ehemann stets zu ersticken suchte, anstatt wirkliche Lösungen zu suchen: dies zumeist mit dem Argument, Hermann müsse ›geschont‹ werden. Gegenüber der intellektuellen Entwicklung ihres Sohnes blieb Julie indifferent; es ist nicht bekannt, ob sie je eines seiner Werke gelesen hat.

Mit dem Verkauf ihres Geschäfts im Jahr 1918 setzte sich das Ehepaar Kafka zur Ruhe. Nach dem Tod ihres Mannes am 6. Juni 1931 übersiedelte Julie Kafka vom Altstädter Ring in das 1918 erworbene Haus Bilekgasse 4, wo bereits die Töchter Ottla und Elli mit ihren Familien sowie Julies Bruder Siegfried lebten. Dort starb sie am 27. September 1934.

Kafka, Ottla

Ottilie Kafka, genannt Ottla, geboren am 29. Oktober 1892 in Prag, war die jüngste Schwester Franz Kafkas. Sie war die einzige der Schwestern, die zunächst, für drei Jahre, eine tschechische Grundschule besuchte. Die sechste bis achte Klasse absolvierte sie in einem privaten Fortbildungsinstitut, danach arbeitete sie im elterlichen Geschäft.

Von den drei Schwestern stand sie Kafka am nächsten, war seine »beste Prager Freundin«, wie die im Tagebuch des Bruders dokumentierten vertrauensvollen Gespräche belegen. Wohl unter dem Einfluss ihres Bruders interessierte auch sie sich für die zionistische Bewegung, trat dem Klub jüdischer Frauen und Mädchen bei und absolvierte mit Blick auf eine Auswanderung nach Palästina eine landwirtschaftliche Ausbildung. Als sie sich während des Ersten Weltkriegs entschloss, ein kleines Gut in dem westböhmischen Dorf Zürau zu übernehmen, das der Familie ihres Schwagers Karl Hermann gehörte, unterstützte ihr Bruder sie dabei, diese Entscheidung auch gegen den heftigen Widerstand des Vaters durchzusetzen. Von Mitte April 1917 bis zum Herbst 1918 bewirtschaftete Ottla Kafka das Zürauer Gut, und von September 1917 bis April 1918 nahm sie dort ihren Bruder auf, der nach dem Ausbrechen seiner Lungenkrankheit Erholung auf dem Land suchte. Von November 1918 bis März 1919 besuchte sie eine landwirtschaftliche Winterschule in Friedland. Versuche, eine Stellung in einem landwirtschaftlichen Betrieb zu finden, scheiterten; aber auch die Auswanderung nach Palästina blieb für Ottla eine Option, die sie offenbar nur mit Rücksicht auf die Eltern zurückstellte.

Am 15. Juli 1920 heiratete Ottla Kafka den katholischen Tschechen Josef David (1891–1962), einen ehrgeizigen Juristen, der bald darauf Sekretär des Verbandes der Tschechoslowakischen Versicherungsanstalten wurde. Die Beziehung zu David hatte bereits vor dem Krieg begonnen; ihre Eltern hatten davon allerdings erst nach seiner Entlassung aus dem Militärdienst erfahren. Hermann Kafka brachte bei aller Sympathie für den Bräutigam Bedenken insbesondere gegen die Nationalität und die Religionszugehörigkeit vor, aber wiederum setzte sich Ottla durch.

Die Geburt der beiden Töchter Věra (1921–2015) und Helena (1923–2005) und ihre Entwicklung wurden von Franz Kafka mit großer Anteilnahme verfolgt; auch bemühte er sich um ein gutes Verhältnis zum Ehemann seiner Schwester. Im Sommer 1922 verbrachte er mit der Familie David drei Monate auf dem Land im südböhmischen Planá nad Lužnicí. Ottla Davidová war es auch, die in Kafkas letzten Jahren, während seiner krankheitsbedingten Abwesenheit von Prag, in seinem Auftrag die Unterhandlungen mit seinen Vorgesetzten in der Arbeiter-Unfall-Versicherung-Anstalt führte, um Verlängerungen seiner Urlaube zu erwirken oder seine Pensionierung zu erreichen, und gemeinsam mit ihrem Mann übersetzte sie Kafkas Briefe an die Behörde (in der seit Proklamation der Tschechoslowakischen Republik die Zweisprachigkeit aufgehoben war) ins Tschechische. In Kafkas letztem Lebensjahr besuchte sie ihn in Berlin und Kierling und hielt – wie ihre Schwestern und Eltern – den Kontakt zu ihm brieflich aufrecht.

Ottla Davidová lebte mit ihrem Mann in keiner glücklichen Ehe. Die lange Trennung durch den Krieg während der Brautzeit – bei seiner Rückkehr fand Josef David statt des jungen Mädchens eine reife, durch selbständige Landarbeit geprägte Frau vor –, mehr aber noch die konservative und tschechisch-nationale Haltung Davids, die der Erziehung und der Persönlichkeit seiner Frau entgegengesetzt war, hatten daran Anteil. Ab Frühjahr 1940 lebten die Ehepartner nicht mehr in gemeinsamer Wohnung, im August 1942 wurde Ottla Davidová ins Konzentrationslager Theresienstadt deportiert. Im Oktober 1943 begleitete sie als Helferin einen Transport polnischer jüdischer

Kinder nach Auschwitz; kurz nach ihrer Ankunft wurde Ottla Davidová dort ermordet.

Kafka, Valli
Valerie Kafka, genannt Valli, wurde am 25. September 1890 als Tochter von Julie und Hermann Kafka in Prag geboren. Sie besuchte acht Jahre lang die deutsche Volks- und Bürgerschule für Mädchen. Am 12. Januar 1913 heiratete sie den kaufmännischen Angestellten Josef (›Pepa‹) Pollak (1882–1942), mit dem sie zwei Töchter hatte: Marianne (1913–2000) und Lotte (1914–1931).
Über das Verhältnis Kafkas zu Valli ist wenig bekannt. Von allen Geschwistern war sie offenbar diejenige, die mit dem Vater am wenigsten Schwierigkeiten hatte. Sie wirkte äußerlich angepasst und zurückhaltend, war jedoch sprachlich begabt und offenbar auch belesen.
Ende Oktober 1941 wurden Valli und Josef Pollak in das Ghetto von Lodz deportiert; im Frühjahr 1942 lebten sie dort zeitweilig mit Elli und deren Tochter Hanna. Valli Pollak wurde vermutlich im Herbst 1942 im Vernichtungslager Chelmno ermordet.

Klopstock, Robert
Robert Klopstock wurde am 31. Oktober 1899 in der Kleinstadt Dombovár südlich des Plattensees geboren; die Eltern waren jüdischer Abstammung. Von 1912 bis 1917 besuchte er das Humanistische Gymnasium in Budapest, danach wurde er zum Kriegsdienst eingezogen und einem Sanitätskorps zugeteilt. Gleichzeitig war er an der Medizinischen Fakultät in Budapest eingeschrieben.
Während seines Dienstes an der Ostfront und in Italien zog sich Klopstock eine Tuberkulose zu, die ihn dazu zwang, das Medizinstudium abzubrechen und Sanatorien aufzusuchen. So lernte er Anfang 1921 im Sanatorium Matliary in der Hohen Tatra den Mitpatienten Franz Kafka kennen. Es entwickelte sich eine intensive Freundschaft, bei der Klopstock die Rolle eines sozialen Mittlers einnahm, während Kafka bei der Immatrikulation an der Prager Universität behilflich war und gleichzeitig die literarischen Ambitionen Klopstocks förderte (insbesondere Übersetzungen aus dem Ungarischen ins Deutsche). In Prag wurde Klopstock eine Zeitlang von Kafkas Familie beherbergt.
Gemeinsam mit Dora Diamant betreute Klopstock den unheilbar

erkrankten Kafka während dessen letzten Wochen in einem Sanatorium in Kierling. Sehr wahrscheinlich ist, dass Klopstock durch die Gabe von Morphium auch Kafkas Sterben erleichterte.

1928 schloss Klopstock sein Medizinstudium in Berlin ab und wurde Assistenzarzt in der chirurgischen Abteilung der Charité. 1929 wurde er Arzt in einer auf Tuberkulose spezialisierten Klinik in Sommerfeld, im selben Jahr heiratete er die ebenfalls aus Ungarn stammende Lehrerin Giselle Deutsch (1902–1995). 1933 emigrierte das Paar nach Budapest. 1938 gelang aufgrund der Vermittlung von Klaus und Thomas Mann auch die Emigration in die USA. 1945 wurden Giselle und Robert Klopstock amerikanische Staatsbürger.

Nach dem Krieg machte Klopstock Karriere als Spezialist für Lungenchirurgie; er lehrte in New York und hatte auch eine eigene Praxis. 1958 trat er zum Christentum über. Er starb am 15. Juni 1972.

Weiß, Ernst

Ernst Weiß wurde am 28. August 1882 in Brünn geboren. Seinen Vater, einen jüdischen Tuchhändler, verlor er bereits im Alter von vier Jahren; zusammen mit seinen drei Geschwistern wuchs er in der Obhut der Mutter und eines Vormunds in Brünn auf. Nach Abschluss des Gymnasiums studierte Weiß Medizin in Prag und Wien. Danach war er in Bern und Berlin als Assistenzarzt tätig, bevor er 1911 nach Wien zurückkehrte und in der chirurgischen Abteilung des Wiedner Spitals angestellt wurde. Nachdem er an Lungentuberkulose erkrankte, nahm er 1912 eine Stelle als Schiffsarzt an, die ihn für mehrere Monate nach Ostindien führte. Sein erster Roman *Die Galeere* war kurz zuvor vom S. Fischer Verlag angenommen worden und lag bereits gedruckt vor, als Weiß Mitte 1913 zurückkehrte.

Im Juni 1913 traf Weiß in Prag erstmals mit Kafka zusammen, danach in Wien im September und in Berlin im November desselben Jahres. Unmittelbar nach der Auflösung von Kafkas Verlobung mit Felice Bauer am 12. Juli 1914 – der berühmte »Gerichtshof« im Hotel Askanischer Hof in Berlin – verbrachte Kafka einige Urlaubstage mit Weiß und dessen Lebensgefährtin Johanna Bleschke (die sich als Schauspielerin Rahel Sanzara nannte) im dänischen Ostseebad Marielyst.

Während des Ersten Weltkriegs diente Weiß als Regimentsarzt. Die freundschaftliche Verbindung mit Kafka kühlte bald ab, im April 1916 kam es sogar zu einem vorübergehenden Bruch, dessen Ursache wohl in dem – aus Kafkas Sicht – allzu fordernden und distanzlosen Verhalten Weiß' zu suchen ist. Erst nach dem Krieg, als Weiß sich für längere Zeit in Prag niederließ, kam es wieder zu einer vorsichtigen Annäherung.

Weiß arbeitete zunächst noch als Chirurg, widmete sich dann aber völlig der Literatur. 1916 erschien sein Roman *Der Kampf*, 1918 *Tiere in Ketten*; 1919 fand in Prag die erfolgreiche Premiere seines Dramas *Tanja* statt. Anfang 1921 übersiedelte Weiß erneut nach Berlin, wo es auch während des halbjährigen Aufenthalts Kafkas zu freundschaftlichem Verkehr der beiden Autoren kam. Sein im Oktober 1923 erschienener Roman *Die Feuerprobe* gehört zu den letzten von Kafka gelesenen Büchern.

Nach dem Reichstagsbrand am 27. Februar 1933 verließ Weiß Berlin, lebte bis zum Frühjahr 1934 wieder in Prag, ging dann nach Paris. Im Exil wurde Weiß u. a. von Stefan Zweig und Thomas Mann finanziell unterstützt; Ersterem widmete er seinen Roman *Der arme Verschwender* (1936), Letzterem den Roman *Der Verführer* (1938). In Paris schrieb Weiß für Exilzeitschriften. Als am 14. Juni 1940 deutsche Truppen Paris besetzten, unternahm Ernst Weiß einen Suizidversuch. Er wurde in ein Krankenhaus gebracht, erlag jedoch in der darauffolgenden Nacht seinen Verletzungen.

Weltsch, Felix
Felix Weltsch wurde am 6. Oktober 1884 in Prag geboren; er war das erste von vier Kindern des Tuchhändlers Heinrich Weltsch und seiner Frau Louise. Nach dem Besuch der Volksschule des Piaristenordens, wo er mit Max Brod Freundschaft schloss, wechselte Weltsch zum Altstädter Gymnasium, wo er die Klasse unter Kafkas Jahrgang besuchte.

Nach der Matura nahm Weltsch ein Jura-Studium an der Prager Karls-Universität auf und trat in die ›Lese- und Redehalle der deutschen Studenten‹ ein. Kafka lernte er vermutlich 1903 über Max Brod kennen. Es entwickelte sich eine lebenslange Freundschaft, trotz der zunehmenden intellektuellen Entfernung: Während Kafka sich immer stärker der Literatur zuwandte, blieb Weltsch seinen philosophischen Interessen treu.

In späteren Jahren verband beide auch das gemeinsame Interesse an

Fragen des Zionismus und der jüdischen Tradition. So wurde Kafka auch in die Familie des Rechtsanwalts Theodor Weltsch eingeführt, eines Onkels von Felix Weltsch, der in der Prager zionistischen Szene eine bedeutende Rolle spielte.

Felix Weltsch schloss sein Jura-Studium 1907 mit der Promotion ab; nach der obligatorischen Gerichts- und Advokaturspraxis begann er 1909 als Praktikant bei der National- und Universitätsbibliothek Prag, bei der er bis zu seiner Emigration 1939 beschäftigt blieb. Im November 1911 erwarb Weltsch an der Karls-Universität zusätzlich einen philosophischen Doktorgrad; er veröffentlichte Arbeiten zu (religions-)philosophischen Fragen (auch gemeinsam mit Max Brod) und hielt in Prag Vortragszyklen zu literaturhistorischen Themen. Im August 1914 heiratete er Irma Herz (1892–1969), mit der er, trotz starker Spannungen, bis zu seinem Tod beisammenblieb.

Neben seiner Tätigkeit in der Bibliothek leitete er zwischen Herbst 1919 und 1938 die Redaktion der jüdischen Wochenschrift *Selbstwehr*, deren Leser und Abonnent Kafka bis zu seinem Tod war. Am Tag des Einmarsches deutscher Truppen in Prag emigrierten Felix und Irma Weltsch mit ihrer Tochter Ruth (1920–1991) nach Palästina. Die Familie ließ sich in Jerusalem nieder, wo Weltsch eine Anstellung an der National- und Universitätsbibliothek in Jerusalem erhielt. Er veröffentlichte weitere Arbeiten zu allgemeinen philosophischen Themen sowie über Kafka und dessen Werk. Felix Weltsch starb am 9. November 1964.

Wohryzek, Julie

Julie Wohryzek wurde am 28. Februar 1891 in Prag geboren. Ihr Vater Eduard Wohryzek (1864–1928) stammte aus einer Kaufmannsfamilie, führte ein Lebensmittelgeschäft und war später Kustos der Synagoge im Prager Vorort Königliche Weinberge. Die Mutter Mina geb. Reach (geb. 1869) stammte aus Pest. Julie Wohryzek hatte zwei Schwestern, Käthe (geb. vor 1891, deportiert 1942) und Růžena (1895–1939), sowie einen Bruder Wilhelm. Wahrscheinlich absolvierte Julie eine Handelsausbildung, denn in späteren Jahren war sie Prokuristin.

Franz Kafka, den sie – ebenfalls lungenkrank – Anfang Februar 1919 in einer Pension in Schelesen nördlich von Prag kennenlernte, war Julie Wohryzeks zweiter Verlobter; der erste war im Weltkrieg gefallen. Von der Korrespondenz der Verlobten ist lediglich eine

Nachricht Kafkas überliefert, hingegen ein langer Brief Kafkas an Julies Schwester Käthe, der die einzige authentische Quelle über diese Beziehung darstellt. Die bereits geplante Heirat wurde von Kafkas Eltern strikt abgelehnt; die daraus resultierenden heftigen Auseinandersetzungen veranlassten Kafka zu seinem langen *Brief an den Vater*. Kafka wandte sich von Julie 1920 ab, nachdem er Milena Jesenská kennengelernt hatte.

Eineinhalb Jahre nach der Trennung von Kafka heiratete Julie Wohryzek den Bankprokuristen Josef Werner, mit dem sie einige Jahre zunächst in Bukarest, dann erneut in Prag lebte. Obwohl ihr Ehemann Nichtjude war, wurde Julie Wohryzek von der deutschen Besatzungsmacht nach Auschwitz deportiert. Dort wurde sie am 26. August 1944 ermordet.

Quellen

Die bei weitem meisten und aufschlussreichsten Informationen zu Kafkas Leben und zur Entstehungsgeschichte seiner Werke bieten naturgemäß seine Tagebücher und Briefe. Diese Dokumente wurden im Rahmen der Kritischen Kafka-Ausgabe des S. Fischer Verlags ediert (siehe das Verzeichnis der Siglen), mit Ausnahme der Briefe ab Januar 1921, die dem letzten Band der Kritischen Briefedition vorbehalten sind. Der S. Fischer Verlag dankt Hans-Gerd Koch, dem Herausgeber von Kafkas Briefen, der die hier relevanten Informationen über die späten Jahre vorab zur Verfügung stellte. Außerdem machte er familieninterne Briefe zugänglich, die sich in der Forschungsstelle Prager Deutsche Literatur der Bergischen Universität Wuppertal befinden.

Die wichtigste Quelle für Kafkas berufliche Tätigkeit sind die unter dem Titel *Amtliche Schriften* gesammelten und kommentierten Texte, die ebenfalls im Rahmen der Kritischen Kafka-Ausgabe erschienen.

Weitere bedeutsame Quellen sind Aufzeichnungen und Erinnerungen von Zeitgenossen. Dazu zählen insbesondere die unveröffentlichten Tagebücher Max Brods sowie die von Hans-Gerd Koch unter dem Titel *»Als Kafka mir entgegenkam ...«* gesammelten Erinnerungen von Freunden, Bekannten und sonstigen Zeitzeugen.

Außerordentlich hilfreich waren die von Hartmut Binder unternommenen detaillierten Rekonstruktionen von Kafkas Reisen (insbesondere *Kafka in Paris* und *Mit Kafka in den Süden*). Diese Rekonstruktionen beruhen ihrerseits auf den zumeist nur stichwortartigen Reisenotizen Kafkas und Brods, die Binder mit einer Fülle von zeitgenössischem Material (Reiseführer, Stadtpläne, Fahrpläne, Fotografien etc.) abgeglichen und chronologisch geordnet hat.

Schließlich ermöglichte die Tagespresse, insbesondere die deutschsprachigen Zeitungen *Prager Tagblatt* und *Bohemia*, in vielen Fällen eine genauere Datierung und Lokalisierung von politischen wie kulturellen Ereignissen. Die Tatsache, dass diese historischen Presseorgane mittlerweile fast vollständig online verfügbar sind, erleichterte die Arbeit beträchtlich.

Selbstverständlich kommt es auch vor, dass Quellen bloße Vermutungen, Wissen aus zweiter Hand oder nicht plausible Daten liefern. In solchen Fällen wurde stets versucht, durch den Abgleich mit weiteren Quellen eine Präzisierung zu ermöglichen. Führte dies zu keinem Ergebnis, so wurde die bloße Wahrscheinlichkeit eines Ereignisses oder einer Datierung für den Leser kenntlich gemacht. Auf die Erwähnung sehr zweifelhafter Fakten wurde ganz verzichtet.

Die folgende Liste der benutzten Sekundärliteratur sowie älterer Ausgaben von Kafkas Texten verzeichnet nur diejenigen Veröffentlichungen, die systematisch ausgewertet wurden. Gelegentliche Zitate aus Briefen und Tagebüchern prominenter Zeitgenossen sowie Angaben zu Jahreszahlen, Namen und Orten wurden zahlreichen weiteren Publikationen entnommen, die hier nicht gesondert aufgeführt sind.

Binder, Hartmut: *Kafka in Paris*. München 1999.
Binder, Hartmut: Kafkas Welt. Eine Lebenschronik in Bildern. Reinbek 2008.
Binder, Hartmut: ›Kindheit in Prag. Kafkas Volksschuljahre‹, in: *Humanismen som salt & styrka. Bilder & betraktelser, tillägnade Harry Järv* (Acta Bibliothecae Regiae Stockholmiensis, Bd. 45). Stockholm 1987. S. 63–115.
Binder, Hartmut: Mit Kafka in den Süden. Eine historische Bilderreise in die Schweiz und zu den oberitalienischen Seen. Prag 2007.
Binder, Hartmut: ›»Nachdem der Handschlag auf deutsche Gesinnung geleistet worden ...« Kafka in der »Lese- und Redehalle«‹, in: *Else-Lasker-Schüler-Jahrbuch zur Klassischen Moderne*, 2 (2003), S. 160–207.
Binder, Hartmut: ›Der Prager Fanta-Kreis. Kafkas Interesse an Rudolf Steiner‹, in: *Sudetenland* 38 (1996), S. 106–140.
Born, Jürgen (Hrsg.): Deutschsprachige Literatur aus Prag und den böhmischen Ländern 1900–1925. 2. Aufl., München etc. 1993.
Born, Jürgen (Hrsg.): Franz Kafka. Kritik und Rezeption zu seinen Lebzeiten 1912–1924. Frankfurt am Main 1979.
Born, Jürgen: Kafkas Bibliothek. Ein beschreibendes Verzeichnis. Frankfurt am Main 1990.
Brod, Max: Streitbares Leben. Autobiographie 1884–1968. Frankfurt am Main 1979.

Brod, Max: Über Franz Kafka. Frankfurt am Main 1974. Darin: Franz Kafka. Eine Biographie/Franz Kafkas Glauben und Lehre/Verzweiflung und Erlösung im Werk Franz Kafkas.

Max Brod. Franz Kafka. Eine Freundschaft. Hrsg. von Malcolm Pasley. Bd. I: Reiseaufzeichnungen. Bd. II: Briefwechsel. Frankfurt am Main 1987, 1989.

Demetz, Peter: Die Flugschau von Brescia. Kafka, d'Annunzio und die Männer, die vom Himmel fielen. Wien 2002.

Dietz, Ludwig: Franz Kafka. Die Veröffentlichungen zu seinen Lebzeiten (1908–1924). Eine textkritische und kommentierte Bibliographie. Heidelberg 1982.

Franz Kafka. Eine Chronik. Zusammengestellt von Roger Hermes, Waltraud John, Hans-Gerd Koch und Anita Widera. Berlin 1999.

Hackermüller, Rotraut: *Kafkas letzte Jahre. 1917–1924.* München 1990.

Kafka, Franz: *Amtliche Schriften.* Hrsg. von Klaus Hermsdorf. Berlin 1984. [Die Kritische Ausgabe der *Amtlichen Schriften* siehe Verzeichnis der Siglen.]

Kafka, Franz: *Brief an den Vater.* Mit einem unbekannten Bericht über Kafkas Vater als Lehrherr und andere Materialien. Hrsg. von Hans-Gerd Koch. Berlin 2004.

Kafka, Franz: *Briefe 1902–1924.* Frankfurt am Main 1958.

Kafka, Franz: *Briefe an die Eltern aus den Jahren 1922–1924.* Hrsg. von Josef Čermak und Martin Svatoš. Frankfurt am Main 1990.

Kafka, Franz: *Briefe an Ottla und die Familie.* Hrsg. von Hartmut Binder und Klaus Wagenbach. Frankfurt am Main 1974.

Koch, Hans-Gerd (Hrsg.): »*Als Kafka mir entgegenkam…*«. *Erinnerungen an Franz Kafka.* Erweiterte Neuausgabe. Berlin 2005.

Northey, Anthony: *Kafkas Mischpoche.* Berlin 1988.

Unseld, Joachim: Franz Kafka. Ein Schriftstellerleben. Die Geschichte seiner Veröffentlichungen. München / Wien 1982.

Vassogne, Gaëlle: *Max Brod in Prag: Identität und Vermittlung.* Tübingen 2009. [Enthält ein umfassendes Verzeichnis von Brods Publikationen.]

Wagenbach, Klaus: *Franz Kafka. Eine Biographie seiner Jugend 1883–1912.* Bern 1958. Neuausgabe Berlin 2006.

Wagnerová, Alena: »Im Hauptquartier des Lärms«. Die Familie Kafka aus Prag. Köln 1997.

Wetscherek, Hugo (Hrsg.): *Kafkas letzter Freund. Der Nachlaß Robert Klopstock (1899–1972).* Mit kommentierter Erstveröffentlichung von 38 teils ungedruckten Briefen Franz Kafkas. Wien 2003. [Katalog Nr. 13 des Antiquariats Inlibris]

Siglen

AS	AMTLICHE SCHRIFTEN, hrsg. von Klaus Hermsdorf und Benno Wagner, Frankfurt am Main 2004
B1	BRIEFE 1900–1912, hrsg. von Hans-Gerd Koch, Frankfurt am Main 1999
B2	BRIEFE 1913–1914, hrsg. von Hans-Gerd Koch, Frankfurt am Main 2001
B3	BRIEFE 1914–1917, hrsg. von Hans-Gerd Koch, Frankfurt am Main 2005
B4	BRIEFE 1918–1920, hrsg. von Hans-Gerd Koch, Frankfurt am Main 2013
BKR	Max Brod/Franz Kafka, EINE FREUNDSCHAFT. REISEAUFZEICHNUNGEN, hrsg. von Malcolm Pasley, Frankfurt am Main 1987.
D	DRUCKE ZU LEBZEITEN, hrsg. von Wolf Kittler, Hans-Gerd Koch und Gerhard Neumann, Frankfurt am Main 1994
NSF1	NACHGELASSENE SCHRIFTEN UND FRAGMENTE I, hrsg. von Malcolm Pasley, Frankfurt am Main 1993
NSF2	NACHGELASSENE SCHRIFTEN UND FRAGMENTE II, hrsg. von Jost Schillemeit, Frankfurt am Main 1992
P	DER PROCESS, hrsg. von Malcolm Pasley, Frankfurt am Main 1990
S	DAS SCHLOSS, hrsg. von Malcolm Pasley, Frankfurt am Main 1982
T	TAGEBÜCHER, hrsg. von Hans-Gerd Koch, Michael Müller und Malcolm Pasley, Frankfurt am Main 1990
V	DER VERSCHOLLENE, hrsg. von Jost Schillemeit, Frankfurt am Main 1983

Abkürzungen und Zeichen

AUVA	Arbeiter-Unfall-Versicherungs-Anstalt
EA	Erstaufführung
Ex.	Exemplar(e)
K.	Franz Kafka
K	Kronen/tschechische Kronen
Kap.	Kapitel
österr.	österreichisch
M	deutsche Mark/Reichsmark
Ms./Mss.	Manuskript(e)
tschech.	tschechisch
UA	Uraufführung

[...]	Die mit eckigen Klammern markierten Briefe sind nicht überliefert, ihr Inhalt daher allenfalls indirekt erschließbar.
~	circa
(?)	Datum wahrscheinlich, aber nicht mit Sicherheit erschließbar
→	Reise nach ...
📖	Publikation eines literarischen Werks von Franz Kafka
3. JULI	Graue Datumsangaben verweisen auf Sonntage

Namenverzeichnis

Abeles, Otto 466
Abraham 495
Abrams, Albert 509
Adam, Albrecht
 *Aus dem Leben eines
  Schlachtenmalers* 155
Adler, Anna 55, 64
Adler, Felix 155
Adler, Paul 281, 286, 501
Advokatenkammer im Königreiche Böhmen 67
Ady, Endre 508
Aigner, Eduard 256
Die Aktion 206, 297, 379, 383, 388
Alejchem, Schalom 135, 386
Ali, Georges 108
Allgemeiner Schriftstellerverein (Berlin) 401, 403f.
Alter, Mordechai 573
Ambrožová, Jarmila 442, 451
Der Amethyst 65
Der Anbruch 391, 394
Andersen, Hans Christian 348f., 502
Anzenbacher, Albert 254ff., 308

Arbeiter-Unfall-Versicherungs-Anstalt 78, 80ff., 84, 87ff., 92–95, 98f., 102, 107, 111, 115, 118, 124f., 138, 142, 144, 148, 150, 160, 185–188, 194, 196, 201, 209, 213f., 218f., 228, 240, 250, 253, 271, 300, 302, 304, 312, 322, 326, 328, 338, 360, 365, 383, 386, 388, 397, 399, 406, 410ff., 417, 424ff., 428, 430f., 433, 436f., 439, 441–444, 447f., 455, 459, 465f., 476, 480, 483, 486–489, 492f., 497f., 501, 504, 506, 512, 515, 521f., 524f., 539, 543, 553f., 557–562, 567, 579, 592
Aristoteles 123
Arleth, Emil 62
Arnim, Achim von 393f., 433
Arnstein, Erwin 539
Asch, Schalom
 *Kleine Geschichten aus
  der Bibel* 345
Assicurazioni Generali 75, 81, 315
Augustinus
 Bekenntnisse 391

AUVA *siehe* Arbeiter-Unfall-
Versicherungs-Anstalt
Avenarius, Ferdinand
Balladenbuch 401

B.Z. am Mittag 274
Bab, Julius 344
Bahr, Hermann 456
Bailly, Louise 220
Bar Kochba (Verein) 101, 113, 149, 194, 197, 254
Barrett, Elizabeth 212
Bartl, Albin 412
Bašík, František Xaver 32, 36, 324
Bassermann, Albert 112, 208, 211
Bassewitz, Gerdt von 160
Bauer, Anna 175, 181f., 187, 189, 192f., 195, 197, 201, 205, 207, 222, 236–239, 247, 264f., 269f., 273, 275f., 278, 280f., 283ff., 287, 289, 295f., 318, 332, 337, 339, 348, 353, 357, 583
Bauer, Antonie (Toni) 203, 248, 280, 425, 583
Bauer, Carl 193, 195, 202, 205, 207, 210, 220ff., 232f., 236–239, 241, 256, 264f., 268, 270f., 284, 287, 294–297, 583
Bauer, Else 167, 206–209, 276f., 279, 296, 310, 320, 341, 347, 369, 583f.
Bauer, Erna 206–209, 211, 216, 218f., 221f., 225, 233, 255, 280ff., 284, 286f., 290, 293f., 296, 301, 306, 316, 320, 328, 386, 583
Bauer, Felice 12f., 18f., 27, 92, 124, 166ff., 170–243, 245–253, 255–277, 279f., 282–285, 288f., 292–296, 301f., 304–314, 318–357, 360–363, 368f., 372, 374, 376–382, 384, 389, 393f., 396–399, 401ff., 411, 420, 425, 432ff., 450, 480f., 493, 513, 579f., 583ff., 594
Bauer, Ferdinand (Ferri) 124f., 185, 199, 221, 246ff., 259, 262f., 268, 272, 583
Baum, Leopold (Leo) 97, 100, 236, 533, 538, 585
Baum, Margarete *siehe* Schnabel, Margarete
Baum, Oskar 20, 61, 77f., 83f., 88, 90f., 94, 96f., 99f., 104ff., 112–117, 119f., 123f., 126, 128, 132, 137f., 141, 145, 149, 151, 153, 156f., 170, 174, 176, 179, 183f., 186, 189, 198, 208–211, 216, 227, 236, 242, 249, 258, 260, 278, 297, 355, 371, 376f., 379, 381, 390, 392, 394f., 397, 400–403, 406, 408, 410, 412, 430, 432, 434, 436f., 441, 451f., 454, 485, 491f., 495, 519, 524, 526ff., 531ff., 538–542, 549, 559, 578, 582, 584f.
Der Antrag 186
Die böse Unschuld. Ein jüdischer Kleinstadtroman 249
Der Dämon 154
Die Fremde 211
Konkurrenz 137
Das Leben im Dunkeln 91, 96, 584

Die Memoiren der Frau
 Marianne Rollberg 157
Die neue Wirklichkeit 489,
 491f.
Die Tür ins Unmögliche 401,
 436, 584
Uferdasein. Abenteuer und
 Tägliches aus dem Blinden-
 leben von heute 83, 156, 584
Das Ungetüm 558f.
Die verwandelte Welt 441
Bäuml, Max 79
Becher, Johannes R. 549
Beck, Matthias 31, 33, 101
Beck, Oscar 573f.
Beethoven, Ludwig van 238, 360
 Fidelio 511
Ben-Tovim, Puah 501, 537, 540,
 542–545, 550, 556
Bera, Erika 209
Beradt, Martin
 Eheleute 116
Bergmann, Else siehe Fanta, Else
Bergmann, Hugo 33, 38f., 43, 47f.,
 53, 58, 60, 65, 67, 79, 106, 116,
 124, 147, 169, 194, 251f., 286,
 288, 301, 325, 347, 425, 434, 446,
 501f., 540–544, 546, 560, 579
 Jawne und Jerusalem 425, 507
Bergson, Henri 211
Berliner Börsen-Courier 244, 580
Berliner Börsen-Zeitung 579
Berliner Tageblatt 129, 145, 218,
 271, 331, 333, 507, 565, 578, 580
Berlioz, Hector 109, 276, 341
 Damnation de Faust 110
 Memoiren 276
Bermann, Richard A. 250

Bernt, Alois 509
 Deutsche Literaturgeschichte
 für das deutsche Haus und
 zum Selbstunterricht 509
Bezruč, Petr 395
Bibel 163, 329, 331, 333, 345, 353
Bie, Oskar 152, 259
Bílek, František 528ff.
Binder, Hartmut 598ff.
Binding, Rudolf 177
Birnbaum, Nathan 149
Bismarck, Otto von 310
Bizet, Georges
 Carmen 130, 206, 323
Blei, Franz 65, 71, 79, 87, 103,
 256, 259f., 344
 Der dunkle Weg 71
 Das große Bestiarium der
 modernen Literatur 522
 Die Puderquaste 87
Blei, Maria 103
Blei, Peter 103
Blériot, Louis 91, 93
Bleschke, Johanna 266, 285, 330,
 359, 471, 594
Bloch, Grete 83, 214, 245ff.,
 249ff., 255–285, 292f., 307,
 311f., 319, 323, 332, 340ff., 363,
 381, 410, 519
Bloch, Hans 247, 277f.
Blüher, Hans 382, 389, 391, 414,
 505, 518
 Die Rolle der Erotik in der
 männlichen Gesellschaft 382,
 388
 Secessio Judaica 518, 524f., 540
 Volk und Führer in der Jugend-
 bewegung 382

Blumenfeld, Kurt 152
Bohemia 74, 87f., 94f., 98, 100f.,
  119, 121, 155, 187, 192, 201, 211,
  356, 366, 502, 599
Born, Jürgen 599
Börne, Carl Ludwig 486, 502
Börsenblatt für den Deutschen
  Buchhandel 181, 318
Boyle, Nicholas 9
Brahms, Johannes 143
Karl Brand. Das Vermächtnis
  eines Jünglings 515
Braun, Bernát 167
Braun, Else siehe Bauer, Else
Braun, Felix 266
Braun, Gerda Wilma (Muzzi)
  206, 264, 296, 310, 320, 355f.
Braun, Lily 308, 311, 337, 342,
  447
  Memoiren einer Sozialistin
  308, 311, 337, 342, 447, 479
Brenner, Josef Chajim
  Unfruchtbarkeit und Scheitern
  549
Der Brenner 153, 208, 229
Brentano, Bettina 433
Brentano, Franz 53
Brockhaus Verlag 508
Brod, Adolf 24, 68, 104, 110, 152,
  155, 166, 201, 237, 317, 409, 585
Brod, Elsa siehe Taussig, Elsa
Brod, Fanny 24, 68, 104, 110,
  135, 152, 201, 237, 295, 317, 409,
  585
Brod, Max 19f., 24, 35, 50f., 53f.,
  59ff., 63–141, 143ff., 147ff.,
  151ff., 155–180, 182ff., 186,
  189f., 192–211, 214f., 217, 219,
  222–226, 229ff., 233, 235–238,
  240, 242–249, 252, 254, 256ff.,
  260f., 269ff., 276, 281f.,
  285–288, 291f., 295–298,
  303–308, 310ff., 314, 317–323,
  325–331, 333, 339ff., 344, 346f.,
  349–355, 359f., 363, 367ff., 371,
  373–406, 408–419, 422–425,
  427f., 430–437, 440, 442–446,
  448–453, 455–459, 461–465,
  467, 469–473, 477, 479f.,
  482–496, 498–503, 505ff.,
  511–514, 518f., 521–532, 534ff.,
  538, 541, 543, 546–556, 558,
  561–564, 567f., 571–586, 590,
  595f., 598ff.
  Abschied von der Jugend 116,
  118, 148
  Adolf Schreiber. Ein Musikerschicksal 489f.
  Anschauung und Begriff 107,
  169, 205, 207, 209, 245
  Die Arche Noachs 115, 164
  Arkadia 164, 224, 233, 235,
  389, 413f.
  Arnold Beer 157, 195
  Aus einer Nähschule 151, 176
  Ausflüge ins Dunkelrote 61
  Der Bräutigam 184
  Das Buch der Liebe 499
  Der Einbruch 126
  Erlöserin. Ein Hetären-
  gespräch 502
  Die erste Stunde nach dem
  Tode 341, 354
  Die Erziehung zur Hetäre 95
  Eine Königin Esther 392, 395,
  399

Experimente 72
Die Fälscher 471, 477
Franzi oder Eine Liebe zweiten
 Ranges 489, 495, 505, 512,
 534, 539
Das gelobte Land 408
Die Glücklichen 85, 98
Das große Wagnis 382, 387, 391,
 396, 398, 400, 402, 432, 451
Heidentum, Christentum,
 Judentum 461, 465, 467, 496
Die Höhe des Gefühls 99, 161,
 184, 186, 192, 409, 413
Im Kampf um das Judentum
 440
Die Insel Carina 71
Jüdinnen 102ff., 123f.
Klarissas halbes Herz 520, 540
Leben mit einer Göttin 522,
 525f., 528, 530, 547
Lugano-See 163, 236
Die neuen Christen 311
Der Prager Kreis 586
Prozeß Bunterbart 562
Die Retterin 211, 260
Rëubeni, Fürst der Juden 541,
 586
Schloß Nornepygge 80f., 100,
 182
Streitbares Leben 586
Tagebuch in Versen 105, 111
Tod den Toten! 67, 585
Das tschechische Dienst-
 mädchen 86
Tycho Brahes Weg zu Gott 257,
 320, 322, 586
Über die Schönheit häßlicher
 Bilder 139, 211, 214

Der Weg des Verliebten 73, 76
Weiberwirtschaft 120, 137, 222,
 224, 230, 288
Zur Ästhetik 66
Brod, Otto 81f., 92, 102, 105–110,
 125, 127–130, 165, 199, 230,
 287, 317, 323, 376, 415, 555, 585
Brod, Sophie 103f., 116, 119, 125,
 155, 173f., 177, 189, 199, 201,
 203, 230, 324f., 327f., 340, 432,
 480, 495, 583, 585
Browning, Robert 212, 305
Brühl, Emmy 183, 229
Buber, Martin 87, 101, 113, 197f.,
 276f., 318f., 324, 326, 330, 341,
 344, 351, 359f., 362–369, 371,
 391, 402, 530
Chinesische Geister- und
 Liebesgeschichten 198
Der große Maggid und seine
 Nachfolge 522
Buchbinder, Bernhard
 Er und seine Schwester 317
Bugsch, Irene 501, 503f., 508ff.,
 520, 563
Der Bund 362
Der Burggräfler 448
Busse, Carl 563
Busse, Ludwig
 Seele und Leib 65
Busse, Paula 563
Byron, George
 Tagebücher und Briefe 61

Čapek, Karel 479
Casanova, Giacomo 463
Cassirer, Paul 409
Čas 100

Cervantes, Miguel de
  Don Quijote 385
  Cesta 537
Chamisso, Adelbert von 332, 346
  Peter Schlemihls wundersame Geschichte 332, 345, 347, 558
Charvey, Robert
  Fräulein Josette – meine Frau 201
Chenu, Marguerite 110
Chinesische Volksmärchen 363
Claudel, Paul 229
  Arthur Rimbaud 458
  Goldhaupt 254
Cunz, Rolf Conrad 381
Curtiss, Glenn 93

Daimon 388
Dalcroze, Émile Jaques 281
Dallago, Carl 243
D'Annunzio, Gabriele 93
  Traum eines Frühlingsmorgens 158
Dante Alighieri 403
Danziger, Erna 233
Darwin, Charles 42
David, Josef 277, 291, 305f., 311, 324, 328, 341f., 354, 361f., 371, 377, 381, 388ff., 396, 407, 409, 411f., 416, 418, 422–428, 430f., 435, 447, 459ff., 465, 471, 483, 486, 488, 491, 495–499, 531, 541, 549ff., 558, 561, 579, 592
Davidová, Anna 431
Davidová, Ella 381, 396, 431
Davidová, Helena 541, 592
Davidová, Ottla *siehe* Kafka, Ottla

Davidová, Věrá 488, 492, 592
Defoe, Daniel
  Robinson Crusoe 235
Dehmel, Richard 224, 529
Dejmek, Petr 215
Delvard, Marya 118
Demetz, Hans 579
Demetz, Peter 600
Deutsch, Giselle 561, 594
Deutsche Arbeit 101
Deutsche Montags-Zeitung 214, 226, 353
Deutsche Werkstätten 276, 281
Diamant (Dymant), Friedel 586
Diamant (Dymant), Herschel Aron 573, 575, 586
Diamant, Dora 41, 540, 543, 545, 548ff., 553–560, 562–578, 581f., 586f., 590, 593
Dickens, Charles 127, 133, 225, 382
  David Copperfield 382
  Klein Dorrit 355
  Weihnachtsgeschichten 361
Diderot, Denis 84
Diederichs, Eugen 162
Dietz, Ludwig 600
Dilthey, Wilhelm
  Das Erlebnis und die Dichtung 254, 257
Donatello 54
Donauland 374, 392f.
Dostojewski, Fjodor 232, 239, 250, 263, 279, 293, 298, 313, 342f., 448, 484f.
  Die Brüder Karamasow 250, 313
Dub 270

Dürerbund 358, 399, 482
Dvorský 215

Edison, Thomas Alva 139
Edschmid, Kasimir 320, 356
Eduardowa, Jewgenja 89
Ehrenfels, Christian von 47, 49,
  151, 156, 245, 248, 410, 483
  Kosmogonie 410
  Die Sternenbraut 156
Ehrenstein, Albert 144, 212, 218,
  240, 247, 478, 505
Ehrenstein, Carl 212
Ehrentreu, Chanoch Heinrich
  151
Ehrmann, Julie 146
Ehrmann, Leopold 569
Eichendorff, Joseph von 502, 558
Einstein, Albert 125, 489
Einstein, Carl 111
Eisner, Ernst 75, 86, 119, 315
Eisner, Hedwig 74
Eisner, Minze 437f., 440f.,
  443–446, 450, 455, 475, 479,
  481, 485, 488, 491, 498f., 501,
  504, 516, 534, 537, 539f.
Elster, Hanns Martin 325
Engel, Alexander
  Der fesche Rudi 104
Ernst, Dr. 269
Ernst, Paul 162
Eulenberg, Herbert 185, 193f.
Euphorion 433
Euripides
  Die Troerinnen 266
Ewer (Buchhandlung) 524, 529
Eysoldt, Gertrud 112, 197

Die Fackel 271, 413, 565
Faktor, Emil 111
Fanta (Salon) 257, 599
Fanta, Berta 53, 56, 60, 65, 84,
  101, 120, 156, 423
Fanta, Else 60, 79, 106, 108, 120,
  124, 446, 540f., 543f., 546
Fanta, Max 56
Fantl, Otto 281
Fechner, Gustav Theodor 57
Feigl, Ernst 184, 341f., 346, 348,
  371, 395, 519
Feigl, Friedrich 338–342, 344f.
Feigl, Margarete 340
Feimann, Siegmund
  Der Vizekönig 149
Feuerbach, Anselm
  Ein Vermächtnis 277
Ficker, Ludwig von 243
Fischer, Heinrich 386
Fischer, Samuel 362, 581
S. Fischer Verlag 257, 507, 581,
  594, 598
Flaubert, Gustave 61, 71, 85, 94f.,
  159, 161, 164, 180, 186, 196f.,
  234, 239, 305, 340, 365, 380, 499,
  505, 523
  La Tentation de Saint Antoine
    85, 94, 96
  L'éducation sentimentale 180,
    186, 196f., 505
  Madame Bovary 365
  Salammbô 310
Fleischmann, Siegmund
  (AUVA) 78, 410
Foerster, Friedrich Wilhelm 344,
  393
  Jugendlehre 344–348, 427

Fontane, Theodor 338f.
Frankfurter Zeitung 320, 356, 578
Franklin-Grout, Caroline 95
Franz Ferdinand 281
Franz Joseph I. 31, 45, 353
Frauenfortschritt (Verein) 99, 156, 206
Freud, Sigmund 163f., 490
Freund, Ida 53, 65
Freund, Otto 277
Freytag, Gustav
Die Journalisten 154
Friedländer, Moriz
Die religiösen Bewegungen innerhalb des Judentums im Zeitalter Jesu 413
Friedmann, Max 125, 166, 324f., 327f., 416, 583, 585
Friedmann, Sophie siehe Brod, Sophie
Friedrich, Paul 236
Fröhlich, Ernst 429f.
Fromer, Jakob
Der Organismus des Judentums 150
Fuchs, Rudolf 339, 346, 367ff., 389, 393, 395, 439, 462, 519, 578
Fürtová, Marie 392

G. W. (die Schweizerin) 243, 245, 269
Gablonzer Zeitung 108
Galerie Neue Kunst Hans Goltz in München 343ff., 351f.
Die Gartenlaube 197

Gavault, Paul
Fräulein Josette – meine Frau 201
Die Gegenwart 66, 71, 236
Genius 507, 522, 539
George, Stefan 103
Die Bücher der Hirten- und Preisgedichte, der Sagen und Sänge und der hängenden Gärten 103
Gerke, Jan 258
Gerson, Hania 406f., 415
Gibian, Camill 33, 52, 64
Gilbert, Jean
Polnische Wirtschaft 167
Girardi, Alexander 317
Gjellerup, Karl
Der Pilger Kamanita 522
Glas, Dr. 575f.
Goethe, Johann Wolfgang 9, 44, 49, 61, 112f., 133, 146, 149ff., 153f., 161f., 167, 210, 243, 254, 361, 502, 529
Dichtung und Wahrheit 146f., 151
Hermann und Dorothea 361
Iphigenie auf Tauris 111
Die Leiden des jungen Werthers 210
Prometheus 153
Tasso 44
Gogh, Vincent van 395
Gogol, Nikolai 306
Der Revisor 524f.
Goldfaden, Abraham 134, 138, 149
Bar-Kochba 138f.
Sulamit 134f., 149

Goldschmidt, Julius 319
Goldschmiedt, Guido 47
Goll, Jaroslav
Chelčický a Jednota bratrská v 15. století 427
Goltz, Hans *siehe* Galerie Neue Kunst Hans Goltz in München
Goncourt, Edmond und Jules
Manette Salomon 109
Gordin, Jakob 136f., 141
Eliser ben Schevia 137
Gott, Mensch und Teufel 137
Schhite 141
Der wilde Mensch 136f.
Graetz, Heinrich
Volkstümliche Geschichte der Juden 138
Gregory, Edward John 441
Greiner, Leo 245
Die Grenzboten 325
Grillparzer, Franz 61, 161, 239f., 258, 263, 274, 340
Der arme Spielmann 166, 267, 269, 456, 460
Grimm, Hermann 160
Groß, Johann
Biographisch-literarisches Lexikon der deutschen Dichter und Schriftsteller vom 19. bis zum 20. Jahrhundert 510
Gross, Hans 56, 60, 62
Gross, Otto 56, 369, 382, 389, 442, 454, 505
Grossmann, Genia 218
Grün, Nathan 39
Grünbaum, Fritz 119
Miss Dudelsack 119

Grünberg, Abraham 318, 354
Ein jüdisch-polnisch-russisches Jubiläum 354
Grünthal, Julius 554
Grünwald, Anton Karl 244
Gschwind, Emil 33, 42
Gütersloh, Albert Paris 524
Gütling, Alois 98, 300
Gutzkow, Karl Ferdinand
Uriel Acosta 210

Ha-Auhel 548
Haas, Willy 78, 104, 112, 153, 157, 160, 164, 171, 177, 183, 186, 229, 245, 253, 277, 281, 329, 451, 453, 488, 527, 579
Hadwiger, Victor
Gedichte 60
Haeckel, Ernst 42
Hahn, Dr. 81
Hajek, Markus 569–572, 575f.
Hamsun, Knut 436
Im Märchenland. Erlebtes und Geträumtes aus Kaukasien 60
Segen der Erde 436f., 439
Unter Herbststernen 88
Handelsgericht in Prag 144, 149, 152, 269, 364, 386, 415
Handl, Willi 94
Hansson, Ola 196
Harden, Maximilian 101, 121, 154
Hardt, Ernst 273, 536
Hardt, Ludwig 486, 497, 502ff., 506ff., 510, 513, 515, 536, 564f., 578, 580
Harms, Adolf (Die schöne Rarität) 396

Hartenstein, Stephan 485
Hartungen, Christoph Hartung
  von 242
Hasenclever, Walter 160
Hauptmann, Gerhart 48, 143,
  148, 157, 189, 318
  Anna 530, 532
  Der Biberpelz 143
  Gabriel Schillings Flucht 148,
  189
  Griselda 361
  *Der Narr in Christo Emanuel
  Quint* 318
  Die Ratten 157
Hauschner, Auguste 281, 350,
  464
Haustetter, Adolf 333, 386
Hebbel, Friedrich 110f., 159,
  200, 523
  *Des Meeres und der Liebe
  Wellen* 119
  Tagebücher 59
Hebel, Johann Peter 346, 348
  *Schatzkästlein des rheinischen
  Hausfreundes* 504
Hecht, Hugo 33, 195
Hegner, Jakob 281, 286, 492, 495,
  499
Heilborn 221
Heilmann, Hans
  *Chinesische Lyrik vom 12.
  Jahrhundert v. Chr. bis zur
  Gegenwart* 479
Heine, Heinrich 121, 486, 503,
  528
Hejná, Růžena 361, 381
Hejzlarová, Milena 587
Henry, Marc 118

Herben, Jan 100
Herder-Vereinigung 152, 186f.
Herderblätter 157, 159, 171, 177
Hermann, Felix 143, 145, 210,
  319, 494f., 497, 543, 588
Hermann, Gerti 177, 527, 532,
  543, 588
Hermann, Hanna 437, 588f., 593
Hermann, Karl 111, 117, 119,
  123, 136, 138f., 144, 149, 221,
  244, 269, 287f., 293, 309, 363f.,
  370, 374, 395, 402, 415, 420, 437,
  459f., 526, 541, 544, 570, 578,
  588f., 591
Hermann, Moritz 548
Hermann, Otto 504, 506, 509,
  512
Hermann, Paul 269, 287, 295,
  301ff., 386, 391, 415, 441
Hermann, Rudolf 364
Hervé
  Mam'zelle Nitouche 155
Herwig, Franz 326
Herz, Irma 157, 257f., 290f., 322,
  335, 349, 358, 364, 366, 368–371,
  377f., 381f., 387, 446, 596
Herzen, Alexander
  Erinnerungen 298, 304, 306,
  394
Herzl, Theodor 278, 386
  Tagebücher 529
Herzog, Wilhelm 188
Hesse, Otto Erich 489
Heym, Georg 486, 513
Hiller, Kurt 101, 111, 162
Hilsner, Leopold 453
Hitzer 181
Hochland 326

Hochschule für die Wissenschaft
 des Judentums (Berlin) 554,
 556, 559, 565
Hofer, Andreas 444
Hoffmann, Camill 244, 274
Hoffmann, Hugo 570–573
Hoffmann, Nina
 *Th. M. Dostojewsky. Eine
 biographische Studie* 293
Höffner, J. 254
Hofmannsthal, Hugo von 152,
 158
 Jedermann 158
Hohenberg, Sophie von 281
Hölderlin, Friedrich 466, 469,
 558
Holitscher, Arthur 566
Hölty, Ludwig Christoph
 Heinrich 558
Holub, Anton 491
Holzhausen, Paul
 *Die Deutschen in Russland
 1812* 315
Hölzlin, Friedrich 519
Homer 359
Hopf, Ludwig 125
Horb, Max 51
Horlik (AUVA) 106
Horst, Julius
 Der fesche Rudi 104
Hubalek, Heinrich (AUVA) 142,
 284
Huber, Jean 109
Huch, Friedrich
 Der Gast 217
Hus, Jan 298, 457, 530
Hyperion 79, 90, 119, 121

Ibsen, Henrik
 Ein Volksfeind 553
Iden-Zeller, Oskar
 *Als Knecht unter heidnischen
 Nomaden im Tschuktschen-
 Lande* 254
Illový, Milena 477
Illový, Rudolf 33, 477

Jacob, Heinrich Eduard 226,
 228f.
 Das Leichenbegängnis 229
Jacobsohn, Siegfried 245, 382
 Der Fall Jacobsohn 245
Jammes, Francis 286, 294
Janáček, Leoš 355, 391f., 567, 586
 *Její pastorkyňa (Ihre
 Ziehtochter)* 380
 Jenufa 567
Janouch, Gustav 432, 444, 461,
 463f., 467, 470, 472, 489f., 499f.,
 519, 540
Janowitz, Franz 389, 414
Janowitz, Gustav 450
Janowitz, Hans 208, 414, 446,
 472
Jaques-Dalcroze, Émile 120
Jeiteles, Dr. 319
Jesenská, Milena 37, 337, 409,
 413, 435, 443, 445–479,
 481–484, 490–495, 497, 501ff.,
 508, 512f., 520ff., 524, 530, 533,
 537ff., 541f., 546, 548, 556f.,
 560, 578, 582, 587f., 597
Jesenský, Jan (Jeníček) 461,
 463
Jesenský, Jan 466, 468f., 472ff.,
 490, 493f., 587

Jesus von Nazareth 484
Jílovská, Stanislavá (Staša)
  458–462, 464
Jílovský, Rudolf 458, 461f.
Der Jude 318f., 324, 326, 346,
  364, 366f., 369, 371, 380, 384,
  387, 530, 582
Jüdische Rundschau 336, 387f.
Jüdischer Nationalkalender 467
Jüdischer Nationalrat für den
  tschechoslowakischen Staat
  419, 424, 586
Jüdisches Volksheim (Berlin)
  327, 333, 336–345, 347–351,
  355f., 543, 583, 587
Juncker, Axel 97, 101, 111, 231,
  305
Just, Rudolf 162

Kabbala 142
Kafka, Angelus 23, 31, 82
Kafka, Bruno 47
Kafka, Elli (Gabriele) 29, 36, 42f.,
  46, 49, 61, 93f., 97, 111, 113, 117,
  119, 123, 139, 143, 158, 177f.,
  183, 208, 230, 232, 287f., 291,
  295, 309f., 364f., 376, 395, 402,
  411, 436f., 457, 459f., 494f., 497,
  525ff., 529, 532, 543ff., 549f.,
  559f., 563f., 566f., 571–575,
  577f., 588f., 591, 593
Kafka, Elsa *siehe* Robitschek,
  Elsa
Kafka, Emil 297
Kafka, Filip 270, 292
Kafka, Franziska 26, 66
Kafka, Georg 25f., 183, 190
Kafka, Hedwig 167

Kafka, Heinrich (Bruder) 27f.,
  190, 225, 533
Kafka, Heinrich (Onkel) 187
Kafka, Hermann und Julie 33,
  138, 145, 147, 153, 158, 182f.,
  203, 208, 223f., 226f., 229f.,
  233f., 243, 264, 270, 278, 286,
  298, 314, 317, 328, 348f., 365,
  374f., 387, 397, 402, 409, 412,
  421ff., 425f., 428, 430, 454, 457,
  463, 487, 544, 547f., 555, 557,
  559–562, 564, 566ff., 570, 577,
  579f., 588, 591ff.
Kafka, Hermann 19, 23, 25,
  27–30, 32–36, 39, 50, 55, 63, 74,
  82, 88, 105, 115, 127, 135, 137f.,
  141, 143f., 146, 157, 161, 169,
  173, 176, 178, 193, 197, 206, 210,
  232, 234, 236, 271, 276f., 284,
  286, 298, 323, 325, 332, 334, 352,
  364f., 367, 371ff., 377ff., 381,
  389f., 394f., 400, 402f., 410f.,
  413ff., 418, 422f., 427f., 431,
  437, 445ff., 480, 487f., 494, 498,
  503, 508, 513, 528f., 531f., 534,
  544, 547, 550ff., 554–570, 572,
  574–577, 579, 589–593
Kafka, Irene 83, 206
Kafka, Irma 19, 115, 125, 278,
  331, 365f., 369, 373, 378, 381ff.,
  387f., 390, 400–403, 405, 407ff.,
  411, 413, 415ff., 420, 422, 426,
  433
Kafka, Jakob 29
Kafka, Julie 23, 26, 29, 31, 37, 45,
  49, 53f., 64, 67, 80, 88f., 98, 101,
  104, 119, 121, 127, 136, 145f.,
  161, 167ff., 173, 178–182, 193,

197, 214, 216, 220, 227–230, 232, 236f., 249f., 255, 260ff., 264, 268, 271, 274, 276ff., 283–286, 289, 296, 317, 323, 331f., 335, 337, 347, 357, 362f., 365ff., 370, 372f., 375, 378f., 381, 383, 389, 393–397, 401ff., 405, 408, 410ff., 414f., 420–431, 445ff., 472, 480, 483, 487f., 492, 494, 513, 516, 528f., 531, 534, 537, 539, 544, 547, 549–552, 554–572, 574–577, 579f., 589ff.
Kafka, Karoline 187, 201, 564
Kafka, Klara 78
Kafka, Ludwig 115
Kafka, Oskar 46
Kafka, Ottla (Ottilie) 19, 32, 41, 46, 51, 76, 93f., 97, 104, 109, 112, 115, 117, 119, 123, 128, 130f., 136, 148, 153, 161, 166f., 170, 173, 175, 178f., 183, 191, 196, 201ff., 207f., 211, 213, 225, 228ff., 242f., 249, 254, 258, 269f., 275ff., 279f., 283f., 286, 296, 301, 305f., 309–312, 324, 327–332, 335, 337, 341ff., 347, 349–356, 358, 361–368, 370–379, 381, 383–392, 394–397, 399–405, 407–413, 415–432, 437f., 443–450, 452, 454, 460f., 463, 465f., 469, 475, 478, 480, 483–488, 491ff., 495ff., 524, 528f., 531f., 534, 541, 546f., 549–554, 556ff., 561f., 563, 570f., 573–576, 591ff.
Kafka, Otto 70
Kafka, Robert 135f., 139, 144, 149, 244, 330, 338, 410, 431, 518

Kafka, Valli (Valerie) 30, 37, 44, 64, 105, 107, 138, 169f., 183, 185, 195f., 208, 220, 227, 230, 232, 251, 287f., 295, 303, 315, 332, 335, 337, 368, 402, 414f., 475, 556, 589, 593
Kaiser, Georg 511, 538
Kaiser, Julie 158, 367, 387, 390, 394, 413, 418, 437, 441, 448
Kanitz, Gertrud 370
Karinthy, Friedrich 556
Karl I. 353, 420
Karpathen-Post 491
Kassai Naplo 521
Kassner, Rudolf
  Denis Diderot 84
Kaufmann, Fritz Mordechai
  Vier Essays über ostjüdische Dichtung und Kultur 444
Kaus, Otto
  Dostojewski. Zur Kritik der Persönlichkeit 342
Kayser, Rudolf (Neue Rundschau, S. Fischer Verlag) 523, 525, 559, 580f.
Kaznelson, Lise *siehe* Weltsch, Lise
Kaznelson, Siegmund 481, 561
Keller, Gottfried 502
Kellermann, Bernhard 111
Kellner, Viktor 169
Khol, František 212, 258, 269
Kierkegaard, Søren 237, 340, 390, 408ff.
  Entweder – Oder 400, 402, 408, 536
  Furcht und Zittern 406, 485

Tagebücher 238
Die Wiederholung 406
Kirchner, Margarethe (Grete) 161ff., 165, 312
Kisch, Egon Erwin 112, 147, 321, 450, 578
Kisch, Ernestine 578
Kisch, Hermann 45
Kisch, Paul 33, 45, 50f., 53ff., 57f., 60, 159, 459
Hebbel und die Tschechen 159
Klaus, Hans 441, 462
Kleist, Heinrich von 115f., 118, 142, 220, 239, 331, 502f.
Anekdoten 142
Michael Kohlhaas 202f., 250
Klopstock, Hugo Georg 491, 499f., 502, 504
Klopstock, Robert 484f., 487, 491ff., 495, 498–504, 506–510, 512, 514, 516f., 519f., 522, 525–529, 531f., 534, 540, 543–549, 551, 553f., 556f., 559, 561, 563, 565–571, 573–578, 580, 587, 593f.
Klub deutscher Künstlerinnen 155, 215, 247, 319, 383
Klub jüdischer Frauen und Mädchen 148, 395, 406, 591
Klug, Flora 134, 138, 149, 540
Kmen 446f., 469
Knappová, Vlasta 472ff., 477
Koch, Hans Hellmuth 580
Koch, Hans-Gerd 598, 600
Koch, Ludwig von 243
Kodym, Odolen 442f., 476, 493, 500, 505, 512, 521
Kohler, Paní 459f.

Kohn (Postmeister) 406
Kohn, Hans 190, 223, 225
Kohn, Josef 446
Kohn, Karoline 270
Kohn, Oskar 406
Kohn, Paula 201
Kohn, Selma 43f.
Kohn, Siegmund 92, 160
Kolb, Annette
Das Exemplar 296
Kölwel, Gottfried 352, 357ff., 361
Gesänge gegen den Tod 359, 361
Kopal, August 387, 437
Koretz, Hugo 131
Körner, Josef 374, 392ff., 433
Körner, Theodor 171
Kornfeld, Paul 102, 104
Kraft, Werner 362
Kral, Heinrich 227, 418, 421, 460, 470, 486
Krasnopolski, Horaz 69
Krätzig, Josef (AUVA) 554
Kraus, Karl 112, 120, 208, 271, 389, 413f., 502, 565
Die letzten Tage der Menschheit 556
Literatur oder Man wird doch da sehn 496
Untergang der Welt durch schwarze Magie 556
Krejcar, Jaromír 588
Krejcarová, Jana 588
Krell, Max 360, 479
Kubin, Alfred 132f., 141, 277, 279, 286, 520
Küffer, Georg 362

Kügelgen, Wilhelm von 228
Jugenderinnerungen eines alten Mannes 64
Kuh, Anton 369, 385, 505
Kuh, Marianne 369
Kühnemann, Eugen 164
Das Kunstblatt 582
Kunstgewerbeakademie Dresden 501
Der Kunstwart 48, 60
Kürschner, Joseph 38
Kusmin, Michail
Taten des großen Alexander 113
Kyast, Lydia 198

Laforgue, Jules 76, 161
Lahmann, Heinrich 55
Lampl, Fritz 362
Landauer, Gustav 463, 466, 469f.
Landesregierung in Wien 479
Landwirtschaftliche Landes-Akademie in Tetschen-Liebwerd 416f.
Landwirtschaftsschule Budweis 416
Landwirtschaftsschule Friedland 416f., 419, 430ff.
Langer, František 271
Langer, Georg 314f., 321, 333, 388f., 432, 493, 501, 505
Lask, Lutz 587
Lask, Marianne 587
Lasker-Schüler, Else 100f., 203, 206, 212, 215, 523, 536
Laszky, Béla
Die schlaue Komtesse 116

Latteiner, Joseph
Blümale oder Die Perle von Warschau 146
Davids Geige 145
Die Sejdernacht 134
Laurin, Arne 459, 461, 468
Lederer, Max 65
Lederer, Therezie 555
Lehmann, Siegfried 337, 342f.
Lemm, Alfred 345
Lenz, Jakob Michael Reinhold 167
Briefe von und an J.M.R. Lenz 403f.
Leppin, Paul 99, 519
Lese- und Redehalle der deutschen Studenten in Prag 46f., 50, 54, 57, 59, 61, 71, 83f., 156, 196, 595
Lessing, Gotthold Ephraim
Minna von Barnhelm 345
Levin, Käthe 199
Leyen, Friedrich von der 529
Lichtheim, Richard
Das Programm des Zionismus 269
Lichtwark, Alfred
Übungen in der Betrachtung von Kunstwerken 345
Lidové Noviny 489, 491f.
Liliencron, Detlev von 60, 486, 502
Lindau, Paul
Der Andere 211
Lindner, Frl. 191f.
Carl Lindström A.G. 184f., 189, 191, 260, 289, 307, 583
Lissauer, Ernst 164

Liszt, Franz 161
Locke, John 141
Loerke, Oskar 549
Loos, Adolf 121
Löser, Ernestine 385
Louvre-Zirkel 53, 116
Löw, Hedwig 347
Löw, Hugo 169
Löw, Karl 167
Löwenstein, Eugen 280, 324
Löwy, Alfred 30, 32, 40, 49ff., 55, 75, 77, 158, 167f., 190, 204, 233f., 242, 244, 250f., 261, 263, 270f., 273f., 276, 280, 283, 285, 298, 395, 457, 459, 463, 537, 539, 547, 554f.
Löwy, Bedřich 414f.
Löwy, Jakob 54, 80, 88, 101
Löwy, Jizchak 132, 135–138, 141–146, 149, 151ff., 158, 169f., 176f., 185, 192, 199, 212, 215f., 224f., 245, 255, 268, 356f., 369, 371, 376, 380f.
Löwy, Josef 270
Löwy, Julie *siehe* Kafka, Julie
Löwy, Richard 67, 167
Löwy, Rudolf 271, 484, 498, 503, 511
Löwy, Siegfried 43, 46, 71, 148, 270f., 283, 358, 510, 531, 554, 561, 564ff., 568, 570, 575, 578, 591
Lublinski, Samuel
Die Entstehung des Judentums 336
Lüftner, Franz 383

Luther, Martin 400
Lutz, Adolf 163

Macauley, Thomas Babington
Lord Clive 67
Mann, Heinrich 111, 321
Mann, Klaus 594
Mann, Mimi 321
Mann, Thomas 59, 61, 383, 497, 594f.
Ein Glück 59
Tonio Kröger 61
Márai, Sandor 510, 521
Marasse, Felice *siehe* Bauer, Felice
Marasse, Moritz 432, 583
Marbot, Marcellin de 315
Mardersteig, Hans (Kurt Wolff Verlag) 453, 507, 512, 522
Mareš, Michal 86, 98, 112, 463, 523, 533, 568
Mark Aurel
Selbstbetrachtungen 59
Markert, Hans 29
Mars, Mella 117f.
Marschner, Berta 133, 334
Marschner, Emilie 334f.
Marschner, Robert (AUVA) 78, 87f., 101, 104f., 214, 241, 271, 300, 313, 326ff., 334f., 366, 376, 384f., 388, 390, 399, 411, 421, 426, 431
Marsyas 365, 377
Marty, Anton 49, 53
März 204, 236
Masaryk, Tomáš G. 421, 423f., 431, 435, 449
Maschek (Gärtnerei) 417

Matras, Ferdinand 101
Maupassant, Guy de 486
Meißner, Alfred
 Geschichte meines Lebens 422
Meister Eckehart 57
Mendelssohn, Georg von 281
 Der Merker 364
Meyer, Conrad Ferdinand 102
Meyer, Georg Heinrich (Kurt Wolff Verlag) 316f., 323, 332, 335, 337f., 346, 417, 434, 558
Meyrink, Gustav 59
Mikkelsen, Einar 515
 Ein arktischer Robinson 515
Mikolaschek, Karl 95
Milan, Emil 271, 349
Millöcker, Karl
 Der Vice-Admiral 79
Mirsky-Tauber, Regine 318
Möhler, Johann Adam
 Symbolik oder Darstellung der dogmatischen Gegensätze der Katholiken und Protestanten nach ihren öffentlichen Bekenntnisschriften 349
Moissi, Alexander 153
Molière
 Der Geizige 506
 Heirat wider Willen 111
Mondt, Eugen 352
Montagsblatt aus Böhmen 358
Morgenstern, Christian 486, 503
Morgenstern, Soma 580
Mörike, Eduard 142, 528
 Zu meiner Investitur als Pfarrer in Cleversulzbach 142
Moses 251, 329, 505

Mühlstein, Gustav 339, 372–375, 379, 386, 397, 402
Müller, Johann Peder 69
 Mein System für die Frau 236
Müller, Robert 346
München-Augsburger Abendzeitung 352
Münchener Zeitung 352
Münchner Neueste Nachrichten 352
Münzer, Egmont 498, 501, 510
Musil, Robert 256–260, 270, 283, 288, 324
 Vincent und die Freundin bedeutender Männer 558
Musset, Alfred de 110

Nalos, Justine 303
Napoleon I. 135, 200, 315, 549
Národní Listy 560, 578
Národní politicka 419
Naše řeč 425
National-Zeitung 254
Naumann, Hans
 Die deutsche Dichtung der Gegenwart 1885–1923 538
Nelken, Ludwig 566
Němcová, Božena 379, 449
 Babička 477
Nettel, Käthe 438, 596f.
Netuka, Karel 30
Neue Freie Presse 244, 470, 476, 478, 578
Der Neue Merkur 549
Die neue Rundschau 60, 119, 138, 229, 259, 270, 283, 288, 346f., 360, 485, 506, 523, 534, 558f., 566, 580

Der neue Weg 87
Neues Wiener Journal 456
Neumann (Graphisches
 Kabinett, Berlin) 563
Neumann, Heinrich 572ff.
Nietzsche, Friedrich 43
Nigrini, Valesca 155
Nijinski, Vaclav 198
Northey, Anthony 600
Nowak, Willy 106, 145

Oberlandesgerichts-Präsidium 69
Odstrčil, Bedřich (AUVA) 431, 447, 455f., 462, 464, 475f., 483, 487, 489, 492f., 496f., 501, 504, 553, 558–561, 567
Oesterreichische Morgenzeitung 392, 396, 401
Offenbach, Jacques
 Orpheus in der Unterwelt 150
Olsen, Regine 410
Die Opale 73, 75
Der Orkan 381
Orlik, Emil 51
Österreichische Rundschau 266, 356
Otéro, Carolina 108
Ott, Ludwig 452, 454
Otto (AUVA) 169

Pachinger, Anton Max 141f., 279
Pallenberg, Max 104, 150, 506, 540
Pan 126
Pascals, Blaise 371
 Pensées 370
Pasley, Malcolm 600

Pathé (Firma) 109
Péguy, Charles
 Die Litanei vom schreienden Christus 482
Pelda 410
Perez, Isaak Loeb 386
 Volkstümliche Erzählungen 345
Pester Lloyd 203
Pfohl, Eugen (AUVA) 78, 82, 89, 99, 118, 130, 150, 159, 170, 214, 219, 241, 275, 320f., 347, 366f., 375, 393ff., 410, 418, 421, 433
Philippe, Charles-Louis
 Madame Donadieu 461, 538f.
Pick, Georg 48f.
Pick, Gottfried 375f., 379, 383, 386, 397, 399, 416
Pick, Otto 153, 157, 198, 200–203, 205f., 212, 223ff., 230, 240, 268, 277, 281f., 294, 296, 339, 404, 466, 468, 471, 482, 502, 509, 535, 556, 579f.
Der blinde Gast 294
Pierre, Leo 98
Pinès, Meyer Isses 150
 Histoire de la Littérature Judéo-Allemande 150
Pinez, Midia 562f.
Pinthus, Kurt 160, 216, 408
Pirker, Max 356
Platon 342
 Der Staat 164
Podrouková, Maruška 368
Pokorny, Václav 170
Poláček, Josef 139
Polaire 109

Polizeidirektion Prag 69, 136, 343, 416, 444, 466, 568
Pollak, Ernst 409, 413, 446, 449, 451–454, 457f., 461ff., 466–469, 471, 477, 587
Pollak, Josef 169f., 182f., 196, 220, 251, 294, 337, 414f., 589, 593
Pollak, Leopold 65, 470
Pollak, Lotte 295, 555, 593
Pollak, Marianne 251, 518, 555, 593
Pollak, Milena siehe Jesenská, Milena
Pollak, Oskar 33, 42, 47ff., 51–60, 65, 71f., 74, 98, 194, 291, 312, 318
Pollak, Valli siehe Kafka, Valli
Pollak, Wilhelm 75
Pomeranz, Hermine 426
Popper, Ernst 309
Popper, Josef 425f., 428
Popper, Sofie 23, 112
Pouzarová, Anna 50, 54, 56
Prager Abendblatt 490, 503, 525, 527, 578
Prager Asbestwerke 135, 139f., 144–149, 151f., 154, 157f., 166, 172f., 176, 208, 239, 244, 251, 269, 287, 295, 298, 300f., 303f., 361, 364, 386, 391, 397, 415, 533, 535, 589f.
Prager Presse 483f., 489, 491, 493, 500, 502, 506f., 509, 518, 524, 534, 559, 561, 569, 571f., 578ff., 584
Prager Tagblatt 74, 135, 142, 145, 152, 200, 211, 224, 229f., 271, 356, 359, 387, 452, 502, 523, 536, 561, 572, 578, 580, 599
Právo lidu 477
Preissová, Gabriela 525
Přibram, Ewald Felix 33, 53, 59, 61, 65, 68, 78, 80, 84, 86, 196, 210, 283, 288, 392, 394, 457, 472, 538
Přibram, Otto 80f., 102, 196, 284
Princip, Gavrilo 281
Přítomnost 588
Pulver, Max 352

Raabe, Wilhelm 509
Rachilde
 Madame la Mort 158
Racine, Jean 490
 Phèdre 130
Rath, Moses 365
Rathenau, Walther 524f., 527
Rauchberg, Heinrich 95
Reformblatt für Gesundheitspflege 430, 509
Rehberger, Angela 127, 134f., 311
Reichmann, Oskar 153
Reiner, Josef 442, 451ff.
Reinerová, Jarmila 458, 461ff., 469, 471ff., 488
Reinhardt, Max 112, 158
Reiß, Erich 407, 409
Reiß, Esther, Fanny und Tilka 311, 317
Reiß, Fanny 300, 315, 317
Renaissance 485
Richepin, Jean 139f.

Richter, Ludwig
  Lebenserinnerungen eines deutschen Malers 361
  Ludwig Richters Heimat und Volk 364
  Ludwig Richter. Beschauliches und Erbauliches 428
Richter, Moses
  Herzele Mejiches 150
  Mojsche Chajet oder: Der Schneider als Gemeinderat 143
Riedl, Ferdinand 409, 412
Riedl, Paula 76
Říha, Jaroslav 472
Rilke, Rainer Maria 352, 355, 513, 515
Rimbaud, Arthur 458
Rittner, Thaddäus
  Das kleine Heim 95
Robitschek, Elsa 330, 431
Rokeach, Issachar Dow Ber 333f.
Rosegger, Peter 346
Rosenzweig, Franz 359
Rosenzweig, Georg und Adele 359
Roskoff, Gustav
  Geschichte des Teufels 229
Rössler, Tile 543–546, 552
Roth, Ilena 508
Roubitschek 135
Rowohlt Verlag 142, 160, 168, 171f., 174, 176, 181, 200, 204, 480, 579, 581
Rowohlt, Ernst 106, 157, 160ff., 166f., 176, 179, 480
Rubiner, Ludwig 101
Rumburger Zeitung 347
Russell, Bertrand 470, 472

Salomon Maimons Lebensgeschichte 391
Salten, Felix 254
Salveter, Emmy 482f., 485, 488f., 495f., 498f., 526f., 529–532, 542f., 547, 549ff., 553ff., 558, 562
Sanatorium Grimmenstein 476
Sanatorium Wehrawald 500
Sanzara, Rahel *siehe* Bleschke, Johanna
Sauer, August 49f.
Schäfer, Wilhelm 138, 142, 144
  Beethoven und das Liebespaar 144
  Karl Stauffers Lebensgang 142
  Die Mißgeschickten 137
Schaffstein, Hermann
  Wir Jungen von 1870/71 250
Scharkansky, Abraham M. 136
  Kol-Nidre 136
  Der Meschumed 134
Die Schaubühne 90, 132, 344
Scheerbart, Paul 486
Scheler, Max
  Die Ursachen des Deutschenhasses 378
Schenker (Spedition) 468
Schickele, René 308, 316
Schildkraut, Rudolf 254
Schiller, Friedrich (Breslau) 163f., 168
Schiller, Friedrich 116, 161f., 164, 359, 529
  Die Räuber 546
Schirmer, Paul
  Der Herr Minister 506
Schlaf, Johannes 162

Schlippenbach, Albert Graf von 165
  In der Ferne 165
Schmidtbonn, Wilhelm
  Der Graf von Gleichen 150
Schmitz, Oscar A.H. 177
Schnabel, Margarete 77, 97, 153, 208, 434, 452, 525, 584f.
Schnitzer, Moritz 123f., 361, 376, 383ff.
Schnitzler, Arthur 89, 138, 204, 218, 260
  Anatol 112, 204
  Leutnant Gustl 204
  Medardus 204
  Professor Bernhardi 204
  Reigen 57, 204
  Der Ruf des Lebens 89, 204
  Der Weg ins Freie 218
  Zwischenspiel 204
Schnitzler, Olga 138
Schocken Verlag 584f.
Schocken, Salman 324
Scholem, Gershom (Gerhard) 342ff.
  Die Schöne Literatur 507
  Die schöne Rarität 396
Schönherr, Karl
  Glaube und Heimat 115
Schopenhauer, Arthur 51, 360
Schrammel, Josef 571
Schreiber, Adolf 101, 111, 282, 345, 369, 380, 473
Schultze-Naumburg, Paul 57
Schweinburg, Ludwig 64, 68
Schweizer, Arthur 83
Seelig, Carl 547, 551

Selbstwehr 71, 150, 152, 190, 314, 356, 383, 388, 436, 439, 448, 452, 485, 494, 496, 501, 521, 550, 556, 563, 578, 596
Shakespeare, William
  Hamlet 112
  Komödie der Irrungen 111
  Richard III. 517
  Was ihr wollt 276
Shelley, Percy Bysshe
  Dichtungen 538
Simmel, Georg 566
  Rembrandt 566
Söderblom, Nathan
  Das Werden des Gottesglaubens 329
Soltau, Otto 519
Sonntagsblatt der New Yorker Volkszeitung 535
Soukup, František 159
Soyka, Otto 280
Šrámek, Fráňa 524
St. Denis, Ruth 70
Starke, Ottomar 319
Statthalterei in Prag 300, 302, 345f.
Stein, Erwin 155
Stein, Irma 311
Stein, Paul 467f.
Stein, Salomon 306
Steiner, Rudolf 120ff., 126, 599
Steinfest, Dr. 528
Steinitz, Erna 311f.
Stekel, Wilhelm 379, 387
Stendhal 73
  Leben des Henry Brulard 380
Sterk, Elvira 50, 55

Sternheim, Carl 316, 325, 329, 506
Napoleon 193
Sternheim, Felix
Die Geschichte des jungen Oswald 98
Steueramt Prag-Žižkov 533, 535
Steurer, Karl 386, 415
Stifter, Adalbert 509
Nachsommer 538
Stoessl, Otto 155, 173, 186, 200f.
Morgenrot 155, 188
Storm, Theodor 502
Erinnerungen und Familiengeschichten 528
Strachoff, N.N. 343
Strauß, Emil 148
Der nackte Mann 148
Strelinger, Leopold 486f., 489, 492, 494, 497f.
Strindberg, August 196, 289, 311, 350
Einsam 187
Entzweit 310
Die gotischen Zimmer 172, 282
Inferno 313
Am offenen Meer 306f.
Schwarze Fahnen 301f.
Totentanz 172, 278
Stüdl, Olga 421f., 426, 429, 437, 445
Štychová, Louisa 98
Swift, Jonathan 495, 497
Gullivers Reisen 494
Szafranski, Kurt 133
Szebadság 510
Szinay, Arthur 485, 504
Szokoll, Juliane (Hansi) 78, 80

tablettes 402
Tagger, Theodor 388
Das neue Geschlecht 380, 388
Der Tag 578
Talmud 141f., 554
Taussig, Elsa 19, 85, 94, 99, 106, 111ff., 115, 122f., 126f., 150–154, 169, 183, 189, 197, 201, 204, 206, 208f., 233, 237, 247, 256, 286, 294, 298, 307, 321, 329, 339f., 367, 371, 373, 380, 382, 386f., 393ff., 400f., 434, 466f., 493–496, 526, 531, 546, 555, 562, 585
Taussig, Hedwig 329
Technische Werkstätte Berlin 338, 583
Tetsch, Josef 412
Teweles, Heinrich 385
Theilhaber, Felix A. 150
Thein, Klara 257f.
Thieberger, Friedrich 418, 517
Thieberger, Gertrud 206, 323
Thomas, Rudolf 477
Thürheim, Lulu 255
Mein Leben 255, 257, 263
Tolstoi, Lew N. 348, 459
Anna Karenina 365
Auferstehung 397
Kreutzersonate 114
Tagebücher 389, 400, 402f.
Der Tod des Iwan Iljitsch 509
Traub (Lederwaren) 420
Tribuna 459f., 465, 468, 470, 472, 475
Trietsch, Davis 158
Troeltsch, Ernst 400
Tschechow, Anton 477

Tschiassny, Kurt 574f.
Tschissik, Emanuel 143
Tschissik, Mania (Amalie) 136, 138f., 143, 146, 149
Tucholsky, Kurt 133, 200, 451f., 508

Ullmann, Ludwig 242, 244f.
Union Zeiß, Fa. 277
Unseld, Joachim 600
Urzidil, Johannes 515, 579, 582
Utitz, Emil 33, 53, 57, 65, 168

Valenta, Jindřich (AUVA) 426, 437, 497
Velhagen und Klasings Monatshefte 254
Verband der Vereine Creditreform 581
Verlag Die Schmiede 542, 566f., 569, 572f., 575, 577, 579–582
Vers und Prosa 548
Vesecký 409
Vischer, Eva 523
Vischer, Melchior 518f., 523, 527, 536
  Der Hase, der einen Mord erlebt 527, 536
  Der Teemeister 518
Vojnovíč, Ivo
  Dubrocnická trilogie 135
Voltaire 109
Vorbote. Unabhängiges Organ für die Interessen des Proletariats 535
Vossische Zeitung 486, 578
Vrchlický, Jaroslav 144
  Hippodamie 144

Wagenbach, Klaus 600
Wagner, Richard 459, 527
Wagner, Rolf 380
Wagnerová, Alena 600
Walden, Herwarth 101, 112
Walser, Robert 86, 89, 103, 200, 229, 288, 486, 502
  Aufsätze 229
  Jakob von Gunten 86, 89, 103
Walzel, Oskar 331, 333
Wassermann, Jakob
  Mein Weg als Deutscher und Jude 530
Weber, Alfred 66, 68
Weber, Max 66
Weber, Oskar
  Der Zuckerbaron 351
Wedekind, Frank 150, 204
  Erdgeist 150
  Hidalla 204
Wedekind, Tilly 150, 204
Weiler, Hedwig 73–77, 79, 86, 88, 90
Weinberg, Moritz 103
Weininger, Otto 485, 533
Weis, Emil 104, 107, 126, 152, 169
Weiß, Ernst 228f., 244, 247, 249–255, 260, 272, 274f., 279f., 285f., 320, 323, 325, 327, 330, 359, 374, 394, 417, 433, 436, 452, 469, 471, 474, 500, 531f., 549ff., 559, 562, 594f.
  Der arme Verschwender 595
  Die Feuerprobe 549, 562, 595
  Die Galeere 249, 255, 257, 594
  Der Kampf 252, 274f., 285, 323, 325–328, 330, 595
  Tanja 595

Tiere in Ketten 595
Der Verführer 595
Weißberger, Arnold 75f.
Die weißen Blätter 256, 259, 307f., 316, 339
Weisl, Moritz 23
Die Welt 239
Die Weltbühne 451f., 581
Weltsch, Elizabeth (Betta) 313, 417
Weltsch, Felix 20, 24, 50, 53, 62, 65, 72, 90, 95, 97, 100, 102, 104, 106f., 110, 122–126, 140f., 145, 147, 149, 157ff., 169ff., 192f., 196, 201ff., 205, 207–211, 219f., 223, 226, 230, 233, 241, 243, 245, 250, 252f., 257f., 285, 288, 290ff., 297, 301, 308, 310f., 313ff., 317, 322, 330, 332, 334f., 341, 344, 349f., 355, 358, 366, 368, 370f., 373, 375–379, 381–389, 391, 393ff., 397, 399f., 404f., 411, 417, 432, 436, 440f., 445f., 448, 451f., 455, 485, 491–494, 496, 510, 524–527, 530f., 541, 551, 557, 563, 571, 574, 578, 584, 595f.
Gnade und Freiheit 440f., 471
Nationalismus und Judentum 455
Organische Demokratie 384, 393, 399
Weltsch, Heinrich 24, 259, 335, 595
Weltsch, Irma siehe Herz, Irma
Weltsch, Lise 201, 225f., 240, 252, 258, 272, 275, 278, 288, 481, 559ff., 563

Weltsch, Louise 24, 595
Weltsch, Paul 335
Weltsch, Robert 196, 283
Weltsch, Ruth 446, 596
Weltsch, Theodor 226, 240, 252, 596
Werfel, Franz 78, 102, 104–107, 111f., 125f., 144f., 161, 167f., 172, 188, 194, 196–199, 212, 215f., 225, 227, 230, 266, 268, 281, 296, 302, 309, 318, 321ff., 326f., 342, 344, 360, 369, 389, 391, 395, 401, 449, 452, 473, 509, 519, 523, 535f., 538f., 568, 571, 573, 585
Der Besuch aus dem Elysium 159
Bocksgesang 506f.
Esther, Kaiserin von Persien 296
Schweiger 535f., 538f., 573
Spiegelmensch 476
Die Troerinnen des Euripides 266, 327f.
Verdi. Roman der Oper 568, 571ff.
Versuchung 230
Der Weltfreund 144, 188, 194, 266
Wir sind 216, 266
Werner, Josef 507, 597
Wernerová, Marie 381, 422, 432, 567
Wiegler, Paul 94, 100, 110, 112, 186f., 360
Wiener Allgemeine Zeitung 242
Wiesenthal, Grete 152
Wihan, Josef 42

Wildenbruch, Ernst von 346
Winder, Ludwig 502, 519
Kasai 477
Wochenblatt der New Yorker Volkszeitung 535
Wohryzek, Eduard 596
Wohryzek, Julie 31, 407, 413, 416, 427–430, 432, 434–440, 443, 447f., 450, 452, 456ff., 461ff., 507, 514, 596f.
Wohryzek, Käthe *siehe* Nettel, Käthe
Wohryzek, Mina 525ff., 596
Wohryzek, Růžena 413, 596
Wohryzek, Wilhelm 596
Wolf, Hugo 364
Wolfenstein, Alfred 326, 538, 549
Wolff, Kurt 106, 154, 161, 168, 170, 172ff., 176, 212, 214–219, 223, 231, 245, 253, 281, 287f., 291, 305, 329, 333, 338, 341, 348, 361f., 367–371, 373ff., 384, 393f., 400, 403f., 408, 410, 418, 420, 441–444, 446, 464, 490, 506, 512f., 515, 517, 522, 525f., 540, 555, 580, 585
Kurt Wolff Verlag 204, 209, 223, 244f., 271, 316f., 323, 335, 337ff., 346, 359, 361, 363, 387, 401, 403, 409, 418ff., 422, 428f., 434, 436, 447f., 478f., 522, 534, 542f., 552ff., 557f., 560, 566, 582
Wolff, Siegfried 363
Wolfskehl, Karl 279
Wüllner, Ludwig 358f.
Wyneken, Gustav 391

Zech, Paul 212
Zeiß, Heinrich 214
Die Zeit 235
Zeitschrift für Bücherfreunde 408, 489
Zinzendorf, Erdmuthe von 333, 335, 337, 347
Zsolnay Verlag 581
Zuckerkandl, Robert 384
Zweig, Arnold
   Ritualmord in Ungarn 350f.
Zweig, Stefan 263, 595

Ortsverzeichnis

Ahlem 441, 443, 455, 475, 479, 481, 485
Amerika *siehe* Vereinigte Staaten von Amerika
Arad 320, 347, 369
Arco 92, 282
Ärmelkanal 91
Auschowitz 331
Auschwitz 585, 593, 597
Aussig 55, 213, 218, 222, 245, 313, 404

Bayern 444
Bedzin 586
Belz 333f.
Bendjin 41
Berlin 72, 76, 80, 83, 86f., 92, 95, 100f., 111f., 144f., 156ff., 166, 176, 178–181, 184f., 191f., 195, 202f., 208f., 212ff., 216ff., 220ff., 232, 234, 236f., 246f., 251, 254f., 257–270, 272–278, 280, 282, 284, 286, 296, 300ff., 307, 309f., 316, 319f., 322f., 327, 332f., 338, 340, 345ff., 350, 352, 370, 397, 411, 434, 441f., 472f., 479ff., 485f., 488, 507f.,
524–527, 529–532, 534, 542–551, 553f., 556f., 559f., 563–568, 580, 583, 587, 592, 594f.
Charlottenburg 386
Dahlem 553
Grunewald 212, 524
Nikolassee 221
Scheunenviertel 555
Schöneberg 247
Steglitz 548, 550f., 553, 556, 559
Tiergarten 247, 260, 264, 266
Weißensee 295
Zehlendorf 563f.
Bern 362, 594
Bernau 543
Bodenbach 78, 82, 260, 302, 308, 345, 554
Böhmen 49, 123, 167, 171, 195, 212, 222, 254, 256, 258, 265, 274, 281, 289, 315, 342, 345, 366, 417, 419, 421, 433, 444, 452, 562, 575
Böhmerwald 81, 105, 331, 424, 461, 494ff.
Böhmisch-Brod 287
Böhmische Schweiz 311

Bozen 318, 444, 454
Brandeis 106
Brescia 93, 117, 317
Breslau 125, 145, 163, 168, 271f.,
 324, 587
Brünn 139, 433, 437, 451, 489,
 562, 594
Brunshaupten 526
Brüx 350
Budapest 167f., 261, 265, 276,
 309, 311, 356, 368, 540, 583,
 593f.
Bukarest 597

Cadenabbia 129
Castagnola 128
Častalice 311
Černoschitz 82, 125
Chelmno 589, 593
Chicago 297, 535
Comer See 129
Corbetha 162
Côte d'Azur 201, 205f.
Custozza 35

Dahme (Ostsee) 496
Dänemark 285
Davle 90
Davos 416, 464, 467, 566f.
Desenzano 93, 242, 246
Deutschland 51, 197, 212, 288,
 302f., 307, 336, 358, 435, 442f.,
 527, 532, 550, 554, 556, 586
Döberitz 548
Dobřichowitz 90, 125, 310f., 541
Domažlice 496f.
Dombovár 593
Dresden 55, 160, 165, 206f., 213,

260, 263–266, 281f., 296, 409,
 501, 503, 508f.
Düsseldorf 587

Eberswalde 542
Eger 332, 415
Eisenstein 105, 331f., 461
Elbe 49, 106, 590
Elbekosteletz 106
Elbeteinitz 351
Elbogen 313
England 587
Erlenbach 131f.
Europa 411, 542

Flöhau 405
Flüelen 128
Frankenstein 366
Frankfurt am Main 211, 214,
 216f., 220, 249, 386f.
Frankreich 289, 547
Franzensbad 104, 158, 224, 227,
 278, 332, 335, 337, 367, 413ff.,
 454, 457, 494, 496, 528f.
Friedland 117, 417, 419ff., 425,
 430, 591

Gablonz 107
Galizien 288, 291, 295, 299, 301,
 308, 327f.
Gandria 129
Gardasee 82, 220, 226
Gardone 242
Garmisch 320f.
Genua 234, 269
Georgenthal 524, 526f.
Ger 573
Gladbach 587

629

Gleschendorf 285
Gmünd 263f., 269, 271, 456, 465–470
Görbersdorf 500, 503
Grimmenstein 475–480
Grodek 314
Grottau 119

Halberstadt 162, 266
Halle 162, 488, 490
Hamburg 233
Hannover 207, 216, 218f., 222, 233
Harz 524, 545
Helgoland 46
Hellerau 281, 492, 494f., 497, 499, 525ff., 532, 589
Heringsdorf 434
Hildesheim 316
Hohe Tatra 501, 528, 593
Hrušov 106

Ilsenburg 163
Innsbruck 444
Isle of Man 587
Israel 585
Italien 107, 171, 220, 312, 435, 548, 564, 593

Jaffa 169, 542
Japan 51
Jena 162
Jerusalem 240, 540, 579, 585, 596
Johannisbad 465, 469
Jungborn (Harz) 162, 165, 192

Kainzenbad 441f., 444
Kalifornien 584

Karlsbad 313, 324, 327, 334f., 450, 499f., 545
Karlstein 39, 328
Karpaten 308
Kaschau 485, 510, 521
Kassel 534
Kaunitz 169
Kierling 570–575, 577f., 587, 592, 594
Klobenstein 454
Klosterneuburg 570f.
Kolin 78, 203, 270, 292, 298
Köln 278
Komotau 73, 383f., 386
Königsberg 411, 480, 562
Konstantinsbad 450
Krakau 586
Kratzau 119, 183
Kreuzen 468
Kuchelbad 79
Kuttenberg/Kolin 298

Lago Maggiore 130
Leipzig 106, 160, 162, 172, 179, 184, 188, 192, 198, 211f., 214, 216, 253, 281, 323, 329, 332, 335, 362, 373, 434, 436, 488f., 506
Leitmeritz 45, 187, 201f., 562, 564
Lemberg 132, 300
Liboch 49, 429
Libschitz 458
Linz 141
Lischwitz 401
Lodz 586, 589, 593
London 587
Lourdes 256
Lübeck 284f., 287

Lugano 128
Luzern 128
Madrid 40, 49, 55, 167, 220, 280, 539, 555
Mähren 43
Mährisch-Weißkirchen 46
Mailand 129, 444
Malcesine 243
Malmö 284
Marielyst 285, 287, 594
Marienbad 49, 324f., 327–333, 335, 339f., 459, 513, 542, 544
Matliary siehe Tatranské Matliary
Menaggio 129
Meran 441, 443ff., 447, 449ff., 455f., 477
Michelob 394, 403, 412
Milsau 444
Misdroy 530f.
Mnichovic-Stranšic 41
Moldau 72, 104, 106, 220, 258
Montichiari 93
Moskau 499, 587
Mühlenbeck 344, 349
München 50, 53f., 57, 65, 79, 127, 131, 244, 267, 286, 326, 343–352, 354f., 358, 436, 441, 444, 448, 450, 485, 496, 513, 540
Müritz 543ff., 556f., 587, 589

Nago 243
Nagy-Mihály 308f.
Neuss 587
Neustadt (Schlesien) 27, 117, 583
New York 169, 223, 535, 584, 594
Niederösterreich 470, 568
Nordböhmen 123, 585

Norderney 46, 63
Nový Smokovec 483
Nürnberg 108

Oberhambach 533
Oberklee 384f., 387f., 401
Oberstudenetz 57
Oklahoma 292
Opladen 443
Ortmann (Niederösterreich) 568
Österreich 45, 286, 362, 393, 402, 435, 455
Österreich-Ungarn 43, 212, 286–291, 294, 303, 312, 336, 358, 375, 380
Ostsee 312, 495f., 525f., 530, 543, 589
Oúvaly 311
Oybin 123

Pabianice 586
Palästina 106, 108, 158, 166, 169ff., 216, 240, 317, 413, 443, 446, 452, 464, 486, 490, 501f., 505, 507, 526, 540f., 544, 547, 554, 557, 584, 591f., 596
Palestrina 383
Paraguay 70
Paris 30, 74, 96, 98, 103, 106, 108ff., 113, 129f., 133f., 137f., 217, 289, 457, 495, 555, 595
Partenkirchen 441
Pegli 269
Pilsen 57, 97, 127, 325, 584
Planá nad Lužnicí 524–533, 592
Pleš 486
Podbaba 124, 286, 327
Poděbrady 590

Polen 41, 543, 586
Polianka 487
Porlezza 129
Porto Ceresio 129
Portorose 169
Postelberg 107
Potsdam 286, 290, 311
Prag 23f., 29, 31, 37, 43, 46f., 49f., 52, 54f., 58, 64, 66–69, 71, 73ff., 77, 81–84, 93–99, 101, 104, 108, 110, 112, 117, 119, 121, 123ff., 131f., 138ff., 144, 162, 165f., 181, 183, 186f., 195f., 201, 207, 213, 218, 221f., 225, 231, 233f., 244, 247, 257, 260ff., 268–271, 273, 277–280, 282f., 286–289, 291, 293, 298f., 301ff., 305, 307, 310, 312ff., 320, 324f., 327, 329, 332, 335, 345–348, 352, 356f., 359, 362f., 368–371, 374, 379f., 382–386, 388, 390f., 393f., 396, 401ff., 406, 408f., 411ff., 417, 419f., 422f., 425–430, 432ff., 436, 438, 441, 446, 450, 456, 458, 461, 464, 467, 469, 471, 474, 476ff., 484–488, 490–495, 497–501, 503f., 507, 510, 512, 515f., 520, 522f., 528–533, 538, 540f., 543–549, 551ff., 555, 558–562, 564, 566f., 569, 572ff., 576, 578f., 582–585, 587–597
Altstadt 15, 23, 289, 422, 589
Altstädter Ring 23, 53, 56, 67, 98, 172, 246, 374, 419f., 423, 435, 465, 568, 591
Baumgarten 31, 79, 106f., 123, 412, 438, 440, 521
Belvedere 72, 235, 367, 374, 474

Branik 435
Dejwitz 397
Fleischmarkt 29
Ghetto 15, 23
Hradschin 52, 191, 257, 351, 423, 469, 500, 521
Josefstadt 23
Judeninsel 466
Kaiserinsel 318
Karolinenthal 324
Kleinseite 55, 173, 293, 472
Königliche Weinberge 323, 542, 596
Laurenziberg 103
Nusle 215f.
Podol 319
Schützeninsel 134, 312
Smichov 433
Sophieninsel 375, 466
Straschnitz 579
Troja 99, 342, 412, 414
Vyšehrad 52, 457
Wenzelsplatz 419
Wrschowitz 436
Žižkov 135, 140, 144, 244, 314, 391, 533, 535
Prešov 446

Radeschowitz 230f., 370f., 433
Radotin 135f.
Ravensbrück 588
Reichenberg 117, 119, 183
Rigi-Kulm 128
Riva 82, 92f., 233f., 239, 242–245, 253, 269
Rom 194
Rostok 36, 43, 232
Rumburg 313, 366

Russland 146, 288f., 304, 315,
 392, 406, 491, 499
Ruvigliana 128
Rye 584

Sachsen 123, 207
Saint-Raphaël 204
Salesl 55
Salzburg 444f., 469
Sarajevo 281
Šarka 412
Sátoralja-Újhely 309f.
Schelesen 421ff., 426f., 430, 437f.,
 441, 485, 546, 548, 551, 557, 562,
 596
Schlesien 64, 500
Schönberg 444
Schwarzwald 444
Schweiz 584
Sebnitz 207
Sebusein 45
Sehnorab 106
Semmering 509, 536
Serbien 286f., 289f., 294, 296f.
Sibirien 564, 587
Skalitz 45
Sommerfeld 594
Sowjetunion 587
Spindelmühle 509, 512f., 516
Spitzberg 81
St. Germain-en-Laye 435
St. Gilgen 469
St. Petersburg 198
St. Wolfgang 371, 373
Stapelburg 162ff.
Stechowitz 90
Strakonitz 64, 146, 483
Stresa 130

Stuttgart 108, 131
Südafrika 487
Südtirol 435, 448
Sylt 233

Tatra 490, 494
Tatranská Kotlina 528
Tatranské Matliary 480, 482,
 484f., 494f., 497f., 501, 508, 513,
 516, 546, 593
Taus 496
Tel Aviv 585
Tepl 331
Teplitz 139
Tetschen-Bodenbach 94
Theresienstadt 585, 592
Thüringen 49, 526
Tiefurt 161
Torbole 92
Trautenau 151
Travemünde 285, 488, 577
Triesch 43, 50, 73f., 283, 531f.
Triest 76, 169, 241
Tschechoslowakei 419, 421, 435,
 449, 585, 588, 592
Türkei 175
Turnau 417

Ukraine 405f.
Ungarn 341, 364, 368, 484, 499,
 506, 534, 540, 588, 594
Usedom 434

Venedig 169, 241f., 246, 536,
 570
Vereinigte Staaten von Amerika
 116, 131, 159, 163, 171, 262, 544,
 594

Verona 242, 317
Versailles 131, 547
Vierwaldstätter See 128
Vitznau 128
Vtelno 350
Vysoké Tatry 497

Waldenburg 324f.
Warnsdorf 123f.
Wegstädtl 42
Weimar 49, 161, 165
Westerland 233ff., 237
Wien 73f., 90, 98, 214, 239–242, 246, 250, 258, 260, 262, 265, 267f., 273, 275, 309, 364, 369, 389, 392, 399, 406, 409, 413, 417, 445, 450f., 453–456, 458–461, 463–466, 468, 473, 477ff., 484, 508, 526, 556, 568–573, 575, 580, 584, 587, 594
Ottakring 240
Schönbrunn 353
Wiener Neustadt 476
Wienerwald 456, 566, 568, 571f.
Wosek 29, 589
Wšenor 125

Zarch 395
Ždiretz 57
Zittau 123
Zuckmantel 64, 68, 222, 332
Zürau 8, 364–367, 369f., 373–379, 381ff., 385–388, 390–397, 400f., 403–406, 408, 410–413, 415ff., 419, 422, 430, 591
Zürich 127, 131, 547

Werkverzeichnis

Die Abweisung 76, 79
Die Aeroplane in Brescia 94, 211
Ein alltäglicher Vorfall 385
Ein altes Blatt 362, 377, 400, 446, 501
An alle meine Hausgenossen 361
Auf der Galerie 356, 446, 489
Aus dem Grunde der Ermattung ... 169
Aus Matlárháza 491
Der Ausflug ins Gebirge 473

Der Bau 558, 560, 564
Die Bäume 79
Beim Bau der chinesischen Mauer 362
Bericht für eine Akademie 363, 366, 387, 389, 395f., 401, 446, 475, 564, 580
Beschreibung eines Kampfes 61, 72, 90, 100, 111, 113, 115f.
Die besitzlose Arbeiterschaft 408
Ein Besuch im Bergwerk 365, 446
Betrachtung 13, 79, 122, 166ff., 170–174, 176, 178, 181,
188–193, 195, 198–201, 203–206, 218, 222, 229, 236, 271, 275, 288, 305, 316f., 359, 361, 374, 387, 419
Blumfeld, ein älterer Junggeselle 303ff.
Brief an den Vater 19, 437f., 454, 456, 589, 597
Die Brücke 359
Ein Brudermord 356, 377, 399, 446, 479, 521

Ein Damenbrevier 87
Der Dorfschullehrer 298, 300

Das Ehepaar 534
Einleitungsvortrag über Jargon 152
Elf Söhne 362, 446, 486, 502, 507, 580
Entlarvung eines Bauernfängers 166, 500
Eine entschlafene Zeitschrift 121
Entschlüsse 151, 191, 578
Erinnerungen an die Kaldabahn 290
Ernst Liman (Fragment) 207f.

Erstes Leid 517, 522, 525, 539, 559, 566, 580, 582

Der Fahrgast 79, 101
Am Fenster 101
Forschungen eines Hundes 533

Der Geier 475
Gemeinschaft 258, 441, 506
Geschichte vom schamhaften Langen und vom Unredlichen in seinem Herzen 52
Gespräch mit dem Beter 90
Gespräch mit dem Betrunkenen 90
Der große Schwimmer! (Fragment) 471
Großer Lärm 139, 171, 178
Der Gruftwächter 354f.
Gustav Blenkelt war ein einfacher Mann... 167, 170

Hans und Amalia (Fragment) 325
Der Heizer 171f., 174, 203, 214–217, 219f., 223, 225–231, 242, 244f., 254, 259, 266, 274, 283, 288, 317, 325, 331, 335, 346, 352, 355f., 361, 382, 408, 410, 446ff., 536, 582
Himmel in engen Gassen 66
Hochzeitsvorbereitungen auf dem Lande 64, 72, 90f., 99
Ein Hungerkünstler 523, 525f., 534ff., 566, 572f., 575, 577, 580, 582

Ich kam einmal im Sommer gegen Abend in ein Dorf... 280
Ich sass in der Loge... 471
In der abendlichen Sonne... 73
In der Nacht 101, 129, 172, 187, 372
In der Strafkolonie 292, 295f., 308, 332, 335, 337ff., 348, 351f., 355, 372, 374f., 418ff., 429, 436, 439, 451f., 482, 489, 536, 539

Der Jäger Gracchus 359, 363
Josefine, die Sängerin oder Das Volk der Mäuse 567, 569, 572f., 582

Eine kaiserliche Botschaft 362, 402, 436, 446, 580
Der Kaufmann 79, 473, 476
Kinder auf der Landstraße 192
Das Kind und die Stadt 57
Kleider 79, 101, 380, 580
Eine kleine Frau 560, 564, 566, 572, 582
Kleine Seele... 94
Konsolidierung 475
Der Kreisel 479
Eine Kreuzung 363
Der Kübelreiter 359, 400, 509

Ein Landarzt 356, 373ff., 380, 399ff., 403f., 408ff., 417f., 428f., 439, 446f., 477, 502, 513, 515, 536
Man darf nicht sagen... 66
Monderry-Fragment 295
Der Nachbar 363
Der Nachhauseweg 79, 473

Das nächste Dorf 356, 446, 536
Der neue Advokat 360, 377, 446

Die Pferde von Elberfeld 297
Der plötzliche Spaziergang 149, 172, 473, 578, 580
Poseidon 471
Der Proceß 289–292, 295, 297f., 300, 308, 389, 400, 406, 455, 573, 582
Prometheus 401
Die Prüfung 475

Richard und Samuel (mit Max Brod) 130, 137, 140ff., 147, 157, 159
Ein Roman der Jugend (Rezension) 98

Schakale und Araber 360, 366, 384, 392, 419, 435, 446
Der Schlag ans Hoftor 362
Das Schloss 7, 9, 512f., 518, 520, 522, 524, 528f., 532
Die Sorge des Hausvaters 363, 439, 446, 507, 578
Die städtische Welt 118
Ein Traum 330, 341, 356, 358f., 370, 417, 446, 519, 580

Das Unglück des Junggesellen 140, 214, 462, 473, 578
Unglücklichsein 117, 120, 250, 306, 460

Unter meinen Mitschülern... 90
Der Unterstaatsanwalt 299f., 306
Das Urteil. Eine Geschichte 170ff., 174, 184, 186f., 203f., 209, 215, 217, 224f., 234ff., 259, 262, 332, 335, 337ff., 346, 354ff., 359–362, 381, 399, 408f., 436, 470, 510, 536f.

Der Verschollene 148, 158, 163ff., 170–173, 175f., 178–181, 184, 187, 189, 192–195, 197, 199, 207, 209f., 223, 272, 290, 292, 311, 331, 400, 406, 503, 582
Die Verwandlung 18, 180–186, 189, 207, 212, 214f., 217, 245, 254ff., 259f., 270f., 283, 307f., 316–320, 322, 324ff., 331f., 335, 346, 352f., 355, 358, 362ff., 374, 379, 408, 416, 510, 524, 536
Vor dem Gesetz 302, 304, 314, 317, 322, 354, 370, 446, 477, 578, 580
Die Vorüberlaufenden 79, 101, 214, 473

Die Wahrheit über Sancho Pansa 385

Zerstreutes Hinausschaun 79, 101, 571
Zum Nachdenken für Herrenreiter 101, 214, 244, 294
Zur Frage der Gesetze 471